KB175158

商法概論
（下）

商法槪論

(下)

나승성 지음

서문

『상법개론』은 필자가 상법에 입문한 학생이나 경상계열의 학생들에게 강의를 하면서 상법의 입문서라는 시각에서 복잡하고 난해한 학설 위주의 설명은 생략하고 법령과 판례를 중심으로 하여 나름대로 간략하게 구성한 상법의 입문서이다. 따라서 중요한 내용을 위주로 간단하게 구성하기 위하여 불필요한 학설의 논쟁은 최대한 억제하였고, 학설을 인용하는 경우에도 다수설이나 통설을 위주로 하여 상법 전체의 흐름을 이해하기 쉽게 쓰려고 했다. 이렇듯 상법 법령과 판례를 중심으로 구성하다 보니 내용이 간결하고 명쾌한 점은 있지만 그 내용이 풍부하지 못한 단점이 있으나『상법개론』은 이와 같은 취지로 간단하게 집필하고 앞으로 계속 연구를 하여 본 서와는 다른 상법강의에 좀 더 깊은 내용으로 반영할 계획을 가져본다.

본 서는「상법총칙·상행위법」,「회사법」,「어음·수표법」,「보험법」,「해상법」,「항공운송법」의 내용을 담고 있다. 최근 회사법의 대폭적인 개정이 이루어졌고, 항공운송이 상법 제6편에 새로이 신설되는 등 많은 변화가 있었다. 이에 관한 법조문을 충실히 분석하여 반영하도록 노력하였고, 해상법도 내용에는 큰 변화가 없었으나 2007년도 체계를 새로이 하는 등의 변화가 있어서 이를 반영하였다. 뿐만 아니라 IT기술의 발전에 따른 전자어음법의 제정이 있었으며, 최근에 개정된 전자어음에 관한 내용도 반영하였다. 아울러 2012년 5월까지의 대법원 판례도 반영하였다.

필자가 처음에는 능력 부족과 학기에 맞추다 보니「상법총칙·상행위법」,「회사법」,「어음·수표법」,「보험법」,「해상법」을 각 개설서로 나누어 집필하였으나, 각 분야가 완성된 후에는 필요부분만 발췌하여 다시『상법개설(상/하)』로 엮었다. 이번에는 최근에 관련 법 개정내용을 반영하여 내용을 수정하거나 보태어 상법의 체계에 맞게 구성하여『상법개론』이라는 단행본으로 묶어서 발간하게 되었다. 앞으로는 이 단행본으로 꾸준히 상법개정 내용을 반영하여 독자분들께 제공하고자 한다.

본 서는 상법을 법조문 및 판례를 토대로 간략하면서도 명쾌하게 살펴보는 것을 목표로 하였기 때문에 상법을 처음 접하는 학생이 중요한 핵심을 쉽게 접할 수 있는 교재이기를 희망해 본다. 부족한 부분은 필자가 계속 연구하면서 보충하고 독자들의 질정을 반영하여 계속 질적 제고를 위하여 노력하고자 한다.

2014년 2월

나승성

CONTENTS

제5편 보험법

제6편 해상법

제4편 어음·수표법

☞ 서술체계

	환어음	약속어음	수 표
[총 론]			
유가증권	유가증권 일반론		
어음수표법	어음행위 / 대리 / 대행 / 위조·변조 / 어음상의 권리 / 어음의 실질관계		
[각 론]			
권리의 발생	발행 → 백지어음		발 행
	인수 → 참가인수/소구권(상환청구권)		
	어음보증 →		수표보증
권리의 이전	배서/선의취득		배 서
권리의 행사	지급제시		지급제시
	지급 → 어음항변		지급 → 지급보증
	(지급거절) → 소구권(상환청구권) / 참가(인수·지급)		지급거절 → 상환청구
	복본·등본		복 본
			자기앞수표/횡선수표
권리의 소멸	어음시효		시 효
	어음말소·훼손		
	상실·제권판결		
	이득상환청구권		이득상환청구권
기타 제도	화환어음 / 신용카드 / 전자어음 / 전자수표 / 전자화폐		

4.1. 유가증권

4.1.1. 유가증권의 의의

4.1.1.1. 유가증권의 개념

4.1.1.1.1. 유가증권의 개념

법령은 유가증권의 개념에 대해 규정하고 있지 아니하므로 강학상 유가증권의 개념을 얘기할 때 크게 사권의 표창과 증권과의 결합이라는 두 가지의 요소로 구성되어 있다고 한다. 즉 유가증권이 되기 위해서는 두 가지 요소가 필요한데, 그 첫째는 재산적 가치 있는 사권의 화체화(化體化: 무형의 권리를 눈에 보이는 형태로 바꾸는 것)이고, 둘째는 권리의 행사와 관련하여 어느 정도 증권소지가 필요한가 하는 결합요소이다.

4.1.1.1.2. 사권의 표창

일반적으로 유가증권이란 재산적 가치 있는 사권(사권 중 재산권만 해당하고 신분권은 해당하지 않음)이 표창된 증권을 말한다. 유가증권은 재산권 예컨대, 채권증권(화물상환증, 창고증권, 선하증권, 어음, 수표 등)이나 사원증권(주권)을 유통시키기 위하여 서면에 화체시켜야 한다. 화체(Embody)란 무형의 권리를 눈에 보이는 형태로 바꾸는 것으로 재산적 가치가 있는 사권만 해당하므로 신분권(친족상속권) 등은 해당 없다. 권리를 표창하는 것이 아니라 단순히 사실을 표창하는 증서(차용증서)나 권리를 표창하더라도 사권이 아닌 공권을 표창하는 증권(여권)은 유가증권이 아니다.

4.1.1.1.3. 화체된 사권과 증권 사이의 결합 정도

증권의 소지가 어느 정도로 요구되는가에 대하여 네 개의 학설이 있다. 제1설은 권리의 발생·이전·행사의 전부 또는 일부에 증권의 소지를 요하는 것이라고 하고(다수설), 제2설은 권리의 이전(처분)과 행사에 증권의 소지를 요하는 것이라고 하고, 제3설은 권리의 이전(처분)에 증권의 소지를 요하는 것이라고 하며, 제4설은 권리의 행사(주장)에 증권의 소지를 요한다는 것이라고 한다.

권리의 발생·이전·행사의 전부 또는 일부에 증권의 소지를 요한다는 1설에 따를 때 전부요하는 것을 완전유가증권이라 하는데 어음·수표가 그 예이고, 일부만 요구되는 경우를 불완전유가증권이라 하는데 화물상환증, 창고증권, 선하증권, 무기명증권이 그 예이다. 권리의 이전과 행사에 증권의 소지를 요한다는 2설은 권리의 행사시에 증권의 소지를 요하지 않는 기명주권의 유가증권성을 설명하지 못하는 단점이 있다. 권리의 이전에 증권의 소지를 요한다는 3설은 증권의 유통성을 잘 설명할 수 있으나 증권의 소지가 필요 없는 상속이나 합병 등의 포괄승계의 경우를 설명할 수 없고, 기명증권을 유가증권으로 설명할 수 없는 등 유가증권의 범위가 좁아지게 되는 점이 있다. 권리의 행사에 증권의 소지를 요한다는 4설에 의하면 기명증권도 유가증권에 포함되어 범위가 넓어지게 된다. 발생에만 있는 유가증권은 없다.

결론적으로 유가증권인지 여부는 화체될 수 있는 권리인가 여부와 그 화체된 권리가 발생, 행사, 이전될 수 있는가에 따라 결정될 것이다. 예컨대, 창고증권(화물상환증, 선하증권)은 화체될 수 있고 이전이 가능하므로 유가증권이라 볼 수 있을 것이고, 승차권 역시 운송에 대한 채권을 나타내고 양도가 가능하므로 유가증권으로 볼 수 있을 것이나(통설), 항공권은 승객의 이름이 적혀 있고 양도가 금지되는 것이 일반적이므로 이전을 할 수 없으므로 유가증권으로 볼 수 없을 것이다. 상품권은 물품구입에 대한 권리가 화체된 것이고 양도 가능하므로 유가증권으로 볼 수 있을 것이다. 금권(지폐, 우표, 수입인지)은 그 자체가 법률상 특정한 가치를 보유하는 증권으로서 재산적 가치를 표창하는 것이 아니기 때문에 유가증권이 아니다.

4.1.1.2. 유가증권과 구별되는 증권

4.1.1.2.1. 증거증권

증거증권은 실질적인 법률관계의 유무나 내용을 증명하는 자료로서만 의미가 있는 증권으로서, 실질적인 권리가 증권에 화체된 것도 아니고 또한 권리의 발생·이전·행사의 전부 또는 일부를 위하여 증권의 소지를 요하는 것도 아니므로 유가증권이 아니다. 따라서 그 증서의 유무에 의하여 법률관계의 유무나 내용 자체가 변하는 것은 아니고 단지 증거로 쓰이는 것으로 차용증서, 영수증, 매매계약서, 운송장 등이 있다.

4.1.1.2.2. 면책증권

면책증권이란 증권의 소지인이 권리자의 자격을 갖는 것으로 인정되는 증권으로서, 채무자가 증권의 정당한 소지인에게 변제를 하면 악의 또는 중대한 과실이 없는 한 면책되는 효력이 부여되는 증권을 말한다. 채무자의 변제정리를 목적(채무자의 선의의 변제를 보호하기 위하여)을 인정된 것이지, 사권을 표창한 증권으로서 유통을 목적을 한 것이 아니기 때문에 유가증권이 아니다. 면책증권의 예로서는 예치표, 철도여객의 수하물상환증, 예금증서(통장)가 있다.

4.1.1.2.3. 금 권

금전에 갈음하는 효력을 가지는 증권으로서, 이것은 사권을 증권에 표창한 것이 아니라 증권 그 자체가 법률상 특별한 재산적 가치를 가지는 것이므로 유가증권이 아니다. 권리가 증권에 화체된 것이 아니기 때문에 금권을 상실한 경우에는 증권과 권리를 분리하는 절차인 공시최고절차에 의한 제권판결에 의한 권리회복절차가 없다. 금권의 예로는 은행권(지폐), 우표, 수입인지 등이 있다.

4.1.2. 유가증권의 종류

4.1.2.1. 완전·불완전유가증권: 소지요구 정도에 의한 분류

권리의 발생·이전·행사의 전부에 증권의 소지를 요하는 유가증권을 완전유가증권이라고 하고, 권리의 발생·이전·행사의 일부에만 증권의 소지를 요하는 유가증권을 불완전유가증권이라 한다.

☞ 완전 · 불완전유가증권

- 완전유가증권: 어음과 수표
- 권리의 이전 및 행사에 증권의 소지를 요하는 것: 화물상환증 · 창고증권 · 선하증권 · 무기명주권 등
- 권리의 이전에만 증권의 소지를 요하는 것: 기명주권 등
- 권리의 행사에만 증권의 소지(제시)를 요하는 것: 기명채권 · 배서금지 어음 등과 같은 기명증권

4.1.2.2. 채권증권 · 물권증권 · 사원권증권: 화체된 권리에 의한 분류

채권증권이란 채권을 표창하는 유가증권으로, 이에는 환어음 · 약속어음 · 수표 · 채권 등과 같이 금전채권을 표창하는 유가증권과 화물상환증 · 창고증권 · 선하증권 · 상품권 등과 같이 상품의 인도청구권을 표창하는 유가증권이 있다.

물권증권이란 물권을 표창하는 유가증권으로, 우리나라에는 그 예가 없고 독일의 저당증권, 토지채무증권 등이 이에 속한다.

사원권증권이란 사원권(사단에 있어서의 사원인 지위)을 표창하는 유가증권으로 주권이 그 예이다. 그러나 유한회사 사원의 지분증권은 증거증권(지시식 또는 무기명식의 증권발행 불가)이다.

4.1.2.3. 기명 · 무기명 · 지시 · 선택무기명증권: 권리자 지정방법에 의한 분류

(1) 기명증권

기명증권이란 증권상에 특정인을 권리자로 기재한 유가증권으로서 지시증권이 아닌 것을 말한다. 기명증권의 예로는 기명증권, 배서(지시)금지어음 · 수표, 화물상환증, 창고증권, 선하증권 등이 있다.

기명증권의 양도방법은 지명채권의 양도방법에 따르는데, 지명채권의 양도의 효력요건은 양도의 의사표시와 증권교부에 의하여 이루어지고 대항요건은 양도인의 채무자에 대한 통지나 채무자의 승낙에 의하여 이루어진다.

(2) 무기명증권

무기명증권(소지인출급식 유가증권)이란 증권상에 권리자가 기재되어 있지 않고 증권의 정당소지인을 권리자로 인정하는 유가증권이다. 무기명증권에는 무기명수표, 무기명채권 등이 있다. 참고로 어음의 경우 수취인은 절대적 기재사항이므로 무기명증권은 불가하다.

(3) 지시증권

지시증권이란 증권상에 특정인을 권리자로 지정하지만, 한편 그가 지시하는 자도 권리자로 인정하는 유가증권이다. 지시증권에는 당사자의 증권면상의 지시문구에 의하여 지시증권이 되는 선택적 배서증권과 증권면상의 지시문구의 기재유무에 불구하고(배서금지의 기재가 없으면) 법률의 규정상 당연히 지시증권이 되는 법률상 당연한 배서증권이 있다. 지시증권의 예로는 어음과 수표가 있으며, 지시증권의 양도방법으로는 배서 또는 교부에 의한다.

(4) 선택무기명증권

선택무기명증권(지명 소지인출급식증권)이란 증권상에 특정인을 권리자로 지정하여 그 기재자가 권리를 행사하거나 또는 증권의 정당한 소지인도 권리자가 될 수 있다는 뜻을 기재한 유가증권이다.

4.1.2.4. 설권·비설권증권

증권의 작성에 의하여 비로소 권리가 창설되는 증권을 설권증권이라 하고, 이미 존재하는 권리를 단순히 증권에 표창한 증권을 비설권증권이라고 한다. 완전유가증권은 설권증권이고 불완전유가증권은 비설권증권이다.

4.1.2.5. 유인·무인증권

증권상의 권리의 발생이 증권의 발행행위 자체 외에 그 증권을 발행하게 된 원인관계와 관계를 갖고 있는 증권을 유인증권(요인증권)이라고 하고, 증권상의 권리의 발생이 그 원인관계와 관계가 없는 증권을 무인증권(불요인증권, 추상증권)이라고 한다. 유인증권은 원인관계의 부존재·무효·취소 등이 증권상의 행위에 영향을 미친다.

4.1.2.6. 형식권적 유가증권·실질권적 유가증권

이것은 증권상의 권리의 내용이 증권에 기재된 문구에 의하여 정하여지는가의 여부에 의한 분류이다.

형식권적 유가증권(문언증권)은 증권상의 권리의 내용(범위)이 증권에 기재된 문구만에 의하여 정하여지고 이의 결과 동 증권을 선의로 취득한 자는 동 증권에 기재된 바에 의하여 권리를 취득하는 증권이다.

실질권적 유가증권(비문언증권)은 증권상의 권리의 내용(범위)이 실질관계에 의하여 정하여지고 이의 결과 동 증권을 선의로 취득한 자도 동 증권에 기재된 문구에 의하여만 권리를 취득할 수 없는 증권을 말한다.

4.1.3. 유가증권의 특성

4.1.3.1. 요식증권성

유가증권은 법률에 의하여 각각의 기재사항(방식)이 법정되어 있는데, 이를 요식증권성이라 하며 그 정도에 따라 엄격한 요식증권성과 상대적 요식증권성으로 나뉜다. 엄격한 (절대적) 요식증권성은 어음·수표와 같이 법정의 기재사항이 기재되지 않으면 법이 특히 그의 보충규정을 둔 경우를 제외하고는 증권 자체를 무효로 한다.

완화된(상대적) 요식증권성은 화물상환증·창고증권·선하증권·주권 등과 같이 법정의 기재사항이 기재되지 않더라도 그것이 본질적인 것이 아닌 한 증권을 무효로 하지 않는다.

4.1.3.2. 제시증권성

유가증권상의 권리자가 그의 권리를 행사하기 위하여는 채무자에게 증권의 제시를 요하는 것으로 지시증권 및 무기명증권, 기명증권 등이 그 예이다.

4.1.3.3. 상환증권성

제시증권성과 관련하여 유가증권상의 권리자가 그의 권리를 행사하려면 증권을 채무자의 변제와 상환하여야 하는 것을 말한다. 상환증권성의 완화되어 적용되는 것에 보증도가 관습적으로 행해지고 있다.

4.1.3.4. 문언증권성

유가증권의 요식증권성과 일맥상통하는 것으로 증권 상의 권리의 내용은 증권의 문구에 정하여진다는 성질을 말한다.

4.1.3.5. 선의취득자의 보호

대부분의 유가증권은 선의취득자의 권리가 보호된다. 선의 취득자의 보호는 문언증권성이 없는 주권에도 인정된다.

4.1.3.6. 자격수여적 효력

선의취득자를 보호하기 위해서나 또는 증권상의 채무자를 면책하기 위한 전제로서 증권상 형식적 자격을 가진 자를 실질적 권리자로 추정하는 효력을 자격수여적 효력이라 한다. 기명증권의 경우에는 자격수여적 효력이 인정되지 않는다.

4.1.3.7. 면책증권성

증권상의 채무자가 형식적 자격을 가진 자에게(즉, 자격수여적 효력이 있는 증권의 소지인에게) 변제를 하면 비록 그가 무권리자라 하더라도 이에 대하여 채무자가 악의 또는 중대한 과실이 없는 한 채무자는 면책되는 효력을 말한다. 일부의 유가증권 예컨대, 기명식 화물상환증·기명식 선하증권 등은 면책증권성을 가지지 않는다.

4.1.4. 유가증권의 기능

4.1.4.1. 공통적 기능

유가증권의 공통적 기능은 양도절차를 간단하게 함으로써 양도의 효력을 강화하는 것이다. 양도의 간이화는 지시증권의 경우에는 배서에 의하여, 무기명증권의 경우에는 교부에 의하여 하게 된다. 양도효력의 강화는 증권소지인을 적법한 권리자로 추정(지명채권은 스스로 권리자임을 증명)하고 유가증권의 선의취득을 가능하게 하며, 인적항변을 절단함으로써 양도효력을 강화하고 있다.

4.1.4.2. 개별적 기능

유가증권의 개별적 기능으로는 지급수단으로서의 기능, 신용수단으로서의 기능, 재화와 유통을 촉진시키는 기능, 자본조달 및 투자의 수단으로서의 기능 등이 있다.

지급수단으로서의 기능과 관련하여 대표적인 것이 수표인데, 이 수표는 신용기능이 없다. 신용수단으로서의 기능과 관련하여 대표적인 것이 어음인데 1차적 기능이 신용, 2차적 기능이 지급기능이다. 재화의 유통을 촉진시키는 기능의 예로는 물품증권인 화물상환증·창고증권·선하증권 등이 있다. 자본조달 및 투자의 수단으로서의 기능의 예로는 주권(株券)과 무기명채권 등이 있다.

4.1.5. 유가증권법의 특성

유가증권법은 권리의 유통성을 조장하고 지급의 확실성을 기하기 위하여 다음과 같은 특성을 갖는다.

4.1.5.1. 강행법적 성질

유통성과 피지급성을 확실하기 위하여 관련 법 예컨대, 어음·수표법은 당사자의 자의적인 해석이 우선하지 않고, 획일적으로 처리하기 위하여 강행법규적 성질을 갖는다.

4.1.5.2. 기술적 성질

유가증권은 유통성의 보장과 지급수단으로서의 기능을 하기 때문에 지급제도와 관련하여 기술적 성질을 갖는다.

4.1.5.3. 형식적 성질

유가증권의 법률관계를 획일적으로 처리하기 위하여 유가증권과 관련한 법률관계는 형식적으로 정해지는 성질을 갖는다.

4.1.5.4. 통일적 성질

국가 간 상이한 법적 차이에도 불구하고 국제 거래관계에서 유가증권이 이용될 때에는 유가증권이 지급수단으로서의 형식적·기술적인 성격을 갖고 있기 때문에 거래와 수반된 유가증권의 법률관계는 어느 정도 통일적인 성질을 가지고 있다.

4.2. 어음법·수표법 총론

4.2.1. 어음·수표 서론

4.2.1.1. 어음·수표의 개념

4.2.1.1.1. 환어음의 개념

환어음이란 어음의 발행인이 지급인에게 일정금액을 일정일에 어음상의 권리자(수취인 또는 피배서인)에게 지급할 것을 무조건으로 위탁하는 유가증권이다. 이러한 환어음의 기본당사자는 발행인·수취인·지급인(지급인이 인수한 경우에는 인수인)이다.

☞ 환어음의 당사자 관계

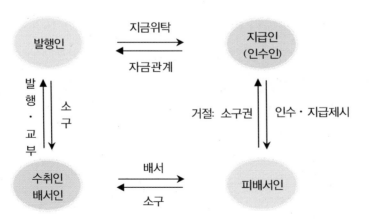

(1) 발행인

발행인이란 어음을 최초로 발행하는 자인데, 어음의 발행이란 "발행인이 증권 상에 어음요건을 기재하고 기명날인 또는 서명하여 이것을 수취인에게 교부하는 것"을 말한다.

(2) 수취인

환어음에는 반드시 수취인(지급을 받을 자 또는 지급을 받을 자를 지시할 자)을 기재해야 하는데, 이러한 수취인은 직접 어음금액을 수령할 수도 있으나, 자기가 어음금액을 수령하지 않고 어음상의 권리자가 될 자를 어음상에 지시할 수 도 있는데, 이렇게 지시하는 것을 "배서"라고 한다.

(3) 지급인

환어음의 지급인은 발행인에 의하여 지급인으로 지시되어 있는 자인데, 보통 발행인에 대하여 자금관계상 채무를 부담하고 있는 것이 일반적이나 반드시 채무관계가 있어야 하는 것은 아니다. 지급인은 환어음과 수표에만 있는 기본당사자인데, 수표의 지급인은 은행에 한정되어 있는 점에서 환어음의 지급인과 구별된다.

환어음의 지급인은 그의 의사와는 관계없이 발행인에 의하여 지시인으로 지정된 자이므로 어음상의 채무를 이행하지 않을 수도 있다. 따라서 어음 소지인이 지급인에게 어음상의 채무를 부담할 것인지 확인을 구할 수 있는데, 이 어음상의 채무를 부담하겠다는 의사표시를 하게 되면 어음상의 주채무자가 되는데, 이러한 의사표시를 인수(引受)라 한다. 지급인이 인수를 하면 주채무자가 되어 어음상의 채무를 부담하게 되나 인수를 거절하면 어음 소지인은 발행인 또는 자기의 전 배서인들에 대해서 상환청구권(소구권)을 행사할 수 있다.

4.2.1.1.2. 약속어음의 개념

약속어음이란 어음의 발행인 자신이 일정일에 일정금액을 어음상의 권리자(수취인 또는 피배서인)에게 지급할 것을 무조건으로 약속하는 유가증권이다. 약속어음의 기본당사자는 발행인과 수취인이다. 약속어음이 환어음과 다른 점은 지급인이 없으므로 인수인이 없으며 발행인이 언제나 주채무자가 되는 점이다.

☞ 약속음의 당사자 관계

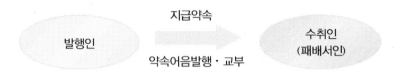

4.2.1.1.3. 수표의 개념

수표란 수표의 발행인이 지급인에게 일정금액을 수표상의 권리자(지시식의 경우에는 수취인 또는 피배서인, 무기명식인 경우에는 정당한 소지인)에게 지급할 것을 무조건으로 위탁하는 유가증권이다. 지급위탁이라는 점에서 수표는 환어음과 그 법률적 구조가 유사하다. 또한 수표의 기본당사자는 발행인·수취인·지급인으로서 환어음의 당사자와 유사하다.

그러나 수표는 환어음과 달리 ① 지급인이 은행에 한정되어 있는 점($_{59}^{조}$) ② 만기가 없고 항상 일람출급인 점($_{28}^{조}$) ③ 수취인의 기재가 임의적 기재사항인 점($_{}^{조}$) ④ 인수제도가 없고 지급보증제도가 있는 점 ⑤ 참가제도가 없는 점 등에서 환어음과 구별된다. 지급보증과 관련하여 수표는 환어음처럼 인수제도가 없지만 비슷한 지급보증제도가 있으나 수표의 지급보증인은 수표소지인이 지급제시기간 내에 수표를 제시한 때에 한하여 책임이 있으나(주채무자가 아니라 최종 상환청구의무자와 비슷한 지위), 환어음은 제시기간 내의 여부에 관계없이 3년의 시효기간 내에 주채무 부담한다는 점에서 차이가 있다.

☞ 수표의 당사자 관계

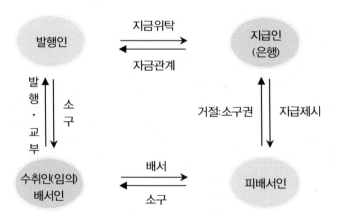

4.2.1.2. 어음·수표의 법적 성질

어음·수표는 권리의 발생·이전·행사에 유가증권의 소지가 요구되므로 완전유가증권이다. 그리고 어음·수표는 유가증권의 일반적인 속성인 설권증권성·지시증권성·제시증권성·상환증권성·문언증권성·면책증권성·무인증권성 및 요식증권성 등의 성질을 갖고 있다.

4.2.1.3. 어음·수표의 경제적 기능

4.2.1.3.1. 환어음의 경제적 기능

(1) 신용기능(환어음의 1차적 기능)

신용기능이란 만기까지 돈을 빌려 쓴 효과가 있는 것을 말하는데, 수표는 언제나 일람출급이고 만기가 없으므로 신용기능이 없다. 그러나 수표에서도 선일자 수표(4.5.10.1 참조)가 인정되므로 신용기능이 인정되는 것과 같은 효과가 있으나 지급제시하면 지급을 하여야 하는 점에서 당사자 간의 효력만 인정된다.

1) 신용창조기능

물건매매에서 매수인이 구입대금이 없어서 매도인이 외상으로 매도하고 매수인은 장래의 일정한 기일에 물건대금을 지급하기로 한다면 그 기일까지는 돈을 빌려쓴 것과 같은 신용기능이 생기게 된 것이다. 이러한 기능을 신용창조기능이라 하는데, 어음을 이용한 방법으로는 매수인이 자기앞환어음을 발행하여 인수한 후 이를 매도인에게 교부하거나 매도인이 자기지시환어음을 발행하여 매수인에게 인수시킨 후 소지하면 동 어음은 매수인에게 만기까지 신용창조기능을 하게 된 것이다.

2) 신용담보기능

매도인이 물건을 외상으로 매도하지 않아서 매수인이 당장 물건구입대금이 필요한 경우에, 매수인은 자기의 거래은행으로부터 물건구입대금을 대출받고 이를 담보하기 위하여 은행에 대출금액을 어음금액으로 하고 대출기일을 만기로 한 어음을 발행하여 교부하면 동 어음은 신용담보기능을 하게 된다. 차용증서대신 어음을 받고 대출하는 것을 어음

대출이라 한다.

(2) 송금기능

송금기능은 발행인과 수취인이 여기에 있고 지급인이 멀리 있는 경우에 수취인이 자기가 직접 또는 배서 등의 방법으로 제3자에게 교부한 경우 제3자가 지급인에게 어음이나 수표를 제시하고 환금하게 되면 실제로 돈을 멀리 보낸 것과 같은 역할을 하게 되는데, 이러한 기능을 송금기능이라 한다. 약속어음은 지급인이 없으므로 항상 약속어음 발행인에게 와서 어음수표를 제시하여 권리를 행사하여야 하므로 송금기능이 없다.

환어음 국제거래에서 송금수단으로 많이 이용되는데, 보통 송금인(매수인, 수입상)이 자기의 거래은행에 송금할 금액을 납입하고 송금을 의뢰하면, 거래은행은 자기의 외국지점 또는 환거래관계가 있는 다른 은행을 지급인으로 하고 매도인(수출상)을 수취인으로 하여 환어음을 발행하여 송금인에게 교부하고, 송금인은 이를 매도인(수취인)에게 송부함으로써 송금과 같은 기능을 수행하게 된다.

(3) 추심기능

추심기능은 매매대금을 추심하는 기능인데, 주로 매수자를 지급인으로 하여 매매대금을 추심할 수 있는데 수표는 은행만이 지급인이 되므로 추심기능이 없다.

환어음의 추심기능은 국제거래에 있어서 수출상(매도인)에게 작용하는데, 한국의 수출상 A가 미국의 수입상 B에게 일정한 물건을 수출(매도)하고 그 대금을 추심코자 하는 경우에 A는 B를 지급인으로 한 환어음을 발행하여 자기의 거래은행으로부터 동 어음을 할인받아 수출대금을 추심할 수 있게 된다.

(4) 지급기능

환어음의 수취인이 지급인으로부터 어음금을 지급받으면 동 어음의 발행인·지급인 간 및 발행인·수취인 간의 대금지급이 자동적으로 종료되는 효과를 갖는다.

4.2.1.3.2. 약속어음의 경제적 기능

(1) 신용기능

약속어음도 환어음처럼 신용창조기능과 신용담보기능을 수행한다.

(2) 추심기능

상품을 외상으로 판매한 매도인이 매수인으로부터 약속어음을 수취인 또는 피배서인의 자격으로 취득한 경우에 매도인이 동 어음을 자기의 거래은행으로부터 할인 받으면 매매대금을 추심한 것으로 된다.

(3) 지급기능

약속어음 그 자체만으로 지급기능을 수행하는 경우는 드물고 보통 신용기능 및 추심기능과 결합하여 지급기능을 수행한다.

4.2.1.3.3 수표의 경제적 기능

(1) 지급기능

수표는 금융거래에 있어서의 현금수수에 따르는 불편과 위험을 제거하는 지급기능을 수행하기 때문에 기업 및 일반인에 의하여 널리 이용된다.

(2) 송금기능

송금인이 은행 또는 우체국에 송금할 금액을 납입하고 송금을 의뢰하면, 은행 등은 수취인과 동일한 지역의 자기의 지점 또는 환거래은행을 지급인으로 하고 송금을 받을 자를 수취인으로 하여 수표(송금수표)를 발행하여 송금의뢰인에게 교부하고 송금의뢰인은 수취인에게 동 수표를 교부함으로써 송금의 기능을 수행한다. 수표는 만기가 없고 일람출급이므로 신용기능이 없고, 은행만이 지급인이 되므로 추심기능이 없다.

☞ 환어음 · 약속어음 · 수표의 기능 비교

	신용기능	송금기능	추심기능	지급기능
환어음	O	O	O	O
약속어음	O	X	O	O
수 표	X	O	X	O

4.2.1.4. 환어음 · 약속어음 · 수표의 이동(異同)

4.2.1.4.1. 공통점

환어음 · 약속어음 · 수표는 모두 유가증권으로서 지급기능을 하는 공통점을 갖고 있다. 즉 환어음 · 약속어음 · 수표는 유가증권이므로 모두 금전채권증권, 완전유가증권, 설권증권, 절대적 요식증권, 무인증권, 문언증권, 지시증권, 제시증권, 상환증권, 면책증권의 성질을 가지고 있다.

---

① 금전채권증권: 모두 일정한 금액의 지급을 목적으로 함
② 완전유가증권: 권리의 발생 · 이전 · 행사 모두에 증권을 소지를 요함
③ 설권증권: 모두 증권의 작성에 의하여 권리가 발생
④ 엄격한 요식증권: 법정 기재사항이 반드시 기재되어 되어야 증권으로서의 효력이 발생
⑤ 무인증권: 증권상의 권리의 발생이 그 원인 관계와 관계가 없음
⑥ 형식권적 유가증권(문언증권): 증권상의 권리내용이 증권에 기재된 문구에 의하여 정하여짐
⑦ 법률상 당연한 지시증권: 지시문구의 기재유무에 불구하고 당연히 증권상의 권리를 배서에 의하여 양도할 수 있음
⑧ 제시증권: 환어음 · 약속어음 · 수표는 모두 증권상의 권리자가 그의 권리를 행사하기 위해서는 채무자에게 증권의 제시를 요함
⑨ 상환증권: 채무자의 변제와 증권을 상환하게 됨
⑩ 면책증권: 채무자가 증권의 형식적 자격을 가진 자에게 변제를 하면 증권소지인이 무권리자인 경우에도 채무자에게 악의 또는 중대한 과실이 없는 한 면책됨

우리나라에는 어음법과 수표법을 따로 제정하였으나, 적용법규에 있어서 위와 같은 공통점이 있다. 따라서 약속어음과 수표는 환어음에 관한 많은 규정을 준용하고 있다.

4.2.1.4.2. 법적 차이점

(1) 발행의 제한

환어음의 발행에는 제한이 없으나, 수표는 지급증권으로서 그 지급의 확실을 기하기 위하여 수표법에 의하여 그 발행을 제한하고 있다. 수표는 제시한 때에 발행인이 처분할 수 있는 자금이 있는 은행을 지급인으로 하고 발행인이 그 자금을 수표에 의하여 처분할 수 있는 명시적 또는 묵시적 계약에 따라서만 이를 발행할 수 있다. 그러나 이 규정을 위반하는 경우에도 수표로서의 효력에는 영향을 미치지 아니한다(③).

예컨대, 가계수표 용지에 부동문자로 인쇄되어 있는 '100만 원 이하' 등의 문구는 지급은행이 사전에 발행인과의 사이에 체결한 수표계약에 근거하여 기재한 것으로서 이는 단지 수표계약의 일부 내용을 제3자가 알 수 있도록 수표 문면에 기재한 것에 지나지 아니한 것이고, 수표법 제3조 단서에 의하면 수표자금에 관한 수표계약에 위반하여 수표를 발행한 경우에도 수표로서의 효력에는 영향을 미치지 아니하므로 발행한도액을 초과하여 발행한 가계수표도 수표로서의 효력에는 아무런 영향이 없다.[1] 같은 취지로 수표 앞면 (표면)에 '100만 원 이하'라고 인쇄된 가계수표 용지에 발행인 스스로 발행한도액을 초과하여 '15,000,000'원으로 액면금을 기재하여 제3자에게 발행한 수표를 소지인이 배서 양도받은 경우, 발행인으로서는 소지인이 당해 수표를 취득함에 있어 발행인에게 발행한도액을 초과한 경위를 확인하지 아니한 것이 중대한 과실에 해당한다는 이유로 수표금의 지급을 거절할 수는 없다.[2]

(2) 기본당사자

기본구조에서는 환어음과 수표가 발행인, 수취인, 지급인 세 기본당사자가 필요하고 지급위탁증권이라는 점에서 같으나 수취인이 절대적 기재사항인가 여부 및 수표에서는 지급인이 반드시 은행에 한정된다는 점에서 차이가 있다. 그리고 약속어음은 발행인과 수취인만이 기본당사자가 되고 지급인이 없으며 지급약속증권이라는 점에서 환어음 및 수표와 차이가 있다.

주채무자에 대해서도 환어음은 인수인이 인수한 경우에는 인수인이 주채무자가 되고 인수를 하지 않으면 주채무자가 존재하지 않게 되고, 수표의 경우에는 인수가 금지되므

---

1) 大判 1998.02.13, 97다48319.

2) 大判 1998.02.13, 97다48319.

로 주채무자가 존재하지 않게 된다. 약속어음의 경우에는 발행인이 항상 주채무자가 된다는 점에서 환어음이나 수표와 다르다.

(3) 상환청구

상환청구에 대해서도 환어음의 상환청구의무자는 발행인, 배서인, 보증인이고 인수인은 주채무자이므로 상환청구의무자가 아니다. 상환청구의 방법은 만기 전 상환청구와 역어음에 의한 상환청구가 인정되는데, 그 방법은 인수 또는 지급거절증서에 의하여 한다. 수표 역시 상환청구의무자는 발행인, 배서인, 보증인이고 지급보증한 지급인은 주채무자가 아니므로 최종상환청구의무자의 지위에 있으며, 상환청구 방법도 환어음과는 달리 만기가 없으므로 만기 전 상환청구가 없고, 방법의 복잡화를 막기 위하여 역수표에 의한 상환청구도 인정되지 않는다. 방법은 환어음보다 간편하여 공정증서뿐만 아니라 지급인의 선언 또는 어음교환서의 선언으로도 인정된다.

(4) 만기의 차이

어음은 일람출급·일람 후 정기출급·확정일출급·발행일자 후 정기출급 의 4가지 종류의 만기가 있으나, 수표는 일람출급만 인정된다.

(5) 지급위탁취소의 제한

환어음의 경우에는 발행인은 지급인에 대하여 언제든지 자금관계에서 지급위탁을 취소(철회)할 수 있으나, 수표의 경우에는 수표의 지급을 확보하기 위하여 지급위탁의 취소는 지급제시기간이 지난 후에만 할 수 있다($\hat{\textcircled{1}}^{32}$). 또한 지급위탁의 취소가 없으면 지급인은 제시기간이 지난 후에도 지급을 할 수 있다($\hat{\textcircled{2}}^{32}$).

☞ 환어음·약속어음·수표의 이동

	환어음	약속어음	수 표
공통점	① 완전유가증권 ② 문언증권성 ③ 지시증권성 ④ 제시증권성 ⑤ 상환증권성, ⑥ 면책증권성 ⑦ 설권증권성 ⑧ 무인(추상)증권성 ⑨ (엄격한)요식증권, ⑩ 처분증권성 ⑪ 금전채권증권성		
경제적 기능	신용, 송금, 추심, 지급	신용, 추심, 지급, (송금X)	송금, 지급(신용X, 추심X)
어음행위	발행·배서·보증·인수· 참가인수	발행·배서·보증	발행·배서·보증·지급보증 (인수금지)

	환어음	약속어음	수 표
법적인면	지급위탁증권	지급약속증권	지급위탁증권
기본당사자	발행인(자금 필요자)· 수취인(절대적 기재)· 지급인(제한 무)	발행인· 수취인· (지급인 X)	발행인(자금 있는 자)· 수취인(임의적 기재)· 지급인(은행에 한함)
주채무자	인수인(지급인이 인수한 때) 인수 X → 주채무자 X	발행인이 언제나 주채무자가 됨	인수금지 → 주채무자 無
상환청구의 무자	발행인·배서인·보증인 *인수한 지급인− 주채무자 (상환청구의무자 X) *수취인− 절대적 기재사항 (언제나 배서인 有)	배서인 (발행인=주채무자)	발행인·배서인·보증인 *지급보증한 지급인− 최종상환 청구의무자의 지위(주채무자가 아님) *수취인이 임의적 기재사항 이 므로 무기명식 (소지인출급식) − 배서인이 없는 경우도 有
상환청구 방법	만기 전/역어음에 의한 상환 청구 방법→인수 또는 지급거절의 증명방법은 공정증서에 의 해서만 가능		만기 전 상환청구 제도 無 (만기제도 無) 역수표에 의한 상환청구 無 (단순화) 방법 → 공정증서+지급인의 선언 or 어음교환소의 선언
자금관계	발행인과 지급인 사이에 자 금관계 있음	없 음	있음(은행으로 한정, 당좌예금 계약+수표계약)
인수제도	지급인의 인수선택권 지급인의 인수거절 →만기 전 상환청구 및 참가인수	인수제도 無 → 발행인 의 자력불확실(파산, 지 급정지, 재산에 대한 강 제집행부주효 등) 시 만 기 전 상환청구 및 참가 제도인정(통설·판례)	인수제도 無 지급보증제도 有
만 기	기재요(4가지) − 일람출급, 일람 후 정기출급, 발행일자 후 정기출급, 확정일출급	左 同	기재불요(일람출급만 인정)
제시기간	− 일람출급: 발행일로부터 1년 − 기타: 지급을 할 날 또는 이에 이은 2거래일		발행일로부터 10일 (외국 20일, 70일)
발행인의 거절증서 작성면제	가 능	− 긍정설 − 부정설	
거절제도	유		무
거절증명	거절증서로도 가능		거절증서, 지급인의 지급거절 선언, 어음교환소의 부도선언

	환어음	약속어음	수 표
거절증서작성 면제 위한 불가항력의 계속기간	만기일로부터 30일		통지일로부터 15일
일람 후 정기출급: 어음의 만기	인수제시가 있은 후 일정기간이 경과한 날	일람일자 기재를 위한 제시 있은 후 일정기간 경과한 날	
약정이자문구기재	일람출급·일람 후 정기출급 기재가능		무익적 기재사항
부본제도	인정(해외에 송금 시 필요)	불인정	제한적 인정(국제간 또는 원격지 송부되는 경우)
지급위탁의 취소	발행인은 지급제시기간의 전후에 불문하고 행사 → 기간 경과 후에는 발행인의 계산으로 지급 不可		지급제시기간이 지난 후에만 취소가능 → 기간 경과 후에도 취소가 없는 한 발행인의 계산으로 지급 可
횡선제도	불인정		인 정
시효기간	주채무자에 대해 3년 상환청구의무자에 대해 1년 재상환청구권 기간 6개월		지급보증인에 대해 1년 상환청구의무자에 대해 6월 재상환청구권 기간 6월
참가제도	참가제도 인정		불인정(신속)
등본제도	유통조장-인정	등 본	불인정
복본제도	복 본	X	복본(국제간 또는 원격지에 송부되는 경우에 한하여 인정)
소지인출급식·선택 무기명식발행	(수취인의 기재가 절대적 기재사항이므로 기명식이나 지시식만 인정) 불인정		(수취인의 기재가 수표의 절대적 기재사항이 아니므로) 인정
수표금지사항	참가인수, 참가지급, 지급인에 대한 배서(영수증의 효력만), 지급인의 배서(무효), 입질배서, 인수무담보배서, 등본제도, 복본제도(국제간·원격지 경우만 인정)		
수표특유제도	수표자금, 수표계약요, 지급보증, 횡선제도		

4.2.1.5. 어음·수표의 분류

4.2.1.5.1. 어음의 분류

(1) 상업어음·융통어음

상거래가 원인이 되어 발행되는 어음을 상업어음이라고 하며, 어음발행의 원인에 현실적인 상거래가 없이 자금융통의 목적으로 위히여 발행되는 어음을 융통어음이라고 한다.

(2) 대부어음·인수어음·담보어음

대부어음·인수어음·담보어음은 은행거래에서 어음이 수수되는 목적에 의한 분류이다. 대부어음이란 은행이 금전대부를 하고 그 지급을 확보하기 위하여 차용증서 대신에 차주로부터 받는 어음을 말하고, 할인어음은 은행이 어음 소지인에 대하여 어음금액으로부터 만기까지의 할인료를 공제하고 자금화 하여 주는 어음을 말하며, 담보어음은 은행이 차주의 현재 및 장래의 채무의 이행을 담보하기 위하여 보증인 등으로부터 받는 어음을 말한다.

(3) C.P.어음(기업어음)

할인기관(단자회사 또는 종합금융회사)에 의하여 선정된 적격업체가 자금융통의 목적으로 발행한 어음을 할인기관이 매입하여 다시 일반투자가에게 매출하는 어음(약속어음)으로 단자회사 등에게 매도인으로서 하자담보책임이나 불법행위책임은 없다(판례).

수취인이 백지인 백지어음으로 발행된 기업어음(CP) 또는 백지식배서에 의하여 취득한 기업어음을 매입한 종합금융회사가 이를 고객에게 매도하면서 실물에 갈음하여 그 기업어음의 내용 및 보관의 취지를 기재한 보관통장을 교부하는 경우, 수취인이 백지인 백지어음 또는 백지식배서에 의하여 취득한 어음은 배서에 의하지 않고 어음의 교부만으로 양도할 수 있고, 또한 유가증권의 교부에도 동산의 경우에 인정되는 간이인도, 점유개정, 목적물반환청구권의 양도 등의 관념화된 방법이 인정된다는 점에 비추어, 고객은 점유개정의 방법으로 위 기업어음을 교부받은 것이 되어 어음상의 권리를 취득한다.[3]

(4) 화한(하환)어음

화한(하환)어음이란 어음상의 권리가 운송중의 물건에 의하여 담보되어 있는 어음을 말한다.

(5) 무역어음

무역어음이란 신용장 등을 받은 수출상(매도인)이 소요자금을 조달할 목적으로 수출상품을 선적하기 전에 수출대금(신용장상의 금액)의 범위 내에서 인수기관을 지급인으로 하여 발행한 자기지시환어음을 말한다.

---

3) 大判 2006.12.07, 2004다35397.

(6) 표지어음

표지어음이란 각 금융기관이 할인·보유하고 있는 상업어음 또는 무역어음 분할 또는 통합하여 새로이 할인식으로 발행한 약속어음을 말한다. 표지어음이란 말 그대로 몇 가지 어음을 근거로 대표적인 어음(표지)을 만든다는 뜻이다. 기업들은 자금조달을 목적으로 기업어음(CP), 무역어음 등을 발행하고, 금융기관은 이들 어음을 근거로 별도의 자체 어음을 발행한다. 금융기관들은 이들 어음을 근거로 별도의 자체 어음을 발행해 일반투자자들에게 판매하는데 바로 이것이 표지어음이다. 기업들이 발행하는 상업어음이나 무역어음 등은 발행기업 사정에 따라 금액과 만기일이 각각 다르고 어음을 소지한 사람에게는 만기일까지 기다리거나 어음할인을 통해 자금을 회수해야 하는 등 불편이 뒤따른다. 이런한 불편을 덜기 위해 은행들은 돈을 빌려주고 받은 여러 가지 어음을 묶어 금액과 기간이 일정한 별도 어음, 즉 표지어음을 만들어 팔고 있다. 표지어음은 금융기관으로 하여금 어음할인 자금을 신속하게 회수할 수 있고 기업들에 대한 자금지원 기능을 원활하게 수행할 수 있도록 해준다.[4]

(7) 기 타

연기어음(개서어음)이란 금전대부의 기한이 연기되는 등으로 인하여 대부어음(기본어음)의 만기를 연기하기 위하여 다시 발행한 어음을 말하고, 부도어음이란 환어음의 지급인(인수인), 약속어음의 발행인이 무자력 등으로 만기에 지급거절된 어음을 말한다. 단명어음은 어음대부·어음할인 등의 거래에서 사용되는 말로 어음상의 채무자가 하나인 어음을 말한다. 예컨대, 약속어음인 경우에는 발행인만이 있고, 환어음인 경우에는 발행인이 지급인 또는 인수자를 겸한 어음이 그 예이다. 받을어음·지급어음은 회계상으로 자산의 부에 자산으로서 기재 되는 어음(받을어음), 대차대조표의 부채의 부에 부채로서 기재되는 어음(지급어음)이다.

4.2.1.5.2. 수표의 분류

(1) 당좌수표·가계수표

당좌수표는 사업을 하는 자가 은행과 당좌거래계약을 체결하고 은행에 있는 수표자금의 범위 내에서 발행하는 수표를 말하고, 가계수표는 개인이 은행과 가계당좌거래계약을

---

4) 네이버 지식백과(출처 매경닷컴).

체결하고 은행에 있는 수표자금의 범위 내에서 발행하는 수표를 말한다. 당좌수표 및 가계수표에는 기본당사자인 발행인·수취인 및 지급인이 모두 존재하여 수표법에서 규정하는 전형적인 수표이다. 가계수표보증카드(수표카드)는 지급은행이 가계수표의 발행인에게 발행하는 것으로 일정한 요소를 갖추면 지급은행이 위 가계수표의 지급을 담보하게 된다 (민법상 보증책임).

(2) 보증수표(자기앞 수표)

보증수표란 지급인(은행)이 지급보증한 수표로서 우리나라에서는 은행의 자기앞수표를 속칭 보증수표 또는 보수(保手)라고도 한다. 당좌수표의 소지인이 지급은행에 대하여 지급보증을 청구한 때에는 지급은행은 지급보증을 하는 대신에 수표발행인의 당좌계정으로부터 그 금액을 공제하고 지급은행의 자기앞수표를 발행하여 준다.

(3) 송금수표

송금수표란 은행이 그 본·지점 또는 그 거래은행을 지급인으로 하여 송금의 목적으로 발행하는 수표를 말한다.

(4) 우편대체수표(우편수표)

우편대체수표(우편수표)란 우편대체가입자가 지급을 하기 위하여 우체국을 지급인으로 하여 발행한 수표를 말한다.

(5) 여행자수표(T/C)

여행자수표란 해외여행자가 현금의 휴대로 인한 분실·도난 등의 위험을 피하기 위하여 고안된 수표로 여행자로 하여금 여행지에서 수표와 상환으로 여행지의 화폐로 현금화할 수 있게 하는 자기앞수표와 유사한 유가증권이다. 여행자가 여행자수표를 발행받으면 즉시 각 장의 수표에 서명을 하고(수취인으로 지정하기 위하여 하는 서명), 여행자가 동 수표를 현금화(또는 양도)할 때에는 매수인(또는 양수인)의 면전에서 다시 한번 서명을 하게 된다.

(6) 국고수표

정부의 각 중앙관서의 장이 임명한 지출관이 국고금을 지출하기 위하여 한국은행을 지급인으로 하여 발행하는 수표를 말한다.

4.2.2. 어음법 · 수표법

4.2.2.1. 어음법 · 수표법의 의의

4.2.2.1.1. 형식적 의의의 어음법 · 수표법

형식적 의의의 어음법 · 수표법은 성문법인 어음법 · 수표법을 의미한다. 어음법은 1961년 1월 20일 법률 제1001호로 공포되었고 수표법은 동일자에 법률 제1002호로 공포되었다.

4.2.2.1.2. 실질적 의의의 어음법 · 수표법

실질적 의의의 어음법 · 수표법은 어음 · 수표관계에 고유한 사법만을 의미한다.

4.2.2.2. 어음법 · 수표법의 특성

어음 · 수표제도는 재산권의 유통성을 활성화시키면서도 지급을 확실하게 하기 위한 제도라는 점에서 기술적 성질과 강행법적 성질을 가지며 지역 간 · 국제간 거래의 원활을 위한 세계적 통일성을 갖는다.

(1) 독립법적 특성

단순히 어음법 · 수표법이라는 단행법으로서의 독립법적 형식을 갖추고 있다는 의미가 아니라 실질적으로 통일체와 독자적인 법영역을 가지고 있다는 의미이다.

(2) 강행법적 성질

어음법·수표법은 유통성을 확보하기 위하여 어음·수표상의 권리의 발생·이전·소멸에 이르기까지의 과정을 모두 법률에 의하여 엄격하게 규율하고 있어서 당사자의 사적 자치의 여지가 극히 적은데, 이는 그 거래의 원활을 위한 것이다.

(3) 수단적 성질

어음과 수표는 거래관계를 결제하기 위한 수단이므로 이를 규율하는 수단적 성질 있다.

(4) 비윤리적·기술적 특성

어음법과·수표법은 하나의 국민감정·도덕·전통과는 거리가 멀고 피지급성을 확보하고 유통성을 조장하기 위한 기술적인 법규이다.

(5) 성문화적 성질

어음법·수표법은 용이하게 성문화하는 경향이 있고 관습 같은 것은 별로 없다.

(6) 세계적 성질(통일성)

어음·수표는 국제대차의 수단으로 국제간에 유통하는 것이므로 세계적 경향이 강하며, 제네바에서의 어음통일조약·수표통일조약 및 국제어음 및 국제약속어음에 관한 UN협약 등이 있다.

4.2.3. 어음법·수표법 총론

4.2.3.1. 어음행위

4.2.3.1.1. 어음행위의 의의

어음행위라 함은 어음상의 권리·의무를 변동시키는 법률행위를 뜻한다. 이러한 어음·수표행위는 어음·수표라는 지편(증권)위에 행하여지는 법률행위로서 일반 법률행위와는 달리 반드시 증권상에 일정한 필요사항을 기재하여 교부함으로써 완성된다.

(1) 형식적 의의의 어음행위

형식적 의의의 어음행위란 기명날인 또는 서명을 요건으로 하는 요식의 증권적 법률행위이다. 즉 행위의 실질적인 측면에서는 각종 어음·수표행위의 공통적인 요소를 찾기가 어렵기 때문에 그 형식적인, 즉 객관적으로 증권상에 기재된 사항의 측면에서 공통성을 찾아 개념화 한 것으로 형식적 의의의 어음행위란 기명날인(서명)을 최소한의 요건으로 하는 증권적 법률행위이라고 할 수 있다.

(2) 실질적 의의의 어음행위

실질적 의의의 어음행위에 대해 인정할 것인가에 대해 어음행위자마다의 의사표시가 상이하므로 통일적으로 인정하기 어렵다는 이유에서 부정하는 견해와 인정하는 견해로 나뉜다. 일단 긍정하는 견해에 의하면 실질적 의의의 어음행위란 어음상의 채무의 발생원인이 되는 법률행위라고 한다.

4.2.3.1.2. 어음행위의 종류

환어음의 어음행위에는 발행·배서·보증·인수·참가인수가 있으며, 약속어음의 어음행위에는 발행·배서·보증이 있고, 수표행위에는 발행·배서·보증·지급보증이 있다. 발행은 이후의 다른 어음행위의 기초가 되므로 기본적 어음행위라 하고, 그 이외의 어음행위를 부속적 어음행위라고 한다.

☞ 어음행위의 종류

환어음	발 행	배 서	보 증	인 수	참가인수
약속어음	발 행	배 서	보 증	X	X
수 표	발 행	배 서	보 증	지급보증	X

4.2.3.1.3. 어음행위의 특성

(1) 무인성(추상성)

어음행위의 무인성(추상성)이란 어음행위가 어음행위를 하게 된 원인관계(매매 등)의

무효·취소 등에 의하여 영향을 받지 않는 성질을 말한다. 이러한 원인관계는 직접당사자 사이에는 인적항변이 허용되나, 제3자와의 관계에서는 인적항변이 절단되므로 어음의 유통성을 증진시킨다.

☞ 무인성의 예시

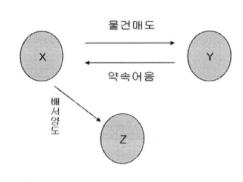

1. 지급거절(인적항변): 매매 목적물의 하자로 Y는 계약해제하고 약속어음 반환청구했으나 X는 어음의 무인성을 들어 Y에게 어음금을 청구 가능?
   지급거절(인적항변)

2. X가 반환하지 않고 Z에게 배서양도 함: Z는 X-Y간의 매매계약해제 사실을 모를 때 Z는 Y에게 지급청구가 가능한가? 청구가능 (Y는 Z에게 X에 대해 갖는 인적항변으로 대항X)

3. Z   X에게 배서 양도된 경우: X가 Z에게 채무변제를 하였으나 Z가 X에게 어음반환 안하고 있는 경우, Z가 Y에게 지급청구하는 경우 Y는 자기항변을 원용하지 못하고, X의 항변(후자의 항변)도 원용하지 못하므로 Y가 Z에게 지급하여야 할 것이나 이 경우에는 권리남용의 법리로 지급을 거절 할 수 있다고 해석됨.

(2) 요식성

어음행위는 어음의 유통성 확보와 어음취득자의 보호와 같은 거래안전의 보호를 위해서 어음법이 정한 법정의 형식을 갖추어야 한다. 이러한 법정의 형식을 갖추지 않으면 어음행위로서 효력이 없게 된다.

(3) 문언성

어음행위의 내용은 어음상에 기재된 문구에 의해서만 정하여지고 다른 실질관계에 의하여 영향을 받지 않는다. 이러한 성질은 어음행위의 무인성과 결합하여 강력한 유통성을 확보하는 수단이 된다.

4.2.3.1.4. 어음행위 독립의 원칙

(1) 의 의

어음행위독립의 원칙(어음채무독립의 원칙; 어음채무부담독립의 원칙)이란 선행하는 어음행위가 형식적 흠결이 없다면 어음이 실질적으로 무효임에도 불구하고 후속하는 어음행위는 이에 영향을 받지 않고 독립적으로 그 효력이 발생한다는 원칙이다.

무인성이 어음수표의 발행시 원인관계와 어음수표행위의 효력을 분리하는 것이라면, 독립성은 발행이후 이루어지는 어음행위에 대해서 각각의 영향력을 단절시켜 어음의 유통성을 확보하는 것이다. 따라서 선행하는 어음행위가 없는 경우, 즉 발행하지 않은 경우 또는 절대적 기재사항의 흠결로 인하여 무효인 경우에는 어음행위독립의 원칙이 적용될 여지가 없다. 이는 일반 사법상 선행행위가 무효이면 후속행위도 무효가 되는 것에 대한 예외로 이는 어음의 지급기능을 강화하고 어음의 유통성을 보호하고자 한 것이다.

(2) 근 거

1) 실정법적 근거

어음행위독립의 원칙의 실정법적 근거로서 어음법 제7조는 환어음에 다음 각 호의 어느 하나에 해당하는 기명날인 또는 서명이 있는 경우에도 다른 기명날인 또는 서명을 한 자의 채무는 그 효력에 영향을 받지 아니한다(어7, 77)라고 규정하고 있다.

① 어음(수표)채무를 부담할 능력이 없는 자의 기명날인 또는 서명

② 위조된 기명날인 또는 서명

③ 가공인물의 기명날인 또는 서명

④ 그 밖의 사유로 환어음(수표)에 기명날인 또는 서명을 한 자나 그 본인에게 의무를 부담하게 할 수 없는 기명날인 또는 서명

보증은 담보된 채무가 그 방식에 하자가 있는 경우 외에는 어떠한 사유로 인하여 무효가 된 때에도 그 효력이 있다(어32)고 규정하고 있다.

2) 이론적 근거

어음행위독립의 원칙의 이론적 근거에 대하여는 당연법칙설(소수설)과 예외법칙설(정책설; 다수설)로 나뉘어져 있다. 당연법칙설에 의하면 어음행위독립의 원칙은 법이 어음법

상 당연한 원칙이나 주의적으로 규정을 둔 것에 불과하다고 한다. 반면에 정책설에 의하면 어음행위독립의 원칙은 법이 어음거래의 안전을 위하여 인정한 특별규정이라는 견해이다.

(3) 적용범위

1) 적용 안 되는 경우

어음행위독립의 원칙은 실질적인 무효나 취소할 수 있는 선행행위의 형식적 유효를 전제로 하므로 발행이 무효인 경우나, 선행행위가 없는 경우 등에는 적용하지 않는다. 따라서 발행의 경우에는 어음행위독립의 원칙이 적용될 근거가 없다. 선행행위의 형식적 하자가 존재하는 경우, 발행행위 그 자체가 무효일 뿐만 아니라 부속적인 어음행위도 무효이다. 어음의 위·변조에 대해서도 독립성은 인정되지 않는다. 어음의 주채무가 소멸한 경우에는 상환청구의무도 전부 소멸되고, 상환청구의무의 이행 시에는 그 후의 상환청구의무는 소멸되므로 이렇게 소멸되는 어음채무에 대하여는 어음행위독립의 원칙이 적용되지 않는다. 단, 어음의 소멸시효가 지나 어음이 소멸한 경우에는 이득상환청구권 행사가 가능하다.

2) 적용되는 경우

인수(환어음)의 경우 인수인은 어음행위독립의 원칙에 의하여 발행의 실질적 무효에 영향을 받지 않고 어음채무를 부담한다. 지급보증(수표)의 경우 수표의 지급보증인도 발행의 실질적 무효에 영향을 받지 않고 수표채무를 부담한다. 보증(환어음, 약속어음, 수표)의 경우 피보증채무가 방식의 하자 이외의 사유로 무효가 된 때에는 보증채무의 효력에는 영향이 없다. 어음배서의 경우에도 어음행위독립의 원칙이 적용되는가에 관해 적용부정설과 적용긍정설(통설·판례)이 대립하고 있다.

3) 악의취득자에 대한 적용여부

어음취득자가 선행행위의 무효에 관하여 악의인 때에 어음행위독립의 원칙이 적용될 수 있는가에 대해 학설은 긍정설(통설; 예외법칙설, 당연법칙설)과 부정설로 나뉜다. 긍정설은 어음행위독립의 원칙이 사법상의 일반원칙에 대한 예외로 인정되는 것은 어음거래의 안전을 위하여 특별히 정책적으로 인정한 특칙이므로 어음행위독립의 원칙은 단순히

선의취득자의 보호뿐만 아니라 개개의 어음행위의 확실성을 높여 어음의 신용을 증진시
키기 위한 것이므로 어음취득자의 선의·악의를 묻지 않고 적용된다는 설이다.

☞ 어음행위독립의 원칙[5])

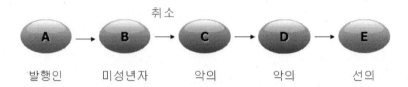

· B: 취소, 물적항변사유(무능력의 항변) → 누구에 대해서도 어음채무 부담 X
· C: 무권리자로 배서양도 → 권리이전적 효력 X, 담보적 효력 O, 자격수여적 효력 O
· D: 악의이므로 선의취득 X → 누구(C포함)에게나 권리주장 X
· E: 선의이므로 선의취득, 누구에게나 권리주장
· C의 배서는 담보적 효력과 자격수여적 효력(후행자의 선의취득의 기초가 됨)과 관련하여서는 D나 E의 의사와
  는 관계없이 이미 어음상의 책임이 발생하는 것이고 D나 E는 선의유무에 따라 발생되어 있는 권리를 취득하느
  냐 못하느냐의 문제임.

4.2.3.1.5. 어음행위의 성립요건

(1) 서

어음행위가 성립하려면 유효한 증권의 작성(법정사항 기재+기명날인 또는 서명)과 교
부가 있어야 한다.

(2) 어음행위의 형식적 요건

1) 법정사항의 기재

어음행위는 요식행위이므로 각 어음행위는 어음법에서 정한 방식대로 하여야 한다. 통
상 어음행위는 어음면상에 하지만, 배서나 보증은 보전(補箋, 보충지)이나 등본에 기재하
는 것도 허용된다.

---

5) 정찬형, (제10판) 상법강의(하), 박영사, 81면–82면 요약정리한 것임.

2) 기명날인 또는 서명

ⅰ) 의 의

모든 어음행위의 형식적 요건으로서 공통된 최소한의 요건은 어음행위자의 기명날인 또는 서명이다.

ⅱ) 자연인의 기명날인 또는 서명

어음행위자의 명칭은 성명·상호·아호 또는 거래계에서 널리 인정된 통칭이면 무방하고 반드시 호적상의 명칭임을 요하지 않는다(통설). 인장(날인)은 기명자의 명칭과 일치할 필요는 없고, 기명자의 동일성이 감별될 수 있는 것이면 족하다(판례). 기명이나 날인 중 하나라도 없으면 기명날인으로서는 효력이 없다. 다만 날인은 있으나 기명이 없는 경우에는 특별한 사정이 있는 경우에는 백지어음으로 인정할 수 있는 경우가 있다(판례). 날인 대신에 하는 무인(손도장)에 관하여는 대체로 학설은 그 진부를 육안으로 식별할 수 없다는 이유로 무효설을 취하고 있으며, 판례도 무효설의 입장에 있다.[6] 서명은 자필서명을 의미하지 일반적 사인을 의미하지 않는다.

수인이 어음행위를 하는 경우에 배서와 보증은 보전(補箋, 보충지)에도 할 수 있으나 그 밖의 어음행위는 어음면상에 하여야 한다고 보며, 공동발행의 경우에는 합동책임을 부담한다.

ⅲ) 법인의 기명날인 또는 서명

법인의 기명날인 또는 서명은 법인의 명칭과 대표관계를 표시하고(현명주의) 대표자가 기명날인 또는 서명을 하여야 한다. 따라서 회사명의 표시를 결한 경우는 회사는 책임이 없다. 즉 대표이사가 회사를 위한다는 의사표시 없이 단순한 개인명의만을 기재하고 대표이사의 직인만을 날인하거나 서명하여 약속어음을 발행한 경우는 그 어음에 대해 회사는 책임이 없다. 또한 대표자가 기명날인 또는 서명을 하여야 하므로 대표이사 자신의 기명날인 또는 서명이 없거나 법인 인을 날인한 것은 무효이다.

ⅳ) 법인격이 없는 단체의 기명날인 또는 서명

조합이 어음행위를 할 때에는 이론상으로는 조합원 전원이 기명날인 또는 서명하여야

---

6) 大判 1962.11.1, 62다604.

하나, 판례는 대표조합원이 대표자격을 표시하고 전 조합원을 대리하여 기명날인 또는 서명하는 것을 인정한다(조합원공동책임설이 통설).[7] 권리능력이 없는 사단과 재단의 경우도 같다. 학교법인의 명의가 아닌 대학장 명의의 기명날인 또는 서명은 학교법인의 어음행위로서는 효력이 없다.

(3) 어음행위의 실질적 요건

어음행위의 실질적 요건으로 당사자능력, 목적성, 의사와 표시의 일치가 있다.

1) 어음능력

ⅰ) 어음권리능력

어음권리능력이란 어음상의 권리 또는 의무의 주체가 될 수 있는 능력을 말한다. 권리능력을 가지는 자는 자연인이든 법인이든 불문하고 어음권리능력을 가지는데, 자연인은 생존하는 동안 어음권리능력이 있으며([[3]]), 법인은 정관의 목적의 범위 내에서 어음권리능력이 있다([[34]]). 회사 및 회사 이외의 법인이 정관상 목적에 의한 제한을 받는지에 대해 제한설과 무제한설로 나뉘나 법인의 어음행위가 정관에서 정한 목적범위 외의 행위인 경우에도 어음행위의 추상성으로 인하여 어음행위의 효력에는 영향이 없고 단지 원인관계에 기한 인적항변사유가 된다고 볼 것이다.

권리능력이 없는 사단이나 재단은 어음권리능력도 갖지 못한다고 이를 부정하는 것이 다수설이다. 그러나 권리능력이 없는 재단도 일정한 경우 어음권리능력이 인정될 수 있을 것이다.

법인격이 없는 조합도 그 자체는 어음권리능력이 없으나 조합원 전원이 공동어음행위를 하거나 대표자를 선정하여 어음행위를 하여 권리의무의 주체가 될 수 있다. 책임도 조합 자체가 부담하는 것이 아니라 조합원 전원이 공동어음행위자로서 합동책임을 부담한다(조합원합동책임설).

ⅱ) 어음행위능력

어음행위능력은 스스로 유효하게 어음행위를 할 수 있는 능력이므로 민법상 행위능력에 관한 일반원칙이 적용된다. 따라서 의사무능력자의 어음행위는 당연무효이고(의사무능

---

7) 大判 1970.8.31, 70다1360.

력자의 어음행위만이 무효이지 어음자체가 무효는 아님), 금치산자의 어음행위는 취소할 수 있으며, 미성년자와 한정치산자의 어음행위는 법정대리인의 동의를 얻지 않고 어음행위를 한 경우에는 취소할 수 있고 예외적으로 허용된다고 할 것이다.

어음행위능력이 결한 경우 취소가능하며 물적항변사유에 해당한다. 이익만을 얻거나 의무만을 면하는 행위가 가능한가에 대해 긍정설은 구체적 경우에 따라 결정해야 한다고 하며(무담보배서의 경우 동의 불요), 부정설은 원인관계와 단절된 '무색적 성질'의 엄격한 채무이므로 부정해야 한다고 한다. 취소의 상대방에 대해 직접 상대방에 한정해야 한다는 한정설과 중간당사자도 포함한다는 중간당사자 포함설(통설)로 나뉘어 있다. 선의의 의미(제3자의 주관적 의사)에 대해 선의와 무중과실까지 요구한다.

2) 의사표시의 흠결 또는 하자

민법상 진의 아닌 의사표시에 관한 규정(민$_{107}^{\boxminus}$), 허위표시에 관한 규정(민$_{108}^{\boxminus}$), 착오에 관한 규정(민$_{109}^{\boxminus}$), 사기 또는 강박에 관한 규정(민$_{110}^{\boxminus}$) 등은 어음행위에 그대로 적용된다. 그러나 선량한 풍속 기타 사회질서에 반하는 법률행위를 무효로 하는 민법 제103조와 현저하게 불공정한 법률행위를 무효로 하는 민법 제104조의 규정은 어음행위의 무인성 때문에 어음행위에는 적용되지 않고 인적항변사유가 될 뿐이다(연$_{17}^{\diagup}$). 즉 어음행위의 목적이 가능하고, 적법하며, 사회적 타당성을 가지며, 확정할 수 있을 것은 어음의 요건에는 해당 안된다. 사회적 타당성과 관련하여서는 원인관계가 문제될 수 있는데 원인행위가 사회적 타당성이 없는 경우에는 인적항변사유, 원인행위가 강행법규에 위반한 경우에는 물적항변사유 또는 인적항변사유가 된다. 취소가 가능한 경우 취소 상대방은 직접의 상대방뿐만 아니라 현재의 소지인(제3자)도 포함한다(판례).

(4) 어음의 교부

어음행위자에 의하여 어음이 실질적으로 유효하게 성립되면, 어음행위자가 어음을 상대방에게 교부함으로써 비로소 어음행위는 완전하게 성립하게 된다. 그런데 어음의 교부와 관련된 문제는 유효하게 성립한 어음이 분실이나 도난당한 경우에 어음채무자의 책임의 유무 등에 관하여 문제된다. 따라서 어음채무자의 책임의 유무를 구별하기 위한 이론이 어음이론에 관한 학설이다. 어음이론에 관한 학설은 어음채무자의 단독행위로 이해하는 설, 계약으로 이해하는 설, 절충설로 나뉘어 있다.

1) 창조설(단독행위설)

창조설에 의하면 어음채무는 어음행위자가 불특정다수인에 대하여 단독행위에 의하여 채무부담의 의사표시를 하는 것이라고 한다. 이 창조설에 의하면 어음의 요건에 맞추어 어음을 작성하기만 하면 어음으로서 효력이 인정된다고 한다. 따라서 어음이 작성된 후 교부하기 전에 도난 또는 분실된 경우에도 어음행위자는 어음상의 책임을 지게 된다.

2) 교부계약설

교부계약설에 의하면 어음채무는 어음의 작성과 교부계약에 의하여 성립한다고 한다. 따라서 어음채무자와 상대방 간의 교부계약이 존재하지 않는 한 어음채무자는 어음채무가 없다. 따라서 교부 전에 도난이나 절취당한 경우에는 습득자뿐만 아니라 그 후의 선의취득자도 어음채무자와 교부계약에 의하여 어음을 취득한 것이 아니므로, 즉 선의취득이 인정되지 않으므로 어음의 작성자는 어음상의 책임을 지지 않는다. 교부흠결은 물적 항변 사유가 된다.

3) 절충설

ⅰ) 권리외관설

어음행위의 성립에는 원칙적으로 교부계약이 필요하지만, 기명날인자가 어음작성에 의하여 어음상의 채무를 부담하는 것과 같은 외관을 야기한 경우에는 어음의 유효성을 인정하여 어음을 선의로 취득한 제3자에게 어음상의 채무를 부담하여야 한다는 견해이다.

ⅱ) 발행설(행위설, 판례)

어음행위의 성립에 교부계약은 필요하지 않으나 발행인이 어음을 작성하고 그 의사에 의하여 어음을 누구에게 교부한 때에 어음상의 권리가 성립한다고 보는 견해이다. 이 발행설에 의하게 되면 교부흠결의 경우, 즉 무권리자에게 어음을 교부한 경우에 무권리자로부터 배서받은 제3자는 선의취득이 인정된다. 이때 교부흠결은 인적항변사유가 된다.

4) 이단계설

이단계설은 어음의 작성(무인행위)과 교부(유인행위)라는 2단계로 이루어진다고 한다. 어음의 작성은 기명날인자 또는 서명자의 일방적 의사표시에 의하고, 교부는 기명날인자 또는 서명자와 상대방간의 계약에 의하여 성립한다고 한다. 어음채무는 어음의 작성에 의해 성립하므로 교부흠결의 경우에는 어음취득자는 이미 발생한 어음상의 권리를 예외적으로 취득할 수 있다고 한다.

(5) 판 례

어음이론에 대해 판례는 어음요건을 갖추어 유통시킬 의사로 기명날인하여 교부하는 단독행위라고 보는 발행설의 입장에 있으며, 교부흠결의 경우에 백지식 배서를 하여 보관하던 어음을 무권리자가 제3자에게 교부한 경우 어음 소지인이 그 어음을 선의취득 하는 한 발행인은 어음상 책임을 부담한다고 하여 발행설과 권리외관설의 혼합하여 적용하고 있다.

판례에 의하면 백지식 배서에 의하여 어음을 양수한 다음 단순히 교부에 의하여 이를 타인에게 양도한 자가 소지인의 상환청구에 응하여 상환을 하고 어음을 환수한 경우, 그 전의 배서인에 대하여 당연히 재상환청구권을 취득하는 것은 아니라고 하더라도, 그 상환을 받은 소지인이 그 전의 배서인에 대하여 가지는 상환청구권을 민법상의 지명채권 양도의 방법에 따라 취득하여 행사할 수 있는 것으로 보아야 하고, 다만 그 상환청구의 무자는 이에 대하여 양도인에 대한 모든 인적 항변으로 대항할 수 있을 뿐이다라고 판시하고 있다.[8]

4.2.3.2. 어음행위의 대리

4.2.3.2.1. 의 의

어음행위의 대리는 타인이 본인을 위하여 자기명의로 어음행위를 하는 것을 말한다. 어음행위의 대리가 유효하기 위해서는 형식적 요건으로서 대리방식을 갖추고, 실질적 요건으로서 대리권이 있어야 한다. 즉 어음행위를 대리하기 위해서는 대리의 일반적인 요건들인 본인의 표시, 대리관계의 표시, 대리인의 기명날인 또는 서명이 요구된다. 그런데 어음·수표법은 무권대리인의 책임에 관한 1개의 규정만(어 8, 수 77)을 두고 있다. 따라서 어음행위의 대리에 관한 일반적인 사항은 민법상 대리의 원칙에 의한다.

---

8) 大判 1998.08.21, 98다19448.

4.2.3.2.2. 형식적 요건

(1) 본인의 표시

어음행위의 대리에 있어서 본인 및 대리관계를 표시하고(현명주의) 대리인 자신이 기명날인하여야 한다. 어음행위는 증권적 행위이고 그 법률관계는 증권상의 문구에 따라 해석되므로 엄격한 현명주의(본인의 표시)가 적용된다. 이는 상행위의 대리에 있어서는 대리인이 본인을 위한 것임을 표시하지 않아도 그 행위의 효과가 본인에게 귀속된다는 상법 제48조에 대한 예외가 되고, 대리인의 상대방이 대리인으로서 한 것임을 알았거나 알 수 있었을 경우에 본인에게 효력이 생긴다는 민법 제115조 단서에 대한 예외이다. 따라서 상대방이 대리인으로 한 것임을 알았거나 알 수 있었을 경우에도 어음행위의 문언성으로 인하여 본인에게 효력이 귀속되지 않는다. 그러나 원인관계에는 적용되므로 대리인은 대리인으로서 한 것을 아는 상대방에 대해 인적항변을 주장하여 책임을 면할 수 있다. 이 결과 상대방은 권리행사를 할 수 없다는 결론에 이르게 된다.

(2) 대리관계의 표시

대리인은 대리관계를 증권상에 명백하게 표시한다. 법인의 경우에는 그 성질상 법인 스스로가 어음행위를 할 수는 없고 법인의 대표기관(대리인)인 자연인이 어음행위를 하여야 하므로, 법인의 어음행위에는 대표기관(대리인)인 자연인의 기명날인 또는 서명이 반드시 존재해야 한다. 법인의 어음행위는 대표기관이 직접(예컨대, Y주식회사 대표이사 A ⬚A의 인⬚) 하는 것이 원칙인데, 대리인(이사·지점장·과장 등)이 대표기관의 명의로 대행하는 경우도 많다.

판례도 법인의 어음행위는 어음행위의 서면성, 문언성에 비추어 법인의 대표자 또는 대리인이 그 법인의 대표자 또는 대리권자임을 어음면상에 표시하고 기명날인하는 대리방식에 의하든가, 법인의 대표자로부터 대리권을 수여받고 직접 법인의 대표자의 명의로 서명할 수 있는 권한이 주어져 있는 자의 대행방식에 의하여 이루어져야 할 것이라고 판시하고 있다.9)

(3) 대리인의 기명날인 또는 서명

대리인이 자기의 기명날인 또는 서명을 하여야 한다. 이 점에서 대리인이 자기의 기명

---

9) 大判 1987.4.14, 85다카1189.

날인 또는 서명을 하지 않고 직접 본인의 기명날인 또는 서명을 하는 대행과 구별된다.

4.2.3.2.3. 실질적 요건

(1) 대리권의 존재

어음행위가 본인에게 효력을 발생시키기 위해서는 대리인이 대리권을 가져야 한다. 발생원인에 따라 임의대리권과 법정대리권으로 구분되는데, 임의대리권은 본인의 개별적인 대리권수여행위에 의하여 발생하며 범위도 본인의 수권행위에 의하여 구체적으로 정해지며, 법정대리권은 법률의 규정에 의하여 발생하며 그 범위도 정해진다.

(2) 대리권의 제한과 어음행위의 추상성

본인의 이익을 보호하기 위하여 본인의 허락이 없는 한 대리인의 자기계약 및 쌍방대리를 금지하는 민법 제124조, 이사가 자기 또는 제3자의 계산으로 회사와 거래하는 경우에 이사회의 승인을 요하는 상법 제398조가 어음행위에 적용되는지 여부에 대하여 긍정설(통설; 판례)과 부정설(소수설)로 나뉘어 있다.

민법 제124조 또는 상법 제398조 위반의 효력에 대해 학설은 크게 무효설·유효설 및 선의의 제3자에 대하여는 무효를 주장할 수 없다는 상대적 무효설(판례[10])로 나뉘어 있다. 무효설은 상법 제398조를 강행규정으로 보고 이에 위반하는 행위 즉, 본인의 승인을 얻지 않고 한 어음·행위는 무효로 보는 견해로서 사후승인이 있으면 유효하다고 한다. 무효설은 상법 제398조를 강행규정으로 보기 때문에 물적항변사유가 된다고 하는 반면에, 유효설은 상법 제398조를 임의규정으로 보고 이를 위반하여도 행위의 효력에는 아무런 영향이 없다고 보며 회사의 이익보호는 이사의 손해배상책임과 악의의 항변의 원용에 의해 보호될 수 있다고 한다. 상대적무효설(통설·판례)는 상법 제398조 위반의 효력을 대내적으로는 무효로 보나, 대외적으로는 상대방인 제3자의 악의를 회사가 입증하지 못하는 한 유효하다고 보는 견해이다. 회사가 제3자의 악의를 입증하는 경우에는 책임이 없다.

---

10) 大判 1982.12.11, 84다카1591.

4.2.3.2.4. 무권대리

(1) 서

무권대리란 대리권이 없는 자가 대리의 형식 즉 본인을 위하여 한다는 것을 표시하여 어음행위를 하는 것이다. 어음행위의 무권대리에는 표현대리와 협의의 무권대리가 있다. 표현대리는 대리권이 없지만 본인이 책임을 부담하는 경우이고, 협의의 무권대리는 대리권도 없고 본인도 책임을 지지 않는 경우이다.

법인의 어음행위는 어음행위의 서면성, 문언성에 비추어 법인의 대표자 또는 대리인이 그 법인의 대표자 또는 대리권자임을 어음면상에 표시하고 기명날인하는 대리방식에 의하든가, 법인의 대표자로부터 대리권을 수여받고 직접 법인의 대표자의 명의로 서명할 수 있는 권한이 주어져 있는 자의 대행방식에 의하여 이루어져야 할 것이고 만일 어음행위자가 대리(대행)권한 없이 대리(대행)방식에 의하지 아니한 어음행위를 하였다면 무권대리인의 어음행위가 된다.[11]

어음법에서는 무권대리인의 책임에 관하여 1개의 조문만 규정하고 있다(어 77 · 8). 따라서 어음행위의 표현대리에 관하여는 민법과 상법의 표현대리의 규정을 어음행위의 증권적 행위의 특수성을 고려하여 적용 또는 유추적용을 한다.

(2) 표현대리

1) 어음행위의 표현대리에 관한 규정

표현대리란 대리인에게 대리권이 없음에도 불구하고 마치 있는 것과 같은 외관이 존재하고 그러한 외관이 본인에게 책임지울 만한 사정이 있는 경우에, 본인에 대하여 책임을 지우는 것이다.

2) 어음행위의 표현대리의 성립

어음행위의 표현대리가 언제 성립하는가에 대하여는 어음법에 특별한 규정이 없기 때문에 민법 및 상법의 표현대리에 관한 규정에 의하여 결정된다(민 125 · 126 · 129 상 14 · 395 등). 다만 선의의 상대방에 대하여 민·상법에서는 항상 직접의 거래의 상대방만을 의미하나, 어음은 유통증권이기 때문에 민·상법과는 달리 표현대리인의 직접의 상대방뿐만 아니라 그 후의 어

---

11) 大判 1987.04.14, 85다카1189.

음취득자를 포함한다고 본다(통설). 또한 민법상의 표현대리가 성립하기 위해서는 상대방이 "선의·무과실"이어야 하나 어음행위의 경우에는 "선의·무중과실"을 요한다.

ⅰ) 민법상 표현대리

민법에 의하여 표현대리가 성립하는 경우는 ① 본인이 제3자에 대하여 타인에게 어음행위의 대리권을 수여하였다는 뜻을 표시하였으나 사실은 타인에게 어음행위의 대리권을 수여하지 않은 경우($^{민}_{125}$) ② 대리인이 대리권의 범위를 넘어 어음행위를 대리한 경우($^{민}_{126}$) ③ 대리인이 대리권소멸 후에 어음행위를 대리한 경우($^{민}_{129}$) 등이다.

ⅱ) 상법상 표현대리

영업주는 대리권이 제한된 지배인($^{상}_{11}$) 또는 표현지배인($^{상}_{14}$)의 어음행위에 대해 책임을 진다. 회사 역시 대리권이 제한된 대표이사($^{상}_{389}$), 표현대표이사($^{상}_{395}$)의 어음행위에 대해 책임을 진다. 그 밖에도 부실등기된 지배인·대표이사 등이 어음행위를 한 경우, 권한이 내부적으로 제한된 재배인·대표이사·인적 회사의 대표사원 등이 어음행위를 한 경우에도 본인인 영업주가 책임을 진다.

3) 어음행위의 표현대리의 효과

어음행위자가 민법과 상법상의 표현대리의 요건을 갖춘 경우에 본인은 표현대리인의 어음행위에 대하여 책임을 진다. 뿐만 아니라 표현대리인도 무권대리인으로서($^{어 8; 77}_{2; 수 11}$) 어음상의 책임을 진다. 본인과 표현대리인은 부진정연대책임을 지는데, 이는 민법이 표현대리에 의하여 본인의 책임이 확정되면 상대방의 보호는 충분하므로 다시 표현대리인에 대하여 책임을 물을 수 없다는 점에서 차이가 있다.

어음 소지인은 어음상의 권리를 본인과 표현대리인 중 누구에게 행사할 수 있는가에 대하여 본인 또는 표현대리인의 어느 일방에 대하여만 책임을 추궁할 수 있다는 택일설(통설)과 양자에 대하여 동시에 중첩적으로 책임을 추궁할 수 있다는 중첩설(소수설)로 나뉘어 있다.

본인은 표현대리인에 대하여 내부관계에 있어서의 의무위반 또는 불법행위를 이유로 손해배상 청구가 가능하다.

4.2.3.2.5. 협의의 무권대리

(1) 서

대리권이 없이 타인의 대리인으로 어음·수표행위를 하였으나 표현대리에 의하여 본인에게 책임을 지울 수 없을 때 협의의 무권대리가 된다. 즉 대리권 없이 타인의 대리인으로 환어음에 기명날인하거나 서명한 자는 그 어음에 의하여 의무를 부담한다. 그 자가 어음금액을 지급한 경우에는 본인과 같은 권리를 가진다.(어₈).

어음행위의 협의의 무권대리에 관하여는 어음법 제8조(수^{77 ②}₁₁) 및 민법 제135조가 적용되는데 다만 민법 제135조는 어음법 제8조에 저촉하는 한 적용되지 않는다.

(2) 어음행위의 협의의 무권대리의 성립요건

어음행위의 협의의 무권대리가 성립하기 위해서는 ① 대리권의 부존재 및 본인의 추인이 없을 것 ② 대리인의 기명날인 또는 서명 ③ 상대방 또는 어음 소지인이 선의·무과실일 것(과실 있는 선의자 포함, 통설) 등의 요건을 갖추어야 한다. 대리권 부존재에 대한 입증책임을 누가 부담하는냐에 대해 어음 소지인입증설(다수설)과 무권대리인입증설로 나뉘어 있다. 상대방 또는 어음 소지인이 선의·무과실일 것을 요하는 것은 인적항변을 당하지 않기 위한 것으로 이 요건은 협의의 무권대리인과 그의 상대방 사이의 어음관계에서 발생하는 것이 아니라 원인관계 또는 인적항변의 관계에서 발생하는 것이다.

(3) 어음행위의 협의의 무권대리의 효과

1) 본인의 책임

무권대리의 경우 본인은 어음상의 책임을 지지 않는다. 다만 추인한 경우 및 표현대리의 경우에는 책임이 있다. 본인은 추인을 할 수 있는데, 추인의 상대방은 직접상대방 및 현재의 소지인이다. 추인의 효과에 대해 학설은 해제조건설과 정지조건설로 나뉘어 있다. 해제조건설에 의하면 무권대리인의 책임은 어음행위시에 일단 발생하고 본인의 추인이 있게 되면 어음행위시까지 소급하게 되므로 추인을 해제조건으로 소멸하게 된다고 한다. 정지조건설에 의하면 무권대리인의 책임은 어음 소지인의 신뢰가 배반당하였을 때인 추인이 거절되었을 때부터 발생된다고 본다.

2) 무권대리인의 책임

무권대리인은 본인의 추인이 없는 이상 스스로 어음 소지인에 대하여 어음상의 책임을 부담한다(어음8, 수II). 협의의 무권대리인이 어음 소지인에 대하여 어음채무를 이행한 때에는 본인과 같은 권리를 갖는다(어8).

3) 책임의 내용

무권대리인은 그가 대리권을 가졌으면 본인이 부담하였을 의무와 동일한 내용의 어음상의 책임을 부담한다. 따라서 무권대리인이 약속어음을 발행한 경우에는 발행인으로서 주채무를 부담하고, 배서를 한 경우에는 어음 소지인이 상환청구권 보전절차를 취하는 것을 조건으로 상환청구의무를 부담한다. 본인이 주장할 수 있는 항변은 무권대리인도 주장할 수 있음이 원칙이나 어음행위 및 원인관계 이외의 사정으로 본인이 주장할 수 있었던 항변권은 이를 행사하지 못한다(통설).

4.2.3.2.6. 월권대리

월권대리를 규정하고 있는 어음법 제8조는 '권한을 초과한 대리인의 경우에도 같다'라고 규정하고 있는데, 월권대리란 대리권이 있는 대리인이 그 대리권의 범위를 초월하여 어음행위를 한 경우를 말한다.

본인의 책임범위에 대해 ① 월권대리인이 어음금 전액에 대하여 책임을 지고, 본인은 책임이 없다는 설(본인무책임설) ② 본인은 수권범위 내에 대해서만 책임을 지고 월권대리인은 월권한 금액에 대해서만 책임을 진다는 설(책임분담설) ③ 본인은 수권범위 내에서만 책임을 부담하고, 월권대리인은 전액에 대하여 책임을 부담한다는 설(책임병행설: 통설) ④ 어음 소지인은 본인 또는 월권대리인 중 자력이 있는 일방에 대하여 책임을 추궁할 수 있다는 설(택일설)로 나뉘어 있다.

4.2.3.3. 어음행위의 대행

4.2.3.3.1. 어음행위의 대행의 의의

어음행위의 대행이란 타인이 본인을 위하여 직접 본인명의로 어음행위를 하는 것을 말한다. 대행은 본인이 직접 기명날인하나 대리는 타인이 본인을 위하여 대리인 자기명의로 어음행위를 하는 점에서 차이가 있다.

4.2.3.3.2. 대행의 종류

(1) 고유의 대행

고유의 대행이란 대행자는 단순히 본인의 수족으로서 본인의 기명날인 또는 서명을 기계적으로 대행하는 경우를 말한다. 예컨대, 사장이 비서에게 어음에 사장 이름이 새겨진 스탬프를 찍게 하고 도장을 건네주면서 날인하라고 하는 경우이다.

(2) 대리적 대행

대리적 대행이란 일정한 권한이 주어진 자가 자기의 의사결정에 의하여 본인의 명의로 어음행위를 하는 경우를 말한다. 즉 타인이 본인의 일정한 수권에 따라 보관하고 있는 도장을 사용하여 본인의 기명날인으로 어음행위를 하는 경우라고 할 수 있다.

4.2.3.3.3. 대행의 요건

(1) 형식적 요건

타인이 직접 본인명의로 기명날인하거나 서명을 하여야 한다. 대행기관의 표시 및 대행자의 기명날인이 없고 직접 본인의 기명날인이 있게 된다. 실제로는 대행자가 어음행위를 하면서 자신의 이름은 표시하지 아니하고 본인의 이름과 도장을 찍는 것과 같다.

법인의 경우 자연인이 법인 자체의 기명날인(Y주식회사 Y주식회사의 인)을 하는 것은 대행도 아니며 대리도 아닌 것으로 그 기명날인은 무효이다. 대표기관이 아닌 자가 대표기관의 기명날인을 대행하는 경우가 대행이다(Y주식회사 대표이사 A의 인).

(2) 실질적 요건

대행자에게 직접 본인의 기명날인을 할 수 있는 대행권이 있어야 한다. 고유의 대행의 경우는 그러한 행위를 하도록 지시를 받아야 하고, 대리적 대행의 경우는 수권범위 내의 행위이어야 한다(유권대행). 대행자가 지시받지 않은 행위를 본인명의로 하거나(고유의 대행의 경우), 수권범위 외의 행위를 본인명의로 하는 경우(대리적 대행의 경우)는 위조가 된다.

4.2.3.3.4. 기명날인 또는 서명의 대행의 효과

(1) 유권대행의 경우

대행자가 지시받아서 하거나 또는 수권범위 내에서 본인의 기명날인 또는 서명을 대행한 경우에는 본인이 당연히 어음상의 책임을 부담한다. 대행자는 책임이 없다.

(2) 무권대행의 경우

대행자가 지시받지 않은 어음행위에 대하여 본인의 기명날인 또는 서명을 대행하거나 또는 수권범위 외의 어음행위에 대하여 본인의 기명날인 또는 서명을 대행한 경우에는 위조가 된다. 이 경우 본인은 원칙적으로 어음상의 책임을 부담하지 않으나 예외적으로 무권대행자에 대하여 위조의 기회를 준 경우에는 예외적으로 사용자배상책임의 법리($^{민}_{756}$)에 의하여(고유의 대행의 경우) 또는 표현대리에 관한 규정을 유추적용하여(대리적 대행의 경우) 본인의 책임을 인정한다.

기명날인의 대행과 관련하여 대행자가 직접 타인명의로 어음·수표행위를 하는 기명날인의 대행의 법적 성질을 무엇으로 볼 것인가 하는 점이 문제되는데, 기명날인 자체를 '법률행위'로 볼 경우 그 대행은 대리와 동일하게 되지만, 이를 '사실행위'로 볼 경우에는 사실행위의 대리가 인정되지 않기 때문에 대리가 성립하지 아니하고 단지 본인의 행위를 기계적으로 대행하는 것에 지나지 않는다. 이 경우 통설은 대리가 아니라 일종의 표시기관에 의한 본인 자신의 기명날인 이라고 하고 판례는 '서명대리'라 하여 대리로써 설명하고 있다.

4.2.3.4. 어음의 위조와 변조

4.2.3.4.1. 어음의 위조

(1) 위조의 개념

어음의 위조란 권한 없는 자가 타인의 기명날인 또는 서명을 허위로 나타내어 어음·수표 행위를 함으로써 마치 그 타인이 어음·수표행위를 한 듯한 외관을 만들어 내는 것을 말한다. 타인의 범위에는 제한이 없으므로 실종인, 허무인, 사망자 등도 가능하다. 위조의 대상은 제한이 없으므로 발행, 배서, 보증, 인수, 참가인수, 지급보증 등의 모든 어음행위가 위조의 대상이 된다. 위조는 어음행위가 아니라 사실행위이기 때문에 위조자의 고의 · 과실을 요하지 않는다(통설). 타인의 기명날인 또는 서명을 권한 없이 변경한 경우에 이를 위조로 볼 것인가 변조로 볼 것인가에 대해 학설은 위조설(소수설), 위조 · 변조설(다수설)로 나뉜다.

(2) 위조 · 변조의 구별

위조는 어음행위의 주체의 기명날인 또는 서명을 허위로 기재하는 것이고 변조는 기명날인 또는 서명 이외의 어음의 내용을 허위로 하는 것이다. 위조는 어음행위의 주체를 속이는 것이고 변조는 어음행위의 내용을 속이는 것이다. 따라서 피위조자라는 개념은 존재하나 피변조자라는 개념은 없다. 어음의 위조는 어음행위의 성립요건 중의 하나인 어음행위자의 기명날인 또는 서명을 허위로 기재하는 것이므로 어음행위의 성립의 하자에 관한 부분이나 변조는 이미 성립되어 있는 어음의 내용을 허위로 하는 것이라는 점에서 차이가 있다.

어음행위의 무권대리는 본인과의 대리관계를 표시하는 문구가 기재되어 있으나 어음의 위조는 본인과의 대리관계가 표시되어 있지 않다는 점에서 차이가 있다.

(3) 위조의 효과

1) 피위조자의 책임

ⅰ) 원칙과 예외

피위조자는 누구에 대하여도 어음상의 책임을 지지 아니한다. 즉 어음의 위조는 피위조자가 어음 소지인의 선의 또는 악의를 불문하고 위조의 항변을 하여 어음상의 권리청구를 배척할 수 있는 물적항변(절대적 항변) 사유이다(통설). 그러나 피위조자는 추인한 경우, 표현책임[12], 사용자책임[13] 등이 있는 경우와 같은 피위조자의 귀책사유에 의한 경우에는 어음상의 책임을 부담한다(통설 · 판례). 즉 어음이 위조된 경우에 피위조자는 민법상 표현대리에 관한 규정이 유추적용 될 수 있다는 등의 특별한 경우를 제외하고는 원칙적으로 어음상의 책임을 지지 아니하나, 피용자가 어음위죄(위조)로 인한 불법행위에

---

12) 大判 1999.1.29, 98다27470.
13) 大判 1999.1.29, 98다27470.

관여한 경우에 그것이 사용자의 업무집행과 관련한 위법한 행위로 인하여 이루어졌으면 그 사용자는 민법 제756조에 의한 손해배상책임을 지는 경우가 있고, 이 경우에 사용자가 지는 책임은 어음상의 책임이 아니라 민법상의 불법행위책임이므로 그 책임의 요건과 범위가 어음상의 그것과 일치하는 것이 아니다.[14]

ii) 신의성실의 책임

피위조자의 위조의 항변이 신의성실의 원칙($\frac{민}{2}$)에 반하는 경우에는 피위조자는 어음상의 책임을 져야 한다.

iii) 법정추인에 의한 책임

피위조자는 원칙적으로 어음금을 지급할 의무가 없는데, 위조인 줄 알면서(악의) 지급한 경우에는 위조의 법정추인이 되어 그 지급이 유효하게 성립한다. 피위조자가 위조인 줄 모르고(선의) 지급한 경우에는 원칙적으로 지급한 금액의 반환을 청구할 수 있다.

2) 위조자의 책임

i) 어음상의 책임

위조자가 어음상의 책임을 지는지 여부에 대하여 부정설(다수설)과 긍정설(소수설)로 나뉘어 있다. 부정설은 위조자는 어음면에 자기명의의 기명날인 또는 서명이 없으므로 어음의 문언성에 비추어 위조자에게 어음상의 채무를 부담시킬 근거가 없고, 제3자의 신뢰를 보호할 이유도 없다는 것을 그 이유로 한다. 긍정설은 무권대리인의 책임에 관한 규정을 준용하거나, 위조자가 비록 타인명의로 기명날인 했지만 어음채무부담의 의사가 있다고 볼 수도 있기 때문에 긍정해야 한다고 한다.

ii) 민법·형법상의 책임

위조자는 위조어음의 소지인에 대하여 민법상 불법행위에 의한 손해배상책임($\frac{민}{750}$)을 부담하고 형법상 유가증권위조죄의 처벌을 받게 된다($\frac{형법}{1214}$).

---

14) 大判 1994.11.8, 93다21514.

3) 위조어음 위에 기명날인하거나 서명한 자의 책임(어음행위 독립의 원칙)

환어음에 어음채무를 부담할 능력이 없는 자의 기명날인 또는 서명, 위조된 기명날인 또는 서명, 가공인물의 기명날인 또는 서명 또는 그 밖의 사유로 환어음에 기명날인 또는 서명을 한 자나 그 본인에게 의무를 부담하게 할 수 없는 기명날인 또는 서명이 있는 경우에도 다른 기명날인 또는 서명을 한 자의 채무는 그 효력에 영향을 받지 아니한다($\frac{어}{7}$). 따라서 위조어음 위에 기명날인하거나 서명한 자는 어음 소지인에게 어음채무를 부담한다.

4) 위조어음의 지급인의 면책(피위조자에 대한 책임)

지급인이 위조어음을 지급한 경우에 그의 면책유무를 결정하는 근거법원에 대하여 만기에 지급하는 지급인은 사기 또는 중대한 과실이 없으면 그 책임을 면한다는 어음법 제40조 3항에 근거하는 견해와 특별법규·면책약관 또는 상관습 등에 근거하여 지급인의 면책유무를 결정하여야 할 것으로 보는 견해로 나뉘어 있다. 지급인은 면책약관 등에도 불구하고 선의·무과실로 지급하여야 면책된다. 그 주의의 정도에 관하여 경과실도 없어야 하며, 조사의무의 범위는 신고된 인장에 한하지 않고 어음금액 등을 포함한다. 위조어음에 대해 선의로 지급한 자는 어음금 수령자에 대해 부당이득반환 법리에 의해 반환청구를 인정할 수 있으나(판례), 악의로 지급한 경우에는 지급으로서의 효력이 있다.

(4) 위조의 입증책임

위조의 입증책임을 누가 질 것인가에 대해 학설은 피위조자에게 입증책임이 있다는 견해(소수설)와 어음 소지인에게 입증책임이 있다는 견해(다수설·판례)로 나뉘어 있다. 판례는 어음에 어음채무자로 기재되어 있는 사람이 자신의 기명날인이 위조된 것이라고 주장하는 경우에는 그 사람에 대하여 어음채무의 이행을 청구하는 어음의 소지인이 그 기명날인이 진정한 것임을 증명하지 않으면 안 된다[15]고 판시하여 다수설과 같은 입장이다.

---

15) 大判 1993.8.24, 93다4151.

4.2.3.4.2. 어음의 변조

(1) 변조의 의의

1) 변조의 개념

어음의 변조란 권한 없는 자가 기명날인과 서명을 제외한 나머지 어음의 기재사항을 변경하는 것을 말한다. 즉 변조란 완성된 어음에 대하여 기재내용을 권한 없이 변경하는 것을 말한다. 권한 있는 자가 그 기재내용을 변경하는 것은 변조가 아니라 단순히 변경이나, 이미 어음상에 다른 권리 또는 의무를 가진 자가 있는 경우에는 이러한 자의 동의를 받지 않고 자기의 기재내용을 변경하는 것은 변조에 해당한다. 변조도 위조와 같이 어음행위가 아니고 사실행위이므로 변조자의 고의·과실을 요하지 않는다(통설).

2) 변조와 다른 개념과의 구별

ⅰ) 위조와의 구별

위조는 기명날인 또는 서명에 관한 허위이고, 변조는 보통 기명날인 또는 서명 이외의 어음상 의사표시의 내용에 관한 허위이다(통설).

ⅱ) 보충권 남용과의 구별

변조의 대상은 어음상의 모든 기재사항이나 보충권의 남용의 대상은 백지부분에 한정되며, 변조는 물적 항변사유이나 보충권의 남용은 인적 항변사유이다.

3) 변조의 대상

변조의 대상은 어음에 기재되어야 할 절대적 기재사항(어음요건)뿐만 아니라 기재되면 효력이 인정되는 유익적 기재사항도 포함한다(통설).

(2) 변조의 효과

1) 법규정

환어음의 문구가 변조된 경우에는 그 변조 후에 기명날인하거나 서명한 자는 변조된 문구에 따라 책임을 지고 변조 전에 기명날인하거나 서명한 자는 원래 문구에 따라 책임을 진다($^{\text{어}}_{69}$).

2) 변조 전에 기명날인하거나 서명한 자의 책임

ⅰ) 원   칙

변조 전의 어음에 기명날인 또는 서명을 한 자는 원문구에 따라 어음상의 책임을 진다($^{\text{어}}_{①}$$^{69 \cdot 77}_{수 50}$). 변조전의 기명날인자 또는 서명자가 이와 같이 변조 후의 문구에 따라 책임을 지지 않고 변조전의 문구(원문구)에 따라 책임을 진다는 항변은 물적항변 사유이다.

ⅱ) 예   외

어음의 변조에 대하여 사전에 동의하거나 사후에 추인한 경우, 변조 전의 기명날인 또는 서명자에게 변조에 대하여 표현대리책임·사용자배상책임 등의 귀책사유가 있는 때에는 변조 전의 기명날인 또는 서명자는 변조 후의 문구에 따라 그 책임을 진다. 변조 전의 기명날인 또는 서명자에게 책임을 지우기 위해서는 변조어음 취득자에게 악의 또는 중과실이 없어야 한다.

3) 변조자의 책임

변조자의 책임에 대해서는 규정이 없다. 학설은 어음 소지인이 변조하고 기명날인 또는 서명을 한 경우에는 변조자는 변조 후의 어음에 기명날인 또는 서명을 한 자이므로 언제나 변조 후의 어음문구에 따라 어음상의 책임을 져야 한다고 한다(통설). 어음 소지인이 변조만 하고 기명날인 또는 서명을 하지 않은 경우에는 책임을 긍정하는 설(소수설)과 부정하는 설(다수설)로 나뉘어 있다.

4) 민법·형법상의 책임

변조자는 변조로 인하여 제3자에게 손해를 발생시킨 경우 불법행위로 인한 손해배상책임($^{\text{민}}_{750}$)과 형법상 유가증권 변조죄($^{\text{형}}_{214}$)의 책임을 진다.

5) 변조 후에 기명날인하거나 서명한 자의 책임

변조 후의 어음에 기명날인하거나 서명한 자는 변조 후의 문구에 따라서 어음상의 책

임을 진다($\begin{smallmatrix}어 & 69 & ; & 77 \\ ① & 낙 & 수 & 50\end{smallmatrix}$). 변조사실에 대해 선의·악의를 불문한다. 이는 어음의 문언증권성으로 인하여 인정되는 것이다.

6) 변조어음의 지급인의 책임

변조 전의 기명날인 또는 서명자와 지급인 간의 계약으로 변조 전의 기명날인 또는 서명자의 계산으로 지급인이 변조어음을 지급한 경우에, 지급인은 특별법규·면책약관·상관습 또는 민법상 채권준점유자에 대한 변제에 근거하여 지급인에게 고의·과실이 없으면 지급인은 면책된다고 할 것이다. 만일 지급인에게 과실이 있으면 지급인의 면책이 안되기 때문에 변조 전의 기명날인자 등에게 초과지급된 부분에 대해 손해배상을 해야 할 것이다. 또한 지급받은 자에 대해서도 변조의 물적항변을 원용하여 부당이득반환의 법리로 반환을 청구할 수 있을 것이다.

(3) 변조의 입증책임

변조의 입증책임에 대해 어음법에 규정이 없으므로 학설은 변조의 입증책임에 대하여 변조사실이 어음면상 명백한지 여부에 따라 입증책임을 다르게 지우고 있다. 즉 식별이 불가능한 경우에는 책임을 면하려는 어음채무자가, 식별이 가능한 경우에는 어음 소지인이 어음채무자가 기명날인 또는 서명을 변조 후에 하였다거나 변조에 동의하였다는 것을 입증하여야 한다는 설(통설)과 언제나 어음 소지인에게 입증책임이 있다는 설(소수설)로 나뉜다. 판례는 변조의 사실이 어음면상 명백한 경우에 입증책임을 어음채무자[16] 또는 어음 소지인[17]에게 있다고 판시하여 일관되지 않으나, 명백하지 않는 경우에는 변조의 사실을 주장하는 자(어음채무자)가 입증책임을 부담한다고 판시하고 있다[18].

---

16) 大判 1985.11.12, 85다카131(어음법 제77조, 제69조의 규정에 의하여 약속어음의 문언에 변조가 있는 경우에는 그 변조 후에 기명날인한 자는 변조된 문언에 따라 책임을 지고 변조 전에 기명날인한 자는 원문언에 따라 책임을 지게 되는 것이므로 약속어음 변조의 법률효과를 주장하는 자는 그 약속어음이 변조된 사실, 즉 그 약속어음에 서명날인할 당시의 어음문언에 관하여 입증책임을 진다).

17) 大判 1987.3.24, 86다카37.

18) 大判 1990.2.9, 89다카14165(어음의 액면금액을 변조하는 경우에는 원래 기재되어 있는 숫자를 이용하려는 것이 통상이므로, 어음의 발행인이 어음액면부분의 변조를 주장하려면 자기가 발행할 때에 어떤 방법(필기냐, 타자냐)으로 어떤 문자(국한문이냐, 아라비아 숫자냐)로 써주었다는 점을 밝혀야 할 터인데 이 사건 피고는 그저 어음액면이 40만 원이었는데 9,845,004원으로 변조되었다고 추상적인 주장을 할 뿐 그 구체적인 해명이 없을 뿐 아니라, 원심감정인의 감정소견에 의하면 이 사건 어음의 액면기재가 화학약품으로 원래의 기재를 지우고 다시 쓴 것이 아니고 그 액면기재는 변조된 것이 아니라고 함에 있음에도, 원심법원이 피고의 위 주장에 관하여 좀더 석명하지 아니한 채 증인의 증언만을 취신하여 어음면상의 기재와 다른 어음금액을 인정한 것은 심리를 다하지 아니하고 불확실한 증거에 의하여 사실을 인정한

4.2.3.5. 어음상의 권리

4.2.3.5.1. 어음상의 권리의 의의

(1) 어음상의 권리의 개념

어음상의 권리라 함은 어음금의 지급을 목적으로 하는 권리(어음금지급청구권) 및 이에 갈음하는 권리(배서인에 대한 상환청구권, 보증인이나 참가인수인에 대한 권리)를 말한다. 어음상의 권리는 어음행위에 의하여 발생하고, 그 권리를 행사하기 위하여 어음증서의 소지만으로 충분하고 소유권까지 취득하여야 하는 것은 아니다(통설).

(2) 어음상의 권리 · 어음법상의 권리

어음상의 권리와 구별되는 개념에 어음법상의 권리가 있는데, 어음법상의 권리란 어음관계의 원만한 진전을 위하여 보조적 · 부수적으로 어음법에서 인정된 권리이다. 따라서 어음금의 지급을 직접적인 목적으로 하는 어음상의 권리와 구별된다. 어음법상의 권리로는 어음의 악의취득자에 대한 어음반환청구권($^{어\ 16\ ②\ ;77}_{①\ 7,\ 수\ 21}$), 상환청구 통지를 해태한 자에 대한 손해배상청구권($^{어\ 45\ ⑥\ ;77}_{①,\ 4\ 수\ 41\ ⑥}$), 복본 또는 원본반환청구권($^{어\ 66\ ①,\ 68}_{①,\ 77①\ vi}$), 이득상환청구권($^{어\ 79}_{수\ 63}$) 등이 있다. 어음법상의 권리는 어음행위에 의하여 발생하는 것이 아니므로 어음행위와는 달리 어음법상의 요건성립으로 발생하며, 어음상의 권리행사 방법(배서나 교부)이 아닌 지명채권양도에 의하게 된다.

4.2.3.5.2. 어음상의 권리의 변동

어음상의 권리는 발행 · 인수(환어음) · 보증 · 지급보증(수표)에 의하여 발생되고, 배서나 교부에 의하여 이전된다. 어음상의 권리행사를 위해 지급제시를 하여야 하고, 지급제시에 대해 지급을 하거나 지급을 거절하게 된다. 지급을 완료하면 권리가 소멸하게 되나, 지급을 거절하게 되면 상환청구권이 발생하게 된다. 또한 어음상의 권리행사 과정에서 어음항변을 할 수 있는가 없는가 하는 문제가 있다. 어음상의 권리의 소멸은 일반채권의 소멸처럼 변제 등에 의하여 소멸하고, 어음시효에 의하여서도 소멸하게 된다. 어음상의

위법이 있다 할 것이다).

권리가 소멸하게 되면 어음상의 채무자가 어음채무를 면하게 되었는데도 불구하고 원인관계에서 비롯되는 대가를 보유하는 경우 이를 시정하기 위한 이득상환청구권의 문제가 있다. 따라서 이하에서는 어음상의 권리의 변동의 내용대로 서술하되 환어음, 약속어음, 수표 순으로 각 유가증권의 종류별로 구별하여 서술하기로 한다.

☞ 어음상의 권리

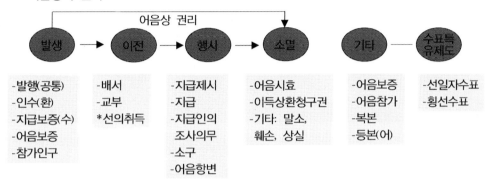

4.2.3.6. 어음의 실질관계

4.2.3.6.1. 서 설

어음 또는 수표가 발행되고 이전되는 데에는 당사자 간에 그러한 행위가 이루어지게 된 실질적인 이유가 존재한다. 이와 같이 어음·수표 이면에 존재하는 실질적인 법률관계를 실질관계 또는 기본관계라고 한다. 어음·수표 채권은 추상성을 가지므로 어음·수표관계와 그 실질관계는 서로 분리된 것으로 다루어지고 따라서 실질관계에 대한 법적인 규율은 어음·수표법이 아닌 실질사법에 의하여 다루어진다. 그러나 어음·수표관계는 실질관계의 수단에 불과한 것이므로 양자는 밀접한 관계를 가지고 있다.

어음의 실질관계에는 어음수수의 직접 당사자 간의 원인관계(대가관계), 발행인·지급인 간의 자금관계(보상관계), 어음관계의 준비단계인 어음예약이 있다.

4.2.3.6.2. 원인관계

(1) 의 의

어음수수의 원인이 되는 법률관계를 원인관계(대가관계; 출연관계) 또는 기본관계라 한다. 원인관계에는 매매, 채무의 변제, 신용제공 등이 있다. 그러나 예외적으로 거래의 원인 없이 타인에게 호의로써 어음을 발행·배서하는 어음(융통어음)도 있다. 어음할인의 경우는 원인관계가 어음자체의 매매를 목적으로 하여 이루어지는 것이므로 하자담보의 문제는 별론으로 하고 어음관계와 관련하여 특별한 문제는 없다.

(2) 어음관계와 원인관계의 분리(추상성)

어음·수표관계는 어음이나 수표의 유통성을 조장하기 위하여 원인관계로부터 분리된다. 따라서 어음의 유효·무효 또는 어음상의 권리의 발생유무는 원인관계의 존부나 유효·무효에 의하여 영향을 받지 않는다.

판례도 어음행위는 무인행위로서 어음수수의 원인관계로부터 분리하여 다루어져야 하고 어음은 원인관계와 상관없이 일정한 어음상의 권리를 표창하는 증권이므로 어음이 일정한 조건(예컨대 근로자들에 대한 노임체불)하에서만 권리를 행사하기로 한 약정하에 발행되었더라도 이와 같은 사정은 어음의 원인관계에 기한 인적항변사유에 불과하고 어음상의 권리는 일단 유효하게 성립되었다고 보아야 한다고 판시하고 있다.[19]

어음행위는 무인행위로서 어음수수의 원인관계로부터 분리하여 다루어져야 하고 어음은 원인관계와 상관없이 일정한 어음상의 권리를 표창하는 증권이라 할 것인바, 원인채무가 이미 변제된 약속어음을 소지함을 기화로 그 발행인을 상대로 어음금 청구를 하였다 하더라도 어음행위의 무인성의 법리에 비추어 그 소지인의 어음금 청구가 바로 신의성실의 원칙에 어긋나는 것으로서 권리의 남용에 해당한다고 볼 수는 없다.[20]

(3) 어음관계와 원인관계의 견련

1) 원인관계가 어음관계에 미치는 영향

원인관계가 어음관계에 미치는 영향으로는 ① 인적항변의 허용 ② 상환청구권의 인정 ③ 이득상환청구권의 인정 등이 있다.

ⅰ) 인적항변의 인정

어음수수의 당사자 간에는 어음채무자가 어음 소지인에 대하여 원인채권에 기한 인적

---

19) 大判 1989.10.24, 89다카1398.
20) 大判 1997.07.25, 96다52649.

항변을 주장할 수 있다.

ii) 상환청구권

어음금의 지급이 없는 경우에 어음 소지인은 배서인 등에 대하여 그 지급을 청구할 수가 있는데 이러한 상환청구권도 원인채권에 의한 담보책임을 인정한 것이다.

iii) 이득상환청구권

이는 어음상의 권리가 단기소멸시효 또는 상환청구권 보전절차의 흠결에 의하여 소멸한 경우에 채무를 면하게 된 어음상의 채무자가 어음수수에 있어서 취득한 대가를 실질상 불공평을 제거하기 위하여 어음 소지인에게 인정되는 권리이다.

2) 어음관계가 원인관계에 미치는 영향

당사자 사이에 원인관계에 기한 기존채무가 있고 기존채무의 변제목적으로 어음이 수수되는 경우 어음수수가 기존채무에 어떤 영향을 미치는가 하는 문제이다.

i) 기존채무의 지급을 위하는 경우

기존채무의 지급을 위하여(당좌수표발행) 어음(수표)이 교부되는 경우에는 기존채무와 어음채무가 병존한다. 행사의 순서는 당사자의 의사가 명백하지 않으면 원칙적으로 어음상의 권리를 먼저 행사하여야 한다(통설). 그러므로 어음상의 권리행사에 의하여 만족을 얻지 못할 경우에는 원인채권을 행사할 수 있다. 따라서 인수제시나 지급제시를 하여 거절된 때에는 거절증서를 작성하거나 소를 제기할 필요 없이 기존채권을 행사할 수 있다.

판례도 채무자가 채권자에게 기존채무의 이행에 관하여 어음이나 수표를 교부하는 경우, 당사자의 의사는 별도의 약정이 있는 때에는 그에 따르되, 약정이 없는 경우에는 구체적 사안에 따라 '지급을 위하여' 또는 '지급확보를 위하여' 교부된 것으로 추정된다. 또한 당사자 사이에 이를 단순히 보관하는 데 그치지 아니하고 어음할인 등의 방법으로 타에 유통시킬 수도 있는 경우라면 '지급을 위하여' 교부된 것으로 추정함이 상당하고, 어음이 '지급을 위하여' 교부된 것으로 추정되는 경우에는 채권자는 어음채권과 원인채권 중 어음채권을 먼저 행사하여 그로부터 만족을 얻을 것을 당사자가 예정하였다고 할 것이어서 채권자로서는 어음채권을 우선 행사하고 그에 의하여 만족을 얻을 수 없을 때 비로소 채무자에 대하여 기존의 원인채권을 행사할 수 있는 것이므로, 채권자가 기존채무의 변제기보다 후의 일자가 만기로 된 어음을 교부받은 때에는 특별한 사정이 없는 한 기존채무의 지급을 유예하는 의사가 있었다고 보아야 할 것이라고 판시하고 있다.[21]

ⅱ) 기존채무의 담보를 위한 경우

기존채무의 지급을 담보하기 위하여(약속어음의 발행) 어음이 수수되는 경우에는 기존채무와 어음채무가 병존한다. 행사의 순서는 채무자가 임의의 하나를 선택하여 행사할 수 있다(통설). 그러나 채권자가 원인채권을 먼저 행사하는 경우에는 채무자는 채권자에 대하여 어음을 상환할 것을 요구할 수 있을 것이다(통설·판례). 그러나 원인채무의 이행을 확보하기 위하여 약속어음이 발행되고 채권자가 이를 제3자에게 배서양도 하였다고 하더라도 동 어음채권이 시효소멸 하였으면 채권자는 어음과 상환하지 않고도 원인채권을 행사할 수 있다(판례).

ⅲ) 지급에 갈음하는 경우

은행의 자기앞수표나 은행의 지급보증이 있는 당좌수표와 같이 기존채무의 지급에 갈음하여 어음이 수수되는 경우에는 지급에 갈음한 것이라고 본다. 이때에는 기존채무는 소멸하고 어음채무만이 존재한다. 기존채무의 소멸원인에 대하여는 ① 경개(更改)설 ② 대물변제설(통설) ③ 당사자의 의사에 따라서 경개인가 대물변제인가가 결정된다는 설이 있다. 은행의 자기앞 수표는 실제상 현금과 같이 통용되고 있고 그 밖에도 은행이 지급보증을 한 수표 또는 약속어음도 그 지급이 보장되어 있기 때문에 이들이 수수된 경우에는 특별한 사정이 없는 한 지급에 갈음하는 것으로 본다. 어음채권이 상환청구권 보전절차의 흠결 또는 소멸시효로 소멸한 때에는 채권자는 원인채권을 행사할 수 없고 이득상환청구권만을 행사할 수 있다. 원인채권을 위하여 존재한 담보권이나 보증 등은 특약이 없는 한 그 효력을 잃는다.

4.2.3.6.3. 자금관계

(1) 의 의

자금관계란 환어음과 수표의 지급인이 환어음의 인수 또는 환어음과 수표의 지급을 하게 되는 관계이다. 이러한 자금관계는 환어음과 수표의 지급인과 발행인 사이에 존재하

---

21) 大判 2001.07.13, 2000다57771.

는 실질관계로서, 지급인이 없는 약속어음에는 이러한 자금관계가 없다. 일반적으로 자금관계는 발행인이 미리 지급인에게 자금을 제공하는 것이 일반적이지만, 지급인이 먼저 지급하고 후에 발행인에게 보상을 청구할 수도 있는데 그것을 보상관계라고 한다. 다만 수표의 경우에는 제시한 때에 발행인이 처분할 수 있는 자금이 있는 은행을 지급인으로 하고, 발행인이 그 자금을 수표에 의하여 처분할 수 있는 명시적 또는 묵시적 계약에 따라서만 발행할 수 있다(수³)고 규정함으로써 보상관계가 인정되지 않는다. 그러나 이 규정을 위반하는 경우에도 수표로서의 효력에 영향을 미치지 아니한다(수³세).

(2) 환어음의 자금관계

1) 어음관계와 자금관계의 분리
어음관계와 자금관계는 분리되므로 어음관계는 자금관계의 유무나 내용에 의하여 아무런 영향을 받지 않는다.

2) 어음관계와 자금관계의 견련
어음관계와 자금관계는 분리되어 있는 것이 원칙이나 자금관계가 어음관계에 반영될 수도 있다. 예컨대, 환어음의 인수인은 주채무자로서 최종책임을 지지만 어음발행인에 대해서는 자금관계로 인한 인적항변(어¹⁷)을 주장할 수 있는 것도 자금관계가 어음관계에 반영된 것이다. 그 밖에도 발행인의 인수인에 대한 지급청구권(어² ²⁸), 이득상환청구권(어⁷⁹) 등이 있다.

(3) 수표의 자금관계

수표관계와 자금관계도 (환)어음관계와 자금관계처럼 분리되므로 자금관계에 위반하여 발행된 수표도 완전히 유효하다(수³). 뿐만 아니라 수표관계와 자금관계 간의 견련성 예컨대, 인적항변 허용(수²²)이 있으나 수표에는 인수제도가 없으므로 발행인의 인수인에 대한 지급청구권은 제외된다.

(4) 준자금관계

자금관계(발행인−지급인)와 유사한 실질적인 관계, 즉 환어음의 인수인 또는 약속어음의 발행인과 지급담당자, 보증인과 피보증인, 참가인수인 또는 참가지급인과 피참가인 사이에도 자금관계와 비슷한 관계가 생기는데, 이를 준자금관계라 한다.

4.2.3.6.4. 어음예약

(1) 의 의

어음은 원인관계에 의하여 발행되지만, 원인관계와 어음행위의 중간단계로써, 어음행위를 하기 전에 당사자 간에 어음의 종류, 금액, 만기 등에 대해 미리 합의를 하는 경우의 계약을 어음예약이라고 한다. 어음예약은 구두로도 할 수 있지만 서면으로 할 때 이를 가(假)어음이라 한다.

(2) 효 력

어음이나 수표행위는 어음예약에서 정한 대로 하여야 하지만, 비록 어음예약에서 정한 조건에 위반하여 발행된 어음이나 수표도 완전히 유효하고, 그 위반에 대한 것은 당사자 간의 인적항변사유가 되는데 불과하다.

4.3. 환어음

4.3.1. 환어음의 발행

4.3.1.1. 환어음 발행의 의의

어음의 발행이란 어음의 법정요건, 즉 필요적 기재사항을 기재하고 발행인이 기명날인 또는 서명을 하여 유가증권을 작성하고, 이 유가증권을 수취인에게 교부하는 어음행위를 말한다. 어음의 발행은 어음을 창조하는 어음행위이므로 기본적 어음행위이다.

4.3.1.2. 환어음 발행의 법적 성질

환어음의 발행은 발행인이 지급인에 대하여 지급인의 명의와 발행인의 계산으로 어음 금액을 지급할 수 있는 권한을 주고 동시에 수취인에게 어음금액을 수령할 수 있는 권한을 주는 이중수권(二重授權)의 의사표시이다(지급지시설: 통설).

4.3.1.3. 어음요건

4.3.1.3.1. 서
어음의 요건은 어음에 기재하여야 할 사항이다. 어음의 기재사항에는 절대적으로 기재하여야 하는 필요적 기재사항, 법상 강제되어 있지는 않지만 기재하면 효력이 인정되는 유익적 기재사항, 기재하여도 효력이 없는 무익적 기재사항, 기재하면 오히려 어음이 무효가 되는 유해적 기재사항으로 나뉘진다.

기재사항 중 필요적 기재사항은 어음의 엄격한 요식증권성으로 인하여 필요적 기재사항 중 한 가지라도 흠결한 경우에는 무효이다. 이 기본적 어음행위인 발행이 형식적 하자로 무효가 된 경우에는 그 뒤에 하는 부속적 어음행위(배서·인수·보증 등)도 전부 무효가 된다(어음행위 독립의 원칙이 적용 안됨). 어음법은 어음의 유통보호를 위하여 어음요건 중 일부(만기·지급지·발행지)의 기재가 없는 것에 대하여는 예외적으로 구제규정을 두어 어음이 무효가 되는 것을 방지하고 있으며, 어음요건 중 일부가 기재되지 아니한 백지어음도 인정하고 있다.

4.3.1.3.2. 필요적 기재사항

(1) 필요적 기재사항

환어음에는 다음 각 호의 사항을 적어야 한다(^{어}).

① 증권의 본문 중에 그 증권을 작성할 때 사용하는 국어로 환어음임을 표시하는 글자

② 조건 없이 일정한 금액을 지급할 것을 위탁하는 뜻

③ 지급인의 명칭

④ 만기(滿期)

⑤ 지급지(支給地)

⑥ 지급받을 자 또는 지급받을 자를 지시할 자의 명칭

⑦ 발행일과 발행지(發行地)

⑧ 발행인의 기명날인(記名捺印) 또는 서명

☞ 환어음의 절대적 기재사항 및 실례

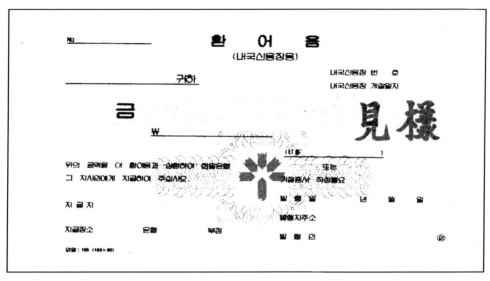

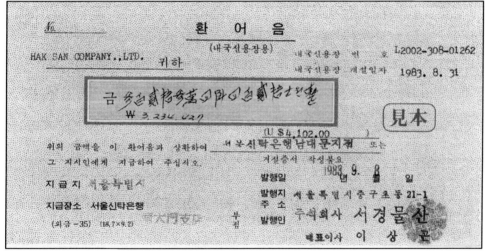

출전: 정동윤. 어음수표법. 법문사.

(2) 필요적 기재사항 내용

1) 어음문구

어음에는 '증권의 본문 중에 그 증권을 작성할 때 사용하는 국어로 환어음임을 표시하는 글자'를 기재하여야 한다. 어음문구를 기재하게 하는 것은 증권이 환어음인지 또는 약속어음인지를 명백하게 나타내기 위한 것이다. 환어음 문구는 표제어와 본문 중에 있을 수 있는데 반드시 '지급위탁문구'가 포함된 본문 중에 있어야 한다.

2) 일정금액의 무조건의 지급위탁

어음은 금전채권적 증권이므로 반드시 일정액의 금전의 지급을 목적으로 하는 증권으로서 일정한 금액의 기재가 있어야 한다. 따라서 불확정적(100만 원 이상 또는 이하), 선택적(미화 100달러 또는 한화 200만 원), 부동적 기재(미화 100달러 상당의 한화)는 무효이다(통설). 그리고 어음금액은 단일하여야 하므로 원금과 이자를 나누어 기재하는 것은 허용되지 않으나, 일람출급 또는 일람 후 정기출급의 환어음에는 발행인이 어음금액에 이자가 붙는다는 약정 내용을 적을 수 있다. 그 밖의 환어음에는 이자의 약정을 적어도 이를 적지 아니한 것으로 본다(어⑤).

이율은 어음에 적어야 한다. 이율이 적혀 있지 아니하면 이자를 약정한다는 내용이 적혀 있더라도 이자를 약정하지 아니한 것으로 본다(어⑤). 이자는 특정한 날짜가 적혀 있지 아니한 경우에는 어음을 발행한 날부터 이자를 계산한다(어⑤). 금액이어야 하므로 금전이 아닌 물건의 지급을 목적으로 하는 환어음은 무효이다.

환어음의 금액을 글자와 숫자로 적은 경우에 그 금액에 차이가 있으면 글자로 적은 금액을 어음금액으로 한다(어⑥). 환어음의 금액을 글자 또는 숫자로 중복하여 적은 경우에 그 금액에 차이가 있으면 최소금액을 어음금액으로 한다(어⑥).

발행지와 지급지의 화폐가 다른 경우 등이 문제가 될 수 있는데, 어음법에서는 다음과 같이 규정하고 있다. 지급지의 통화(通貨)가 아닌 통화로 지급한다는 내용이 기재된 환어음은 만기일의 가격에 따라 지급지의 통화로 지급할 수 있다. 어음채무자가 지급을 지체한 경우 소지인은 그 선택에 따라 만기일 또는 지급하는 날의 환시세(換時勢)에 따라 지급지의 통화로 어음금액을 지급할 것을 청구할 수 있다(어①⁴¹). 외국통화의 가격은 지급지의 관습에 따라 정한다. 그러나 발행인은 어음에서 정한 환산율에 따라 지급금액을 계산한다는 뜻을 어음에 적을 수 있다(어②⁴¹). 그러나 위의 경우 발행인이 특정한 종류의 통화로 지급한다는 뜻(외국통화 현실지급 문구)을 적은 경우에는 적용하지 아니한다($^{의}_{③}$⁴¹). 발행국과 지급국에서 명칭은 같으나 가치가 다른 통화로써 환어음의 금액을 정한 경우에는 지급지의 통화로 정한 것으로 추정한다($^{의}_{④}$⁴¹).

어음금 지급은 무조건이어야 하므로 지급에 조건을 붙이거나 지급방법을 제한하는 것은 무효이다.

3) 지급인의 명칭

환어음은 지급위탁증권이므로 환어음에는 발행인 이외에 지급인의 명칭을 기재하여야 한다. 지급인 명칭의 표시방법으로는 자연인의 성명이나 지급인의 동일성을 인식할 수 있으면 아호, 별명 등을 기재하여도 무방하다. 지급인은 실재인이 아니도 무방(지하실 어음)하다. 이는 발행인이나 배서인에게 상환청구권 행사가 가능하기 때문이다.

법인의 경우에는 법인명만 기재하면 족하고 대표자나 대표관계 등을 표시할 필요는 없다. 법인격 없는 사단이나 조합도 지급인의 명칭으로 기재될 수 있다. 이 경우 구성원이 준총유나 준합유적으로 지급할 권한이 있다.

지급인의 선택적 기재(갑 또는 을)는 선택 전에 지급인이 확정되지 아니하여 어음관계의 단순성을 해하므로 인정되지 아니한다고 보아 무효이나(통설), 지급인의 순차적 기재(제1지급인 갑, 제2지급인 을) 또는 중첩적 기재(갑 및 을)는 인정된다고 보아 유효하다고 할 것이다(통설). 지급인이 중첩적으로 기재된 때에는 지급인 전원이 지급을 거절하여야 지급거절로 인한 상환청구를 할 수 있으나, 인수거절로 인한 만기 전의 상환청구는 지급인 중의 1인만이 인수를 거절하여도 가능하다(통설). 환어음에는 발행인·수취인·지급인의 자격겸병이 가능하다.

4) 만 기

만기라고 함은 어음금액이 지급될 날로 어음상에 기재된 날로 단일하고 확정할 수 있는 날이어야 한다. 즉 어음의 만기는 확정 가능하여야 하므로 어음 자체에 의하여 알 수 있는 날이어야 하고 어음 이외의 사정에 의하여 좌우될 수 있는 불확정한 날을 만기로 정할 수는 없는바, 불확정한 날을 만기로 정한 어음은 무효이다.[22] 판례도 발행일의 기재가 1978.2.30.인 약속어음은 같은 해 2. 말일을 발행일로 하는 약속어음으로서 유효하다[23]고 판시하고 있다. 이는 어음행위의 유효해석의 원칙을 따른 것이다.

---

22) 大判 1997.5.7, 97다4517.

☞ 만기 관련 용어

만기 = 만기일 = 지급기일 ≠ 지급을 할 날(만기가 공휴일이면 익일) ≠ 지급한 날(현실로 지급이 행하여진 날)

만기의 종류에 대하여 어음법은 ① 일람출급 ② 일람 후 정기출급 ③ 발행일자 후 정기출급 및 ④ 확정일출급의 4종의 만기만을 인정하고(어①33), 그 외의 만기는 무효이다(어②33).

① 일람출급의 환어음은 제시된 때를 만기로 한다. 이 어음은 발행일부터 1년 내에 지급을 받기 위한 제시를 하여야 한다. 발행인은 이 기간을 단축하거나 연장할 수 있고 배서인은 그 기간을 단축할 수 있다(어①34). 발행인은 일정한 기일 전에는 일람출급의 환어음의 지급을 받기 위한 제시를 금지한다는 내용을 적을 수 있다. 이 경우 제시기간은 그 기일부터 시작한다(어②34).

② 일람 후 정기출급은 인수가 있는 경우에는 인수일자, 인수가 거절된 경우에는 거절증서의 작성일자로부터 일정한 기간을 경과한 날을 만기로 하는 어음이다. 즉 일람 후 정기출급의 환어음 만기는 인수한 날짜 또는 거절증서의 날짜에 따라 정하며(어①35), 인수일이 적혀 있지 아니하고 거절증서도 작성되지 아니한 경우에 인수인에 대한 관계에서는 인수 제시기간의 말일에 인수한 것으로 본다(어②35).

③ 발행일자 후 정기출급은 발행일자로부터 어음에 기재한 확정기간을 경과한 날을 만기로 하는 어음이다.

④ 확정일출급은 확정한 날을 만기로 하는 어음이다.

만기가 흠결되더라도 무효로 되지 않고 일람출급의 환어음으로 본다(어2). 만기가 흠결된 어음에 대해 판례와 학설은 발행인의 의사는 외부에서 쉽게 알 수 없으므로 일단 백지어음으로 추정하고 발행인이 보충권 수여의 의사가 없었음을 입증하거나 또는 어음취득자가 보충을 하지 않고 지급제시한 때에 일람출급 어음으로 보는 것이 타당하다고 본다.

만기일의 결정 및 기간의 계산은 다음과 같다(어36).

① 발행일자 후 또는 일람 후 1개월 또는 수개월이 될 때 지급할 환어음은 지급할 달의 대응일(對應日)을 만기로 한다. 대응일이 없는 경우에는 그 달의 말일을 만기로 한다.

② 발행일자 후 또는 일람 후 1개월 반 또는 수개월 반이 될 때 지급할 환어음은 먼저 전월(全月)을 계산한다.

③ 월초, 월중 또는 월말로 만기를 표시한 경우에는 그 달의 1일, 15일 또는 말일을

---

23) 大判 1981.7.29, 80다1295.

말한다.

④ "8일" 또는 "15일"이란 1주 또는 2주가 아닌 만 8일 또는 만 15일을 말한다.

⑤ "반월"(半月)이란 만 15일을 말한다.

만기 결정의 표준이 되는 세력은 다음과 같다($\frac{\text{어}}{37}$).

① 발행지와 세력(歲曆)을 달리하는 지(地)에서 확정일에 지급할 환어음의 만기일은 지급지의 세력에 따라 정한 것으로 본다.

② 세력을 달리하는 두 지(地) 간에 발행한 발행일자 후 정기출급 환어음은 발행일을 지급지 세력의 대응일로 환산하고 이에 따라 만기를 정한다. 환어음의 제시기간은 이에 따라 계산한다.

③ 위 규정은 환어음의 문구나 그 밖의 기재사항에 의하여 다른 의사를 알 수 있는 경우에는 적용하지 아니한다.

5) 지급지

지급지라 함은 어음금액이 지급될 일정한 지역으로 최소독립행정구역(특별시, 광역시, 시, 읍, 면 등)을 말한다. 지급지는 인수 또는 지급을 위한 제시, 전자에 대한 상환청구권 보전절차, 인수인의 채무이행 등의 지역이 된다.

지급지는 지급지 내에 있어서 지급이 행하여질 특정한 장소 예컨대, 은행(지점) 등을 지칭하는($\frac{\text{어} 4}{27 \text{②}}$) 지급장소와 구별된다. 지급장소는 어음요건이 아니므로 지급장소가 지급지 내가 아니라 하더라도 무효가 되는 것은 아니다. 지급지는 단일하고 확정되어야 하므로, 지급지의 중첩적 기재나 선택적 기재는 인정되지 않는다고 본다(통설).

지급지가 흠결되면 어음이 무효이나 예외적으로 지급지의 기재가 없는 때에는 지급인의 명칭에 부기한 지를 지급지 및 지급인의 주소지로 본다($\frac{\text{어} 2}{II}$).

☞ 동지어음 · 이지어음/동지지급어음 · 타지지급어음/제3자방지급어음

- 동지(同地)어음이란 발행지와 지급지가 동일한 어음을 말하고, 이지(異地)어음이란 발행지와 지급지가 동일하지 않은 어음을 말한다(발행지: 지급지).
- 동지지급(同地支給)어음이란 지급지와 지급인의 주소지가 동일한 어음을 말하고, 타지지급(他地支給)어음이란 지급지와 지급인의 주소지가 동일하지 아니한 어음을 말한다(지급지: 지급인의 주소지).
- 제3자방지급어음이란 지급인의 주소에서가 아니라 지급지 내의 제3자의 주소에서 지

급되는 어음을 말한다. 그런데 이러한 지급장소는 지급지 내이기만 하면 지급인의 주소지에 있거나 다른지에 있음을 불문한다. 즉 환어음은 지급인의 주소지에 있든 다른지(地)에 있든 관계없이 제3자방(第三者方)에서 지급하는 것으로 할 수 있다(^예).

6) 수취인

수취인이라 함은 어음금을 지급받을 자(기명식어음) 또는 지급을 받을 자를 지시할 자(지시식 어음)의 명칭이다. 수취인은 지급인과 같이 실재인이 아니어도 무방하다. 수취인의 표시방법은 지급인의 명칭의 표시방법처럼 성명 이외에도 상호, 아호, 예명 등 수취인을 특정할 수 있으면 충분하며, 법인의 경우에는 법인명만 기재하고 대표자의 성명 등을 기재하지 않아도 유효하다.[24]

환어음에서는 수표와는 달리 수취인이 필요적 기재사항이므로 소지인출급식어음은 인정될 수 없다. 수취인을 필요적 기재사항으로 규정한 것은 수취인을 기재하지 아니한 어음이 '소지인 출급식 어음'이 되어 수표와 다를 바 없게 되기 때문이다.[25] 수취인은 상환청구의무 이외의 별다른 채무를 부담하지 않으므로 지급인의 경우와는 달리 넓게 인정되고 있다. 즉 수취인은 중첩적 기재(갑 및 을)뿐만 아니라 선택적 기재(갑 또는 을) 및 순차적 기재(제1수취인 갑, 제2수취인 을)도 모두 유효하다고 본다(통설). 수취인이 중첩적으로 기재된 경우 그 수취인들은 공동으로 어음상의 권리를 행사하거나 배서하여야 하고, 선택적·순차적으로 기재된 경우에는 어음을 소지한 수취인이 단독으로 배서하고 권리행사를 할 수 있다. 수취인의 기재가 없는 경우에는 보충규정이 없으나 무효로 보지 않고 백지어음으로 본다(판례).

7) 발행일과 발행지

ⅰ) 발행일

발행일이란 어음이 발행된 날로서 어음상에 기재된 일자를 의미하며, 실제로 어음이 발행된 일자를 의미하지 않는다. 발행일은 실제로 발행된 날짜보다 뒤의 날짜를 발행일로 기재할 수도 있고 실제보다 전의 날짜를 기재할 수도 있는데 전자를 선일자 어음, 후자를 후일자 어음이라 한다. 발행일을 어음요건으로 규정한 것은 발행일자 후 정기출급

---

24) 大判 1978.12.13, 78다1567.

25) 大判 2000.02.24, 97헌바41.

어음에서 만기를 정하는 기준이 되고(어 $\frac{36}{①②}$), 일람출급 어음에 있어서 지급제시기간을 산정하는 기준이 되며(어 $\frac{34}{①2분}$), 일람 후 정기출급 어음에서 인수 제시기간을 산정하는 기준이 되기 때문이다(어 $^{23}_{①}$). 발행일이 만기보다 뒤의 날인 경우에는 그러한 발행일은 불가능한 날로서 무효로 본다(통설). 이는 소지인이 지급제시기간 내에 지급제시를 할 수 없기 때문이다.

발행일을 필요적 기재사항으로 규정한 것은 발행일이 발행일자 후 정기출급 어음의 만기를 정하고 일람출급 어음의 지급제시기간을 정하는 표준이 되며, 확정일출급 어음의 경우에는 발행인의 능력과 대리권의 유무를 판단함에 있어서 기준이 되고, 장기어음임을 은폐하기 위하여 발행일을 백지로 하여 어음을 발행하는 폐단을 방지해 주기 때문이다.[26]

ⅱ) 발행지

발행지라 함은 어음이 발행된 장소로서 어음상에 기재된 지를 말하며 실제상의 발행지를 의미하지 않는다. 준거법의 단일·확정의 추정을 해하지 않는 한 어떠한 기재를 하여도 무방하다(통설). 표시도 최소독립행정구역일 필요는 없다. 따라서 한국, 호텔명, 선박명의 기재도 유효하다.

발행지는 의미는 국제사법상 준거법을 결정하는 표준이 되는 것으로 실제로 발행지를 의미하므로 발행지를 절대적 기재사항으로 할 필요가 있는지에 대해 논의가 있다. 판례도 어음에 있어서 발행지의 기재는 발행지와 지급지가 국토를 달리하거나 세력(歲曆)을 달리하는 어음 기타 국제어음에 있어서는 어음행위의 중요한 해석 기준이 되는 것이지만 국내에서 발행되고 지급되는 이른바 국내어음에 있어서는 별다른 의미를 가지지 못하고, 또한 일반의 어음거래에 있어서 발행지가 기재되지 아니한 국내어음도 어음요건을 갖춘 완전한 어음과 마찬가지로 당사자 간에 발행·양도 등의 유통이 널리 이루어지고 있으며, 어음교환소와 은행 등을 통한 결제과정에서도 발행지의 기재가 없다는 이유로 지급거절됨이 없이 발행지가 기재된 어음과 마찬가지로 취급되고 있음은 관행에 이른 정도인 점에 비추어 볼 때, 발행지의 기재가 없는 어음의 유통에 관여한 당사자들은 완전한 어음에 의한 것과 같은 유효한 어음행위를 하려고 하였던 것으로 봄이 상당하므로, 어음면의 기재 자체로 보아 국내어음으로 인정되는 경우에 있어서는 그 어음면상 발행지의 기재가 없는 경우라고 할지라도 이를 무효의 어음으로 볼 수는 없다고 판시하고 있다.[27]

---

26) 大判 2000.02.24, 97헌바41.

27) 大判 1998.4.23, 95다36466(전원합의체); 수표에 있어서도 그 발행지의 기재 없는 수표의 효력에 대해서도

발행지가 적혀 있지 아니한 경우: 발행인의 명칭에 부기한 지(地)를 발행지로 본다. (법 2). 판례는 발행지와 발행인의 명칭에 부기한 지가 모두 누락된 경우를 백지어음으로 보고 있다. 따라서 백지보충권을 행사하지 않고 지급제시한 것은 적법한 지급제시라고 볼 수 없어 상환청구권을 상실하게 된다.28)

발행지의 표시방법은 준거법의 단일·확정의 추정을 해하지 않는 한 어떠한 기재를 하여도 무방하다(통설). 지급지의 표시방법과는 달리 발행지의 표시는 최소독립행정구역일 필요는 없다. 판례는 발행지의 기재는 독립된 최소행정구역을 표시하면 족하므로 발행인의 명칭란의 '점촌' '상주'라는 표시는 발행지의 기재로 볼 수 있다고 판시하여 발행지의 요건을 완화하고 있다.29)

8) 발행인의 기명날인 또는 서명

발행인의 기명날인 또는 서명은 발행인의 진정한 기명날인 또는 서명이 아니어도 좋고 허무인의 기명날인 또는 서명이라도 관계없다. 또한 기명과 날인이 일치할 필요도 없다. 판례도 어음법상의 기명날인이라는 것은 기명된 자와 여기에 압날된 인영이 반드시 합치됨을 요구한다고 볼 근거는 없으므로 약속어음에 기명이 되고 거기에 어떤 인장이 압날되어 있는 이상 외관상 날인이 전연 없는 경우와는 구별되어야 한다고 판시하고 있다.30) 기명날인 또는 서명은 반드시 어음 자체에 하여야 하고 보전(부전·보충지) 또는 등본에는 할 수 없다(통설).

어음의 발행인이 수인인 경우에도 확정할 수 있는 공동발행의 형태만 인정되고 선택적 발행은 어음의 단순성을 해하므로 인정되지 않는다(통설). 수인이 공동으로 발행이라는 어음행위를 한 경우에도 각자 독립하여 어음금액의 전부를 지급할 의무를 부담하는 합동책임을 진다(어47)(통설·판례). 수인의 공동발행의 경우에도 1인의 어음발행인의 기명날인 또는 서명의 경우와 같이 어음 자체에 하여야 하고, 보전 또는 등본에 할 수 없다(통설).

기존의 입장, 즉 무효로 보던 판결(大判 1968.9.24, 68다1516, 大判 1983.5.10, 83도340, 大判 1990.5.25, 89다카15540, 大判 1994.9.30, 94다8754)을 변경하여 유효로 판시하고 있다(大判 1999.8.19, 99다23383).

28) 大判 1988.8.9, 86다카1858.

29) 大判 1984.7.10, 84다카424, 425.

30) 大判 1978.02.28, 77다2489.

☞ 환어음·약속어음·수표의 절대적 기재사항(어음요건)

	환어음	약속어음	수 표
1	환어음의 문구	약속어음의 문구	수표의 문구
2	어음금액의 지급위탁	어음금액의 지급약속	수표금액의 지급위탁
3	지급인의 명칭	없 음 ①	지급인의 명칭
4	수취인명칭	수취인명칭	불필요 ②
5	발행인 기명날인 또는 서명	발행인 기명날인 또는 서명	발행인 기명날인 또는 서명
6	발행일	발행일	발행일
7	만 기	만 기	없 음 ③
	만기 없는 경우 일람출급으로 본다.		
8	발행지	발행지	발행지
	발행지의 기재가 없는 경우 발행인의 명칭에 부기한 지를 발행지로 본다.		
9	지급지	지급지	지급지
	지급인의 명칭에 부기한 地	*발행지, 발행지가 없는 경우 발행인의 명칭에 부기한 地*	*환어음과 동일*

① 지급약속증권이므로 발행인이 주채무자가 되고 지급인은 없다.
② 수표는 소지인출급식(혹은 무기명식)의 발행이 가능하다.
③ 수표의 만기는 항상 일람출급이다.

4.3.1.3.3. 유익적 기재사항

	내 용	환어음	약속어음	수 표
1	지급인의 명칭에 부기한 지 → 지급지 보충, 지급인의 주소	2③	X	2②
2	발행인의 명칭에 부기한 지 → 발행지	2④	47④	2④
3	지급담당자 또는 지급장소(제3자방지급문구)	4·27	77②	8
4	일람출급 또는 일람 후 정기출급의 환어음에 있어서의 이자문구·이율 또는 이자의 기산일의 기재	5	77②	X [d]
5	(발행인의) 인수무담보 문구	9②	X [a]	X [e]
6	배서금지 문구	11②	77①	5① 14②
7	인수제시의 명령 또는 금지 문구	22	X [b]	X [f]
8	인수제시 기간의 단축 또는 연장의 기재: 원칙 1년	23②	X [c]	X [g]
9	지급제시 기간의 단축 또는 연장의 기재: 발행일자로부터 1년	34①	77①	X [h]
10	일정기일 전의 지급제시 금지 문구	34②	77①	X [i]
11	준거할 세력의 지정: 발행지와 지급지의 세력이 다른 경우	37④	77①	X [l]
12	외국통화 환산율의 지정: 어음금액이 외국통화인 경우	41②	77①	36②
13	외국통화 현실지급 문구: 어음금액이 외국통화인 경우	41③	77①	36③
14	거절증서 작성면제(무비용상환) 문구	46	X	42①

15	역어음 발행금지 문구: 상환청구의무자인 발행인이 상환청구의무 면제	52①	X	X [ⓜ]
16	예비지급인의 지정	55①	77①	X [ⓝ]
17	복본번호의 기재: 기재하지 않으면 독립한 환어음으로 간주	64②	X [ⓙ]	48
18	복본불발행 문구(단일어음 문구)	64③	X [ⓚ]	X [ⓞ]
19	수취인의 기재(환어음은 절대·수표는 임의적 기재사항)	X	X	5
20	횡선의 표시	X	X	37①

ⓐⓑⓒ 약속어음에는 인수제도가 존재하지 아니하므로 인수에 관련된 유익적 기재사항은 인정하지 않는다.
ⓓ 지급의 수단으로 이용되는 수표에는 이자를 인정하지 않는다.
ⓔⓕⓖ 수표에도 인수제도는 없다.
ⓗⓘ 수표의 지급제시기간은 10일로 법정되어 있으며 변경하지 못한다(수 29조).
ⓙⓚ 약속어음에는 복본이 없다.
ⓛ 지급지의 세력으로 발행일자를 환산한다.(수 30조)
ⓜ 역수표에 의한 상환청구 불인정
ⓝ 수표에는 참가를 인정하지 않으므로 참가지급할 자를 미리 지정하는 예비지급인의 지정은 인정 안한다.
ⓞ 수표의 복본은 특별한 경우에 발행할 당시부터 발행되는 것이며 수표소지인에게 복본발행청구권이 인정되는 것이 아님. 따라서 복본불빙행문구를 인정할 이유가 없다.

4.3.1.3.4. 무익적 기재사항

(1) 법규정에 있는 것

	내 용	환어음	약속어음	수 표
1	위탁문구: 환어음/수표 = 지급위탁증권	3③		6②
2	일람출급, 일람 후 정기출급의 이율의 기재가 없는 이자의 약정	5②, 77②		27
3	확정일출급, 발행일자 후 정기출급 이외의 이자약정	5①, 77②		7
4	발행인의 지급무담보 문구: 기재하지 않은 것으로	9②	유해적 기재사항	12
5	지시문구: 당연한 지시증권이므로	11①, 77①i	ⓐ	5
6	상환문구	39②, 77①iii		6
7	파훼문구	65①	ⓑ	
8	일람출급 이외의 만기표시	X	X	28
9	인수문구	X	X	4

ⓐ 약속어음은 지급약속증권이므로 해당사항 없다.
ⓑ 복본이 없다.

(2) 법규정에 없는 것

	내 용	환어음	약속어음	수 표
1	대가문구	O	O	O
2	자금문구	O	ⓐ	O
3	통지문구	O	O	O
4	제시문구·환수문구	O	O	O
5	위약금 문구	O	O	O
6	담보부 문구	O	O	O
7	어음배서의 특약			
8	관할법원의 합의			
9	지연손해금의 약정			
10	번호: 자신의 편리를 위하여 번호를 붙이나 효력에는 영향 무			

ⓐ 자금관계가 없으므로 해당사항 없다.

4.3.1.3.5. 유해적 기재사항

(1) 어음법에 규정이 있는 사항

어음법이 정한 이외의 만기를 기재하거나 분할 출급의 만기를 기재하는 것은 어음 자체를 무효로 한다(어§33). 또한 지급인이 수인인 경우에 각 지급인에 대하여 각각 상이한 만기를 정하는 경우에도 어음 자체를 무효로 한다. 참고로 수표법에 규정되어 있는 유해적 기재사항은 없다.

(2) 어음법에 규정이 없는 사항

어음채권의 효력을 원인채권의 성립이나 효력에 의존하도록 하는 기재, 어음 지급방법을 한정하거나 조건을 붙이는 기재, 조건부 지급위탁의 문구, 반대급여 문구 등이 있다.

4.3.1.3.6. 자기지시어음 등

환어음은 발행인 자신을 지급받을 자로 하여 발행할 수 있으며(어§3①), 발행인 자신을 지급인으로 하여 발행할 수 있다(어§3②). 또한 환어음은 제3자의 계산으로 발행할 수 있다(어§3③). 약속어음의 발행인이 자신이 발행하는 어음의 수취인으로 된 이른바 자기제시 약속어음도 유효한 약속어음이다.[31]

4.3.1.4. 발행의 효력

4.3.1.4.1. 본질적 효력

환어음이 발행되더라도 지급인은 지급의무가 강제되지 않고, 인수한 경우에 한하여 인수인으로서 지급의무를 진다. 즉 지급인은 당연히 지급의무를 지는 것이 아니며, 발행인의 계산으로 어음금을 지급할 권한만을 취득한다. 반면에 어음의 수취인은 지급인에게 지급을 청구하여 어음금액을 수령할 권한을 취득한다.

☞ 발행의 효력

	換어음	約束어음	手票
本質的 효력(의사표시)	이중수권(수령권·지급권)	주채무 부담	이중수권
附隨的 효력(법률규정)	상환청구의무, 이득상환의무	이득상환의무	환어음과 同
환어음과 수표의 차이	주채무의 부존재(지급보증을 하여도 조건부 채무) (환어음과 수표의 차이)		
	지급제시기간 내에는 지급위탁의 취소 불가 (환어음과 수표의 차이)		
	발행의 제한(은행을 지급인으로, 수표계약 필요)		

4.3.1.4.2. 부수적 효력

환어음이 발행되면 발행인은 그 어음의 인수와 지급을 담보한다($\frac{어9}{①}$). 발행인은 인수를 담보하지 아니한다는 뜻을 적을 수 있으나, 발행인이 지급을 담보하지 아니한다는 뜻의 모든 문구는 적지 아니한 것으로 본다($\frac{어9}{②}$). 즉 인수가 되지 않는 경우에는 발행인이 책임을 지게 되는데, 지급인이 인수하지 않는 경우 발행인이 지급을 하지 않겠다는 것은 어음채무를 부담하는 자가 없게 되는 결과가 되므로 그러한 기재는 없는 것으로 한 것이다. 발행인은 그 밖에도 복본교부의무($\frac{어}{64}$)와 이득상환의무($\frac{어}{79}$)를 부담한다.

☞ 환어음

① 이중수권(지급지시설): 수취인은 자기의 명의와 발행인의 계산으로 어음금액을 수령할 수 있는 권한을 취득하고, 또 지급인은 자기의 명의와 발행인의 계산으로 지급할 수 있는 권한을 취득한다. 환어음의 발행인은 인수와 지급을 담보하게 되는데, 인수담보책임 면책은 가능하나 지급의 무담보는 어떠한 경우에도 면책이 안 된다.

---

31) 춘천지법 1988.09.06, 88가단1540.

② 지급위탁의 취소(지급지시의 철회): 환어음의 발행인과 지급인과의 관계는 자금관계로서 어음 외의 민사법적 법률관계이므로, 발행인은 지급인이 지급할 때까지 언제든지 어음 외의 의사표시로 그 지급위탁을 취소(철회)할 수 있다. 따라서 지급위탁 취소 후에는 지급인은 발행인의 계산으로 지급할 수 없다.

☞ 어음의 발행 주요 정리

[자격의 겸병]

※ 당사자자격의 겸병 – 혼동의 법리는 적용되지 않는다.

㉠ 발행인과 수취인과의 자격의 겸병: 자기지시환어음

㉡ 발행인과 지급인과의 자격의 겸병: 자기앞환어음

㉢ 수취인과 지급인과의 자격의 겸병: 규정은 없으나 이론상 가능

㉣ 발행인 · 수취인 · 지급인의 3자격의 겸병: 단명어음

[수인이 있는 경우]

	중첩적 기재	순차적 기재	선택적 기재
발행인	긍정설(공동발행)	부정설	부정설
지급인	긍정설(합동책임)	긍정설(예비적 기재)	부정설
수취인	긍정설(전원 공동행사)	긍정설(교부받은 자)	긍정설(교부받은 자)
피배서인	유 효		

		환어음	약속어음	수 표
발행인	지급무담보	무익적	유해적	무익적
	인수무담보	유익적	-	-
배서인	지급무담보	유익적	유익적	유익적
	인수무담보	유익적	-	-

4.3.1.5. 백지어음

4.3.1.5.1. 백지어음의 의의

(1) 백지어음의 개념

백지어음이라 금액이나 만기 등 어음요건의 일부 또는 전부를 후일에 취득자로 하여금 보충시킬 의도로 공백으로 둔 채 기명날인 또는 서명하여 유통시킨 어음을 말한다. 백지어음에서 백지로 한 부분은 어음행위자의 기명날인 또는 서명 이외의 어떠한 사항도 무방하다(통설). 백지어음과 구별되는 불완전어음이란 후에 보충시킬 의도 없이 고의로 또는 부주의로 어음요건이 흠결된 어음으로 무효이다. 준백지어음은 유익적 기재사항을 백지로 한 어음이다.

백지어음은 보충에 의하여 완전한 어음상의 권리가 발생되므로 보충하기 전까지는 어음이라 할 수 없다. 따라서 백지어음인 채로 인수제시를 하거나 지급을 청구할 수 없다. 즉 백지어음의 어음행위는 백지의 요건이 후일 보충될 것을 정지조건으로 성립되는 것이고 요건의 보충에 의한 조건이 성취되었을 때 비로소 어음행위로서 완전한 효력이 생기므로 배서 등 백지어음에 한 모든 어음행위는 이때에 효력이 발생하는 것이고 보충의 효과가 조건성취 전에 소급한다고 볼 수 없다.[32]

(2) 백지어음의 법적 성질

백지어음의 성질에 대하여는 ① 어음의 일종으로 보는 견해(소수설)와 ② 어음이 아닌 특수한 유가증권으로 보는 견해(통설)가 있다. 따라서 통설에 의하면 백지어음이란 보충을 조건으로 하는 어음상의 권리와 보충권이 화체된 특수한 유가증권이다.

백지어음이 완성어음과 동일한 방법에 의하여 유통되는 것은 완성어음에 관한 규정이 당연히 백지어음에 적용되는 것이 아니라 다만, 상관습법에 의하여 완성어음과 동일한 유통방법이 인정되기 때문이다. 백지어음이 표창하는 권리는 어음상의 권리가 아니라 기대권과 보충권이다(통설).

---

32) 大判 1965.08.31, 65다1217.

4.3.1.5.2. 요 건

(1) 백지어음 행위자의 기명날인 또는 서명의 존재

백지어음이 되기 위해서는 반드시 어음행위자의 기명날인 또는 서명이 있어야 한다. 발행인의 기명날인이 반드시 있어야 하거나 선행될 필요는 없다. 이 경우에 기명과 날인 모두가 있어야 하는 것이 원칙이나, 기명 없이 날인만 있는 경우에도 보충권이 있는 한 백지어음이 된다고 본다. 어음법 제 10조의 법문에서는 "발행한"이라고 되어 있으나 다른 실질적인 이유는 없는 것이라고 할 수 있으므로 반드시 발행인의 기명날인 또는 서명이 있어야 되는 것은 아니라고 이해하고 있다. 백지어음행위가 가능한 어음행위로는 발행, 인수, 배서 또는 보증 등이 있다.

(2) 어음요건의 전부 또는 일부의 흠결

백지어음이 되기 위해서는 어음요건(필요적 기재사항)의 전부 또는 일부의 흠결이 있어야 한다. 어음요건의 전부란 기명날인 또는 서명을 제외한 어음요건의 전부를 의미한다. 어음요건과 관련하여 만기, 즉 지급기일이 백지인 경우에 이를 만기가 백지인 백지어음으로 볼 것인가 일람출급으로 볼 것인가 하는 논의가 있다. 판례는 백지어음으로 추정한다.[33]

이 학설의 차이는 일람출급 어음으로 보는 경우 원칙적으로 발행일로부터 1년 이내에 지급받기 위하여 제시하여야 하는데(어[34]), 제시하지 않으면 상환청구의무자에 대한 상환청구권을 상실하며(어[53]), 만기로부터 3년(발행일로부터는 4년)을 경과하면 인수인에 대한 어음상의 권리가 소멸한다(어). 반면에 만기가 백지인 어음으로 본다면 만기를 보충해야만 어음상의 권리를 행사할 수 있다. 발행지가 백지인 어음이 발행지의 보충 없이 지급제시된 경우 국내발행이 명백한 한 유효한 어음의 지급제시가 된다(판례).[34]

어음금액을 백지로 하는 경우, 보충권의 범위를 넘는 어음금액을 기재한 부당보충 시 이를 취득한 소지인에게 중과실이 있는지에 관하여 판례는 어음금액의 기재는 대단히 중요한 사항이므로 어음금액란을 백지로 한 어음을 발행하는 경우에 발행인은 통상적으로 그 보충권의 범위를 한정한다고 봄이 상당하다고 하여 그 금액의 적정기재여부를 확인하지 않은 소지인에게 부당보충된 약속어음을 취득함에 있어 중과실이 있다고 판시하고 있다.[35]

---

33) 大判 1976.3.9, 75다984.

34) 大判 1999.8.19, 99다23383.

35) 大判 1978.3.14, 77다2020, 大判 1995.8.22, 95다10945; 大判 1999.2.9, 98다37736.

(3) 백지보충권의 존재

백지보충권이 존재하여야 한다. 즉 어음요건을 장차 다른 사람으로 하여금 보충하여 완성시킬 의사가 있어야 한다. 백지보충권의 존재에 관하여 주관설, 객관설, 절충설, 권리 외관론을 가미한 주관설(통설)로 나뉘어져 있다.

① 주관설은 기명날인 또는 서명자의 의사를 표준으로 하여 백지를 보충시킬 의사가 있으면 백지어음으로 보고 그러한 의사가 없으면 요건흠결의 어음으로 보자는 견해이다.

② 객관설은 어음의 외관상 보충이 예정되어 있는 것으로 인정되면 백지어음으로 보자는 견해이다.

③ 절충설은 보통의 경우 기명날인 또는 서명자에게 백지를 보충시킬 의사가 있다고 하여 일단 백지어음으로 추정하고, 백지어음이 아니라고 하기 위해서는 기명날인 또는 서명자가 보충권 수여의사가 없었다는 사실을 입증하여야 한다는 견해이다.

④ 권리외관론을 가미한 주관설은 백지보충권의 유무는 원칙적으로 기명날인 또는 서명자의 보충권 수여의 의사에 의하는데, 예외적으로 기명날인 또는 서명자의 보충권 수여의 의사가 없는 경우에도 백지어음으로 인정될 수 있는 경우에는 선의취득 자와의 관계에서 기명날인하거나 서명한 자는 불완전어음이라는 항변을 제출할 수 없다고 한다.

(4) 백지어음의 교부

백지어음도 어음행위이므로 어음행위의 성립요건으로 어음의 교부가 필요하다. 다만 교부 전에 도난이나 분실 등으로 인하여 선의취득한 자에 대해서는 어음행위자로서 책임을 질 것인가에 대하여는 학설에 따라 달라질 수 있다(4.2.3.1.3. 참조).

(5) 백지보충권의 발생

백지보충권이 언제 발생하느냐에 대하여 백지어음행위설(소수설)과 어음외계약설(통설)이 대립하고 있는데, 통설인 어음외계약설에 의하면 보충권은 어음행위자와 그 상대방 사이에 어음관계 이외의 일반사법상의 계약에 의하여 상대방에게 수여함으로써 생기는 권리라고 한다.

4.3.1.5.3. 백지어음의 효력

(1) 백지어음에 의한 권리의 행사

백지어음은 미완성어음이므로 보충 전에는 어음상의 권리를 행사할 수 없다. 판례도 약속어음의 발행지는 어음요건의 하나이므로 그 기재가 없는 백지어음의 상태에서는 아무리 보충권이 수취인 내지 소지인에게 주어졌다 하더라도 완성된 어음으로서의 효력이 없는 것이어서 어음상의 권리자에 의한 완성행위(백지어음의 보충권행사) 없이는 어음상의 권리가 적법하게 성립할 수 없고 따라서 이러한 미완성어음으로 지급을 위한 제시를 하였다 하여도 적법한 지급제시가 될 수 없다.[36]

(2) 백지어음에 의한 시효중단

원칙적으로 백지어음을 보충하지 않고 권리를 행사한 경우에는 시효중단의 효력이 없다. 그러나 시효중단 사유 중 청구와 승인의 경우 시효중단의 효력이 있는가에 관하여 이를 긍정하는 것이 다수설이다. 따라서 백지어음에 의한 청구나 승인에도 시효중단의 효력이 발생한다. 그 이유는 어음상 권리의 시효중단을 위한 청구와 승인에는 어음의 제시가 불요하기 때문이다(통설). 판례도 어음상의 권리·의무와 관계없는 어음요건 예컨대, 수취인란의 백지 등의 경우에는 시효중단의 효력이 인정된다고 한다.[37]

(3) 백지어음의 양도

백지어음도 완성된 어음과 같이 양도될 수 있다. 즉 수취인의 기재가 있는 경우에는 배서나 교부에 의하여, 수취인이 백지인 경우에는 단순한 교부에 의하여 양도가능하다.

(4) 백지어음의 선의취득

백지어음이 양도되는 결과로 선의취득도 인정된다. 다만 악의 또는 중과실이 없어야 한다. '악의로 어음을 취득한 때'라 함은 소지인이 백지어음이 부당보충 되었다는 사실과 이를 취득할 경우 어음채무자를 해하게 된다는 것을 알면서도 어음을 양수한 때를 말하고, '중대한 과실로 인하여 어음을 취득한 때'라 함은 소지인이 조금만 주의를 기울였더

---

36) 大判 1965.8.31, 65다1217; 大判 1988.8.9, 86다카1858.

37) 大判 1962.1.31, 4294민상110·111.

라면 백지어음이 부당보충 되었다는 사실을 알 수 있었음에도 불구하고 그와 같은 주의도 기울이지 아니하고 부당보충 된 어음을 양수한 때를 말한다.[38] 즉 어음 소지인이 백지어음의 부당보충 사실을 알고 있고 이를 취득할 경우 어음채무자를 해하게 된다는 것을 인식하면서도 어음을 양수하거나, 조금만 주의를 기울였어도 백지어음의 부당보충 사실을 알 수 있었음에도 불구하고 만연히 부당보충 된 어음을 취득하는 경우에는 인정되지 않는다.[39]

중대한 과실의 기준에 대해 판례는 어음금액이 백지로 된 백지어음을 취득한 자가 그 어음의 발행인에게 보충권의 내용에 관하여 직접 조회하지 않았다면 특별한 사정이 없는 한 취득자에게 중대한 과실이 있다고 보고 있다.[40]

(5) 백지어음과 항변의 단절

백지어음에 관하여도 인적항변의 제한 규정이 적용된다(통설·판례).

(6) 백지어음의 제권판결

백지어음이 상실된 경우에 완전어음과 마찬가지로 공시최고절차에 의한 제권판결이 가능하다.

(7) 백지어음과 이득상환청구권

백지어음은 백지를 보충하지 않으면 어음상의 권리가 발생하지 않으므로 원칙적으로 이득상환청구권이 인정되지 않는다.

4.3.1.5.4. 백지보충권

(1) 보충권의 의의

백지보충권이란 소지인의 일방적인 보충행위에 의하여 백지어음을 완성어음으로 만들고 백지어음행위의 효력을 발생시킬 수 있는 권리로 그 법적 성질은 형성권이다. 이러한 백지보충권은 일반적으로 백지어음 행위자와 그 상대방과의 어음 외의 별도의 보충권 수

---

38) 大判 1999.02.09, 98다37736.

39) 大判 1995.6.30, 95다10600; 大判 1999.2.9, 98다37736.

40) 大判 1978.3.14, 77다2020; 大判 1995.8.22, 95다10945.

여계약에 의하여 부여된다(통설). 따라서 보충권의 범위는 그 보충권 수여계약에 의하여 정해지게 된다.

(2) 보충권의 존속

백지보충권은 백지어음 행위자의 사망, 무능력, 대리권의 흠결 등에 의하여 영향을 받지 않고 존속한다(통설). 또한 백지보충권을 일단 부여한 이상 백지어음을 회수하지 않고 보충권만을 철회하거나 제한할 수 없다.

(3) 보충권의 행사기간

1) 만기의 기재가 있고 다른 사항이 백지인 경우

만기의 기재가 있고 다른 사항이 백지인 경우에는 어음의 소멸시효가 준용되므로 어음채권은 주채무자에 대한 관계에서는 만기로부터 3년의 시효로 소멸되므로 이 기간 내에 행사하여야 한다. 상환의무자에 대한 관계에서는 지급 또는 인수 제시기간 내에 완전한 어음을 제시하여야 하므로, 거절증서작성기간 내 또는 거절증서작성이 면제된 경우에는 발행일로부터 1년 내에 보충하여야 한다. 수표의 경우는 만기가 없으므로 발행일 이외의 사항이 백지인 경우에는 지급제시기간 내(⅔⅝)에 보충권을 행사하여야 한다.

2) 만기가 백지인 경우

만기가 백지인 경우의 보충권행사 시효와 관련하여 20년설, 10년설, 5년설, 3년설(판례) 1년설로 나뉘어 있다. 즉 ① 보충권은 채권 및 소유권 이외의 재산권에 해당되므로 민법 제162조제2항이 적용되어 20년이라는 설(통설) ② 보충권은 특정인에 대한 권리로써 채권과 동일시될 수 있으므로 채권의 소멸시효기간인 10년이라고 보는 설 ③ 보충권 수여계약의 기초가 되는 원인관계상의 채권이 민사채권인가 상사채권인가에 따라 그 시효기간인 10년 또는 5년이라는 설 ④ 상사시효가 적용되므로 5년이라는 설 ⑤ 만기백지인 어음의 보충의 행사기간도 만기 이외의 사항이 백지인 어음에서 주채무자에 대한 관계에서 보충권의 행사기간과 같이 3년으로 보는 것이 타당하다고 하는 설 ⑥ 만기백지인 어음을 일람출급 어음과 관련하여 일람출급 어음은 지급제시가 된 때에 만기가 되고 이 지급제시기간은 원칙적으로 발행일로부터 1년인 점에서 보아 발행일로부터 1년이라는 설 등이 대립하고 있다.

수표의 경우는 만기가 없으므로 발행일이 백지인 경우가 문제되는데, 수표상의 권리 (상환청구권)의 소멸시효기간과 같이 6월 내에 보충권을 행사하여야 한다(鼠⁵¹). 백지수표 의 보충권 행사에 의하여 생기는 채권은 수표금 채권이고, 수표법 제51조에 의하면 수표 의 발행인에 대한 상환청구권은 제시기간 경과 후 6개월간 행사하지 아니하면 소멸시효 가 완성되는 점 등을 고려하면 발행일을 백지로 하여 발행된 수표의 백지보충권의 소멸 시효기간은 백지보충권을 행사할 수 있는 때로부터 6개월로 봄이 상당하다.[41]

(4) 보충권의 남용

백지어음이 부당보충 된 경우에 이러한 어음을 부당보충 된 사실에 대하여 악의 또는 중과실이 없이 취득한 자는 보충된 내용대로 권리를 취득하고, 백지어음 행위자는 어음 소지인에게 부당보충의 항변을 주장하지 못한다(업¹⁰;⁷⁷). 취득자의 악의 또는 중대한 과실 에 대한 입증책임은 어음상의 청구를 받은 어음채무자가 진다.

보충전의 백지어음을 본래의 보충권의 범위보다 넓은 보충권이 있는 줄 믿고 취득한 자가 스스로 보충하여 어음상의 권리를 행사한 경우에도 백지어음 행위자는 어음법 제10 조에 의하여 부당보충의 항변을 주장할 수 있는가? 이에 대하여 학설은 어음법 제10조 적용긍정설과 적용부정설로 나뉜다. 판례는 기본적으로 적용긍정설의 입장이나 결과에서 는 부정설과 동일하다. 즉 기본적으로는 어음법 제10조를 적용하는 적용설의 입장을 취 하면서, 다른 한편으로는 동조의 단서를 적용하여 백지어음 행위자에게 부당보충의 항변 을 허용하여 결과적으로는 부정설과 동일하게 판시하고 있다.

(5) 백지보충의 효과

백지어음의 소지인이 보충권을 행사한 경우에는 완전한 어음이 된다. 따라서 완성된 어음 은 어음상의 권리를 표창하게 되고 백지어음 행위자는 보충된 문구에 따라 그 책임을 진다.

백지어음의 효력발생시기에 대해서는 원래의 행위 시에 소급하여 효력이 발생된다는 소급설과 백지를 보충한 때부터 효력이 발생된다는 불소급설로 나뉘어 있다. 판례도 백 지어음의 어음행위는 백지의 요건이 후일 보충될 것을 정지조건으로 성립되는 것이고 요 건의 보충에 의한 조건이 성취되었을 때 비로소 어음행위로서 완전한 효력이 생기므로 배서 등 백지어음에 한 모든 어음행위는 이때에 효력이 발생하는 것이라고 하여 불소급 설을 취하고 있다.[42]

---

41) 大判 2001.10.23, 99다64018.

4.3.2. 인 수

4.3.2.1. 인수의 의의

4.3.2.1.1. 인수의 개념

환어음에서만 인정되는 인수란 환어음의 지급인이 어음금액의 지급채무를 부담할 것을 목적으로 하는 어음행위이다. 지급인이 인수를 하면 주채무자가 된다. 환어음의 소지인은 인수거절 또는 지급거절을 조건으로 하여 발행인 또는 배서인에 대하여 어음금지급청구권(상환청구권 취득)을 갖게 된다.

4.3.2.1.2. 인수의 법적 성질

인수의 법적 성질에 대하여 어음채무의 부담을 목적으로 하는 단독행위라는 설(통설)과 계약(소수설)이라는 설로 나뉘어 있다. 단독행위설은 인수인이 어음채무의 부담을 목적으로 하는 단독행위이므로 어음 소지인 또는 어음발행인의 무능력 또는 대리권의 흠결 등은 인수의 효력에는 영향이 없고, 인수의 효력은 인수인이 어음을 인수제시인에게 반환하였을 때에 발생한다고 한다. 반면 계약설은 인수인의 어음상의 책임이 발생하기 위하여는 어음에 한 인수의 의사표시 외에 인수인의 어음 소지인에 대한 어음의 반환이 있어야 하므로(42) 인수는 상대방이 승낙 할 의사를 가지고 수령함으로써 효력이 생기는 계약이라고 한다.

4.3.2.2. 인수제시

4.3.2.2.1. 인수제시의 의의

인수제시란 환어음 소지인이 환어음을 지급인에게 제시하여 인수를 청구하는 행위이다. 인수제시는 주채무자를 확정하여 어음의 신용을 높이고, 지급인에게 지급준비를 하게 하는 데 그 필요성이 있다. 또한 일람 후 정기출급의 환어음에 있어서 만기를 확정한다는 의미도 있다.

---

42) 大判 1965.8.31, 65다1217.

4.3.2.2.2. 당사자

환어음의 소지인 또는 단순한 점유자는 만기에 이르기까지 인수를 위하여 지급인에게 그 주소에서 어음을 제시할 수 있다($^{어}_{21}$). 지급제시할 수 있는 자는 소지인 또는 단순한 점유자이고 피제시인은 지급인이다. 따라서 지급인에 갈음하여 지급사무만을 담당하는 지급담당자는 피제시인이 될 수 없다(통설). 수인의 지급인이 지정된 경우에는 그 전원이 피제시자가 되며, 만기 전 상환청구를 하기 위해서는 그중 1인이라도 인수거절이 있는 경우에는 즉시 상환청구를 할 수 있다는 설(다수설)과 모두 인수거절 해야 만기 전 상환청구권이 발생한다는 견해로 나뉘어 있다.

4.3.2.2.3. 지급제시의 시기와 장소

(1) 제시의 시기

인수제시의 시기는 어음의 발행일로부터 만기에 이르기까지이나($^{어}_{21}$), 예외적으로 만기 후(만기 포함) 또는 인수 제시기간이 지난 후에도 지급인은 시효기간 내에서는 인수할 수 있다(통설). 그러나 만기 전의 상환청구권을 보전하기 위하여는 만기의 전일 또는 인수제시기간 내에 인수제시를 하여야 한다($^{어}_{②}$ ^{44}).

(2) 유예기간(숙려기간; 고려기간)

지급인은 첫 번째 제시일의 다음 날에 두 번째 제시를 할 것을 청구할 수 있다($^{어}_{①}$ ^{24}). 이는 쓸데없는 만기 전의 상환청구발생을 방지하기 위한 것이다. 지급인이 제2의 인수제시에 대하여 인수를 하면 동 어음은 인수된 어음이 되나, 인수를 거절하면 어음 소지인은 다시 제2의 인수거절에 대하여 다시 거절증서를 작성하여야 만기 전의 상환청구권을 행사할 수 있다.

이해관계인은 이 청구가 거절증서에 적혀 있는 경우에만 그 청구에 응한 두 번째 제시가 없었음을 주장할 수 있다($^{어}_{①}$ ^{24}). 소지인은 인수를 위하여 제시한 어음을 지급인에게 교부할 필요가 없다($^{어}_{②}$ ^{24}).

(3) 장   소

인수제시를 하여야 할 장소는 지급인의 주소이다($^{어}_{21}$). 지급인의 주소는 지급인의 영업소·주소 또는 거소라고 해석되고 있다(통설).

4.3.2.2.4. 방 법

환어음을 인수제시함에는 지급인에게 어음 원본 또는 복본 중의 하나를 제시하여야 하며, 어음의 등본으로써는 인수제시를 할 수 없다. 어음의 복본이란 한 개의 어음상의 권리를 표창하는 여러 통의 증권을 말하고 어음의 등본이란 어음원본을 등사한 것을 말한다.

4.3.2.2.5. 인수제시의 자유와 제한

(1) 인수제시의 자유

인수제시의 여부와 시기는 원칙적으로 어음 소지인의 자유이다(어②①). 따라서 환어음의 소지인은 만기까지는 언제라도 인수제시를 할 수 있다.

(2) 인수제시의 제한

1) 어음 소지인이 반드시 인수제시를 하여야 하는 경우

어음 소지인이 반드시 인수제시를 하여야 하는 경우로는 발행인 또는 배서인이 인수제시를 하여야 할 뜻을 어음상에 기재한 경우(인수제시명령의 경우)(어②①·④)와, 일람 후 정기출급 어음에서 만기를 정하기 위하여 인수제시를 하는 경우이다(어②③).

ⅰ) 인수제시명령의 경우

발행인은 환어음에 기간을 정하거나 정하지 아니하고, 인수를 위하여 어음을 제시하여야 한다는 내용을 적을 수 있다(어②②). 각 배서인도 기간을 정하거나 정하지 아니하고, 인수를 위하여 어음을 제시하여야 한다는 내용을 적을 수 있다. 그러나 발행인이 인수를 위한 어음의 제시를 금지한 경우에는 그러하지 아니하다(어④②).

발행인의 인수제시명령을 위반하면 모든 채무자에 지급·인수담보책임 추궁이 불가하며, 배서인의 인수제시명령을 위반하면 그 배서인만 지급·인수담보책임을 면한다.

ⅱ) 일람 후 정기출급 어음의 경우

일람 후 정기출급의 환어음은 그 발행한 날부터 1년 내에 인수를 위한 제시를 하여야 한다(어②③). 발행인은 이 기간을 단축하거나 연장할 수 있고, 배서인은 단축만 할 수 있다

($어음_②:23_③$). 발행인은 기간의 단축 또는 연장 가능한데, 이 기간 내에 하지 않으면 모든 채무자에 대해 담보책임추궁이 불가하다($어음_②$ 23). 배서인은 기간의 단축만 가능하고 이 기간 내에 하지 않으면 그 배서인에게만 담보책임추궁이 불가하다($어음_①$ 23).

2) 인수제시가 금지 또는 제한되는 경우

ⅰ) 인수금지

발행인은 인수를 위한 어음의 제시를 금지한다는 내용을 어음에 적을 수 있다(인수불능어음; 발행인의 신용만으로 유통됨). 그러나 어음이 제3자방에서(제3자방 지급어음) 또는 지급인의 주소지 아닌 자(地)에서 지급하여야 할 경우(타지지급어음)나 일람 후 정기출급인 때에는 인수를 위한 어음의 제시를 금지하는 뜻을 적을 수 없다($어음_②$ 22). 배서인은 인수금지가 불가능하다. 이들 인수제시 금지를 제한하는 것은 제3자방지급어음의 경우는 인수제시가 있어야 지급인에게 미리 지급장소(제3자)를 알려 지급준비를 할 수 있기 때문이고 타지지급어음의 경우도 발행인이 지급지 내에 지급장소(제3자)를 기재하지 않은 경우에는 지급인에게 인수할 때에 지급장소를 기재할 기회를 주어야 하기 때문이고, 일람 후 정기출급 어음의 경우는 만기를 확정하기 위하여 인수제시가 절대적으로 필요하기 때문이다.

ⅱ) 인수제한

발행인은 일정한 기일(期日) 전에는 인수를 위한 어음의 제시를 금지한다는 내용을 적을 수 있다($어음_③$ 22). 이는 인수거절로 인한 상환청구를 미연에 방지하기 위한 것이다. 발행인은 모든 어음에 대해 제한이 가능하나, 배서인은 제한이 불가능하다. 인수 제시기간은 인수제시제한의 말일부터 기산한다($어음_{2문 유추}^{34} {}_②$).

4.3.2.3. 인수의 방식

4.3.2.3.1. 필요적 기재사항

인수는 환어음에 적어야 하며, "인수" 또는 그 밖에 이와 같은 뜻이 있는 글자로 표시하고 지급인이 기명날인하거나 서명하여야 한다(정식인수). 어음의 앞면에 지급인의 단순한 기명날인 또는 서명이 있으면 인수로 본다(약식인수)($어음_③$ 23).

인수는 어음 자체에 하여야 하므로 보전이나 등본에 할 수는 없다. 정식인수는 어음 자체에 하는 이상 앞면이나 이면에 모두 할 수 있으나, (백지식 배서와의 혼동을 피하기 위해) 약식인수는 반드시 어음의 앞면에 하여야 한다. 인수는 지급인만이 할 수 있는데, 지급인 이외의 자가 인수문구를 기재하고 기명날인 또는 서명을 하는 것은 참가인수가 된다.

일람 후 정기출급 환어음은 지급인이 그 환어음 원본에 인수 기타 이와 동일한 의미가 있는 문자로 표시하고 인수일자를 기재하거나 또는 기재하지 아니한 채 기명날인하여 이를 그 인수제시인에게 교부하면 인수가 되는 것이고 위와 같이 인수일자를 기재하지 아니할 때에는 장차 그 소지인에게 그 제1의 인수제시일자 또는 인수일자의 보충권을 수여하는 이른바 백지인수도 가능하다.[43]

4.3.2.3.2. 유익적 기재사항

(1) 인수일자

인수날자의 기재는 인수의 요건은 아니다. 그러나 일람 후 정기출급의 어음 또는 특별한 기재(인수제시명령)에 의하여 일정한 기간 내에 인수를 위한 제시를 하여야 하는 어음의 경우에는 소지인이 제시한 날짜를 기재할 것을 청구한 경우가 아니면 인수에는 인수한 날짜를 적어야 한다. 날짜가 적혀 있지 아니한 경우 소지인은 배서인과 발행인에 대한 상환청구권(償還請求權)을 보전(保全)하기 위하여는 적법한 시기에 작성시킨 거절증서로써 그 기재가 없었음을 증명하여야 한다(어②²⁵).

(2) 부단순인수

인수는 조건 없이 하여야 한다. 그러나 지급인은 어음금액의 일부만을 인수할 수 있다(어①²⁶). 환어음의 다른 기재사항을 변경하여 인수하였을 때에는 인수를 거절한 것으로 본다. 그러나 인수인은 그 인수 문구에 따라 책임을 진다(어①²⁶).

(3) 제3자방지급의 기재

발행인이 지급인의 주소지와 다른 지급지를 환어음에 적은 경우에 제3자방에서 지급한다는 내용을 적지 아니하였으면 지급인은 인수를 함에 있어 그 제3자를 정할 수 있다. 그에 관하여 적은 내용이 없으면 인수인은 지급지에서 직접 지급할 의무를 부담한 것으

---

43) 大判 1980.02.12, 78다1164.

로 본다(어음법27조①). 어음이 지급인의 주소에서 지급될 것인 때에는(동지지급어음) 지급인은 인수를 함에 있어 지급지 내에 위치한 지급장소를 정할 수 있다(어음법27조②).

지급인은 타지지급어음의 경우에 인수를 함에 있어서 제3자방지급을 선택할 수 있으며, 동지지급어음의 경우에도 다른 지급장소를 정하면 인수의 효력이 발생한다.

어음에 제3자방 지급문구가 기재되어 있을 때 그것이 지급담당자를 기재한 것이라면 지급을 위한 제시는 지급담당자의 영업소 또는 주소에서 지급담당자에게 하여야 한다.[44] 일반적으로 지급장소로서 모 은행 모 지점이라고 기재되어 있는 경우 그 은행은 지급담당자 그 지점은 지급장소를 의미하는 것이라고 해석하여야 하지만, 그 지급장소란에 지점 표시 없이 단순히 은행명만 기재되어 있다면 이는 지급장소가 아닌 지급담당자를 표시하는 기재라고 봄이 상당하므로 그 지급제시는 지급지에 있는 지급담당자의 영업소에서 하여야 한다.[45]

4.3.2.3.3. 무익적 기재사항

지급인이 어음금액을 초과하여 인수한 때에는 어음금액의 한도에서 인수가 있는 것이므로(통설), 어음금액의 초과부분에 대한 기재는 무익적 기재사항이 된다.

4.3.2.3.4. 유해적 기재사항

환어음의 다른 기재사항을 변경하여 인수한 때에는 인수를 거절한 것으로 본다(변경인수). 따라서 상환청구권 행사가 가능하다. 그러나 인수인은 그 인수의 문구에 따라 책임을 진다(어음법26조②). 실질관계를 조건으로 인수(조건부인수) 하는 경우 어음의 단순성을 해하므로 인수거절로 본다. 인수인의 책임에 대해서는 어음채무를 실질관계와 연결, 어음행위의 추상성에 반하므로 부정하는 견해(부정설)과 인수인의 의사와 합치, 어음 소지인에게 오히려 이익이 되므로 긍정하는 견해(긍정설)로 나뉜다.

4.3.2.4. 인수의 효력

4.3.2.4.1. 인수한 경우의 효력

지급인은 인수를 함으로써 만기에 환어음을 지급할 의무를 부담한다(어음법28조①). 즉 지급인이

---

44) 大判 1988.08.09, 86다카1858.

45) 서울지법 1995.10.20, 94가단93408.

인수를 하게 되면 약속어음의 발행인처럼 주채무자가 되어 최종적인 책임을 지게 된다. 지급을 받지 못한 경우에 소지인은 제48조의 상환청구금액과 제49조의 재상환청구금액에 따라 청구할 수 있는 모든 금액에 관하여 인수인에 대하여 환어음으로부터 생기는 직접청구권을 가진다. 소지인이 발행인인 경우에도 같다(어②28).

인수인의 지급의무는 제1차적 · 무조건적 · 최종적 · 절대적 의무이므로 소멸시효가 완성하지 않는 한 소지인이 어음상의 권리의 보전절차를 게을리 하여도 이 의무는 소멸 안한다. 인수인의 지급의무는 제1차적인 의무이므로 인수인의 의무는 만기가 도래하면 어음 소지인이 직접청구 할 수 있고, 어음 소지인이 지급제시기간 내에 지급제시를 하였음에도 불구하고 인수인이 어음금액을 지급하지 않은 때에는 어음 소지인은 지급거절증서를 작성하지 않아도 인수인에 대하여 어음금액 및 연 6퍼센트의 이율에 의한 만기 이후의 법정 이자를 무조건 지급청구할 수 있다. 어음 소지인이 지급제시기간 내에 지급하지 않았어도 만기 후 3년의 소멸시효기간 내에는 어음채무를 부담하므로(어①70), 절대적인 의무이며 현재의 어음 소지인에 대하여 뿐만 아니라 최종적인 의무를 부담하므로 최종 상환청구의무자도 인수인에게 어음상의 권리를 행사 할 수 있다(어②28 2문). 수인이 인수를 한 경우(공동인수)에는 각자는 인수인으로서의 전부의 책임을 지지만, 이는 합동책임이므로 인수인 1인에 대한 지급제시는 다른 인수인에 대해 효력이 없다.

4.3.2.4.2. 인수거절한 경우의 효력

지급인이 인수를 거절하면 어음 소지인은 만기에 다시 지급인에게 지급제시할 필요 없이 자기의 전자(배서인 및 발행인)에 대하여 상환청구할 수 있는 권리를 갖는다(어①43).

4.3.2.5. 인수의 말소

어음법은 어음을 반환하기 전에는 인수의 의사표시(기명날인 또는 서명)를 철회할 수 있는 것으로 하고 있다. 환어음에 인수를 기재한 지급인이 그 어음을 반환하기 전에 인수의 기재를 말소한 경우에는 인수를 거절한 것으로 본다. 말소는 어음의 반환 전에 한 것으로 추정한다(어①29). 이 경우에도 지급인이 소지인이나 어음에 기명날인 또는 서명을 한 자에게 서면으로 인수를 통지한 경우에는 그 상대방에 대하여 인수의 문구에 따라 책임을 진다(어②29).

4.3.3. 어음보증

4.3.3.1. 어음보증의 의의

4.3.3.1.1. 어음보증의 개념

환어음은 보증에 의하여 그 금액의 전부 또는 일부의 지급을 담보할 수 있다(어②³⁰). 이처럼 어음채무를 담보할 목적으로 하는 부속적·종적 어음행위를 어음보증이라 한다. 어음채무를 담보하기 위한 것이므로 원인채무를 담보하기 위하여 하는 어음행위는 어음보증이 아니다(판례). 보증은 담보된 채무가 그 방식에 흠이 있는 경우 외에는 어떠한 사유로 무효가 되더라도 그 효력을 가진다(어②³²). 다만 어음법상 어음보증 방식으로 하여야 하므로 숨은 어음보증 또는 공동어음행위는 어음보증이 아니다. 이는 어음보증도 보증이므로 주된 어음채무의 존재를 전제로 하나 어음의 문언성과 관련하여 형식적으로 유효하면 되고 피보증채무자의 방식의 하자 외의 사유로 실질적으로 무효인 경우에도 보증은 유효하게 성립된다는 데에 특색이 있다. 판례도 어음발행의 원인채무가 성립되지 아니하였거나 소멸하였다는 사유는 그 어음발행인이 직접의 상대방 또는 악의의 취득자에 대하여서만 대항할 수 있는 이른바 인적항변사유로서, 어음보증의 경우 어음보증인은 피보증인의 이러한 인적항변사유를 가지고 어음 소지인에게 대항할 수 없다고 판시하고 있다.[46]

☞ 민법상 보증과의 차이

	민법상의 보증	어음·수표보증
법적 성질	계 약	단독행위(통설·판례)
주채무자가 불분명한 경우	주채무자가 특정되어야 함 보증이 성립되지 않음	주채무자가 특정되지 않아도 됨. 발행인을 위한 것으로 봄(어 31④, 77③, 수 26④).
주 채무의 존재	보증은 성립의 요건(부종성)	방식의 하자만 없으면 됨
채권자	특정한 상대방	불특정 어음 소지인
주채무자의 항변	채권자에게 대항가	소지인에게 대항 불가
공동보증인	분별의 이익이 있음	합동책임(분별의 이익 없음)
최고·검색의 항변권	있 음	없음(보증인은 피보증인과 동일한 책임)

---

46) 大判 1988.8.9, 86다카1858.

방 식	불요식행위	요식행위
보증시효	주 채무와 같이 10년	주 채무에 따라 3년(인수), 1년(상환청구), 6월(재상환청구)
이행을 한 보증인	주채무자에 대한 구상권취득	어음상의 권리취득

4.3.3.1.2. 어음보증의 성질

어음보증의 법적 성질에 대하여 단독행위설(통설·판례)과 계약설(소수설)로 나뉘어 있다. 단독행위설은 보증인이 되고자 하는 자가 어음에 보증의 기명날인 또는 서명을 하는 것만으로 어음보증을 할 수 있으므로 단독행위라 하고, 계약설은 어음보증도 어음행위이고 어음행위는 교부와 승낙의 의사표시에 의하여 성립한다고 한다.

4.3.3.2. 어음보증 요건

4.3.3.2.1. 당사자

(1) 어음보증인

어음보증인이 될 수 있는 자격에는 아무런 제한이 없다. 따라서 제3자도 보증을 할 수 있고, 어음에 기명날인하거나 서명한 자, 즉 채무자도 보증인이 될 수 있다(어② 30). 그러나 주채무자의 보증은 의미가 없으므로 수표지급인은 보증인이 될 수 없고(수② 25), 주채무자나 어음행위의 전자가 후자를 위하여 하는 어음보증은 이미 어음채무를 부담하고 있으므로 보증으로서의 의미가 없다.

(2) 피보증인

피보증인이 될 수 있는 자는 어음채무자이다. 따라서 어음채무자 이외의 자에 대한 보증은 무효이다. 이러한 어음채무자로는 발행인, 배서인, 인수인, 참가인수인(환어음의 경우), 발행인, 배서인(약속어음, 수표의 경우) 등이 있고 환어음의 지급인, 지급담당자, 무담보배서인 등을 위한 어음보증은 무효이다.

4.3.3.2.2. 방 식

(1) 정식보증

어음보증은 환어음 또는 보전(보충지)에 하여야 하며(어_①³¹), 보증문구 및 피보증인을 기재하고 보증인이 기명날인 또는 서명을 하여야 한다. 보증문구는 '보증' 또는 이와 같은 뜻이 있는 문구를 표시하고 보증인이 기명날인하거나 서명하여야 한다(어_②³¹). 그리고 보증에는 누구를 위하여 한 것임을 표시하여야 한다(어_④³¹).

(2) (간략)약식보증

어음보증인이 피보증인을 표시하지 않고 어음상에 보증문구만을 기재하고 기명날인 또는 서명을 하거나[약식보증(어³¹₇₇, 수₂₆)], 또는 보증문구도 기재하지 않고 단순히 기명날인 또는 서명만을 한 경우(간략약식보증)를 말한다. 약식보증은 어음앞면 또는 어음이면 어디에나 할 수 있으나, 간략약식보증은 어음앞면에만 할 수 있다. 즉, 환어음의 앞면에 단순한 기명날인 또는 서명이 있는 경우에는 보증을 한 것으로 본다. 그러나 지급인 또는 발행인의 기명날인 또는 서명의 경우에는 그러하지 아니하다(어_③³⁰). 그 이유는 지급인이 어음의 앞면에 한 단순한 기명날인 또는 서명은 인수로 보기 때문이다(어_①²⁵). 또한 어음이면에 한 단순한 기명날인 또는 서명은 간략약식보증이 아니라 간략백지식 배서가 된다. 피보증인 표시가 없는 때에는 발행인을 위하여 보증한 것으로 본다(어_④³¹).

☞ **어음앞면에 단순한 기명날인 또는 서명이 있을 경우**
- 발행인의 것이면: 백지발행
- 지급인의 것이면: 백지인수
- 발행인 또는 지급인 이 외의 자의 기명날인 또는 서명이 있으면 어음보증임

	기명날인의 위치	기명날인자
배 서	어음의 이면·補箋	누구나 가능
발 행		발행인
인 수	어음의 앞면	인수인
보 증		제3자

(3) 일부보증

어음보증인은 어음금액의 일부에 대해서도 담보를 할 수 있다(어30①). 일부보증의 경우에는 반드시 보증금액을 기재하여야 하고, 기재가 없는 경우에는 전부보증으로 해석한다.

(4) 조건부 보증

어음보증에 조건을 붙일 수 있는가에 대해 학설은 조건만을 무익적 기재사항으로 보고 어음보증으로 유효하다고 보는 설(무익적 기재사항설), 유해적 기재사항으로 보는 설(전부무효설), 보증인에게 대하여 유익적 기재사항으로 이해하는 유익적 기재사항으로 보는 설 (조건부보증유효설; 판례) 등으로 나뉜다. 판례는 어음법상 보증의 경우에는 발행 및 배서의 경우와 같이 단순성을 요구하는 명문이 없을 뿐 아니라, 부수적 채무부담행위인 점에서 보증과 유사한 환어음의 인수에 불단순 인수를 인정하고 있음에 비추어 어음보증에 대하여 환어음 인수의 경우보다 더 엄격하게 단순성을 요구함은 균형을 잃은 해석이고, 또 조건부보증을 유효로 본다고 하여 어음거래의 안전성이 저해되는 것도 아니므로 조건을 붙인 불단순보증은 그 조건부 보증문구대로 보증인의 책임이 발생한다고 보는 것이 타당하다고 판시하고 있다.[47]

4.3.3.2.3. 시 기

어음채무가 존속하는 한 어음보증은 가능하다. 따라서 만기 후 또는 거절증서작성 후에도 어음채무의 소멸시효가 완성되기 전에는 어음보증을 할 수 있다. 그러나 보전절차흠결로 인하여 피보증인에 대한 상환청구권이 소멸한 경우(이득상환채무만 존재하는 경우)에는 보증이 성립할 수 없다.

4.3.3.2.4. 유익적 기재사항

어음보증인은 거절증서 작성면제와 예비지급인을 기재할 수 있다(어40①, 55①①).

---

47) 大判 1986.3.25, 84다카2438; 大判 1986.3.11, 85다카1600.

4.3.3.3. 효 력

4.3.3.3.1. 보증인의 책임

(1) 보증책임의 종속성·부종성

보증인은 보증된 자와 같은 책임을 진다($\frac{어}{3}$ 32). 따라서 피보증채무가 지급·상계·면제·소멸시효 등으로 소멸한 때에는 소멸하게 된다. 어음보증인의 책임이 부종성이 있는 결과 어음보증인의 책임의 성질과 범위도 원칙적으로 피보증인의 그것과 동일하다.

(2) 독립성

보증은 담보된 채무가 그 방식에 하자가 있는 경우 외에는 어떠한 사유로 인하여 무효가 된 때에도 그 효력이 있다($\frac{어}{②}$ 32). 보증인의 선악을 불문한다. 이는 어음행위독립의 원칙의 반영이다.

(3) 어음보증과 인적항변

어음보증인은 주채무자가 소지인에 대하여 가지고 있는 인적항변, 즉 원인관계의 무효나 취소를 가지고 소지인에게 대항할 수 있는가에 대해 학설은 긍정설과 부정설로 나뉘어 있다. 물적항변에 대해서는 대항을 긍정하는 설이 타당하고, 인적항변의 사유 중 원인관계의 소멸 등은 보증인이 주채무자의 인적항변을 원용할 수 있지만, 주채무자의 취소권이나 상계권 등과 같이 어음주채무자가 아직 행사하지 않은 경우에는 원용할 수 없다고 할 것이다.

(4) 합동책임

환어음의 발행, 인수, 배서 또는 보증을 한 자는 소지인에 대하여 합동으로 책임을 진다($\frac{어}{3}$ 47). 그리고 소지인은 어음채무자에 대하여 그 채무부담의 순서에 불구하고 그 1인, 수인 또는 전원에 대하여 청구할 수 있다($\frac{어}{3}$ 47). 따라서 보증인은 최고·검색의 항변권을 행사할 수 없다.

약속어음의 발행인과 배서인이 소지인에 대하여 지는 합동책임은 연대채무와는 달라 배서인의 채무이행이나 배서인에 대한 권리의 포기는 발행인에 대하여는 영향을 미치지 않는다.[48]

4.3.3.3.2. 보증채무이행의 효과

(1) 어음채무의 소멸
어음보증인이 그 채무를 이행하면 보증채무와 피보증채무 모두가 소멸한다.

(2) 어음보증인의 구상권
보증인이 환어음의 지급을 한 때에는 보증된 자와 그자의 어음상의 채무자에 대하여 어음으로부터 생기는 권리를 취득한다($_{③}^{엄 32}$). 구상권 취득의 법적 성질에 대해 승계취득설과 법정취득설로 나뉘는데, 승계취득설은 어음 소지인의 권리를 승계취득하는 것이라고 하고, 법정취득설(통설)은 법률의 규정에 의하여 독립적, 원시적으로 취득하는 것이라고 한다. 따라서 통설인 법정취득설에 의하면 어음보증인이 구상권을 행사하는 것은 승계가 아닌 법에 의하여 취득한 권리이므로 구상권을 행사하려는 어음보증인에 대하여 어음채무자가 어음 소지인에게 갖고 있는 인적항변사유로써 대항할 수 없으나 어음보증인이 어음채무자의 어음 소지인에 대한 인적항변사유를 알고 보증채무를 이행한 경우에는 예외적으로 어음채무자는 어음보증인에 대하여 악의의 항변을 주장할 수 있다고 할 것이다.

---

48) 大判 1989.02.28, 87다카1356, 1357.

☞ 구체적인 예[49]

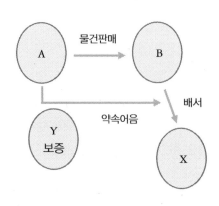

□ A의 어음발행이 위조의 어음행위이거나 의사무
능력자의 어음행위로서 무효인 경우
① A는 B나 X에 대해 물적항변사유로 대항(무효)-
어음상의 채무 부담하지 않음.
② Y의 어음보증채무는 유효하게 성립하나(독립성)
권리남용에 의거 이행을 거절 할 수 있음.
□ Y의 B에 대한 어음상의 책임
① A의 의사무능력으로(물적항변) A가 어음채무를
부담하지 않는 경우
② A와 B의 매매계약이 해제된 경우(인적항변) →
Y의 어음보증상의 책임은 성립되지만 B의 권리
주장은 권리남용이 되기 때문에 Y는 B의 권리
주장에 대해 어음보증채무의 이행을 거절할 수
있음(판례).

③ A의 B에 대한 어음채무가 지급, 상계, 면제, 소멸시효 등으로 소멸한 경우 → 어음채무의
부종성에 근거 Y는 B에 대하여 어음보증채무가 없음을 항변 가능.
□ Y의 X에 대한 어음상의 책임
① A와B간에 매매계약이 해제된 후 + X가 그러한 사실을 모르고 어음을 양수한 경우 → A와
Y는 X에 대하여 책임을 부담
② A와B간에 매매계약이 해제된 후 + X가 그러한 사실을 알고 어음을 양수한 경우(악의) →
Y의 보증채무는 성립함(악의의 어음취득자에게도 적용). 단 X의 권리주장은 권리남용에 해
당하므로 Y는 어음보증채무의 이행을 거절할 수 있음
③ X가 양수한 후 매매계약이 해제된 경우 → X가 후에 그 사실을 알았다고 하더라도 A나 Y
는 이행을 거절할 수 없음.

4.3.4. 어음상 권리 이전

4.3.4.1. 서 설

4.3.4.1.1. 어음상의 권리의 양도방법

어음상의 권리를 양도하는 방법은 어음법적 양도방법인 배서(교부)와 민법상의 지명채
권 양도방법에 의한 양도의 두 가지가 있다. 따라서 어음법적 양도방법인 배서에 의한
어음의 이전이 금지되는 경우에도 지명채권양도 방식에 의해서는 양도될 수 있다.

---

49) 정찬형, (제10판) 상법강의(하), 박영사, 426면-427면 요약정리한 것임.

4.3.4.1.2. 지명채권 양도방법에 의한 어음의 양도

배서 또는 교부에 의하여 양도할 수 있는 어음을 지명채권 양도방법에 의하여 양도할 수 있는지에 대하여 긍정설(통설)과 부정설(소수설)로 나뉘어 있다. 지명채권양도 방법에 의하여 어음상의 권리를 양도한 경우에는 당사자 간에 양도의 의사표시 이외에 어음증권의 교부가 있어야 하며, 대항요건으로서 어음금지급청구의 상대방에 대한 통지 또는 승낙이 있어야 한다. 다만 지명채권 양도방법에 의한 어음의 양도는 배서에 의하면 얻을 수 있었던 인적항변의 절단, 선의취득, 담보적 효력 등은 인정되지 않는다. 지명채권 양도방법에 의하여 어음을 양수한 자도 배서에 의하여 어음을 양도할 수 있다.

4.3.4.2. 배서의 의의

4.3.4.2.1. 배서의 의의

(1) 배서의 개념

배서라 함은 어음상의 권리를 간편하게 이전하기 위하여 어음의 수취인 및 그 후자가 보통 어음의 뒷면(이면)에 일정한 사항을 기재하고 기명날인 또는 서명을 하여 타인에게 교부하는 행위를 말한다. 배서는 어음상의 권리양도의 성립요건 내지 효력발생요건이다. 법률상 당연한 지시증권이므로 지시식 어음뿐만 아니라 기명식 어음도 배서에 의하여 양도가능하다.

(2) 배서의 법적 성질

배서는 어음상의 권리를 양도하는 어음행위로 채권양도라고 본다(채권양도설; 통설).

4.3.4.2.2. 배서금지 어음

(1) 의 의

배서금지 어음(지시금지 어음 또는 금전(禁轉)어음)이란 발행인이 기명식어음에 지시금지의 문구 또는 이와 동일한 의의가 있는 문구 등을 기재한 어음을 말한다. 지시금지 문구는 어음의 앞면에 그 뜻을 명시적으로('배서금지') 기재하여야 한다. 배서금지 어음은 발행인이 수취인 등에 대하여 원인관계상의 항변을 계속해서 보유하기를 원하거나, 배서가 계속되어 상환금액이 증대되는 것을 방지하기 위하여 발행된다. 배서가 금지되는 배서금지 어음은 배서성이 박탈되지 않는 배서금지배서와 구별된다.

(2) 효 력

배서금지 어음은 배서에 의하여 양도를 할 수 없으므로 배서를 하여도 무효이다. 따라서 배서금지 어음은 또 다른 어음의 양도방법인 지명채권 양도방법에 의해서만 양도될 수 있다(어11②전단·77,①ᵢ수14②). 판례도 배서금지의 문구를 기재한 약속어음은 양도성 자체까지 없어지는 것이 아니고 지명채권의 양도에 관한 방식에 따라서, 그리고 그 효력으로써 이를 양도할 수 있다고 판시하고 있다.[50]

어음의 발행인이 어음 용지에 부동문자로 인쇄된 지시문구를 말소하지 아니한 채 그 지시문구 다음에 '지시금함'이라고 기재한 지시금지 문구를 병기하였다면 특단의 사정이 없는 한 지시금지 문구의 효력이 우선한다.[51] 그러나 약속어음 이면(뒷면)의 배서란 맨 끝부분에 '견질용'이라고 기재된 것만으로는 그 약속어음을 어음법 제11조 제2항 소정의 지시금지어음이라고 볼 수 없다.[52]

배서금지 어음은 배서에 의한 양도성이 없을 뿐 나머지에 관하여는 통상의 어음과 같다. 따라서 환어음의 발행인은 상환청구의무를 부담하며, 어음 소지인이 권리를 행사하기 위해서는 제시가 필요하며(제시증권성), 제시를 위해 어음 소지인은 어음채무자의 영업소 또는 주소에 가서 어음금을 지급청구하여야 하며(추심채무), 어음금액과 동 어음을 상환하여야 한다(상환증권성). 또한 배서금지 어음에도 추심위임배서(어18·77,①ᵢ수23)나 입질 배서(어19①ᵢ77) 등은 할 수 있으나 권리가 양도되는 기한후 배서는 허용되지 않는다.

배서금지 어음이 지명채권 양도방법에 의하여 양도되는 경우에는 지명채권양도의 효력만이 있으므로 배서에 있어서 인정되는 효력, 즉 인적항변의 절단, 자격수여적 효력 및 선의취득, 담보적 효력 등은 인정되지 않는다. 배서금지 어음에 대하여 공시최고에 의한 제권판결이 인정되는지 여부에 대하여는 긍정설과 부정설로 나뉜다.

---

50) 大判 1989.10.24, 88다카20774.

51) 大判 1987.04.28, 86다카2630.

52) 大判 1994.10.21, 94다9948.

4.3.4.3. 배서의 요건

4.3.4.3.1. 서

배서는 배서의 일정한 사항을 기재한 서면행위와 교부에 의하여 성립한다. 배서는 어음의 이면이나 보전(보충지)에 하는 것이 일반적이나(예①¹³) 어음의 앞면(간략백지식 배서는 앞면에는 하지 못함)에도 할 수 있다. 등본이 있는 어음의 경우에는 원본과 동일한 방법으로 등본에도 배서할 수 있다. 배서의 기재사항으로는 필요적 기재사항, 유익적 기재사항, 무익적 기재사항, 유해적 기재사항이 있다.

4.3.4.3.2. 필요적 기재사항

(1) 필요적 기재사항

배서의 필요적 기재사항으로는 배서문구, 피배서인, 배서인의 기명날인 또는 서명이다. 다만 피배서인은 기재되지 않을 수도 있으나 배서인의 기명날인 또는 서명은 반드시 있어야 하며, 이의 기재가 없으면 배서는 무효이다. 피배서인의 표시방법에 대해 발행인이나 지급인의 표시와 같이 누가 수취인(피배서인)인가를 특정할 수 있을 만한 명칭을 기재하면 된다. 따라서 성명, 상호, 아호에 의한 표시도 유효하고 회사 기타 법인의 경우에는 그 상호만 기재하면 되고 대표기관을 표시할 필요가 없다(통설·판례). 허무인의 명의로 한 배서의 기명날인 또는 서명이나 위조배서의 기명날인 또는 서명은 배서로서의 권리이전적 효력이나 담보적 효력은 없으나, 배서의 연속에서 자격수여적 효력은 있으므로 선의취득은 가능하다. 배서인의 주소기재는 배서의 요건이 아니므로 약속어음 배서인의 주소를 허위로 기재하였다고 하더라도 그것이 배서인의 인적 동일성을 해하여 배서인이 누구인지를 알 수 없는 경우가 아닌 한 약속어음상의 권리관계에 아무런 영향을 미치지 않는다.[53]

(2) 배서의 방식

피배서인이 기재되면 기명식배서(정식배서 또는 완전배서)라고 하고, 피배서인이 기재되지 않으면 백지식 배서(약식배서 또는 무기명식 배서)라고 한다. 피배서인을 소지인 등

---

53) 大判 1986.06.24, 84도547.

으로 기재함으로써 소지인에게 지급할 것을 표시한 것을 소지인 출급식 배서(무기명식 배서)라고 하며, 피배서인을 특정인 또는 단순한 소지인으로 기재한 경우에는 지명 소지인 출급식 배서(선택 무기명식 배서)라고 한다.

피배서인이 기재되지 않은 백지식 배서에 배서문구까지 기재되지 않는 경우가 있는데, 이를 간략백지식 배서라고 한다. 배서문구가 있는 다른 종류의 배서는 앞면에도 할 수 있으나, 배서문구가 없는 간략백지식 배서는 반드시 어음 이면(뒷면)이나 보전(보충지)에 하여야 한다(어13②). 이는 어음앞면에 배서문구가 없이 배서인의 기명날인만 있으면, 기명날인 또는 서명만으로써 하는 어음보증(어31③·77③, 수26③) 또는 인수(어25①)와 혼동될 염려가 있기 때문이다.

백지식 배서에 의하여 어음상의 권리를 양수한 자는 ① 자기의 명칭 또는 타인의 명칭으로 백지(白地)를 보충하는 행위 ② 백지식으로 또는 타인을 표시하여 다시 어음에 배서하는 행위 ③ 백지를 보충하지 아니하고 또 배서도 하지 아니하고 어음을 교부만으로 제3자에게 양도하는 행위를 할 수도 있다(어14②·77②, 수17②).

판례도 약속어음을 배서하면서 피배서인을 백지로 한 경우에 그 어음의 소지인이 어음상의 권리를 행사하려면 반드시 자기를 피배서인으로 기재할 필요는 없고 이를 보충하지 아니한 채로 청구한다 할지라도 적법하다고 판시하고 있다.[54] 소지인 출급식 배서는 백지식 배서와 동일한 효력이 있다(어12③·77①, 수15④).

4.3.4.3.3. 유익적 기재사항

환어음·약속어음·수표 모두에 해당되는 어음에 기재하면 배서인에게 효력이 발생하는 배서의 유익적 기재사항으로는 ① 무담보 문구(어15①·77①, 수18①) ② 배서금지 문구(어15②·77②, 수18②) ③ 추심위임 문구(어18①·77①, 수23①) ④ 배서일자(어20②·77②, 수24②) ⑤ 배서인의 주소(어45③·77③, 수41④) ⑥ 거절증서 작성면제 문구(어46①·77①, 수42①) 등이 있다. 어음에만 해당하는 사항으로는 ① 입질문구(어19①·77①) ② 인수제시 기간단축문구(어23③·78②) ③ 지급제시 기간단축 문구(어34①·77①) ④ 예비지급인의 기재(어55①·77①) ⑤ 등본에만 배서하라는 문구(어68①·77①) ⑥ 인수제시 요구문구(어22④)(환어음에만 기재할 수 있으며, 발행인의 인수제시금지문구가 없는 경우에만 할 수 있음) 등이 있다.

배서일자는 배서의 필요적 기재사항이 아니고 유익적 기재사항이다. 배서일자의 기재가 없는 배서는 기한전 배서로 추정되고 있다(어20②·77②, 수24②). 추정의 효력밖에 없으므로 배서

---

54) 大判 1968.12.24, 68다2050; 大判 1996.12.20, 96다43393.

일자는 기재하지 않아도 상관없고 배서일자가 발행일자와 모순되는 일자라도 배서 자체의 효력에는 영향이 없다.

4.3.4.3.4. 무익적 기재사항

배서자체의 효력에는 영향이 없고 그 기재내용만이 어음상의 효력이 없는 기재인 배서의 무익적 기재사항으로는 조건을 붙인 배서(어 12 ①, 수 15 ①)・대가문구・지시문구 등이 있다.

4.3.4.3.5. 유해적 기재사항

배서 자체를 무효로 하는 배서의 유해적 기재사항으로는 일부배서가 있다(어 12 ②, 수 15 ②). 어음금액의 일부가 지급되어 그 잔액에 대하여 배서하는 경우는 일부배서가 아니다.

4.3.4.4. 배서의 효력

배서에 의하여 권리 이전적 효력(의사표시상), 담보적 효력(법적 효력), 자격수여적 효력(법적 효력)이 발생한다.

4.3.4.4.1. 권리이전적 효력

(1) 의 의

배서의 권리이전적 효력이란 권리이전의 의사표시인 배서에 의하여 어음상의 모든 권리가 피배서인에게 이전되는 효력을 말한다(어 14 ①, 수 17 ①). 이는 배서인이 가지는 어음상의 권리가 피배서인에게 이전되어 피배서인이 승계취득하는 것이다. 추심위임배서나 입질 배서는 권리이전적 효력이 없다. 배서는 어음의 특별한 양도방법이므로 일반채권 양도 등에서 요구되는 채권양도의 통지나 승낙 등이 필요하지 않다. 약속어음이 기존채무의 지급확보를 위하여 또는 그 담보로 발행된 경우에 있어서는 채무자가 그 어음금의 지급이 없더라도 그 어음을 타인에게 배서양도할 경우에는 기존채무의 지급을 청구할 수 없다.[55]

---

55) 大判 1962.04.12, 4294민상1190(61다1190).

(2) 인적항변의 절단

어음이 배서에 의하여 피배서인에게 이전되면 어음채무자는 배서인에 대항할 수 있는 인적항변사유로써 피배서인이 어음채무자를 해할 것을 알고 어음을 취득한 경우가 아니면 피배서인에게 대항하지 못한다(어 17; 수 22).

(3) 기타 종된 권리의 이전

기타 종된 권리인 질권, 저당권, 보증계약상의 권리가 권리이전적 효력과 관련하여 이전되는가에 대하여 긍정설과 부정설로 나뉘어 있다.

(4) 배서 후의 배서인의 지위

배서인은 배서에 의하여 어음상 권리를 상실하게 된다. 후에 환배서, 배서의 말소에 의한 어음의 반환·상환 등에 의하여 어음상 권리를 다시 취득도 가능하다.

4.3.4.4.2. 담보적 효력

(1) 의 의

배서의 담보적 효력이란 배서에 의하여 원칙적으로 배서인이 피배서인 및 기타 자기의 후자 전원에 대하여 인수 또는 지급을 담보하는 효력을 말한다(어 15 ①; 수 18 ①). 담보적 효력은 일종의 법정책임이다(통설). 참고로 일반채권 양도에 있어서는 당사자가 특약으로 양도인이 채무자의 자력을 담보하거나 보증하지 않는 한 양수인이 채무자로부터 변제를 받지 못할 때에 양도인은 양수인에 대하여 특별한 담보책임을 부담하지 않는다.

배서도 어음의 유통을 보장하기 위하여 인적항변이 절단되고, 피배서인이 그 어음채무자를 해할 것을 알고 어음을 취득한 것을 제외하고는 종래의 배서인에 대하여 가지고 있던 항변을 가지고 피배서인에게 대항할 수 없다.

다른 사람이 발행 또는 배서양도하는 약속어음에 배서인이 된 사람은 그 배서로 인한 어음상의 채무만을 부담하는 것이 원칙이고, 특별히 채권자에 대하여 자기가 그 발행 또는 배서양도의 원인이 된 채무까지 보증하겠다는 뜻으로 배서한 경우에 한하여 그 원인채무에 대한 보증책임을 부담한다.[56]

---

56) 大判 2002.04.12, 2001다55598.

(2) 배제·제한

배서인 및 기타 자기의 후자에 대하여 선행하는 어음행위의 실질적 효력 또는 배서의 원인관계의 효력과 관계없이 배서 그 자체의 효력에 의하여 담보책임을 부담하게 되는 독립된 어음채무를 부담하게 된다. 다만 다음과 같이 그 담보책임이 배제되거나 제한될 수 있다.

① 환어음의 배서인은 무담보배서에 의하여 인수담보책임 및 지급담보책임을 배제할 수 있다(어 15①).

② 배서인은 다시 하는 배서만을 금지할 수 있다(배서금지배서). 이 경우에 배서인은 자기의 피배서인에 대하여만 담보책임을 부담하고, 그 피배서인의 후자에 대하여는 담보책임을 부담하지 않는다(어 15②; 77① ⅰ, 수 18②). 소지인 출급식 수표의 단순한 교부는 배서인의 기명날인이 수표상에 없는 상태에서 권리가 이전하는 것이므로 담보적 효력이 없다.

③ 기한후 배서(지급거절증서 작성 후 또는 지급거절증서 작성기간 경과 후의 배서) 및 추심위임배서의 경우에도 배서의 담보적 효력이 부인된다.

4.3.4.4.3. 자격수여적 효력

(1) 의 의

배서의 자격수여적 효력이란 어음 소지인이 배서의 연속에 의하여 형식적 자격을 증명할 때에는 적법한 어음상의 권리자로 추정되어 실질적인 권리자라는 증명을 필요로 하지 않고 어음상의 권리를 행사할 수 있는 자격을 취득하게 되는 효력을 말한다. 최후의 배서가 백지식인 경우에도 같다(어 16①; 77① ⅰ, 수 19).

(2) 배서의 연속

배서의 연속이란 수취인이 제1배서인이 되고 제1배서의 피배서인이 제2배서인이 되어 최후의 소지인에 이르기까지 배서가 연속되어 있는 것을 말한다. 배서의 자격수여적 효력이 발생하기 위해서는 배서가 그 형식에 있어서 유효하여야 하고, 또 배서의 연속이 있을 것을 전제로 한다. 배서의 연속은 순형식적으로 존재하면 족하며 실질적인 것을 묻지 않는다(통설·판례).[57] 형식적으로 연속되어 있는 한 허무인의 배서, 위조의 배서, 무

---

57) 大判 1971.04.30, 71다455.

권대리인의 배서, 무능력자의 배서, 하자있는 의사표시에 의한 배서 등이 있어도 연속에 있어서는 유효한 배서가 된다.

말소된 배서는 배서의 연속에 관하여는 배서의 기재가 없는 것으로 본다($^{\text{어 } 16 \text{ ①}}_{\text{① i, 수 19}}$). 어음의 말소된 배서는 배서의 연속에 관하여는 그 말소가 지급 거절증서 작성기간 경과 전후를 불문하고 처음부터 없는 것으로 간주되는 것이다.58) 그러나 어음에 있어 배서의 연속이 끊긴 경우 그 중단된 부분에 관한 실질관계를 증명하면 어음상의 권리행사를 할 수 있다.59) 배서의 말소는 배서의 자격수여적 효력에만 영향을 미칠 뿐, 배서의 권리이전적 효력이나 담보적 효력에는 영향을 미치지 않는다.

백지식 배서의 다음에 다른 배서가 있는 때에는 그 배서를 한 자는 백지식 배서에 의하여 어음을 취득한 것으로 본다($^{\text{어 } 16}_{\text{①}}$).

(3) 효 과

1) 권리행사의 자격

배서의 연속에 의한 자격수여적 효력이 인정되면, 어음 소지인이 적법한 권리자로 추정된다. 따라서 어음 소지인은 어음상의 적법한 권리자로 추정되므로 자기가 진정한 권리자임을 증명함이 없이도 어음상의 권리를 행사할 수 있다.

2) 선의취득

배서의 연속이 있으면 양도인(배서인)이 무권리자라고 하더라도 그로부터 어음을 취득한자가 선의 또는 무과실인 경우에는 어음 소지인은 어음상의 권리를 취득하게 된다($^{\text{어 } 16 \text{ ②}}_{\text{① i, 수 21}}$). 허무인은 권리·의무의 주체로 될 수 없으므로 어음상 권리를 취득할 수 없고 어음상 권리도 양도하지 못한다. 따라서 허무인 명의로 한 배서에는 권리이전적 효력·담보적 효력이 없으나 자격수여적 효력은 인정되므로 선의취득은 가능하다.

3) 선의지급 면책력

어음채무자가 만기에 배서가 연속된 어음 소지인에게 지급하면 비록 그자가 무권리자인 경우에도 사기 또는 중대한 과실이 없으면 책임을 면한다($^{\text{어 } 40 \text{ ③·77}}_{\text{① iii, 수 35}}$).

---

58) 大判 1964.05.12, 63아55.
59) 大判 1969.12.09, 69다995.

☞ 어음과수표의 배서의 차이

구 분	어 음	수 표
수취인 기재	- 필요적 기재사항(수취인 백지는 백지어음 으로 인정) - 수취인은 반드시 배서하여야 권리를 양도 - 백지식 배서, 소지인출급식 배서는 교부에 의하여도 양도 가능	유익적 기재사항: 소지인 출급식 수표는 교부에 의하여 양도
소지인출 급식	발행은 불인정(배서는 인정하나 백지식 배 서로 봄.)	발행 인정. 소지인 출급식 수표에 한 배서 는 담보적 효력만 있음. (권리이전적 효력, 자격수여적 효력은 없음)
지급인에 대한 배서	- 배서인정(환배서) - 지급인이 하는 제3자에 대한 배서도 인정	영수증으로서의 효력만 인정. → 지급인이 제3자에 대하여 한 배서는 무효(수 15 ③).
입질 배서	신용증권이므로 인정	지급증권이므로 불인정
등본배서	등본에 의한 배서 인정	등본제도가 인정되지 않음
만 기	만기의 기재가 있음	만기가 없고 항상 일람출급이므로 수표에 한 배서인은 지급담보책임만을 부담하고 인수담보책임을 부담할 여지가 없음

☞ 배서의 불연속과 효력[60]

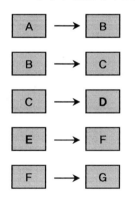

① 권리이전적 효력
- D - E 배서의 불연속되었다 하더라도 E가 상속이나 지명채권양도
  방법에 의하여 어음상의 권리를 취득한 경우에는 어음상의 권리는
  F 및 G에게 이전(권리의 승계취득이지 선의취득 아님 즉, 배서의
  권리이전적 효력은 배서의 자격수여적 효력을 전제로 하는 것은
  아님.)
- 어음법적 권리이전이 아니므로 어음채무자는 D에 대해 가지고 있
  는 항변을 E에게 대항할 수 있으나 F와 G는 배서에 의하여 취득한
  것이므로 어음채무자자 E에 대하여 가지고 있는 항변을 가지고 F
  및 G에 대해서 대항불가

---

60) 정찬형, (제10판) 상법강의(하), 박영사, 273면 - 276면 요약정리한 것임.

② 담보적 효력
- 상속이나 지명채권 양도방법에 의하여 어음상 권리를 취득한 E가 배서에 의하여 권리를 양도
  한 경우에는 담보적 효력이 발생하여 E는 어음 소지인에게 상환청구의무 부담(담보적 효력은
  어음행위독립의 원칙과 관련하여 형식상 유효한 어음에 배서를 한 이상 독립적으로 발생하며
  E 및 F의 배서에는 권리 이전적 효력과 담보적 효력은 있으나 자격수여적 효력은 인정X)
- E가 습득자 또는 절취자로서 무권리자인 경우에는 F는 형식적 및 실질적 무권리자로부터 어
  음을 취득한 것이므로 F는 아무런 어음상의 권리를 취득할 수 없는데 이 경우에 담보적 효력
  이 발생하는 지에 대해 견해가 나뉨.

③ 자격수여적 효력
- D에서 E에게 배서의 연속이 단절 된 경우에는 E, F, G는 형식적 자격이 없으므로 자격수여
  적 효력이 인정 안됨.
- E가 D로부터 상속 또는 지명채권양도방법 등과 같은 어음법적 양도 이외의 방법으로 승계받
  았으나 실질적 권리자임을 증명한 경우(단절된 배서의 가교) 자격수요적 효력이 발생하는 가
  에 대해 학설은 긍정설(다수설)과 부정설로 나뉨.
- 부정설에 의하면 선의취득 및 선의지급의 면책을 부인함.
- 자격수여적 효력의 내용: 권리추정력, 선의취득, 선의지급(면책력)

4.3.4.5. 특수배서

특수배서에는 무담보배서, 배서금지배서, 환(역)배서, 기한후 배서와 같은 양도배서에
있어서의 특수배서와 추심위임배서, 입질 배서와 같은 양도 이외의 목적에 의한 특수배
서가 있다.

양도배서에서의 특수배서	양도배서 이외의 특수배서
① 무담보배서(어§15조①) - 배서인이 어음상의 책임을 지지 아니한다는 뜻의 기재를 어음상에 한 배서 ② 배서금지배서(어§15조②) - 새로운 배서를 금지하는 뜻의 문언을 기재한 배서 ③ 환배서(어§11조③) - 어음채무자에 대하여 한 양도배서 ④ 기한후 배서(어§20조) - 지급거절증서작성 후 또는 지급거절증서작성기간 경과 후의 배서	① 추심위임배서(§18조) - 배서인이 피배서인에게 자기를 위하여 어음상의 권리를 행사할 수 있는 대리권을 줄 것을 목적으로 하는 배서 ② 입질배서(§19조) - 어음상의 권리에 질권을 설정한다는 뜻의 표시가 들어 있는 배서

4.3.4.5.1. 무담보배서

(1) 의 의

무담보배서란 배서인이 어음상에 담보책임을 부담하지 않는다는 뜻을 기재한 배서를 말한다. 무담보는 인수무담보(환어음의 경우에만)와 지급무담보(환어음, 약속어음, 수표)를 의미한다.

(2) 효 력

환어음의 배서인은 인수담보책임과 지급담보책임을 부담하며, 수표의 배서인은 지급담보책임을 부담하는데, 이러한 담보책임을 지지 않는다는 표현을 기재하는 경우에는 배서인은 이러한 담보책임이 없다. 즉 무담보배서의 배서인은 자기의 직접의 상대방인 피배서인에 대해서뿐만 아니라 그 후자 전원에 대하여도 담보책임을 지지 않는다.

담보적 효력은 없으나 권리이전적 효력 및 자격수여적 효력은 인정되므로 권리이전적 효력과 관련되는 인적항변의 절단의 효력도 있고, 자격수여적 효력과 관련되는 권리추정, 선의취득 및 선의지급도 인정된다.

4.3.4.5.2. 배서금지배서

(1) 의 의

배서금지배서(禁轉背書)란 배서인이 배서를 할 때에 다시 하는 배서를 금지하는 뜻을 기재한 배서를 말한다(어 15 ②·77 ①ⅰ, 수 18 ②). 따라서 배서금지배서는 지시금지의 문자 또는 이와 동일한 의의가 있는 문구가 기재되어야 한다.

(2) 효 력

배서금지배서의 경우 배서인은 자기의 직접의 피배서인에 대하여만 담보책임을 지고 그 후의 피배서인에 대하여는 담보책임을 지지 않는다(어 15 ②·77 ①ⅰ, 수 18). 즉 배서금지배서의 경우 배서인은 자기 직접 상대방에게는 담보책임을 진다는 점에서, 자기의 직접의 피배서인에 대하여도 담보책임을 지지 않는 무담보배서와 구별된다. 배서금지배서에는 배서의 담보적 효력만이 제한되고, 권리이전적 효력 및 자격수여적 효력은 있다.

4.3.4.5.3. 환배서

(1) 의 의

환배서(역배서)란 이미 어음상의 채무자로 되어 있는 자(발행인·배서인·인수인·보증인·참가인수인)에 대해서 하는 배서이다. 민법상 채무자가 그 채권을 취득하게 되어 채무와 채권이 동일인에게 귀속되면 혼동의 법리에 의하여 채권은 소멸하게 된다. 그러나 어음은 환배서의 효력에 의하여 민법상 혼동의 법리가 배제되어 어음상의 권리가 소멸하지 않는다. 따라서 어음을 소지하게 된 환배서의 피배서인, 즉 발행인·배서인·인수인·보증인·참가인수인은 다시 배서에 의하여 이전할 수 있다.

환배서에 의하여 어음을 취득한 배서인이 전자에 대하여 갖는 재상환청구권은 배서인이 종전에 대하여 가지고 있었던 어음상의 권리를 회복한 것이나(권리회복설) 또는 어음상의 권리를 재취득 한 것이나(권리재취득설)에 대하여 견해가 나뉘어 있다.

(2) 효 력

환배서도 배서의 일반적 효력인 권리이전적 효력, 담보적 효력, 자격수여적 효력이 있으나 환배서의 피배서인이 어음채무자인 관계로 권리행사에 일정한 제한이 있다.

1) 주채무자(환어음의 인수인·약속어음의 발행인)에 대한 효력

환배서에 의하여 어음을 재취득하게 된 주채무자, 즉 환어음의 인수인이나 약속어음의 발행인은 자기가 주채무자인 성질상 누구에 대하여도 어음상의 권리를 행사할 수 없다. 그러나 어음상의 권리가 소멸하는 것은 아니므로 주채무자는 다시 동 어음을 제3자에게 배서양도할 수 있다.

2) 최종상환청구의무자(환어음의 발행인·수표의 발행인)에 대한 효력

환어음의 발행인이 환배서에 의하여 어음을 취득하면 인수인에 대하여만 어음상의 권리를 행사할 수 있고, 자기의 모든 전자(환배서를 기준)에 대하여는 그가 종국적인 상환청구의무자이므로 어음상의 권리를 행사할 수 없다. 그러나 수표에는 주채무자가 없으므로 수표의 발행인이 환배서에 의하여 수표를 양수한 경우에는 누구에 대하여도 수표상의 권리를 행사할 수 없다.

3) 배서인에 대한 효력

배서인은 환배서에 의하여 어음을 취득한 경우에는 인수인, 발행인 및 원칙적으로 자기의 전자(자기의 원래의 배서를 기준)에 대하여만 어음상의 권리를 행사할 수 있다. 다만 배서인이 무담보배서 또는 배서금지배서를 한 경우에는 배서인은 그가 상환청구의무를 부담하지 않는 후자에 대하여는 어음상의 권리(상환청구권)를 행사할 수 있다.

4) 지급인에 대한 효력

인수를 하지 않은 환어음의 지급인은 어음채무자가 아니므로 이러한 지급인에 대한 배서는 환배서가 아니다. 따라서 그러한 지급인이 배서를 받아 어음을 취득한 경우에는 보통의 어음 소지인과 같다. 그러나 수표의 경우에는 수표의 지급증권성 성질과 신용증권화를 방지하기 위하여 지급인에 대한 배서는 원칙적으로 영수증의 효력만이 있고($\frac{수}{⑤}$ 15), 지급인의 배서는 무효로 하고 있다($\frac{수}{③}$ 15).

4.3.4.5.4. 기한후 배서

(1) 의 의

기한후 배서(후배서)란 어음의 경우에는 지급거절증서 작성 후 또는 지급거절증서 작성기간 경과 후의 배서를 말하고($\frac{어}{서}$, $\frac{20}{77}$ ① 단), 수표의 경우에는 지급거절증서나, 지급인의 선언 또는 어음교환소의 선언($\frac{수}{39}$)의 작성 후의 배서 또는 지급제시기간($\frac{수}{29}$) 경과 후의 배서를 말한다($\frac{수}{24}$). 따라서 단순한 지급일이 지난 배서, 즉 지급거절증서 작성 전이나 그 기간이 지나기 전 배서는 만기후 배서로서 기한후 배서가 아니라 기한전 배서와 동일한 효력이 있다($\frac{어}{본문}$ $\frac{20}{77}$ ① i).

어음상에 배서일자가 기재되면 그날에 배서한 것으로 일응 추정되나, 어음상에 기재된 배서일자가 실제로 배서를 한 날과 다른 경우에는 실제로 배서 또는 교부한 날을 기준으로 기한후 배서인지 여부를 결정한다.[61]

(2) 효 력

만기 후의 배서는 만기 전의 배서와 같은 효력이 있다. 그러나 지급거절증서가 작성된 후에 한 배서 또는 지급거절증서 작성기간이 지난 후에 한 배서는 지명채권 양도의 효력

---

61) 大判 1964.5.26, 63다967.

만 있다($\substack{어 20 \\ ①}$). 날짜를 적지 아니한 배서는 지급거절증서 작성기간이 지나기 전에 한 것으로 추정한다($\substack{어 20 \\ ②}$).

1) 권리이전적 효력

지명채권양도의 효력만이 인정된다는 의미는 기한후 배서에도 권리이전적 효력은 인정되나 권리이전적 효력과 관련하여 발생하는 인적항변의 절단($\substack{어 17 ; 77 \\ ① Ⅰ, 수 22}$)의 효력은 없다는 것을 의미한다. 즉 기한후 배서에 지명채권양도의 효력만이 있다 함은 그 배서 당시 이미 발생한 배서인에 대한 항변사실을 피배서인에 대하여도 대항할 수 있다는 것이고 배서 후 비로소 발생한 배서인에 대한 사유까지도 피배서인에 대하여 이를 주장할 수 있다는 것은 아니다.[62] 지급거절증서가 작성된 후에 한 배서 또는 지급거절증서 작성기간이 지난 후에 한 배서는 지명채권 양도의 효력만 있다는 규정은 단지 그 효력이 지명채권 양도의 그것과 같다는 취지일 뿐이므로, 민법상 지명채권의 양도·양수절차인 채권양도인의 통지 또는 채무자의 승낙을 필요로 하는 것은 아니다.[63]

2) 담보적 효력

어음행위자의 엄격한 어음상의 책임은 어음의 유통기간 내에 인정되는 것이므로 기한후 배서에는 담보적 효력이 없다.

3) 자격수여적 효력

기한후 배서에도 자격수여적 효력은 있으므로(통설·판례) 권리추정력이 인정되며, 선의 지급에 따른 지급인의 면책도 인정되나 이와 관련한 선의취득은 인정되지 않는다(통설).

4.3.4.5.5. 추심위임배서

(1) 의 의

추심위임배서(대리배서·추심배서·권한배서·위임배서)란 배서인이 피배서인에게 어음상의 권리를 행사할 권한을 부여할 목적으로 하는 배서를 말한다($\substack{어 18 ; 77 \\ ① Ⅰ, 수 23}$). 추심위임배서에는 배서란에 추심위임 등의 문구를 기재한 공연한 추심위임배서와, 추심위임 등의

---

62) 大判 1982.4.13, 81다카353; 大判 1994.01.25, 93다50543; 大判 1997.07.22, 96다12757.

63) 大判 2012.03.29, 2010다106290, 106306, 106313.

문구를 기재하지 않아 형식은 양도배서이나 실질은 추심위임의 목적인 숨은 추심위임배서가 있다. 추심위임의 목적으로 하는 통상의 양도배서, 즉 숨은 추심위임배서도 유효하고 이 경우 어음법 제18조의 규정에 의하여 인적항변이 절단되지 아니한다.[64]

어음의 추심위임에서 배서인과 피배서인의 관계는 위임계약 관계의 성질을 갖고 있고, 그 위임사무의 처리로 인하여 취득한 금전은 수임인이 부담하는 선량한 관리자로서의 주의의무의 일환으로서 이를 위임인에게 인도할 의무가 있다.[65]

(2) 효 력

1) 공연한 추심위임배서의 효력

공연한 추심위임배서, 즉 배서에 '회수하기 위하여', '추심하기 위하여', '대리를 위하여', 그 밖에 단순히 대리권을 준다는 내용의 문구가 있는 때에는 소지인은 환어음으로부터 생기는 모든 권리를 행사할 수 있다. 그러나 소지인은 대리를 위한 배서만을 할 수 있다($_{①}^{어 18}$).

공연한 추심위임배서는 피배서인에게 어음상의 권리를 행사할 대리권만을 부여하는 것이므로 그 성질상 권리이전적 효력이 없고, 그에 따른 인적항변의 절단의 효력도 없고($_{①\ i,\ 수\ 23\ ②}^{어 18\ ②\cdot 77}$), 담보적 효력도 없다. 추심위임배서의 피배서인은 어음상의 권리자가 아니므로 양도배서를 할 수 없고 또한 어음상의 권리에 관한 면제·화해·포기 등과 같은 권리의 처분행위를 하지 못하나(통설), 재추심위임배서는 할 수 있다($_{77\ ①\ i,\ 수\ 23}^{어 18\ ①\ 단서}$).

추심위임배서에는 권리이전적 효력은 없지만 자격수여적 효력은 인정되어 권리추정력과 선의지급이 인정된다(통설). 그러나 권리행사의 면에서만 인정되는 것이므로 권리이전과 관련 있는 선의취득은 인정되지 않는다(통설).

어음채무자를 보호하기 위하여 수권자인 배서인의 사망이나 무능력은 추심위임배서에서 대리권의 소멸사유가 되지 않는다($_{①\ i,\ 수\ 23\ ③}^{어 18\ ③\cdot 77}$).

2) 숨은 추심위임배서의 효력

추심의 뜻이 나타나지 않는 숨은 추심위임배서는 외형상으로는 양도배서의 형태이지만, 내부적으로는 추심위임을 목적으로 하는 배서이다. 따라서 피배서인은 어음상의 완전

---

64) 大判 1990.04.13, 89다카1084.

65) 大判 2005.09.28, 2003다61931.

한 권리자가 되고 피배서인의 이름으로 모든 권리를 행사한다. 이러한 숨은 추심위임배서의 법적 성질에 대하여 양도배서의 일종으로 보는 설(신탁양도설·신탁배서설; 통설·판례)과 추심위임배서의 일종으로 보는 설(자격수여설·자격배서설 또는 권한수여설)로 나뉘어 있다.

숨은 추심위임배서의 권리이전적 효력은 신탁양도설에 의하면 권리이전적 효력이 인정되고, 원칙적으로 인적항변이 절단된다. 배서인과 피배서인 간에는 추심위임의 약정이 있으므로 배서인은 피배서인에 대하여는 담보책임을 부담하지 않는다. 그러나 숨은 추심위임배서의 피배서인이 제3자에게 양도배서를 한 경우에는 배서인은 그러한 양수인에 대하여는 담보책임을 부담해야 한다. 신탁양도설에 의하면 숨은 추심위임배서의 피배서인은 어음상의 권리를 취득하고 형식적 자격도 취득하므로 자격수여적 효력이 인정된다. 따라서 피배서인은 권리추정력과 선의지급이 인정되며 어음상의 권리를 승계취득하므로, 배서의 자격수여적 효력의 결과로서 선의취득이 인정된다.

4.3.4.5.6. 입질 배서

(1) 의 의

입질 배서란 배서인이 자기 또는 제3자의 채무를 담보하기 위하여 어음상의 권리에 질권을 설정할 목적으로 하는 배서를 말한다(어 $\frac{19}{77}$ ① ii). 수표는 입질 배서가 인정되지 않는다. 입질 배서도 추심위임배서와 같이 공연한 입질 배서와 숨은 입질 배서가 있다.

(2) 효 력

1) 공연한 입질 배서의 효력

공연한 입질 배서는 배서에 '담보하기 위하여', '입질하기 위하여' 기타 질권설정을 표시하는 문구를 기재한 것이다. 입질 배서는 어음상의 권리 위에 질권을 설정하는 것이므로, 그 성질상 권리이전적 효력은 없고 그 대신 질권설정의 효력이 있다. 그리하여 피배서인은 어음상의 권리를 취득하지는 못하나, 어음상의 권리 위에 질권을 취득한다. 이로 인하여 피배서인은 어음으로부터 생기는 모든 권리를 행사할 수 있다(어 $\frac{19}{77}$ ① 본문). 따라서 어음금지급청구권이나 상환청구권 등 어음상의 권리행사를 위한 재판상·재판 외의 모든 행위를 할 수 있다. 입질 배서에는 권리이전적 효력이 없으므로 입질 배서의 피배서인은 양도배서나 입질 배서를 할 수 없고(통설), 다만 추심위임배서만을 할 수 있다(어19①, 단서 77①i).

입질 배서에는 권리이전적 효력이 없으나 배서에 의하여 피배서인은 질권을 취득하고 또한 이에 대하여 피배서인은 독립적인 경제적 이익을 갖고 있으므로 입질 배서에는 인적항변이 절단된다. 따라서 어음채무자는 배서인에 대한 인적 관계로 인한 항변으로써 소지인에게 대항하지 못한다(어19②). 그러나 소지인이 그 채무자를 해할 것을 알고 어음을 취득한 경우에는 그러하지 아니하다. 그리고 입질 배서는 담보적 효력이 있다(통설). 또한 자격수여적 효력은 인정되어 권리추정력과 선의지급이 인정된다(통설). 또한 입질 배서의 피배서인은 추심위임배서의 피배서인과는 달리 독립된 경제적 이익을 갖고 있으므로, 어음상의 권리에 대한 질권을 선의취득할 수 있다(통설)(어16②, 77①i).

2) 숨은 입질 배서의 효력

숨은 입질 배서란 실질적으로는 질권을 설정할 목적으로 배서를 하나 질권설정의 문구를 기재하지 않고 통상의 배서로 한 것을 말한다. 숨은 입질 배서에는 권리이전적 효력이 있으며(통설), 인적항변의 절단의 효력이 있다(어17, 77①). 또한 숨은 입질 배서에는 담보적 효력이 당연히 인정되어, 배서인은 피배서인 및 그 후자에 대하여 상환청구의무를 부담한다. 그리고 숨은 입질 배서에는 자격수여적 효력도 당연히 인정되어, 피배서인은 어음상의 권리자로서의 권리추정력(어16①, 77①i)과 선의지급(어40③, 77①iii)이 인정된다. 또한 피배서인은 선의취득(어16②, 77①i)도 할 수 있다.

☞ 배서의 효력[66]

배서의 효력 / 배서의 종류	권리 이전적 효력	인적 항변 절단	담보적 효력	자격수여적효력 권리증명 불요	지급 면책	선의 취득
보통의 양도배서/[백지식 배서]	o	o	o	o	o	o
배서금지 어음의 지명채권 양도방법에 의한 양도	o	X	X	X	X	X
특수한 양도 배서 — 무담보배서	o	o	x	o	o	o
특수한 양도 배서 — 배서금지배서	o	o	자기의 피배서인에 대해서만 담보책임 있음	o	o	o

66) 정찬형, (제10판) 상법강의(하), 박영사, 302면－303면을 참고하여 재구성한 것임.

특수한 양도 배서		환배서	o	o	피배서인이 누구냐에 따라 – 소지인이 자기의 어음채무자인 경우 항변주장 가능(담보적 효력 X)	o	o	o
		기한후 배서	o	x	x	o	o	△
특수 배서	추심위임배서	공연한 추심위임배서	x	x	x	o	o	x
		숨은 추심위임배서 (규정없음) →신탁양도설	◎	△	피배서인에 대해서는 없고, 그 이후의 피배서인에 대해서는 인정	o	o	o
	입질 배서	공연한 입질 배서	x(질권만 취득)	o	△(긍정설이 통설)	o	o	o
		숨은 입질 배서 (규정없음)	◎	o	o	o	o	o

△ : 원칙적으로 긍정(통설) ◎ : 당사자 간에는 불인정, 제3자에게는 인정

4.3.4.6. 단순한 교부

4.3.4.6.1. 서

어음은 수취인이 필요적 기재사항(어음요건)이기 때문에 배서에 의하여 권리이전이 이루어지지만 어음에도 백지식 배서가 인정되므로 기명식 또는 지시식어음(수표)의 수취인이 백지식 배서를 하여 최후의 배서가 백지식 배서인 어음 소지인은 소지인 출급식 수표의 소지인과 같이 단순한 교부만에 의하여 어음상 권리의 양도가 가능하다(어 13 ②, 77 ① i). 수표는 수취인이 임의적 기재사항이므로 소지인 출급식 수표(수 5 ① iii)·무기명식 수표(수 5 ⑥) 또는 지명 소지인 출급식 수표(수 5 ②)의 경우 단순한 교부만에 의하여 수표상의 권리가 양도된다.

4.3.4.6.2. 최후의 배서가 백지식 배서인 어음의 단순한 교부의 효력

(1) 권리이전적 효력

최후의 배서가 백지식 배서인 어음(수표)의 소지인은 단순한 교부만으로 어음(수표)상의 권리를 이전할 수 있으므로(어 14 ② iii, 77 ① i, 수 17 ② iii), 동 어음(수표)의 단순한 교부에는 권리이전적 효력이 있으며, 인적항변의 절단의 효력도 있다(어 17, 77 ① i, 수 22).

(2) 담보적 효력

최후의 배서가 백지식 배서인 어음(수표)의 소지인이 단순한 교부만에 의하여 어음(수표)상의 권리를 양도하는 경우에는 어음(수표)상에 양도인의 기명날인 또는 서명이 없으므로 양도인은 담보책임을 부담하지 않는다.

(3) 자격수여적 효력

최후의 배서가 백지식 배서인 어음(수표)의 소지인은 동 어음(수표)의 단순한 소지만으로 형식적 자격을 갖게 되어 권리추정력($_{①\,i,\,수\,19}^{어\,16\,①\,·\,77}$)과 선의지급($_{①\,iii,\,수\,35}^{어\,40\,③\,·\,77}$)이 인정되며, 선의취득도 인정된다($_{①\,i,\,수\,21}^{어\,16\,②\,·\,77}$).

4.3.4.6.3. 소지인 출급식 수표의 단순한 교부의 효력

(1) 권리이전적 효력

소지인출급식 수표의 소지인이 수표상의 권리를 양도할 의사로써 수표를 교부하면, 권리이전적 효력이 발생하고 또한 인적항변의 절단의 효력($_{524\,·\,515}^{수\,22,\,민}$)도 있다. 그러나 기한후 교부의 경우에는 인적항변의 절단의 효력이 없다.

(2) 담보적 효력

소지인출급식 수표의 소지인이 수표를 단순한 교부만으로 수표상의 권리를 양도하는 경우에는, 양도인의 기명날인 또는 서명이 수표상에 없으므로 양도인은 담보책임을 부담할 여지가 없으므로 담보적 효력이 없다. 그러나 소지인출급식 수표에 배서하여 수표를 교부한 자는 수표 소지인에 대하여 담보책임을 진다($_{20}^{수}$).

(3) 자격수여적 효력

소지인출급식 수표의 소지인은 정당한 소지인으로 추정되어 권리추정력이 인정되고($_{유추}^{수\,19}$), 수표채무자는 소지인 출급식 수표의 단순한 소지인에게 수표금을 지급하여도 그가 사기 또는 중과실이 없는 한 당연히 면책되는 선의지급($_{③\,유추,\,민\,524}^{수\,35\,및\,어\,40}$)이 인정되며, 선의·무중과실로 단순한 교부에 의하여 수표를 양수한 자는 선의취득도 인정된다($_{514}^{민\,524}$). 다만 기한후 교부의 경우에는 수표상의 권리를 선의취득 할 수 없다.

☞ 단순한 교부의 경우 효력

구분	최후의 배서가 백지식 배서인 어음	소지인 출급식 수표
권리이전적 효력	단순한 교부만으로 어음(수표)상의 권리를 이전할 수 있으므로 권리 이전적 효력이 있음.	수표상의 권리를 양도할 의사로써 수표를 단순히 교부하면 권리 이전적 효력이 발생함.
담보적 효력	양도인의 기명날인 또는 서명이 없으므로 담보책임을 부담할 여지가 없으나 배서하여 양도한 자는 당연히 담보책임을 짐.	양도인의 기명날인 또는 서명이 수표상에 없으므로 담보적 효력이 없으나 배서하여 수표를 교부한 자는 수표소지인에 대하여 담보책임을 짐.
자격수여적 효력	단순한 소지만으로 형식적 자격을 갖게 되어 권리 추정력과 선의지급이 인정됨.	소지인 출급식 수표의 소지인은 수표의 단순한 소지만으로 형식적 자격을 갖게 되어 권리 추정력과 선의지급이 인정됨.

4.3.4.7. **선의취득**

어음·수표법은 어음·수표상의 권리취득 방법으로 배서, 단순한 교부, 지명채권양도에 관한 방식, 선의취득, 어음·수표보증인의 보증채무 이행에 의한 취득, 참가지급에 의한 취득의 6종을 규정하고 있다.

4.3.4.7.1. 의 의

어음(수표)의 선의취득이란 어음(수표)의 점유를 상실한 자가 있는 경우에, 배서의 연속이 있는 어음의 적법한 소지인으로부터 배서 또는 교부에 의하여 어음을 취득한 자는 악의 또는 중과실이 없는 한 설사 배서인이 무권리자라고 하더라도 어음상의 권리를 취득하는 제도를 말한다(어 16 ②; 수 21 ①, 77). 어음·수표의 선의취득제도는 진정한 권리자의 보호보다는 어음의 유통성을 확보하는데 의의가 있다. 어음(수표)의 선의취득제도는 어음(수표)의 유효를 전제로 한다. 따라서 어음요건이 흠결된 어음이라든가 제권판결을 받은 어음의 선의취득은 인정될 수 없다.

민법에 의하더라도 선의취득이 가능하지만 어음법은 어음의 유통을 강화하기 위하여 선의취득에 관한 민법의 규정에 비하여 요건을 다음과 같이 완화하였다.

☞ 동산(動産)과 어음의 선의취득

	동산	어음
요건	선의이며 무경과실	선의이며 무중과실
적용 범위	무권리자 ○ 무권리인 · 무능력자 X	무권리자○ 무권대리인○x 의사표시의하자○x 무능력자○x
제한여부	도품 · 유실물에 대한 제한(2년 내 물건의 반환 청구)	없음
주관적 요건	평온, 공연 필요	평온, 공연 규정 무
거래행위의 유효	원인행위가 유효해야 함. 거래행위가 무능력, 착오, 사기, 강박, 대리권의 흠결 등의 경우에는 부정	원인행위와 무관

4.3.4.7.2. 요 건

(1) 어음법적 양도방법에 의하여 어음을 취득하였을 것

어음법적 양도방법이란 배서 또는 교부에 의하여 형식적 자격이 있는 자로부터 어음을 취득 한 것을 말한다. 즉 배서금지 어음을 제외한 모든 어음 및 기명식수표와 지시식수표의 경우에는 배서에 의하여, 백지식 배서가 있는 어음(수표) 및 소지인 출급식 수표에서는 단순한 교부에 의한 양도를 하여야 한다. 따라서 상속 · 합병 · 유증 등의 포괄승계나 지명채권 양도방법 · 전부명령 등에 의한 특정승계에 의하여 어음을 취득한 경우에는 선의취득이 인정되지 않는다.

어음법적 양도방법이라도 지명채권양도의 효력만 있는 기한후 배서 또는 제시기간 경과 후의 수표의 교부, 권리이전적 효력이 없는 추심위임배서의 경우, 배서금지 어음 · 수표에는 선의취득이 인정되지 않는다(통설).

(2) 어음취득자는 형식적 자격이 있을 것

어음의 선의취득에 있어서 정당한 소지인, 즉 형식적 자격을 갖춘 어음취득자는 배서에 의하여 양도되는 어음의 경우에는 (형식적)배서의 연속, 교부만에 의하여 양도되는 어음, 즉 최후의 배서가 백지식인 경우와 소지인 출급식 수표의 경우에는 단순한 소지이다. 배서의 연속이 흠결된 경우에는 그 부분에 대한 실질적 권리의 이전을 형식적으로 입증하면 선의취득이 인정된다고 할 것이다.

(3) 양도인의 무권리자

양도인의 범위는 어음의 선의취득에 의하여 치유되는 하자의 범위에 대한 것으로 양도인은 무권리자여야 하는가에 대하여 학설은 다음과 같이 나뉘어 있다.

① 무권리자한정설: 양도인이 무권리자인 경우에만 선의취득 인정되고 양도인의 무능력, 대리권의 흠결, 의사표시의 하자 등의 사유가 있는 경우에는 선의취득을 인정하지 않는다. 이 학설에 의하면 진정한 권리자가 분실·도난 등으로 어음의 점유를 잃고 다른 자가 자기 것처럼 가장하여 그 어음을 양도한 경우에 인정될 뿐이다.

② 무제한설: '사유의 여하를 불문하고 어음의 점유를 잃은 자'라고 규정하고 있기 때문에 양도인이 무권리자인 경우에만 적용된다고 할 수 없다. 따라서 양도인이 무권리자인 경우뿐만 아니라 배서인 측의 어떤 사유로 인하여 배서가 무효로 되거나 취소되는 경우에도 선의취득을 인정한다. 이 결과 어음이 도난·분실 된 경우뿐만 아니라 유효한 교부계약이 없이 어음이 타인의 수중에 있게 된 때에도 그 자로부터의 선의취득이 인정된다. 양도인에게 의사표시의 하자가 있는 경우, 어음의 보관자가 권리자의 의사에 반하여 유통시킨 때나 대리권의 흠결이 있는 경우도 같다.

③ 무능력제외설: 무제한설과 같은 입장이나 무능력자인 경우에는 선의취득이 인정되지 않는다고 한다. 이에 따르면 양도인의 무권리뿐만 아니라 무처분권·대리권의 흠결 및 의사표시의 하자 등도 치유한다고 하면서 무능력만은 치유할 수 없다고 한다.

④ 부분적 제한설: 선의취득에 의하여 치유되는 것은 양도인의 무권리·무권대리·무처분권만으로 제한된다고 한다. 무능력은 제외되며 교부계약(의사표시)의 하자도 치유 되지 않는다고 한다.

판례는 약속어음의 수취인인 회사의 총무부장이 대표이사의 명의로 배서를 위조한 경우, 어음의 선의취득으로 인하여 치유되는 하자의 범위, 즉 양도인의 범위는 양도인이 무권리자인 경우뿐만 아니라 대리권의 흠결이나 하자의 경우도 포함된다고 함으로써 부분적 제한설의 입장으로 보인다.[67]

---

67) 大判 1995.2.10, 94다55217.

(4) 어음취득자에게 악의나 중대한 과실이 없을 것

악의라 함은 양도인이 무권리, 무처분권 또는 무대리권을 알면서 취득하는 것을 말하고, 중과실은 그것을 모르고 있지만 모른 것에 대해 중대한 과실이 있는 것을 말한다. 악의 · 선의 여부 및 중대한 과실의 유무는 어음을 취득할 당시를 기준으로 판단한다.

☞ **중과실을 인정한 판례**

① 자기앞수표 양도인의 인적사항을 주민등록증으로 확인 하지 않은 경우
② 자기앞수표의 뒷면에 있는 양도인의 전화번호 확인하지 않은 경우
③ 신용금고가 어음할인하면서 양도인의 어음의 원인관계 조사하지 않은 경우
④ 상인이 자기앞수표 취득하면서 지급은행에 사고유무 조사하지 않은 경우
⑤ 회사명의의 배서위조에서 회사대표 직인이 아닌 개인직인을 받고 취득
⑥ 양도인의 말만 믿고 분실어음 할인한 채 지급은행에 확인하지 않은 경우
⑦ 어음양도인의 신분에 비추어 지나친 거액의 어음을 양도받을 때
⑧ 어음에 기재된 발행인의 구상호가 지워지고 신상호로 정정되어 있는 한편 날인은 구상호로 한 경우
⑨ 법인이 발행한 어음이 시중에서 파는 저질의 어음용지로 작성되어있는 경우

☞ **중과실을 인정하지 않은 판례**

① 백지식 배서된 어음을 취득하면서 최후배서인에게 연락을 취하지 않은 것
② 취득자가 사채업자인 경우
③ 백지식 배서된 어음을 취득하면서 상대방의 인적 사항을 확인하지 않고 지급은행에 조회해보지 않은 것
④ 거액의 어음을 취득하면서 어음면의 지급장소란에 통상 사용하지 않은 마크가 찍혀 있는 것을 간과하고 지급은행에 조회하면서 어음번호의 진정여부를 조사해 보지 않은 것
⑤ 100만 원 권 자기앞수표를 야간에 받으면서 지급은행에 조회해 보지 않은 것

(5) 어음취득자는 독립된 경제적 이익을 가질 것

어음취득자가 어음취득에 관하여 독립된 경제적 이익을 갖지 않는 경우에는 보호할 가치가 없다. 따라서 배서인의 대리권한밖에 없는 추심위임배서는 피배서인이 독자의 경제

적 이익을 갖지 못하므로 선의취득 규정이 적용되지 않으나, 입질 배서의 피배서인은 독립된 경제적 이익을 갖고 있으므로 선의취득(질권)이 인정된다.

(6) 입증책임

배서의 연속이 있으면 어음의 점유자는 적법한 권리자로 추정되고, 선의취득의 적극적 요건은 객관적으로 증명된다. 어음의 점유자의 악의나 중과실은 선의취득을 부정하는 자가 입증해야 한다.

4.3.4.7.3. 효 과

(1) 어음상의 권리의 취득

선의취득자는 비록 무권리자로부터 어음·수표를 취득하였더라도 진정한 권리자에게 어음·수표의 반환의무를 부담하지 않고 어음·수표상의 권리를 원시취득한다(통설). 따라서 어음의 점유를 잃은 자는 점유의 상실의 원인을 묻지 않고 어음상의 권리를 상실하게 된다.

(2) 인적항변의 절단과의 관계

선의취득자의 권리와 인적항변의 절단은 별개의 요건을 구비하여야 하는 것으로 구별된다(통설). 따라서 항변의 부착을 알아도 양도인의 무권리 또는 양도행위의 하자를 모르고 어음을 취득하는 자는 항변이 부착한 어음을 선의취득하게 된다.

(3) 제권판결과의 관계

어음을 분실·도난당한 자가 공시최고절차를 거쳐 제권판결을 받은 경우에 어음의 선의취득자와 제권판결 취득자 중 누가 실질적 권리자인지가 문제되는데, 이에 대하여 학설은 선의취득자 우선설과 제권판결취득자 우선설로 나뉘어 있다. 판례는 선의취득자 우선설의 입장을 취하고 있으나 그 실질은 제권판결취득자 우선설의 입장과 같다.[68] 즉 ① 제권판결은 공시최고인에게 형식적 자격을 회복시켜 줄 뿐 선의취득자가 실질적 권리를 상실하는 것은 아니다(→ 선의취득자 우선). ② 선의취득자가 수표상 권리를 행사하려면 불복의 소를 제기하여 제권판결취소판결을 받아야 한다(→ 제권판결자 우선).

---

68) 大判 65.7.27, 65다1002; 大判 65.11.30, 65다1926.

4.3.5. 지 급

4.3.5.1. 서

어음상의 권리의 행사는 지급을 위한 지급제시를 하게 되고, 지급제시에 응해서 지급을 하면 어음상의 권리가 소멸하게 됨으로써 종결되게 된다. 그러나 지급과정에서 항변사유가 있는 경우에 항변이 가능한가 불가능한가의 문제가 있으며, 지급인이 지급거절을 하면 상환청구권을 행사하게 된다.

4.3.5.2. 지급제시

4.3.5.2.1. 지급제시의 의의

지급제시란 어음 소지인이 지급을 청구하기 위하여 어음채무자에게 어음을 제시하는 것을 말한다. 지급제시는 어음금의 청구인이 정당한 소지인가를 확인하고 어음을 환수할 필요가 있기 때문에 인정되는 제도이다.

4.3.5.2.2. 지급제시의 당사자

(1) 제시권자

지급제시를 할 수 있는 사람은 어음의 정당한 소지인이며, 단순한 점유자는 지급제시를 할 수 없다는 점에서 인수제시와 구별된다. 정당한 소지인이라 함은 형식적 자격이 있는 어음 소지인을 말하는데, 기명식 또는 지시식 어음(수표)의 경우에는 배서의 연속이 있는 어음(수표)의 최후의 피배서인이고, 소지인 출급식 수표 또는 최후의 배서가 백지식인 경우에는 어음(수표)의 소지인이다. 단순한 점유자를 제시권자로 인정하지 않은 것은 지급제시에 의한 지급은 어음채무를 소멸시키기 때문에 정당한 소지인으로 한정한 것이고, 인수를 위한 제시는 어음채무가 소멸하는 것이 아니기 때문이다.

배서의 연속에 의하여 형식적 자격이 있는 어음 소지인과 그 대리인 이지만 배서의 연속에 흠결이 있는 때에는 그 흠결된 부분에 대하여 실질 관계를 증명하면 지급제시를 할

수 있으며 그 대리인이나 사자도 할 수 있다(통설)

(2) 피제시인

지급제시의 상대방은 환어음의 경우는 지급인 또는 인수인, 약속어음의 경우는 발행인, 수표의 경우는 지급인 또는 지급보증인이다. 이들을 위한 지급담당자 또는 지급장소의 기재가 있는 경우에는 그 지급담당자 또는 지급장소에서 지급제시를 하여야 한다(제3자 방지급어음의 경우)($^{어}_{77}$ $^{4;27;}_{②,④·8}$). 지급할 자가 수인인 경우에는 연대채무를 부담하는 것이 아니라 합동책임을 부담하여 각자가 독립적으로 어음금 전액에 대하여 지급의무를 부담하는 것이므로, 어음 소지인은 공동인수인 또는 공동발행인의 전원에 대하여 지급제시를 하여야 상환청구권을 보전할 수 있다. 피제시자의 파산의 경우 파산관재인에 대하여 제시하여야 한다는 설도 있으나 어음 소지인의 상환청구권보전을 위한 제시는 파산재단과는 무관하므로 파산자에 대하여 제시하여야 한다.

4.3.5.2.3. 지급제시기간

(1) 주채무자에 대한 지급제시기간

환어음의 인수인 또는 약속어음의 발행인과 같은 주채무자에 대하여 어음 소지인이 어음상의 권리를 행사하기 위한 지급제시기간은 만기의 날로부터 3년간이다($^{어}_{77}$ $^{70}_{①}$ $^{①;}_{ⅷ}$). 그 기간의 말일이 법정휴일인 때에는 이에 이은 제1의 거래일까지 기간을 연장한다. 기간 중의 휴일은 그 기간에 산입한다($^{어}_{②}$ ^{72}). 이 기간은 제척기간이다. 따라서 이 기간을 경과하면 주채무자에 대한 어음상의 권리는 시효소멸한다. 어음채무자를 위하여 은혜로서 지급유예를 주는 기간인 은혜일은 인정되지 않는다($^{어}_{77}$ $^{74}_{①}$).

(2) 상환청구권보전을 위한 지급제시기간

상환청구권보전을 위한 지급제시기간은 확정일출급 어음·발행일자 후 정기출급 어음·일람 후 정기출급 어음의 경우에는 지급을 할 날 또는 이에 이은 2거래일 내이다($^{어}_{77}$ $^{38}_{①}$ $^{①;}_{ⅲ}$). 지급을 할 날이란 법률상 지급을 하여야 할 날로서 만기가 거래일인 경우에는 만기와 일치하나, 만기가 법정휴일인 경우에는 이에 이은 제1의 거래일이다($^{어}_{77}$ $^{72}_{①}$ $^{①;}_{ⅸ}$ ^{1문}). 환어음에 관한 다른 행위, 특히 인수를 위한 제시 및 거절증서 작성 행위는 거래일에만 할 수 있다($^{어}_{①}$ $^{72}_{2문}$).

어음에 만기의 기재가 없는 때에는 보통 일람출급 어음으로 보는데(어 $\frac{2}{3}$), 일람출급 어음의 경우에는 발행일자로부터 1년 내이다(어 $\frac{34}{77}$ $\frac{①·}{①}$ $\frac{②}{ii}$). 발행인은 이 기간을 단축 또는 연장할 수 있고, 배서인은 이 기간을 단축할 수 있다(어 $\frac{34}{77}$ $\frac{①}{①}$ $\frac{}{ii}$). 기간 내에 적법한 지급제시가 있었다는 사실은 '지급거절증서'에 의해 증명되어야 한다(어 $\frac{44}{①}$ $\frac{①,}{iv,}$ $\frac{77}{수 39}$). 다만 지급거절증서 작성면제 시에는 그러하지 아니하다(어 $\frac{46}{①}$ $\frac{②·③,}{iv,}$ $\frac{77}{수 42}$ $\frac{}{②·③}$).

4.3.5.2.4. 지급제시의 장소 및 방법

(1) 지급제시의 장소

1) 어음에 지급장소(또는 지급담당자)의 기재가 있는 경우

지급장소가 지급지 내의 장소인 경우에는 그 지급장소에서 지급제시하여야 한다. 지급장소 이외에서 지급제시 하여도 지급제시로서의 효력이 없다. 즉 지급장소가 지급지 외의 장소로서 기재된 경우에는 그 지급장소의 기재는 무효가 된다. 지급장소가 지급지 외의 장소로 기재된 경우와 지급장소의 기재가 없는 경우에는 지급지 내의 지급인의 영업소·주소 또는 거소에서 지급제시를 하여야 한다(민 $\frac{516,}{524}$). 어음에 기재된 지급장소는 지급제시기간 내에 지급제시 한 경우에 한하여 효력이 있으므로 위 기간이 경과하면 주채무자의 영업소 또는 주소에서 지급해야 한다.

2) 어음에 지급장소(또는 지급담당자)의 기재가 없는 경우

어음에 지급장소의 기재가 없는 경우에 지급지내의 지급인의 영업소·주소·거소에서 지급제시 해야 한다. 지급지 내에 지급자의 영업소·주소·거소가 없는 경우에 지급지 내에서 지급인을 발견할 수 없고, 지급지 외에서 지급인의 영업소·주소·거소를 발견한 때에는 지급지 외의 지급인의 영업소·주소·거소에서 지급제시 할 것이 아니라 지급지 내에서 지급거절증서를 작성해야 한다.

3) 어음교환소에서의 지급제시

어음교환소에서의 환어음의 제시는 지급을 위한 제시의 효력이 있다(어 $\frac{38}{①}$ $\frac{②·}{iii,}$ $\frac{77}{수 31}$).

(2) 지급제시의 방법

지급제시는 완전한 어음을 현실로 제시하여야 한다. 즉 소지인 또는 그의 보조자(수임인, 사자 등)는 완전한 어음으로 지급인의 면전에서 지급제시 하여야 한다. 또한 완전하여야 하므로 백지어음은 보충을 한 후에 하여야 하며, 어음 자체를 제시하여야 하므로 등본으로써 하는 지급제시는 효력이 없다(복본은 허용됨). 그러나 예외적으로 재판상의 청구의 경우에 소장의 송달이나 지급명령의 송달이 있을 때 어음제시와 동일한 효력을 가진다.

소지인으로부터 환어음의 추심을 위임받은 금융기관(제시금융기관)이 그 환어음의 기재사항을 정보처리시스템에 의하여 전자적 정보의 형태로 작성한 후 그 정보를 어음교환소에 송신하여 그 어음교환소의 정보처리시스템에 입력된 때에는 어음교환소에서의 지급을 위한 제시가 이루어진 것으로 본다(어 $^{38 \ ③}_{31 \ ②}$). 이는 어음의 교환업무에 소요되는 연간 수백억 원의 물류비용의 절감과 그 업무처리의 효율화를 위하여 어음정보의 전자적 송·수신에 대하여 「어음법」에 따른 지급제시의 효력을 부여하고, 금융기관 사이의 조사업무 위임에 관한 규정을 신설하여 어음교환업무 전자화의 법적 근거를 마련하기 위하여 2007년 5월 17일에 신설하였다.[69]

4.3.5.2.5. 지급제시의 효력

(1) 주채무자에 대한 지급제시의 효력

환어음의 인수인 또는 약속어음의 발행인과 같은 어음의 주채무자에 대한 지급제시자의 권리는 지급제시를 지급제시 기간 내(3년)에 하지 않으면 어음상의 권리가 시효소멸하게 되므로 이 기간내에 지급제시를 하여야 어음금 지급청구권을 보존할 수 있다.

(2) 상환청구권 보전을 위한 지급제시의 효력

상환청구권보존을 위한 지급제시는 지급제시 기간 내에 지급제시를 하여야 하는데, 이 기간 내에 하지 않으면 지급거절로 인한 상환청구권을 보존을 할 수 없다. 또한 이 기간 내에 적법한 지급제시가 있었다는 사실이 지급거절작성이 면제된 경우를 제외하고는 지급거절증서에 의하여 증명하여야 한다(어 $^{44 \ ① \ ·77}_{① \ iv, \ 수 \ 39}$).

---

69) 어음법: 2007.5.17 법률 제8441호 개정(시행일 2007.11.18); 수표법: 2007.5.17 법률 제8440호 개정(시행일 2007.11.18).

수표의 지급거절선언은 수표 자체에 기재하여야 하고 수표가 아닌 지편에 되어 있는 지급인의 지급거절선언은 가사 그 지편이 수표에 부착되어 간인까지 되어 있는 경우라 하더라도 부적법하다.[70]

4.3.5.2.6. 지급제시의 면제

(1) 지급제시의 효력이 인정되는 경우

지급제시는 주채무자에 대하여는 책임을 묻거나 상환청구의무자에 대하여 상환청구권을 보전하기 위하여서는 현실적으로 하여야 한다. 그러나 다음과 같은 경우는 지급제시가 있는 것과 동일한 효력이 인정되는 경우로서 지급제시가 면제된다. 즉 ① 재판상 어음금을 청구하는 경우 ② 인수거절증서를 작성한 경우(어44) ③ 어음의 경우 불가항력이 만기로부터 30일을 넘어 계속하거나(어54①ⅳ), 수표의 경우 수표소지인이 자기의 배서인에 대하여 불가항력을 통지한 날로부터 15일을 넘어 계속하는 경우(수47) ④ 지급지 내에 지급인의 영업소·주소 또는 거소를 발견할 수 없거나 지급인을 발견할 수 없을 때에는 지급제시를 요하지 않고 상환청구권을 행사할 수 있다.

(2) 지급제시 면제의 특약이 있는 경우

어음의 지급인·상환청구의무자 등과 어음 소지인 간에 지급제시 면제의 특약을 하는 것은 어음의 제시증권성 및 상환증권성이라는 어음의 성질에 반하는 면이 있기는 하지만 당사자간에서는 유효하다고 보는 것이 일반적이다. 지급인 등과 어음 소지인간의 지급제시유예 내지 지급제시 기간연장의 특약도 당사자 간에서는 유효하다고 볼 것이다.

4.3.5.3. 지 급

4.3.5.3.1. 의 의

지급이란 일반적으로 어음상 제1차적으로 어음금액을 지급할 자로 지정된 지급인 또는 지급담당자가 하는 지급을 말한다. 협의의 지급 이외에 상환청구의무자의 지급(상환) 등도 광의의 지급에 포함되지만 이러한 지급은 어음관계를 완전하게 소멸시키지 못한다.

---

70) 大判 1982.06.08, 81다107.

어음관계는 지급에 의하여 소멸된다. 지급인의 어음채무는 상계·경개·대물변제·공탁 등의 원인에 의해서도 소멸할 수 있고 어음 소지인의 지급인에 대한 어음채무를 면제할 수 있다. 이 경우 소지인은 다른 어음채무자에 대해 상환청구할 수 없다.

4.3.5.3.2. 지급의 시기

(1) 만기 전의 지급

지급인은 발행인의 지급위탁에 따라야 되므로 만기 전에는 어음금을 지급할 의무가 없으며, 어음 소지인도 지급을 청구할 수 없다(어40①iii). 어음의 지급인과 어음 소지인 간의 합의로 만기 전에도 유효하게 지급할 수 있으나 그 만기 전에 지급을 하는 지급인은 자기의 위험부담으로 하는 것으로 한다(어77①②iii). 즉 지급인이 만기 전에 형식적 자격을 가진 어음 소지인에게 지급하고 또 어음 소지인의 실질적 자격에 대하여 사기 또는 중과실이 없더라도 지급인은 면책되지 않는다. 또한 만기 전에 지급하였으나 만기 전에 발행인으로부터 지급위탁이 취소된 경우에는 발행인에 대하여 자금관계상 상환청구가 불가하다.

(2) 만기에 있어서의 지급

만기에 어음 소지인은 지급인 또는 인수인에 대하여 지급청구를 할 수 있으며, 지급을 한 지급인 또는 인수인은 자금의무자에게 보상청구를 할 수 있다. 만기에 지급하는 지급인은 사기 또는 중대한 과실이 없으면 그 책임을 면한다. 이 경우 지급인은 배서의 연속이 제대로 되어 있는지를 조사할 의무가 있으나 배서인의 기명날인 또는 서명을 조사할 의무는 없다(어40①③iii). 즉 지급인은 어음 소지인의 형식적 자격을 조사하면 될 뿐 배서인의 기명날인이나 실질관계를 조사할 필요는 없다.

전자적 방법(어③38)에 의한 지급제시의 경우에는 지급인 또는 지급인으로부터 지급을 위임받은 금융기관은 배서의 연속이 제대로 되어 있는지에 대한 조사를 제시금융기관에 위임할 수 있다(어40수35④②). 이는 지급금융기관으로부터 위임을 받은 제시금융기관이 어음의 조사를 대행할 수 있도록 그 법적 근거를 명확히 하고자 한 것이다.

만기에 지급할 채무가 있는 어음채무자는 어음 소지인이 만기(지급제시기내)에 지급제시를 하지 않는 경우에는, 어음 소지인의 비용과 위험부담으로 어음금액을 관할관서에 공탁(供託)하고 어음채무를 면할 수 있다(어77①42iii).

(3) 만기 후의 지급

만기 후의 지급이란 지급제시기간, 거절증서 작성기간 경과 후의 지급을 말한다. 지급인이 인수를 한 때에는 지급제시기간이 지난 후에도 시효완성 전에는 인수인은 지급의무를 부담하므로 지급을 하고 발행인에게 보상을 청구할 수 있다(어 40 ②, 77 ① iii). 그러나 인수를 하지 아니한 경우에는 특약이 없는 한 보상청구를 하지 못한다. 따라서 만기 후에는 인수를 하지 않은 환어음의 지급인은 발행인의 지급위탁의 취소가 없는 경우에도 지급을 하여서는 안 된다. 환어음의 발행인은 만기 후에는 지급위탁을 철회할 필요가 없다(수표의 경우와 구별되는 점).

(4) 지급의 유예 또는 연기

어음의 지급은 당사자의 의사 또는 법령의 규정에 의하여 유예된다.

1) 당사자의 의사에 의하는 경우

ⅰ) 어음의 개서

만기가 도래한 어음의 지급유예를 위하여 만기를 변경하여 신어음을 발행하는 것을 어음의 개서라 한다. 어음의 개서가 있더라도 신·구 어음은 동일성을 가지므로 구어음상에 존재하는 인적항변이나 담보 등은 신어음에 그대로 존속한다.

ⅱ) 만기의 변경

어음관계자의 전원의 동의를 얻어 만기를 변경할 수 있다. 만일 일부의 동의만으로 어음의 만기를 변경한 경우에는 어음의 변조가 된다.

ⅲ) 지급유예의 특약

당사자 간의 합의에 의하여 지급을 유예하는 특약은 어음관계에는 아무런 영향을 미치지 않고, 당사자 간에서만 어음 외에서 그 효력이 발생하여 인적항변사유가 됨에 불과하다(통설).

2) 법률에 의한 경우

법령의 규정에 의하여 지급을 유예하는 경우는 피할 수 없는 장애[국가법령에 따른 금제(禁制)나 그 밖의 불가항력]로 인하여 법정기간 내에 환어음을 제시하거나 거절증서를 작성하기 어려운 경우에는 그 기간을 연장한다($어 \frac{54}{77} \frac{①}{①} \frac{①}{iv}$).

4.3.5.3.3. 지급의 방법

(1) 지급의 목적물(지급통화)

내국통화로써 어음금액을 지정한 경우에는 지급인의 선택에 따라서 각종의 통화로 지급할 수 있되 강제통용력이 없는 화폐에 대해서는 소지인이 수령을 거부할 수 있다. 외국통화로써 어음금액을 지정한 경우에도 내국통화로써 지급할 수 있다.

지급지의 통화(通貨)가 아닌 통화로 지급한다는 내용이 기재된 환어음은 만기일의 가격에 따라 지급지의 통화로 지급할 수 있다. 어음채무자가 지급을 지체한 경우 소지인은 그 선택에 따라 만기일 또는 지급하는 날의 환시세(換時勢)에 따라 지급지의 통화로 어음금액을 지급할 것을 청구할 수 있다($어 \frac{41}{①}$).

외국통화의 가격은 지급지의 관습에 따라 정한다. 그러나 발행인은 어음에서 정한 환산율에 따라 지급금액을 계산한다는 뜻을 어음에 적을 수 있다($어 \frac{41}{②}$). 발행인이 특정한 종류의 통화로 지급한다는 뜻(외국통화 현실지급 문구)을 적은 경우에는 적용하지 아니한다($어 \frac{41}{③}$). 따라서 그 경우에는 그 통화로 지급하여야 한다. 발행국과 지급국에서 명칭은 같으나 가치가 다른 통화로써 환어음의 금액을 정한 경우에는 지급지의 통화로 정한 것으로 추정한다($어 \frac{41}{④}$).

(2) 지 급

1) 어음과 상환

환어음의 지급인은 지급을 할 때에 소지인에게 그 어음에 영수(領受)를 증명하는 뜻을 적어서 교부할 것을 청구할 수 있다($어 \frac{39}{①} \frac{①}{iii}, 수 \frac{77}{34} \frac{①}{①}$). 어음의 상환증권성(환수증권성)은 상계·경개·대물변제 등 다른 방법으로 어음채무를 소멸시킬 때에도 적용될 수 있다.

2) 일부지급

어음금액의 일부지급도 유효하며, 소지인은 일부지급을 거절하지 못한다($어 \frac{39}{①} \frac{②}{iii}, 수 \frac{77}{34} \frac{②}{②}$). 일부지급시에는 상환증권성이 적용되지 않는다. 즉 소지인은 일부지급이 있는 때에 잔액에 대하여 상환청구권을 행사하기 위하여 어음을 소지할 필요가 있으므로 일부지급을 하는 어음의 지급인은 어음 소지인에 대하여 어음의 교부를 청구할 수 없고 다만 일부지급한 뜻을 어음에 기재하고 영수증을 교부할 것을 청구할 수 있을 뿐이다($^{어 39 ③·77}_{① iii, 수 34 ③}$). 어음 소지인이 일부지급의 수령을 거부하면 어음 소지인은 그 부분에 대하여 상환청구권을 상실한다(통설).

4.3.5.3.4. 지급인의 조사의무

민법상 채무는 진정한 권리자 또는 그 자로부터 권리행사의 권한을 부여받은 자에게 변제하여야 하고, 예외로 채권의 준점유자에 대한 변제($^{민}_{470}$), 영수증 소지자에 대한 변제($^{민}_{471}$) 등이 아닌 한, 채권자가 이익을 받은 한도에서만 그 효력이 있게 된다($^{민}_{472}$). 이를 어음에도 그대로 적용하는 경우에는 지급인이 그 실질관계를 조사하여야 하나 이는 어음의 유통성의 취지에 반한다. 따라서 어음법은 지급인으로 하여금 배서의 연속의 정부(整否)를 조사할 의무는 있으나 배서인의 기명날인 또는 서명을 조사할 의무는 없다고 규정하고 있다($^{어 40 ③}_{77 ① iii}$). 즉 지급인은 어음 소지인의 형식적 자격을 조사하면 될 뿐 배서인의 기명날인이나 실질관계를 조사할 필요는 없다.

지급인은 실질적 자격의 조사의무는 없으나 권리는 있다고 할 것이므로 어음 소지인의 실질적 자격에 대해 지급인의 사기 또는 중과실이 있으면 면책되지 않는다. 즉 만기에 지급하는 지급인에게 사기 또는 중대한 과실이 없으면 그 책임을 면하도록 하고 있다. 사기란 어음 소지인 또는 제시자에게 변제수령의 권한이 없음을 아는 것만으로는 부족하고, 소송법상 이러한 사실을 입증할 확실한 증거방법이 있는데도 불구하고 지급하는 경우이고 중과실이란 지급인이 보통의 조사를 하기만 하면 어음 소지인이 무권리자이고 또 그 무권리자임을 입증할 수단을 확실히 획득하였을 터인데 이 조사를 하지 않았기 때문에 무권리자인 줄을 모르고 지급한 경우이다(통설).

지급인의 면책과 관련하여 문제되는 것이 위조·변조어음을 지급인이 고의나 과실 없이 지급한 경우 누가 그 손실을 부담하여야 할 것인가에 관하여 학설은 발행인부담설(소수설) 과 지급인부담설(다수설)로 나뉘어 있다. 지급인부담설은 지급면책은 어음 자체가 유효한 것, 정당한 어음임을 전제로 하므로 특약 또는 상관습이 없는 한 위조어음에 관하여는 지급인이 그 손실을 부담한다고 하고, 발행인부담설은 선의, 무과실의 지급자에게 손해를 부담시킬 수 없으므로 위험을 예방할 수 있는 지위에 있는 피위조자가 손해를 부담하여야 한다고 한다.

☞ 민법, 어음법, 수표법상의 조사의무의 비교

	어음법	수표법	민법
조사권유무	규정 없음	규정 없음	규정 있음
귀책사유	사기·중과실	규정 없음	악의·중과실

4.3.6. 어음항변

4.3.6.1. 어음항변의 의의

어음항변이라 함은 어음채무자가 어음 소지인의 어음상의 청구에 대항하여 그 청구를 거절할 수 있는 사유를 말한다. 어음채무자가 아닌 환어음의 지급인, 지급담당자, 수표의 지급은행이 소지인에게 형식적 자격 또는 실질적 자격이 없다는 이유 등으로 지급을 거절하는 것은 어음항변이 아니다.

4.3.6.2. 어음항변의 분류

4.3.6.2.1. 서

어음항변은 어음(수표)의 채무자가 모든 어음(수표)소지인에게 대항할 수 있는가 없는가를 기준으로 물적항변과 인적항변으로 나뉜다.

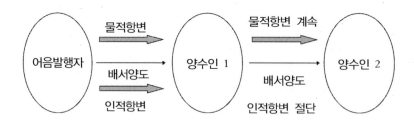

☞ 어음항변의 분류

물적 항변	증권상의 항변	(절대적) 기재사항의 흠결→ 어음무효	
	비증권상의 항변	어음행위의 효력이 부인되는 경우	의사 무능력
인적 항변	어음법17조 적용 항변		해의를 요함
	어음법17조 부적용 항변	교부흠결의 항변	해의를 요하지 않음
		의사표시의 하자·흠결의 항변	
		백지어음 부당보충의 항변	

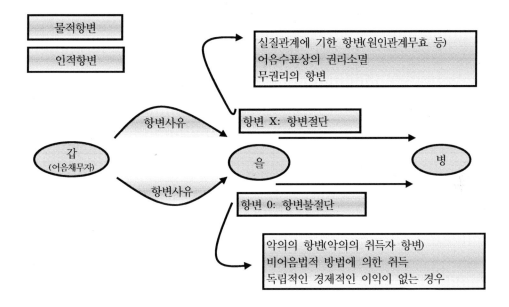

4.3.6.2.2. 물적항변

물적항변(절대적 항변)이란 어음채무자가 어음 소지인의 주관적 용태에 상관없이 모든 어음 소지인에게 어음금의 지급을 거절할 수 있는 항변을 말한다. 이러한 물적항변에는 어음의 기재사항 중 어느 사항이 흠결되어 어음이 무효가 되어 어음채무자가 어음 소지인에 대하여 어음채무 없음을 주장하는 증권상의 항변과, 어음행위와 관련하여 어음행위의 효력이 부인되는 등의 사유에 의하여 어음채무자가 어음 소지인에 대하여 어음채무 없음을 주장할 수 있는 비증권상의 항변으로 분류된다.

(1) 증권상의 항변(기재사항과 관련한 항변)

어음법 제1조의 필요적 기재 사항 의 흠결 이 있으면 보충규정이 있는 경우를 제외하고는 어음이 무효가 된다.

① 어음·수표요건의 흠결(어 21, 76 ①, 수 2 ①)

② 어음·수표면상 명백한 지급필의 기재, 일부지급의 기재(어 39 ①·②·③, 77 ① ⅲ, 수 34 ①·②·③): 어음 소지인은 일부지급을 거절하지 못한다.

③ 배서의 불연속(어 16, 77 ① ⅰ, 수 19): 배서가 연속된 어음의 소지인을 적법한 소지인으로 추정하므로 배서가 불 연속된 경우에는 적법한 권리자가 아니라는 항변을 할 수 있다.

④ 권리보전절차의 흠결(어 53, 56 ②, 60 ①, 66 ②, 68 ②, 77 ①, 수 39): 상환청구권보전 절차를 해태하면 상환청구권을 상실한다. 예비지급인의 기재가 있는 경우에는 예비지급인에 대한 거절증서를 작성하지 아니하면 그 자와 그 후자에 대하여 만기 전에 상환청구권을 행사 하지 못한다.

⑤ 어음·수표상 명백한 상계의 항변

⑥ 어음·수표상 명백한 채무변제의 항변

⑦ 무담보 배서의 항변(어 15 ①, 77 ① ⅰ, 수 18 ①): 무담보문구를 기재한 자는 누구에게도 담보책임을 지지 아니한다. 그러나 환어음의 발행인이 기재한 지급무담보는 기재하지 아니한 것으로 본다.

⑧ 배서금지배서의 항변(어 15 ②, 77 ① ⅰ, 수 18 ②)

⑨ 시멸소효의 항변(어 70, 77 ① ⅷ, 수 51)

⑩ 배서금지 어음·수표라는 항변(어 11 ②, 77 ① ⅰ, 수 14 ②)

⑪ 만기미도래의 항변(어 33~37, 77 ① ⅱ) → 만기가 도래하기 전에 어음 소지인이 어음금 지급청구를 하면 어음채무자는 만기에 청구하라는 항변을 할 수 있다. 수표는 일람출급성이므로 만기미도래의 항변은 불가하다.

⑫ 인수무담보의 항변(어 9 ②) → 인수는 환어음에만 필요하므로 환어음의 특유한 제도이다.

(2) 어음행위 효력에 관한 항변

① 의사무능력·행위무능력(민 5 ②, 77 ② 수 10, 어 7): 어음행위자가 의사무능력자인 때에는 무효를 주장 할 수 있으며, 행위무능력자인 때에는 취소할 수 있다.

② 위조·변조의 항변(어 69, 77 ① ⅰ, 수 50): 피위조자 또는 변조 전에 기명 날인한 자는 언제나 위조의 항변 또는 변조의 항변을 할 수 있다.

③ 무권대리의 항변($\substack{어 7, 77 \\ ②, 수 10}$): 본인이 대리권을 수여하지 않은 경우에는 무권대리의 항변을 할 수 있다.

④ 제권판결에 의한 항변($\substack{민소 \\ 467}$): 제권판결 선고 후에는 어음이 무효라는 항변을 할 수 있으며 선의취득도 인정되지 않는다.

⑤ 공탁의 항변($\substack{어 42 \\ 77 ① ⅲ}$): 어음채무자가 어음금액을 공탁한 때에는 누구에 대해서도 항변을 할 수 있다.

⑥ 법령 위반의 항변: 어음행위자가 법령을 위반한 때에(상호신용금고법($\substack{동법 \\ 17}$)을 위반하여 상호 신용금고가 채무보증을 위하여 어음에 배서한 경우[71]) 위반행위가 효력발생 규정을 위반한 것이면 사법상 무효가 된다. 판례는 직접상대방에 대해서만 주장할 수 있는 경우에는 인적항변으로 보기도 한다.

4.3.6.2.3. 인적항변

인적항변(주관적 항변; 상대적 항변)이란 어음(수표)의 채무자가 특정된 어음(수표)의 소지인에게 대해서만 대항할 수 있는 항변이다. 이는 어음채무자와 특정한 어음 소지인 사이의 특수한 법률관계에서 생기는 항변이다. 그러나 이러한 특정인에 대해서 대항할 수 있는 항변도 어음이나 수표가 제3자에게 양도되는 경우에는 그 제3자에 대하여 항변을 할 수 없다. 즉 인적항변이 절단된다. 따라서 환어음에 의하여 청구를 받은 자는 발행인 또는 종전의 소지인에 대한 인적 관계로 인한 항변(抗辯)으로써 소지인에게 대항하지 못한다. 그러나 소지인이 그 채무자를 해할 것을 알고 어음을 취득한 경우에는 그러하지 아니하다($\substack{어 17, 77 \\ ① ⅰ, 수 22}$).

어음에 의하여 청구를 받은 자는 종전의 소지인에 대한 인적 관계로 인한 항변으로써 소지인에게 대항하지 못하는 것이 원칙이지만, 이와 같이 인적항변을 제한하는 법의 취지는 어음거래의 안전을 위하여 어음취득자의 이익을 보호하기 위한 것이므로 자기에 대한 배서의 원인관계가 흠결됨으로써 어음 소지인이 그 어음을 소지할 정당한 권원이 없어지고 어음금의 지급을 구할 경제적 이익이 없게 된 경우에는 인적항변 절단의 이익을 향유할 지위에 있지 아니하다고 보아야 할 것이다.[72]

---

71) 대판 1985.11.26,85다카122.

72) 大判 2003.01.10, 2002다46508.

(1) 절단되는 인적항변(특정한 자에 대하여 특정한 자만 항변주장)

① 원인관계로 인한 항변(어음법 제17조에 해당하는 항변): 원인관계의 부존재·무효·취소 또는 해제의 항변, 원인관계상 채무의 항변, 원인관계상 채무의 전부 또는 일부의 이행 등은 어음이 제3자에게 이전되는 경우 그 소지인에 대하여 대항하지 못한다. → 융통어음

② 원인관계가 공서양속 기타 사회질서에 반하는 항변(민$^{103,}_{104}$)

③ 원인관계의 불법의 항변

④ 어음과 상환하지 아니한 지급, 면제, 상계 등의 항변(어 39 ①·77 ① iii, 수 34 ①)

⑤ 어음금의 지급연기(개서)의 항변

⑥ 대가 또는 할인금 미교부의 항변

⑦ 어음·수표상의 권리소멸의 항변

(2) 허용되는 인적항변(특정인에 대하여는 누구라도 대항할 수 있는 항변)

① 교부흠결의 항변: 권리외관설에 의하여 보충된 발행설(통설)에 따를 때

② 의사 흠결 또는 의사표시의 하자의 항변(민$^{107∼}_{110}$): 민법상 비진의표시·허위표시·착오와 같은 의사표시의 흠결 또는 사기·강박에 의한 의사표시하자에 관한 규정은 어음행위에도 적용되나(통설), 다만 제3자에게 악의 또는 중과실이 있으면 대항할 수 있다. 어음행위에 착오·사기·강박 등 의사표시의 하자가 있다는 항변은 어음행위 상대방에 대한 인적항변에 불과한 것이므로, 어음채무자는 소지인이 채무자를 해할 것을 알고 어음을 취득한 경우가 아닌 한, 소지인이 중대한 과실로 그러한 사실을 몰랐다고 하더라도 종전 소지인에 대한 인적항변으로써 소지인에게 대항할 수 없다.[73]

③ 백지어음의 보충권남용의 항변: 백지어음 행위자는 보충권이 남용되었다는 항변을 선의의 어음취득자에 대하여는 주장할 수 없고, 악의 또는 중과실로 인하여 어음을 취득한 자에 대하여만 주장할 수 있다(어 10·77 ②, 수 13).

(3) 융통어음의 항변

융통어음이란 아무런 대가관계 없이 발행인의 신용을 바탕으로 자금을 융통할 목적으로 발행한 어음이다. 융통어음의 항변은 당사자 간에서만 주장할 수 있고 제3자에게는

---

73) 大判 1997.05.16, 96다49513.

언제나 항변불가한 것으로 이해한다(통설·판례[74]). 즉 융통어음에 대해 통설은 어음법 제17조에 해당하는 인적항변으로 보고, 융통어음이 제3자에게 양도된 경우에 제3자가 그러한 사정을 알았더라도 그것은 어음법 제17조의 "어음채무자를 해할 것을 알고" 취득한 것이라고 볼 수 없으므로 어음채무자는 지급을 거절할 수 없다고 하여 인적항변의 절단을 인정한다.

어떠한 어음이 융통어음에 해당하는지는 당사자의 주장만에 의할 것은 아니고 구체적 사실관계에 따라 판단하여야 한다. 한편 어음의 발행인 또는 배서인이 어음할인을 의뢰하면서 어음을 교부한 것이라면 이는 원인관계 없이 교부된 어음에 불과할 뿐 이를 악의의 항변에 의한 대항을 인정하지 아니하는 이른바 융통어음이라고는 할 수 없다.[75]

4.3.6.3. 악의의 항변

4.3.6.3.1. 악의의 항변의 의의

악의의 항변이란 어음 소지인이 어음채무자를 해할 것을 알고서 어음을 소지하게 된 경우에는 어음채무자가 어음 소지인에게 항변할 수 있는 것을 말한다(17). 어음법 제17조에서 규정하고 있는 악의의 항변은 어음 소지인이 어음채무자를 "해할 것을 알고서" 어음을 취득한 경우에 어음채무자는 어음 소지인에게 악의의 항변을 주장할 수 있다는 것이다. 이처럼 어음법 제17조의 악의의 항변은 "해의"를 요구하는데 비해, 제17조가 적용되지 않는 악의의 항변은 "해의"까지는 아니고 "악의 또는 중과실"로 인하여 어음을 취득한 경우에 어음채무자가 어음 소지인에 대하여 악의의 항변을 주장할 수 있다는 것이다. 제17조가 적용되든 되지 않든 악의의 항변을 주장한다는 것은 인적 항변이 절단되지 않아 어음채무자가 어음 소지인에게 대항할 수 있다는 의미이다.

4.3.6.3.2. 악의의 내용

(1) 어음법 제17조가 적용되는 인적항변의 경우

어음법 제17조가 적용되는 인적항변에서의 악의의 항변이란 어음(수표)소지인이 그 채

---

74) 大判 1995.9.15, 94다54856(융통어음을 발행한 자는 악의의 제3자에 대하여도 대가없이 발행한 융통어음이라는 항변을 주장할 수 없다); 大判 2012.11.15, 2012다60015.

75) 大判 2012.11.15, 2012다60015.

무자를 해할 것을 알고 어음(수표)을 취득한 소지인에 대하여 가지는 항변을 말한다. 악의의 내용에 대해 채무자의 항변을 단절시킬 목적으로 양도 당사자 간의 사기적인 공모가 있어야 한다는 공모설, 양수인이 항변의 존재를 단순히 인식하면 충분하다는 단순인식설, 항변존재에 대한 인식과 자기가 어음을 취득함으로써 항변이 단절되어 채무자가 해를 받게 된다는 것을 알면서 어음(수표)을 취득하여야 한다는 절충설(다수설, 판례)이 있다.

절충설을 취하고 있는 판례에 의하면, 악의의 항변이라 함은 항변사유의 존재를 인식하는 것만으로는 부족하고 자기가 어음을 취득함으로써 항변이 절단되고 채무자가 해를 입는다는 사실까지도 알아야 한다고 한다.[76] 역시 절충설을 취하고 있는 다수설에 따르면, 악의의 항변이라 함은 항변사유의 존재를 인식하는 것만으로는 부족하고 자기가 어음을 취득함으로써 항변이 절단되고 채무자가 해를 입는다는 사실까지도 알아야 한다고 한다.

어음 소지인이 어음채무자의 전자(양도인)에 대한 인적항변의 존재를 알면서(악의) 어음을 취득한 경우에는, 특별한 사정이 없는 한 어음채무자를 해할 것을 알고(해의) 어음을 취득한 것으로 보아야 할 것이다. 그러나 어음 소지인이 항변의 존재를 모르는 데 대하여 중과실이 있는 경우에는, 어음법 제17조 단서의 해의가 될 수 없다(통설·판례).

(2) 어음법 제17조가 적용되지 않는 인적항변의 경우(해의성 불요)

어음법 제17조가 적용되지 않는 인적항변에서 악의의 항변이란 어음 소지인이 어음채무자의 양도인에 대한 인적항변사유에 대하여 악의 또는 중과실로 인하여 어음을 취득한 경우에 어음채무자가 어음 소지인에 대하여 갖는 항변을 말한다. 즉 어음법 제17조가 적용되지 않는 인적항변의 경우에는 그 인적항변이 절단되기 위해서는 어음 소지인에게 항변의 존재에 대하여 악의 또는 중과실이 없어야 한다. 어음 소지인에게 악의나 중과실이 있으면 어음채무자는 어음 소지인에게 인적항변을 주장할 수 있게 된다. 어음법 제17조가 적용되지 않는 인적항변에서는 어음법 제17조가 적용되는 인적항변과는 달리 중과실이 포함되는 점이 다르나 해의와 악의는 크게 구별하지 않기 때문에 큰 차이는 없다.

4.3.6.3.3. 악의의 존재시기

어음 소지인의 항변사유의 존재에 대한 악의의 유무를 결정하는 시기는 어음의 취득

---

76) 大判 1996.05.14, 96다3449; 大判 1996.05.28, 96다7120; 大判 1998.2.13.97다48319.

시이다(통설). 그리고 항변사유의 존재시기는 취득 시가 아니라 권리행사 시를 표준으로 한다. 따라서 권리행사 시에 그 항변사유가 성립할 것을 예견할 수 있는 때에는 악의의 항변이 성립한다. 인적 범위는 취득자가 직접 전자인 배서인에 대한 인적항변사유의 존재를 알고 취득한 경우에 한하여 적용된다.

4.3.6.3.4. 악의의 입증책임

어음 소지인의 악의에 대한 입증책임은 어음채무자에게 있다(통설・판례).

4.3.6.3.5. 악의의 항변이 적용되지 않는 경우

(1) 엄폐물의 법칙

어음 소지인이 자기의 전전자에 대한 항변의 존재를 알고 어음을 취득하였으나 양도인인 자기의 전자가 그러한 항변의 존재를 모르고 어음을 취득한 경우에는, 어음 소지인의 전자에 의하여 이미 인적항변이 절단되었고, 어음 소지인은 양도인의 그러한 권리를 승계취득하게 되므로 어음 소지인이 악의인 경우에도 어음채무자의 악의의 항변은 인정되지 않는다.

(2) 비어음법적 유통방법

예컨대, 상속・합병・경매 등에 의하여 어음이 유통되는 경우에는 인적항변의 절단이 인정되지 않으므로, 어음채무자는 언제나 어음 소지인에 대하여 전자의 인적항변을 주장할 수 있다.

(3) 어음법적 유통방법에 의하여 어음이 유통된 경우: 어음항변과 무관

① 기한후 배서의 경우에는 지명채권양도의 효력만이 있기 때문에(어 20 ① 단서; 77 ① 수 24 ①) 어음항변과 무관하고, 따라서 인적항변이 언제나 절단되지 않는다.

② 융통어음이 어음법적 유통방법에 의하여 유통된 경우에도 어음채무자는 직접 상대방 이외의 자에 대하여는 그의 선의・악의를 불문하고 언제나 융통어음이라는 항변을 주장할 수 없으므로 이것도 어음항변과 무관하다.

③ 추심위임배서의 경우에는 피배서인에게 고유한 경제적 이익이 없기 때문에 어음채무자는 추심위임배서의 피배서인에 대하여 그의 선의・악의를 불문하고 배서인에

대한 모든 항변사유로써 대항할 수 있으므로 이것도 어음항변과 무관하다. 따라서 독립된 경제적 이익을 갖지 않는 취득자는 제외된다.

4.3.6.4. 제3자의 항변

4.3.6.4.1. 의　의

어음항변의 당사자가 아닌 어음채무자가 다른 어음채무자에 관하여 생긴 항변사유로써 어음 소지인에 대하여 항변을 주장할 수 있는가의 문제가 제3자의 항변이다. 제3자의 항변에는 후자의 항변과 전자의 항변이 있다.

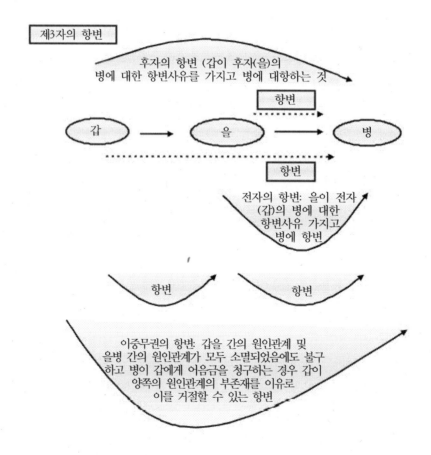

4.3.6.4.2. 제3자의 항변의 인정근거

제3자의 항변 인정근거에 대하여 인적항변의 권리남용론이 통설이다. 통설인 권리남용론에 의하면 어음 소지인이 어음을 소지할 하등의 정당한 권한이 없어 어음상의 권리를 행사할 실질적 이유가 없음에도 불구하고 어음을 반환하지 않고 자기가 어음을 소지하고 있는 것을 기화로 자기의 형식적 권리를 이용하여 어음채무자에게 어음상의 권리를 행사하는 것은 권리남용에 해당되어 어음채무자는 어음법 제17조 단서의 취지에 따라서 어음 소지인에게 어음금의 지급을 거절할 수 있다고 한다. 그 밖에 인적 항변의 개별성론, 유인론 등이 있다.

4.3.6.4.3. 후자의 항변

후자의 항변에 대해 권리남용론에 의하는 경우 ① 을병 간의 원인관계가 소멸하거나 부존재한 경우 ② 을병 간의 원인관계가 위법 또는 불법한 경우 및 ③ 을이 어음과 상환하지 않고 병에게 어음금을 지급·상계·면제 등을 한 경우에, 병이 갑에게 어음상의 권리를 행사하는 것은 권리남용이 되어 갑은 병에게 이의 항변을 주장하여 어음상의 책임을 부담하지 않는다.

4.3.6.4.4. 전자의 항변

전자의 항변에 대해 권리남용론에 의하면 ① 병이 갑으로부터 어음금을 지급받고 을에 대하여 다시 상환청구권을 행사하는 경우에는, 을은 병에 대하여 권리남용의 법리에 의하여 항변할 수도 있고(전자의 항변) 또는 어음금의 지급으로 인하여 어음상의 권리·의무가 소멸되었음을 항변(병이 어음상의 권리의 무권리자라는 항변으로서, 을 자신의 항변)할 수도 있다.

4.3.6.4.5. 이중무권의 항변

이중무권의 항변이란 어음 소지인과 그 전자 사이의 원인관계 및 그 전자와 전전자 사이의 원인관계가 모두 흠결되어 있는 경우에, 어음채무자인 전전자가 어음 소지인의 어음금청구에 대하여 대항할 수 있는 항변을 말한다. 예컨대, 갑을 간의 원인관계 및 을병 간의 원인관계가 모두 소멸되었음에도 불구하고 병이 갑에게 어음금지급청구를 한 경우에는 갑이 자신의 항변으로써 병에게 대항할 수 있는 것을 이중무권의 항변이라고 한다.

이중무권의 항변은 자신의 항변(갑을 간의 원인관계의 소멸)을 주장하는 점에서 악의의 항변과 유사하나, 병이 이에 대하여 악의이기 때문에 대항할 수 있는 것이 아니라 그에게 독립된 경제적 이익이 없기 때문에 대항할 수 있는 점에서 악의의 항변과 구별된다. 또한 이중무권의 항변은 을병 간의 원인관계가 소멸되어 병에게 독립된 경제적 이익이 없는 점에서 후자의 항변과 유사하나, 갑 자신의 항변으로 주장하는 점에서 후자의 항변과는 구별된다.

4.3.6.5. 항변의 제한과 선의취득과의 관계

어음항변과 선의취득과의 차이는 다음과 같다. 선의취득은 권리의 귀속의 문제로 희생되는 자는 진정한 권리자이며, 그 주관적 요건은 악의 또는 중과실이 없어야 하며 취득하는 권리는 원시취득이다. 반면에 어음항변은 채무의 존재에 관한 문제로 희생되는 자는 어음채무자이고 그 주관적 요건은 채무자를 해할 것을 아는 것이 없어야 하고 항변이 절단된 권리는 승계취득된다는 점 등에서 양자는 구별되고 있다.

☞ 항변의 제한과 선의취득과의 관계

선의취득	인적항변의 제한
권리의 취득면에서 인정한 것임 진정한 권리자가 희생되고 제3자가 보호됨	채무의 존재 내지는 범위를 인정한 것임 어음채무자가 희생되고 어음 소지인이 보호됨
선의취득이 되지 않는 주관적 요건(악의 또는 중대한 과실)	어음항변이 제한되지 않는 주관적 요건(채무자를 해함을 알고서)
배서인에 관하여 존재하는 사유 원시취득임	어음관계 외의 원인관계(배서인과 채무자 간) 승계취득임

4.3.7. 상환청구

4.3.7.1. 상환청구의 의의

상환청구(소구)란 만기에 지급거절 되거나 또는 만기 전에 환어음의 인수거절 또는 지급가능성이 현저하게 감소되었을 때에 어음 소지인이 전자에 대하여 어음금액 기타 비용을 청구하는 것을 말한다. 이 상환청구권은 법정담보책임으로 어음 소지인이 담보책임의 이행을 청구하는 것이 상환청구이며, 그 이행을 청구할 수 있는 어음상의 권리를 상환청구권(소구권)이라 한다.

상환청구에 관한 입법주의에는 일권주의, 이권주의, 선택주의가 있다. 우리나라가 채택하고 있는 일권주의에 의하면 지급거절시는 물론이고 인수거절시에도 상환청구권만을 인정하는 입법주의를 말한다.

4.3.7.2. 상환청구의 당사자

4.3.7.2.1. 상환청구권자

상환청구권자는 제1차적으로는 최후의 정당한 어음 소지인이고($어^{43 \cdot 77}_{① iv, 수 39}$), 2차적으로는 상환청구의무를 이행하고 어음을 환수한 자, 상환청구의무자를 위한 담보의무를 이행한 보증인, 참가지급인이 상환청구의무를 이행한 경우, 어음채무를 변제한 무권대리인 등이다($어^{47 ③ \cdot 49 \cdot 77}_{① iv, 수 43 ③}$).

4.3.7.2.2. 상환청구의무자

상환청구의무자는 환어음의 경우는 발행인·배서인 및 이들을 위한 보증인이다. 단 배서인이라도 어음상의 담보책임을 지지 않는 무담보배서인, 추심위임배서인, 기한후 배서인은 상환청구의무자가 아니다. 약속어음의 경우 상환청구의무자는 배서인 및 이를 위한 보증인, 상환청구의무자의 무권대리인 등이다. 환어음의 인수인, 약속어음의 발행인은 주채무자로서 상환청구의무자가 아니다.

수표의 경우에는 발행인, 배서인 및 이들을 위한 보증인, 상환청구의무자의 무권대리인 등이다. 수표의 지급인이 지급보증을 한 경우에도 주채무자가 아니라 최종상환청구의무자의 지위를 갖는데 불과하다.

상환청구의무자는 주채무자(환어음의 인수인 또는 약속어음의 발행인)와 함께 어음 소지인에 대하여 합동하여 어음채무를 부담한다. 즉 환어음의 발행, 인수, 배서 또는 보증을 한 자는 소지인에 대하여 합동으로 책임을 진다($어^{47 ① \cdot 77}_{① iv, 수 43 ①}$). 따라서 어음 소지인은 어음채무자에 대하여 그 채무부담의 순서에 불구하고 그중 1명, 여러 명 또는 전원에 대하여 청구할 수 있다($어^{47}_{②}$). 어음채무자가 그 어음을 환수한 경우에도 소지인과 같은 권리가 있다($어^{47}_{③}$). 그리고 어음채무자의 1인에 대한 청구는 다른 채무자에 대한 청구에 영향을 미치지 아니한다. 이미 청구를 받은 자의 후자(後者)에 대하여도 같다($\frac{어}{④}^{47}$).

☞ 합동책임·연대책임

합동책임	연대책임
공통점	
상환청구의무자와 주채무자 각자가 어음금액 전부에 대하여 그중 한 사람의 지급으로 채권자에 대하여 다른 자는 책임을 면하는 법률관계	연대채무자 1인이 변제하면 모두 채권자에게 책임을 면한다는 점에서 유사 [각각 독립하여 어음금 지급의무를 부담]
차이점	
책임원인·범위가 다름	책임원인·범위가 같음
상환청구의무자 1인의 채무이행은 그자 및 그의 후자의 채무소멸, 전자의 채무불소멸의 효과를 발생	1인의 변제로 다른 채무자의 채무도 소멸
1인에 대한 이행청구는 다른 자에게 효력 불발생	1인에 대한 이행청구는 다른 자에게 효력발생
상환자는 자기의 전자에 대해서만 재상환청구	다른 채무자 전원에게 구상

4.3.7.3. 상환청구요건

4.3.7.3.1. 만기 전의 상환청구요건

(1) 실질적 요건

만기에 지급이 되지 아니한 경우 소지인은 배서인, 발행인, 그 밖의 어음채무자에 대하여 상환청구권(償還請求權)을 행사할 수 있다. 다만 다음의 경우에는 만기 전에도 상환청구권을 행사할 수 있다($\frac{어}{43}$).

① 인수의 전부 또는 일부의 거절이 있는 경우: 어음 소지인이 만기 전에 인수제시를 한 경우 인수의 전부 또는 일부의 거절이 있는 경우이다. 인수제시 여부는 자유이나, 인수제시명령이 있거나 일람 후 정기출급 어음의 경우에는 반드시 인수제시를 하여야 하므로 소정의 기간 내에 인수제시를 하지 않으면 모든 상환청구권을 상실한다.

② 지급인의 인수 여부와 관계없이 지급인이 파산한 경우, 그 지급이 정지된 경우 또는 그 재산에 대한 강제집행이 주효(奏效)하지 아니한 경우: 지급인 또는 인수인 등의 자력이 불확실하게 된 경우로 파산은 어음발행의 전후를 불문하고 파산절차가 종료되지 않은 것을 의미한다(통설).

③ 인수를 위한 어음의 제시를 금지한 어음의 발행인이 파산한 경우: 인수제시금지어음의 경우 지급인의 파산은 상환청구원인이 아니라 예비지급인이 있는 경우에는 예비지급인의 인수거절까지 있어야 상환청구원인이 된다(어%). 인수제시금지어음의 경우에는 발행인의 파산만 상환청구원인이 될 뿐 지급정지 또는 강제집행부주효는 상환청구원인이 아니다. 이는 거절증서 등과 같은 공적인 입증방법을 작성할 수 없기 때문이다.

(2) 형식적 요건

1) 거절증서의 작성

인수의 전부 또는 일부의 거절이 상환청구 원인인 경우에는 어음 소지인은 지급인이 인수거절한 사실을 공정증서인 인수거절증서에 의하여 입증하여야 한다. 즉 인수 또는 지급의 거절은 공정증서(인수거절증서 또는 지급거절증서)로 증명하여야 한다(어① 44). 인수거절증서는 인수를 위한 제시기간 내에 작성시켜야 한다. 다만, 기간의 말일에 유예기간(어 24)에 따른 제시가 있으면 그 다음 날에도 거절증서를 작성시킬 수 있다(어② 44). 확정일출급, 발행일자 후 정기출급 또는 일람 후 정기출급 환어음의 지급거절증서는 지급을 할 날 이후의 2거래일 내에 작성시켜야 한다. 일람출급 어음의 지급거절증서는 인수거절증서 작성에 관한 제2항에 따라 작성시켜야 한다(어③ 44).

인수거절증서가 작성되었을 때에는 지급을 받기 위한 제시와 지급거절증서의 작성이 필요하지 아니하다(어④ 44). 지급인의 인수 여부와 관계없이 지급인이 파산선고를 받은 경우 또는 인수를 위한 제시를 금지한 어음의 발행인이 파산선고를 받은 경우에 소지인이 상환청구권을 행사할 때에는 파산결정서를 제시하면 된다(어⑥ 44). 지급인의 인수 여부와 관계없이 지급인이 지급을 정지한 경우 또는 그 재산에 대한 강제집행이 주효하지 아니한 경우 소지인은 지급인에 대하여 지급을 받기 위한 제시를 하고 거절증서를 작성시킨 후가 아니면 상환청구권을 행사하지 못한다(어⑤ 44).

2) 불가항력과 기간의 연장

피할 수 없는 장애[국가법령에 따른 금제(禁制)나 그 밖의 불가항력]로 인하여 법정기간 내에 환어음을 제시하거나 거절증서를 작성하기 어려운 경우에는 그 기간을 연장한다(어① 54). 불가항력이란 불가피한 일반적 장애로, 전쟁, 내란, 지진, 홍수, 유행병, 기타 천재적 사변으로 인한 거래의 정지, 교통단절, 파업으로 인한 거절증서작성기관의 직무휴지, 교통기관의 마비 등 인위적 사유로 인한 경우도 있을 수 있으나 어음 소지인 등의 인적 사유는 해당 없다. 즉 소지인이나 소지인으로부터 어음의 제시 또는 거절증서 작성을 위임받은 자의 단순한 인적 사유는 불가항력으로 보지 아니한다($\frac{\text{어}}{6}^{54}$). 소지인은 불가항력이 발생하면 자기의 배서인에게 지체 없이 그 사실을 통지하고 어음 또는 보충지에 통지를 하였다는 내용을 적고 날짜를 부기한 후 기명날인하거나 서명하여야 한다. 그 밖의 사항에 관하여는 인수거절 및 지급거절의 통지(제45조)를 준용한다($\frac{\text{어}}{6}^{54}$).

불가항력이 사라지면 소지인은 지체 없이 인수 또는 지급을 위하여 어음을 제시하고 필요한 경우에는 거절증서를 작성시켜야 한다($\frac{\text{어}}{3}^{54}$). 불가항력이 만기부터 30일이 지나도 계속되는 경우에는 어음의 제시 또는 거절증서의 작성 없이 상환청구권을 행사할 수 있다($\frac{\text{어}}{4}^{54}$). 일람출급 또는 일람 후 정기출급의 환어음의 경우 위 30일의 기간은 제시기간이 지나기 전이라도 소지인이 배서인에게 불가항력이 발생하였다고 통지한 날부터 진행한다. 일람 후 정기출급의 환어음의 경우 30일의 기간에는 어음에 적은 일람 후의 기간을 가산한다($\frac{\text{어}}{5}^{54}$).

(3) 약속어음의 경우

어음법은 약속어음에 대하여는 지급거절로 인한 상환청구에 관한 환어음의 규정만을 준용하고 있으므로($\frac{\text{어}}{77}^{48}_{\text{①iv}}$), 만기 전의 상환청구가 약속어음에도 인정되는지 여부가 문제된다. 약속어음에는 인수제도가 없으므로 인수거절로 인한 만기 전의 상환청구가 있을 수 없다. 만기 전에 발행인이 파산한 경우에는, 만기에 지급이 거절될 것이 확실하므로 해석상 당연히 만기 전의 상환청구를 인정해야 할 것이다(통설·판례).

4.3.7.3.2. 만기 후의 상환청구요건

(1) 실질적 요건

어음 소지인이 지급제시기간 내에 적법하게 지급제시를 하였으나, 환어음의 지급인(인수인)·약속어음의 발행인 또는 이들의 지급담당자가 지급거절을 하여야 한다($\frac{\text{어}}{77}^{43}_{\text{①iv}}$). 지급거절이란 지급인들이 적극적으로 지급을 거절한 경우뿐만 아니라 지급인 등의 부재, 소재불명 또는 이들이 사망하고 상속인이 불명한 경우 등과 같이 소극적인 사유로 인하여 어음 소지인이 지급받을 수 없는 경우를 포함한다($\frac{\text{거절증서령}}{3}_{\text{①}}$). 여러 명의 지급인 등이 있는 경우에는 그 전원이 지급거절을 하여야 어음 소지인은 상환청구권을 행사할 수 있다 (통설).

(2) 형식적 요건

1) 지급제시

어음 소지인이 지급제시를 하여야 하며 지급제시는 지급거절증서의 작성이 면제되는 경우에도 하여야 한다. 지급제시기간은 확정일출급 어음, 발행일자 후 정기출급 어음, 일람 후 정기출급 어음에 있어서는 지급을 할 날 또는 이에 이은 2거래일이고($^{어}_{①}$ ^{38}), 일람출급 어음에 있어서는 원칙적으로 발행일자로부터 1년 내이다($^{어}_{①}$ ^{34}). 예비지급인 또는 참가 인수인 등이 존재하는 경우에는 그들의 전원에 대하여도 지급제시기간의 익일까지 지급 제시를 하여야 하고 또한 이들의 지급거절까지 있어야 한다($^{어}_{77}$ $^{60}_{①}$ $^{①}_{ⅴ}$).

지급거절증서 작성면제의 경우에도 지급제시는 면제되지 않는다($^{어}_{77}$ $^{46}_{①}$ $^{②}_{ⅳ}$). 그러나 인수거 절증서를 작성한 경우($^{어}_{④}$ ^{44}) 또는 불가항력이 만기로부터 30일을 넘어 계속하는 경우 ($^{어}_{⑤, 77}$ $^{54}_{①}$ $^{④}_{ⅳ}$)에는 지급제시가 면제된다.

2) 지급거절증서

지급인 등의 지급거절의 사실은 공정증서인 지급거절증서에 의하여 증명되어야 한다 ($^{어}_{77}$ $^{44}_{①}$ $^{①}_{ⅳ}$). 지급거절증서의 작성기간은 확정일출급 어음·발행일자 후 정기출급 어음·일 람 후 정기출급 어음의 경우에는 지급을 할 날에 이은 2거래일 내이고, 일람출급 어음의 경우에는 지급제시기간 내, 즉 원칙적으로 1년 내이다($^{어}_{77}$ $^{44}_{①}$ $^{③}_{ⅳ}$).

지급거절증서를 작성할 필요가 없는 경우는 ① 동증서의 작성이 면제된 경우($^{어}_{77}$ $^{46}_{ⅳ}$) ② 인수거절증서를 작성한 경우($^{어}_{④}$ ^{44}) ③ 불가항력에 의하여 동 증서의 작성이 30일을 초과 하여 방해되었을 때이다($^{어}_{⑤, 77}$ $^{54}_{①}$ $^{④}_{ⅳ}$). 예비지급인·참가인수인 등이 존재하는 경우에는 지급 제시기간의 익일까지 필요가 있는 경우에는 참가지급 거절증서를 작성하여야 한다 ($^{어}_{77}$ $^{60}_{①}$ $^{①}_{ⅴ}$).

(3) 거절증서 작성면제

상환청구의 형식적 요건으로서 파산의 경우를 제외하고는 거절증서의 작성이 필요하 다. 그러나 소지인의 이익을 침해하지 않는 한 상환청구권의무자는 그 작성비용과 수수료의 부담을 면제하고, 또 어음부도의 사실이 공개되는 것을 방지하기 위하여 그 작성에 관한 이익을 포기할 수 있게 하였다. 이를 거절증서작성의 면제라고 한다(어 $^{46 \cdot 77}_{①}$, 수 $_{42}$).

상환의무자(배서인, 환어음의 발행인, 이들의 보증인 및 참가인수인)인 면제권자는 '무비용상환', '거절증서 불필요'의 문자 또는 이와 같은 뜻을 가진 문구를 환어음에 기재하고 기명날인 또는 서명함으로써 소지인에 대하여 상환청구권을 행사하기 위한 인수거절증서 또는 지급거절증서의 작성을 면제할 수 있다(어 $^{46 ①·77}_{① iv, 수 42 ①}$).

'무비용상환'의 문구에는 기재자의 서명을 요하나 위 서명은 반드시 무비용상환문구 자체에 서명을 하여야 한다는 의미가 아니고 배서인이 배서를 하는 문구 중에 무비용상환의 문구를 기재하고 배서서명만을 하였을 경우에도 적법한 무비용상환문구의 기재가 있는 것으로 볼 수 있고 반드시 배서서명 외에 별도로 무비용상환문구에 배서인의 서명을 필요로 하는 것은 아니다.[77] 거절증서 작성면제의 문구가 있는 경우에는 어음 소지인은 거절증서를 작성하지 않고도 상환청구권을 행사할 수 있으며, 소지인은 법정기간을 준수한 것으로 추정받는다. 즉 약속어음의 배서인이 거절증서의 작성의무를 면제한 이상 소지인은 적법한 기한 내에 동 어음을 제시한 것이라고 추정하게 되는 것이다.[78]

'무비용상환', '거절증서 불필요'의 문자 또는 이와 같은 뜻을 가진 문구가 있더라도 소지인의 법정기간 내 어음의 제시 및 통지 의무가 면제되는 것은 아니다. 법정기간을 준수하지 아니하였음은 소지인에 대하여 이를 원용(援用)하는 자가 증명하여야 한다($^{46}_{②}$). 그러나 거절증서 작성면제의 문구가 있더라도 어음 소지인에 대하여 법정기간 내의 제시 및 상환청구 통지의 의무까지 면제하는 것은 아니다(어 $^{46 ②·77}_{① iv, 수 42 ②}$).

거절증서 작성면제는 모든 어음채무자에 대하여 효력이 있고 배서인 또는 보증인이 이 문구를 기재한 때에는 그 배서인 또는 보증인에 대하여서만 효력이 있다. 발행인이 이 문구를 적은 경우에는 모든 어음채무자에 대하여 효력이 있고, 배서인 또는 보증인이 이 문구를 적은 경우에는 그 배서인 또는 보증인에 대하여만 효력이 있다. 발행인이 이 문구를 적었음에도 불구하고 소지인이 거절증서를 작성시켰으면 그 비용은 소지인이 부담하고, 배서인 또는 보증인이 이 문구를 적은 경우에 거절증서를 작성시켰으면 모든 어음채무자에게 그 비용을 상환하게 할 수 있다($^{46}_{③}$).

---

77) 大判 1962.06.14, 62다171.
78) 大判 1962.06.14, 62다171.

(4) 거절증서

1) 거절증서의 의의

거절증서란 어음상의 권리의 행사 또는 보전에 필요한 어음상의 행위가 정당한 사람에 대하여 정당한 권리자에 의하여 시·장소에서 행하여졌다는 것과 그 행위의 결과를 모든 이해관계인에 대하여 간이·신속·확실하게 증명하여 어음거래의 안전을 확보하고자 하는 목적을 가진 공증증서이다.

2) 거절증서의 작성이 필요한 경우

거절증서의 작성이 필요한 경우로는 인수거절의 경우, 인수제시일자 또는 인수일자의 기재를 거절한 경우, 제2제시의 청구가 있는 경우, 지급거절의 경우, 지급인의 자력이 불확실하게 된 경우, 참가인수거절·참가지급거절·복본교부거절·원본반환거절의 경우이다.

3) 거절증서를 작성하지 않고 상환청구할 수 있는 경우
㉠ 거절증서의 작성이 면제되어 있는 경우
㉡ 인수거절증서를 작성시킨 후에 지급거절하는 경우 등

4) 거절증서의 작성
㉠ 작성기관: 공증인, 집달리 또는 합동법률사무소
㉡ 작성장소: 지급 또는 인수를 위한 제시장소
㉢ 작성기간: 제시기간의 정함이 있는 경우에는 그 기간 내에, 그렇지 않은 경우에는 만기의 전일까지이다($^{44}_{②}$).
㉣ 작성방법: 어음 또는 이에 결합한 보전(보충지)에 하고 기재사항은 어음의 이면에 기재한 사항에 계속하여 이를 기재하고 동일한 어음에 관하여 순차로 수인에게 청구하는 경우에는 그 청구에 대하여 1통의 거절증서를 작성시킴으로써 충분하다.

5) 거절증서 작성면제
㉠ 의의: 환어음의 지급인 또는 약속어음의 발행인이 어음의 인수 또는 지급을 거절한 경우에 배서인 그 밖의 상환청구의무자에 대한 상환청구권보전의 조건으로서 작성하여야 하는 거절증서의 작성을 면제시키는 것이다(무비용상환).

ⓛ 존재이유: 상환청구의무자의 이익을 보호하고(거절증서작성비용의 부담면제), 인수
거절 또는 지급거절 사실의 공표를 방지하는 실익이 있다.

ⓒ 면제권자: 상환청구의무자(발행인, 배서인, 보증인). 환어음의 인수인 및 약속어음의
발행인은 주채무자이므로 거절증서의 작성을 면제할 수 없다.

ⓔ 면제의 방식: '무비용상환', '거절증서불요' 등의 문구를 어음에 기재하고 기명날인
또는 서명하여야 한다($^{어\ 46}_{①}$).

ⓜ 면제의효력 범위: 발행인이 면제한 경우 모든 상환청구의무자에 대하여 절대적 효
력을 가지나 배서인·보증인·참가인수인이 면제한 경우 그 자에 대한 관계에서만
거절증서의 작성이 불필요하다($^{어\ 46}_{③}$). 거절증서 작성면제의 문구가 있더라도 어음제
시 및 상환청구 통지는 필요하다($^{어\ 46}_{②}$). 제시 및 상환청구 통지는 추정되기 때문에
이를 부인하는 자(상환청구의무자)가 입증책임을 부담한다(판례).

4.3.7.4. 상환청구의 통지

4.3.7.4.1. 의 의

상환청구의 통지(소구의 통지·거절의 통지)란 상환청구권자가 상환청구의무자에 대하
여 상환청구권 행사를 통지하는 것을 말한다. 이처럼 상환청구의 통지를 하도록 하는 것
은 어음부도를 막고 지급자금의 준비, 상환금액의 증가를 막기 위한 것이다.

4.3.7.4.2. 통지를 요하는 경우

상환청구 통지를 요하는 경우는 ㉠ 인수 또는 지급이 거절된 경우 ㉡ 지급인, 인수인
또는 약속어음의 발행인의 지급정지·강제집행 불주효시이다($^{어\ 45}_{①}$ $^{①·77}_{iv, 수 41 ①}$).

4.3.7.4.3. 통지의 당사자

통지의무자는 최후의 어음 소지인과 후자로부터 통지를 받은 배서인이고, 통지받을 권
리자는 상환청구의무자로서 발행인, 배서인 및 이들을 위한 보증인이다.

4.3.7.4.4. 통지기간

소지인은 ① 거절증서 작성일 ② 무비용상환(無費用償還)의 문구가 적혀 있는 경우

에는 어음 제시일에 해당하는 날 이후의 4거래일 내에 자기의 배서인과 발행인에게 인수거절 또는 지급거절이 있었음을 통지하여야 하고, 각 배서인은 그 통지를 받은 날 이후 2거래일 내에 전(前) 통지자 전원의 명칭과 처소(處所)를 표시하고 자기가 받은 통지를 자기의 배서인에게 통지하여 차례로 발행인에게 미치게 하여야 한다. 이 기간은 각 통지를 받은 때부터 진행한다(어45①). 환어음에 기명날인하거나 서명한 자에게 통지할 때에는 같은 기간 내에 그 보증인에게도 같은 통지를 하여야 한다(어45②).

4.3.7.4.5. 통지의 내용과 방법

어음 소지인이 통지할 내용은 인수 또는 지급이 거절된 사실을 통지하면 되고, 통지받은 배서인은 전통지자의 전원의 명칭과 처소(處所)를 표시하고 자기가 받은 통지를 자기의 전자인 배서인에게 통지하여야 한다(어45①ⅳ, 수41①). 배서인이 그 처소를 적지 아니하거나 그 기재가 분명하지 아니한 경우에는 그 배서인의 직전(直前)의 자에게 통지하면 된다(어45③).

통지의 방법에는 제한이 없으므로 어떠한 방법에 의하여도 할 수 있는데, 구두 또는 서면에 의해서도 할 수 있고 단순히 어음의 반환에 의해서도 할 수 있다(어45④ⅳ, 수41④).

4.3.7.4.6. 통지해태의 효력

통지를 하여야 하는 자는 적법한 기간 내에 통지를 하였음을 증명하여야 한다. 이 기간 내에 통지서를 우편으로 부친 경우에는 그 기간을 준수한 것으로 본다(어45⑤). 이 기간 내에 통지를 하지 아니한 자도 상환청구권을 잃지 아니한다. 그러나 과실로 인하여 손해가 생긴 경우에는 환어음금액의 한도 내에서 배상할 책임을 진다(어45⑥ⅳ, 수41).

4.3.7.5. 상환청구금액

4.3.7.5.1. 상환청구금액의 법정

어음 소지인이 인수 또는 지급이 거절됨으로써 생긴 손해의 전부를 받기 위해서는 개별적으로 상환금액을 정하게 된다면 어음거래의 원활을 해치게 결과가 되기 때문에 어음법은 상환금액을 정형화하고 있다.

4.3.7.5.2. 어음 소지인의 상환청구금액

(1) 만기 후의 상환청구금액

어음 소지인의 만기 후의 상환청구금액은($어_{77}^{48} {①\atop ①} {②\atop iv}$) ① 인수 또는 지급되지 아니한 어음 금액과 이자가 적혀 있는 경우 그 이자 ② 년 6퍼센트의 이율로 계산한 만기(수표의 경우는 제시일) 이후의 이자 ③ 거절증서의 작성비용·통지비용 및 그 밖의 비용이다. 수표의 경우는 만기가 없기 때문에 만기 전의 상환청구금액이란 있을 수 없고, 언제나 만기 후의 상환청구금액만이 있다($수_{44}$).

(2) 만기 전의 상환청구금액

확정일출급 또는 발행일자 후 정기출급 어음에서는 만기까지의 이자가 어음금액에 포함되어 있으므로 지급받는 날로부터 만기까지의 이자를 할인에 의하여 어음금액에서 공제한다. 즉 만기 전에 상환청구권을 행사하는 경우에는 할인에 의하여 어음금액을 줄인다. 그 할인은 소지인의 주소지에서 상환청구하는 날의 공정할인율(은행률)에 의하여 계산한다($어_{77}^{48} {①\atop ①} {②\atop iv}$). 일람출급 또는 일람 후 정기출급 어음에서 이자부인 경우에는($어_{②}^{5} {①\atop 77} {②\atop ②}$) 그 기재에 따라 어음발행 당일로부터 지급하는 날까지의 이자가 가산된다($어_{②}^{5} {③\atop 77}$). 거절증서 작성비용·통지비용과 기타의 비용은 만기 후의 상환청구의 경우와 같다.

4.3.7.5.3. 재상환청구금액

어음을 환수한 자가 그 전자에 대하여 재상환청구할 수 있는 금액은 ① 지급한 총금액 ② 위 금액에 대하여 년 6퍼센트의 이율로 계산한 지급한 날 이후의 이자 ③ 지출한 비용이다($어_{①}^{49·77} {iv,}\ 수\ 45$).

4.3.7.6. 상환청구의 방법

4.3.7.6.1. 상환청구권자의 상환청구 방법

(1) 상환청구의 순서

상환청구권자는 상환청구의무자의 채무부담의 순서에 상관없이 상환청구권을 행사할 수 있으며(순차적 상환청구 또는 도약적 상환청구)($어_{①}^{47} {②\atop iv}, {·77\atop 수 43} {②\atop ②}$), 또 특정한 상환청구의무자에게 청구하였다고 하여도 다른 자에 대한 상환청구권에 영향을 미치지 아니하므로 언제든지 다른 자에 대하여 다시 상환청구권을 행사할 수 있다(변경권)(어 47 ④·77 ① ⅳ, 수 43 ④). 따라서 이미 청구를 받은 자의 후자에 대하여도 다시 상환청구권을 행사할 수 있다(어 47 ④·77 ① ⅳ, 수 43 ④). 피청구자의 수에도 제한이 없으므로 상환청구의무자의 1인, 수인 또는 전원에 대하여 동시에 청구할 수 있다(어 47 ②·77 ① ⅳ, 수 43 ②). 이러한 상환청구권의 행사를 소로써 주장함에는 1개의 소로 할 수도 있고, 별개의 소로도 할 수 있다.

(2) 역어음의 발행

상환청구권이 있는 자는 어음에 반대문구가 적혀 있지 아니하면 그 전자 중 1명을 지급인으로 하여 그 자의 주소에서 지급할 일람출급의 새 어음(역어음)을 발행함으로써 상환청구권을 행사할 수 있다(어 52 ①·77 ① ⅳ). 만기는 언제나 일람출급이어야 하므로 일람출급 이외의 만기를 인정하는 경우에는 상환청구의무자의 부담을 너무나 가중시키기 때문에 일람출급 이외의 만기는 인정되지 않는다. 지급지는 지급인의 상환청구의무자의 주소지이다. 어떠한 경우에도 제3자방지급문구의 기재는 허용되지 않는다.

역어음의 금액에는 상환청구금액과 재상환청구금액 규정한 금액 외에 그 어음의 중개료와 인지세를 포함된다(어 52 ②). 소지인이 역어음을 발행하는 경우에 그 금액은 본어음의 지급지에서 그 전자의 주소지에 대하여 발행하는 일람출급 어음의 환시세에 따라 정한다. 배서인이 역어음을 발행하는 경우에 그 금액은 역어음의 발행인이 그 주소지에서 전자의 주소지에 대하여 발행하는 일람출급 어음의 환시세에 따라 정한다(어 52 ③).

4.3.7.6.2. 상환청구의무자의 이행방법

(1) 이행의 방법

상환청구의무의 이행은 금전채무이행의 일반원칙과 같이 지급·대물변제·상계·기타의 방법으로 할 수 있다. 그런데 일부상환은 일부지급(어 39 ②·77 ① ⅲ, 수 34 ②)과는 달리 상환청구권자가 이를 거절할 수 있다(통설).

(2) 어음, 기타 서류의 문서청구권

1) 일반적인 경우

상환청구(償還請求)를 받은 어음채무자나 받을 어음채무자는 지급과 상환(相換)으로 거절증서(수표의 경우는 이와 동일한 효력이 있는 선언을 포함함), 영수를 증명하는 계산서와 그 어음의 교부를 청구할 수 있다(어 50 ① · 77 ① iv, 수 46 ①).

2) 일부인수의 경우

일부인수 후에 상환청구권을 행사하는 경우에 인수되지 아니한 어음금액을 지급하는 자는 이를 지급한 사실을 어음에 적을 것과 영수증을 교부할 것을 청구할 수 있다. 소지인은 그 후의 상환청구를 할 수 있게 하기 위하여 어음의 증명등본과 거절증서를 교부하여야 한다(어 51).

(3) 배서말소권

상환청구의무자가 상환청구의무를 이행하고 어음을 환수한 경우에는 자기와 후자의 배서를 말소할 수 있다(어 50 ② · 77 ① iv, 수 46 ②).

(4) 상환권

상환청구의무자에는 상환청구를 기다리지 않고 자진하여 그 의무를 이행할 수 있는 권리인 상환권이 인정된다(통설). 상환청구의무자가 이러한 상환권을 행사하는 경우에는 어음 소지인 등은 이를 거절할 수 없고, 이를 거절하게 되면 수령지체가 된다. 수인의 상환청구의무자가 동시에 상환권을 행사하는 경우에는 가장 많은 상환청구의무자로 하여금 의무를 면하게 할 수 있는 자의 상환권에 우선권을 주어야 한다.

4.3.7.7. **재상환청구**

4.3.7.7.1. 의 의

재상환청구라 함은 어음 소지인 또는 자기의 후자에 대하여 상환청구의무를 이행하고 어음을 환수한 자가 다시 자기의 전자에 대하여 상환청구하는 것을 말한다. 상환청구의무를 이행하고 어음을 환수한 자가 취득하는 이러한 재상환청구권의 법적 성질에 대하여는 권리회복설과 권리재취득설로 나뉘어 있다.

4.3.7.7.2. 재상환청구의 요건

(1) 실질적 요건

상환청구의무자는 상환청구권자에게 상환청구의무를 이행하여 어음을 환수하여야 한다. 따라서 상환청구의무자가 아닌 자 예컨대 무담보배서인이 상환하거나 상환청구의무자가 시효로 인하여 소멸한 후에 상환을 한 경우에는 전자에 대하여 재상환청구를 하지 못한다.

(2) 형식적 요건

상환청구의무자는 유효한 어음·거절증서 및 영수를 증명하는 기재를 한 계산서를 상환청구권자로부터 교부받아야 하며, 이것을 다시 재상환청구의무자인 자기의 전자에게 교부하여야 한다(어 50 ① · 77 ① iv, 수 46 ①).

4.3.7.7.3. 재상환청구권의 행사

재상환청구권자가 전자에 대하여 재상환청구권을 행사하는 경우에도 보통의 상환청구권자가 상환청구권을 행사하는 경우와 같이 도약적 상환청구 및 변경권이 인정된다(어 47 ③ · 77 ① iv, 수 43 ③).

4.3.7.7.4. 재상환청구금액

지급한 총금액에 년 6퍼센트의 이율에 의한 법정이자를 가산하고, 그 밖에 지출한 비용이 있으면 이를 가산한다(어 49 · 77 ① iv, 수 45).

4.3.7.8. 상환청구권의 상실

다음의 기간이 지나면 소지인은 배서인, 발행인, 그 밖의 어음채무자에 대하여 그 권리를 잃는다. 그러나 인수인에 대하여는 그러하지 아니하다(어 53 ①).
① 일람출급 또는 일람 후 정기출급의 환어음의 제시기간
② 인수거절증서 또는 지급거절증서의 작성기간
③ 무비용상환의 문구가 적혀있는 경우에 지급을 받기위한 제시기간
발행인이 기재한 기간 내에 인수를 위한 제시를 하지 아니한 소지인은 지급거절과 인

수거절로 인한 상환청구권을 잃는다. 그러나 그 기재한 문구에 의하여 발행인에게 인수에 대한 담보의무만을 면할 의사(意思)가 있었음을 알 수 있는 경우에는 그러하지 아니하다(②⁵³). 배서에 제시기간이 적혀 있는 경우에는 그 배서인만이 이를 원용할 수 있다(③⁵³)

4.3.7.9. 불가항력과 기간의 연장

피할 수 없는 장애[국가법령에 따른 금제(禁制)나 그 밖의 불가항력]로 인하여 법정기간 내에 환어음을 제시하거나 거절증서를 작성하기 어려운 경우에는 그 기간을 연장한다(①⁵⁴). 소지인은 불가항력이 발생하면 자기의 배서인에게 지체 없이 그 사실을 통지하고 어음 또는 보충지에 통지를 하였다는 내용을 적고 날짜를 부기한 후 기명날인하거나 서명하여야 한다. 그 밖의 사항에 관하여는 인수거절 및 지급거절의 통지에 관한 제45조를 준용한다(②⁵⁴).

불가항력이 사라지면 소지인은 지체 없이 인수 또는 지급을 위하여 어음을 제시하고 필요한 경우에는 거절증서를 작성시켜야 한다(③⁵⁴). 불가항력이 만기부터 30일이 지나도 계속되는 경우에는 어음의 제시 또는 거절증서의 작성 없이 상환청구권을 행사할 수 있다(④⁵⁴). 일람출급 또는 일람 후 정기출급의 환어음의 경우 위 30일의 기간은 제시기간이 지나기 전이라도 소지인이 배서인에게 불가항력이 발생하였다고 통지한 날부터 진행한다. 일람 후 정기출급의 환어음의 경우 30일의 기간에는 어음에 적은 일람 후의 기간을 가산한다(⑤⁵⁴). 소지인이나 소지인으로부터 어음의 제시 또는 거절증서 작성을 위임받은 자의 단순한 인적 사유는 불가항력으로 보지 아니한다(⑥⁵⁴).

☞ 어음과 수표의 상환청구권의 차이

차이	환어음(약속어음)	수표
1.종류	환어음은 만기 전 상환청구 및 만기 후 상환청구가 있으나 약속어음은 만기 후 상환청구만 규정하고 있으나 만기 전 상환청구도 인정(학설, 판례). 수표는 만기가 없으므로 만기 전 상환청구는 없음	
2. 지급거절증명의 방법	거절증서만이 인정	거절증서, 지급인의 선언, 어음교환소의 선언
3. 거절증서 작성기간	제시기간 내에 작성하여야 함	제시기간 말일에 제시한 경우 1거래일까지 연장
4. 불가항력 보전기간	불가항력이 만기로부터 30일	소지인이 배서인에게 통지한 날로부터 15일
5. 상환청구금액	- 약정이자도 포함 - 법정이자는 만기부터	- 약정이자는 무익적 기재사항 - 법정이자는 지급제시일로부터 계산
6. 역어음에 의한 상환청구	인정	불인정
7. 상환청구권 시효기간	1년(재상환청구권은 6월)	6월(재상환청구권도 6월)

4.3.8. 참가제도

4.3.8.1. 서 설

4.3.8.1.1. 어음참가의 의의

어음참가라 함은 인수 또는 지급거절로 인하여 소지인이 상환청구권을 행사하는 경우에 이를 저지하기 위하여 제3자가 어음관계에 개입하는 것이다. 즉 참가란 상환청구단계에 있는 어음관계에 제3자가 가입하여 소지인을 구제하고 어음의 신용을 회복시키며, 상환청구금액의 증대를 방지하는 어음의 구제제도이다. 이러한 참가제도는 수표에는 없고, 어음의 특유한 제도이다.

4.3.8.1.2. 참가의 종류

참가에는 참가인수와 참가지급이 있다. 참가인수는 만기 전의 상환청구를 저지하기 위하여 제3자가 참가하여 지급인을 대신하여 인수하는 것이고, 참가지급은 만기 전후를 불문하고 상환청구를 저지하기 위하여 제3자가 지급인 또는 인수인에 대신하여 어음금을 지급하는 것이다.

4.3.8.1.3. 참가의 당사자

(1) 참가인

참가인에는 어음의 기재상 참가가 예정되어 있는 예비지급인과 그렇지 아니한 순수한 제3자가 참여하는 협의의 참가인이 있다.

1) 예비지급인

만기 전 또는 만기의 상환청구를 저지하기 위하여 환어음의 발행인, 배서인 또는 보증인은 어음에 예비지급인을 적을 수 있다(어55). 그러나 상환청구의무가 없는 인수인, 지급인 또는 약속어음의 발행인 및 이들의 보증인은 이를 지정하지 못한다. 예비지급인이 될 수 있는 자는 어음에 관계없는 제3자는 물론 지급인, 지급담당자, 환어음의 발행인, 배서

인과 이들의 보증인이다. 약속어음의 발행인, 환어음의 인수인과 그 보증인은 예비지급인
으로 될 수 없다(어$\frac{55}{③}$).

2) 협의의 참가인

협의의 참가인이 될 수 있는 자는 제3자, 지급인, 환어음의 발행인, 배서인 및 보증인
등이다. 예비지급인의 경우와 마찬가지로 환어음의 인수인, 약속어음의 발행인, 그 보증
인은 제외된다.

(2) 피참가인

피참가인은 참가에 의하여 상환청구의무를 면하는 자이다. 따라서 모든 상환청구의무
자, 즉 배서인, 환어음의 발행인 및 이들의 보증인은 피참가인이 될 수 있다. 상환청구를
받을 어느 채무자를 위하여 참가하는 자도 환어음을 인수하거나 지급할 수 있다(어$\frac{55}{①}$ $\frac{②}{ⅳ}$).
제3자, 지급인 또는 이미 어음채무를 부담한 자도 참가인이 될 수 있다. 다만, 인수인은
참가인이 될 수 없다(어$\frac{55}{③}$). 즉, 주된 채무자의 참가는 의미가 없으므로 환어음의 인수인,
약속어음의 발행인, 무담보배서인은 제외된다.

4.3.8.1.4. 참가의 통지

참가인이 참가를 한 때에는 참가인은 피참가인에 대하여 2거래일 내에 참가하였음을
통지하여야 한다. 참가인이 이 기간을 지키지 아니한 경우에 과실로 인하여 손해가 생기
면 그 참가인은 어음금액의 한도에서 배상할 책임을 진다(어$\frac{55}{①}$ $\frac{④}{}$).

4.3.8.2. 참가인수

4.3.8.2.1. 참가인수의 의의와 성질

참가인수라 함은 만기 전의 상환청구를 저지하기 위하여 지급인 이외의 자가 어음금의
지급의무를 부담하는 부속적 어음행위이다. 참가인수의 법적 성질에 관하여는 상환청구
의무의 인수이다(통설).

4.3.8.2.2. 참가인수의 요건

참가인수(參加引受)는 인수를 위한 제시를 금지히지 아니한 환어음의 소지인이 만기

전에 상환청구권을 행사할 수 있는 모든 경우에 할 수 있다($\frac{어}{①}$ ^{56}). 따라서 실질적으로 만기 전에 상환청구원인이 발생해야 하고, 형식적으로 거절의 사실이 거절증서에 의하여 증명됨을 요한다. 그러나 인수제시금지어음($\frac{어}{②}$ ^{22})에 관하여는 참가인수는 인정되지 아니한다($\frac{어}{①}$ ^{56}).

4.3.8.2.3. 참가인수의 방식

참가인수를 할 때에는 환어음에 그 내용을 적고 참가인이 기명날인하거나 서명하여야 한다. 이 경우 피참가인을 표시하여야 하며, 그 표시가 없을 때에는 발행인을 위하여 참가인수를 한 것으로 본다($\frac{어}{57}$).

4.3.8.2.4. 참가인수의 선택

어음 소지인은 원칙적으로 참가인수를 거절할 수 있다($\frac{어본}{①}$ ^{56} ^{③}). 그러나 지급지에 주소를 가지는 예비지급인의 기재가 있는 경우에는 이러한 예비지급인의 참가는 거절하지 못한다($\frac{어}{③, ②}$ ^{56}). 즉 환어음에 지급지에 있는 예비지급인을 기재한 경우 어음의 소지인은 예비지급인에게 어음을 제시하였으나 그 자가 참가인수를 거절하였음을 거절증서로 증명하지 아니하면 예비지급인을 기재한 자와 그 후자에 대하여 만기 전에 상환청구권을 행사하지 못한다($\frac{어}{②}$ ^{56}).

4.3.8.2.5. 참가인수의 효력

(1) 참가인수인의 의무

참가인수인은 소지인과 피참가인의 후자에 대하여 피참가인과 동일한 의무를 부담한다($\frac{어}{①}$ ^{58}).

(2) 소지인의 상환청구권 상실

소지인이 참가인수를 승낙한 때에는 피참가인과 그 후자에 대하여 만기 전 상환청구권을 상실한다($\frac{어}{③}$ ^{56}).

(3) 피참가인과 그 전자의 의무이행

피참가인과 그 전자는 참가인수에도 불구하고 소지인에 대하여 상환청구금액의 지급과 상환(相換)으로 어음의 교부를 청구할 수 있다. 거절증서와 영수를 증명하는 계산서가 있는 경우에는 그것을 교부할 것도 청구할 수 있다(②⁵⁸).

4.3.8.3. 참가지급

4.3.8.3.1. 참가지급의 의의와 성질

참가지급이라 함은 만기 전 또는 만기 후에 상환청구원인이 발생한 경우에 그 인수인 이외의 자가 상환청구의무자 중의 1인을 위하여 지급하는 것을 말한다. 참가지급의 성질 은 상환청구권의 행사를 저지하기 위하여 하는 변제 또는 변제에 유사한 행위이다. 그리 고 참가지급은 어음상의 기명날인 또는 서명을 요하지 아니하므로 참가인수와 같은 어음 행위가 아니다.

4.3.8.3.2. 참가지급의 요건

참가지급은 소지인이 만기나 만기 전에 상환청구권을 행사할 수 있는 모든 경우에 할 수 있다(①⁵⁹). 즉 참가지급을 함에는 만기 전 또는 만기 후의 상환청구원인이 발생해야 하며 거절증서의 작성이 면제되어 있는 경우와 파산의 경우를 제외하고 그 사실이 거절 증서에 의하여 증명되어야 한다.

4.3.8.3.3. 참가지급의 제시 및 거절

(1) 자 격

참가지급인이 될 수 있는 자는 환어음의 인수인이나 약속어음의 발행인을 제외하고 참 가인수인·예비지급인 또는 제3자이다(③⁵⁵).

(2) 제3자의 참가지급의 거절불가

참가인수인 또는 예비지급인이 없는 경우에 순수한 제3자가 참가지급을 할 수 있는데, 만약 어음 소지인이 이를 거절하면 그 어음 소지인은 참가지급으로 인하여 의무를 면할 수 있었던 자에 대한 상환청구권을 잃는다(①).

참가지급이 경합(競合)하는 경우에는 가장 많은 수의 어음채무자의 의무를 면하게 하는 자가 우선한다($_③^{63}$). 자기보다도 선순위에 있는 참가지급인이 있는 것을 알면서 자진하여 참가지급한 참가지급인은 선순위의 참가지급인이 참가지급을 하면 의무를 면할 수 있었던 자에 대한 상환청구권을 잃는다($_③^{63}$).

4.3.8.3.4. 참가지급의 방식 · 금액 및 시기

(1) 방 식

참가지급이 있었으면 어음에 피참가인을 표시하고 그 영수를 증명하는 문구를 적어야 하며, 그 표시가 없을 때에는 발행인을 위하여 지급한 것으로 본다($_①^{62}$). 그리고 기재의 장소에는 제한이 없다. 환어음은 참가지급인에게 교부하여야 하며, 거절증서를 작성시킨 경우에는 그 거절증서도 교부하여야 한다($_②^{62}$).

(2) 금 액

참가지급인은 피참가인이 지급할 의무가 있는 금액의 전부를 지급하여야 한다($_②^{59}$). 소지인은 일부지급의 경우와는 달리 일부참가지급을 거절할 수 있다. 그 이유는 일부참가지급은 상환청구권의 행사를 저지할 수 없기 때문이다.

(3) 시 기

지급지에 주소가 있는 자가 참가인수를 한 경우 또는 지급지에 주소가 있는 자가 예비지급인으로 기재된 경우에는 소지인은 늦어도 지급거절증서를 작성시킬 수 있는 마지막 날의 다음 날까지 그들 모두에게 어음을 제시하고 필요할 때에는 참가지급거절증서를 작성시켜야 한다($_①^{60}$). 즉 지급은 지급거절증서를 작성시킬 수 있는 최종일의 다음 날까지 하여야 한다($_①^{60} _③^{59}$). 이 기간 내에 거절증서가 작성되지 아니하면 예비지급인을 기재한 자 또는 피참가인과 그 후의 배서인은 의무를 면한다($_②^{60}$).

참가인수인은 그에 대한 보전절차가 취해질 경우에는 거절증서 작성기간의 익일이 경과함으로써 지급의무를 면하는 것은 아니므로 피참가인이 지급할 때까지 참가지급을 할 수 있다. 만기 전후를 불문하고 할 수 있으나, 지급거절증서 작성기간의 익일까지 하여야 하며, 그 후의 지급은 참가지급이 되지 않는다.

4.3.8.3.5. 참가지급의 효력

(1) 본질적 효력

어음 소지인은 참가지급을 받음으로써 어음상의 권리가 모든 어음채무자에 대하여 소멸한다.

(2) 면책적 효력

피참가인보다 후의 배서인은 의무를 면하므로(어 63) 피참가인의 후자는 상환청구의무를 면한다. 피참가인은 의무를 면하지 못하고 참가지급인에 대하여 의무를 부담한다(어 63).

(3) 참가지급인의 권리취득

참가지급인은 피참가인과 그의 어음상의 채무자에 대하여 어음으로부터 생기는 권리를 취득한다(어 63). 즉 피참가인 및 그 전자에 대한 상환청구권과 지급인에 대한 지급청구권을 갖는다. 그러나 다시 어음에 배서하지 못한다(어 63). 그 외에 위임과 같은 일반 사법상의 관계에 의하여 보상청구권을 가질 수 있고, 어음법상의 권리와 중첩되는 경우 선택적인 행사가 가능하다.

4.3.9. 복본과 등본

4.3.9.1. 복 본

4.3.9.1.1. 복본의 의의

복본이라 함은 한 개의 어음상의 권리를 표창하는 여러 통의 증권을 말한다. 즉 환어음은 같은 내용으로 여러 통을 복본(複本)으로 발행할 수 있다(어 64 ①, 수 48 ①). 복본은 환어음 및 수표에서만 인정되고 약속어음에서는 인정되지 않는다.

4.3.9.1.2. 복본의 발행

(1) 환어음의 경우

어음에 한 통만을 발행한다는 내용을 적지 아니한 경우에는 소지인은 자기의 비용으로 복본의 교부를 청구할 수 있다. 이 경우 소지인은 자기에게 직접 배서한 배서인에게 그 교부를 청구하고 그 배서인은 다시 자기의 배서인에게 청구를 함으로써 이에 협력하여 차례로 발행인에게 그 청구가 미치게 한다. 각 배서인은 새 복본에 배서를 다시 하여야 한다(어③⁶⁴).

동일한 내용을 수통으로 발행하는 복본에는 그 증권의 본문 중에 번호를 붙여야 하며, 번호를 붙이지 아니한 경우에는 그 여러 통의 복본은 별개의 환어음으로 본다(어②⁶⁴). 즉 복본의 표시로서는 복본이라는 기재 또는 발행복본수의 기재를 요하지 아니하며, 다만 그 증권의 문구 중에 번호를 붙일 것을 요구하며 이것이 없는 때에는 각 통은 각각 단일 어음으로 본다.

(2) 수표의 경우

1) 복본의 방식

수표를 복본으로 발행할 때에는 그 증권의 본문 중에 번호를 붙여야 한다. 이를 붙이지 아니한 때에는 그 여러 통의 복본은 이를 각별의 수표로 본다(수₄₈).

2) 발행의 요건

수표의 복본은 수표소지인의 유통상의 편의를 위하여 인정된 것이 아니므로, 환어음의 경우와는 달리 수표소지인에게 복본교부청구권이 인정되지 않고, 그 대신 복본의 발행에 다음과 같은 요건이 있다.

① 원격성: 수표의 복본은 분실 등의 위험이 있는 발행지와 지급지가 원거리인 경우에 필요(수₄₈)
  - 한 국가에서 발행하고 다른 국가나 발행국의 해외영토에서 지급할 수표
  - 한 국가의 해외영토에서 발행하고 그 본국에서 지급할 수표
  - 한 국가의 해외영토에서 발행하고 같은 해외영토에서 지급할 수표
  - 한 국가의 해외영토에서 발행하고 그 국가의 다른 해외영토에서 지급할 수표

② 비소지인 출급식 수표: 복본은 기명식 또는 지시식 수표에만 허용되고, 소지인 출급식 수표에는 허용되지 아니한다($\frac{수}{48}$).

4.3.9.1.3. 복본의 효력

복본은 각 통마다 어음의 효력을 가지나, 동일한 어음채권을 표창하므로 수통의 복본을 소지하더라도 그 소지인은 하나의 권리를 취득한다. 이것을 복본일체의 원칙이라 한다. 따라서 복본의 한 통에 대하여 지급한 경우 그 지급이 다른 복본을 무효로 한다는 뜻이 복본에 적혀 있지 아니하여도 의무를 면하게 한다. 그러나 지급인은 인수한 각 통의 복본으로서 반환을 받지 아니한 복본에 대하여 책임을 진다($\frac{어}{①}$ ^{65}). 여럿에게 각각 복본을 양도한 배서인과 그 후의 배서인은 그가 기명날인하거나 서명한 각 통의 복본으로서 반환을 받지 아니한 것에 대하여 책임을 진다($\frac{어}{②}$ ^{65}).

(1) 원칙(복본일체의 원칙; 완전성)

각 복본에는 완전성이 있어 복본 1통의 소지인은 환어음·수표의 소지인으로서 어음·수표상 모든 권리를 행사할 수 있다.

(2) 동일성

각 복본은 표창된 권리에 동일성이 있어 비록 증권은 수통이지만 각 증권이 표창하는 권리는 동일하고 따라서 한 번 행사하면 그 권리가 소멸한다.

(3) 예외(각 복본의 독립성)

복본의 1통에 대한 지급이 있는 때에는 이 지급이 다른 복본을 무효로 하는 뜻의 기재가 없는 경우에도 의무를 면하게 한다. 그러나 복본의 이용이 잘못 된 경우 각 통이 독립화 할 수도 있다.

1) 인수의 경우($\frac{어}{65}$):
지급인은 인수한 각통으로서 반환을 받지 아니한 복본에 대하여 책임을 진다.

2) 배서의 경우($\frac{어}{65}$):
수인에게 각 별로 복본을 양도한 배서인과 그 후의 배서인은 그 기명날인 또는 서명한 각통으로서 반환을 받지 아니한 것에 대하여 책임을 진다.

4.3.9.1.4. 인수를 위한 복본의 송부

인수를 위하여 복본 한 통을 송부한 자는 다른 각 통의 복본에 이 한 통의 복본을 보유하는 자의 명칭을 적어야 한다. 송부된 복본을 보유하는 자는 다른 복본의 정당한 소지인에게 그 복본을 교부할 의무가 있다(어①⁶⁶). 교부를 거절당한 때에는 소지인은 거절증서에 의하여 ① 인수를 위하여 송부한 한 통의 복본이 소지인의 청구에도 불구하고 교부되지 아니하였다는 것 ② 다른 한 통의 복본으로는 인수 또는 지급을 받을 수 없었다는 것의 사실을 증명하여 상환청구권을 행사할 수 있다(어②⁶⁶).

4.3.9.2. 등 본

4.3.9.2.1. 등본의 의의

등본이라 함은 어음원본을 등사한 것으로, 등본에 배서 또는 보증할 수 있다. 등본 자체는 복본과 같은 어음의 효력이 없고, 다만 그 위에 유효하게 배서 또는 보증을 할 수 있을 뿐이다. 등본은 환어음뿐만 아니라 약속어음에도 존재하는 제도이나(어 67~68, 77 ① vi), 수표에는 없다.

	등본	복본
작성권자	모든 어음 소지인	발행인만
이용되는 어음행위	배서 및 보증만	모든 어음행위
인정되는 유가증권	환어음 및 약속어음에서만 인정(수표 X)	환어음 및 수표(약속어음 X)
기타	원본에 차단문구 기재하여 원본에 한 배서효력 무효화	제한없음

4.3.9.2.2. 등본의 발행

등본은 복본과 달라서 어음 소지인이 임의로 작성할 수 있다(어 67 ①, 77 ① vi). 등본에는 배서된 사항이나 그 밖에 원본에 적힌 모든 사항을 정확히 다시 적고 끝부분임을 표시하는 기재를 하여야 한다(어 67 ②, 77 ① vi). 또 등본에는 원본 보유자를 표시하여야 한다. 그 보유자는 등본의 정당한 소지인에 대하여 그 원본을 교부할 의무가 있다(어 68 ①, 77 ① vi).

4.3.9.2.3. 원본반환청구권과 등본소지인의 상환청구권

등본에는 원본의 보유자를 표시하여야 한다. 등본의 정당한 소지인은 원본보유자에 대하여 그 반환을 청구할 수 있고, 그 보유자는 등본의 정당한 소지인에 대하여 그 원본을 교부할 의무가 있다($\frac{어}{①}$ ⁶⁸). 교부를 거절당한 때에는 소지인은 원본의 교부를 청구하였음에도 불구하고 교부를 받지 못하였음을 거절증서에 의하여 증명하지 아니하면 등본에 배서 또는 보증한 자에 대하여 상환청구권을 행사하지 못한다($\frac{어}{②}$ ⁶⁸).

4.3.9.2.4. 등본의 효력

1) 성 립

등본에는 원본과 같은 방법에 의하여 같은 효력으로 배서 또는 보증할 수 있다($\frac{어 67 ③}{77 ① vi}$).

2) 행 사

권리를 행사하기 위해 소지인은 등본과 함께 원본도 제시하여야 한다. 등본은 어음상 권리를 표창하는 유가증권이 아니므로 소지인은 등본만 가지고는 어음상의 권리를 행사할 수 없다. 또한 등본 그 자체로는 어음이 아니므로 이것에 의하여 인수, 참가인수 또는 지급을 청구하지 못한다($\frac{어}{67}$).

3) 차단문구에 의한 등본에 의한 권리의 양도

등본작성 전에 한 최후의 배서의 뒤에 「이 후의 배서는 등본에 한 것만이 효력이 있다」는 문구 또는 이와 같은 뜻을 가진 문구를 원본에 기재한 때에는 원본에 기재한 그 후의 배서는 무효로 한다($\frac{어}{③}$ ⁶⁸). 따라서 원본을 교부에 의하거나 지명채권 양도의 방법으로도 양도할 수 없고(통설), 등본에 의하여 어음상의 권리를 배서양수한 자는 원본반환청구권이 있다.

4.3.9.2.5. 원본반환청구권과 등본소지인의 상환청구권

(1) 원본보유자가 기재된 경우

등본의 정당한 소지인은 원본보유자에 대하여 그 반환을 청구할 수 있다. 반환을 거절하는 경우 등본소지인은 거절증서(원본반환거절증서)에 의하여 원본이 교부되지 않았음을 증명하여 등본에 배서 또는 보증한 자에 대하여 상환청구권을 행사할 수 있다(어$_{68}$).

복본반환청구의 경우와는 달리 등본만으로써 인수 또는 지급을 청구할 없으므로, 지급인에 대한 인수 또는 지급의 제시 및 인수 또는 지급거절증서의 작성을 요하지 아니하고 상환청구할 수 있으나, 등본에 기명날인 또는 서명한 배서인 또는 보증인에 대하여서만 상환청구할 수 있다.

(2) 원본보유자가 기재되지 않은 경우

등본에 원본보유자의 기재가 없는 경우에도 원본반환거절증서를 작성하여야 등본에 배서 또는 보증을 한 자에 대하여 상환청구할 수 있는가에 대하여 학설은 나뉜다.

① 상환청구권 부정설: 등본소지인에게는 원본반환청구권이 없고 따라서 등본상의 기명날인자 또는 서명자에 대하여 상환청구권을 행사할 수 없다.

② 상환청구권 전면긍정설: 등본소지인은 원본반환청구권을 가지나 등본소지인을 보호하기 위하여 그는 원본반환거절 증서를 작성하지 아니하고도 상환청구권을 행사할 수 있다는 견해이다.

③ 상환청구권 일부긍정설(통설): 등본소지인은 원본반환청구권을 가지므로 등본소지인이 원본보유자를 탐지하여 원본반환거절증서를 작성한 경우에만 상환청구권을 행사할 수 있다는 견해이다.

4.3.10. 어음상의 권리의 소멸

4.3.10.1. 서 설

4.3.10.1.1. 일반적 소멸원인

어음상의 권리는 민법상 일반채권의 소멸원인인 변제(민$_{460}^{\sim486}$) · 공탁(민$_{491}^{487\sim}$) · 상계(민$_{\sim499}^{492}$) · 경개(민$_{\sim500}^{500}$) · 면제(민$_{506}$) 등으로 인하여 소멸한다. 단 어음은 환배서가 인정되므로 민법상 혼동(민$_{507}$)에 의해서는 소멸되지 않는다. 어음 소지인을 보호하기 위하여 이득상환청구권 인정되고 있다.

(1) 변 제

민법상 변제는 어음법상 지급의 규정으로 상세하게 규정하고 있으므로 민법상 변제보다 우선적으로 적용된다. 어음상 지급이 민법상 변제와 다른 점은 지급제시를 요하는 점(제시증권성), 지급을 한 경우에는 어음에 영수를 증명하는 기재를 하게 하여 어음을 환수해야 하는 점(상환증권성) 등이 있다.

(2) 공 탁

어음 소지인이 지급제시기간 내에 지급제시를 하지 않은 때에는 각 어음채무자는 어음소지인의 비용과 위험부담으로 어음금액을 관할관서에 공탁할 수 있다(어42). 상환청구의무자는 지급제시기간 내에 지급제시가 없으면 상환청구의무를 면하므로(어53) 공탁의 문제가 생기지 아니하며, 수표도 주채무자가 없으므로 공탁을 인정하는 규정이 없다.

(3) 상 계

재판외의 상계의 경우에는 원칙적으로 어음채권자의 어음의 제시 및 교부가 있어야 상계의 효력이 발생하나(통설, 판례), 재판상의 상계는 어음의 제시와 교부가 불필요 한다.

(4) 갱 개

신채무를 위하여 어음을 다시 발행하고 구어음을 회수하지 않은 경우에는 어음채무자는 선의의 구어음 취득자에 대하여 구어음에 의한 어음채무를 부담하므로 어음채무는 소멸되지 않는다.

(5) 면 제

주채무자의 어음채무의 면제는 상환청구의무자의 어음채무도 면제되나, 상환청구의무자의 어음채무의 면제는 그 자와 후자의 어음채무만이 면제된다.

(6) 혼 동

어음채무자와 어음채권자가 동일인 경우(환배서 등)에도 민법상 혼동의 법리에 의하여 소멸되지 않는다.

4.3.10.1.2. 특유소멸원인

어음법상 특별한 소멸원인으로는 ① 상환청구권 보전절차의 흠결($^{어 53}_{77 ① iv}$) ② 일부지급의 거절($^{어 39 ②}_{77 ① iii}$) ③ 참가지급의 거절($^{어 61}_{77 ① v}$) ④ 참가지급이 경합하는 경우 자신보다 우선하는 참가지급의 신고인이 있음을 알면서 한 참가지급($^{어 63 ③}_{77 ① v}$) ⑤ 단기소멸시효($^{어 70·77 ①}_{VIII, 수 51}$) 등이 있다.

4.3.10.2. 어음의 소멸시효

4.3.10.2.1. 서

어음(수표)상의 법률관계를 신속하게 종결시키기 위하여 상사채무의 소멸시효인 5년보다 단기로 규정하고 있다($^{어 70·77 ①}_{VIII, 수 51·58}$).

4.3.10.2.2. 시효기간 및 시기

(1) 소지인의 주채무자에 대한 청구권

인수인에 대한 환어음상의 청구권은 만기일부터 3년간 행사하지 아니하면 소멸시효가 완성된다($^{어 70}_{①}$). 시효의 기산 시 그 첫날은 산입하지 않는다($^{어}_{73}$).

(2) 소지인의 상환청구권

소지인의 배서인과 발행인에 대한 청구권은 ① 적법한 기간 내에 작성시킨 거절증서의 날짜 ② 무비용상환의 문구가 적혀 있는 경우에는 만기일로부터 1년간 행사하지 아니하면 소멸시효가 완성한다($^{어 70}_{②}$).

(3) 재상환청구권

배서인의 다른 배서인과 발행인에 대한 청구권은 그 배서인이 어음을 환수한 날 또는 그 자가 제소된 날부터 6개월간 행사하지 아니하면 소멸시효가 완성된다($^{어 70}_{③}$).

4.3.10.2.3. 시효중단

(1) 중단사유

어음의 시효중단사유에는 ① 청구($_{1}^{민 168}$) ② 압류 또는 가압류·가처분($_{ii}^{민 168}$) ③ 승인($_{iii}^{민 168}$) ④ 소송고지($_{수 64}^{어 80}$)가 있다.

① 청구: 재판상의 청구에는 어음의 제시를 요하지 않으나, 재판외의 청구에는 (완성) 어음의 제시 요한다(판례). 통설은 재판상·재판외의 청구를 불문하고 어음의 제시가 필요없다고 한다.

② 압류 또는 가압류·가처분: 어음상의 권리 실현을 위하여 어음채무자의 재산에 대하여 하며, 재판상의 청구와 같이 법원에 의한 행위이기 때문에 어음의 제시가 불필요하다.

③ 승인: 어음채무자가 시효 완성 전에 하는 승인을 말한다.

④ 소송고지: 어음 소지인으로부터 제소를 받아 배서인의 채무는 시효중단이 되었으나 그 전자에 대한 권리의 소멸시효는 진행하여 그가 아직 어음을 환수하지 못하여 자기의 전자에 대한 권리의 소멸시효는 진행되는 것을 막을 필요가 있기 때문에 인정되는 것이다. 즉 배서인의 다른 배서인과 발행인에 대한 환어음상과 약속어음상의 청구권의 소멸시효는 그 자가 제소된 경우에는 전자에 대한 소송고지를 함으로 인하여 중단한다($_{③}^{어 80}$). 중단된 시효는 재판이 확정된 때로부터 다시 진행을 개시한다($_{③}^{어 80}$).

(2) 효력범위

시효의 중단은 그 중단사유가 생긴 자에 대하여만 효력이 생긴다($_{① viii}^{어 71·77}$). 따라서 그 외의 자에 대하여는 중단의 효력이 없다. 공동발행인의 1인에 대한 시효중단은 다른 발행인에게 영향을 미치지 않으며, 주채무자에 대한 시효중단은 그의 보증인 또는 다른 상환청구의무자에 대하여 영향을 미치지 않는다. 이는 어음행위의 독립의 원칙에서 비롯된 것이다.

(3) 효　과

주채무자에 대한 권리가 시효로 인하여 소멸한 때에는 주된 어음채무와 상환청구의무가 주종의 관계에 있으므로 어음 소지인의 배서인 등에 대한 상환청구권은 소멸한다. 단

상환청구권이 먼저 시효로 소멸하여도 주채무자에 대한 채권에는 영향이 없다.

(4) 각 시효간의 관계

① 상환청구의무 등의 시효소멸이 주채무에 미치는 영향: 시효의 효력은 독립적이므로 영향이 없다.

② 주채무의 시효소멸이 상환청구의무에 미치는 영향: 상환청구의무가 소멸되는 지에 대해 긍정설(통설)과 부정설로 나뉘어 있다.

4.3.10.3. 어음의 말소·훼손·상실

4.3.10.3.1. 어음의 말소

(1) 의 의

어음의 말소라 함은 어음의 기명날인 또는 서명 및 기타의 기재사항을 삭제 등의 방법에 의하여 제거하는 것을 말한다. 말소에 의하여 어음·수표의 동일성을 해하는 정도에 이르는 경우에는 어음·수표의 상실이 된다.

(2) 효 력

① 어음·수표요건의 말소: 일단 유효하게 성립한 어음·수표상의 권리는 말소 후에도 당연히 소멸하는 것은 아니다(통설). 말소에 의하여 어음요건이 흠결된 경우에도 어음채무자의 어음상의 책임은 어음의 말소에 의하여 소멸되지 않는다.

② 어음·수표요건 이외의 기재의 말소: 권리자에 의한 경우에는 그에 따르고, 무권리자에 의한 경우에는 변조의 문제로 된다.

③ 교부전에 말소한 경우: 어음·수표상 권리의 변경·소멸의 문제로 된다.

④ 말소의 권한이 없는 자에 의하여 어음이 말소된 때에는 말소 전에 기명날인 또는 서명한 사람은 말소전의 문구에 따라, 또 말소 후에 기명날인 또는 서명한 사람은 말소 후의 문구에 따라 각각 책임을 진다.

(3) 배서의 말소

말소한 배서는 배서의 연속에 관하여는 배서의 기재가 없는 것으로 본다(①[16]). 이 경우에는 말소는 권리자에 의한 것이거나 과실의 유무를 묻지 않으며, 권한유무, 거절증서작성기간 경과 전후를 불문한다. 피배서인을 말소한 경우에 전부말소설(다수설)과 백지식배서설(소수설)로 나뉘며, 어음을 환수한 배서인은 자기의 배서가 남용되어 이중지급이 강요되는 것을 방지하기 위하여 배서말소권이 인정되고 있다(%). 환배서에 갈음하는 배서의 말소(소극적 배서)에 대해 어음법에 규정은 없으나 당사자에게 편리하고 또 제3자에게 손해를 주는 것도 아니므로 그 유효성이 인정된다고 할 것이다(통설).

4.3.10.3.2. 어음의 훼손

(1) 의 의

어음의 훼손이라 함은 절단·마멸 기타의 방법에 의하여 어음증권의 일부에 물리적 파손을 일으키는 것을 말한다. 어음·수표의 동일성을 해할 정도에 이르면 어음·수표의 상실이 된다.

(2) 효 력

어음의 훼손이 어음상의 기명날인 또는 서명자에 미치는 영향은 어음의 말소의 경우와 같다.

4.3.10.3.3. 어음의 상실

(1) 의 의

어음의 상실이라 함은 절대적 상실(물리적 멸실), 상대적 상실(분실, 도난 등) 및 어음의 동일성을 해할 정도의 말소·훼손 등으로 어음증권으로 권리행사를 하지 못하게 되는 모든 경우를 말한다. 어음은 권리를 표창하는 수단이지, 권리 그 자체는 아니므로 상실로 인하여 어음·수표상의 권리가 당연히 소멸하는 것은 아니다.

(2) 효 과

어음은 권리를 표창하는 수단이지 권리 그 자체는 아니므로, 어음을 상실하더라도 그 권리를 상실하는 것은 아니다. 그러나 어음상의 권리자는 어음을 상실함으로써 제시증권성이나 상환증권성의 성질 때문에 권리행사의 수단을 잃게 되어 사실상 어음상의 권리를 행사할 수 없게 된다. 또한 어음이 선의의 제3자에게 취득되어 어음상의 권리를 상실할 우려가 있게 된다. 그러므로 법은 이를 구제하는 수단으로서 공시최고에 의한 제권판결의 제도를 인정하고 있다(민소 446 이하).

(3) 공시최고에 의한 제권판결

공시최고라 함은 불특정 또는 행방불명된 상대방에 대하여 일정한 기간 내에 신고를 하지 않으면 실권한다고 경고를 하면서 그 권리의 신고를 최고하는 법원의 공고를 말한다(민소 466).

어음이나 수표를 도난, 분실 또는 멸실한 경우에 최종소지인(민소 464)은 지급지의 지방법원(민소 447 ②)에 일정한 증거절차를 거쳐(민소 465) 공시최고의 신청을 하는데, 이 신청에는 신청의 원인과 제권판결을 구하는 취지를 명시하여 서면으로 하여야 한다(민소 448 ①·②).

공시최고법원은 결정으로 허한 때에는 신청인·신고최고 및 실권경고·공시최고기일을 표시하여(민소 450) 3개월 이상의 기간 동안(민소 452) 법원의 게시판·관보·신문지에 2회 이상 게재하여 공고하여야 한다(민소 451). 공시최고기간 내에 권리의 신고가 없는 때에는 법원은 소정의 절차를 밟은 후(민소 453 457), 그 신청인의 제권판결의 신청이 이유 있다고 인정한 때에는 제권판결을 선고하고(민소 458 ①), 그 요지를 관보나 공보 또는 신문지에 공고하여야 한다(민소 460).

상실된 증권은 제권판결 시부터 장래에 향하여 무효가 된다(민소 467). 따라서 그 이후에는 증권의 정당한 소지인이라 할지라도 그 증권상의 권리를 행사할 수 없고, 또 증권상의 권리가 선의취득되는 일도 없다. 또한 증권의 상실자는 증권채무자에 대하여 증권 없이도 권리를 주장할 수 있다(민소 468). 어음의 재발행은 원칙적으로 할 수 없으나, 백지어음의 상실자는 예외적으로 백지어음의 재발행을 청구할 수 있다.

이와 관련하여 제권판결 전에 어음상의 권리를 선의취득한 자는 공시최고 내용 및 실권경고에 따라 법원에 권리의 신고나 청구를 하여야 한다(민소 450 ③), 그러나 이를 하지 않아서 공시최고 신청인이 제권판결을 받게 되면 제권판결의 적극적 효력과 관련하여 누구의 권리가 우선하는가에 대하여 학설은 선의취득자우선설과 제권판결취득자우선설이 있다.

(4) 증권의 재발행

제권판결을 받은 자가 어음의 발행인에 대하여 재발행 청구가 가능한가에 대해 긍정설과 부정설로 나뉜다.

4.3.10.4. 이득상환청구권

4.3.10.4.1. 의 의

환어음 또는 약속어음에서 생긴 권리가 절차의 흠결로 인하여 소멸한 때나 그 소멸시효가 완성한 때라도 소지인은 발행인, 인수인 또는 배서인에 대하여 그가 받은 이익의 한도 내에서 상환을 청구할 수 있다(어음 79, 수표 63). 이득상환청구권이 발생하기 위해서는 모든 어음상 또는 민법상의 채무자에 대하여 각 권리가 소멸되었음을 요한다.[79]

4.3.10.4.2. 법적 성질

이득상환청구권의 법적 성질에 대해 지명채권설(통설·판례)과, 잔존물설(변형물설; 소수설)로 나뉘어 있다. 지명채권설은 이득상환청구권은 형평의 관념에서 법이 인정한 특별한 청구권으로 민법상 지명채권의 일종이라고 보는 입장이고, 잔존물설은 이득상환청구권은 시효 또는 권리보전절차의 흠결로 인하여 소멸한 어음·수표상의 권리는 잔존물 또는 변형물로 이해한다. 판례는 이득상환청구권은 지명채권 양도의 방법에 의하여서만 양도할 수 있다고 판시하고 있다.[80]

4.3.10.4.3. 당사자

(1) 권리자

이득상환청구권자는 어음상의 권리가 절차의 흠결 또는 시효로 인하여 소멸할 당시의 정당한 어음 소지인이다. 또한 최후의 피배서인뿐만 아니라, 상환의무를 이행하고 어음을 환수한 소지인도 포함한다. 백지어음의 소지인도 백지보충권을 행사하지 않은 경우에는 어음상의 권리를 취득하지 못하므로, 동 어음이 시효기간의 경과 또는 절차의 흠결이 있는 경우에 어음의 소지인은 이득상환청구권을 취득하지 못한다(통설).

(2) 의무자

이득상환의무자는 어음의 경우는 발행인·배서인 및 인수인(환어음)이며, 수표의 경우는 발행인·배서인 및 지급보증인이다. 배서인이 이득상환의무자가 되는 경우는 융통어

---

79) 大判 1970.03.10, 69다1370.
80) 大判 1970.03.10, 69다1370.

음의 경우처럼 실질적인 뜻에서 이익을 얻고 있는 경우이다. 인수하지 않은 지급인이나 지급담당자는 의무자가 되지 못한다.

4.3.10.4.4. 발생요건

(1) 어음상의 권리의 존재
이득상환청구권이 성립하기 위해서는 어음 소지인이 완전한 어음상의 권리를 취득하고 있어야 한다. 따라서 어음요건이 흠결되어 있는 불완전어음의 소지인이나 미완성어음(백지어음)의 소지인은 이득상환청구권을 취득할 수 없다(통설·판례).

(2) 어음상 권리의 소멸
유효하게 존재하고 있던 어음상의 권리가 보전절차의 흠결 또는 시효로 인하여 소멸하여야 한다. 소지인의 과실여부는 묻지 않는다. 그러나 어음요건인 필요적 기재사항이 흠결로 인하여 어음이 무효이거나, 물적항변이나 인적항변 등으로 인하여 어음상의 권리를 행사할 수 없는 경우에는 이득상환청구권이 발생하지 않는다.

(3) 다른 구제수단이 없을 것
어음 소지인은 다른 어음채무자에 대하여 어느 정도의 다른 구제수단을 갖지 않아야 하느냐에 대하여 세 가지의 견해가 있다. ① 어음·수표법상 또는 민법상 아무런 구제방법이 없어야 한다는 견해 ② 소지인이 이득의 상환을 청구하고자 하는 상대방에 대하여 어음·수표상의 권리가 소멸하면 된다는 견해 ③ 민법상의 구제방법을 가지는 것에 관계없이 모든 어음·수표채무자에 대하여 어음·수표상의 권리가 소멸할 것이 요구된다는 견해로 나뉘어 있다.

판례는 어음법에 의한 이득상환청구권이 발생하기 위해서는 모든 어음상 또는 민법상의 채무자에 대하여 각 권리가 소멸되어야 한다고 판시함으로써 ①설의 입장을 취하고 있다.[81]

---

81) 大判 1993.3.23, 92다50942.

(4) 어음채무자의 이득

어음채무자의 이득이란 어음상의 권리가 소멸함으로써 어음채무자가 면하게 된 이득이 아니라, 어음채무가 어음수수의 실질관계에 있어서 현실적으로 재산상의 이득을 받은 것을 의미한다.[82] 이 이득은 현존하여야 할 필요가 없으며, 소지인의 손실로 인한 이득일 필요도 없다.

4.3.10.4.5. 양 도

이득상환청구권의 양도방법은 상속이나 합병과 같은 포괄승계에 의하거나 이득상환청구권의 양도에 의하여 양도가 가능하다. 이득상환청구권의 법적 성질을 지명채권으로 보는 통설에 따르면 이득상환청구권을 양도하는 경우에는 채권양도의 대항요건인 채무자에 대한 통지 또는 채무자의 승낙이 있어야 채무자 및 기타 제3자에게 대항할 수 있으며 ($\frac{민}{450}$)(통설), 이득상환청구권의 양도에 증권의 교부를 요하지 않는다. 또한 지명채권은 선의취득 될 수 없으므로 이득상환청구권의 선의취득은 있을 수 없으며, 어음상의 권리를 위하여 존재하는 보증이나 담보는 당사자 간의 특약이 없는 한 이득상환청구권을 담보하지 않는다. 잔존물설에 의하면 반대의 입장이다.

자기앞수표의 이득상환청구권의 양도는 지명채권양도의 방법에 의하지 않고 수표의 교부로써 양도하는 것을 인정하고 있다(판례).

4.3.10.4.6. 행 사

(1) 증권의 소지문제

이득상환청구권의 법적 성질을 지명채권으로 보면 이득상환청구권의 행사에 증권의 소지를 요하지 않는다.

(2) 채무의 이행지

이득상환청구권은 어음상의 권리가 아니므로 어음면에 기재된 지급지 또는 지급장소를 이행지 또는 이행장소로 볼 수 없으며, 이득상환의무자는 이득상환청구권자가 누구인지 알 수 없기 때문에 이득상환청구권을 지참채무가 아닌 추심채무로 보아 상환의무자의 영

---

82) 大判 1993.07.13, 93다10897.

업소 또는 주소를 이행장소로 본다.

(3) 입증책임

이득상환청구권자인 소지인은 권리의 발생요건과 이득상환의무자의 이득한도에 대해 입증하여야 한다(통설·판례). 단 자기앞수표의 경우에는 이득이 추정되므로 소지인이 입증할 필요는 없다(판례).

(4) 채무자의 항변

이득상환의무자는 어음채무자로서 어음 소지인에게 대항할 수 있었던 모든 항변사유로써 이득상환청구자에게 대항할 수 있다(통설).

(5) 소멸시효

이득상환청구권의 법적 성질을 지명채권으로 보면 이득상환청구권의 시효기간은 민법상 일반채권의 시효기간(민$_①$ ^{162})과 같이 10년이다(통설·판례). 그러나 상사채권인 경우에는 5년이다. 이득상환청구권의 시효기간의 기산점은 어음상의 권리가 절차의 흠결 또는 시효로 인하여 소멸한 때, 즉 이득상환청구권을 행사할 수 있을 때이다. 어음의 경우는 절차의 흠결로 발생한 때에는 가산점이 지급제시기간의 익일이고, 시효로 인해 발생한 때에는 시효기간의 익일이다.

4.4. 약속어음

4.4.1. 약속어음의 발행

4.4.4.1. 약속어음 발행의 의의

약속어음의 발행이란 약속어음의 법정요건, 즉 필요적 기재사항을 기재하고 발행인이 기명날인 또는 서명을 한 유가증권을 작성하여 이를 수취인에게 교부하는 어음행위를 말한다.

4.4.4.2. 약속어음 발행의 법적 성질

약속어음에는 발행인이 일정한 금액을 지급할 뜻의 무조건의 약속이 있어야 하므로 , 약속어음의 발행의 법적 성질은 발행인이 어음의 만기에 어음금액의 지급의무를 부담하는 지급약속의 의사표시라고 볼 수 있다.

4.4.4.3. 어음의 요건

4.4.4.3.1. 필요적 기재사항

어음의 요식증권 내지 문언증권으로서의 성질상 어음요건의 성립여부는 어음상의 기재만에 의하여 판단하여야 하고, 어음요건의 기재가 그 자체로 불가능한 것이거나 각 어음

요건이 서로 명백히 모순되어 함께 존립할 수 없게 되는 경우에는 그와 같은 어음은 무효이다.[83]

약속어음에는 다음 각 호의 사항을 적어야 한다(어75). 아래의 기재사항은 필요적 기재사항이므로 흠결한 경우에는 약속어음의 효력이 없다. 그러나 일정한 경우(어76-II,iii)에는 법률규정에 의하여 흠결이 치유된다(어76).

① 증권의 본문 중에 그 증권의 작성에 사용하는 국어로 약속어음임을 표시하는 글자 → 환어음이나 수표는 지급인에게 지급을 위탁하나 약속어음은 지급인이 없고 발행인이 지급을 약속하는 구조이다.

② 조건 없이 일정한 금액을 지급할 것을 약속하는 뜻

③ 만기 → 만기의 기재가 없는 때에 일람출급의 약속어음으로 본다(어76). 일람 후의 기간은 발행인이 어음에 일람의 뜻을 기재하고 일자를 부기하여 기명날인 또는 서명한 날로부터 진행한다. 발행인이 일람의 뜻과 일자의 기재를 거절한 때에는 거절증서에 의하여 이를 증명하여야 한다. 그 일자는 일람 후의 기간의 초일로 한다(어78-②).

④ 지급지 → 다른 표시가 없는 때에는 발행지를 지급지이며 발행인의 주소지로 본다(어76-II). 이는 약속어음에 있어서는 지급인이 없기 때문에 지급지가 기재되지 않는 경우에 발행지를 지급지로 보도록 한 것이다. 약속어음의 지급지를 기재함에 있어 원칙적으로 독립된 최소 행정구역을 기재하여야 하나, 서울특별시의 경우는 '서울'이라고만 기재하면 되고, 반드시 그 구까지를 표시하여야 하는 것이 아니다.[84]

⑤ 지급을 받을 자 또는 지급을 받을 자를 지시할 자의 명칭

⑥ 발행일과 발행지 → 발행지의 기재가 없는 약속어음은 발행인의 명칭에 부기한 지에서 발행한 것으로 본다(어76-III). 가령 발행지가 모두 백지로 되어 있으나 각 발행인의 명칭에 '신라체인 점촌지점' 또는 '한남체인 상주슈퍼'라는 상호가 첨기되어 있다면, 어음법 제76조 제4항에 의하여 발행인의 명칭에 첨기한 지를 발행지로 볼 것이고 발행지 기재는 독립된 최소행정구역을 표시하면 족한 것이므로 위 각 상호에 포함된 점촌이나 상주의 표시를 발행지 기재로 볼 수 있다.[85] 그러나 약속어음의 발행지 및 지급지란에 '삼진기계'라는 업체의 상호표시만 기재되어 있다면 어음법상 요구되는 발행지와 지급지의 장소적 개념이 표현된 것이라고 할 수 없으므로 어음의 필요적

---

83) 大判 2000.04.25, 98다59682.

84) 大判 1981.12.08, 80다863.

85) 大判 1984.07.10, 84다카424, 425.

기재요건을 갖추었다고 보기 어렵다.[86] 약속어음의 발행일은 어음요건의 하나로서 그 기재가 없는 상태에서는 어음상의 권리가 적법하게 성립할 수 없다.[87]

⑦ 발행인의 기명날인 또는 서명

약속어음의 발행인은 어음금의 주채무자로서 그 어음상의 권리자에 대하여 절대적 최종적으로 지급책임을 지고 또 어음의 소지인이 어음상의 상환청구권을 행사할 수 없는 경우에도 그 어음상의 권리자임이 증명된 때에는 어음의 발행인에 대하여 어음금을 청구할 수 있으므로, 배서인이 소지인에 대하여 어음금을 지급하고 발행지가 보충되지 아니한 어음을 환수한 것이 양도인, 양수인 간의 의사의 합치에 따라 이루어진 것이라면 배서인은 어음상의 정당한 권리자라 할 것이며, 따라서 약속어음의 발행인에 대하여 그 어음금의 지급을 구할 수 있다.[88]

상사회사의 어음행위에 있어 그 대표자 또는 대리인의 표시방법에는 특별한 규정이 없으므로 어음상 대표자 또는 대리인 자신을 위한 어음행위가 아니고 본인을 위하여 어음행위를 한다는 취지를 인식할 수 있을 정도의 표시가 있음으로 족하다.[89] 따라서 약속어음의 발행인 명의가 회사 대표이사인 개인 갑으로만 되어 있고, 동인이 회사를 위하여 발행하였다는 뜻이 표시되어 있지 아니한 이상, 그 명하에 날인된 인영이 회사의 대표이사 직인이라 할지라도 그 어음은 동인이 회사를 대표하여 발행한 것이라고 볼 수 없다.[90]

☞ 약속어음 필요적 기재사항

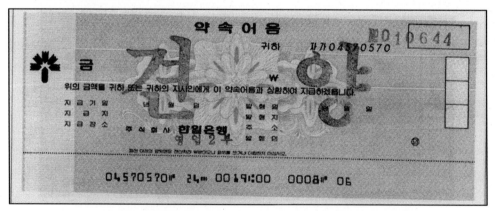

---

86) 大判 1991.07.23, 91다8975.

87) 大判 2000.04.25, 98다59682.

88) 大判 1991.04.23, 90다카7958.

89) 大判 1978.12.13, 78다1567.

90) 大判 1979.03.27, 78다2477.

4.4.4.3.2. 유익적 기재사항

① 발행인의 명칭에 부기한 지(어[iii 76])

② 지급담당자 또는 지급장소(제3자방지급문구)(어[iv, 9 77])

③ 이자문구(어[②, 5 77])

④ 배서금지 문구(어[i, 11 77 ①②])

⑤ 지급제시기간의 단축 또는 연장의 기재(어[ii, 34 77 ①])

⑥ 일정기일 전의 지급제시금지문구(어[ii, 34 77 ①②])

⑦ 준거세력의 지정(어[iii, 37 77 ①④])

⑧ 외국통화환산율의 지정(어[iii, 41 77 ①②])

⑨ 외국통화현실지급문구(어[iii, 41 77 ①③])

⑩ 예비지급인의 지정(어[v, 55 77 ①])

4.4.4.3.3. 무익적 기재사항

(1) 어음법에 규정이 없는 사항

발행인의 지급무담보문구를 제외하고, 환어음의 경우와 같다.

(2) 어음법에 규정이 없는 사항

환어음의 경우와 같다. 약속어음의 발행인이 거절증서 작성면제의 문구를 기재할 수 있는가에 대하여(어[iv, 46 77 ①]), 이의 기재를 유익적 기재사항으로 보는 견해도 있으나, 약속어음의 발행인은 주채무자이고 환어음의 발행인과 같은 상환청구의무자가 아니므로 거절증서 작성면제의 문구를 기재할 수 없고 ,이를 기재하여도 그 효력이 발생하지 않는다(무익적 기재사항)고 본다.

4.4.4.3.4. 유해적 기재사항

(1) 어음법에 규정이 있는 사항

환어음의 경우와 같다.

(2) 어음법에 규정이 없는 사항

환어음과 같다. 다만 약속어음의 발행인의 지급무담보문구의 기재가 추가된다.

4.4.4.4. 발행의 효력

약속어음의 발행인은 어음금액을 지급약속한 자이므로 어음상 권리자(수취인 또는 어음의 정당한 소지인)에 대하여 주 채무를 부담한다. 또한 약속어음의 발행인은 어음상의 의무가 소멸한 후에 발생하는 이득상환의무를 부담한다(어$_{79}$).

4.4.2. 약속어음의 환어음 규정 준용

4.4.2.1. 환어음의 법률관계 준용

4.4.2.1.1. 환어음에 관한 명시적 준용

(1) 어음관계

다음의 사항에 관한 환어음에 대한 규정은 약속어음의 성질에 상반하지 아니하는 한도에서 이를 약속어음에 준용한다(①^{77}).

① 배서(어$_{~20}^{11}$)

② 만기(어$_{~37}^{33}$)

③ 지급(어$_{~42}^{38}$)

④ 지급거절로 인한 상환청구(어$_{52~54}^{43~50}$)

⑤ 참가지급(어$_{59~63}^{55}$)

⑥ 등본(어$_{68}^{67,}$)

⑦ 변조(어$_{69}$) - 어음법 제77조, 제69조의 규정에 의하여 약속어음의 문구에 변조가 있는 경우에는 그 변조 후에 기명날인한 자는 변조된 문구에 따라 책임을 지고 변조 전에 기명날인한 자는 원문구에 따라 책임을 지게 되는 것이므로 약속어음 변조의

법률효과를 주장하는 자는 그 약속어음이 변조된 사실, 즉 그 약속어음에 서명날인할 당시의 어음문구에 관하여 입증책임을 진다.[91]

⑧ 시효(어음 70.)

⑨ 휴일, 기간의 계산과 은혜일의 인정 금지(어음 72~74)

(2) 제3자방지급 등의 준용

제3자방에서 또는 지급인의 주소지가 아닌 지에서 지급할 환어음(제4조와 제27조), 이자의 약정(제5조), 어음금액의 기재의 차이(제6조), 어음채무를 부담하게 할 수 없는 기명날인 또는 서명의 효과(제7조), 대리권한 없는 자 또는 대리권한을 초과한 자의 기명날인 또는 서명의 효과(제8조)와 백지환어음(제10조)에 관한 규정은 약속어음에 준용한다(어음②77).

(3) 보증규정의 준용

보증(제30조 내지 제32조)에 관한 규정도 약속어음에 준용한다. 제31조제4항의 경우에 누구를 위하여 보증한 것임을 표시하지 아니한 때에는 약속어음의 발행인을 위하여 보증한 것으로 본다(어음③77).

4.4.2.1.2. 환어음에 관한 명시적 준용이 없는 경우

어음법은 약속어음의 경우에 환어음의 경우와 같은 만기 전 상환청구에 관한 규정을 두고 있지 않으나 약속어음에 있어서도 발행인의 파산이나 지급정지 기타 그 자력을 불확실케 하는 사유로 말미암아 만기에 지급거절이 될 것이 예상되는 경우에는 만기 전의 상환청구가 가능하다.[92]

4.4.2.2. 발행인의 책임, 일람 후 정기출급 어음의 특칙

약속어음의 발행인은 환어음의 인수인과 동일한 의무를 부담한다(어음①78). 일람 후 정기출급의 약속어음은 제23조에 규정한 기간 내에 발행인에게 일람을 위하여 이를 제시하여야 한다. 일람 후의 기간은 발행인이 어음에 일람의 뜻을 기재하고 일자를 부기하여 기명날인 또는 서명한 날로부터 진행한다. 발행인이 일람의 뜻과 일자의 기재를 거절한 때에는 거절증서에 의하여 이를 증명하여야 한다(어음②5). 그 일자는 일람 후의 기간의 초일로 한다(어음②78).

---

91) 大判 1985.11.12, 85다카131.

92) 大判 1984.07.10, 84다카424, 425.

4.5. 수 표

4.5.1. 서 설

4.5.1.1. 수표의 의의

4.5.1.1.1. 수표의 개념

수표는 발행인이 지급인(은행)에 대하여 수취인 그 밖의 정당한 소지인에게 일정한 금액의 지급을 위탁하는 유가증권이며, 그 법률적 성질과 형식에 있어서 환어음과 흡사하다. 즉 수표발행인이 은행을 지급인으로 하는 것은 그들 사이의 당좌예금계약이나 대월계약에 의하여 지급인인 은행이 예금자를 위하여 수표의 지급보증을 하거나 그 지급할 것을 약정하는 것이다. 따라서 특별한 사정이 없는 한 수표발행인에 대해서까지 지급할 의무를 지는 것은 아니다.[93]

수표법에서 "은행"이라는 글자는 법령에 따라 은행과 같은 것으로 보는 사람 또는 시설을 포함한다(수59).

4.5.1.1.2. 수표의 종류

① 위탁수표: 제3자의 계산으로 발행하는 수표이며, 제3자가 지급자금을 제공하는 것이다.

② 선일자수표(연수표): 수표를 신용증권화하기 위하여 많이 사용되는 것으로, 발행일

---

93) 大判 1970.11.24, 70다2046.

자를 실제로 발행한 일자보다 앞으로 올 일자를 기재한 수표이다.

③ 당좌수표: 은행과 당좌거래가 있는 사람이 은행에 있는 수표자금에서 지급할 것을 위탁하는 수표이다.

④ 자기앞수표(보증수표): 은행이 발행인인 동시에 그 은행이 지급인이 되어 있는 수표이다.

⑤ 쿠퐁: 소액의 정액수표를 한 묶음으로 한 것이다.

⑥ 가계수표: 소액의 빈번한 가계지출을 위하여 사용되는 수표이다.

4.5.1.2. 수표와 환어음의 차이

4.5.1.2.1. 경제적 기능 차이

수표는 지급 기능이 강조된 증권이나, 환어음은 신용기능이 강조되는 증권이다.

4.5.1.2.2. 법률상의 차이

수표는 지급증권으로서 성질을 가지고 있기 때문에 지급의 신속 및 간이화와 지급을 확실하고 안전하게 하기 위한 여러 제도들을 두고 있다.

(1) 지급의 신속·간이화

① 일람출급성: 선일자수표도 제시하면 지급해야 한다.

② 제시기간: 짧고 연장이 불가하다.

③ 소멸시효: 환어음보다 단기(6월)이다.

④ 이자약정문구의 기재: 불가하다.

⑤ 인수금지

⑥ 지급인의 배서금지: 영수증의 효력만 있다.

⑦ 지급인의 수표보증 금지

⑧ 입질 배서 불가, 인수무담보배서 없음

⑨ 등·복본제도의 제한: 등본제도(불인정), 복본제도(제한적으로만 인정)

⑩ 수취인의 불특정 인정: 소지인 출급식 수표 허용

⑪ 상환청구 방법의 제한: 만기 전 상환청구 없음, 역어음과 같은 방법에 의한 상환청구 불가

⑫ 지급거절증명의 간이화: 지급거절증서, 지급인의 선언, 어음교환소의 선언
⑬ 참가지급의 금지

(2) 지급의 확실·안전화
① 지급인의 자격제한: 은행
② 수표자금·수표계약의 필요성
③ 발행인에 대한 제재, 수표계약이나 수표자금 없이 발행하면 과태료 또는 형벌의 제재를 받는다.
④ 지급보증: 제시기간 경과 전에 제시한 경우에 한해서 지급의무가 있다.
⑤ 횡선수표제도의 인정
⑥ 지급위탁취소의 제한: 제시기간이 지난 후에만 효력 있고, 지급위탁취소가 없는 경우에는 지급인은 제시기간이 지난 후에도 지급가능하다.

4.5.2. 수표의 발행

4.5.2.1. 수표발행의 의의

수표의 발행이란 수표의 법정요건, 즉 필요적 기재사항을 기재하고 발행인이 기명날인 또는 서명하여 이를 수취인에게 교부하는 행위를 말한다.

수표는 제시한 때에 발행인이 처분할 수 있는 자금이 있는 은행을 지급인으로 하고, 발행인이 그 자금을 수표에 의하여 처분할 수 있는 명시적 또는 묵시적 계약에 따라서만 발행할 수 있다. 그러나 이 규정을 위반하는 경우에도 수표로서의 효력에 영향을 미치지 아니한다($\overset{\circ}{\overset{}{\cdot}}$).

4.5.2.2. 수표발행의 법적 성질

수표의 발행은 발행인이 지급인에 대하여 지급인의 명의와 발행인의 계산으로 어음금액을 지급할 수 있는 권한을 수여하고, 동시에 수취인에 대하여는 수취인 자신의 명의와

발행인의 계산으로 어음금액을 수령할 수 있는 권한을 수여하는, 즉 이중수권의 의사표시라고 볼 수 있다(지급지시설).

4.5.2.3. 수표발행 요건

4.5.2.3.1. 필요적 기재사항

수표에는 다음 각 호의 사항을 적어야 한다($\frac{수}{1}$). 아래의 요건을 기재하지 아니한 증권은 수표의 효력이 없다($\frac{수}{2}$).

① 증권의 본문 중에 그 증권을 작성할 때 사용하는 국어로 수표임을 표시하는 글자

② 조건 없이 일정한 금액을 지급할 것을 위탁하는 뜻 → 수표의 금액을 글자와 숫자로 적은 경우에 그 금액에 차이가 있으면 글자로 적은 금액을 수표금액으로 한다($\frac{수9}{①}$). 수표의 금액을 글자 또는 숫자로 중복하여 적은 경우에 그 금액에 차이가 있으면 최소금액을 수표금액으로 한다($\frac{수9}{②}$).

③ 지급인의 명칭 → 수표의 경우 지급인은 항상 은행이다.

④ 지급지 → 지급지가 적혀 있지 아니한 경우에는 지급인의 명칭에 부기(附記)한 지(地)를 지급지로 본다. 지급인의 명칭에 여러 개의 지(地)를 부기한 경우에는 수표의 맨 앞에 적은 지(地)에서 지급할 것으로 한다($\frac{수2}{ }$). 그 밖의 다른 표시가 없는 경우에는 발행지에서 지급할 것으로 한다($\frac{수2}{ }$).

⑤ 발행일과 발행지 → 발행지가 적혀 있지 아니한 경우에는 발행인의 명칭에 부기한 지(地)를 발행지로 본다($\frac{수2}{ }$). 발행지 또는 이에 갈음할 기재가 없는 수표는 무효이다.[94]

국내수표의 경우에 발행지기재의 요건이 흠결된 수표는(발행지를 백지로 발행하였다가 보충함이 없이 지급표시된 경우 포함) 수표법상은 유효하다 할 수 없으나 실제상 부정수표단속법이 보호하고자 하는 유통적 기능을 가지므로 부정수표단속법 제2조 제2항의 적용대상에 포함된다고 보는 것이 타당하다.[95] 즉 부정수표단속법의 입법목적은 국민의 경제생활의 안정과 유통증권인 수표의 기능을 보장하고자 함에 있으므로 수표법상 유효한 수표가 아닌 경우에도 실제로 유통증권으로서의 기능에 아무런 영향이 없이 유통되고 있는 것이라면 이는 부정수표단속법의 적용대상이 된다.[96]

---

94) 大判 1968.09.24, 68다1516.

95) 大判 1983.09.13, 83도1093; 大判 1983.05.10, 83도340.

96) 大判 1995.12.22, 95도1263.

⑥ 발행인의 기명날인 또는 서명

수표의 요건에는 환어음 요건과는 달리 만기와 수취인의 기재가 없다. 따라서 수표는 언제나 일람출급이며, 수표의 일람출급성에 반하는 모든 기재는 기재하지 아니한 것으로 본다($_{28}^4$). 또한 수표는 수취인의 기재가 수표요건이 아니어서 소지인 출급식 수표($_1^5$), 무기명식수표($_1^5$) 또는 지명 소지인 출급식 수표($_1^5$)가 인정된다. 그러나 기명식 또는 지시식의 수취인의 기재도 유효하다($_1^5$).

☞ 수표의 필요적 기재사항

4.5.2.3.2. 유익적 기재사항

① 지급인의 명칭에 부기한 지($_1^5$)
② 발행인의 명칭에 부기한 지($_1^5$)
③ 수취인의 기재($_1^5$) → 수표에서는 수취인의 기재가 수표요건이 아니고 유익적 기재사항인 점에서 어음과 구별된다.
  - 따라서 수표에서는 기명식 또는 지시식의 수취인의 기재는 유익적 기재사항이므로 ($_1^5$), 무기명식수표($_1^5$)·소지인 출급식 수표($_1^5$)·지명 소지인 출급식 수표($_1^5$)도 가능하다. 따라서 수표는 ① 기명식(記名式) 또는 지시식(指示式) ② 기명식으로 "지시금지"라는 글자 또는 이와 같은 뜻이 있는 문구를 적은 것 ③ 소지인출급식(所持人出給式) 중 어느 하나의 방식으로 발행할 수 있다($_1^5$).
  - 기명식 수표에 "또는 소지인에게"라는 글자 또는 이와 같은 뜻이 있는 문구를 적었

을 때에는 소지인출급식 수표로 본다(手⑤).

- 수취인이 적혀 있지 아니한 수표는 소지인출급식 수표로 본다(手③⁵).
- 수표는 발행인 자신을 지급받을 자로 하여 발행할 수 있다(手①⁶).
- 수표는 발행인 자신을 지급인으로 하여 발행할 수 있다(手②⁶).

④ 제3자방지급문구의 기재(手⑧) → 수표는 지급인의 주소지에 있든 다른 지(地)에 있든 관계없이 제3자방(第三者方)에서 지급하는 것으로 할 수 있다. 그러나 그 제3자는 은행이어야 한다(手⑧).

⑤ 배서금지 문구(手①¹⁴) → 기명식 수표에 "지시금지"라는 글자 또는 이와 같은 뜻이 있는 문구를 적은 경우에는 그 수표는 지명채권의 양도 방식으로만, 그리고 그 효력으로써만 양도할 수 있다(手②¹⁴).

⑥ 외국통화환산율의 지정(手②³⁶)

⑦ 외국통화현실지급문구(手③³⁶)

⑧ 횡선의 표시(手①³⁷) → 수표의 도난 등에 대비하기 위하여 수표의 발행인 또는 소지인은 수표상에 두 줄의 횡선을 그을 수 있다. 이것은 수표에만 있는 특유한 제도이다.

⑨ 거절증서 작성면제(무비용상환)문구(手①⁴²)

⑩ 복본번호의 기재(手⁴⁸)

4.5.2.3.3. 무익적 기재사항

(1) 수표법에 규정이 있는 사항

① 인수문구 → 수표는 인수하지 못한다. 수표에 적은 인수의 문구는 적지 아니한 것으로 본다(手⁴).

② 위탁수표문구 → 수표는 제3자의 계산으로 발행할 수 있다(手②⁶).

③ 이자문구 → 수표에 기재한 이자의 약정은 적지 아니한 것으로 본다(手⁷).

④ 발행인의 지급무담보문구 → 발행인은 지급을 담보한다. 발행인이 담보하지 아니한다는 뜻의 모든 문구는 적지 아니한 것으로 본다(手¹²).

⑤ 일람출급 이외의 만기의 표시 → 수표는 일람출급으로 한다. 이에 위반되는 모든 기재는 하지 아니한 것으로 본다(手①²⁸). 기재된 발행일자의 도래 전에 지급받기 위하여 제시된 수표는 그 제시한 날에 이를 지급하여야 한다(手②²⁸).

(2) 수표법에 규정이 없는 사항

예비지급인의 기재, 관할법원의 합의, 지연손해금의 약정 등은 수표에 기재하여도 수표상의 효력이 발생하지 않는다.

4.5.2.3.4. 유해적 기재사항

(1) 수표법에 규정이 있는 사항

수표법에 규정되어 있는 유해적 기재사항은 없다.

(2) 수표법에 규정이 없는 사항

환어음의 경우와 같다.

4.5.2.4. 발행의 효력

4.5.2.4.1. 발행의 일반적 효력

수표를 발행한 자는 환어음의 발행인과 같이 수표금 지급에 대한 담보책임이 있다. 즉 제시기간 내의 적법한 지급제시와 지급거절 등의 상환청구요건을 갖춘 소지인에 대하여 상환청구의무를 진다.

수표의 경우는 환어음의 인수인이나 약속어음의 발행인과는 달리 주채무자가 없다. 따라서 지급인은 소지인에게 지급보증을 하지 않는 한 지급의무가 없다. 따라서 소지인이 지급인에 대하여 수표금의 지급을 청구할 수표상의 권리를 당연히 갖는 것은 아니다.

☞ 수표의 예입과 예금의 성립시기

은행에 현금 또는 이와 동일시되는 자기앞수표를 입금하지 아니하고 보통의 수표를 예입한 경우에 언제 예금의 효력이 발생하여 그 해당금액을 현금으로 인출할 수 있는가가 문제되는데, 이 문제에 관하여 학설은 추심위임설과 양도설로 나뉜다. 판례는 추심위임설을 따른 것도 있으나 양도설이 주류를 이루고 있다.

① 추심위임설: 수표를 입금한 때에 바로 예금채권이 성립하고, 다만 수표의 추심이 끝날 때까지는 예금의 환급을 하지 않기로 특약이 되어 있는 것으로 보는 견해이다.

② 양도설: 수표의 입금은 수표의 추심의 위임과 추심의 완료를 성지조건으로 하는 예

금계약이라고 풀이하여, 수표의 추심이 끝났을 때 비로소 예금채권이 성립하는 것으로 보는 견해이다.

4.5.2.4.2. 발행과 관련한 기타의 효력

수표를 발행한 후 발행인이 사망하거나 무능력자가 된 경우에도 그 수표의 효력에 영향을 미치지 아니한다($\frac{수}{33}$).

수표의 문구가 변조된 경우에는 그 변조 후에 기명날인하거나 서명한 자는 변조된 문구에 따라 책임을 지고, 변조 전에 기명날인하거나 서명한 자는 원래 문구에 따라 책임을 진다($\frac{수}{50}$).

4.5.3. 수표보증 · 지급보증

4.5.3.1. 수표보증

4.5.3.1.1. 서

(1) 수표의 신용증권화 방지

수표는 지급증권으로서 일람출급증권이고, 제시기간도 극히 단기로 되어 있다. 또한 수표에는 인수제도가 인정되지 않으므로, 수표에 인수의 기재를 하더라도 이를 기재하지 아니한 것으로 보며, 이것을 잠탈하는 수단이 되는 지급인의 배서와 보증까지도 허용하지 않고 있다. 이처럼 수표에 인수제도를 인정하지 아니하는 결과 지급인이 수표의 지급제시시에 이를 꼭 지급한다는 보장이 없고, 그리하여 수표는 그 지급의 확실성이 결여되어 원활한 유통을 꾀할 수 없는 점이 발생하게 된다. 그리하여 수표의 지급을 확실하게 하기 위한 제도로 지급보증제도를 두고 있다. 즉 수표는 보증에 의하여 그 금액의 전부 또는 일부의 지급을 담보할 수 있다($\frac{수}{25}$).

(2) 수표보증

수표법은 수표보증은 인정하고 있으나 실제로는 수표보증은 별로 행하여지지 않고 있다. 수표보증의 방식 및 효력에 관한 규정은 대체로 어음의 보증에 관한 그것과 동일하다. 판례는 수표를 담보로 하여 타인으로부터 돈을 빌린다는 사실을 알면서 수표에 대하여 보증을 하는 경우에는 돈을 대여하고 그 수표를 교부받아 소지하는 사람에 대하여 그 수표의 액면금 범위 내에서 민법상의 연대보증을 한 것으로 보고 있다.

4.5.3.1.2. 보증의 당사자

(1) 보증인

지급인을 제외한 제3자는 수표보증을 할 수 있다. 수표에 기명날인하거나 서명한 자도 같다(수②25). 다만 발행인이 배서인의 보증인이 되는 경우와 같이 상환청구의무자의 전자가 후자의 보증인이 된다는 것은 의미가 없다.

(2) 피보증인

피보증인은 수표의 발행인, 배서인 등 수표상의 채무자이다.

4.5.3.1.3. 보증의 방식

보증을 할 때에는 "보증" 또는 이와 같은 뜻이 있는 문구를 표시하고 보증인이 기명날인하거나 서명하여야 한다(수②26). 보증은 수표 또는 보충지(補箋)에 이를 하여야 한다(수①26). 수표의 앞면에 발행인 이외의 단순한 기명날인 또는 서명이 있는 경우에는 이를 보증으로 본다(수③26). 보증에는 누구를 위하여 한 것 즉, 피보증인을 표시하여야 하는데 그 표시가 없는 때에는 발행인을 위하여 보증한 것으로 본다(수④26).

4.5.3.1.4. 수표보증의 효력

(1) 종속성

보증인은 보증된 자와 같은 책임을 진다(수①27). 수표를 담보로 하여 타인으로부터 돈을 빌린다는 사실을 알면서 수표에 대하여 보증을 한 것은 돈을 대여하고 그 수표를 교부받아 소지하는 사람에 대하여 그 수표의 액면금 범위 내에서 민법상의 연대보증을 한 것이

라고 보아야 한다.[97]

(2) 독립성

보증은 담보된 채무가 그 방식에 흠이 있는 경우 외에는 어떠한 사유로 무효가 되더라도 그 효력을 가진다($수^{27}_②$).

(3) 보증채무이행의 효과

보증인이 보증채무를 이행하면 보증채무는 물론 주 채무도 소멸한다. 보증인이 수표의 지급을 하면 보증된 자와 그 자의 수표상의 채무자에 대하여 수표로부터 생기는 권리를 취득한다($수^{27}_③$).

4.5.3.2. 지급보증

4.5.3.2.1. 지급보증의 의의

지급보증이란 수표의 지급인이 지급제시기간 내에 수표가 제시된 때에 지급할 것을 약속하는 수표행위이다. 수표에는 인수제도가 없고, 배서와 보증이 인정되지 않으므로 수표지급의 확실성을 보장하여 그 유통의 원활을 위하여 지급보증제도를 인정하는 것이다.

지급보증은 환어음의 인수와 유사하나 다음과 같은 점에서 차이가 있다. 인수는 절대적 의무이며, 인수거절의 경우에는 상환청구권이 발생하며, 일부인수도 인정되고, 시효기간은 3년이나, 지급보증은 제시기간 내의 제시를 조건으로 하는 의무이고, 지급보증을 거절하더라도 상환청구권이 발생하지 않고, 일부지급보증은 인정되지 않으며, 시효기간은 1년이라는 점에서 차이가 있다.

수표의 지급보증은 수표보증과 유사하지만 다음의 점에서 구별되고 있다. 즉 수표의 지급보증은 ① 지급인만이 할 수 있고 ② 다른 수표채무와 무관하게 지급인이 수표채무를 부담하며 ③ 지급보증을 하면 최종 상환청구의무자와 같은 지위가 된다. 그러나 수표보증은 ① 지급인을 제외한 제3자가 할 수 있고 ② 다른 수표채무(발행인 또는 배서인의 상환청구의무)를 전제로 하며 ③ 피보증인의 수표의무를 보증한다는 점에서 구별된다.

---

97) 大判 1980.03.11, 80다15.

4.5.3.2.2. 지급보증 요건

(1) 필요적 기재사항

지급인은 수표에 지급보증을 할 수 있는데(§⁵³), 지급보증은 수표의 앞면에 '지급보증' 그 밖에 지급을 하겠다는 뜻을 적고 날짜를 부기하여 지급인이 기명날인하거나 서명하여야 한다(§₂⁵³). 따라서 지급보증의 요건은 지급보증문구·지급보증일자·지급보증인의 기명날인 또는 서명이다.

인수(정식인수·약식인수)와 다른 점은 지급보증문구를 반드시 기재하여야 하며, 지급보증일자를 반드시 기재하여야 하고, 지급보증을 하는 수표상의 위치는 반드시 수표의 앞면이어야 한다는 점이다.

(2) 조건부 또는 일부의 지급보증

지급보증은 무조건이어야 하며(§⁵⁴), 지급보증에 의하여 수표의 기재사항에 가한 변경은 이를 기재하지 아니한 것으로 본다(§⁵⁴).

(3) 청구인·피청구인

지급보증의 청구인에는 제한이 없으므로 발행인·배서인·소지인 등이 지급보증을 청구할 수 있으며, 피청구인은 지급인에 한한다(§⁵³).

4.5.3.2.3. 효 력

(1) 지급보증인의 지급의무

지급보증을 한 지급인은 제시기간이 지나기 전에 수표가 제시된 경우에만 지급할 의무를 부담한다(§⁵⁵). 지급보증인의 의무는 최종적으로 지급의무를 부담한다는 점에서 환어음의 인수인 또는 약속어음의 발행인의 의무와 유사하나, 지급보증인의 의무는 수표소지인이 지급제시기간 내에 제시한 때에 한하여 지급채무를 부담한다는 점에서, 지급제시기간 내의 제시유무를 불문하고 시효기간 내에는 무조건의 지급의무를 부담하는 환어음의 인수인 또는 약속어음의 발행인의 지급의무와 구별된다. 따라서 지급보증인은 주채무자는 아니고 최종의 상환청구의무자와 같은 지위에 있다.

(2) 제시기간 경과 후의 청구

수표소지인이 제시기간이 지난 후에 지급보증인에게 지급책임의 이행을 청구함에는, 제시기간 내에 적법한 제시를 하였음을 거절증서 또는 이와 동일한 효력이 있는 선언에 의하여 증명하여야 한다($수^{55}_{②}$).

(3) 지급보증인이 지급할 금액

지급보증인이 지급할 금액은 원래 수표금액이지만, 지급거절로 인하여 수표소지인이 상환청구권 보전절차를 밟은 경우에는 상환청구의무자가 지급할 상환청구금액 또는 재상환청구금액이다($수^{55}_{44}·^{③}_{45}$).

(4) 시 효

지급보증을 한 지급인에 대한 수표상의 청구권은 제시기간 경과 후 1년간 행사하지 아니하면 소멸시효가 완성한다($수_{58}$).

(5) 다른 수표채무자의 의무

발행인이나 그 밖의 수표상의 채무자는 지급보증으로 인하여 그 책임을 면하지 못한다($수_{56}$). 따라서 지급보증인은 다른 수표채무자와 합동책임을 부담한다($수_{43}$).

☞ 지급보증

방식	수표의 앞면에 "지급보증" 기타 지급을 할 뜻을 기재 일자를 부기 지급인이 기명날인 서명
효력	수표의 지급보증인은 주채무도 아니며 상환청구의무도 아닌 특별한 유형의 채무를 부담함.
인수와의 비교	1. 환어음 인수에는 약식인수가 인정되는 반면 지급보증의 요건은 매우 엄격 2. 인수인은 주채무를 부담하지만 지급보증의 채무는 그와 구별됨 3. 환어음의 지급인이 인수를 거절하면 만기 전 상환청구의 사유가 되지만 지급보증의 거절에 대한 상환청구는 인정되지 않음

지급보증	수표보증
지급인만이 할 수 있음	지급인을 제외한 제3자가 함
지급인이 다른 수표채무와 무관하게 부담하는 것임	보증인이 다른 수표채무를 전제로 하여 수표채무를 부담 함
종속성이 없음	종속성이 있음
최종의무자와 같은 지위이므로 지급하여도 아무런 수표상의 권리를 취득하지 못함	피보증인의 상환청구의무를 보증하므로 지급한 때에는 피보증인과 그의 수표상의 채무자에 대하여 수표상의 권리를 취득함(수표법 제27조 3항)

4.5.4. 수표의 양도

4.5.4.1. 서 설

4.5.4.1.1. 수표 양도방법의 일반

수표의 양도방법은 수표상의 권리자의 지정방법에 따라 다르다. 수표상의 권리자를 지정하는 방법에는 기명식・지시식・소지인출급식이 있고, 기명식의 특수한 것으로서 배서금지식이 인정되고, 그 밖에 지명 소지인출급식도 허용되고 있다.

(1) 기명식수표와 지시식수표

수표는 법률상 당연히 지시증권이기 때문에 지시식인 경우는 물론, 기명식인 경우에도 배서에 의하여 양도할 수 있다(). 다만 최후의 배서가 백지식이거나 소지인출급식인 경우에만 단순한 교부로 양도할 수 있다.

(2) 배서금지수표

기명식으로서 지시금지 또는 이와 동일한 의의가 있는 문구를 기재한 지시금지수표 또는 배서금지수표는 기명증권으로서, 지명채권양도의 방법에 따라 그 효력으로써만 양도할 수 있다. 이 점은 지시금지어음의 경우와 같다.

(3) 소지인 출급식 수표

소지인 출급식 수표는 증권의 단순한 교부에 의하여 양도된다. 소지인 출급식 수표는 양도의 합의와 증권의 단순한 교부에 의하여 양도 되는 것이므로, 본래 배서에 의한 양도를 할 수 없다. 수표법은 소지인출급식 수표에 배서한 배서인도 상환의무를 부담하게 하여, 배서의 담보적 효력을 인정하고 있다.

(4) 지명 소지인 출급식 수표·무기명수표

이것은 소지인 출급식 수표로 보므로, 소지인 출급식 수표에 관한 설명이 그대로 타당하다.

4.5.4.1.2. 어음과 수표의 배서의 차이

어음은 수취인의 기재가 절대적 기재사항이므로 수취인이 존재하고 배서에 의하여 양도되나, 수표는 수취인의 기재가 절대적 기재사항이 아니므로($\frac{어}{75}\frac{1}{V},\frac{VI}{수8}$) 소지인 출급식 수표(무기명식수표 또는 지명 소지인 출급식 수표)가 가능하고 단순한 교부만으로 수표상의 권리를 양도할 수 있다.

어음의 경우에는 지급인(인수인)에 대하여 배서하는 환배서가 인정되며, 다시 제3자에게 배서할 수 있으나($\frac{어}{77}\frac{11}{①}\frac{③}{i}$), 수표의 경우에는 지급인에 대한 배서는 원칙적으로 영수증의 효력만이 있고($\frac{수}{⑤}$15), 지급인이 제3자에 대하여 한 배서는 무효이다($\frac{수}{③}$15). 단 배서는 발행인이나 그 밖의 채무자에 대하여도 할 수 있다. 이러한 자는 다시 수표에 배서할 수 있다($\frac{수}{③}$14.

수표에는 어음과는 달리 등본제도가 인정되지 않으므로 등본에 의한 배서는 인정되지 않는다($\frac{어}{77}\frac{67}{①}\frac{③}{vi}$). 수표는 어음과는 달리 인수제도가 없으므로 인수담보책임은 없다.

☞ **수표배서의 특징(어음배서와의 차이)**

① 등본에 의한 배서의 불인정: 수표에는 등본제도가 인정되지 않기 때문

② 인수담보의무가 없는 것 (약속어음과 동일)

③ 지급인의 배서 및 지급인에 대한 배서의 효력

- 지급인의 배서: 무효

- 지급인에 대한 배서: 권리이전적 효력은 없고 영수증으로서의 효력만 있음

- 예비지급인의 기재를 허용하지 않는 것

- 입질 배서의 부인: 수표는 금전대용물이기 때문

4.5.4.2. 배서의 요건·방식

4.5.4.2.1. 배서의 요건

배서는 무조건으로 하여야 한다. 배서에 붙인 조건은 적지 아니한 것으로 본다($\stackrel{\leftarrow}{\textcircled{1}}^{15}$). 일부의 배서는 무효이다($\stackrel{\leftarrow}{\textcircled{2}}^{15}$). 지급인의 배서도 무효로 한다($\stackrel{\leftarrow}{\textcircled{3}}^{15}$). 소지인에게 지급하라는 소지인출급의 배서는 백지식 배서와 같은 효력이 있다($\stackrel{\leftarrow}{\textcircled{4}}^{15}$). 지급인에 대한 배서는 영수증의 효력만이 있다. 그러나 지급인의 영업소가 여러 개인 경우에 그 수표가 지급될 곳으로 된 영업소 외의 영업소에 대한 배서는 보통배서로서의 효력을 갖는다($\stackrel{\leftarrow}{\textcircled{5}}^{15}$).

4.5.4.2.2. 배서의 방식

배서는 수표 또는 이에 결합한 보충지[補箋]에 적고 배서인이 기명날인하거나 서명하여야 한다($\stackrel{\leftarrow}{\textcircled{1}}^{16}$). 배서는 피배서인(被背書人)을 지명하지 아니하고 할 수 있으며 배서인의 기명날인 또는 서명만으로도 할 수 있다(백지식 배서). 배서인의 기명날인 또는 서명만으로 하는 백지식 배서는 수표의 뒷면이나 보충지에 하지 아니하면 효력이 없다($\stackrel{\leftarrow}{\textcircled{2}}^{16}$). 수표는 등본제도가 없으므로 등본상의 배서는 인정되지 않으며, 배서에 있어서 예비지급인을 기재하는 것도 인정되지 않는다. 소지인출급의 수표에 배서한 자는 상환청구(償還請求)에 관한 규정에 따라 책임을 진다. 그러나 이로 인하여 그 수표가 지시식 수표로 변하지 아니한다($\stackrel{\leftarrow}{20}$).

4.5.4.3. 배서의 효력

4.5.4.3.1. 권리이전적 효력

배서는 수표로부터 생기는 모든 권리를 이전한다($\stackrel{\leftarrow}{\textcircled{1}}^{17}$). 배서가 백지식인 때에는 소지인은 ① 자기의 명칭 또는 타인의 명칭으로 백지를 보충할 수 있고($\stackrel{\leftarrow}{\textcircled{1}}^{17}_{I}$) ② 백지식으로 또는 타인을 표시하여 다시 수표에 배서할 수 있으며($\stackrel{\leftarrow}{\textcircled{1}}^{17}_{II}$) ③ 백지를 보충하지 아니하고 또 배서도 하지 아니하고 수표를 제3자에게 양도할 수 있다($\stackrel{\leftarrow}{\textcircled{1}}^{17}_{III}$).

4.5.4.3.2. 담보적 효력

배서인은 반대의 문구가 없으면 지급을 담보한다(⑱). 배서인은 자기의 배서 이후에 새로 하는 배서를 금지할 수 있다. 이 경우 그 배서인은 수표의 그 후의 피배서인에 대하여 담보의 책임을 지지 아니한다(⑱).

4.5.4.3.3. 자격수여적 효력

배서로 양도할 수 있는 수표의 점유자가 배서의 연속에 의하여 그 권리를 증명할 때에는 그를 적법한 소지인으로 추정(推定)한다. 최후의 배서가 백지식인 경우에도 같다. 말소한 배서는 배서의 연속에 관하여는 배서를 하지 아니한 것으로 본다. 백지식 배서의 다음에 다른 배서가 있는 경우에는 그 배서를 한 자는 백지식 배서에 의하여 수표를 취득한 것으로 본다(⑲).

4.5.4.3.4. 수표의 선의취득

어떤 사유로든 수표의 점유를 잃은 자가 있는 경우에 그 수표의 소지인은 그 수표가 소지인출급식일 때 또는 배서로 양도할 수 있는 수표의 소지인이 배서의 연속에 의하여 (제19조에 따라) 그 권리를 증명할 때에는 그 수표를 선의취득하게 되므로 반환할 의무가 없다. 그러나 소지인이 악의 또는 중대한 과실로 인하여 수표를 취득한 경우에는 반환하여야 한다(㉑). 악의 또는 중대한 과실의 존부는 주권 취득의 시기를 기준으로 결정한다.[98]

예컨대, 수표 이면에 기재되어 있는 전화번호에 전화를 걸어 확인하지 아니한 경우,[99] 소지인의 인적사항을 확인하지 아니한 경우[100]에는 수표취득에 있어서 중대한 과실이 있다.

수표에 관하여 제권판결이 있으면 제권판결의 소극적 효과로서 수표로서의 효력이 상실되고 그 수표의 소지인은 수표상의 권리를 행사할 수 없으며, 설사 그 제권판결이 있기 전에 그 소지인이 지급은행에 지급제시를 하였거나 또는 그 수표금 지급청구소송을 제기하였다고 하여도 이를 공시최고법원에 대한 권리의 신고나 청구로 볼 수 없는 것으로서 위와 같은 제권판결의 효력을 좌우할 수 없다.[101]

---

98) 大判 2000.09.08, 99다58471.

99) 大判 1980.02.12, 79다2108.

100) 大判 1981.06.23, 81다167.

101) 大判 1983.11.08, 83다508, 83다카1705.

4.5.4.4. 특수배서

4.5.4.4.1. 추심위임배서

배서에 '회수하기 위하여', '추심하기 위하여', '대리를 위하여' 그 밖에 단순히 대리권을 준다는 내용의 문구가 있는 때에는 소지인은 수표로부터 생기는 모든 권리를 행사할 수 있다. 그러나 소지인은 대리를 위한 배서만을 할 수 있다(수 23). 이 경우에는 채무자는 배서인에게 대항할 수 있는 항변으로써 소지인에게 대항할 수 있다(수 23). 대리를 위한 배서에 의하여 주어진 대리권은 그 대리권을 준 자가 사망하거나 무능력자가 되더라도 소멸하지 아니한다(수 23).

4.5.4.4.2. 기한후 배서

거절증서나 이와 같은 효력이 있는 선언이 작성된 후에 한 배서 또는 제시기간이 지난 후에 한 배서는 지명채권 양도의 효력만 있다(수 24). 날짜를 적지 아니한 배서는 거절증서나 이와 같은 효력이 있는 선언이 작성되기 전 또는 제시기간이 지나기 전에 한 것으로 추정한다(수 24).

4.5.5. 지급제시 · 지급

4.5.5.1. 지급제시

수표도 어음과 같이 제시증권이므로 수표금의 지급을 청구하기 위하여는 수표소지인이 이를 지급인에게 지급제시 하여야 한다. 다만 수표에는 만기가 없으므로 만기 전 지급이라는 것이 있을 수 없고, 또 인수제도가 없으므로 소지인의 청구가 없는 경우의 공탁에 관한 규정이 없다.

4.5.5.1.1. 지급제시의 의의

수표는 지급증권으로서 당연히 일람출급식으로 되어 있어(수 28), 발행 후 언제든지 지급제시할 수 있다. 즉 기재된 발행일자의 도래 전에 지급받기 위하여 제시된 수표는 그 제시한 날에 이를 지급하여야 한다(수$^{28}_{②}$).

어음교환소에서 한 수표의 제시는 지급을 받기 위한 제시로서의 효력이 있다(수$^{31}_{①}$). 소지인으로부터 수표의 추심을 위임받은 은행(제시은행)이 그 수표의 기재사항을 정보처리시스템에 의하여 전자적 정보의 형태로 작성한 후 그 정보를 어음교환소에 송신하여 그 어음교환소의 정보처리시스템에 입력되었을 때에는 지급을 받기 위한 제시가 이루어진 것으로 본다(수$^{31}_{②}$).

4.5.5.1.2. 지급제시기간

수표의 지급제시기간은 지급보증인에 대하여 수표소지인이 수표상의 권리를 행사하기 위한 것이든(수$^{55}_{①}$) 상환청구권 보전을 위한 것이든 동일하다(수$^{29 ①·}_{② ③}$).

국내에서 발행하고 지급할 수표는 10일 내에 지급을 받기 위한 제시를 하여야 하고 (수$^{29}_{①}$), 지급지의 국가와 다른 국가에서 발행된 수표는 발행지와 지급지가 동일한 주(洲)에 있는 경우에는 20일 내에, 다른 주에 있는 경우에는 70일 내에 이를 제시하여야 한다 (수$^{29}_{②}$). 유럽주의 한 국가에서 발행하여 지중해 연안의 한 국가에서 지급할 수표 또는 지중해 연안의 한 국가에서 발행하여 유럽주의 한 국가에서 지급할 수표는 동일한 주에서 발행하고 지급할 수표로 본다(수$^{29}_{③}$).

수표의 지급제시기간은 어음과는 달리 당사자가 임의로 연장할 수 없다. 수표의 지급제시기간의 계산에 관하여도 수표발행일 초일은 불산입한다(수$^{}_{61}$). 즉 수표의 지급 제시기간은 원칙적으로 수표에 기재된 발행일을 기준으로 하여 그 익일부터 기산하여야 할 것이다.[102]

수표가 실제로 발행된 날이 수표에 기재된 발행일과 다른 경우에는, 수표에 적힌 발행일부터 기산(起算)한다(수$^{29}_{④}$). 세력(歲曆)을 달리하는 두 지(地) 간에 발행한 수표는 발행일을 지급지의 세력의 대응일(對應日)로 환산한다(수$^{}_{30}$).

4.5.5.1.3. 지급제시의 장소

수표의 제급제시는 원칙적으로 지급인의 영업소, 제3자방 지급의 경우에는 그 제3자의 영업소에서 하여야 한다.

---

102) 大判 1982.04.13, 81다1000, 81다카552.

4.5.5.1.4. 지급제시기간 경과의 효력

수표소지인은 상환청구의무자에 대한 상환청구권($\frac{4}{39}$) 및 지급보증인에 대한 권리를 상실한다($\frac{4}{39}$ 55). 즉 적법한 기간 내에 수표를 제시하였으나 지급받지 못한 경우에 소지인이 ① 공정증서(거절증서) ② 수표에 제시된 날을 적고 날짜를 부기한 지급인(지급인의 위임을 받은 제시은행)의 선언 ③ 적법한 시기에 수표를 제시하였으나 지급받지 못하였음을 증명하고 날짜를 부기한 어음교환소의 선언 등에 의한 방법으로 지급거절을 증명하였을 때에는 소지인은 배서인, 발행인, 그 밖의 채무자에 대하여 상환청구권(償還請求權)을 행사할 수 있다.

수표의 지급인은 지급위탁의 취소가 없는 한 지급제시기간이 지난 후에도 발행인의 계산으로 지급할 수 있다($\frac{4}{39}$ 32). 즉 수표의 지급위탁의 취소는 제시기간이 지난 후에만 그 효력이 생기는데($\frac{4}{39}$ 32), 지급위탁의 취소가 없으면 지급인은 제시기간이 지난 후에도 지급을 할 수 있다.

위의 경우 이득상환청구권이 해제조건부 또는 정지조건부로 발생한다($\frac{9}{63}$). 즉 수표소지인은 상환청구권은 상실하지만 지급인이 지급해 주는 한 수표금 수령권을 가진다. 이에 따라 수표의 제시기간경과로 인하여 수표상의 권리를 잃게 된 수표의 정당한 소지인은 이득상환청구권을 가진다.

4.5.5.1.5. 지급제시의 면제

지급제시는 주채무자에 대하여는 책임을 묻기 위하여 또 상환청구의무자에 대하여는 상환청구권을 보전하기 위하여 현실적으로 하여야 하나 수표소지인이 자기의 배서인에 대하여 불가항력을 통지한 날로부터 15일을 넘어 계속하는 경우($\frac{4}{4}$ 47)에는 지급제시를 요하지 않고 상환청구권을 행사할 수 있다(통설).

4.5.5.2. 지 급

4.5.5.2.1. 지급시기

(1) 지급제시기간 내의 지급

지급제시기간 내에 수표금을 지급하는 경우에는 지급인은 선의지급에 따른 보호를 받으며($\frac{4}{35}$), 지급인은 지급의 결과를 발행인의 계산으로 돌릴 수 있다. 그리고 수표는 지급증권인 점에서 발행인은 지급제시기간 내에는 지급위탁의 취소를 할 수 없다($\overset{\text{수}}{\underset{①}{}}$ 32). 수표소지인이 지급제시기간 내에 지급제시를 하지 않았다고 하여 수표금을 공탁할 수 있는 제도는 없다($\overset{\text{엄}}{\underset{47}{}}$ 42).

(2) 지급제시기간 경과 후의 지급

지급제시기간이 지난 후에 수표금을 지급하는 경우에는 수표의 지급인은 지급위탁의 취소가 없는 한 지급제시기간이 지난 후에도 발행인의 계산으로 지급할 수 있다($\overset{\text{수}}{\underset{②}{}}$ 32). 따라서 환어음의 경우와는 달리 발행인이 지급관계를 소멸시키기 위해서는 반드시 지급제시기간이 지난 후에 지급위탁을 취소해야 한다.

(3) 지급의 유예 또는 연기

상환청구의무자와 수표소지인 간에 지급제시기간의 연장의 특약은 인적항변사유가 됨에 불과하며, 수표법에 의하여 만기유예는 없으나 상환청구권 보전절차에 관한 지급제시기간 및 지급거절증서 작성기간이 연장되기도 한다($\overset{\text{수}}{\underset{47}{}}$).

4.5.5.2.2. 지급의 방법

(1) 지급의 목적물

지급지의 통화(通貨)가 아닌 통화로 지급한다는 내용이 기재된 수표는 그 제시기간 내에는 지급하는 날의 가격에 따라 지급지의 통화로 지급할 수 있다. 제시를 하여도 지급을 하지 아니하는 경우에는 소지인은 그 선택에 따라 제시한 날이나 지급하는 날의 환시세(換時勢)에 따라 지급지의 통화로 수표금액을 지급할 것을 청구할 수 있다($\overset{\text{수}}{\underset{①}{}}$ 36). 외국통화의 가격은 지급지의 관습에 따라 정한다. 그러나 발행인은 수표에서 정한 환산율에 따라 지급금액을 계산한다는 뜻을 수표에 적을 수 있다($\overset{\text{수}}{\underset{②}{}}$ 36). 발행인이 특정한 종류의 통화로 지급한다는 뜻(외국통화 현실지급 문구)을 적은 경우에는 그 통화로 지급하여야 한다($\overset{\text{수}}{\underset{③}{}}$ 36). 발행국과 지급국에서 명칭은 같으나 가치가 다른 통화로써 수표의 금액을 정한 경우에는 지급지의 통화로 정한 것으로 추정한다($\overset{\text{수}}{\underset{④}{}}$ 36).

(2) 지급의 방법

1) 상환증권성

수표의 지급인은 지급을 할 때에 소지인에게 그 수표에 영수(領受)를 증명하는 뜻을 적어서 교부할 것을 청구할 수 있다(수^{34}). 채무자가 기존채무의 이행 확보를 위하여 채권자에게 수표를 발행하거나, 제3자 명의의 수표를 교부한 경우에는 채무자는 그 교부된 수표가 반환되기까지 그 기존채무의 이행을 거절할 수 있다.[103]

2) 일부지급

소지인은 일부지급을 거절하지 못한다(수^{34}). 일부지급의 경우에는 지급인은 소지인에 대하여 그 지급한 뜻을 수표에 기재하고 영수증을 교부할 것을 청구할 수 있다(수^{34}).

4.5.5.2.3. 지급인의 조사의무

(1) 형식적 자격의 조사의무

배서로 양도할 수 있는 수표의 지급인은 배서의 연속이 제대로 되어 있는지를 조사할 의무가 있으나 배서인의 기명날인 또는 서명을 조사할 의무는 없다(수^{35}). 통상적인 판별로서 위조 또는 변조된 수표임을 알 수 있음에도 불구하고 은행의 과실로 이를 알지 못하고 그 수표의 위조 변조된 액면금을 지급한 때에는 예금주의 예금을 지급하였다는 효력은 발생하지 않고 예금주는 은행에 대하여 예금주로서의 예금채권을 주장할 수 있다.[104]

(2) 주의의무

지급자는 형식적 자격자에게 지급을 하면 사기 또는 중대한 과실이 없는 한 면책된다. 제시기간을 경과하면, 모든 상환청구의무자는 상환청구의무를 면하고 수표소지인은 이득 상환청구권을 취득하게 되지만, 이 경우에도 지급인은 지급위탁의 취소가 없는 한 지급을 할 수 있다.

수표법은 지급인의 수표소지인에 대한 형식적 자격의 조사의무에 대하서만 규정하고 있을 뿐, 지급인의 수표소지인에 대한 실질적인 자격에 관한 사기 또는 중과실에 대하여

---

103) 大判 1969.04.22, 69다144.
104) 大判 1969.01.21, 68다1708.

는 규정하고 있지 않으나, 어음법 제40조 3항 1문과 같은 규정이 수표법 제35조에 없는 것은 입법상의 과오며, 해석상 당연히 동 규정을 유추적용 해야 할 것이다. 판례도 같은 취지이다. 수표법 제35조의 취지에 의하면, 수표지급인인 은행이 수표상 배서인의 기명날인 또는 서명, 혹은 수표소지인이 적법한 원인에 기하여 수표를 취득하였는지 등 실질 권리 관계를 조사할 의무는 없다고 할 것이지만, 수표금 지급사무를 처리하는 은행에게 선량한 관리자로서의 주의를 기울여 그 사무를 처리할 의무가 있다고 할 것인 이상, 통상적인 거래기준이나 경험에 비추어 당해 수표가 분실 혹은 도난·횡령되었을 가능성이 예상되거나 또는 수표소지인이 수표를 부정한 방법으로 취득하였다고 의심할 만한 특별한 사정이 존재하는 때에는 그 실질적 자격에 대한 조사의무를 진다.[105] 따라서 고액 수표의 전액 현금지급 요청은 정상적인 자기앞수표 소지인이라면 매우 이례적인 것이어서 그 수표가 혹시 분실·도난·횡령된 것이거나 혹은 수표제시자가 그 수표를 부정한 방법으로 취득하였다고 의심할 만한 사유가 있었다고 할 것이므로, 초면의 내방객으로부터 고액의 현금지급을 요청받은 은행으로서는 마땅히 발행지점에 그 수표의 발행경위와 발행의뢰인 등을 확인하고 발행의뢰인 또는 발행지점을 통하여 그 수표를 사용하거나 타에 양도한 경위 등에 관하여 파악하려는 노력을 기울여 보았어야 함에도 불구하고 단지 사고수표인지 여부와 실명 여부만을 확인하여 고액의 현금을 지급한 것은 수표금 지급에 있어서의 지급인으로서의 주의의무를 다하였다고 할 수 없다.[106]

4.5.5.2.4. 어음교환소의 결제를 통한 경우

어음(수표)소지인이 제시은행에 제시를 하고, 제시은행이 어음교환소를 통하여 지급은행에 지급의뢰를 한 경우, 지급은행의 부주의로 부도사실을 제시은행에 통보하지 아니함으로 인하여 제시은행이 소지인에게 지급을 하였다면 지급은행은 제시은행에 대해서는 아무런 권리가 없고 다만 소지인에 대해서만 부당이득반환만을 청구할 수 있다.[107]

---

105) 大判 2002.02.26, 2000다71494, 71500.

106) 大判 2002.02.26, 2000다71494, 71500.

107) 大判 1996.9.20, 96다1610.

4.5.6. 상환청구

4.5.6.1. 상환청구의 의의

4.5.6.1.1. 상환청구의 개념

상환청구란 지급제시기간 내에 지급거절하거나 만기 전에 지급가능성이 현저하게 감소되었을 때에 수표소지인이 전자에 대하여 어음금액 기타 비용을 청구하는 것을 말한다. 즉 소지인이 일정한 경우 인수 혹은 지급을 담보한 발행인·배서인·보증인 등에게 어음·수표금과 부수하는 비용에 상당하는 금액의 변상을 청구하는 제도이다.

4.5.6.1.2. 입법주의

상환청구 제도에 관한 입법주의로 일권주의·이권주의·선택주의 등 3종류가 있다.

① 일권주의: 일권주의란 지급거절시는 물론 인수거절시에도 동일한 권리로서 상환청구권만을 인정하는 제도이다. 이 입법주의는 만기 전에도 상환청구를 인정하기 때문에 만기 전 상환주의라고도 한다.

② 이권주의: 인수거절과 지급거절을 구별하는 것으로, 인수거절시에는 담보청구권을 인정하고, 지급거절시에는 상환청구권을 인정하는 입법주의이다.

③ 선택주의: 지급거절시에는 상환청구권만을 인정하지만, 인수거절시에는 상환청구권자 혹은 상환청구의무자의 선책에 좇아 상환청구권 혹은 담보청구권을 인정하는 입법주의이다.

4.5.6.1.3. 상환청구의 당사자 및 요건

(1) 상환청구권자

상환청구권자는 어음 소지인, 상환청구의무를 이행하여 어음을 환수한 자, 담보의무를 이행한 보증인, 참가지급인, 어음채무를 변제한 무권대리인 등이다.

(2) 상환청구의무자

상환청구의무자는 환어음의 발행인, 배서인 및 이들의 보증인, 참가인수인, 무권대리인 등(약속어음의 발행인과 환어음의 인수인은 주채무자이지 상환청구의무자가 아님)이다.

(3) 상환청구의 요건

수표의 상환청구의 요건에 대해서는 환어음의 상환청구에 관한 내용(4.3.7.3. 상환청구요건)이 유추적용될 수 있다.

1) 만기 전의 상환청구

① 실질적 요건($^{어}_{43}$)
㉠ 인수의 전부 또는 일부의 거절이 있는 경우
㉡ 지급인의 인수 여부와 관계없이 지급인이 파산한 경우, 그 지급이 정지된 경우 또는 그 재산에 대한 강제집행이 주효(奏效)하지 아니한 경우
㉢ 인수를 위한 어음의 제시를 금지한 어음의 발행인이 파산한 경우

② 형식적 요건
㉠ 인수제시
㉡ 거절증서의 작성
㉢ 파산결정서의 제출
㉣ 제시 또는 거절증서작성과 불가항력

2) 만기 후의 상환청구
① 실질적 요건 – 만기에 지급제시: 지급인, 인수인, 발행인 등이 지급하지 않았어야 한다.
② 형식적 요건 – 지급제시, 지급거절증서의 작성

3) 재상환청구
어음 소지인에 대하여 또는 자기의 후자에 대하여 상환의무를 이행하여 어음을 환수한 자가 다시 자기의 전자에 대하여 상환청구하는 것이다.

4.5.6.1.4. 책임 및 양도

(1) 합동책임

상환청구의무자는 약속어음의 발행인, 환어음의 인수인과 소지인에게 어음금지급 합동책임을 진다. 즉 수표상의 각 채무자는 소지인에 대하여 합동으로 책임을 진다($\frac{수}{43}$). 소지인은 채무자에 대하여 그 채무부담의 순서에도 불구하고 그중 1명, 여러 명 또는 전원에 대하여 청구할 수 있다($\frac{수}{43}$). 수표의 채무자가 수표를 환수한 경우에도 소지인과 같은 권리가 있다($\frac{수}{43}$). 수표의 채무자 중 1명에 대한 청구는 다른 채무자에 대한 청구에 영향을 미치지 아니한다. 이미 청구를 받은 자의 후자(後者)에 대하여도 같다($\frac{수}{43}$).

(2) 상환청구권의 양도

상환청구권은 어음상의 권리이므로 어음의 배서・교부에 의하여 양도한다.

4.5.6.1.5. 거절증서의 작성과 그 면제

(1) 거절증서의 의의

거절증서란 어음상의 권리의 행사 또는 보전에 필요한 수표상의 행위가 정당한 사람에 대하여 정당한 권리자에 의하여 시・장소에서 행하여졌다는 것과 그 행위의 결과를 모든 이해관계인에 대하여 간이・신속・확실하게 증명하여 어음거래의 안전을 확보하고자 하는 목적을 가진 공증증서이다.

(2) 거절증서의 작성이 필요한 경우

지급거절의 경우, 지급인의 자력이 불확실하게 된 경우, 참가인수거절・참가지급거절・복본교부거절・원본반환거절의 경우에 거절증서 작성이 필요하다.

(3) 거절증서의 작성

㉠ 작성기관: 공증인, 집달리 또는 합동법률사무소
㉡ 작성장소: 지급 또는 인수를 위한 제시장소
㉢ 작성기간: 제시기간이 있는 경우에는 그 기간 내에, 없는 경우에는 만기의 전일까지이다($\frac{어}{44}$). 거절증서 또는 이와 같은 효력이 있는 선언은 제시기간이 지나기 전에

작성시켜야 한다(①⁴⁰). 제시기간 말일에 제시한 경우에는 거절증서 또는 이와 같은 효력이 있는 선언은 그 날 이후의 제1거래일에 작성시킬 수 있다(②⁴⁰).

㉣ 작성방법: 어음 또는 이에 결합한 보충지(보전)에 하고 기재사항은 어음의 이면에 기재한 사항에 계속하여 이를 기재하고 동일한 어음에 관하여 순차로 수인에게 청구하는 경우에는 그 청구에 대하여 1통의 거절증서를 작성시킴으로써 충분하다.

(4) 거절증서 등의 작성 면제

① 의의: 환어음의 지급인 또는 약속어음의 발행인이 어음의 인수 또는 지급을 거절한 경우에 배서인 그 밖의 상환청구의무자에 대한 상환청구권보전의 조건으로서 작성하여야 하는 거절증서의 작성을 면제시키는 것(무비용상환)이다. 발행인, 배서인 또는 보증인은 ① 무비용상환 ② 거절증서 불필요 ③ 무비용상환이나 거절증서 불필요와 같은 뜻을 가진 문구의 어느 하나에 해당하는 문구를 수표에 적고 기명날인하거나 서명함으로써 소지인의 상환청구권 행사를 위한 거절증서 또는 이와 같은 효력이 있는 선언의 작성을 면제할 수 있다(①⁴²).

② 존재이유: 상환청구의무자의 이익을 보호하고(거절증서작성비용의 부담면제), 인수 또는 지급거절사실의 공표를 방지하는 실익이 있다.

③ 면제권자: 상환청구의무자(발행인, 배서인, 보증인)

④ 면제의 방식: '무비용상환', '거절증서불요' 등의 문구를 수표에 기재한다(①⁴²).

⑤ 효력

- 무비용상환, 거절증서 불필요, 위와 같은 뜻을 가진 문구가 있더라도 소지인의 법정기간 내 수표의 제시 및 통지 의무가 면제되는 것은 아니다. 법정기간을 준수하지 아니하였음은 소지인에 대하여 이를 원용(援用)하는 자가 증명하여야 한다(②⁴²).

- 발행인이 무비용상환, 거절증서 불필요, 위와 같은 뜻을 가진 문구를 적은 경우에는 모든 채무자에 대하여 효력이 생기고, 배서인 또는 보증인이 이 문구를 적은 경우에는 그 배서인 또는 보증인에 대하여만 효력이 생긴다. 발행인이 이 문구를 적었음에도 불구하고 소지인이 거절증서 또는 이와 같은 효력이 있는 선언을 작성시켰으면 그 비용은 소지인이 부담하고, 배서인 또는 보증인이 이 문구를 적은 경우에 거절증서 또는 이와 같은 효력이 있는 선언을 작성시켰으면 모든 채무자에게 그 비용을 상환하게 할 수 있다(③⁴²).

4.5.6.1.6. 상환청구의 통지

(1) 의 의

상환청구권행사에 앞서 인수거절·지급거절 등의 상환청구원인이 발생하였음을 상환청구의무자에게 알리는 것(관념의 통지)으로, 수표법은 통지의무주의를 취한다. 즉 소지인은 ① 거절증서 작성일 ② 거절증서와 같은 효력이 있는 선언의 작성일 ③ 무비용상환(無費用償還)의 문구가 적혀 있는 경우에는 수표 제시일 이후의 4거래일 내에 자기의 배서인과 발행인에게 지급거절이 있었음을 통지하여야 하고, 각 배서인은 그 통지를 받은 날 이후의 2거래일 내에 전(前) 통지자 전원의 명칭과 처소(處所)를 표시하고 자기가 받은 통지를 자기의 배서인에게 통지하여 차례로 발행인에게 미치게 하여야 한다. 이 기간은 각 통지를 받은 때부터 진행한다(①⁴¹).

수표에 기명날인하거나 서명한 자에게 통지할 때에는 같은 기간 내에 그 보증인에 대하여도 같은 통지를 하여야 한다(②⁴¹). 배서인이 그 처소를 적지 아니하거나 그 기재가 분명하지 아니한 경우에는 그 배서인의 직전(直前)의 자에게 통지하면 된다(③⁴¹).

(2) 통지의 방법

통지의 방법에는 제한이 없다. 따라서 구술·서면으로 할 수 있고 단순한 수표의 반환도 가능하다. 즉 통지를 하여야 하는 자는 어떠한 방법으로도 할 수 있다. 단순히 수표를 반환하는 것으로도 통지할 수 있다(④⁴¹). 통지를 하여야 하는 자는 적법한 기간 내에 통지를 하였음을 증명하여야 한다. 이 기간 내에 통지서를 우편으로 부친 경우에는 그 기간을 준수한 것으로 본다(⑤⁴¹).

(3) 통지의무위반의 효과

기간 내에 통지를 하지 아니한 자도 상환청구권을 잃지 아니한다. 그러나 과실로 인하여 손해가 생긴 경우에는 수표금액의 한도 내에서 배상할 책임을 진다(⑥⁴¹).

4.5.6.1.7. 상환청구금액

(1) 소지인의 상환청구금액

① 만기 후의 상환청구금액: 지급되지 아니한 수표의 금액과, 이자의 기재가 있으면

그 이자 및 연 6퍼센트의 이율로 계산한 제시일 이후의 이자, 거절증서작성의 비용, 통지비용과 기타의 비용이다(슈⓵ 44).

② 만기 전의 상환청구금액: 만기 후와 동일하다. 단 할인에 의해 어음금액이 감해진다(슈⓶ 44).

(2) 어음환수자의 재상환청구금액

상환의무를 이행하고 어음을 환수한 자는 그 전자에 대하여 ㉠ 지급한 총금액 ㉡ 위 금액에 대한 연 6퍼센트의 이율에 의하여 계산한 지급의 날 이후의 이자 ㉢ 기타 지출한 비용을 청구할 수 있다(슈⓺).

4.5.6.1.8. 상환청구의 방법과 상환

(1) 상환청구의 방법

선택적·비약적 상환청구가 인정된다. 즉 상환청구권자는 배서순서에 구속받지 않는다(슈⓶ 43).

(2) 상 환

① 상환의 태양: 금전채무이행의 일반원칙에 따라 상환청구금액의 지급, 대물변제, 상계 기타의 방법으로 가능하다. 일부상환은 일부지급과는 달리 상환청구자가 이를 거절할 수도 있으나, 이를 받을 수도 있다.

② 상환청구의무자의 상환권
㉠ 의   의: 상환청구의무자가 상환청구를 기다리지 않고 자진하여 그 의무를 이행할 수 있는 권리이다.
㉡ 수인의 상환청구의무자가 동시에 상환권을 행사하는 경우에는 가장 많은 상환청구의무자로 하여금 의무를 면하게 할 수 있는 자의 상환권에 우선권을 주어야 한다.

4.5.6.1.9. 상환청구의 효력

(1) 상환청구의 일반적 효력

상환청구의 요건이 충족되면 소지인은 상환청구의무자에 대하여 상환청구금액 상당의 지급을 청구할 수 있다. 이 권리는 법률의 규정에 의하여 당연히 발생하고, 그 후 상환청구의 원인이 소멸되거나 치유되어도 그로부터 영향을 받지 않는다.

어음·수표의 발행·배서·보증·참가인수 등을 한 사람은 소지인에 대하여 합동책임을 진다. 상환청구권의 발생사실은 어음의 주채무자나 수표의 지급보증인에 대한 권리에 하등 영향이 없다.

상환청구권자는 상환청구권이 발생한 후에도 그 어음·수표를 다시 제3자에게 배서할 수 있지만 그 배서는 기한후 배서의 효력밖에 갖지 못한다.

상환청구권의 소멸시효기간은 어음의 경우 1년, 수표의 경우 6월이다.

(2) 상환의무자의 권리

상환청구(償還請求)를 받은 채무자나 받을 채무자는 지급과 상환(相換)으로 거절증서 또는 이와 같은 효력이 있는 선언, 영수를 증명하는 계산서와 그 수표의 교부를 청구할 수 있다(①⁴⁶). 수표를 환수한 배서인은 자기의 배서와 후자의 배서를 말소할 수 있다(②⁴⁶).

4.5.6.2. 환어음의 상환청구와 수표의 상환청구의 차이점

① 수표는 만기가 없고 언제나 일람출급이므로 환어음에서와 같이 만기 전의 상환청구란 있을 수 없고, 지급거절로 인한 상환청구만이 있다. 또한 인수제도도 없으므로 인수거절로 인한 만기 전 상환청구도 없다. 따라서 환어음의 만기 전의 상환청구원인은 수표에는 해당되지 않는다.

② 상환청구의 형식적 요건에서 지급거절의 증명방법으로 환어음에서는 거절증서만이 인정되나, 수표에서는 이외에 지급인의 선언과 어음교환소의 선언이 추가되어 있다.

③ 지급거절증서의 작성기간에서 환어음의 경우는 제시기간의 말일에 제시한 경우에도 제시기간 내에 작성하여야 하나, 수표의 경우에는 제시기간의 말일에 제시한 경우에는 이에 이은 제1의 거래일까지 그 작성기간이 연장된다.

④ 불가항력에 의하여 보전절차가 면제되는 경우는 환어음은 불가항력이 만기로부터

30일을 넘어 계속됨을 요하나, 수표는 불가항력이 통지를 한 날로부터 15일을 넘어 계속됨을 요한다.

⑤ 수표는 일람출급이므로 생존기간이 짧아 이자의 기재가 없고, 상환청구금액에는 약정이자도 없다. 다만 제시기일 이후의 법정이자는 인정된다.

⑥ 역어음에 의한 상환청구 방법에서 환어음의 경우는 인정되나, 수표의 경우는 인정되지 않는다.

⑦ 상환청구권의 시효기간에서 환어음의 경우는 1년이나 수표의 경우는 6월이다.

4.5.6.3. 불가항력과 기간의 연장

피할 수 없는 장애[국가법령에 따른 금제(禁制)나 그 밖의 불가항력을 말한다. 이하 "불가항력"이라 한다]로 인하여 법정기간 내에 수표를 제시하거나 거절증서 또는 이와 같은 효력이 있는 선언을 작성하기 어려운 경우에는 그 기간을 연장한다(①⁴⁷).

소지인은 불가항력이 발생하면 자기의 배서인에게 지체 없이 그 사실을 통지하고 수표 또는 보충지에 통지를 하였다는 내용을 적고 날짜를 부기한 후 기명날인하거나 서명하여야 한다. 그 밖의 사항에 관하여는 지급거절의 통지(제41조)를 준용한다(②⁴⁷).

불가항력이 사라지면 소지인은 지체 없이 지급을 받기 위하여 수표를 제시하고 필요한 경우에는 거절증서 또는 이와 같은 효력이 있는 선언을 작성시켜야 한다(③⁴⁷).

불가항력의 통지를 한 날부터 15일이 지나도 계속되는 경우에는 제시기간이 지나기 전에 그 통지를 한 경우에도 수표의 제시 또는 거절증서나 이와 같은 효력이 있는 선언을 작성하지 아니하고 상환청구권을 행사할 수 있다(④⁴⁷).

소지인이나 소지인으로부터 수표의 제시 또는 거절증서나 이와 같은 효력이 있는 선언의 작성을 위임받은 자의 단순한 인적 사유는 불가항력으로 보지 아니한다(⑤⁴⁷).

4.5.7. 복 본

4.5.7.1. 복본의 의의

4.5.7.1.1. 복본의 발행

수표를 복본으로 발행할 때에는 그 증권의 본문 중에 번호를 붙여야 한다(어음의 복본과의 비교는 4.3.9.1. 복본 참조). 이를 붙이지 아니한 때에는 그 여러 통의 복본은 이를 각별의 수표로 본다(수48). 수표의 복본은 수표소지인의 유통상의 편의를 위하여 인정된 것이 아니므로, 환어음의 경우와는 달리 수표소지인에게 복본교부청구권이 인정되지 않고, 그 대신 복본의 발행에 다음과 같은 요건이 있다.

(1) 원격성

수표의 복본은 분실 등의 위험이 있는 발행지와 지급지가 원거리인 경우에 필요하다(수48).
- 한 국가에서 발행하고 다른 국가나 발행국의 해외영토에서 지급할 수표
- 한 국가의 해외영토에서 발행하고 그 본국에서 지급할 수표
- 한 국가의 해외영토에서 발행하고 같은 해외영토에서 지급할 수표
- 한 국가의 해외영토에서 발행하고 그 국가의 다른 해외영토에서 지급할 수표

(2) 비소지인 출급식 수표

복본은 기명식 또는 지시식 수표에만 허용되고, 소지인 출급식 수표에는 허용되지 아니한다(수48).

4.5.7.1.2. 복본의 효력

복본의 한 통에 대하여 지급한 경우 그 지급이 다른 복본을 무효로 한다는 뜻이 복본에 적혀 있지 아니하여도 의무를 면하게 한다(수①49). 여럿에게 각각 복본을 양도한 배서인과 그 후의 배서인은 그가 기명날인하거나 서명한 각 통의 복본으로서 반환을 받지 아니한 것에 대하여 책임을 진다(수②49).

4.5.8. 수표의 시효

(1) 수표소지인의 지급보증인에 대한 청구권

수표소지인의 지급보증인에 대한 청구권은 지급제시기간 경과일로부터 1년이 경과하면 소멸한다(⁵⁸). 이 시효는 수표소지인이 지급제시기간 내에 지급제시를 하고 거절증서 또는 이와 동일한 효력이 있는 선언의 작성을 전제로 한다.

(2) 수표소지인의 상환청구권

수표소지인의 배서인, 발행인, 그 밖의 채무자에 대한 상환청구권은 제시기간이 지난 후 6개월간 행사하지 아니하면 소멸시효가 완성된다(⁵¹). 단, 이 시효는 수표소지인이 지급제시기간 내에 지급제시를 하고 거절증서 또는 이와 동일한 효력이 있는 선언의 작성을 전제로 한다(⁵⁹).

(3) 재상환청구권

수표의 채무자의 다른 채무자에 대한 상환청구권은 그 채무자가 수표를 환수한 날 또는 그 자가 제소된 날부터 6개월간 행사하지 아니하면 소멸시효가 완성된다(⁵¹). 이는 시효기간과 그 시기에 있어서 어음의 경우와 같다.

(4) 시효의 중단

시효의 중단은 그 중단사유가 생긴 자에 대하여만 효력이 생긴다(⁵²).

(5) 불가항력과 기간의 연장

지급보증을 한 지급인에 대한 권리의 행사에 관하여는 제47조를 준용한다(⁵⁷).

(6) 수표에 관한 행위와 휴일

수표의 제시와 거절증서의 작성은 거래일에만 할 수 있다(⁶⁰). 수표에 관한 행위를 하기 위하여 특히 수표의 제시 또는 거절증서나 이와 같은 효력이 있는 선언의 작성을 위하여 법령에 규정된 기간의 말일이 법정휴일일 때에는 그 말일 이후의 제1거래일까지 기간을 연장한다. 기간 중의 휴일은 그 기간에 산입한다(⁶⁰).

(7) 수 은혜일의 불허

은혜일(恩惠日)은 법률상으로든 재판상으로든 인정하지 아니한다($\overset{수}{62}$).

4.5.9. 이득상환청구권

수표에서 생긴 권리가 절차의 흠결로 인하여 소멸한 때나 그 소멸시효가 완성한 때라도 소지인은 발행인, 배서인 또는 지급보증을 한 지급인에 대하여 그가 받은 이익의 한도 내에서 상환을 청구할 수 있다($\overset{수}{63}$). 수표의 이득상환청구권의 내용도 어음과 같다. 다만 이득상환청구권의 발생시기 및 은행발행자기앞수표의 이득상환청구권의 양도방법 등이 문제된다.

(1) 이득상환청구권의 발생시기
① 정지조건설: 지급제시기간의 경과로 바로 발생하는 것이 아니라 지급위탁의 취소 또는 지급거절을 정지조건으로 하여 발생한다.
② 해제조건설: 지급제시기간의 경과로 이득상환청구권은 발생하지만, 그 후 지급위탁의 취소가 없어 지급된 때에는 이미 발생한 이득상환청구권이 소멸한다(통설·판례).

(2) 은행발행자기앞수표의 이득상환청구권
① 이득상환청구권 발생요건 중 '어음채무자가 이득하였을 것'이 추정된다(판례).
② 양도방법: 판례는 지명채권 양도방법 외에도 어음·수표법상의 양도방법인 교부에 의해서 권리양도가 가능하다고 본다.

4.5.10. 수표에 특유한 제도

4.5.10.1. **선일자수표**

4.5.10.1.1. 의의와 필요성

선일자수표(연수표)란 수표발행 시 발행일자를 현실의 발행일자보다 후일의 일자를 기재한 수표를 말한다[실제발행일 > 수표상의 발행일]. 즉 수표상의 발행일자보다 실제의 발행일자가 선행하는 수표를 말한다(선일발행의 후일자수표). 이와는 반대로 수표상의 발행일자보다 현실의 발행일자가 후행하는 수표를 후일자수표라 한다. 이러한 선일자수표는 수표의 지급제시기간을 사실상 연장하고자 하는 경우 등에 이용된다.

4.5.10.1.2. 법률관계

(1) 지급인과 수표소지인 간의 관계

수표는 법률상 당연한 일람출급증권이므로 수표소지인이 선일자수표의 발행일자 전에 지급제시하여도 그 지급제시는 유효하고 지급인은 발행인이 제시한 날에 이를 지급하여야 한다(수$_{28}$). 따라서 발행일자 전이라도 지급인이 지급을 거절하면 수표소지인은 즉시 전자에 대하여 상환청구권을 행사할 수 있다(수$_{39}$).

(2) 발행인과 수취인 간의 관계

발행일자 전에 제시하지 않겠다는 특약은 당사자 간에만 효력이 있을 뿐, 수표의 효력에는 영향이 없다. 다만 수표소지인이 이 특약에 위반하여 발행일자 이전에 제시함으로 인해서 발행인이 손해를 입은 경우에 손해배상을 청구할 수 있다.

(3) 발행일자의 의미

선일자수표의 발행일자는 지급제시기간의 기산점(수$_{29}$)·시효의 기산점(수$_{51}$)과 지급위탁 취소기간의 기산점(수$_{32}$)을 정하는 표준이 된다.

4.5.10.2. 횡선수표

4.5.10.2.1. 의 의

횡선수표란 수표의 앞면에 두 줄의 평행선을 그은 수표를 말한다. 수표는 일람출급이고 또한 소지인출급식이 일반적이므로, 이것을 분실하거나 절취당한 경우에는 악의의 소지인이 지급을 받을 위험이 있다. 이러한 점을 보완하기 위하여 제도로 횡선수표와 계산수표가 있으나 우리나라는 횡선수표만을 인정하고 있다. 횡선수표는 발행인이나 소지인이 지급인에 대하여 지급과 취득을 제한하도록 하는 것이다. 즉 수표에 횡선을 그을 수 있는 자는 발행인 또는 소지인이다(수37). 어음 소지인을 위한 일반횡선을 배제하는 특약은 유효하다 할 것이다.

☞ **계산수표**

계산수표라 함은 수표의 앞면에 계산을 위하여 또는 이와 동일한 뜻을 가진 문자를 횡서하여 현금지급을 금하고 기장방법에 의한 거래의 결제에만 사용하는 수표를 말한다. 우리 수표법은 계산수표를 인정하지 않으나, 계산수표를 인정하는 외국에서 우리나라를 지급지로 하는 계산수표를 발행하였다면 그 수표는 횡선수표와 같은 효력을 가진다(수).

4.5.10.2.2. 종류와 방식

횡선수표는 발행인 또는 소지인이 수표의 앞면에 2개의 평행선을 그은 수표로(수37②), 일반횡선수표와 특정횡선수표가 있다. 일반횡선수표는 평행선 내에 아무런 기재도 하지 아니하거나 또는 은행 또는 이와 동일한 의의가 있는 문구를 기재한 수표를 말하며, 특정횡선수표는 평행선 내에 특정한 은행명칭을 기재한 수표를 말한다(수37). 일반횡선수표를 특정횡선수표로 변경할 수 있으나, 반대로 특정횡선수표를 일반횡선수표 또는 횡선 없는 수표로 변경할 수 없다(수37). 횡선의 말소 또는 특정횡선에 있어서 지정된 은행명칭의 말소는 말소를 하지 아니한 것으로 본다(수37).

4.5.10.2.3. 효 력

(1) 지급제한의 효력

일반횡선수표의 지급인은 은행 또는 지급인의 거래처에만 지급할 수 있다(수38). 특정횡선수표의 지급인은 지정된 은행에만 또는 지정된 은행이 지급인인 경우에는 자기의 거래처에만 지급할 수 있다. 그러나 지정된 은행은 다른 은행으로 하여금 추심하게 할 수 있다($수_②^{38}$).

여러 개의 특정횡선이 있는 수표의 지급인은 이를 지급하지 못한다. 그러나 2개의 횡선이 있는 경우에 그 하나가 어음교환소에 제시하여 추심하게 하기 위한 것일 때에는 그러하지 아니하다($수_④^{38}$).

(2) 취득제한의 효력

은행은 자기의 거래처 또는 다른 은행에서만 횡선수표를 취득할 수 있다. 은행은 이외의 자를 위하여 횡선수표의 추심을 하지 못한다($수_③^{38}$).

(3) 제한위반의 효력

위의 지급제한에 관한 규정을 준수하지 아니한 지급인이나 은행은 이로 인하여 생긴 손해에 대하여 수표금액의 한도 내에서 배상할 책임을 진다($수_⑤^{38}$).

4.5.10.2.4. 횡선배제특약의 효력

횡선배제의 특약은 수표분실자 등의 이익을 위한 것인데 수표소지인이 이러한 이익을 포기하고 지급은행과 횡선수표의 배제의 특약을 하면 유효하다 할 것이다. 또한 횡선을 그을 수 있는 수표발행인이 지급은행과 횡선배제의 특약을 한 경우에는 지급은행이 횡선수표를 은행이나 거래처가 아닌 자에게 지급함으로 인해 수표발행인에게 손해가 발생하여도 지급은행은 손해배상의 책임이 없다고 할 것이다.

지급제한의 효력	취득제한의 효력	제한위반의 효력	횡선배제특약의 효력
1) 일반횡선수표 지급인은 다른 은행 또는 자기의 거래처 에만 지급할 수 있다. 2) 특정횡선수표 지정된 은행에만 지급할 수 있다. 지정된 은행이 지급인이면 자기의 거래처에 지급할 수 있다.	1) 일반횡선수표 은행은 자기의 거래처 또는 다른 은행에서만 횡선수표를 취득할 수 있다. 2) 특정횡선수표 은행은 자기의 거래처 또는 다른 은행에서만 특정횡선수표를 취득할 수 있다.	지급제한에 위반하여 횡선수표를 지급한 지급인 및 취득제한에 위반하여 횡선수표를 취득한 은행은 이로 인하여 발생한 손해에 대하여 수표금액의 한도 내에서 배상할 책임을 짐(수 제38조 3항).	횡선수표제도 및 이에 위반한 지급인의 손해배상책임 등은 모두 수표분실자 등의 이익을 보호하기 위한 것인데, 수표소지인이 이러한 이익을 포기하고 지급인과 일반횡선의 배제의 특약을 유효하게 해석하여야 할 것이다.

4.5.10.2.5. 계산수표

발행인 또는 소지인이 증권의 앞면에 '계산을 위한'의 문자 또는 이와 동일한 의의가 있는 문구를 기재하고 현금의 지급을 금지한 수표로서 외국에서 발행하여 대한민국에서 지급할 것은 일반횡선수표의 효력이 있다(수₆₅).

4.6. 기타 지급제도

4.6.1. 서 설

지급제도와 관련된 제도로는 환어음을 이용한 화환어음, 어음이나 수표 이외에 새로운 지급수단인 신용카드, 인터넷의 발달에 따른 전자어음이나 전자수표, 제3의 화폐라 할 수 있는 전자화폐 등의 논의가 있다. 이하에서는 화환어음과 전자어음에 대해서 다루기로 한다.

4.6.2. 화환어음

4.6.2.1. 화환어음

4.6.2.1.1. 화환어음의 의의

화환어음이란 격지자 간의 매매에서 상품의 매도인이 매수인을 지급인으로 하여 발행한 어음이며, 운송 중의 상품에 대하여 발행된 운송증권(선하증권 또는 화물상환증)에 의하여 그 지급 또는 인수가 담보되어 있는 환어음을 말한다. 즉 어음상의 권리가 운송 중의 물품에 의하여 담보되어 있는 환어음을 의미하고, 이를 화부환어음, 하환어음 또는 단순히 하환이라고도 한다.

4.6.2.1.2. 종 류

장소에 따라 내국화환어음과 외국화환어음, 신용장의 개입여부에 따라 신용장 있는 화환어음과 신용장 없는 화환어음, 대금결제방식에 따라 추심화환어음, 할인화환어음, 서류인도조건에 따라 지급인도화환어음(D/P, Documents gainst payment)과 인수인도화환어음(D/A, Documents against Acceptance) 등으로 나누어 볼 수 있다.

4.6.2.1.3. 화환어음의 기능 · 효능

화환어음은 격지자 간의 매매거래에 있어서 대금회수에 관한 시간적 · 공간적 장애를 극복하기 위한 방법으로 이용된다. 즉 매도인과 매수인 사이에서는 어음금의 지급과 운송 중의 상품의 인도를 동시이행의 관계에 있게 하고 매도인과 할인은행 사이에서는 상환청구권을 운송증권에 의하여 담보시키는 작용을 한다. 이에 의하여 격지 간 매매 특히, 국제간의 상품매매에 있어서 매도인은 신속히 자금을 이용할 수 있고, 동시에 매수인이 대금의 지급과 상환으로서만 상품을 취득할 수 있게 함으로써 대금불지급의 위험을 면할 수 있으며, 또 은행은 수수료를 취득하는 외에 신용제공의 수단을 찾을 수 있으므로 관계당사자의 여러 요구가 충족될 수 있다.

☞ 화환어음의 단계

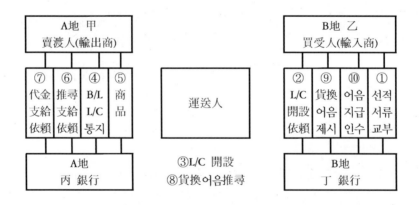

① A지의 갑이 B지의 을에게 매매계약(수출입계약)에 의하여 을에게 보내는 상품의 운송을 운송인에게 위탁하고 선하증권을 받는다.

② 갑은 을을 지급인으로 환어음을 발행하여 여기에 선하증권을 첨부시켜 할인화환어음인 경우에는 갑은 매매대금의 지급기일 전이리도 을을 지급인으로 한 환어음을

A지의 병은행으로부터 어음을 할인받고, 그 대가를 수령하면서 선하증권을 어음의 지급을 위한 담보로 병은행에 교부하거나, 추심화환어음인 경우에는 갑은 A지의 병은행에게 그 추심을 위임한다.

③ 병은행은 수령한 환어음과 선하증권을 B지의 자기의 지점이나 거래은행인 정에게 송부하여 정의 제시에 따라 을이 어음을 지급 또는 인수를 하면 동시에 을에게 선하증권을 교부하고 이로써 을은 운송인에게 선하증권을 교부하여 상품을 수령할 수 있게 된다. 을이 지급한 금액은 갑(추심화환어음인 경우)에게 혹은 병이 갑에게 할인하여 준 금액의 회수를 위하여(할인화환어음인 경우) 충당된다.

④ 을이 지급거절(인수거절)하는 경우에는 어음과 선하증권을 갑에게 반환하거나(추심화환어음) 병은 갑에게 상환청구권을 행사하든가 선하증권을 처분하여 할인대금을 회수하게 된다(할인화환어음).

4.6.2.1.4. 법적 성질

화환어음은 환어음과 똑같은 것으로서 특별한 종류의 어음이 아니므로 어음상에 화환어음이라는 특별한 명칭이나 표시가 기재되지 않는다. 운송증권과 분리되면 순수한 환어음과 다를 바 없으며 화환어음이란 명칭은 그것이 이용되는 경제적 목적에 의하여 붙여진 것에 불과하다. 법적성질에 관하여 매매설, 소비대차설, 혼합설, 무명계약설 등이 있다. 판례는 어음매매설의 입장이다.[108]

4.6.2.2. 화환어음의 법률관계

4.6.2.2.1. 매도인과 은행과의 관계

(1) 매도인과 할인은행과의 관계

매도인과 할인은행 사이에 어음할인이 이루어지고 매도인은 어음의 배서인으로서 담보책임을 지므로 매수인에 의하여 인수거절 또는 지급거절이 되면, 할인은행은 매도인에 대하여 상환청구를 할 수 있다. 이들 사이의 법률관계는 화환어음약정서(General Letter of Hypothecation)기재사항에 의하여 결정된다. 할인은행은 환어음이 부도 될 경우를 대

---

108) 大判 1984.11.15, 84다카1227.

비하여 환매특약에 기한 환매청구권을 취득하여 어음상의 상환청구권을 행사하지 않고 환매권을 행사할 수도 있다.

(2) 매도인과 추심은행과의 관계

추심화환어음의 경우에는 매도인이 은행에 대하여 환어음의 추심을 의뢰하는 동시에 어음의 지급(D/P의 경우) 또는 인수(D/A의 경우)와 상환으로 첨부된 운송증권을 지급인에게 교부할 것을 위임한다. 이 양자 간에는 위임관계가 성립되며($\substack{\text{민}\\680}$), 그들 사이의 관계는 대금추심의뢰서(Application for Collection of Bill)의 기재내용에 의하여 결정된다.

4.6.2.2.2. 매도인과 매수인과의 관계

매매계약은 특약이 없는 한 매도인과 매수인은 동시이행관계에 있게 된다. 그런데 매매대금을 화환어음으로 결제할 경우 매수인은 지급 또는 인수 등 선이행을 하게 되는 결과가 되어 불리하므로 화환어음으로 결제하려면 당사자사이에 특약이나 상관습이 있어야 할 것이다.

4.6.2.2.3. 할인은행과 추심은행과의 관계

할인은행은 추심의뢰서(Covering Letter)에 환어음과 운송증권을 첨부하여 수입지에 있는 추심은행에 송부한다. 이 경우 추심은행이 할인은행의 본지점인 때에는 화환어음의 추심의뢰는 동일법인의 내부의 사무처리에 지나지 않지만, 양자가 별개의 은행인 때에는 추심의뢰에 따라 양자 간에는 위임관계가 성립한다.

4.6.2.2.4. 추심은행과 매수인과의 관계

추심은행과 매수인 사이에는 원래 아무런 계약관계도 없으나, 추심은행은 매도인과의 위임계약(추심은행이 할인은행의 본지점인 경우)에 따라서 또는 추심은행과의 복임관계에 따라서(양자가 별개은행인 경우), 매도인의 이행 보조자로서 매수인에게 운송증권을 교부하고 이와 상환으로 환어음의 지급 또는 인수를 받게 된다. 매수인이 추심은행에 어음금을 지급하면 매도인에 대한 매매대금채무는 이행된 것으로 보고, 동시에 매도인의 할인은행에 대한 어음상의 상환채무 및 소비대차상의 차용금채무도 소멸하고, 할인은행의 담보권도 소멸하게 된다. 단, 인수인도(D/A)의 경우에는 할인은행의 담보권은 어음의 지급이 아니라 어음의 인수와 상환으로 매수인이 운송증권을 취득한 때에 소멸한다.

4.6.2.3. **상업신용장**

4.6.2.3.1. 신용장의 의의

(1) 신용장의 개념

신용장이란 국제간의 무역거래에 있어서 대금결제의 원활함을 기하기 위하여 수입업자(신용장개설의뢰인)의 요청과 지시에 따라 신용장개설은행이 신용장의 제 조건과 일치하는 서류와 상환으로(조건부) 수입업자를 대신하여 수출업자(수익자), 어음매입은행 및 선의의 어음 소지인에게 어음의 지급 또는 인수를 보증하는(지급확약) 서장(書狀)이다.

(2) 신용장의 특성

1) 신용장거래의 독립·추상성

신용장에 의한 거래는 기본계약과는 별개의 독립된 거래로서 기본계약에 의하여 구속을 받지 않는 독립성이 있으며, 신용장에 의한 거래는 상품거래를 하는 것이 아니고 서류상의 거래이므로 추상성을 갖는다.

2) 엄격일치의 원칙

신용장은 서류상의 거래이므로 은행은 제출된 모든 서류가 문면상 신용장 조건과 일치하는지 여부를 엄격히 심사한다. 그러나 자구 하나도 틀리지 않고 완전히 일치하여야 한다는 뜻은 아니며 문면상 경미한 차이가 있는 경우에도 신용장 조건 일치하는 것으로 볼 수 있다(판례).

(3) 신용장의 경제적 기능

신용장은 개설은행이 매도인에 대하여 매매대금의 지급을 담보하는 기능(담보기능)과 화환신용장은 매도인으로 하여금 쉽게 은행으로부터 화환어음을 할인 받아 매매대금을 지급받은 것과 동일한 효과를 거두는 기능(신용기능·지급기능)을 갖는다.

4.6.2.3.2. 종 류

신용장에는 크게 취소불능 신용장과 취소가능 신용장으로 구분된다. 취소불능 신용장은 개설은행이 수익자와 신용장에 의거하여 체결된 어음 및 운송서류의 선의의 소지자에 대하여 신용장에 의거하여 발행된 어음 및 운송서류가 신용장조건에 일치하는 한, 신용장에 명시된 지급·인수 또는 매입을 틀림없이 이행하겠다는 법적 구속력이 있는 개설은행의 확약이다. 취소가능 신용장은 개설은행과 수익자와의 사이에 법률적으로 구속력이 있는 약정은 아니다. 따라서 신용장 개설은행이 수익자에게 사전에 아무런 통지 없이 언제나 일방적으로 신용장을 취소하거나 그 조건을 변경할 수 있다.

4.6.2.3.3. 신용장 거래당사자 간의 법률관계

신용장 거래의 당사자 중 기본당사자에는 개설은행(issuing bank), 확인은행(confirming bank), 수익자(beneficiary)가 있고, 기타 당사자로는 신용장개설의뢰인(applicant for the credit), 통지은행(advising bank, notifying bank, transmitting bank), 매입은행(negotiating bank), 지급은행(Paying bank), 인수은행(accepting bank), 결제은행/상환은행(settling bank/reimbursing bank) 등이 있다.

신용장의 결제통화가 수입국이나 수출국의 통화가 아닌 제3국의 통화일 경우는 제3국에 소재하는 개설은행의 예치환거래은행(depositary bank)이 신용장조건에 의해서 대금을 결제하게 되는데 이 은행을 결제은행이라 한다.

4.6.2.3.4. 신용장당사자 간의 법률관계

신용장거래에 있어서는 매도인, 매수인, 은행의 3당사자가 있기 때문에 신용장거래의 법률관계는 3가지로 형성된다. 첫째는 매도인과 매수인 사이에 매매계약 관계가 성립하고, 둘째는 매수인과 신용장 발행은행 사이의 자금관계, 셋째로는 신용장 발행은행의 매수인에 대한 신용장의 발행의무이다.

☞ 신용장거래의 법률관계

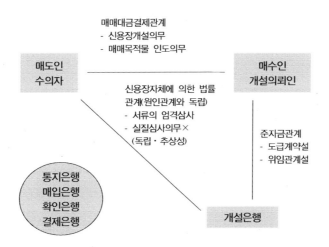

4.7. 새로운 지급제도

4.7.1. B2B 결제제도

4.7.1.1. 어음제도의 폐해론 및 B2B 결제제도 현황

4.7.1.1.1. 어음제도의 주요 폐해

(1) 중소기업의 금융비용 부담 가중

기업 간 결제에 있어서 어음으로 결제되는 경우 납품업자인 중소기업은 어음의 발행자인 대기업에 비해 교섭력의 부족 등으로 인하여 결제기간의 장기화 및 어음할인에 애로를 겪는 등 금융비용 부담이 가중될 수 있다.

(2) 연쇄부도 유발 가능성

어음의 배서가 제한 없이 이루어짐으로써 배서의 연속성으로 인한 관련 기업이 많을수록 한 기업의 자금난이 연쇄적인 지급불능 사태를 유발함으로써 연쇄부도를 초래할 수 있다.

(3) 어음의 남발에 따른 사회적 폐해 및 도덕적 해이 유발

어음발행 시에 어음발행자의 현금 등을 담보하지 않는 어음의 특성상 자금력이 부족함에도 불구하고 결제능력을 초과하여 어음을 발행함으로써 선의의 피해자가 발생할 수 있

고, 수표와는 달리 부도의 경우에도 형사책임을 지지 않음으로써 어음발행자의 도덕적 해이가 발생될 수 있다.

4.7.1.1.2. 기업 간(B2B) 결제제도

(1) 기업 간(B2B) 결제제도 현황

어음의 폐해로 인한 어음이용을 억제하기 위하여 어음을 대신할 기업 간 결제수단이 금융 유관기관을 중심으로 개발되어 왔다. 이러한 B2B(Business to Business) 결제수단으로는 기업구매자금대출제도(2000.5, 한국은행), 기업구매자금대출 및 구매전용카드(2000.10, 재정경제부), 전자방식 외상매출채권담보대출(2001.2, 한국은행), 기업구매금융(2001.7, 재정경제부 등) 등이 있다.

이들 기업 간 결제수단의 특징은 어음제도의 폐해가 주로 결제과정에서 납품업자의 리스크 관리 측면에서 발생하는바, 납품업자보다는 구매업자에게 리스크를 전가함으로써 어음의 연쇄부도 등을 방지하고자 하는 것이다.

(2) 기업구매자금대출

구매자금금융(기업구매자금대출) 제도는 자금수요가 있는 구매기업이 자금을 융자받아 판매기업에 현금으로 결제할 수 있도록 하는 금융·결제수단으로 판매기업은 주거래은행을 통하여 전자적인 방법으로 구매기업으로부터 물품대금을 추심하게 된다.

(3) 기업구매전용카드

기업구매전용카드 제도는 납품대금을 신용카드로 결제하고 판매기업은 구매기업의 지급대행은행(카드사)으로부터 동 대금을 수취한다. 동 제도는 구매기업이 납품대금을 카드로 결제함으로써 납품기업의 현금화를 보장하며, 구매기업에게는 세제 등의 인센티브를 제공함으로써 제도의 활성화를 유도하고 있다.

(4) 전자외상매출채권(전자채권)

전자외상매출채권(전자채권)이란 기업들이 은행과 약정을 맺은 후 구매업체가 외상매출채권(전자증서)을 발행해 납품업체에게 대금을 지급하는 방식의 결제수단으로 판매기업은 동 채권을 만기까지 보유하거나 만기 전에 이를 담보로 거래은행으로부터 대출을 받아 현금화하는 제도이다.

4.7.1.2. 전자어음·수표의 세계적 현황

전자어음·수표의 시현은 우리 입법례처럼 별도의 전자어음관리기관을 두고 발행 및 권리행사 그리고 소멸에 이르기까지 전자화하고 있는 입법례는 드물다. 대부분의 입법례에서는 실물의 어음·수표를 전자적으로 처리하여 교환의 편의를 위한 방식으로 부분적으로 도입하고 있는 경우가 대부분이다.

4.7.1.3. 전자어음법의 제정경과

4.7.1.3.1. 전자어음법의 제정경과

민주당의 '전자거래활성화를 위한 법령정비 정책기획단' 산하 '전자결제분과위원회'는 2001년 9월 7일 재정경제부, 금감위, 법무부 및 한국은행 등이 참석한 가운데 당정협의회를 개최하였고 참석기관 대부분은 전자어음제도의 도입에 대해 회의적 의견을 표명하였으나 "전자어음의발행및유통에관한법률안(이하 전자어음법, 약어 전어)"을 입안하였다.

조재환 의원을 중심으로 "전자어음의발행및유통에관한법률안"이 2001년 11월 29일 국회에 발의되었고, 2002년 1월 국회 법제사법위원회에서 관련 소위인 재경위 및 기관 앞 의견 조회하였고, 재경부와 금감위에서는 법사위에 반대 의견을, 산업자원부, 전경련, 대한상공회의소 등에서는 찬성 의견을 전달하였다. 의견을 수렴하여 2004년 3월 22일 전자어음법안이 국회를 통과하였고 2005년 1월 1일부터 시행되어 오고 있다.

전자어음법은 전자적 방식으로 약속어음을 발행·유통하고 어음상의 권리를 행사할 수 있도록 함으로써 국민경제의 향상에 이바지함을 목적으로 한다($^{전어}_1$)

4.7.1.3.2. 전자어음의 도입에 관한 찬반논의

(1) 부정적 입장

전자어음의 도입에 대해 정부는 어음의 폐해 때문에 어음의 사용을 줄이려고 하는 노력과 상치된다는 점에서 부정적인 입장을 보이고 있다. 금융관련 기관들도 대체로 부정적인 입장으로 그동안 어음을 대체하기 위한 B2B 결제수단을 장려해왔다.

(2) 긍정적 입장

전자어음 도입의 찬성은 주로 학계와 정치권의 입장으로 학계는 어음의 폐해가 있다고
는 하나 그것은 운용상의 문제에 불과하고 어음의 폐해 때문에 어음제도 자체를 폐지하
자는 것은 이치에 맞지 않는다고 주장하고 있다.

4.7.2. 전자어음법의 내용

4.7.2.1. 전자어음의 법적 지위

"전자어음"이라 함은 전자문서로 작성되고 전자어음관리기관에 등록된 약속어음을 말
한다($^{전어}_{2 ii}$). "전자문서"란 「전자문서 및 전자거래 기본법」 제2조제1호에 따라 정보처리시
스템에 의하여 전자적 형태로 작성, 송신·수신 또는 저장된 정보를 말한다($^{전어}_{2 i}$). 따라서
"전자문서"라 함은 정보처리시스템에 의하여 전자적 형태로 작성, 송신·수신 또는 저장
된 정보를 말하며, "정보처리시스템"이라 함은 전자문서의 작성, 송신·수신 또는 저장
을 위하여 이용되는 정보처리능력을 가진 전자적 장치 또는 체계를 말한다. "전자어음관
리기관"이란 제3조제1항에 따라 법무부장관의 지정을 받은 기관을 말한다($^{전어}_{2 iv}$).

전자어음은 약속어음을 전자적으로 바꾸어 놓은 것에 불과한 것으로 약속어음 및 환어
음에 이은 제3의 어음이 아니라 기존의 어음과 병행 사용된다. 따라서 전자어음에 관하
여 전자어음법에 규정이 있는 경우를 제외하고는 어음법이 정하는 바에 의한다($^{전어}_{4}$). 따
라서 전자어음법은 어음법을 기본법으로 하고 전자어음에 관한 특례만을 별도로 규정화
하는 형식을 취하고 있다.

4.7.2.2. 전자어음관리기관의 지정 및 역할

4.7.2.2.1. 전자어음관리기관의 지정요건

법무부 장관은 전자어음의 신용도 및 신뢰성을 제고하기 위하여 어음의 유통과정을 기록·관리하는 "전자어음관리기관"을 지정하여 운영하도록 하고 있다($^{전어}_{3①}$). 지정요건으로는 전자어음관리기관은 ①「민법」제32조에 따라 설립된 법인 또는「상법」에 따라 설립된 주식회사일 것 ② 기술능력·재정능력·시설 및 장비 등을 갖출 것($^{전어시}_{12}$) 등이다($^{전어}_{3②}$). 그 밖에 구체적인 전자어음관리기관의 지정절차 그 밖에 필요한 사항은 대통령령으로 정하도록 하고 있다($^{전어}_{3③}$).

4.7.2.2.2. 전자어음관리기관의 지정절차

관리기관으로 지정받고자 하는 자는 정관, 기술능력·재정능력·시설 및 장비 그 밖의 필요한 사항을 갖추었음을 확인할 수 있는 증빙서류, 사업계획서 등을 갖추어 법무부 장관에게 신청하여야 한다($^{전어시}_{4①}$). 법무부장관은 관리기관 지정을 위한 심사를 함에 있어서 필요하다고 인정하는 때에는 신청인에게 자료의 제출을 요구하거나 신청인의 의견을 들을 수 있으며($^{전어시}_{4②}$), 관리기관을 지정한 때에는 법무부령이 정하는 바에 따라 지정서를 발급하고 지정내용과 그 사실을 고시하여야 한다($^{전어시}_{4③}$).

4.7.2.3. 어음행위(발행·지급제시·지급거절·상환청구)의 전자화

전자어음에 배서(背書) 또는 보증을 하거나 전자어음의 권리를 행사하는 것은 이 법에 따른 전자문서로만 할 수 있다($^{전어}_{5④}$).

4.7.2.3.1. 전자어음의 발행

(1) 전자어음 발행을 위한 전자어음관리관에의 등록

전자어음을 발행하려는 자는 그 전자어음을 전자어음관리기관에 등록하여야 한다($^{전어}_{5①}$). 전자어음을 발행하고자 하는 경우에 전자어음관리기관은 해당 전자어음의 지급을 청구할 금융기관이나 신용조사기관 등의 의견을 참고하여 전자어음의 등록을 거부하거나 전자어음의 연간 총발행금액 등을 제한할 수 있다($^{전어}_{5~②}$). "금융기관"이란 「은행법」에 따른 은행 및 이에 준하는 업무를 수행하는 금융기관으로 대통령령으로 정하는 기관을 말한다($^{전어}_{2~vi}$). 이 경우 관리기관은 신용평가기관 또는 당좌예금계약을 체결한 금융기관의 전자어음 발행한도에 관한 의견 및 발행인의 연간 매출액·자본금·신용도·당좌거래실적 등을 종합하여 전자어음 발행한도를 제한할 수 있다($^{전어시}_{~②}$).

발행한도에 대해서는 그 도입여부에 대해 사적자치의 원칙상 한도 도입은 무리라는 견해가 있었지만 어음의 폐해 등을 염려한 정부쪽의 발행한도 도입주장으로 도입하게 되었다. 이는 전자어음관리기관에 발행인의 정보가 집중됨으로써 발행인의 신용에 따라 발행한도를 제한함으로써 어음의 선의피해자를 방지할 수 있다는 장점이 있는 반면에 종이어음이 있는 한 그 효과가 불완전할 수밖에 없고, 전자어음관리기관의 자의적 판단 등에 의해 지나친 사적자치의 제한은 보완하여야 할 문제점이라 할 것이다.

관리기관은 ① 관리기관 또는 어음교환소로부터 거래정지처분(관리기관이 새로 전자어음을 발행하려는 자의 전자어음 등록을 거부하거나 이미 등록한 발행인의 전자어음 발행을 금지하는 처분을 말한다. 이하 같다)을 받고 거래정지 중에 있는 자 ② 법 또는 이 영과 「어음법」에 위반되는 행위를 한 자 ③ 그 밖에 금융기관과의 거래에 관하여 신용을 훼손하는 행위를 한 자로서 법무부령으로 정하는 자에 대하여는 전자어음의 발행을 위한 등록을 거부할 수 있다($^{전어시}_{5~③}$).

전자어음관리기관의 전자어음 등록에 관한 절차·방법 그 밖에 필요한 사항은 대통령령으로 정하도록 하고 있다($^{전어}_{5~①~}$$^{5~③,~전어시}_{~7~②}$).

(2) 전자어음의 발행

전자어음의 발행시 전자어음에 약속어음의 필요기재사항 중 ① 증권의 본문중에 그 증권의 작성에 사용하는 국어로 약속어음임을 표시하는 문자 ② 일정한 금액을 지급할 뜻의 무조건의 약속 ③ 만기의 표시 ④ 지급을 받을 자 또는 지급을 받을 자를 지시할 자의 명칭 ⑤ 발행일과 발행지($^{전어}_{6~i}$)와 추가로 ⑥ 전자어음의 지급을 청구할 금융기관 ⑦ 전자어음의 동일성을 표시하는 정보 ⑧ 사업자고유정보 등을 기재하여야 한다($^{전어~6}_{ii,~iii,~iv}$). "사업자고유정보"라 함은 전자어음과 관련된 당사자의 상호나 사업자등록번호, 회원번호, 법인등록번호 또는 주민등록번호 등 사업자를 식별할 수 있는 정보를 말한다($^{전어}_{2~v}$).

발행인이 전자어음에 공인전자서명을 한 경우에는 발행인($_{\text{viii}}^{\text{의 }75}$)의 기명날인 또는 서명이 있는 것으로 본다($_{6③}^{전의}$). "공인전자서명"이란 「전자서명법」 제2조제3호에 따른 정보를 말한다($_{2 \text{iii}}^{전의}$).

따라서 약속어음 발행시 필요기재사항 7가지 이외에도 추가로 전자어음의 동일성을 표시하는 정보와 사업자 고유정보가 추가로 필요하다. 전자어음의 동일성을 유지하도록 관리기관은 이용자가 사용할 전자어음에 관하여 동일한 양식을 정하여야 하며($_{8①}^{전의시}$), 전자어음에는 복본이나 사본의 제작이 불가능한 장치를 하여야 하며, 발행・배서된 때에는 발행인 또는 배서인의 정보처리조직에는 전자어음이 소멸하거나 전자어음에 이미 발행 또는 배서되었음을 표시하는 문언이 기재되도록 하여야 한다($_{8②}^{전의시}$). 그리고 전자어음의 소지인이 지급 제시를 위하여 법 제9조에 따라 전자어음을 지급금융기관에 송신하는 경우에는 전자어음 소지인의 정보처리조직에서는 전자어음이 소멸하지 아니하고, 지급금융기관에 송부된 전자어음에는 지급 제시를 위한 것임을 표시하는 문언이 기재되도록 하여야 한다($_{8③}^{전의시}$). 또한 전자어음에 첨부할 전자문서 및 지급거절 전자문서를 전자어음과 일체가 된 문서로 하고 전자어음과 분리할 수 없도록 하여야 한다($_{8④}^{전의시}$).

발행인이 타인에게 「전자문서 및 전자거래 기본법」 제6조제1항에 따라 전자어음을 송신하고 그 타인이 같은 조 제2항에 따라 수신한 때에 전자어음을 발행한 것으로 본다($_{6④}^{전의}$). 즉 발행인이 전자어음을 타인 또는 그 대리인이 당해 전자문서를 수신할 수 있는 정보처리시스템에 입력하고 그 타인이 전자어음을 수신할 정보처리시스템을 지정한 경우에는 지정된 정보처리시스템에 입력된 때 다만, 전자문서가 지정된 정보처리시스템이 아닌 정보처리시스템에 입력된 경우에는 수신자가 이를 출력한 때와 수신자가 전자문서를 수신할 정보처리시스템을 지정하지 아니한 경우에는 수신자가 관리하는 정보처리시스템에 입력된 때에 수신된 것으로 보며 이때에 전자어음을 발행한 것으로 본다.

전자어음의 만기는 발행일로부터 1년을 초과할 수 없으며($_{6⑤}^{전의}$), 백지어음은 전자어음으로 발행할 수 없다($_{6⑥}^{전의}$).

(3) 전자어음의 이용

「주식회사의 외부감사에 관한 법률」 제2조에 따른 외부감사대상 주식회사는 약속어음을 발행할 경우 전자어음으로 발행하여야 한다($_{6의2}^{전의}$).

4.7.2.3.2. 전자어음의 배서

전자어음에 배서를 하는 경우에는 전자어음에 배서의 뜻을 기재한 전자문서(배서전자문서)를 첨부하여야 한다(전7①). 배서전자문서에는 전자어음의 동일성을 표시하는 정보를 기재하여야 한다(전7②). 배서인이 타인에게 전자적 방법으로 전자어음과 배서전자문서를 송신하고 그 타인이 전자적 방법으로 수신한 때에 배서 및 교부를 한 것으로 본다(전7③). 피배서인(被背書人)이 다시 배서를 하는 경우에는 이전에 작성된 배서전자문서를 전자어음에 전부 첨부하고 배서의 뜻을 기재한 전자문서로 배서를 하여야 한다(전7④). 전자어음의 총 배서회수는 20회를 초과할 수 없으며(전7⑤), 배서인이 전자어음에 공인전자서명을 한 경우에는 배서인의 기명날인 또는 서명이 있는 것으로 본다(전7⑥).

4.7.2.3.3. 전자어음의 보증

전자어음에 보증하는 자는 전자어음에 보증의 뜻을 기재한 전자문서를 첨부하여야 한다(전8①). 공인전자서명의 기명날인 또는 서명으로서의 효과, 전자문서의 송수신, 전자어음의 동일성에 관한 규정(제6조 제3항·제4항 및 제7조 제2항)은 전자어음의 보증에 이를 준용한다. 이 경우 "발행인"은 이를 "보증인"으로, "발행"은 이를 "보증"으로 본다(전8②).

4.7.2.3.4. 지급제시

전자어음의 소지인이 전자어음 및 전자어음의 배서에 관한 전자문서를 첨부하여 지급청구의 뜻이 기재된 전자문서를 지급을 청구할 금융기관에 송신하고 그 금융기관이 수신한 때에는 지급을 위한 제시를 한 것으로 본다. 다만, 전자어음관리기관에 대한 전자어음의 제시는 지급을 위한 제시와 같은 효력이 있으며 전자어음관리기관이 운영하는 정보처리 조직에 의하여 전자어음의 만기일 이전에 자동으로 지급 제시되도록 할 수 있다(전9①). 물론 지급제시를 위한 송신과 수신의 시기는 「전자문서 및 전자거래 기본법」 제6조 제1항 및 제2항에 따른다(전9②).

지급제시를 하는 소지인은 지급청구의 뜻이 기재된 전자문서에 어음금을 수령할 금융기관의 계좌를 기재하여야 한다(전9③). 지급제시를 받은 금융기관이 어음금을 지급할 때에는 전자어음관리기관에 지급사실을 통지하여야 한다. 다만, 전자어음관리기관에서 운영하는 정보처리조직에 의하여 지급이 완료된 경우에는 그러하지 아니하다(전9④). 이 경우 관리기관은 어음금을 수령하는 금융기관이 어음금을 수령하는 동시에 소지인이 보관하는 전자어음에 지급이 이루어졌음을 표시하는 문구가 기재되도록 장치하여야 한다($_9^{전어시}$①). 그리고 관리기관은 지급이 이루어졌음을 표시하는 문구가 기재된 전자어음을 발행인에게 송신하여야 한다($_9^{전어시}$②).

4.7.2.3.5. 지급거절

지급제시를 받은 금융기관이 지급을 거절할 때에는 전자문서(지급거절 전자문서)로 하여야 한다($_{12}^{전어}$①). 지급거절 전자문서는 지급제시를 위하여 송신되는 전자어음의 여백에 지급이 거절되었음을 표시하는 문구를 기재하는 방식으로 작성하거나 전자어음의 일부가 되는 별도의 문서로 작성하여야 한다($_{10}^{전어시}$①).

지급거절 전자문서를 전자어음관리기관에 통보하고 동 기관이 이를 확인한 경우 동 전자문서를 어음법 제44조제1항의 규정에 의한 공정증서로 본다($_{12}^{전어}$②). 이 경우 지급거절 전자문서를 통보받은 경우에는 전자어음 소지인이 적법하게 금융기관에 지급을 위한 제시를 하였는지를 확인하여야 하며, 지급거절을 확인한 경우에는 지급제시를 위한 전자어음의 여백에 지급거절을 확인하였음을 표시하는 문구를 기재한 후 당해 전자어음을 즉시 소지인에게 송신하여야 한다($_{10}^{전어시}$②). 관리기관은 지급거절된 지급 제시용 전자어음을 소지인에게 송신한 때에는 소지인이 보관하는 전자어음의 원본이 소멸되도록 하여야 한다. 이 경우 지급거절된 지급 제시용 전자어음을 어음의 원본으로 본다($_{10}^{전어시}$③).

전자어음의 소지인이 지급거절 전자문서를 수신한 날을 공정증서의 작성일로 본다($_{12}^{전어}$③).지급거절 전자문서의 확인 방법 및 절차 그 밖에 필요한 사항은 대통령령으로 정한다($_{12}^{전어}$④).

4.7.2.3.6. 상환청구

전자어음의 소지인이 상환청구할 때에는 전자어음과 배서전자문서, 지급거절 전자문서를 첨부하여 상환청구의 뜻을 기재한 전자문서를 상환청구의무자에게 송신하여야 한다($_{13}^{전어}$①). 상환청구의무자가 상환청구금액을 지급한 때에는 전자어음관리기관에 지급사실을 통지하여야 한다($_{13}^{전어}$②). 이 통지가 있으면 상환청구의무자가 전자어음을 환수한 것으로 본다($_{13}^{전어}$③). 상환청구인은 상환청구의 뜻이 기재된 전자문서에 어음금을 수령힐 금융기관의 계좌를 기재하여야 한다(전어 13 ④).

4.7.2.3.7. 어음의 반환 · 수령거부

전자어음을 발행하거나 배서한 자가 착오 등을 이유로 전자어음을 반환받으려면 그 소지인으로 하여금 전자어음관리기관에 반환 의사를 통지하게 하여야 한다(전어 14 ①). 이 통지를 하면 전자어음은 발행되거나 배서되지 아니한 것으로 보며, 전자어음관리기관은 그 전자어음의 발행 또는 배서에 관한 기록을 말소하여야 한다(전어 14 ②). 전자어음의 소지인이 법무부령이 정하는 전자어음의 반환 양식을 기입하고 공인전자서명을 하여 관리기관에 통지한 경우 관리기관은 당해 전자어음의 발행 또는 배서에 관한 기록을 말소하여야 한다(전어시 11 ①).

전자어음의 수신자는 전자어음의 수령을 거부하려면 전자어음관리기관에 수령 거부 의사를 통지하여야 한다. 수령 거부 의사를 통지한 경우에는 수신자가 전자어음을 수령하지 아니한 것으로 보며, 전자어음관리기관은 수신자가 청구할 경우 그 수신자가 전자어음의 수령을 거부한 사실을 증명하는 문서를 발급하여야 한다(전어 14 ③).

4.7.2.4. 전자어음거래의 안전성 확보 및 이용자 보호

4.7.2.4.1. 안전성 확보의무

전자어음관리기관은 전자어음 거래의 안전을 확보하고 지급의 확실성을 보장할 수 있도록 전자어음거래의 전자적 전송 · 처리를 위한 인력, 시설, 전자적 장치 등에 관하여 대통령령으로 정하는 기준을 준수하여야 한다(전어 15, 구체적인 기준에 대해서는 전어시 12 ②, 3 참조).

4.7.2.4.2. 전자어음거래 기록의 생성 및 보존

전자어음관리기관은 ① 전자어음의 발행, 배서, 보증 및 권리행사 등을 할 때에 그 기관의 전자정보처리 조직을 통하여 이루어지도록 하는 조치 ② 전자어음별로 발행인과 배서인에 관한 기록, 전자어음 소지인의 변동사항 및 그 전자어음의 권리행사에 관한 기록의 보존 ③ 전자어음거래를 추적 · 검색하고 오류가 발생할 경우 그 오류를 확인 · 정정할 수 있는 기록의 생성 및 보존 등의 업무를 수행하여야 한다(전어 16 ①). 전자어음관리기관이 보존하여야 하는 기록의 종류와 방법 및 보존기간은 대통령령으로 정한다(전어 16 ②, 전어시 13 참조).

4.7.2.4.3. 전자어음거래 정보의 제공 등

전자어음관리기관은 이용자의 신청이 있는 경우에는 대통령령이 정하는 바에 따라 해당 전자어음 관련 발행상황 및 잔액 등의 결제정보를 제공하여야 한다(전어 17 ①).

전자어음거래와 관련하여 업무상 ① 이용자의 신상에 관한 사항 ② 이용자의 거래계좌 및 전자어음거래 내용과 실적에 관한 정보 또는 자료에 해당하는 사항을 알게 된 자는 이용자의 동의를 얻지 아니하고 이를 타인에게 제공하거나 누설하여서는 아니 된다. 다만, 금융실명거래및비밀보장에관한법률 제4조제1항 단서의 규정에 의한 경우와 그밖에 법률에 정한 경우에는 그러하지 아니하다(전어 17 ②).

전자어음관리기관은 건전한 전자어음 발행·유통과 선의의 거래자 보호를 위하여 대통령령이 정하는 경우에는 법무부장관의 사전승인을 받아 발행상황 및 잔액 등의 결제정보 및 이용자의 신상에 관한 사항 및 이용자의 거래계좌 및 전자어음거래 내용과 실적에 관한 정보 또는 자료 등을 공개할 수 있다(전어 17 ③).

중앙관리기구가 전자어음의 거래정보를 집중·관리하고, 필요에 따라 정보의 제공 내지 공개를 하는 경우에는 어음의 무인성, 인적 항변의 절단, 선의취득의 인정 곤란 등 어음의 유통성이 저해되는 결과를 초래할 우려가 높다고 판단되며, 전자어음거래 관련정보의 제공 및 공개로 인하여 해당 기업의 영업의 자유, 재산권 및 사생활의 비밀과 자유 등 헌법상 보장된 기본권이 침해당할 수도 있다. 따라서 어음거래 관련 정보의 제공 내지 공개에 일정부분 제한을 가하거나, 신용정보의이용및보호에관한법률 내지 금융실명거래및비밀보장에관한법률에 준하여 기업거래정보를 보호하는 방안을 강구할 필요가 있다.

4.7.2.4.4. 약관의 명시·통지 등

전자어음관리기관은 전자어음을 등록할 때에 이용자에게 전자어음거래에 관한 약관을 구체적으로 밝히고, 이용자가 요청하는 경우에는 대통령령으로 정하는 바에 따라 그 약관을 발급하고 내용을 설명하여야 한다(전어 18 ①). 전자어음관리기관은 전자어음거래에 관한 약관을 제정하거나 변경하려면 법무부장관의 승인을 받아야 한다. 다만, 약관의 변경으로 인하여 이용자의 권익이나 의무에 불리한 영향이 없다고 법무부장관이 정하는 경우에는 변경 후 10일 이내에 법무부장관에게 통보하여야 한다(전어 18 ②).

4.7.2.4.5. 이의제기와 분쟁처리

전자어음관리기관은 대통령령으로 정하는 바에 따라 전자어음거래와 관련하여 이용자가 제기하는 정당한 의견이나 불만을 반영하고, 이용자가 전자어음거래에서 입은 손해를 배상하기 위한 절차를 마련하여야 한다(전어 19 ①). 전자어음관리기관은 전자어음 등록시 위구체적으로 밝혀야 한다(전어 19 ②).

4.7.2.5. **전자어음관리업무의 감독**

4.7.2.5.1. 전자어음관리기관에 대한 감독

(1) 전자어음관리기관에 대한 감독

법무부장관은 전자어음관리기관에 대하여 이 법 또는 이 법에 의한 명령의 준수여부를 감독한다(전어 20 ①). 법무부장관은 감독을 위하여 필요한 때에는 전자어음관리기관에 대하여 그 업무에 관한 보고를 하게 하거나 대통령령이 정하는 바에 따라 전자어음관리기관의 전자어음관리업무에 관한 시설, 장비, 서류 그 밖의 물건을 검사할 수 있다(전어 20 ②). 법무부장관은 전자어음제도의 원활한 운영 및 이용자 보호 등을 위하여 필요한 때에는 전자어음관리기관에게 이용자의 전자어음거래정보 등 필요한 자료의 제출을 명할 수 있다(전어 20 ③).

법무부장관은 전자어음 관리업무의 감독에 대해 필요한 경우 금융감독위위원회에 협의를 요청하거나 대통령이 정하는 바에 따라 그 권한의 일부를 위임 또는 위탁할 수 있다(전어 20 ⑤).

(2) 전자어음관리기관에 대한 시정조치

법무부장관은 전자어음관리기관이 이 법 또는 이 법에 의한 명령을 위반하여 전자어음제도의 건전한 운영을 해하거나 이용자의 권익을 침해할 우려가 있다고 인정되는 경우에는 다음 에 해당하는 조치를 할 수 있다(전어 20 ④).

① 당해 위반행위에 대한 시정명령
② 전자어음관리기관에 대한 주의・경고 또는 그 임・직원에 대한 주의・경고 및 문책의 요구
③ 전자어음관리기관 임원의 해임권고 또는 직무정지의 요구

4.7.2.5.2. 전자어음관리기관에 대한 검사

법무부장관은 전자어음 관리업무의 검사와 관련하여 필요한 경우 금감위에 협의를 요청하거나 대통령이 정하는 바에 따라 그 권한의 일부를 위임 또는 위탁할 수 있다 (전어 20 ⑤, 검사항목에 대해서는 전어시 18 참조).

4.7.2.5.3. 지정의 취소

법무부장관은 전자어음관리기관이 다음 각 호에 해당하는 때에는 전자어음관리기관 지정을 취소할 수 있다(전어 21 ①).

① 거짓이나 그 밖의 부정한 방법으로 제3조에 따른 전자어음관리기관으로 지정받은 경우

② 정당한 사유 없이 1년 이상 계속하여 영업을 하지 아니한 경우

③ 법인의 합병·파산·폐업 등으로 사실상 영업을 종료한 경우

전자어음관리기관은 지정이 취소된 경우에도 그 취소처분이 있기 전에 한 전자어음거래의 지급을 위한 업무를 계속하여 할 수 있다(전어 21 ②). 법무부장관은 지정을 취소하고자 하는 경우에는 청문을 실시하여야 하며 지정을 취소한 경우에는 지체 없이 그 내용을 관보에 공고하고 컴퓨터통신 등을 이용하여 일반인에게 알려야 한다(전어 21 ③).

4.7.2.6. 벌 칙

4.7.2.6.1. 5년 이하의 징역 또는 1억 원 이하의 벌금

제3조에 따른 전자어음관리기관으로 지정받지 아니하고 전자어음관리 업무를 한 자는 5년 이하의 징역 또는 1억 원 이하의 벌금에 처한다(전어 22 ①).

4.7.2.6.2. 3년 이하의 징역 또는 5천만 원 이하의 벌금

다음 각 호에 해당하는 자는 3년 이하의 징역 또는 5천만 원 이하의 벌금에 처한다(전어 22 ②).

① 제5조제1항을 위반하여 전자어음관리기관에 등록하지 아니하고 전자어음을 발행한 자

② 제17조제2항을 위반하여 전자어음거래 정보를 제공한 자

4.7.2.6.3. 1년 이하의 징역 또는 3천만 원 이하의 벌금

제20조제2항에 따른 검사를 기피하거나 방해한 자는 1년 이하의 징역 또는 3천만 원 이하의 벌금에 처한다(전어 $^{전어}_{22}$ ③).

4.7.2.6.4. 유가증권에 관한 죄

전자어음은 「형법」 제214조부터 제217조까지 규정된 죄의 유가증권으로 보아 그 유가증권에 관한 죄에 대한 각 조문의 형으로 처벌한다($^{전어}_{22}$ ④).

4.7.2.6.5. 과태료

다음 각 호에 해당하는 자에게는 1천만 원 이하의 과태료를 부과한다($^{전어}_{23}$ ①).

① 제15조에 따른 안전성 기준을 위반한 자

② 제20조제3항에 따른 자료제출 명령에 대하여 정당한 사유 없이 자료를 제출하지 아니하거나 거짓된 자료를 제출한 자

다음 각 호의 1에 해당하는 자는 500만 원 이하의 과태료에 처한다($^{전어}_{23}$ ②).

① 제6조의2에 따른 전자어음 이용의무를 위반한 자

② 제16조제1항제2호 및 제3호에 따른 전자어음거래 기록의 보존 의무를 위반한 자

③ 제17조제1항에 따른 신청에 대하여 정당한 사유 없이 결제 정보를 제공하지 아니한 자

④ 제18조제1항에 따른 약관의 설명 의무를 위반한 자

⑤ 제18조제2항에 따른 승인을 받지 아니하거나 통보를 하지 아니한 자

위 과태료는 대통령령으로 정하는 바에 따라 법무부장관이 부과·징수한다($^{전어}_{23}$ ③).

4.7.2.6.6. 전자어음관리기관의 금융기관 간주

전자어음관리기관은 특정경제범죄가중처벌등에관한법률 제2조의 규정에 의한 금융기관으로 본다($^{전어}_{24}$).

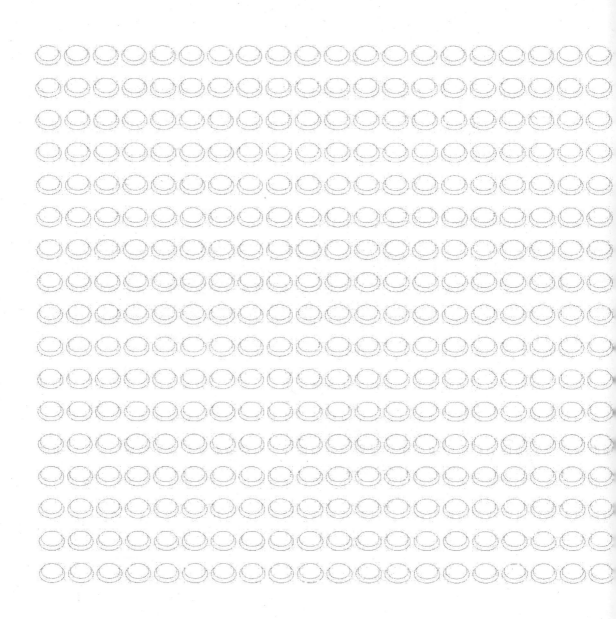

제5편 보험법

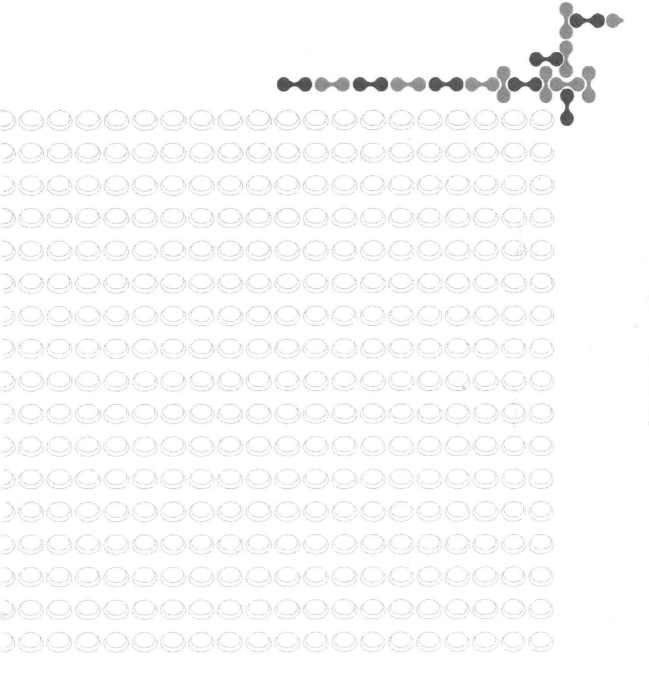

5.1. 서 론

5.1.1. 보험제도

5.1.1.1. 보험의 의의

5.1.1.1.1. 보험의 개념

(1) 보험의 개념

보험이란 같은 위험에 놓여 있는 사람들이 위험단체를 구성하여 미리 일정률의 금액(보험료)을 내어 기금을 마련하고, 현실적으로 우연한 사고(보험사고)를 입은 사람에게 일정한 금액(보험금)을 지급함으로써 경제생활의 위험(Risk)을 제거 또는 경감시키려는 제도이다.

(2) 보험계약의 요소

1) 사고의 우연성·불확실성

보험은 우연하고 불확실한 사고에 의하여 발생하는 사고를 보상하는 제도로 불확실성이 주관적으로 존재하는 경우에도 인정되는 경우가 있다. '우연한 사고'라 함은 사고가 피보험자가 예측할 수 없는 원인에 의하여 발생하는 것으로서, 고의에 의한 것이 아니고 예견치 않았는데 우연히 발생하고 통상적인 과정으로는 기대할 수 없는 결과를 가져오는 사고를 의미한다.[1]

2) 위험의 동질성

위험이 동질하여야 보험료 산정 등이 가능하게 되며 보험계약자 간에 동일한 조건으로 보험계약을 체결할 수 있다.

3) 위험의 다수성

동일한 위험에 처한 사람이 많을수록 보험사고의 개연율의 정확성 및 공동재원의 마련 등이 확보 가능하다.

4) 보험료·보험금의 산정

과거의 보험사고를 기초로 대수의 법칙에 의하여 개연율을 예측하게 되고 이에 근거하여 보험료나 보험금을 산정하게 된다. 보험금과 보험료의 비율은 대수의 법칙[2]에 의하여 보험료수입과 보험금지급이 균형을 유지한다. 즉 보험가입자가 납입하는 보험료총액과 보험회사가 지급하는 보험금 및 경비총액이 같도록 되는데 이를 수지상등의 원칙이라 한다.

(3) 보험과 유사한 제도

보험은 우연한 사고를 전제로 하는 점에서 저축 등과 다르고, 위험단체를 전제로 하는 점에서 복권 등과 다르다. 또한 개인적 차원에서 이루어지는 저축이나 자가보험과 구별되며, 같은 직장, 직업 또는 지역에 속하는 사람들이 주축이 되어 운영하는 폐쇄성을 가진 공제와 차이가 있다. 보험과 비슷한 수적 원리로 이용되지만 위험을 회피하는 것이 아닌 투기수단으로 이용될 수 있는 도박이나 복권과는 차이가 있다.

5.1.1.1.2. 보험의 기능·폐단

보험은 개인적으로는 경제적 위험을 제거 또는 경감시켜 주어 경제적 생활의 안정을 도모하며, 보험회사는 보험계약자로부터 받은 보험료를 운영하여 경제의 발전에 도움을 주며, 거래와 관련하여서는 보험에 가입함으로써 신용을 제고하는 역할을 한다. 이처럼 보험은 긍정적인 역할도 하나, 보험금을 노린 보험사고를 유발하는 폐단도 가지고 있다.

---

1) 大判 2003.11.28, 2003다35215, 35222.

2) 대수 법칙(大數法則, Law of large number): 집단 전체의 데이터를 조사 대상으로 하여 분석할 때 그 집단이 무한 모집단이거나, 그 규모가 너무 커서 기술적(記述的)으로 전수(total number) 조사가 불가능하거나 또는 시간적, 경제적 조건 때문에 표본 조사로 sample을 추정하는 경우, 집단의 본질적 성질을 정확하게 파악하기 위해 대수(Large number)의 사례를 관찰하여 그 data를 조사 대상의 근거로 삼는 확률론의 기본 법칙이다(Weak Law of Large Number 와 Strong Law of LargeNumber 등이 있다).

5.1.1.2. **보험의 종류**

보험의 종류는 분류 기준에 따라 아래와 같이 다양하게 나누어질 수 있다. 그중에서도 중요한 분류는 보험사고의 객체가 물건이냐 사람이냐에 따라 물건보험과 인보험으로 구별된다. 물건보험은 발생하는 손해액에 따라서 보험금이 지급되는 손해보험이 일반적이고, 인보험은 보험금이 정해져 있는 정액보험이 일반적이다.

☞ 보험의 분류

1	공보험	국가 기타의 공공단체가 사회정책(의료보험, 국민복지연금보험) 또는 경제정책(수출보험)적 목적으로 운영	사회보험 – 의료보험 경제정책 – 수출보험
	사보험	개인의 사경제적인 입장에서 운영됨	영리보험 / 상호보험
2	영리보험	보험자가 보험의 인수를 영업으로 하는 보험	상법 제46조 제17호
	상호보험	보험자가 사원상호의 이익을 위하여 영위하는 보험	보험업법 제5조 ① ②
3	물건보험	보험사고의 객체가 물건	
	인보험	보험사고의 객체가 사람(생명, 신체)	
4	손해보험	실제 발생한 재산상의 손해액에 대해 지급	재산보험
	정액보험	보험계약에 보험금이 정해져 있는 보험	인보험

- 상법은 크게 손해보험과 인보험으로 구별하고 있다. 손해보험이란 보험계약자가 보험료를 지급하고 보험자가 보험의 목적에 대하여 생길 수 있는 우연한 사고로 피보험자가 입은 재산상의 손해를 보상할 것을 약정함으로써 효력이 생기는 보험계약($\frac{상665}{638}$)으로 화재보험, 운송보험, 해상보험, 책임보험 등이 있다.
- 인보험이란 보험자가 피보험자의 생명 또는 신체에 관하여 보험사고가 생길 경우에 보험계약이 정하는 바에 따라 보험금액 기타의 급여를 할 것을 목적으로 하는 보험계약을 말한다($\frac{상}{727}$).
- 인보험도 일반적으로 정액을 지급하는 생명보험을 제외한 상해보험, 질병보험, 의료보험 등은 보험사고로 피보험자가 지출한 치료비 또는 휴업보상비 등을 지급하는 이른바 손해보험의 성격을 띠고 있어서 인보험으로 분류하는 것이 애매할 수가 있다. 그리하여 보험업법은 생명보험, 손해보험, 제3보험으로 나누고 있는데, 상해보험, 질병보험, 의료보험이 제3보험에 속한다($\frac{보험업법 제2조}{제2호·3호·제4호}$).

5	육상보험	육상에서의 사고를 대비하기 위한 보험	
	해상보험	선박 및 적하의 사고에 대비하기 위한 보험	
	항공보험	항공기 및 항공에 관한 사고에 대비하기 위한 보험	* 해상보험 준용

6	임의보험	보험가입이 강제되지 아니하는 보험	사보험
	강제보험	법률상 보험가입이 강제되는 보험	

- 강제보험의 예로는 산업재해보상보험, 원자력손해배상책임보험, 자동차손해배상책임 보험, 창고화재보험, 도시·고압가스사용자의 손해배상책임보험, 국제여행알선업자의 여행자배상책임보험, 항공보험, 고용보험 등이 있다.

7	개별보험	개개의 물건 또는 사람을 보험의 목적으로 하는 보험	
	집합보험	집합된 물건을 보험의 목적으로 하는 보험	특정보험－특정된 집합물건 총괄보험－물건이 교체됨
	단체보험	사람의 단체를 보험의 목적으로 하는 보험	

8	원보험	제1의 보험자가 보험금을 지급할 책임이 있는 보험	原保險/元受保險
	재보험	제2의 보험자가 제1의 보험자의 위험을 인수	

9	가계보험	가계의 안정 도모(생명보험/화재보험) → 보험계약자 등의 불이익변경금지원칙 적용	보험계약자의 약자적 지위(법의 후견적 개입)
	기업보험	기업경영에 따르는 위험 대비(해상/항공/재보험) → 보험계약자 등의 불이익변경금지원칙 적용 배제	기업대 기업의 대등한 관계

☞ 위험의 분류와 보험의 분류

		사망, 생존	생명보험	인보험→ 생명보험회사
순수 Risk	personal(人)	상해, 질병, 간병	상해보험(제3보험)*	
	Propery(物)	화재, 차량, 선박		손해보험→ 손해보험회사
	Liability(責任)	임원배상책임보험(D&O)		
투기적 Risk				

- 상해보험은 종래 인보험으로 분류되었으나 보험업법은 인보험과 손해보험적 요소를 다 가지므로 제3보험으로 칭하며, 그 제3보험에 대해서는 생명보험회사와 손해보험회사 모두 영업을 할 수 있도록 하고 있다. 다만 생명보험회사 는 정액제를 채택하게 됨으로써 병원에 과다 입원과 같은 도덕적 해이를 유발할 염려가 있고, 손해보험은 실손해, 즉 실비용을 배상함으로써 생명보험회사와는 다른 특성을 갖는다.

☞ **변액보험(變額保險/variable insurance)의 정의**

변액보험이란 납입된 보험료의 전부 또는 일부를 정액 보험과는 다른 별도의 특별계정에 산입하여, 각각의 특별계정 자산운용의 성과를 사망보험금이나 만기보험금(내지는 해약 환급금)의 액수에 반영시킴으로써 보험금액이 보험기간 중 변동되는 방식의 생명보험이다. 정액보험에서는 자산운용 이율이 예정 이율을 초과하였을 때에는 그만큼 이차배당(利差配當)으로 계약자들에게 환원시키기 때문에 계약 때 계산된 책임 준비금이 변동되는 일은 없으며, 따라서 보험가입 금액도 변동되지 않는다. 반면에 변액보험(變額保險)에서는 특별계정마다 독자적인 자산운용이 집행되어, 그 결과가 직접 적립금(정액보험의 책임준비금에 배당금을 보탠 것에 해당)에 반영되므로, 결과에 따라 정액보험을 웃도는 급부를 얻을 수 있고, 인플레 대책의 구실을 수행하는 측면이 있는 한편, 계약자가 불이익을 입을 위험도 더불어 지닌다. 변액보험은 특별계정이 주로 주식 등의 장기적인 오름세를 겨냥해서 운용되기 때문에 현금 효과가 크고 더하여 장기적인 보험에 적합한 것으로 되어 있다

☞ **보험료 계산 및 구성(생명보험의 경우)**

보험료 산출 기초로는 ① 예정사망률 ② 예정이자율 ③ 예정사업비율 등이 있다. 보험회사(보험자)가 보험계약자로부터 받을 보험료를 정하기 위해서는 보험사고의 발생확률, 받은 보험료를 운용하여 얻을 수 있는 예정이자율, 보험사업을 영위하기 위한 비용인 예정사업비율을 각각 정하여 이를 근거로 보험료를 산출하게 된다. 즉 보험료는 장래 보험금 지급에 충당될 순보험료와 회사 운영비와 모집경비 등의 지급을 위한 부가 보험료로 구성되게 된다.

보험료는 예정사망률 대개 2%, 예정이자율 대개 5%, 예정사업비율은 대개 10%로 가정되어 산정되는데, 보험회사의 경영의 건전성을 위해 율을 높여 잡아 보험료를 산정하게 된다(보수적 산정). 이러한 율은 가정에서 출발하므로 현실은 다르게 나타날 수 있으므로 예정사망률의 차이는 사차익(死差益), 예정이자율의 차이는 이차익(利差益), 예정사업비율의 차익은 비차익(費差益)이라 한다.

보험료를 정함에 있어서 각 보험료 기초의 요소의 율을 높게 산정함으로써 보험계약자가 납입한 보험료의 합계가 보험사고의 발생 시 보험회사가 지급한 보험금의 합계액보다 많게 되는 경우, 이는 보험회사가 영업을 잘했다든가 보험계약자로부터 받은 보험료를 잘 운용해서 그런 것이 아니기 때문에 이 남은 이익을 보험계약자에게 환원시키는 것이 배당보험이고, 환원시키지 않고 회사의 이익으로 처리하는 것이 무배당 보험이다(물론 무배당의 경우에는 그 율이 낮을 것임). 참고로 삼성생명의 상장과 관련한 논의는 삼성생명의 초과 잉여금을 보험계약자의 몫으로 인정하여 배당을 할 것인가 아니면 회사의 이익으로 보아 주주에게 배당할 것인가의 대립에서 오는 갈등이다. 현재 금감원은 보험계약자와 회사의 몫을 9:1로 배당하도록 하고 있기 때문에 보험회사는 보험료 산정의 기초의 율을 높게 하지 않고 무배당 상품을 주로 취급하려고 하는데, 이는 보험회사의 자산 건전성과 관련하여서는 배당상품이 더 유리하다고 할 것이다.

☞ 보험회사의 상호보험적 성격

상호보험은 상법상 보험이 아니라 보험업법상 사원 상호 간의 이익을 위하여 영위하는 보험이다. 또한 상호보험은 보험의 인수를 통해 이득을 얻으려는 것을 목적으로 하는 것도 아니며 상호보험에 있어 회사의 사원은 동시에 보험계약자가 된다. 이처럼 상호보험은 일반적으로 상법 적용을 받는 영리보험과 몇 가지 점에서 차이가 있으나 근본적인 보험의 원리 면에서는 큰 차이가 없으며 보험료, 보험의 목적, 보험금액 등 동일한 용어를 사용하고 있다. 따라서 상호보험에서의 사원관계는 영리보험에서의 보험관계와 비슷한 내용을 이루고 있으므로 상법전 제4편(보험)의 규정은 그 성질이 상반되지 아니하는 한도에서 상호보험에 준용하는 것으로 하고 있다($\frac{상}{664}$).

5.1.2. 보호법의 개념

5.1.2.1. 보험법의 의의

보험법이란 보험관계를 규율하는 법규의 전체를 말한다. 이러한 보험법에는 주로 감독관계 등을 다루는 보험공법뿐만 아니라, 주로 보험영업과 관련된 영업주체에 관한 법인 보험업법과 영업의 내용, 즉 보험계약의 당사자인 보험자와 보험계약자 간의 법률관계를 규율하는 상법전 제4편을 포함한 보험사법을 포함한다.

5.1.2.2. 보험계약법의 특성

보험도 상행위의 하나이므로($\frac{상}{xvii}$ 46) 상법의 적용을 받는다. 그러나 보험은 다른 상행위에 비해 다수의 보험계약자를 전제로 하는 단체성, 보험계약자의 윤리성 또는 선의성이 요구되며, 위험을 적정하게 분산시키기 위한 대수의 법칙 등을 원용하는 기술성을 가지며, 대등한 당사자로서가 아닌 약자인 보험계약자를 보호하기 위한 여러 강행법 규정을 두는 등 상대적 강행법규성 이라는 특색을 갖고 있다.

(1) 단체성

보험은 동질적 위험단체를 전제로 그 위험을 평균화 하는 특성상 대다수의 동질의 위험을 공유하는 보험단체를 기반으로 하는 단체성을 갖는다. 이 단체성에서 단체의 구성원간의 동등취급의 원리도 파생된다고 할 수 있겠다.

(2) 윤리성 또는 선의성

보험은 우연의 사고에 대한 보험금이 지급되는 사행적인 계약을 띠고 있으므로 보험계약자에게 윤리성 내지 선의성을 요구하고 있다. 상법은 그러한 요청을 실현하기 위한 제도로 고지의무제도, 고의의 보험사고에 대한 보험자의 면책, 사기로 인한 초과보험의 무효 등을 두고 있다.

(3) 기술성

보험제도는 위험단체를 기초로 대수의 법칙에 따라 그 위험을 효율적으로 분산시키기 위한 기술적 요소에 그 기반을 두고 있다.

(4) 사회성·공공성

보험은 보험계약자와 보험자 간의 개별적인 계약관계에 의하여 그 효력이 정하여지나 보험제도의 사회성 내지 공공성의 있기 때문에 국가는 보험자를 규제하는 법제(보험업법)를 둠으로써 간접적으로 보험계약자를 보호하고 있다고 할 수 있다.

(5) 상대적 강행법규성

보험의 사회성 내지 공공성에서 비롯되는 법의 후견인적 역할이 필요하여 상법은 대등한 기업 간의 보험계약인 해상보험이나 재보험이 아닌 보험계약자와 보험자간의 보험에서는 보험계약자를 보호하기 위하여 불이익변경금지원칙을 두고 있다.

불이익변경금지원칙이란 보험계약도 상행위에 관한 법규이므로 임의법규임이 원칙이어서 계약당사자 간에 이와 다른 특약을 하는 경우에 그 계약은 당사자를 구속한다고 할 것이나 일반대중의 이익보호를 위한 법적 배려로 당사자 간의 특약으로도 보험계약법상의 내용을 보험계약자 또는 피보험자나 보험수익자의 불이익으로 변경할 수 없도록 하는 원칙을 말한다. 보험계약자 등의 불이익변경금지의 원칙에 위배되는 약관조항은 그 조항만 무효가 된다. 따라서 계약 전체가 무효가 되는 것은 아니다. 그리고 적용범위도 보험계약자 등의 불이익변경금지의 원칙은 보험에 관한 전문지식이 없는 가계보험의 가입자를 보호하려는 것이므로 재보험 및 해상보험 기타 이와 유사한 보험의 경우에는 이 원칙이 적용되지 않는다.

보험법의 법원으로서 제정법·관습법·보통보험약관 등이 있다.

5.1.3. 보험법의 법원

5.1.3.1. 제정법

보험법의 법원이 되는 제정법은 상법전(제4편 보험), 보험업법($^{1962.12.29,}_{법률 제1241호}$), 자동차손해배상보장법($^{1963.4.4,}_{법률 제1314호}$), 원자력손해배상법($^{1969.1.24,}_{법률 제2094호}$), 수출보험법($^{1968.12.31,}_{법률 제2052호}$), 산업재해보상보험법($^{1963.1.15,}_{법률 제1438호}$), 의료보험법($^{1976.12.22,}_{법률 제2942호}$) 등이 있다. 상법전(제4편 보험)은 보험계약자와 보험자 간의 보험계약과 관련된 효력을 규정하고 있는 반면에 보험업법은 보험의 공공성·사회성에 기인한 보험자(보험사업자)의 규제를 주된 목적으로 하는 감독관련 법이라 할 수 있다.

5.1.3.2. 보통보험약관

5.1.3.2.1. 의 의

약관이란 그 명칭이나 형태 또는 범위를 불문하고 계약의 일방당사자가 다수의 상대방과 계약을 체결하기 위하여 일정한 형식에 의하여 미리 마련한 계약의 내용이 되는 것을 말한다($^{약관의 규제에}_{관한 법률 2 ①}$). 보험약관이란 보험자와 보험계약자 사이에 체결되는 보험계약의 내용을 이루는 조항들로서 여기에는 보통보험약관, 특별보통보험약관(부가약관), 특별보험약관 등이 있다.

이처럼 보험약관은 보험자가 미리 작성한 보험계약의 내용을 이루는 일반적, 표준적 조항으로서 반대의 의사표시가 없는 한 계약당사자 쌍방을 구속하는 법원(法源)이다. 이는 보험계약이 다수의 가입자를 상대로 대량적, 집단적으로 처리하고 구성원을 동일하게 취급하여야 할 필요성(부합계약성) 때문에 인정되는 것이다. 즉 보험약관은 다수의 보험계약자를 상대로 하여 대량적으로 처리하여야 하는 부합계약성에서 비롯되는 기술적인 요청과 이들 다수의 보험계약자를 동일하게 취급하기 위한 합리적 조치로서 보통보험약관이 존재하게 된다.

5.1.3.2.2. 법적 효력

보통보험약관은 당사자 간에 반대의 특약이 없는 한 그 약관은 당사자를 구속하는데, 그 근거에 대하여 학설은 규범설과 의사설로 나뉘어 있다. 규범설은 보통보험약관은 상관습 또는 자치법으로서 구속력이 인정된다는 입장이고, 의사설은 계약당사자가 약관의 내용을 법률행위의 내용으로 하려는 의사가 있기 때문에 구속력이 인정된다는 입장이다.

판례는 보통보험약관이 계약당자에 대하여 구속력을 가지는 것은 그 자체가 법규범 또는 법규범적 성질을 가진 약관이기 때문이 아니라 보험계약 당사자 사이에서 계약내용에 포함시키기로 합의하였기 때문이라고 볼 것인바, 일반적으로 당사자 사이에서 보통보험약관을 계약내용에 포함시킨 보험계약서가 작성된 경우에는 계약자가 그 보험약관의 내용을 알지 못하는 경우에도 그 약관의 구속력을 배제할 수 없는 것이 원칙이나, 다만 당사자 사이에서 명시적으로 약관에 관하여 달리 약정한 경우 또는 약관의 내용이 일반적으로 예상되는 방법으로 명시되어 있지 않다든가 또는 중요한 내용이어서 특히 보험업자의 설명을 요하는 경우에는 위 약관의 구속력은 배제된다고 하여 의사설의 입장에서 판시하고 있다.[3]

5.1.3.2.3. 교부·명시의무

보험자는 보험계약을 체결할 때에 보험계약자에게 보험약관을 교부하고 그 약관의 중요한 내용을 알려주어야 한다(상 638①). 보험자가 이를 위반한 때에는 보험계약자는 보험계약이 성립한 날부터 1월 내에 그 계약을 취소할 수 있다(상 638②).

보험자의 약관설명의무를 규정한 것은 보험계약이 성립되는 경우에 각 당사자를 구속하게 될 내용을 미리 알고 보험계약의 청약을 하도록 함으로써 보험계약자의 이익을 보호하자는 데 입법취지가 있다.[4] 따라서 보험자는 보험계약을 체결함에 있어서 보험계약자가 알고 있거나 거래상 일반적이고 공통된 것이어서 별도의 설명이 없더라도 충분히 예상할 수 있었던 사항 또는 이미 법령에 의하여 정하여진 것을 되풀이하거나 부연하는 정도에 불과한 사항에 대해서는 설명의무를 부담하지 않는다.[5] 구체적으로 피보험자동차의 양도에 관한 통지의무를 규정한 보험약관은 거래상 일반인들이 보험자의 개별적인 설

---

3) 大判 1989.3.28, 88다4645; 大判 1989.11.14, 88다카29177; 大判 1990.4.27, 89다카24070; 大判 2000.4.25, 99다68027.

4) 大判 1998.04.14, 97다39308.

5) 大判 1999.05.11, 98다59842; 大判 1998.11.27, 98다32564; 大判 2007.04.27, 2006다87453.

명 없이도 충분히 예상할 수 있었던 사항인 점 등에 비추어 보험자의 개별적인 명시·설명의무의 대상이 되지 않는다.[6]

보험자가 약관의 교부 및 설명의무를 위반한 때에 보험계약자가 보험계약 성립일로부터 1월 내에 행사할 수 있는 취소권은 보험계약자에게 주어진 권리일 뿐 의무가 아니다. 따라서 보험계약자가 보험계약을 취소하지 않았다고 하더라도 보험자의 설명의무 위반의 법률효과가 소멸되어 이로써 보험계약자가 보험자의 설명의무 위반의 법률효과를 주장할 수 없다거나 보험자의 설명의무 위반의 하자가 치유되는 것은 아니다.[7]

5.1.3.2.4. 보통보험약관의 해석

보통보험약관은 보험계약의 단체성과 기술성 등의 특성을 고려하여 객관적·합리적으로 해석하되, 신의성실의 원칙에 따라 해석하여야 한다. 그리고 보험약관의 내용이 애매한 경우 약관의 작성자인 보험자에게는 불리하고 엄격하게, 보험계약자 등에게는 유리하게 해석하여야 한다(작성자불이익의 원칙). 보험약관을 수정하여 당사자 간에 개별적으로 약정한 것은 우선하여 적용된다(개별약정우선의 원칙).

보통거래약관 및 보험제도의 특성에 비추어 볼 때, 보험약관의 해석은 일반 법률행위와는 달리 개개 계약당사자가 기도한 목적이나 의사를 기준으로 하지 않고 평균적 고객의 이해가능성을 기준으로 하되 보험단체 전체의 이해관계를 고려하여 객관적, 획일적으로 해석하여야 하며, 다만 약관을 계약내용으로 편입하는 개별약정에 약관과 다른 내용이 있을 때에 한하여 개별약정이 우선할 뿐이다. 또 약관이 작성자인 기업에 의하여 일방적으로 유리하게 작성되고 고객에게 그 약관내용에 관한 교섭이나 검토의 기회가 제대로 주어지지 않는 형성의 과정에 비추어 고객보호의 측면에서 약관내용이 명백하지 못하거나 의심스러운 때에는 약관작성자에게 불리하게 제한해석하여야 한다는 불명료의 원칙이 적용된다.[8]

5.1.3.2.5. 보통보험약관의 규제

보통보험약관은 당사자인 보험자와 보험계약자를 구속하지만, 보험자에 의하여 일방적으로 작성되기 때문에 보험계약자에게 불리한 경우가 많다. 따라서 이를 규제할 필요가

---

6) 大判 2007.04.27, 2006다87453.

7) 大判 1996.04.12, 96다4893.

8) 大判 1991.12.24, 90다카23899; 大判 2007.09.06, 2006다55005.

있는데, 그 규제방법은 약관규제법 등의 법의 제정으로 규제하는 입법적 규제, 보험약관의 제정이나 변경 등에 기획재정부·금융위 등의 금융감독기관의 인가를 받도록 함으로써 규제를 하는 행정적 규제, 그리고 분쟁이 발생하여 당사자 간에 합의가 안되는 경우 최종적으로 법원의 관여에 의한 사법적 규제가 있다.

5.1.3.2.6. 약관규제에 관한 법률과의 관계

(1) 약관규제에 관한 법률의 내용

약관규제에 관한 법률에 의하면 사업자는 계약체결에 있어서 고객에게 약관의 내용을 계약의 종류에 따라 일반적으로 예상되는 방법으로 명시하고, 고객이 요구할 때에는 당해 약관의 사본을 고객에게 교부하여 이를 알 수 있도록 하여야 한다. 그리고 사업자가 이 규정에 위반하여 계약을 체결한 때에는 당해 약관을 계약의 내용으로 주장할 수 없다 (약관규제에 관한 법률 제3조).

(2) 약관규제에 관한 법률과의 관계

동법 제30조 '적용범위'에 보면 '특정한 거래분야의 약관에 대하여 다른 법률에 특별한 규정이 있는 경우에는 이 법의 규정에 우선한다'라고 되어 있다. 보통보험약관에 관한 약관규제에 관한 법과 상법의 약관에 관한 조항의 관계에 대해 논의가 있다. 즉 약관법 제3조와 상법 제638조의3이 약관의 명시설명의무는 동일하게 정하면서, 의무위반 시의 효과에 있어서는 상법은 1개월 내의 취소를 그리고 약관법은 약관의 원용불가를 정하고 있어 서로 충돌되는 데 있다.

대법원은 상법 제638조의3 제1항 및 약관의규제에관한법률 제3조의 규정에 의하여 보험자는 보험계약을 체결할 때에 보험계약자에게 보험약관에 기재되어 있는 보험상품의 내용, 보험요율의 체계, 보험청약서상 기재사항의 변동 및 보험자의 면책사유 등 보험계약의 중요한 내용에 대하여 구체적이고 상세한 명시·설명의무를 지고 있다고 할 것이어서, 만일 보험자가 이러한 보험약관의 명시·설명의무에 위반하여 보험계약을 체결한 때에는 그 약관의 내용을 보험계약의 내용으로 주장할 수 없다고 하여 상법과 약관법을 중첩적으로 적용시키고 있다.[9]

---

9) 大判 1999.03.09, 98다43342, 43359.

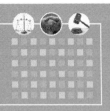

5.2. 보험계약

5.2.1. 보험계약의 개념

5.2.1.1. 보험계약의 의의

보험계약은 당사자 일방이 약정한 보험료를 지급하고 상대방이 재산(손해보험) 또는 생명이나 신체(인보험)에 관하여 불확정한 사고가 생길 경우에 일정한 보험금액 기타의 급여를 지급할 것을 약정함으로써 효력이 생기는 것을 말한다($\frac{\text{상}}{638}$).

보험계약의 의의에 대하여 학설은 손해보험과 인보험을 통일적으로 설명하려는 일원설과 별개로 설명하려는 이원설(선택설)로 나뉜다. 일원설은 다시 ① 손해보상 계약설 ② 경제수요 충족설 ③ 기술설 ④ 금액급여설 등으로 나뉘어 있다.

손해보상 계약설은 보험계약을 손해를 보상하는 계약이라고 이해하나 손해가 아닌 정액보험인 생명보험에는 설명이 곤란하다. 경제수요 충족설은 보험을 위험에 대비하여 불예측의 손해를 보상받고 싶어 하는 경제적인 수요로 이해하는 입장으로 보험의 일반적인 존재의의를 잘 설명하고 있으나 막연한 점이 있다. 기술설은 보험계약을 동질의 위험단체 구성원에게 그 위험을 기술적으로 분산시킨 점을 설명하고 있다. 금액급여설은 보험계약을 우연한 사고에 대한 일정한 금액이 지급되는 것을 약정한 것이라고 설명하고 있다.

5.2.1.2. 보험계약의 특성

보험계약은 민법상의 전형계약에 속하지 않는 무명계약(독립계약성: 보험계약이 다른 계약에 수반되어 체결되는 것이 아니라 보험계약이 독자적 목적을 가지고 체결됨)이며, 다수의 보험계약자를 상대로 하여 대량적으로 체결되는 다수계약에 속하므로 그 계약의 정형화가 요구되며(부합계약성: 약관에 의한 거래), 보험의 인수를 영업으로 하는 상행위($\substack{\text{상 46} \\ \text{xvii}}$)이다.

내용 면에서 보면 보험계약은 당사자 사이의 의사의 합치만으로 성립하며 계약의 성립 요건으로서 특별한 요식행위를 요하지 않고(낙성·불요식계약), 보험료와 보험금액이 대가관계를 이루고(유상·쌍무계약성), 보험사고의 우연성(사행계약성)을 전제로 하며, 보험계약자의 선의가 요구되는 계약(선의계약성)이다. 그리고 보험계약은 보험기간에 발생한 보험사고에 대하여 보험자가 급여책임을 지는 것이므로 보험기간 동안 계속된다(계속계약성). 보험계약은 보험자와 보험계약자와의 개별적 계약에 근거하여 법률관계가 발생하지만(개별성) 그 개개의 법률관계는 보험자단체를 기반으로 한 것이므로 보험계약의 법률관계를 검토할 때에는 보험이 동질의 위험단체(단체성)를 전제로 하고 있는 점을 고려하여야 한다.

보험계약은 당사자 사이의 의사합치에 의하여 성립되는 낙성계약으로서 별도의 서면을 요하지 아니하므로 보험계약을 체결할 때 작성 교부되는 보험증권이나 보험계약의 내용을 변경하는 경우에 작성 교부되는 배서증권은 하나의 증거증권에 불과한 것이어서 보험계약의 성립여부라든가 보험계약의 당사자, 보험계약의 내용 따위는 위의 증거증권만이 아니라 계약체결의 전후경위, 보험료의 부담자 등에 관한 약정, 위 증권을 교부받은 당사자 등을 종합하여 인정할 수 있다.[10]

---

10) 大判 1988.02.09, 86다카2933, 2934(참가), 2935(참가).

5.2.2. 보험계약의 요소

5.2.2.1. 보험계약의 관계자

보험계약자 피보험자 보험수익자	보험자 보험대리점 보험중개사 보험모집인 보험의

5.2.2.1.1. 보험자

보험자는 보험계약의 당사자로서 보험사고가 발생한 경우에 보험금액을 지급할 의무를 지는 자이다. 보험자는 손해보험이든 인보험이든 300억 원 이상의 자본금 또는 기금을 가지고 있는 주식회사 또는 상호회사로서 금융위로부터 보험사업의 허가를 받은 자여야 한다($^{보험업법}_{5, 6 \ ①}$).

보험자는 수인이 하나의 보험의 목적에 대하여 보험계약을 체결할 수 있는데, 2인 이상의 보험자가 공동으로 보험을 인수하는 경우에는 공동보험, 보험자 사이의 연결 없이 보험을 인수하는 경우에는 병존보험 또는 중복보험이라 한다.

5.2.2.1.2. 보험계약자

보험계약자는 보험계약의 당사자로서 보험자와 보험계약을 체결하는 자이다. 보험계약자의 자격에는 제한이 없고 자연인이든 법인이든 상관없다. 보험계약자는 보험계약이 성립하면 보험료를 지급할 의무가 있고, 보험증권 교부청구권을 갖는다.

5.2.2.1.3. 피보험자

피보험자는 손해보험과 인보험에 따라 그 의미가 다르다. 손해보험에서는 피보험이익의 주체로서 손해의 보상을 받을 권리를 갖는 자를 의미하고, 인보험에서는 생명 또는 신체에 관하여 보험이 붙여진 자로서 자연인에 한한다. 인보험 특히 생명보험에 있어서 피보험자는 일정한 제한이 따르는데, 타인의 사망보험에 있어서는 피보험자의 동의를 얻어야 하거나($\frac{상}{①}$ 731) 15세 미만자, 심신상실자 또는 심신박약자는 그 목적으로 할 수 없다($\frac{상}{732}$).

5.2.2.1.4. 보험수익자

보험수익자는 인보험계약에 있어서 보험자로부터 보험금을 받을 자로 지정된 자이다($\frac{상}{734}$ 733). 보험계약자가 보험수익자인 경우에는 자기를 위한 인보험이고, 그렇지 아니한 경우에는 타인을 위한 보험계약이다.

5.2.2.1.5. 보험대리점

보험대리점이란 일정한 보험자를 위하여 상시 그 영업부류에 속하는 보험계약의 체결을 대리(체약대리상)하거나 중개(중개대리상)함을 영업으로 하는 자이다($\frac{상}{87}$). 보험대리점은 자연인이든 법인이든 상관이 없으나 일정한 자격을 갖춘 자로서 금융위에 등록을 하여야 한다($\frac{보험업법}{시행령}$ $\frac{149,}{26}$). 보험대리점은 보험자와의 사이의 보험대리점 위임계약에 의하여 보험모집을 하게 된다.

보험체약대리점은 체약대리상과 같이 보험자의 대리인으로서 보험계약체결권을 가지므로 고지수령권은 물론 보험료의 수령, 보험계약의 변경·연기·해지 등에 관한 권한을 가지는 것은 물론이고, 그 대리점이 안 사유는 보험자가 안 것과 동일한 효력이 있다($\frac{상}{90}$). 다만 보험중개대리점은 보험계약의 체결을 중개하는 권한을 가질 뿐 보험계약의 체결에 관한 대리권을 가지지 아니하므로 고지수령권이나 보험료수령권이 없다. 다만 보험회사를 대리하여 보험료를 수령할 권한이 부여되어 있는 보험대리점이 보험계약자에 대하여 보험료의 대납약정을 하였다면 그것으로 곧바로 보험계약자가 보험회사에 대하여 보험료를 지급한 것과 동일한 법적 효과가 발생하는 것이고, 실제로 보험대리점이 보험회사에 대납을 하여야만 그 효과가 발생하는 것은 아니다.[11]

5.2.2.1.6. 보험중개사

보험중개사란 보험자의 사용인이나 대리인이 아니면서 보험자와 보험계약자 사이의 보험계약의 성립을 중개하는 것을 영업으로 하는 자이다($\frac{상}{93}$). 보험중개사는 특정한 보험자만을 위하여 보조하는 자가 아니라는 점에서 보험대리점과 구별된다. 보험중개사는 보험에 대한 전문적인 지식이 요구되므로 일정한 자격을 갖추어 금융위에 등록을 하고 그 영업

---

11) 大判 1995.05.26, 94다60615.

을 할 수가 있다(보험업법 150의2).

5.2.2.1.7. 보험설계사

보험설계사(보험외판원, 보험권유원, 보험모집인)란 보험자의 피용인으로서 보험자를 위하여 보험계약의 체결을 중개하는 자로서(보험업법 2③) 일정한 자격요건을 갖추어 금감원에 등록을 하여야 한다(보험업법 145, 시행령 22). 보험설계사는 보험자에 종속되어 보험모집을 하고 있다는 점에서 독립된 지위에서 보험모집을 하고 있는 보험대리점이나 독립적으로 특정하지 아니한 보험자와 보험계약자 사이의 보험계약의 체결을 중개하는 보험중개사와 다르다.

보험설계사는 보험계약의 체결을 권유하고 중개하는 사실행위만을 하는 자로, 보험자를 위하여 계약체결권 등의 대리권은 없다. 즉 보험설계사는 특정 보험자를 위하여 보험계약의 체결을 중개하는 자일 뿐 보험자를 대리하여 보험계약을 체결할 권한이 없고 보험계약자 또는 피보험자가 보험자에 대하여 하는 고지나 통지를 수령할 권한도 없다.[12] 다만 보험료수령권에 대해서는 통상 수령권이 없다고 인정되고 있으나 보험자의 위임에 의하여 주어지는 경우도 있을 수 있다. 판례도 보험설계사가 선일자수표로 제1회 보험료를 받은 사안에서 보험설계사의 제1회 보험료수령권이 있는 현실을 인정하고 있다. 단 선일자 수표로 지급했을 때에는 수표의 일람출급성에 비추어 수표의 지급성을 인정하지만 그 성질 때문에 제1회 보험료 납입이 이루어졌다고 보지는 않고 있다.

선일자 수표는 그 발행자와 수취인 사이에 특별한 합의가 없었더라도 일반적으로 수취인이 그 수표상의 발행일 이전에는 자기나 양수인이 지급을 위한 제시를 하지 않을 것이라는 약속이 이루어져 발행된 것이라고 의사해석함이 합리적이며 따라서 대부분의 경우 당해 발행일자 이후의 제시기간 내의 제시에 따라 결제되는 것이라고 보아야 한다. 물론 선일자수표도 본질적으로 일람불(출급)성을 잃은 것은 아니므로 위에서 본 발행일자 이전에 지급을 위한 제시가 있을 때에는 그날에 지급하여야 되게 되어 있음은 수표법 제28조 제2항에 의하여 분명하고 이것은 동시에 발행자에게 위험(부도, 과료 등)부담을 강요하는 것과 같은 측면이 없지 아니하나 그렇다고 해서 선일자 수표가 발행 교부된 날에 액면금의 지급효과가 발생된다고 볼 수 없다. 이 사건에 있어서와 같이 보험약관상에 보험자가 제1회 보험료를 받은 후 보험청약에 대한 승낙이 있기 전에 보험사고가 발생한 때에는 제1회 보험료를 받은 때에 소급하여 그때부터 보험자의 보험금지급 책임이 생긴다고 되어 있는 경우에 이 사건과 같은 생명보험의 모집인이 그의 권유에 응한 청약의 의사표시

---

12) 大判 2006.06.30, 2006다19672, 19689.

를 한 보험계약자로부터 제1회 보험료로서 선일자 수표를 발행받고 보험료 가수증을 해준 경우에는 비록 보험모집인이 소속 보험회사와의 고용계약이나 도급적 요소가 가미된 위임계약에 바탕을 둔 소속보험회사의 사용인으로서 보험계약의 체결대리권이나 고지수령권이 없는 중개인에 불과하다 하여도 오늘날의 보험업계의 실정에 비추어 제1회 보험료의 수령권이 있음을 부정할 수는 없으나 그렇더라도 그가 선일자 수표를 받은 날을 보험자의 책임발생 시점이 되는 제1회 보험료의 수령일로 보아서는 안된다.[13]

5.2.2.1.8. 보험의

보험의란 생명보험계약에 있어서 피보험자의 신체상의 중요한 사항에 대하여 검진하여 이를 보험자에게 제공하여 주는 의사이다. 보험자는 이 보험의의 검진결과를 토대로 보험계약자의 보험청약을 인수할 것인지를 정하게 된다. 따라서 보험의는 보험자의 고용이나 위임에 의하여 피보험자의 신체검사 등 건강상태 등을 조사하여 그 자료를 보험자에게 제공하여 주는 보조자로서 고지수령권을 갖게 된다. 보험의의 고의 또는 중과실은 보험자의 고의·중과실로 본다(통설).

☞ 보험모집조직의 권한 및 의무

구 분	보험자	대리점	중개인	설계사	보험의
요율협상권	O	X	O	X	X
보험료수령권	O	O	X	X	X
계약체결대리권	O	O	X	X	X
고지의무수령권	O	O	X	X	O
전속회사의 배상책임	O	O	X	O	O

5.2.2.2. 보험의 목적

보험의 목적이란 보험사고 발생의 객체가 되는 경제상의 재화 또는 사람의 생명·신체이다. 인보험에 있어서는 반드시 자연인에 한하고, 특히 사망보험에 있어서는 15세 미만자, 심신상실자 또는 심신박약자는 그 목적으로 할 수 없다(^상₇₃₂). 심신박약이란 어떠한 심신장애로 말미암아 사물을 변별할 능력이나 의사를 결정할 능력이 미약한 것을 말하며, 심신박약자란 이러한 심신박약의 상태에 있는 자를 말하는바, 계속적으로 심신박약의 상

---

13) 大判 1989.11.28, 88다카33367.

태에 있어야 하는 것은 아니나 대체로 심신박약의 상태에 있을 것을 요구한다.[14] 보험의 목적이 물건일 경우에는 단일물건일 수도 있고 집합물건일 수도 있는데, 집합물건일 경우 처음부터 확정되어 있는 특정보험과 수시로 바뀌는 것이 예정되어 있는 총괄보험이 있다.

보험의 목적과 구별하여야 할 개념에 보험계약의 목적이 있다. 보험계약의 목적(피보험이익)이란 보험의 목적에 대하여 보험사고와 관련하여 피보험자가 가지는 경제적 이익 관계이다($\substack{상 668, \\ 669}$).

5.2.2.3. 보험사고

보험계약은 사행계약에 속하므로 보험자의 급여책임은 우연한 사고에 달려 있다. 그래서 이미 발생하였거나 또는 발생할 수 없는 사고와 같이 우연성이 결여된 사고를 담보하기로 한 보험계약의 효력은 무효이다. 이처럼 보험사고란 보험계약에서 보험자의 보험금 지급책임을 구체화시키는 우연한 사고이다. 보험사고로 인정되기 위해서는 ① 우연성 ② 발생가능성 ③ 보험목적 및 범위의 한정 등이 요구된다.

우연성과 관련하여 보험계약 당시에 보험사고가 이미 발생하였거나 또는 발생할 수 없는 것인 때에는 그 계약은 무효로 한다.[15] 그러나 당사자 쌍방과 피보험자가 이를 알지 못한 때에는 그러하지 아니한다($\substack{상 \\ 644}$). 즉 보험사고의 객관적 확정의 효과는 사고발생의 우연성을 전제로 하는 보험계약의 본질상 이미 발생이 확정된 보험사고에 대한 보험계약은 허용되지 아니한다는 취지이다.[16] 그러나 보험사고가 이미 발생했을지라도 그 이후에 성립된 계약의 효력이 인정될 수 있는 것은 당사자와 보험자의 주관적 부지를 요건으로 하는 한 이것이 악용될 염려가 없기 때문이다.

판례도 보험사고의 객관적 확정의 효과에 관하여 규정하고 있는 상법 제644조는 사고발생의 우연성을 전제로 하는 보험계약의 본질상 이미 발생이 확정된 보험사고에 대한 보험계약은 허용되지 아니한다는 취지에서 보험계약 당시 이미 보험사고가 발생하였을 경우에는 그 보험계약을 무효로 한다고 규정하고 있고, 암 진단의 확정 및 그와 같이 확진이 된 암을 직접적인 원인으로 한 사망을 보험사고의 하나로 하는 보험계약에서 피보

---

14) 대전지방법원 2002.10.11, 2002나784.

15) 大判 2002.06.28, 2001다59064.

16) 大判 1998.08.21, 97다50091.

험자가 보험계약일 이전에 암 진단이 확정되어 있는 경우에는 보험계약을 무효로 한다는 약관조항은 보험계약을 체결하기 이전에 그 보험사고의 하나인 암 진단의 확정이 있었던 경우에 그 보험계약을 무효로 한다는 것으로서 상법 제644조의 규정 취지에 따른 것이라고 할 것이므로, 상법 제644조의 규정 취지나 보험계약은 원칙적으로 보험가입자의 선의를 전제로 한다는 점에 비추어 볼 때, 그 약관조항은 그 조항에서 규정하고 있는 사유가 있는 경우에 그 보험계약 전체를 무효로 한다는 취지라고 보아야 할 것이지, 단지 보험사고가 암과 관련하여 발생한 경우에 한하여 보험계약을 무효로 한다는 취지라고 볼 수는 없다[17]고 판시하여 암확정 진단 후에 보험에 가입하였으나 폭행으로 사망한 경우에 암에 의한 사망이 아니라도 암이라는 사실을 알았더라면 보험자가 보험을 체결하지 않았으리라 기대되므로 보험계약자는 보험금을 수령할 수 없다고 보고 있다.

보험사고의 범위는 보험의 종류에 따라 정하여지는데, 한 가지로 한정되는 경우도 있고, 운송이나 항해에 관하여 발생할 수 있는 모든 사고와 같이 포괄적으로 한정되는 경우이다.

5.2.2.4. 보험기간과 보험료기간

5.2.2.4.1. 보험기간

보험기간(책임기간·위험기간)이란 보험자의 책임이 개시되어 종료하는 기간을 말한다. 이 보험기간은 보험계약기간과 반드시 일치하는 것은 아니고 보험계약에서 보험기간을 달리 정할 수 있다. 보험자의 책임개시는 당사자 사이에 다른 약정이 없으면 최초의 보험료의 지급을 받은 때로부터 보험기간이 시작한다($\frac{상}{656}$). 생명보험에 있어서 진단을 받아야 하는 경우 진단을 받지 않았으나, 피보험자가 병리학적 검사에 응하였다면 책임개시일 이전에 약관조항상의 보험무효 사유인 질병의 확정진단이 나올 수 있었다면 그 보험계약은 무효로서 책임이 개시되지 않는다.[18]

보험계약은 그 계약 전의 어느 시기를 보험기간의 시기로 할 수 있는데($\frac{상}{643}$), 이를 소급보험이라 한다. 즉 소급보험이란 보험계약 전의 어느 시기(時期)를 보험기간의 시기(始期)로 하는 보험이다. 소급보험이 인정되기 위해서는 보험계약 당시에 보험사고 기발생 여부를 계약당사자 쌍방과 피보험자가 몰랐어야 한다. 따라서 보험계약 당사자가 이미

---

17) 大判 1998. 8. 21, 97다50091.

18) 서울지방법원 2001.9.11, 2000가단5931(본소), 2000가단31794(반소).

그 보험사고가 발생한 것을 알고 보험계약을 체결한 경우에는 그 보험계약은 무효이다. 판례도 보험계약이 체결되기 전에 보험사고가 이미 발생하였을 경우, 보험계약의 당사자 쌍방 및 피보험자가 이를 알지 못한 경우를 제외하고는 그 보험계약을 무효로 한다는 상법 제644조의 규정은, 보험사고는 불확정한 것이어야 한다는 보험의 본질에 따른 강행규정으로, 당사자 사이의 합의에 의해 이 규정에 반하는 보험계약을 체결하더라도 그 계약은 무효임을 면할 수 없다고 판시하고 있다.[19)]

5.2.2.4.2. 보험료기간

(1) 보험료기간

보험료기간이란 보험료 산정의 기준이 되는 단위기간을 말한다. 즉 보험자가 일정한 기간을 단위로 보험사고의 발생률을 통계적으로 측정하여 그 위험률에 따라 보험료를 산정하게 되는 기간을 말한다. 보험료기간은 반드시 보험기간과 일치하는 것은 아니다.

(2) 보험료불가분의 원칙

보험료불가분의 원칙이란 보험료기간 내의 위험을 불가분적인 것으로 보아 그 기간 내의 보험료도 불가분의 성질을 갖는 원칙을 말한다. 즉 보험료는 이 일정기간을 하나의 단위로 하여 이 기간 내에 있어서의 사고발생률을 측정하여 산출하게 되므로 보험료기간에 대한 보험료는 보험료기간과 일체적인 것으로서 나누어질 수가 없다고 하는 원칙을 말한다.

이 보험료불가분의 원칙은 보험자가 보험료기간의 일부에 대해서만 위험을 부담하였다 하더라도 보험료 전액을 취득할 수 있는 원칙을 말하므로 보험계약자가 보험기간 중간에 해지를 한 경우에 기간에 비례해서 보험료를 비율적으로 반환청구를 하는 경우에 보험자는 이를 보험료불가분의 원칙에 의하여 거절할 수 있다.

---

19) 大判 2002.06.28, 2001다59064.

5.2.2.5. 보험금액과 보험료

5.2.2.5.1. 보험금액

보험금액이란 보험사고가 발생하였을 때에 보험자가 피보험자(손해보험) 또는 보험수익자(인보험)에게 지급하여야 할 금액을 말한다. 보험금액은 금전으로 지급하는 것이 원칙이지만, 현물급여나 그 밖의 급여(치료행위)로 할 수도 있다.

5.2.2.5.2. 보험료

보험료라 함은 보험계약에서 보험자의 보험금 지급채무에 대한 대가로서 보험계약자가 지급하는 금액이다($\frac{상}{638}$). 대수의 법칙에 따라 사고발생 개연율에 의하여 산출되는 순보험료와 보험계약의 체결비용, 수수료 등 사업비로서 부가하는 부가보험료를 합한 것을 영업보험료라 한다.

5.2.3. 보험계약의 체결

5.2.3.1. 보험계약의 성립

5.2.3.1.1. 보험계약의 청약

보험계약은 보험자가 보험계약자로부터 보험료를 지급받고 보험계약자 측의 재산 또는 생명이나 신체에 관하여 생길 수 있는 불확정한 사고에 대한 위험을 인수하여 사고발생시 보험금을 지급하기로 하는 불요식의 낙성계약이다($\frac{상}{638}$). 보험계약은 일정한 형식을 요구하지 않는 불요식·낙성계약이므로 보험계약자의 청약과 보험자의 승낙에 의하여 성립한다.

불요식·낙성계약이므로 구두에 의하든 서면에 의하든 관계없으며, 전화에 의한 청약도 가능하다. 그 보험계약의 청약은 구두이든 서면이든 상관없으나 실제거래에 있어서는 보험계약청약서를 이용하는 것이 일반적이다. 보험계약청약서는 각종 보험에 따라 그 내용이나 형식에 있어서 일정한 것은 아니나 보험자에 의해서 작성된 정형화된 서식이다.

실제의 보험거래에서는 보험계약청약자는 보험모집인의 권유에 따라 보험계약청약서에 일정한 사항을 기재하여 이와 함께 제1회 보험료상당액을 납입하고 보험료영수증을 받게 되는데, 이 경우 보험모집인은 계약체결권이 없으므로 보험모집인은 계약체결권자인 보험자 또는 보험대리점에 그 청약서 등을 송부한다. 보험계약의 청약은 보험자가 승낙여부를 결정할 수 있는 기간 내에는 청약자가 임의로 철회할 수 없는 것으로 본다($\frac{VIII}{527}$).

5.2.3.1.2. 보험계약의 승낙

(1) 보험자의 승낙의 방법

보험자의 승낙은 특정한 보험계약의 청약에 대하여 보험자가 그 보험의 성립을 목적으로 하는 의사표시이다. 보험자가 보험계약자의 청약을 승낙하면 보험계약이 성립하게 되고, 이로써 당사자는 보험계약상의 권리와 의무를 지게 된다.

승낙의 방법은 원칙적으로 제한이 없다. 따라서 승낙은 명시적이든 묵시적이든 상관없다.

(2) 승낙통지의 해태와 보험계약의 성립

보험계약은 불요식의 낙성계약이므로 보험계약자의 청약과 보험자의 승낙에 의하여 성립하고, 보험자가 보험계약자의 청약을 받고 상당한 기간 안에 승낙통지를 발송하지 않으면 상시거래관계가 없는 한 청약의 효력을 잃게 된다($\frac{상}{53}$ ^{52}). 따라서 계약이 성립되지 않는다. 다만 보험자의 승낙이 없는 경우에도 일정한 경우에는 보험계약자를 보호하는 규정을 두고 있다. 즉 보험자가 보험계약자로부터 보험계약의 청약과 함께 보험료 상당액의 전부 또는 일부의 지급을 받은 때에는 다른 약정이 없으면 30일 내에 그 상대방에 대하여 낙부의 통지를 발송하여야 한다. 그러나 인보험계약의 피보험자가 신체검사를 받아야 하는 경우에는 그 기간은 신체검사를 받은 날부터 기산한다($\frac{상}{의2}\frac{638}{①}$). 보험자가 위 기간 내에 낙부의 통지를 해태한 때에는 승낙한 것으로 본다($\frac{상}{의2}\frac{638}{②}$).

보험자가 보험계약자로부터 보험계약의 청약과 함께 보험료 상당액의 전부 또는 일부를 받은 경우, 그 청약을 승낙하기 전에 보험계약에서 정한 보험사고가 생긴 때에는 그 청약을 거절할 사유가 없는 한 보험자는 보험계약상의 책임을 진다. 그러나 인보험계약의 피보험자가 신체검사를 받아야 하는 경우에 그 검사를 받지 아니한 때에는 그러하지 아니한다($\frac{상}{의2}\frac{638}{③}$). 이는 승낙의제가 인정되기 전에 보험사고가 발생했을 때 적격피보험체를 보호하기 위한 규정이다.

청약을 거절할 사유란 보험계약의 청약이 이루어진 바로 그 종류의 보험에 관하여 해당 보험회사가 마련하고 있는 객관적인 보험인수기준에 의하면 인수할 수 없는 위험상태 또는 사정이 있는 것으로서 통상 피보험자가 보험약관에서 정한 적격 피보험체가 아닌 경우를 말하고, 이러한 청약을 거절할 사유의 존재에 대한 증명책임은 보험자에게 있다.[20]

5.2.3.1.3. 보험약관의 교부·명시의무

보험자는 보험계약을 체결할 때에 보험계약자에게 보험약관을 교부하고 그 약관의 중요한 내용을 알려주어야 한다(상 638의3 ①). 이는 보험약관에 보험계약의 구체적인 내용이 기술되어 있고, 이를 보험계약자에게 환기시킨다는 의미에서 보험자로 하여금 보험약관을 교부하고 중요한 내용을 알려주도록 한 것이다. 중요한 내용은 보험의 종류에 따라 다를 수 있으나, 보험약관의 중요한 요소 가운데 보험료와 그 지급방법, 보험금액, 보험기간 특히 보험자의 책임개시시기를 정한 경우에는 그 시기, 보험사고의 내용, 보험계약의 해지사유 또는 보험자의 면책사유 등이라 할 수 있을 것이다.

보험자가 이를 위반한 때에는 보험계약자는 보험계약이 성립한 날부터 1월 내에 그 계약을 취소할 수 있다(상 638의3 ②).

약관설명의무를 위반한 경우 이에 관한 법으로 상법과 약관의규제에관한법률이 모두 해당될 수 있어 이의 적용과 관련하여 문제가 있을 수 있다. 약관에 대한 설명의무를 위반한 경우에 적용되는 상법 제638조의3 제2항과 설명의무를 게을리 한 경우에 그 약관을 계약의 내용으로 주장할 수 없는 것으로 규정하고 있는 약관의규제에관한법률 제3조 제3항과의 사이에는 아무런 모순·저촉이 없다고 해석되고 있다.

판례도 상법 제638조의3 제2항은 약관의규제에관한법률 제3조 제3항과의 관계에서는 그 적용을 배제하는 특별규정이라고 할 수가 없으므로 보험약관이 상법 제638조의3 제2항의 적용 대상이라 하더라도 약관의규제에관한법률 제3조 제3항 역시 적용이 된다(중첩적 적용설)고 판시하고 있다.[21] 따라서 상법 제638조의3 제2항은 약관의규제에관한법률 제3조 제3항과의 관계에서는 그 적용을 배제하는 특별규정이라고 할 수 없으므로, 보험계약자가 보험계약을 취소하지 않았다고 하더라도 보험자의 설명의무 위반의 법률효과가 소멸되어 이로써 보험계약자가 보험자의 설명의무 위반의 법률효과를 주장할 수 없다거나 보험자의 설명의무 위반의 하자가 치유되는 것이 아니라고 할 것이다.[22]

---

20) 大判 2008.11.27, 2008다40847.

21) 大判 1998.11.27, 98다32564.

22) 大判 1999.3.9, 98다43342, 43359.

5.2.3.2. **고지의무**

5.2.3.2.1. 고지의무의 의의

고지의무란 보험계약의 선의성의 반영으로 보험계약자 또는 피보험자가 보험계약의 체결 당시에 보험계약 성립 전에 보험자에 대하여 중요한 사항을 고지하거나 또는 부실고지를 하지 아니할 의무를 말한다($\frac{\text{상}}{651}$).

고지의무는 보험계약자 등이 자기의 불이익을 방지하기 위한 자기의무이고, 또한 보험계약의 효과로서 부담하는 의무가 아니고 단지 보험계약의 전제요건으로서 지는 간접의무이며(통설), 또한 법률에 의하여 인정되는 법정의무이다. 이러한 고지의무를 인정하는 법적 근거는 보험사고 발생의 개연율을 측정하기 위하여 위험 선택의 자료를 얻고자 하는 데 있다는 의험추정설 또는 기술설에서 찾고 있는 것이 일반적이며, 보험계약의 선의성에 그 기초가 있다.

이러한 고지의무는 보험계약 체결 시 계약이 성립되기 전까지 지는 의무로서, 계약의 효과로 발생하여 보험기간 중에 일정한 사실의 발생을 보험자에게 알려야 하는 통지의무와 구별된다.

5.2.3.2.2. 고지의무의 내용

(1) 당사자

1) 고지의무자

고지의무를 부담하는 자는 보험계약상 보험계약자와 피보험자이다($\frac{\text{상}}{651}$). 대리인에 의하여 보험계약을 체결한 경우에 대리인이 안 사유는 그 본인이 안 것과 동일한 것이므로 ($\frac{\text{상}}{646}$) 대리인에 의하여 보험계약을 체결한 경우에 대리인이 고지의무를 이행하지 않으면 그 본인의 고지의무 위반과 동일시된다. 대리인에 의하여 고지하는 경우에는 본인이 알고 있는 사실뿐만 아니라 대리인 자신이 알고 있는 사실도 고지하여야 하는 것으로 본다.

피보험자가 고지의무를 부담하는 경우에는 손해보험(보험계약상 보험금청구권을 가지는 자)과 인보험(보험사고발생의 객체가 되는 자)의 경우가 다르다.

① 인보험에서 보험금청구권을 갖는 보험수익자는 고지의무자가 아니다.

② 손해보험에서 보험금청구권을 기지는 피보험자는 고지의무자라고 할 수 있다.

③ 타인을 위한 손해보험계약에서 보험계약자가 그 타인인 피보험자에게 보험계약이
   체결되었음을 알리지 않은 경우에는, 피보험자가 고지의무를 부담한다고 할 수 없
   을 것이다.

2) 고지수령권자

고지의 상대방은 보험자와 그를 위하여 고지수령권을 가지는 대리인, 예컨대 보험대리
인, 보험의 등이다. 다만 보험계약의 체약대리권이 있는 보험대리점은 고지수령권을 갖고
또한 보험의도 고지수령권을 가지나, 보험계약의 체약대리권이 없는 보험중개사 및 보험
설계사는 긍정설(소수설)이 있으나, 보험계약의 체결을 중개하는 사실행위만을 하므로 고
지수령권이 없다고 보아야 한다(통설·판례[23]).

(2) 고지의 시기와 방법

고지의 시기는 보험계약 당시, 즉 보험 계약이 성립할 때이다($\frac{상}{651}$). 따라서 보험계약자
가 보험자에 대하여 보험청약을 하고 보험자가 승낙할 때까지 새로운 사항 등에 대해서
도 고지하여야 한다.

고지의 방법에는 법률상 특별한 제한이 없다. 즉, 서면이든 구두이든, 명시적이든 묵시
적이든 상관없다. 실제의 거래계에서는 보험계약 청약서에 질문란을 두어 그에 기재하도
록 하는 것이 일반적이다.

(3) 고지사항

고지의무자가 보험자에 대하여 고지할 사항은 중요한 사항이다($\frac{상}{651}$). 중요한 사항이란
보험자가 위험을 측정하여 계약의 인수 여부 및 보험료액을 판단하는 데 영향을 미치는
사항으로서 보험자가 그 사실을 알았다면 청약을 승낙하지 않았거나 적어도 그 보험료로
는 계약을 체결하지 않았을 것이라고 판단할 수 있는 사항을 말한다.

중요한 사항이란 보험자가 보험사고의 발생과 그로 인한 책임부담의 개연율을 측정하
여 보험계약의 체결 여부 또는 보험료나 특별한 면책조항의 부가와 같은 보험계약의 내용
을 결정하기 위한 표준이 되는 사항으로서, 객관적으로 보험자가 그 사실을 안다면 그 계
약을 체결하지 않든가 적어도 동일한 조건으로는 계약을 체결하지 않으리라고 생각되는

---

23) 보험가입청약서에 기왕병력을 기재하지 아니하고 보험회사의 외무사원에게 이를 말한 것만으로는 위 기
   왕 병력을 보험회사에 고지하였다고 볼 수 없다(대판 1979.10.30, 79다1234).

사항을 말하고, 어떠한 사실이 이에 해당하는가는 보험의 종류에 따라 달라질 수밖에 없는 사실인정의 문제로서 보험의 기술에 비추어 객관적으로 관찰하여 판단되어야 한다.[24]

　보험자가 서면으로 질문한 사항은 중요한 사항으로 추정한다(상법 651).[25] 그러므로 보험계약자 등이 질문표에 기재한 질문사항에 사실과 다른 기재를 하였다면 특별한 사정이 없는 한 이는 고지의무 위반이 된다. 그러나 이것은 절대적인 것이 아니므로 질문표가 없는 계약도 유효하며 질문표에 없는 내용이라 할지라도 중요한 사항임을 알고서 숨긴 경우 등은 고지의무 위반이 된다고 할 것이다.

　보험자가 서면으로 질문한 사항은 보험계약에 있어서 중요한 사항에 해당하는 것으로 추정되고(상법 651), 여기의 서면에는 보험청약서도 포함될 수 있으므로, 보험청약서에 일정한 사항에 관하여 답변을 구하는 취지가 포함되어 있다면 그 사항은 상법 제651조에서 말하는 '중요한 사항'으로 추정된다.[26]

　판례에 의하면 손해보험의 경우는 다른 보험계약에 관한 사항, 보험사고의 발생사실 등이고, 생명보험에서는 피보험자의 기왕증·현재병, 피보험자의 부모의 생존여부, 피보험자의 나이, 피보험자의 신분·직업 등이다. 그러나 중복보험을 체결한 사실은 고지의무의 대상이 되는 중요한 사항이 아니다.[27] 또한 자동차 보험에서 갑이 자신을 기명피보험자로 하여 자동차보험계약을 체결하면서 피보험차량의 실제 소유자에 관하여 고지하지 않은 사안에서, 위 보험계약에서 기명피보험자인 갑이 피보험차량을 실제 소유하고 있는지는 상법 제651조에서 정한 '중요한 사항'에 해당한다고 볼 수 없고, 나아가 갑이 자신을 기명피보험자로 하여 보험계약을 체결한 것이 피보험자에 관한 허위고지에 해당한다고 할 수 없다.[28]

---

24) 大判 1997.9.5, 95다25268.
25) 大判 1993.04.13, 92다52085, 52092(반소).
26) 大判 2004.06.11, 2003다18494.
27) 大判 2003.11.13, 2001다49623.
28) 大判 2011.11.10, 2009다80309.

5.2.3.2.3. 고지의무의 위반

(1) 요 건

1) 주관적 요건: 고의 또는 중대한 과실

고지의무의 위반이 되기 위해서는 고지의무자의 고의 또는 중대한 과실로 중요한 사항에 관하여 불고지 또는 부실고지를 하여야 한다(상651). 고지의무 위반의 주관적 요건으로는 고지의무자의 고의 또는 중대한 과실이 있어야 한다. 고의란 해의가 아니고 중요한 사실을 알면서 고지하지 않은 것(불고지) 또는 허위인 것을 알면서 고지하는 것(부실고지)를 말한다. 중대한 과실이란 고지의무자가 거래상 필요로 하는 간단한 주의를 게을리 하여 불고지 또는 부실고지를 하는 것을 말한다. 즉 중대한 과실이란 고지하여야 할 사실은 알고 있었지만 현저한 부주의로 인하여 그 사실의 중요성의 판단을 잘못하거나 그 사실이 고지하여야 할 중요한 사실이라는 것을 알지 못하는 것을 말한다.[29]

2) 객관적 요건: 불고지 또는 부실고지

고지의무 위반의 객관적 요건으로는 중요한 사항에 대한 불고지 또는 부실고지가 있어야 한다. 불고지라 함은 중요한 사항을 알면서 알리지 아니하는 것을 말하고, 부실고지란 사실과 다르게 거짓으로 알리는 것을 말한다.

3) 입증책임

보험자는 사실의 불고지 또는 부실고지된 경우에는 그러한 사실이 보험계약자 등의 고의 또는 중대한 과실로 생긴 것임을 입증하여야 한다. 보험자의 악의나 중대한 과실에는 보험자의 그것뿐만 아니라 이른바 보험자의 보험의를 비롯하여 널리 보험자를 위하여 고지를 수령할 수 있는 지위에 있는 자의 악의나 중과실도 당연히 포함된다.[30] 또한 보험자가 명시·설명의무를 위반하여 보험계약을 체결한 때에는 그 약관의 내용을 보험계약의 내용으로 주장할 수 없으므로 보험계약자나 그 대리인이 그 약관에 규정된 고지의무를 위반하였다 하더라도 이를 이유로 보험계약을 해지할 수 없다.[31]

---

29) 大判 2011.04.14, 2009다103349, 103356.

30) 大判 2001.01.05, 2000다40353.

31) 大判 1996.4.12, 96다4893; 大判 1995.08.11, 94다52492.

(2) 효 과

1) 계약의 해지권

보험자는 고지의무 위반의 요건이 성립하면 원칙적으로 보험계약을 해지할 수 있다($\frac{\text{상}}{651}$). 즉 보험자는 보험사고의 발생 전후를 불문하고 일방적인 의사표시만에 의하여 보험계약을 해지할 수 있다. 이 해지권은 형성권이며 보험사고 발생 전후를 묻지 아니하고 계약을 해지할 수 있다. 해지의 의사표시의 상대방은 보험계약자 또는 그의 대리인이다. 따라서 피보험자나 보험수익자는 해지의 상대방이 아니다. 의사표시가 상대방에게 도달한 때에 해지의 효력이 발생하며, 장래에 대하여만 생긴다.

보험사고의 발생 후에도 보험자는 고지의무 위반을 이유로 보험계약을 해지할 수 있는데, 이때에 보험자가 이미 보험금을 지급한 때에는 이의 반환을 청구할 수 있고, 아직 보험금을 지급하지 아니한 때에는 이를 지급할 책임이 없다($\frac{\text{상}}{655}$). 그러나 고지의무 위반의 사실이 보험사고의 발생에 영향을 미치지 아니하였음이 입증된 경우에는 그러하지 아니한다($\frac{\text{상}}{655}$). 즉 고지의무를 위반한 사실과 보험사고의 발생 사이에 인과관계가 인정되지 아니한 때에는 보험계약을 해지하더라도 보험금액의 지급책임을 면할 수 없다.[32]

종합하면 보험자는 고지의무를 위반한 사실과 보험사고의 발생 사이의 인과관계를 불문하고 상법 제651조에 의하여 고지의무 위반을 이유로 계약을 해지할 수 있다. 그러나 보험금액청구권에 관해서는 보험사고 발생 후에 고지의무 위반을 이유로 보험계약을 해지한 때에는 고지의무에 위반한 사실과 보험사고 발생 사이의 인과관계에 따라 보험금액 지급책임이 달라지고, 그 범위 내에서 계약해지의 효력이 제한될 수 있다. 고혈압 진단 및 투약 사실에 관한 피보험자의 고지의무 위반과 백혈병 발병이라는 보험사고 사이에 인과관계가 인정되지 않지만, 보험자가 고지의무 위반을 이유로 보험계약을 해지할 수 있다.[33]

피보험자 갑이 신경안정제를 복용한 채 술을 마신 후 야외에서 사망한 상태로 발견되자 을 보험회사가 이에 대한 보험금 지급의무를 부담하는지 여부가 문제된 사안에서, 피보험자 갑이 보험계약에서 정한 '급격하고도 우연한 외래의 사고'로 상해를 입어 그 직접 결과로서 사망하였고, 보험계약 체결 당시 당뇨병으로 치료받아온 사실에 관하여 제대로 고지하지 않은 사실은 있으나 이는 보험사고의 발생에 아무런 영향을 미치지 않았

---

32) 서울동부지법 2011.03.18, 2010가합14573.

33) 大判 2010.7.22., 2010다25353.

다고 할 것이므로, 을 보험회사는 위 보험사고로 인한 보험금을 지급할 의무가 있다.[34]

2) 해지의 제한

보험계약자가 고지의무를 위반하여도 다음과 같은 경우에는 보험자가 계약을 해지할 수 없다.

① 제척기간의 경과

보험자가 고지의무 위반의 사실을 안 날로부터 1월을 경과하거나 계약을 체결한 날로부터 3년을 경과한 경우에는 해지할 수 없다(상651). 이 기간은 제척기간으로서 이 기간 경과 후에는 보험자는 고지의무 위반에 대해 다툴 수가 없다. 이를 불가쟁기간이라고도 하며, 이러한 약관을 불가항쟁약관이라고 한다.

② 보험자의 고의·중과실

보험자가 보험계약 당시에 고지의무 위반의 사실을 알았거나 중대한 과실로 인하여 알지 못한 경우에는 보험자의 계약해지권이 제한된다(상651). 이 때 보험자는 보험대리점·보험의 등의 고지수령권이 있는 자를 포함한다. 이러한 사정은 고지의무자가 입증하여야 한다.

③ 인과관계의 부존재

고지의무 위반과 보험사고의 발생 사이에 인과관계가 없음이 입증되면 보험자측의 보험계약의 해지권은 제한된다. 고지의무 위반이 있는 경우 이 사실과 보험사고의 발생 사이에 인과관계가 없음의 입증책임은 고지의무자가 부담한다(통설·판례[35]).

보험계약을 체결함에 있어 중요한 사항의 고지의무를 위반한 경우 고지의무 위반사실이 보험사고의 발생에 영향을 미치지 아니하였다는 점, 즉 보험사고의 발생이 보험계약자가 불고지하였거나 부실고지한 사실에 의한 것이 아니라는 점이 증명된 때에는 상법 제655조 단서의 규정에 의하여 보험자는 위 부실고지를 이유로 보험계약을 해지할 수 없을 것이나, 위와 같은 고지의무 위반사실과 보험사고 발생과의 인과관계가 부존재한다는 점에 관한 입증책임은 보험계약자 측에 있다고 할 것이라고 판시하고 있다.

---

34) 서울동부지법 2011.03.18, 2010가합14573.

35) 大判 1992.10.23, 92다28259; 大判 1994.2.25, 93다52082; 大判 1997.9.5, 95다25268.

3) 해지의 효과

원래 해지의 효과는 장래에 대해 효력을 상실하는 것이지만 이에 대한 특별 예외규정으로서 보험계약자 측의 보험료지급의무위반, 고지의무 위반, 위험의 현저한 변경·증가의 통지의무위반, 고의·중과실로 인한 위험의 현저한 변경·증가 등으로 인해 보험사고가 발생한 경우에는 보험자가 사고발생 후에 계약을 해지하더라도 보험금 지급책임을 지지 않도록 하고 있다. 그러므로 이미 지급한 보험금이 있으면 그 반환을 청구할 수 있다.

(3) 착오·사기와의 관계

상법상의 고지의무 위반의 사실이 동시에 민법상 보험자의 착오($_{109}^{민}$)나 보험계약자의 사기($_{110}^{민}$)에 해당하는 이 경우에 보험자는 상법 제651조에 의하여 보험계약을 해지만을 할 수 있느냐 또는 민법 제109조 또는 제110조에 의하여 보험계약을 취소할 수도 있느냐의 문제가 있다.

이 경우에 상법만이 적용되어 해지할 수 있다고 하면 그 보험계약은 원칙적으로 해지한때로부터 장래에 대하여만 무효가 되고 또한 보험자는 일정한 제척기간이 경과하면 해지할 수 없으나, 민법도 적용된다고 보험 보험자가 민법에 의하여 보험계약을 취소하면 그 계약은 처음부터 무효가 되고($_{141}^{민}$) 또한 보험자는 상법상 일정한 제척기간이 경과한 후에도 보험계약을 취소하여 무효로 할 수 있다.

학설은 크게 ① 상법적용설(민법적용 배제설) ② 민·상법적용설 및 ③ 절충설(착오·사기 구별설 또는 착오배제 사기적용설)로 나뉘어 있다.

① 상법적용설(民法適用排除說)

고지의무 위반에 관한 상법의 규정은 민법에 대한 특칙이므로, 이러한 상법이 적용되는 한 민법의 착오 및 사기에 관한 규정은 적용될 여지가 없다고 한다.

② 민·상법적용설(중복적용설 또는 동시적용설)

고지의무 위반에 관한 상법의 규정은 착오·사기 등의 의사의 흠결 또는 의사표시의 하자에 관한 민법의 규정과는 그 근거·요건·효과 등에서 완전히 다르므로, 양자는 다 같이 적용된다고 한다.

③ 절충설(착오·사기 구별설 또는 착오배제 사기적용설; 통설·판례[36])

보험자의 착오의 경우에는 민법의 적용을 배제하나, 보험계약자의 사기의 경우에는 상법 외에 민법의 의사표시에 관한 규정도 적용된다고 한다. 고지의무 위반이 보험자로 하여금 객관적인 인식에 착오를 일으키게 하는 경우와 보험자를 일부러 속이는 사기의 경우를 구별하고, 착오의 경우에는 보험계약자 측을 보호하기 위하여 상법만이 적용되나 사기의 경우에는 보험계약자의 위법행위에 대하여 보험계약자를 보호하는 것은 보험제도의 원리에 맞지 않으므로 상법뿐만 아니라 민법의 규정도 적용된다.

5.2.3.3. 보험증권

5.2.3.3.1. 보험증권의 의의

(1) 보험증권의 개념

보험증권이란 보험계약의 성립과 그 내용을 증명하기 위하여 계약의 내용을 기재하고 보험자가 기명날인 또는 서명하여 보험계약자에게 교부하는 증권이다. 보험증권은 보험계약의 성립과 그 내용을 증명하기 위하여 계약의 내용을 기재하고 보험자가 기명날인 또는 서명하여 보험계약자에게 교부하는 증권으로 증거증권이고, 면책증권이며, 상환증권이다. 그러나 보험자만이 기명날인 또는 서명하므로 계약서도 아니다. 따라서 보험계약에 관하여 분쟁이 발생할 경우 보험계약의 내용이 증거증권인 보험증권만에 의하여 결정되는 것이 아니라 보험계약 체결에 있어서의 당사자의 의사와 계약체결의 전후 경위 등을 종합하여 그 내용을 인정할 수도 있다.[37]

(2) 법적 성질

보험증권의 법적 성질에 대해 보험계약에 관한 증거증권이며, 면책증권이고, 상환증권, 증거증권, 요식증권, 유가증권이다.

---

36) 보험계약을 체결함에 있어 중요한 사항에 관하여 보험계약자의 고지의무 위반이 사기에 해당하는 경우에는 보험자는 상법의 규정에 의하여 계약을 해지할 수 있음은 물론 민법의 일반원칙에 따라 그 보험계약을 취소할 수 있다(大判 1991.12.27, 91다165).

37) 大判 1992.10.27, 92다32852.

1) 요식증권성

보험증권에는 일정한 사항을 기재하고 보험자가 기명날인 또는 서명하여야 한다($^{商}_{666}$). 따라서 보험증권은 요식증권이나 그 요식성은 어음·수표에 있어서와 같이 엄격한 것이 아니고, 법정사항의 기재를 결하거나 또는 그 밖의 사항을 기재하여도 보험증권의 효력에는 아무런 영향이 없다.

2) 증거증권성

보험증권은 증거증권으로서 보험계약의 성립과 그 내용에 관하여 사실상의 추정력을 가진다. 그러므로 보험증권의 기재내용과 보험계약의 내용이 다른 때에는 그 사실을 입증하여 진실한 계약의 내용에 따라 당사자는 그 권리를 주장할 수 있다고 풀이한다.

판례도 보험계약은 당사자 사이의 의사합치에 의하여 성립되는 낙성계약이고, 보험계약을 체결할 때 작성 교부되는 보험증권은 하나의 증거증권에 불과한 것이어서 보험계약의 내용은 반드시 위의 증거증권만에 의하여 결정되는 것이 아니라 보험계약 체결에 있어서의 당사자의 의사와 계약체결의 전후 경위 등을 종합하여 그 내용을 인정할 수도 있다고 판시하여 이를 뒷받침 하고 있다.[38]

3) 면책증권성

보험자는 보험금의 지급 기타의 급여를 함에 있어서 보험증권을 제시하는 자에 대하여 악의 또는 중과실 없이 지급하면 면책이 된다는 점에서 면책증권성을 갖는다.

4) 상환증권성

보험자는 보험증권과 상환하여 보험금을 지급한다는 점에서 상환증권성을 갖는다. 보험증권이 없는 경우에는 다른 방법에 의하여 권리를 증명하여 보험금을 청구하는 것도 가능하다.

5) 유가증권성

보험증권이 유가증권인지 여부에 대하여는 ① 부정설 ② 긍정설 ③ 일부긍정설(절충설)로 학설이 나뉘어 있으나 일반적으로 유가증권성을 부정한다. 특히 인보험증권은 그 성질상 유통과 관련하여 지시식 또는 무기명식의 보험증권으로 발행될 수도 없고, 비록

---

38) 大判 1992.10.27, 92다32852.

그러한 형식으로 발행되었다 하더라도 유가증권성을 인정할 수 없다(통설). 물건보험에서의 보험증권은 기명식에 한하지 않고 지시식 또는 무기명식으로 발행될 수 있는데($\frac{상}{666}$), 지시식 또는 무기명식으로 발행되었다고 하여 이러한 보험증권이 반드시 유가증권이라는 근거가 되지는 못한다고 한다. 따라서 보험증권에 법정사항의 기재를 결하거나 또는 그 밖의 사항을 기재하여도 보험증권의 효력에는 아무런 영향이 없다. 다만 해상적하보험 등에서만 예외적으로 인정되는 경우에는 유가증권성을 인정할 수 있을 것이라고 보는 것이 일부긍정설의 입장으로 일면 타당한 면이 있다.

(3) 이의약관

보험증권은 증거증권으로서 계약내용에 대해 사실상의 추정력을 갖기 때문에 증권상의 기재내용이 사실과 다를 때에는 계약의 당사자가 이의를 제기하여 바로잡도록 해야 하며 이와 같은 내용을 정한 약관조항을 이의약관(異議約款)이라 한다.

보험계약의 당사자는 보험증권의 교부가 있은 날로부터 1월을 내리지 않는 기간 내에 한하여 그 증권내용의 정부에 관한 이의를 할 수 있음을 약정할 수 있다($\frac{상}{641}$). 따라서 이의약관에는 1월 이상의 충분한 기간이 확보되어야 한다. 보험증권의 정부에 관한 이의제기는 보험계약자뿐만 아니라 보험자도 할 수 있다.

5.2.3.3.2. 보험증권의 발행

(1) 작성·교부

보험자는 보험계약이 성립한 때에는 지체 없이 보험증권을 작성하여 보험계약자에게 교부하여야 한다. 그러나 보험계약자가 보험료의 전부 또는 최초의 보험료를 지급하지 아니한 때에는 그러하지 아니한다($\frac{상}{①}$ 640). 따라서 이 경우에도 보험자의 보험증권 교부의무가 면제되는 것이다.

(2) 연장·변경

기존의 보험계약을 연장하거나 변경한 경우에는 보험자는 그 보험증권에 그 사실을 기재함으로써 보험증권의 교부에 갈음할 수 있다($\frac{상}{②}$ 640).

(3) 재교부

보험증권을 멸실 또는 현저하게 훼손한 때에는 보험계약자는 보험자에 대하여 증권의 재교부를 청구할 수 있다. 그 증권작성의 비용은 보험계약자의 부담으로 한다($\frac{\text{상}}{642}$). 일반적으로 증권을 멸실 또는 훼손한 자는 민사소송법의 공시최고의 절차를 밟아 제권판결(除權判決)을 얻지 아니하면 증권의 재교부를 청구하지 못한다. 그러나 보험증권은 증거증권으로서 엄격한 요식증권이 아니고 또 유상증권성이나 상환성을 가지는 것도 아니므로 제권판결을 얻지 않고도 재교부를 청구할 수 있다. 물론 유가증권성이 인정되는 보험계약에 있어서는 공시최고의 절차를 거쳐야 한다.

5.2.3.3.3. 보험증권 교부 흠결의 효과

상법상 보험자의 보험증권 교부의무 위반시 효과에 관한 규정은 없다. 보험자가 보험증권 교부의무를 위반한 때에도 보험계약의 효력에는 영향을 미치지 않는다고 본다.

5.2.4. 보험계약의 효과

5.2.4.1. 보험자의 의무

5.2.4.1.1. 보험증권 교부의무

보험자는 보험계약이 성립한 때에는 지체 없이 보험증권을 작성하여 보험계약자에게 교부하여야 한다($\frac{\text{상}}{3}$ 640). 그러나 보험계약자가 보험료의 전부 또는 최초의 보험료를 지급하지 아니한 때에는 그러하지 아니하다.

5.2.4.1.2. 보험금 지급의무

(1) 보험금 지급의무의 발생

보험자는 보험사고가 발생한 경우에 피보험자 또는 보험수익자에게 보험금을 지급할 의무를 진다($\frac{\text{상}}{638}$).

(2) 면책사유

보험자의 면책사유는 보험약관에 의하여 인정되는 것과 법률상으로 인정되는 것이 있다. 법률상 면책사유에는 ① 보험사고가 보험계약자 또는 피보험자나 보험수익자의 고의나 중대한 과실로 인하여 생긴 때($\binom{상}{659}$) ② 보험사고가 전쟁 그 밖의 변란으로 인하여 생긴 때($\binom{상}{660}$) 두 가지를 규정하고 있는데, 이 경우에 보험자는 보험금을 지급할 책임이 없다.

피보험자나 보험수익자의 고의나 중대한 과실로 인하여 발생한 손해에 대해 보험금을 지급하지 않는 것은 반사회적인 범죄행위를 행한 자에 대하여 보험금을 지급하는 것은 보험계약에 관한 신의성실의 원칙에 반하고 또한 공적인 견지에서도 허용되지 않을 뿐만 아니라 보험의 특성인 보험사고의 우연성의 요구에도 반한다는 고려 외에도 도박보험의 위험성과 보험금을 목적으로 한 고의에 의한 보험사고가 발생하는 것을 방지하기 위한 것이다.[39]

상법 제659조는 보험계약법의 통칙 규정이기 때문에 손해보험뿐만 아니라 인보험에도 적용되어야 한다. 그러나 사망을 보험사고로 한 보험계약에는 사고가 보험계약자 또는 피보험자나 보험수익자의 중대한 과실로 인하여 생긴 경우에도 보험자는 보험금액을 지급할 책임을 면하지 못한다. 즉 사망보험과 상해보험의 경우에는 피보험자나 보험수익자의 고의에 의한 경우에만 보험자가 면책되고, 중과실의 경우에는 면책되지 않는다($\binom{상\ 732의}{2,\ 739}$). 인보험에 있어서는 인도적인 측면에서 보험수익자를 더 보호하고자 하는 취지이다. 그러나 상법 제659조 제1항은 보증보험의 경우에는 특별한 사정이 없는 한 그 적용이 없다.[40]

고의는 원인행위에 존재하면 족하고 결과의 발생에 대해서까지 인식하여야 하는 것은 아니며, 미필적 고의도 포함한다고 할 것이다.

(3) 보험금의 지급방법과 지급시기

1) 보험금청구권자

보험금청구권자는 손해보험의 경우에는 피보험자이고, 생명보험의 경우에는 보험수익자이다. 이 청구권은 재산권이므로 상속이 가능하다.

---

39) 大判 2001.12.28, 2000다31502.
40) 大判 1998.03.10, 97다20403.

2) 보험금지급의 방법과 시기

보험자의 보험금의 지급방법은 반드시 금전으로써 하여야 한다는 제한은 없으나 금전으로 지급하는 것이 원칙이고, 당사자 사이에 특약이 있는 경우에는 현물 또는 기타의 급여로써 할 수 있다($\frac{상}{638}$).

보험자는 보험금의 지급에 관하여 약정기간이 있으면 그 기간 안에, 약정기간이 없으면 보험사고발생의 통지를 받은 후 지체 없이 보험자가 지급할 보험금액을 정하고 그것이 정하여진 날부터 10일 내에 보험금을 피보험자 또는 보험수익자에게 지급하여야 한다($\frac{상}{658}$).

(4) 소멸시효

일정한 사실상태가 오랫동안 지속된 경우에, 그 상태가 권리관계에 합치하는지 여부를 묻지 않고서, 사실상태를 그대로 존중하여, 이로써 권리관계를 인정하려는 제도가 이른바 '시효'이다. 즉 일정한 사실상태가 일정한 기간 동안 계속됨으로써 법률상 일정한 효과(권리의 취득 또는 권리의 소멸)가 일어나게 하는 법률요건이 시효이다. 시효에는 취득시효와 소멸시효가 있는데 소멸시효는 권리자가 그의 권리를 행사할 수 있음에도 불구하고, 일정한 기간(시효기간) 동안 그 권리를 행사하지 않는 상태, 즉 권리불행사의 상태가 계속된 경우에 그 자의 권리를 소멸시켜버리는 시효이다.

보험자의 보험금 지급의무는 2년이 경과하면 소멸시효가 완성한다($\frac{상}{662}$). 보험금액의 청구권 등의 소멸시효기간에 관하여 규정한 상법 제662조는 달리 특별한 규정이 없는 한 손해보험과 인보험 모두에 적용되는 규정이다.[41] 소멸시효는 민법 일반 법리에 따라 객관적으로 권리가 발생하고 그 권리를 행사할 수 있는 때로부터 진행한다.[42]

보험금액청구권은 보험사고가 발생하기 전에는 추상적인 권리에 지나지 아니할 뿐 보험사고의 발생으로 인하여 구체적인 권리로 확정되어 그때부터 그 권리를 행사할 수 있게 되는 것이므로, 특별한 사정이 없는 한 원칙적으로 보험금액청구권의 소멸시효는 보험사고가 발생한 때로부터 진행한다.[43] 따라서 소멸시효는 객관적으로 보아 보험사고가 발생한 사실을 확인할 수 없는 사정이 있는 경우에는, 보험금액청구권자가 보험사고의 발생을 알았거나 알 수 있었던 때로부터 보험금액청구권의 소멸시효가 진행한다.[44]

---

41) 大判 2009.07.09, 2009다14340.

42) 大判 2011.03.24, 2010다92612.

43) 大判 1997.02.13, 96다19666; 大判 1998.5.12., 97다54222; 大判 2009.07.09, 2009다14340.

44) 大判 1993.07.13, 92다39822.

소멸시효에서 권리를 행사할 수 없는 때라 함은 권리행사에 법률상의 장애사유, 예컨대 기간의 미도래나 조건불성취 등이 있는 경우를 말하는 것이고 사실상 권리의 존부나 권리행사의 가능성을 알지 못하였거나 알지 못함에 과실이 없다는 사유는 법률상 장애사유에 해당한다고 할 수 없다.[45]

보험금청구권에 대한 시효기간을 단축할 필요성에 있어서는 상호보험이나 주식회사 형태의 영리보험 간에 아무런 차이가 있을 수 없으므로, 단기시효에 관한 상법 제662조의 규정은 상법 제664조에 의하여 상호보험에도 준용된다.[46]

5.2.4.1.3. 보험료반환의무

(1) 보험료반환의무의 발생

1) 보험계약의 무효로 인한 보험료반환청구

보험계약의 전부 또는 일부가 취소 되거나($\frac{상}{638}$), 보험계약이 무효인 경우엔 보험계약자와 피보험자 또는 보험수익자가 선의이며 중대한 과실이 없는 때에는 보험자는 보험료의 전부 또는 일부를 보험계약자에게 반환하여 줄 의무를 진다($\frac{상}{648}$). '선의이며 중대한 과실이 없는 때'라 함은 보험계약자 측이 보험계약의 무효사실을 알지 못함에 상당한 이유가 있는 등 계약이 무효가 된 것에 대해 보험계약자 측에 귀책사유가 없는 경우를 의미한다.

2) 보험사고 발생 전에 보험계약을 해지한 경우

보험사고가 발생하기 전에는 보험계약자는 언제든지 계약의 전부 또는 일부를 해지할 수 있다. 그러나 타인을 위한 보험계약의 경우에는 보험계약자는 그 타인의 동의를 얻지 아니하거나 보험증권을 소지하지 아니하면 그 계약을 해지하지 못한다($\frac{상}{①}$ 649). 이 경우에는 보험계약자는 당사자 간에 다른 약정이 없으면 미경과 보험료의 반환을 청구할 수 있다 ($\frac{상}{③}$ 649). 즉 보험계약자는 보험사고의 발생 전에는 언제든지 보험계약의 전부 또는 일부를 해지할 수 있는데, 이 경우에는 다른 약정이 없으면 보험자는 미경과 보험료를 반환하여 줄 의무가 있다($\frac{상}{①·③}$ 649). 생명보험의 경우는 일정한 사유에 의하여 보험계약이 해지되거나 보험금의 지급책임이 면제된 때에는 보험자는 보험수익자를 위하여 적립한 보험료적립금

---

45) 大判 1993.04.13, 93다3622.

46) 大判 1995.03.28, 94다47094.

을 보험계약자에게 반환하여야 할 의무를 부담한다($\frac{2}{736}$).

(2) 소멸시효

이 보험료 또는 적립금의 반환의무도 2년의 단기시효로 소멸한다($\frac{2}{662}$).

5.2.4.2. **보험계약자·피보험자·보험수익자의 의무**

5.2.4.2.1. 보험료지급의무

(1) 보험료지급의무

보험계약은 유상계약으로서 보험자가 보험계약상의 책임을 지는 대가로서 보험계약자는 보험료지급의무가 있다. 따라서 보험자의 책임이 개시되기 위해서는 보험계약자는 계약체결 후 지체 없이 보험료의 전부 또는 제1회 보험료를 지급하여야 한다($\frac{2}{1}$ 650).

1) 지급의무자

1차적으로는 보험계약자이며, 타인을 위한 보험계약의 경우 2차적으로는 타인인 피보험자 또는 보험수익자이다.

2) 지급시기

보험료의 납입은 보험자의 책임개시의 요건이므로 보험계약이 성립한 후 지체없이 보험료의 전부 또는 제1회 보험료를 지급하여야 한다.

3) 보험료의 액

보험계약에서 정하여지나 당사자간의 합의 없이 당사자가 일방적으로 이를 변경하지 못한다. 그러나 일방만의 청구에 의하여(형성권) 증감하는 경우가 있다.

(2) 보험료 감액청구권

1) 예기한 특별위험이 소멸한 경우

보험계약의 당사자가 특별한 위험을 예기하여 보험료의 액을 정한 경우에 보험기간 중 그 예기한 위험이 소멸한 때에는 보험계약자는 그 후의 보험료의 감액을 청구할 수 있다 (상647). 보험료감액청구권은 형성권이고 그 특별위험의 소멸에 관한 입증은 보험계약자에게 있다. 보험계약자가 특별위험의 소멸로 인한 보험료의 감액을 청구할 때에는 특별한 사정이 없는 한 보험료불가분의 원칙이 적용되어야 한다. 따라서 보험계약자가 특별위험의 소멸로 인한 보험료의 감액을 청구할 때에는 그 위험이 소멸한 이후 보험료만 감액의 대상이 된다.

2) 초과보험의 경우

보험금액이 보험계약의 목적의 가액을 현저하게 초과한 때에는 보험자 또는 보험계약자는 보험료와 보험금액의 감액을 청구할 수 있다. 그러나 보험료의 감액은 장래에 대하여서만 그 효력이 있다(상669①). 보험가액이 보험기간 중에 현저하게 감소된 때에도 같다(상669③).

(3) 보험료증액 부담의무

보험자는 보험기간 중에 사고발생의 위험이 현저하게 변경 또는 증가하거나(상652) 또는 보험계약자 등의 고의 또는 중과실로 인하여 사고발생의 위험이 현저하게 변경 또는 증가한 때에는(상653), 보험료의 증액을 청구할 수 있다. 따라서 보험계약자 등은 보험료증액 부담의무를 지게 된다.

(4) 보험료지급방법

1) 지급장소

상법의 규정이 없으므로 약정이 없으면 민법의 일반원칙에 의한다.

2) 어음·수표에 의한 지급

보험자의 책임은 당사자 간에 다른 약정이 없으면 최초의 보험료의 지급을 받은 때로부터 개시한다(상656). 따라서 현금으로 지급을 하는 경우에는 문제가 없다. 그러나 어음이나 수표로써 보험료를 지급받은 때에는 현금과 마찬가지로 보험료의 지급이 있다고 볼 수 있는지가 문제된다.

이에 대하여 학설은 ① 어음이나 수표로 지급하는 경우도 현금으로 지급한 것처럼 효력이 발생하였다가 후에 어음이나 수표의 부도를 해제조건으로 하는 대물변제설 ② 어음이나 수표의 일반법리에 따라 지급을 위하여 또는 지급을 담보하기 위하여로 해석하여 후에 어음이 비로소 결제될 때 보험자의 책임이 개시된다고 보는 유예설 ③ 어음과 수표를 분리하여 어음의 경우는 신용증권이라는 성질에서 지급기일까지 보험료의 지급을 유예한 것으로 보고(유예설 또는 정지조건부 지급설), 수표의 경우는 지급증권이라는 성질에서 지급거절을 해제조건으로 하여 교부 시에 대물변제가 있다고(해제조건부 대물변제설) 보는 견해로 나뉜다.

판례는 선일자수표로 보험료를 지급한 경우에서 수표결제 전의 보험사고에 대하여 보험자의 책임을 부정하고 있다. 선일자수표는 대부분의 경우 당해 발행일자 이후의 제시기간 내의 제시에 따라 결제되는 것이라고 보아야 하므로 선일자수표가 발행교부된 날에 액면금의 지급효과가 발생된다고 볼 수 없으니, 보험약관상 보험자가 제1회 보험료를 받은 후 보험청약에 대한 승낙이 있기 전에 보험사고가 발생한 때에는 제1회 보험료를 받은 때에 소급하여 그때부터 보험자의 보험금 지급책임이 생긴다고 되어 있는 경우에 있어서 보험설계사가 청약의 의사표시를 한 보험계약자로부터 제1회 보험료로서 선일자수표를 발행받고 보험료 가수증을 해주었더라도 그가 선일자수표를 받은 날을 보험자의 책임발생 시점이 되는 제1회 보험료의 수령일로 보아서는 안 된다고 판시함으로써 유예설을 취하고 있다.[47]

3) 분할지급

보험료는 보험료불가분의 원칙에 의하여 일시에 지급하도록 하는 것이 원칙이나, 보험계약자의 편의를 위하여 예외적으로 분할하여 지급하는 것도 가능하다 할 것이다 (상 650① ② 참조).

(5) 보험료청구권의 소멸시효

보험료의 청구권은 1년간 행사하지 아니하면 소멸시효가 완성한다(상662).

(6) 보험료불지급·지급의 효과

1) 최초보험료의 경우

보험계약자는 계약체결 후 지체 없이 보험료의 전부 또는 제1회 보험료를 지급하여야 하며, 보험계약자가 이를 지급하지 아니하는 경우에는 다른 약정이 없는 한 계약성립 후

---

47) 大判 1989.11.28, 88다키33367.

2월이 경과하면 그 계약은 해제된 것으로 본다(상650①). 따라서 보험자의 책임은 당사자 간에 다른 약정이 없으면 최초의 보험료의 지급을 받은 때로부터 개시한다(상656). 그러나 이것은 강행규정이 아니므로 다른 약정이 있으면 그 약정에 따르게 될 것이다.

2) 계속보험료의 경우

계속보험료가 약정한 시기에 지급되지 아니한 때에는 보험자는 상당한 기간을 정하여 보험계약자에게 최고하고 그 기간 내에 지급되지 아니한 때에는 그 계약을 해지할 수 있다(상650②). 최고라 함은 보험계약자에게 보험료를 지급하도록 요구하는 보험자의 의사통지이며, 그 방법은 제한이 없으며, 입증책임은 보험자에게 있다. 상당한 기간은 2주 이상을 정하는 것으로 충분하다.

이러한 규정의 취지는 보험자가 보험계약자의 보험료 연체를 이유로 보험계약을 해지하기 위해서는 반드시 최고 및 해지 절차를 거치도록 하여 보험계약자에게 보험료 연체를 이유로 보험계약관계가 종료되었음을 명확히 인식시킴과 동시에 연체보험료를 납부함으로써 보험계약을 존속시킬 수 있는 기회를 부여하는 데 있다. 따라서 보험자의 보험계약자에 대한 최고 및 해지의 의사표시가 실제로 도달하였는지 여부를 묻지 아니하고 보험계약자에게 알릴 사항을 그의 최종 주소로 발송한 것만으로 의사표시가 도달하는 것으로 의제하는 약관은 무효이다.[48]

보험계약을 해지한 때에는 보험계약은 장래에 대하여 그 효력을 잃고, 보험계약을 해지하면 보험자는 향후 보험금액을 지급할 책임이 없고, 이미 지급한 보험금액은 반환청구할 수 있다(상655).

3) 실효약관

보험계약자가 계속보험료를 약정한 지급기일까지 지급하지 않는 경우에 그 지급기일로부터 일정기간(유예기간, 납입유예기간) 보험계약자의 보험료의 지급을 유예해주고, 그 유예기간이 경과할 때까지도 지급이 없으면 보험자의 별도의 최고나 해지의 의사표시 없이 곧바로 보험계약의 효력이 상실된다는 실효약관(失效約款)이 계속보험료의 지체의 경우 최고를 하고 난 후에 해지하도록 한 조항에 위배되어 보험계약자의 불이익변경금지(상663)에 반하는 무효조항이 아닌가 하는 문제가 있다.

판례는 상법 제650조는 보험료 미납을 원인으로 하여 보험자의 일방적인 의사표시로

---

48) 大判 2002.7.26, 2000다25002.

서 보험계약을 해지하는 경우에 있어 그 해지의 요건에 관한 규정으로서 보험자의 의사표시를 기다릴 필요 없이 보험료 납입유예기간의 경과로 인하여 보험계약이 당연히 실효되는 것으로 약정한 경우에는 그 적용의 여지가 없다[49]고 판시하여 실효약관을 유효한 것으로 보았다가 입장을 바꾸어 상법 제650조는 보험료가 적당한 시기에 지급되지 아니한 때에는 보험자는 상당한 기간을 정하여 보험계약자에게 최고하고 그 기간 내에 지급하지 아니한 때에는 계약을 해지할 수 있도록 규정하고, 같은 법 제663조는 위 규정을 보험당사자 간의 특약으로 보험계약자 또는 보험수익자의 불이익으로 변경하지 못한다고 규정하고 있으므로, 분납 보험료가 소정의 시기에 납입되지 아니하였음을 이유로 그와 같은 절차를 거치지 아니하고 곧바로 보험계약이 해지되거나 실효됨을 규정하고 보험자의 보험금지급 책임을 면하도록 규정한 보험약관은 위 상법의 규정에 위배되어 무효이다[50]라고 판시함으로써 실효약관을 무효로 보고 있다. 그러나 계속보험료가 아닌 경우에 보험료의 지급을 최고하면서 일정기간 내에 보험료를 지급하지 않으면 그 기간 경과 시에 계약을 해지한다는 해지예고부 최고의 약관은 해석론상 허용된다고 본다.

보험계약이 해지되고 해지환급금이 지급되지 아니한 경우에 보험계약자는 일정한 기간 내에 연체보험료에 약정이자를 붙여 보험자에게 지급하고 그 계약의 부활을 청구할 수 있다($^{650}_{의2}$).

4) 타인을 위한 보험의 경우

특정한 타인을 위한 보험의 경우에 보험계약자가 보험료의 지급을 지체한 때에는 보험자는 그 타인에게도 상당한 기간을 정하여 보험료의 지급을 최고한 후가 아니면 그 계약을 해제 또는 해지하지 못한다($^{650}_{③}$).

5.2.4.2.2. 통지의무

(1) 통지의무의 의의

통지의무란 보험기간 중에 일정한 사실의 발생을 보험자에게 알리는 보험계약자 측의 의무로서 보험계약성립 후 계약의 효과로서 발생되는 의무인 바, 보험계약체결 당시의

---

49) 大判 1987.6.23, 86다카2995.

50) 大判 1992.11.24, 92다23629; 大判 1995.11.16, 94다56852; 大判 1997.7.25, 97다18479; 大判 2002.07.26, 2000다25002.

계약전제조건인 고지의무와는 구별되며 보험사고발생의 통지의무, 위험의 현저한 변경·증가의 통지의무, 기타 여러 가지 보험의 특수성에 따른 통지의무가 있다.

(2) 위험변경·증가의 통지의무

1) 의 의

보험기간 중에 보험계약자 또는 피보험자가 사고발생의 위험이 현저하게 변경 또는 증가된 사실을 안 때에는 지체 없이 보험자에게 통지하여야 한다($\frac{상}{①}$652). '사고발생의 위험이 현저하게 변경 또는 증가된 사실'이란 그 변경 또는 증가된 위험이 보험계약의 체결 당시에 존재하고 있었다면 보험자가 보험계약을 체결하지 않았거나 적어도 그 보험료로는 보험을 인수하지 않았을 것으로 인정되는 사실을 말한다.[51]

2) 보험자의 보험료 증액청구청구권·계약해지권

위험의 현저한 변경·증가의 통지의무자는 보험계약자, 피보험자이며 보험수익자는 포함되지 않는다. 보험계약자 등이 지체 없이 통지하여 보험자가 이를 안 경우에는, 보험자는 그 통지를 받은 후 1월 내에 보험료의 증액을 청구하거나 또는 계약을 해지할 수 있다($\frac{상}{②}$652).

보험자가 피보험자 등으로부터 사고발생의 위험이 변경 또는 증가하였다는 통지를 받고 이를 이유로 보험계약을 해지하는 경우, 보험약관에서 미경과기간에 대한 보험료를 반환하도록 정하고 있다면 그 보험약관은 유효하다. 이는 보험기간 중에 보험사고가 발생하여도 보험계약이 종료하지 않고 원래 약정된 보험금액에서 위 보험사고에 관하여 지급한 보험금액을 감액한 잔액을 나머지 보험기간에 대한 보험금액으로 하여 보험계약이 존속하는 경우에도 마찬가지이다.[52]

보험계약의 해지 전에 보험사고가 발생함으로써 보험금이 일부 지급된 경우에는 이미 발생한 보험사고로 인하여 보험자가 담보하는 위험의 크기가 감소하였으므로, 그 후 보험계약이 해지됨으로써 미경과기간에 대한 보험료를 반환하여야 한다고 하더라도 보험자는 이미 보험금을 지급한 부분에 대하여는 미경과기간의 보험료를 반환할 의무가 없고, 실제로 보험자가 위험의 인수를 면하게 된 부분에 상응하는 보험료를 기준으로 하여 미

---

51) 大判 1998.11.27, 98다32564.

52) 大判 2008.01.31, 2005다57806.

경과기간의 보험료를 산정·반환할 의무가 있다.[53]

3) 위험변경·증가통지의무 해태의 효과

보험계약자 또는 피보험자가 그 위험의 변경·증가의 사실을 알면서 지체 없이 보험
자에게 통지하지 아니한 때에는, 보험자는 그 사실을 안 날로부터 1월 내에 한하여 계약
을 해지할 수 있다(§652). 따라서 이에 의하여 보험계약을 해지하면 보험자는 향후 보험금
액을 지급할 책임이 없고, 이미 지급한 보험금액은 반환청구할 수 있다. 그러나 위험의
현저한 변경이나 증가된 사실이 보험사고의 발생에 영향을 미치지 아니하였음이 증명된
때에는 보험자는 보험금액의 지급의무를 부담한다(§655). 인과관계가 없다는 사실에 대한
입증책임은 보험계약자에게 있다.

상법상 위험변경증가의 통지에 관한 규정은 보험계약자 등에게 고의 또는 중대한 과실
이 없이 위험이 현저하게 변경 증가된 경우에만 적용된다. 만약 보험계약자 등에게 고의
또는 중대한 과실이 있는 경우에는 위험유지의무위반에 관한 규정이 적용될 것이다.

위험증가와 관련하여 다수의 생명보험계약을 체결한 것이 위험이 증가한 경우에 해당
하는가에 대해 판례는 다수의 생명보험계약이 체결된 경우 그 보험료나 보험금이 다액이
며 발생경위가 석연치 않은 교통사고로 보험계약자가 사망하였다는 사정만으로는 생명보
험 계약 체결동기가 자살에 의하여 보험금의 부정취득을 노린 반사회질서적인 것이라고
단정하기 어렵다고 판시하고 있다.[54] 즉 생명보험계약 체결 후 다른 생명보험에 다수 가
입하였다는 사정이 상법 제652조의 사고발생의 위험이 현저하게 변경 또는 증가된 경우
에 해당하는지에 대하여 소극적으로 판시하고 있다.

(3) 보험사고발생의 통지의무

1) 의   의

보험계약자 또는 피보험자나 보험수익자는 보험사고의 발생을 안 때에는 지체 없이 보
험자에게 그 통지를 발송하여야 한다(§657). 보험사고발생의 통지의무자는 손해보험계약에
서는 보험계약자와 피보험자이고, 생명보험에 있어서는 보험계약자와 보험수익자이다. 그
통지의 상대방은 보험자와 보험대리점이다. 지체없이라 함은 통지의무자가 귀책사유 없

---

53) 大判 2008.01.31, 2005다57806.
54) 大判 2001.11.27, 99다33311.

이 지연시키지 않는 것을 말한다.

보험사고 발생의 통지의무에 관한 규정을 둔 것은 이 통지에 의해 보험자가 보험사고 발생의 상황을 명확하게 파악하고 보험금 지급의무의 유무와 범위를 명확히 할 수 있는 동시에 경우에 따라서는 손해의 확대를 방지하고 또 손해를 야기한 자에 대한 손해보상 청구권의 보전에 필요한 조치 등을 취할 수 있도록 하기 위한 것이다.

2) 사고발생통지의 효과

보험계약자 또는 피보험자나 보험수익자가 통지의무를 해태함으로 인하여 손해가 증가된 때에는 보험자는 그 증가된 손해를 보상할 책임이 없다(상§657). 그 인과관계의 판단의 기준에 대해 법원은 보험계약을 체결함에 있어 중요한 사항의 고지의무를 위반한 경우 고지의무 위반사실이 보험사고의 발생에 영향을 미치지 아니하였다는 점, 즉 보험사고의 발생이 보험계약자가 불고지하였거나 부실고지한 사실에 의한 것이 아니라는 점이 증명된 때에는 상법 제655조 단서의 규정에 의하여 보험자는 위 부실고지를 이유로 보험계약을 해지할 수 없을 것이나, 위와 같은 고지의무 위반사실과 보험사고 발생과의 인과관계가 부존재하다는 점에 관한 입증책임은 보험계약자 측에 있다 할 것이므로, 만일 그 인과관계의 존재를 조금이라도 규지할 수 있는 여지가 있으면 위 단서는 적용되어서는 안 될 것이라고 판시하고 있다.[55]

대법원은 고지의무 위반사실과 보험사고 발생과의 인과관계의 존재를 조금이라도 엿볼 수 있는 여지가 있으면 고지의무 위반을 이유로 한 보험자의 계약해지권을 제한하여서는 아니 된다고 할 것인바, 당 사건 교통사고는 망인의 과실만에 의한 추돌사고인 점에 비추어 한쪽 눈이 실명된 상태에서 나머지 한쪽 눈으로만 운전한 사정에 기인한 것이라고 볼 여지가 충분하다 할 것이고, 이렇게 보는 한 위 교통사고의 발생과 한쪽 눈이 실명하였다는 고지의무 위반사실과의 사이에 전혀 인과관계가 존재하지 않는다고 단정할 수는 없다 할 것이라고 판시하여 고지의무 위반사실과 보험사고와의 인과관계를 인정하였다.[56]

---

55) 大判 1992.10.23, 92다28259.

56) 大判 97.10.28, 97다33089.

5.2.4.2.3. 위험유지의무

(1) 위험유지의무의 의의

보험계약자·피보험자·보험수익자 등은 보험료 산정의 기초가 된 위험을 보험기간 중에 증가시켜서는 안되는 위험유지의무를 부담한다고 할 것이다.

(2) 위반의 효과

보험기간 중에 보험계약자, 피보험자 또는 보험수익자의 고의 또는 중대한 과실로 인하여 사고발생의 위험이 현저하게 변경 또는 증가된 때에는 보험자는 그 사실을 안 날부터 1월 내에 보험료의 증액을 청구하거나 계약을 해지할 수 있다($^{\text{상}}_{653}$). 이 때의 위험은 보험계약자 등의 고의 또는 중과실로 인하여 발생한 것으로서 주관적 위험의 변경·증가를 의미한다.

이에 의하여 보험계약을 해지하면 보험자는 향후 보험금액을 지급할 책임이 없고, 이미 지급한 보험금액은 반환청구할 수 있다. 그러나 위험의 현저한 변경이나 증가된 사실이 보험사고의 발생에 영향을 미치지 아니하였음이 증명된 때에는, 보험자는 보험금액의 지급의무를 부담한다($^{\text{상}}_{655}$).

원래 보험자는 보험계약을 체결함에 있어서 피보험이익에 대한 위험사정을 파악하여 이를 기초로 보험사고가 발생할 개연율을 측정하고 그 결과에 따라 위험을 인수할 것인지의 여부와 보험료 및 그 조건 등을 결정하는 것인바, 이와 같은 과정을 거쳐 보험자가 인수한 위험은 보험기간 중에 그대로 유지되어야 하는 것이므로, 피보험이익에 대한 위험사정을 가장 잘 알 수 있는 위치에 있는 보험계약자와 피보험자에게 보험계약 당시에 그 위험사정을 고지할 의무를 지게 하고, 보험기간 중에도 보험자가 인수한 위험을 보험자의 동의 없이 변경하거나 증가시키지 아니할 위험유지의무를 보험계약자, 피보험자와 보험수익자에게 지우려는 것이 상법 제651조와 제653조의 규정취지이다.[57]

---

57) 大判 1991.12.24, 90다카23899 [별개의견].

5.2.5. 보험계약의 무효·소멸·부활

5.2.5.1. 보험계약의 무효

5.2.5.1.1. 보험사고 발생 후의 보험계약

보험계약 당시에 보험사고가 이미 발생하였거나 또는 발생할 수 없는 것인 때에는 그 보험계약은 당연히 무효가 된다($^{상}_{644}$). 이는 보험의 우연성에 기인하는 것인데 보험사고의 우연성은 반드시 객관적으로 우연한 것일 필요는 없고 주관적으로 우연한 것이면 선의의 보험계약자를 보호할 필요가 있다는 점에서 보험계약의 당사자 쌍방과 피보험자가 이미 보험사고가 발생한 사실을 알지 못하고 보험계약을 체결한 때에는 그 효력이 있다($^{상}_{644}$).

5.2.5.1.2. 사기로 인한 보험계약

보험계약자의 사기로 인한 초과보험($^{상}_{④}$^{669}) 또는 중복보험($^{상}_{③}$^{672})은 당연히 무효가 된다. 그러나 이때 보험자는 그 사실을 안 때까지의 보험료를 청구할 수 있다($^{상\ 669\ ④}_{672\ ③}$).

5.2.5.1.3. 심신상실자 등을 피보험자로 한 사망보험

15세 미만자, 심신상실자 또는 심신박약자의 사망을 보험사고로 한 보험계약은 당연히 무효가 된다($^{상}_{732}$).

5.2.5.1.4. 보험계약이 취소된 경우

보험자가 보험약관의 교부·명시의무에 위반한 경우에는 보험계약자는 보험계약이 성립한 날부터 1월 내에 그 계약을 취소할 수 있다($^{상\ 638}_{의3\ ②}$). 이 경우에 보험자는 보험계약자가 지급한 보험료를 전부 되돌려 주어야 할 것이다.

5.2.5.2. 보험계약의 소멸

5.2.5.2.1. 소멸사유

보험계약은 ① 보험기간의 만료 ② 보험사고의 발생 ③ 보험목적의 멸실 등으로 소멸하게 된다. 즉 보험사고가 발생하지 않고 보험기간이 끝난 때에는 보험계약은 소멸한다.

보험사고의 발생에 의하여 보험금액이 지급된 경우에는 보험계약은 목적의 달성에 의하여 종료된다. 그러나 보험사고가 발생해도 보험계약관계가 그대로 존속하는 경우에는 보험사고가 보험계약의 소멸원인이 되는 것은 아니다.

5.2.5.2.2. 계약의 실효

보험자가 파산의 선고를 받은 때에는 보험계약자는 계약을 해지할 수 있다(상 654). 해지하지 아니한 보험계약은 파산선고 후 3월을 경과한 때에 그 효력을 잃는다(상 654).

5.2.5.2.3. 당사자의 계약해지

(1) 보험계약자에 의한 계약해지

보험계약자는 보험사고가 발생하기 전에는 언제든지 보험계약의 전부 또는 일부를 해지할 수 있고(상 649), 보험자가 파산선고를 받은 때에는 3월이 경과하기 전에 그 계약을 해지할 수 있다(상 654). 그러나 타인을 위한 보험계약의 경우에는 보험계약자는 그 타인의 동의를 얻지 아니하거나 보험증권을 소지하지 아니하면 그 계약을 해지하지 못한다(상 649).

보험계약자의 계약해지권을 인정한 것은 보험계약이 보험사고의 발생 전에 해지된다고 하여도 보험자는 그로 인해 어떤 불이익을 받게 되지도 않을 뿐만 아니라 보험계약자로서는 피보험이익의 상실 등으로 인해 보험기간 중도에 계약을 해지할 필요가 있을 수 있기 때문이다.

보험계약자에 의한 계약해지의 경우에는 보험계약자는 당사자 간에 다른 약정이 없으면 미경과 보험료의 반환을 청구할 수 있다(상 649).

(2) 보험자에 의한 계약해지

보험자는 보험계약자 등이 고지의무를 위반한 경우(상 651), 계속보험료를 약정한 지급기일에 지급하지 아니한 경우(상 650), 보험기간 중에 객관적 위험의 변경·증가가 있거나(상 652②) 또는 주관적 위험의 변경·증가가 있는 경우(상 653), 보험계약상의 해지사유에 해당하는 때에는 보험계약을 해지할 수 있다.

보험계약의 해지권은 형성권이고, 해지권 행사기간은 제척기간이며, 해지권은 재판상이든 재판 외이든 그 기간 내에 행사하면 되는 것이나 해지의 의사표시는 민법의 일반원칙에 따라 보험계약자 또는 그의 대리인에 대한 일빙적 의사표시에 의하며, 그 의사표시의

효력은 상대방에게 도달한 때에 발생한다.[58]

5.2.5.3. **보험계약의 부활**

5.2.5.3.1. 의　의
계속보험에 있어서 보험계약이 해지되고 해지환급금이 지급되지 아니한 경우에 보험계약자는 일정한 기간 내에 연체보험료에 약정이자를 붙여 보험자에게 지급하고 그 계약의 부활을 청구할 수 있는데 이를 보험계약의 부활이라 한다(상650).

5.2.5.3.2. 법적 성질
보험계약의 부활의 법적 성질에 대해 해지 또는 실효된 보험계약의 보험계약자의 청구와 보험자의 승낙에 의하여 이전의 보험계약과 동일한 내용을 가진 새로운 보험계약이라고 보는 신계약설과 보험계약의 부활계약은 당사자 간의 계약에 의하여 해지 또는 실효된 보험계약을 다시 회복시키는 것을 내용으로 하는 특수한 계약으로 이해하는 특수계약설(통설)로 나뉘어 있다.

5.2.5.3.3. 요　건
보험계약을 부활하기 위해서는 ① 계속보험료의 불지급으로 인한 보험계약의 해지 또는 실효(상650의2, 650②) ② 해지환급금의 미지급(상650) ③ 보험계약자의 부활계약의 청약과 보험자의 승낙(상650) 등의 요건을 갖추어야 한다.
계속보험료의 불지급으로 인한 보험계약의 해지되기 위해서는 제2회 이후의 계속보험료가 약정한 시기에 지급되지 아니하여야 하고 보험자는 상당한 기간을 정하여 보험계약자에게 최고하였음에도 불구하고 그 기간 내에 지급되지 아니하여야 한다(상650②). 보험계약자의 부활계약의 청약과 관련하여 보험계약자는 보험계약의 부활에 따르는 중요한 사항을 보험자에게 고지하여야 할 고지의무를 부담한다(상651)

5.2.5.3.4. 효　과
보험계약의 부활로 인하여 해지 또는 실효된 보험계약이 회복된다. 따라서 보험자의

---

58) 大判 2000.01.28, 99다50712.

책임은 부활계약의 승낙 시부터 다시 개시된다. 그러나 보험자가 부활계약을 승낙하기 전에도 연체보험료와 법정이자를 지급받은 후 그 청약을 거절할 사유가 없는 경우에는 발생한 보험사고에 대하여 책임을 진다($\substack{상\ 650의2\\ 638의2\ ③}$).

다만 부활 시 계약 전 알릴의무를 최초계약 시와 동일하게 적용할 수 있는지 여부에 대해 적용하는 것으로 해석하고 있다. 예컨대 보험료 미납으로 계약이 실효된 후 보험계약을 정상적으로 부활시켰다고 하더라도, 실효되기 전에 간염으로 장기간(75일간) 투약치료 받은 사실을 부활 시 알리지 않았다면 보험자가 계약을 해지 처리하고 관련 보험금도 지급하지 않는 것은 정당하다고 하고 있다.[59]

5.2.6. 타인을 위한 보험계약

5.2.6.1. 타인을 위한 보험계약의 의의

5.2.6.1.1. 개 념

타인을 위한 보험계약이란 보험계약자가 타인을 위하여 자기의 명의로 체결한 보험계약을 말한다($\substack{상\\ 639}$). 타인을 위한 보험계약에서는 보험계약의 이익이 제3자인 피보험자 또는 보험수익자에게 귀속하기 때문에 제3자를 위한 계약의 형식을 취한다. 타인을 위한 보험에 있어서 타인은 손해보험의 피보험자, 인보험의 보험수익자를 말한다. 즉 타인을 위한 손해보험계약에서 말하는 타인이란 보험계약자가 제3자를 주체로 하는 피보험이익에 관하여 보험계약을 체결한 경우 그 제3자, 즉 피보험이익의 주체인 피보험자를 말하는 것이고, 단지 보험계약자에게 귀속되는 피보험이익에 관하여 체결된 손해보험계약에서 보험금을 수취할 권리가 있는 자로 지정되었을 뿐인 자는 여기에서 말하는 타인이라 할 수 없다.[60]

5.2.6.1.2. 법적 성질

타인을 위한 보험계약은 민법상 제3자를 위한 계약($\substack{민\\ 539}$)의 일종이다(통설·판례). 다만

---

59) 금감원 분쟁조정 2001-50.

60) 大判 1999.06.11, 99다489.

민법상의 제3자를 위한 계약에서는 제3자가 수익의 의사표시를 하여야 제3자의 권리가 발생하나($\frac{민}{539}$), 타인을 위한 보험계약에서는 피보험자 또는 보험수익자가 수익의 의사표시를 하지 않더라도 당연히 보험계약상의 권리를 취득하는 점($\frac{상}{639}$)에서 차이가 있다. 보험계약자는 직접 또는 간접으로 그 타인의 대리인으로서 보험계약을 맺는다는 대리설도 있다.

5.2.6.2. 타인을 위한 보험계약의 요건

5.2.6.2.1. 타인을 위한다는 의사의 존재

타인을 위한 보험계약을 체결하려면 먼저 타인을 위한다는 의사표시가 있어야 한다. 그 의사표시는 명시적이든 묵시적이든 상관이 없으며, 피보험자 또는 보험수익자를 특정하거나 특정하지 아니하여도 무방하다.

5.2.6.2.2. 타인의 위임여부

보험계약자는 타인의 위임을 받거나 또는 위임을 받지 아니하고 보험계약을 체결할 수 있으므로($\frac{상}{639}$), 타인의 위임은 이 보험계약 체결의 요건이 아니다. 그러나 손해보험계약의 경우에 그 타인의 위임이 없는 때에는 보험계약자는 이를 보험자에게 고지하여야 하고, 그 고지가 없는 때에는 타인이 그 보험계약이 체결되었다는 사실을 알지 못하였다는 사유로 보험자에게 대항하지 못한다($\frac{상}{639}$).

피보험자는 보험계약자의 동의가 없어도 임의로 권리를 행사하고 처분할 수 있다. 이는 타인을 위한 보험계약에 있어서 피보험자는 직접 자기 고유의 권리로서 보험자에 대한 보험금지급청구권을 취득하는 것이기 때문이다.

5.2.6.3. 타인을 위한 보험계약의 효과

5.2.6.3.1. 보험계약자의 지위

(1) 권 리

타인을 위한 보험계약의 성질상 보험계약자는 보험금 그 밖의 급여청구권은 갖지 않는다. 그러나 타인을 위하여 행사할 수 있는 계약상의 부수적인 권리인 보험증권교부청구권($^{\text{상}}_{640}$)·보험료감액청구권($^{\text{상}}_{647}$)·보험료반환청구권($^{\text{상}}_{648}$)·보험수익자의 지정·변경권($^{\text{상 733}}$) 등을 갖는다. 다만 보험사고 발생 전의 보험계약해지권($^{\text{상 649}}$)은 피보험자의 동의를 얻거나 보험증권을 소지한 때에만 해지할 수 있기 때문에 보험계약자가 당연히 보험사고 발생 전에 보험계약을 해지할 수 있다고는 할 수 없다.

고지의무 위반을 이유로 한 해지의 경우에는 계약의 상대방 당사자인 보험계약자나 그의 상속인(또는 그들의 대리인)에 대하여 해지의 의미표시를 하여야 하므로 타인을 위한 보험에 있어서도 보험금 수익자에게 해지의 의미표시를 하는 것은 특별한 사정(보험약관상의 별도기재 등)이 없는 한 그 효력이 없다.[61]

(2) 의 무

보험계약자는 계약당사자로서 보험자에 대하여 가지는 계약상의 의무를 부담한다. 따라서 보험료지급의무($^{\text{상 639}}$), 고지의무($^{\text{상}}_{651}$), 위험변경·증가의 통지의무($^{\text{상 652,}}_{657}$)·위험유지의무($^{\text{상}}_{653}$), 보험사고발생 통지의무($^{\text{상}}_{657}$), 손해방지의무($^{\text{상}}_{680}$) 등을 진다.

5.2.6.3.2. 피보험자·보험수익자의 지위

(1) 권 리

피보험자 또는 보험수익자는 그 수익의 의사표시를 하지 아니하여도 당연히 그 계약상의 이익을 받으므로($^{\text{상 639}}$), 보험사고가 발생하면 직접 보험자에 대하여 보험금 그 밖의 급여를 청구할 수 있다. 즉 타인을 위한 보험계약에 있어서 피보험자는 직접 자기 고유의 권리로서 보험자에 대한 보험금지급청구권을 취득하는 것이므로 특별한 사정이 없는 한 피보험자는 보험계약자의 동의가 없어도 임의로 보험계약상의 보험금 지급기한을 연기하는 등 그 권리를 행사하고 처분할 수 있다.[62]

(2) 의 무

피보험자 또는 보험수익자는 보험계약의 당사자가 아니므로 원칙적으로 보험료지급의무를 부담하지 않으나, 보험계약자가 파산선고를 받거나 보험료의 지급을 지체한 때에는

---

61) 大判 1989.02.14, 87다카2973.
62) 大判 1981.10.06, 80다2699.

예외적으로 그 계약상의 권리를 포기하지 않는 한 보험료지급의무를 부담한다(상$^{639}_{③}$). 따라서 보험료지급의무는 1차적으로 보험계약자가 부담하지만 2차적으로는 손해보험의 피보험자, 인보험의 보험수익자도 보험료지급의무를 부담한다.

보험자도 특정한 타인을 위한 보험의 경우에 보험계약자가 보험료의 지급을 지체한 때에는 그 타인에게도 상당한 기간을 정하여 보험료의 지급을 최고한 후가 아니면 그 계약을 해제 또는 해지하지 못한다(상$^{650}_{③}$).

또한 보험계약의 당사자는 아니지만 보험계약자와 동일하게 고지의무(상$^{}_{651}$), 위험변경·증가의 통지의무(상$^{652,}_{657}$), 위험유지의무(상$^{}_{653}$), 보험사고발생 통지의무(상$^{}_{657}$), 손해방지의무(상$^{}_{680}$) 등을 진다.

5.3. 손해보험

5.3.1. 총 칙

5.3.1.1. 손해보험계약의 의의

손해보험계약이란 보험계약자가 보험료를 지급하고 보험자가 보험의 목적에 대하여 생길 수 있는 우연한 사고로 피보험자가 입은 재산상의 손해를 보상할 것을 약정함으로써 효력이 생기는 보험계약이다($\frac{상}{638}$ 665,). 손해란 사고발생 전·후의 이익상태의 차이를 의미하고 손해보상은 보험금액의 한도에서 보험사고로 피보험자가 입은 재산상의 손해만을 보상하는 것이다.

 손해배상(損害賠償)과 손해보상(損害補償)

손해보상이나 손해보상은 그 손해를 원상회복하여 사고 전 상태로 복구하는 기능을 가지고 있다. 손해보험계약에서 손해보상은 보험료를 받고 위험을 담보한 대가로서 보험계약의 내용에 따라 보험금액의 한도에서 보험사고로 피보험자가 입은 재산상의 손해만을 보상하는 것이고, 채무불이행이나 불법행위의 경우에 손해배상은 배상의무자의 행위와 상당인과 관계가 있는 모든 손해를 배상하는 것이다.

5.3.1.2. 손해보험계약의 종류

손해의 형태에 따라 재산보험·책임보험 및 상해·건강보험으로, 보험계약자에 따라 기업보험과 가계보험으로, 보험기간에 따라 단기보험과 장기보험으로, 위험의 소재에 따라 육상보험·해상보험 및 항공보험으로 분류할 수 있으나, 상법에서 규정하고 있는 손해보험의 종류에는 화재보험($^{상\,683}_{~\,687}$), 운송보험($^{상\,688}_{~\,692}$), 해상보험($^{상\,693}_{~\,718}$), 책임보험($^{상\,719}_{~\,726}$) 및 자동차보험($^{상\,726의2}_{~\,726의4}$)이 있다.

5.3.1.3. 손해보험계약의 요소

5.3.1.3.1. 피보험이익

(1) 피보험이익의 의의

피보험이익은 사행계약으로서 보험계약을 도박 등과 구별하는 기능을 한다. 상법은 피보험이익을 '보험계약의 목적'이라고 표현하고 있는데($^{상\,668}_{669}$), 그 피보험이익은 금전으로 산정할 수 있는 이익으로 한정하고 있다. 보험계약의 목적은 그 목적에 대하여 피보험자가 가지고 있는 이익을 말하는 점에서 보험계약의 대상인 재화를 의미하는 보험의 목적과 구별된다.

피보험이익의 개념에 대해 크게 이익설과 관계설이 있다. 이익설에 따르면 피보험이익이란 보험의 목적에 대하여 보험사고의 발생 여부에 관하여 피보험자가 가지는 경제상의 이해관계라고 한다. 관계설에 따르면 피보험이익이란 피보험자가 일정한 목적에 대하여 보험사고가 발생하면 손해를 입게 되는 경우에 피보험자와 그 목적과의 관계이다. 양자는 표현방식이 다를 뿐 같은 의미이다. 결국 피보험이익이란 보험의 목적에 대하여 보험사고와 관련하여 피보험자가 가지는 경제적 이익관계라고 할 수 있을 것이다.

(2) 피보험이익의 요건

유효한 손해보험계약이 성립하고 존속하기 위해서는 ① 피보험이익의 적법성 ② 산정가능한 경제적 이익($^{상}_{668}$) ③ 확정가능성의 요건을 갖추어야 한다. 즉 피보험이익은 선량한 풍속 기타 사회질서에 반하지 않고 적법한 이익이 있어야 하며, 금전으로 산정할 수 있는 경제적인 이익이어야 하며, 계약체결 당시 그 존재가 확정되어 있거나 또는 적어도 사고발생 시까지 확정할 수 있어야 한다.

보험계약자가 타인 소유의 물건을 자기 소유인 것처럼 보험목적으로 하여 체결한 화재보험계약은 피보험이익이 없어 무효이다.[63]

(3) 피보험이익의 기능

손해보험에 있어서의 피보험이익의 개념은 ① 보험자의 책임범위의 기준 ② 중복보험 및 초과보험 등의 판단기준 ③ 도박보험의 방지 ④ 일부보험의 보상액 결정 ⑤ 보험계약의 개별화 기능을 한다.

① 보험자의 책임범위의 기준: 보험자의 보상책임의 최고한도는 이 피보험이익의 가액을 표준으로 한다.

② 초과보험, 중복보험 판정의 기준: 피보험이익을 평가한 보험가액을 기준으로 계약 시 가입금액이 보험가액을 초과한지 여부를 판정하게 된다.

③ 도박보험, 인위적 위험의 방지: 적법한 이익이여야 한다.

④ 일부보험의 보상액 결정: 피보험을 평가한 가액의 일부를 보험에 붙인 보험으로 보험사고시에도 손해액의 일부만 보험금이 지급되게 되는 것이 원칙이다.

⑤ 보험계약의 개별화 기능: 동일한 건물에 대한 피보험이익도 소유자나 임차인에 따라 다르기 때문에 각기 다른 손해보험계약을 체결할 수 있다. 판례도 손해보험계약은 피보험이익에 생긴 손해를 전보하는 것을 목적으로 하는 것이며, 선박보험에 있어 피보험이익은 선박소유자의 이익 외에 담보권자의 이익, 선박임차인의 사용이익도 포함되므로 선박임차인도 추가보험의 보험계약자 및 피보험자가 될 수 있다고 판시하고 있다.[64]

5.3.1.3.2. 보험가액·보험금액

(1) 보험가액과 보험금액의 의의

1) 보험가액

보험가액이란 물건보험에 있어서 피보험이익의 평가액, 즉 피보험이익을 금전으로 평

---

63) 서울민사지법 1984.01.19, 83가합3629.
64) 大判 1988.2.9, 86다카2933, 2934(참가), 2935(침가).

가한 가액으로서 물건보험에만 인정된다. 즉 보험가액은 보험사고가 발생한 때와 곳의 가격으로서 법률상 보상한도액을 의미한다. 보험자가 보상할 법률상 최고 한도액을 의미하며, 손해보험의 기본원칙인 이득금지의 원칙도 보험가액을 초과해서 보상금을 받을 수 없다는 의미이다.

2) 보험가액의 평가

가. 기평가보험

당사자 간에 보험가액을 정한 때(기평가보험)에는 그 가액은 사고발생 시의 가액으로 정한 것으로 추정한다. 그러나 그 가액이 사고발생 시의 가액을 현저하게 초과할 때에는 사고발생 시의 가액을 보험가액으로 한다($\overset{\text{상}}{670}$).

원래 손해보험에 있어서 보험자가 보상할 손해액은 그 손해가 발생한 때와 곳의 가액에 의하여 산정하는 것이 원칙이지만($\overset{\text{상 676}}{\textcircled{1}\ \text{본문}}$), 사고발생 후 보험가액을 산정함에 있어서는 목적물의 멸실 훼손으로 인하여 곤란한 점이 있고 이로 인하여 분쟁이 일어날 소지가 많기 때문에 이러한 분쟁을 사전에 방지하고 보험가액의 입증을 용이하게 하기 위하여 보험계약체결 시에 당사자 사이에 보험가액을 미리 협정하여 두는 기평가보험제도가 인정되고 있다.

기평가보험으로 인정되기 위한 당사자 사이의 보험가액에 대한 합의는, 명시적인 것이어야 하기는 하지만 반드시 협정보험가액 혹은 약정보험가액이라는 용어 등을 사용하여야만 하는 것은 아니고 당사자 사이에 보험계약을 체결하게 된 제반 사정과 보험증권의 기재 내용 등을 통하여 당사자의 의사가 보험가액을 미리 합의하고 있는 것이라고 인정할 수 있으면 충분하다.[65]

당사자 사이에 보험가액을 정한 기평가보험에 있어서 협정보험가액이 사고발생 시의 가액을 현저하게 초과할 때에는 사고발생 시의 가액을 보험가액으로 하도록 규정하고 있는바, 양자 사이에 현저한 차이가 있는지의 여부는 거래의 통념이나 사회의 통념에 따라 판단하여야 하고, 보험자는 협정보험가액이 사고발생 시의 가액을 현저하게 초과한다는 점에 대한 입증책임을 부담한다.[66]

당사자 간에 정한 보험가액이 사고발생시의 가액을 현저하게 초과한 원인에 대하여 한

---

65) 大判 2002.03.26, 2001다6312.

66) 大判 2002.03.26, 2001다6312.

정하고 있지 아니하므로 당사자 간에 정한 보험가액이 사고발생시의 가액을 현저하게 초과하는 이상, 보험계약을 체결할 당시 보험계약의 목적의 가액을 현저하게 초과하여 보험가액을 정함으로써 상법 제669조 제1항에 의하여 보험료와 보험금액의 감액을 청구할 수 있는 경우이거나, 보험자의 고의나 과실에 의하여 그와 같이 보험가액이 정하여진 경우에도 상법 제670조에 의하여 사고발생시의 가액을 보험가액으로 보아야 한다.[67]

나. 미평가보험

미평가보험이란 보험계약의 체결 당시 당사자 사이에 피보험이익의 가액에 대하여 아무런 평가를 하지 아니한 보험을 말한다. 당사자 간에 보험가액을 정하지 아니한 때(미평가보험)에는 사고발생 시의 가액을 보험가액으로 한다($\frac{\text{상}}{671}$).

보험가격은 보험목적물에 대한 피보험이익의 평가로서 보험사고 발생 시 보험회사가 지급하여야 할 보험가액을 정한 기평가보험이 아닌 이상, 손해발생의 때와 장소의 객관적 가격에 의하여 산정되는 것이므로 보험계약 체결 시 보험금액을 보험가액으로 할 것을 합의한 사실이 없으면 보험금액이 바로 보험가액이라고 인정되지 아니한다.[68]

3) 보험금액

보험금액이란 보험자가 발생한 손해에 대하여 보상을 하기 위하여 지급하기로 한 금액의 최고한도이다. 이 보험금액은 보험계약 당사자 사이에서 결정된 계약상 보상한도액을 의미한다. 반면에 보험가액은 피보험이익의 가액, 즉 피보험이익을 금전으로 평가한 가액을 의미한다. 보험금액은 손해보험이나 인보험 모두에 인정될 수 있는 개념이나 보험가액은 물건보험에만 인정될 수 있는 개념이다.

(2) 보험가액과 보험금액의 불일치

보험금액과 보험가액은 일반적으로 일치하는 것이 기대되지만 양자가 일치하지 않는 경우도 있다. 보험계약자가 100억 원 상당의 빌딩을 화재보험에 가입하면서 발생의 개연성이 낮을 것으로 생각하여 ① 한 보험회사와 50억만 들기로 하였거나 ② 한 보험회사와 100억 원의 화재보험에 가입하거나 두 개의 보험회사에 각각 50억 원씩 나누어 화재보험에 가입한 경우 ③ 한 보험회사와 150억 원의 화재보험에 가입하거나 두 개의 보험

---

67) 大判 2011.09.29, 2011다41024, 41031.
68) 大判 1991.10.25, 91다17429.

회사에 각각 75억 원씩 나누어 화재보험에 가입한 경우 등에 발생할 수 있는 부분이 보험가액과 보험금액의 불일치의 문제이다.

1) 초과보험

초과보험이란 보험금액이 보험가액을 현저하게 초과한 보험을 말한다(상 669). 초과보험인지 여부는 원칙적으로 보험계약의 체결 시의 보험가액을 기준으로 하나(상 669), 예외적으로 보험기간 중에 보험가액이 현저하게 감소된 때에는 그때의 보험가액을 기준으로 한다(상 669).

보험계약자의 선의로 초과보험계약이 체결된 경우에는 보험계약자 또는 보험자는 보험료와 보험금액의 감액을 청구할 수 있다(상 669). 보험금액 또는 보험료의 감액청구권은 일종에 형성권에 속한다는 주장이 있으나 이는 의문이며, 보험료 감액은 보험료 불가분의 원칙에 따라 장래에 대해서만 그 효력이 있다(상 669단서).

그리고 보험계약자의 사기로 인하여 초과보험계약이 체결된 경우에는 그 보험계약 전체가 무효가 된다(상 669). 그러나 보험계약자는 보험자가 그 사실을 안 때까지의 보험료를 지급할 의무를 부담한다(상 669). 사기라 함은 보험계약을 체결할 때에 보험계약의 목적의 가액을 부당하게 평가하여 재산상의 이익을 얻을 목적으로 한 경우이다. 보험계약자로 하여금 보험자가 그 사실을 안 때까지의 보험료를 지급하도록 한 것은 보험계약의 선의성·윤리성에 따라 악의의 보험계약자를 제재하려는 것이고 사기에 의한 의사표시를 취소할 수 있도록 한 민법의 일반원칙에 대한 예외라 할 수 있다.

초과보험계약이라는 사유를 들어 보험가액의 제한 또는 보험계약의 무효를 주장하는 경우 그 입증책임은 무효를 주장하는 자가 부담한다.[69] 초과보험의 경우에는 보험가액한도 내에서만 전부 보상하면 된다.

2) 중복보험

중복보험이란 보험계약자가 수인의 보험자와 동일한 피보험이익에 대하여 보험계약을 체결하고 그 보험금액의 총액이 보험가액을 초과하는 보험을 말한다. 중복보험이 초과보험과 다른 점은 보험자가 2인 이상이고, 각각의 보험금액을 합한 것이 보험가액을 초과한다는 점에 있다.

중복보험이라 함은 동일한 보험계약의 목적과 동일한 사고에 관하여 수 개의 보험계약이 동시에 또는 순차로 체결되고 그 보험금액의 총액이 보험가액을 초과하는 경우를 말

---

69) 大判 1988.2.9, 86다카2933, 2934(참가), 2935(참가).

하므로 보험계약의 목적, 즉 피보험이익이 다르면 중복보험으로 되지 않으며,[70] 한편 수 개의 보험계약의 보험계약자가 동일할 필요는 없으나 피보험자가 동일인일 것이 요구되고, 각 보험계약의 보험기간은 전부 공통될 필요는 없고 중복되는 기간에 한하여 중복보험으로 보면 된다.[71]

동일한 보험계약의 목적과 동일한 사고에 관하여 수 개의 보험계약이 동시에 또는 순차로 체결된 경우에 그 보험금액의 총액이 보험가액을 초과한 때에는 보험자는 각자의 보험금액의 한도에서 연대책임을 진다(연대비례보상). 이 경우에는 각 보험자의 보상책임은 각자의 보험금액의 비율에 따른다($^{상}_{672}$).

이러한 상법의 규정은 강행규정이라고 해석되지 아니하므로, 각 보험계약의 당사자는 각개의 보험계약이나 약관을 통하여 중복보험에 있어서의 피보험자에 대한 보험자의 보상책임 방식이나 보험자들 사이의 책임 분담방식에 대하여 상법의 규정과 다른 내용으로 규정할 수 있다.[72] 따라서 보험자와 보험계약자 사이에 다른 보험에서 담보하는 손해를 초과하는 경우에 그 손해를 보상하도록 하는 초과전보조항은 유보하다고 본다.

보험계약자의 사기로 인하여 중복보험계약이 체결된 경우에는 그 보험계약 전체가 무효로 된다. 그러나 보험계약자는 보험자가 그 사실을 안 때까지의 보험료를 지급할 의무를 부담한다($^{상}_{672}$). 사기라 함은 보험계약자가 위법하게 재산적 이익을 얻을 목적으로 그 사실을 숨기고 각 보험계약을 체결한 것을 말한다.

수 개의 보험계약을 체결한 경우에 보험자 1인에 대한 권리의 포기는 다른 보험자의 권리의무에 영향을 미치지 아니 한다($^{상}_{673}$). 즉 피보험자가 어느 보험자에 대한 권리를 포기하였을 때에는 그 부분에 대해 다른 보험자에게도 주장할 수 없다.

동일한 보험계약의 목적과 동일한 사고에 관하여 수 개의 보험계약을 체결하는 경우에는 보험계약자는 각 보험자에 대하여 각 보험계약의 내용을 통지하여야 한다($^{상}_{672}$). 통지의 방법은 제한이 없으며, 보험자의 명칭, 보험금액을 통지하여야 할 것이다.

손해보험에 있어서 위와 같이 보험계약자에게 다수의 보험계약의 체결사실에 관하여 고지 및 통지하도록 규정하는 취지는, 손해보험에서 중복보험의 경우에 연대비례보상주의를 규정하고 있는 상법 제672조 제1항과 사기로 인한 중복보험을 무효로 규정하고 있는 상법 제672조 제3항, 제669조 제4항의 규정에 비추어 볼 때, 부당한 이득을 얻기 위

---

70) 大判 1997.09.05, 95다47398.

71) 大判 2005.04.29, 2004다57687.

72) 大判 2002.05.17, 2000다30127.

한 사기에 의한 보험계약의 체결을 사전에 방지하고 보험자로 하여금 보험사고 발생시 손해의 조사 또는 책임의 범위의 결정을 다른 보험자와 공동으로 할 수 있도록 하기 위한 것이다.[73]

3) 일부보험

보험가액의 일부를 보험에 붙인 경우에는 보험자는 보험금액의 보험가액에 대한 비율에 따라 보상할 책임을 진다(비례부담의 원칙). 보상과 관련하여 보험자는 일부보험의 경우에는 보험사고로 보험의 목적이 전손으로 된 때에는 보험금액의 전액을 지급하여야 하나, 분손이 된 때에는 보험가액에 대한 보험금액의 비율에 따라 손해액의 일부분만을 지급하면 된다.

일부보험에 관한 규정은 임의규정이므로 당사자 간에 보험자가 보험금액의 한도 내에서 그 손해액의 전액을 보상할 것을 정할 수 있는데($\frac{\text{상}}{674}$), 이를 실손보상계약이라 한다. 실손보상계약에서는 특약의 범위 내에서는 비율에 의한 보험금액이 아닌 그 특약으로 정한 보험금액 전액을 지급하여야 한다.

일부보험에 있어서 보험자는 그 보상액을 범위로 하여 일부보험의 비율로 피보험자가 갖는 청구권의 일부를 대위 취득한다.[74]

5.3.1.4. 손해보험계약의 효과

5.3.1.4.1. 보험자의 손해보상의무

손해보험계약의 보험자는 보험사고로 인하여 생길 피보험자의 재산상의 손해를 보상할 책임이 있다($\frac{\text{상}}{665}$). 손해보상의무는 보험기간 중에 보험의 목적에 대한 보험사고의 발생에 의하여 발생한다. 이러한 손해보상책임의 요건으로 ① 보험사고의 발생 ② 재산상의 손해 ③ 상당인과관계가 있다.

---

73) 大判 2003.11.13, 2001다49623.

74) 서울지법 1999.06.10, 98가합35186.

(1) 보험자의 손해보상의무 요건

1) 보험기간 내에 보험사고의 발생

보험사고는 보험기간 내에 발생하여야 하는데, 보험계약 체결당시에 보험사고가 이미 발생한 것을 당사자 쌍방과 피보험자가 알지 못한 경우($^{상}_{644}$)와 보험사고는 보험기간 안에 발생하였으나 손해가 보험기간 후에 발생하여도 보험자는 책임을 진다.

2) 재산상의 손해

손해란 피보험이익이 입은 경제상의 불이익으로 재산상 손해를 말하며 정신적 손해는 포함되지 않는다. 보험사고로 인하여 상실된 피보험자가 얻을 이익이나 보수는 당사자 간에 다른 약정이 없으면 보험자가 보상할 손해액에 산입하지 아니한다($^{상}_{667}$).

3) 인과관계

보험사고와 피보험이익의 손해와는 상당인과관계가 있어야 한다(통설·판례). 민사분쟁에 있어서의 인과관계는 의학적·자연과학적 인과관계가 아니라 사회적·법적 인과관계이고, 그 인과관계는 반드시 의학적·자연과학적으로 명백히 입증되어야 하는 것은 아니다.[75]

(2) 면책사유

1) 면책사유의 종류

면책사유는 상대적 면책위험과 절대적 면책위험으로 분류할 수 있다. 상대적 면책위험이란 당사자 간의 약정에 의해 보험자가 보상책임을 질 수도 있는 면책위험을 말한다. 즉 상대적 면책위험은 면책사유가 보험기술상으로 어렵거나 인수할 경우 고액의 보험료를 부과할 수밖에 없어 보험가격상의 난점 때문에 면책되는 것으로 한 것이다. 따라서 할증보험료의 제공을 받아 인수할 수 있다.

상대적 면책위험에 대한 대칭어로는 '절대적 면책위험'이 있는데 이는 면책위험을 담보하는 것이 공서양속에 반하거나 보험본질상 이를 인정할 수 없기 때문에 할증보험료의 제공을 받아도 보험자로서 담보할 수 없는 종류의 위험을 말한다.

---

75) 大判 2000.03.28, 99다67147.

2) 규정상 면책

손해보험자는 보험계약자 등의 고의나 중대한 과실로 인한 보험사고거나($_{659}^{상}$), 보험사고가 전쟁 등으로 인한 경우에는($_{660}^{상}$) 면책될 수 있다. 그 이외에도 보험의 목적의 성질, 하자 또는 자연소모로 인한 손해는 보험자가 이를 보상할 책임이 없다($_{678}^{상}$).

면책사유를 인정하는 것은 통상적 사정에 의한 평균적 위험을 기초로 산정한 보험료로서는 전쟁 등으로 인한 막대한 손해를 보상할 수 없으며 사고발생 빈도나 손해정도를 예측하기 어려워 타당한 보험료의 산정이 곤란하고 사고발생가능성을 고려하면 보험료가 고액화될 뿐만 아니라 사고 발생 시 일시에 거액 보험금 지급사유가 생겨 보험자의 인수능력을 초과하게 되기 때문에 인정되는 것이다.

3) 구체적 사례

자동차종합보험보통약관 제10조 제1항 제2호에서 전쟁, 혁명, 내란, 사변, 폭동, 소요 기타 이들과 유사한 사태 중 '소요'는 폭동에는 이르지 아니하나 한 지방에서의 공공의 평화 내지 평온을 해할 정도로 다수의 군중이 집합하여 폭행, 협박 또는 손괴 등 폭력을 행사하는 상태를 말하는 것으로 보아야 할 것이므로 프로야구 경기장에서 연고팀이 역전패 당한 것에 불만을 품은 1,000여 명의 관중들이 상대팀 선수들을 태우고 떠나려는 버스 앞을 가로막고 돌과 빈병 등을 던지는 소동 중 위 버스에 의해 야기된 교통사고는 소요에 해당하는 것으로는 보기 어렵다.[76]

(3) 손해의 보상

1) 손해액의 산정

보험자가 보상할 손해액은 그 손해가 발생한 때와 곳의 가액에 의하여 산정한다. 그러나 당사자 간에 다른 약정이 있는 때에는 그 신품가액에 의하여 손해액을 산정할 수 있다($_①^{상676}$). 손해액의 산정에 관한 비용은 보험자의 부담으로 한다($_②^{상676}$).

상법 제676조 제2항은 보험자가 보상할 손해액의 산정에 관한 비용은 보험자의 부담으로 한다고 규정하고 있는바, 피보험자의 의뢰에 의하여 보험목적물인 화물의 손상 원인, 정도 및 수량의 조사에 소용된 비용은 보험회사가 지급하여야 할 보험금을 산정하기 위한 것으로서 보험회사가 부담하여야 하는 것이므로, 보험회사가 그 비용을 보험금

---

76) 大判 1991.11.26, 91다18682.

에 포함하여 지급하였더라도 그 조사비용을 보험사고 야기자에게 구상금으로 청구할 수 없다.[77]

2) 손해보상의 범위

보험자의 손해보상의 범위는 원칙적으로 개별적인 보험계약에서 정한 보험금액의 범위 내에서 피보험자가 보험사고로 입은 실손해액이다. 그러나 보험자는 손해방지비용을 부담하여야 하고($^{\text{상}}_{①}{}^{680}$), 보험료의 체납이 있을 때에는 그 지급기일이 도래하지 아니한 때라도 보상액에서 이를 공제할 수 있다($^{\text{상}}_{677}$).

3) 손해보상의 방법

보험자의 손해보상의 방법은 금전으로써 하는 것이 원칙이나 현물보상을 정한 경우에는 현물로 보상할 수 있다.

(4) 손해보상의무의 이행

1) 보험금의 이행기

보험자의 손해보상의무의 이행기에 관하여는 당사자 간에 약정기간이 없는 경우에는 보험사고의 발생통지를 받은 후 지체 없이 보험자가 지급할 보험금액을 정하고 그 정하여진 날로부터 10일 내이다($^{\text{상}}_{658}$).

2) 손해보상의무의 시효기간

보험자의 손해보상의무는 2년의 단기시효로 소멸한다($^{\text{상}}_{662}$).

5.3.1.4.2. 보험계약자 · 피보험자의 손해방지 · 경감의무

(1) 의 의

보험사고가 발생하였을 때에 보험계약자와 피보험자가 손해의 방지에 노력하여야 할 의무로서 형평의 견지에서 법이 특히 인정한 의무이다($^{\text{상}}_{680}$). 보험계약자 또는 피보험자는 보험사고 전에는 위험변경 · 증가의 통지의무, 위험유지의무를 부담하나 보험사고가 발생

---

77) 서울지법 1997.03 27, 95가합109000.

한 후에는 그 손해의 방지 또는 감소를 위한 조치를 강구할 의무가 있다.

손해방지의무자는 보험계약자와 피보험자이며 그 대리인도 손해방지의무를 부담한다.

(2) 법적성질
보험계약자·피보험자의 손해방지·경감의무 법에 의해 인정된 의무이다.

(3) 손해방지비용의 부담
보험계약자와 피보험자는 손해의 방지와 경감을 위하여 노력하여야 한다. 손해방지·경감비용이란 보험계약자 또는 피보험자가 보험사고로 인한 손해의 방지 또는 경감을 위하여 필요하고도 유익한 비용을 말하며, 이 비용과 보상액의 합계액이 보험금액을 초과한 경우라도 보험자가 부담한다($\frac{상}{680}$).

손해방지 비용이라 함은 보험자가 담보하고 있는 보험사고가 발생한 경우에 보험사고로 인한 손해의 발생을 방지하거나 손해의 확대를 방지함은 물론 손해를 경감할 목적으로 행하는 행위에 필요하거나 유익하였던 비용을 말한다.[78] 그 구체적 범위에 대해 판례는 손해보험에서 피보험자가 손해의 확대를 방지하기 위하여 지출한 필요·유익한 비용은 보험자가 부담하게 되는바($\frac{상}{(1)}$ [680]), 이는 원칙적으로 보험사고의 발생을 전제로 하는 것이므로, 손해보험의 일종인 책임보험에 있어서도 보험자가 보상책임을 지지 아니하는 사고에 대하여는 손해방지의무가 없고, 따라서 이로 인한 보험자의 비용부담 등의 문제도 발생할 수 없다 할 것이나, 다만 사고발생시 피보험자의 법률상 책임 여부가 판명되지 아니한 상태에서 피보험자가 손해확대방지를 위한 긴급한 행위를 하였다면 이로 인하여 발생한 필요·유익한 비용도 위 법조에 따라 보험자가 부담하는 것으로 해석함이 상당하다고 판시하고 있다.[79]

공동불법행위로 말미암아 공동불법행위자 중 1인이 손해의 방지와 경감을 위하여 비용을 지출한 경우에 손해방지비용은 자신의 보험자뿐 아니라 다른 공동불법행위자의 보험자에 대하여도 손해방지비용에 해당하므로, 공동불법행위자들과 각각 보험계약을 체결한 보험자들은 각자 그 피보험자 또는 보험계약자에 대한 관계에서뿐 아니라 그와 보험계약관계가 없는 다른 공동불법행위자에 대한 관계에서도 그들이 지출한 손해방지비용의 상환의무를 부담한다. 또한 이러한 관계에 있는 보험자들 상호간에는 손해방지비용의 상

---

78) 大判 1995.12.08, 94다27076; 大判 2006.06.30, 2005다21531; 大判 2007.03.15, 2004다64272.
79) 大判 1993.01.12, 91다42777.

환의무에 관하여 공동불법행위에 기한 손해배상채무와 마찬가지로 부진정연대채무의 관계에 있다고 볼 수 있으므로, 공동불법행위자 중의 1인과 보험계약을 체결한 보험자가 그 피보험자에게 손해방지비용을 모두 상환하였다면, 그 손해방지비용을 상환한 보험자는 다른 공동불법행위자의 보험자가 부담하여야 할 부분에 대하여 직접 구상권을 행사할 수 있다.[80]

손해의 방지와 노력은 행위가 있으면 되지 그 효과가 반드시 생겨야 하는 것은 아니다.

(4) 손해방지의무 해태의 효과

보험계약자와 피보험자가 고의 또는 중대한 과실로 손해방지의무를 게을리 한 때에도 의무자의 불이행에 의한 불법행위로 보아 의무위반과 상당인과 관계에 있는 손해에 대하여는 당연히 손해배상을 청구할 수 있다. 즉 보험계약자 또는 피보험자가 손해방지의무를 위반한 때에는 방지 또는 경감할 수 있으리라고 인정되는 손해액을 보험자가 지급할 보험금에서 상계·공제한다.

5.3.1.4.3. 보험자의 대위

(1) 보험자대위의 의의

1) 개 념

보험자대위라 함은 보험자가 보험사고로 인한 손실을 피보험자에게 보상하여 준 경우에 보험의 목적이나 제3자에 대하여 가지는 피보험자 또는 보험계약자의 권리를 법률상 당연히 취득하는 것을 말한다($^{상\ 681,}_{682}$).

2) 법적 성질

보험자대위는 보험자가 보험금액을 지급함으로써 법률상 당연히 발생하는 민법상의 손해배상자의 대위($^{민}_{399}$)와 같은 성질의 것이다.

3) 보험자대위의 근거

손해보험은 피보험이익의 손실보상을 목적으로 하는 것이고 이익을 얻게 하려는 것은

---

80) 大判 2007.03.15, 2004다64272.

아니다(이득방지설 또는 손해보상계약설)(통설).

(2) 보험의 목적에 대한 보험자대위

1) 의 의
보험의 목적에 대한 보험자대위(잔존물대위)란 보험의 목적의 전부가 멸실한 경우에 보험금액의 전액을 지급한 보험자가 피보험자의 보험의 목적에 관한 권리를 법률상 당연히 취득하는 제도를 말한다($\substack{상\\681}$).

2) 요 건
보험의 목적에 대한 보험자대위가 성립하기 위해서는 ① 보험목적의 전부멸실(전손) ② 보험금의 전부지급이 있어야 한다($\substack{상\\682}$).

가. 보험목적의 전부멸실
보험의 목적이 전부멸실하였다는 의미는 경제적인 전부멸실을 의미하는 것이므로 물리적 전부멸실뿐만 아니라 물리적으로 일부만이 멸실하여 잔존물이 남아 있어도 경제적인 가치가 전부 멸실하였다면 전부멸실로 본다.

나. 보험금의 전부지급
보험금액의 전부지급이라 함은 보험의 목적에 입은 손해뿐만 아니라 보험자가 부담하는 손해방지비용까지 지급한 것을 말한다. 일부만을 지급한 때에는 그 지급부분에 대해서만 권리가 이전하는 것이 아니라 전혀 이전하지 않는다.

잔존물대위는 보험위부제도와 비슷하나 다음과 같은 점에서 차이가 있다. 즉 잔존물대위는 법률상 당연히 발생하는 권리이나 보험위부는 특별한 의사표시에 의하여 발생하는 권리이다. 그리고 잔존물대위에서 보험자는 그가 피보험자에게 지급한 이상으로 잔존물에 대한 권리를 취득할 수 없으나, 보험위부에서 보험자는 그가 피보험자에게 지급한 보험금액보다 위부목적물의 가액이 큰 경우에도 그 위부목적물의 소유권을 취득할 수 있다.

3) 효 과
보험자대위가 성립되면 피보험자의 보험목적에 대한 모든 권리가 법률의 규정에 의하여 당연히 보험자에게 이전된다. 따라서 민법상 물권변동 절차 등을 밟을 필요가 없다.

이전되는 권리의 범위에 대해 상법은 '그 목적에 대한 피보험자의 권리'라고 정하고 있으므로, 보험자대위에 의하여 보험자에게 이전하는 권리는 피보험자가 보험의 목적에 대하여 가지는 피보험이익에 관한 모든 권리이다. 권리이전의 시기는 보험자가 보험금액을 전부 지급한 때이다.

일부보험의 경우는 보험자는 보험금액의 보험가액에 대한 비율에 따라 피보험자의 보험목적에 대한 권리를 취득한다($\frac{상}{681}$). 권리이전의 시기는 보험사고가 발생한 때가 아니고 보험금액을 전부 지급한 때이다.

(3) 제3자에 대한 보험자대위(청구권대위)

1) 의 의

손해가 제3자의 행위로 인하여 생긴 경우에 보험금액을 지급한 보험자는 그 지급한 금액의 한도에서 그 제3자에 대한 보험계약자 또는 피보험자의 권리를 취득한다($\frac{상}{682}$). 보험자가 취득하게 되는 보험계약자 또는 피보험자의 권리란 피보험이익에 관하여 피보험자가 가지는 모든 권리를 의미한다. 판례는 보험자대위에 의하여 보험자가 취득하는 권리는 당해 사고의 발생자체로 인하여 피보험자가 제3자에 대하여 가지는 불법행위로 인한 손해배상청구권이나 채무불이행으로 인한 손해배상청구권에 한한다고 판시하고 있다.[81]

2) 요 건

제3자에 대한 보험자대위가 성립하기 위한 요건으로 ① 제3자의 행위로 인한 손해 ② 보험자의 피보험자에 대한 보험금 지급이 있어야 한다.

제3자는 보험계약자 또는 피보험자 이외의 자로 보험계약자 또는 피보험자와 공동생활을 하는 가족 또는 사용인은 제3자에서 제외한다(통설). 따라서 보험계약의 해석상 보험사고를 일으킨 자가 위 법 소정의 '제3자'가 아닌 '피보험자'에 해당될 경우에는 보험자는 그 보험사고자에 대하여 보험자대위권을 행사할 수 없다.[82] 다만 그 가족이 고의로 보험사고를 일으킨 경우에 보험자의 면책 내지는 구상권을 인정하는 것은 다른 문제에 속한다.

---

81) 大判 1988.12.13, 87다카3166.
82) 大判 1991.11.26, 90다10063; 大判 2012.04.26, 2011다94141.

예컨대 자동차종합보험의 보통약관에서 보험증권에 기재된 피보험자 이외에 그 '피보험자를 위하여 자동차를 운전 중인 자'도 위의 피보험자의 개념에 포함시키고 있으므로 자동차종합보험에 가입한 차주의 피용운전사는 '피보험자'일 뿐, 상법 제682조에서 말하는 '제3자'에 포함되는 자가 아니다. 더구나 무면허운전 면책약관부 보험계약에서 무면허운전자가 동거가족인 경우 또는 보험계약자 또는 피보험자의 동거가족이 무면허운전을 한 경우에는 특별한 사정이 없는 한 상법 제682조 소정의 제3자의 범위에 포함되지 않는다.[83]

공동불법행위자 중의 1인과 사이에 체결한 보험계약에 따라 보험자가 피해자에게 손해배상금을 보험금액으로 모두 지급함으로써 공동불법행위자들이 공동면책이 된 경우 보험금액을 지급한 보험자가 상법 제682조 소정의 보험자대위의 제도에 따라 보험계약을 체결한 공동불법행위자 아닌 다른 공동불법행위자에 대하여 취득하는 구상권의 범위는 지급한 보험금액의 범위 내에서 피해자가 불법행위로 인하여 입은 손해 중 다른 공동불법행위자의 과실비율에 상당하는 부분을 한도로 하는 것이므로 보험자가 피해자의 손해액을 초과하여 보험금액을 지급하였다 하더라도 그 초과 부분에 대하여는 구상할 수 없다.[84]

보험금지급과 관련하여 보험자는 보험계약에 따라 피보험자에게 그 손해를 보상하여야 하는데 보험의 목적에 대한 보험자대위와 달리 반드시 보험계약에서 정한 한도의 모든 금액을 지급하여야 하는 것은 아니다.

3) 효 과

가. 피보험자의 권리의 이전

보험금을 지급한 보험자는 그 지급한 금액의 한도에서 그 제3자에 대한 보험계약자 또는 피보험자의 권리를 취득한다. 이 제3자에 대한 보험자대위는 보험자가 보험금의 일부를 지급한 때에도 피보험자의 권리를 해하지 아니하는 범위 내에서 그 권리를 대위한다는 점에서 보험금 전액을 지급하여야 대위가 인정되는 잔존물대위와 구별된다.

보험금을 지급한 보험자는 보험자대위제도에 따라 그 지급한 보험금의 한도 내에서 피보험자가 제3자에게 갖는 손해배상청구권을 취득하는 결과 피보험자는 보험자로부터 지급을 받은 보험금의 한도 내에서 제3자에 대한 손해배상청구권을 잃고 그 제3자에 대하

---

83) 大判 2002.09.06, 2002다32547.

84) 大判 2004.06.25, 2002다13584.

여 청구할 수 있는 배상액이 지급된 보험금액만큼 감소된다.[85] 같은 취지로 제3자에 의한 보험사고 발생 후 보험자가 보험금을 지급하기 전에 피보험자 등이 제3자에 대한 권리를 행사하거나 또는 처분한 경우에는 피보험자 등은 보험자에 대하여 보험금청구권을 행사할 수 없다.[86] 이는 이중으로 이득을 취득하는 것을 방지하기 위한 것이다. 보험자대위는 피보험자가 보험자로부터 보험금액을 지급받은 후에도 제3자에 대한 청구권을 보유, 행사하게 하는 것은 피보험자에게 손해의 전보를 넘어서 오히려 이득을 주는 결과가 되어 손해보험제도의 원칙에 반하고 배상의무자인 제3자가 피보험자의 보험금수령으로 인하여 그 책임을 면하는 것도 불합리하므로 이를 제거하여 보험자에게 그 이익을 귀속시키려는 데 있고 이와 같은 보험자대위의 규정은 타인을 위한 손해보험계약에도 그 적용이 있다.[87]

보험계약에서 담보하지 아니하는 손해에 해당하여 보험금지급의무가 없음에도 보험자가 피보험자에게 보험금을 지급한 경우, 보험자대위가 인정되지 않는다.[88]

나. 피보험자에 의한 권리의 처분

보험금지급에 의하여 보험자대위의 효과가 발생하면 피보험자는 보험금의 지급을 받은 한도 내에서 제3자에 대한 권리를 행사하거나 처분할 수 없다. 그럼에도 피보험자가 스스로 그 권리를 행사하거나 처분함으로써 보험자의 대위권을 침해한 때에는 보험자의 채권을 침해함으로 인한 불법행위가 성립한다.

다. 대위권행사의 제한

보험자가 보상할 보험금액의 일부를 지급한 때에는 피보험자의 권리를 해하지 아니하는 범위 내에서 그 권리를 행사할 수 있다($\frac{상}{682}$). 이처럼 제3자에 대한 보험자대위는 보험자가 보험금의 일부를 지급한 때에도 피보험자의 권리를 해하지 아니하는 범위 내에서 그 권리를 대위한다는 점에서 보험금 전액을 지급하여야 대위가 인정되는 잔존물 대위와 구별된다.

제3자에 대한 보험자대위가 인정되기 위하여는 보험자가 피보험자에게 보험금을 지급

---

85) 大判 1988.4.27, 87다카1012.

86) 大判 1981.07.07, 80다1643.

87) 大判 1989.04.25, 87다카1669.

88) 大判 2007.10.12, 2006나80667.

할 책임이 있는 경우여야 하므로, 보험자가 보험약관에 따라 면책되거나 피보험자에게 보험사고에 대한 과실이 없어 보험자가 피보험자에게 보험금을 지급할 책임이 없는 경우에는 보험자대위를 할 수 없다.[89]

5.3.1.5. 보험목적의 양도

5.3.1.5.1. 보험목적의 양도의 의의

보험목적의 양도란 피보험자가 기본 보험계약의 대상으로 되어 있는 목적물을 의사표시에 의하여 개별적으로 타인에게 양도하는 것이다. 개별적으로 양도되어야 하므로 피보험자의 사망에 의한 상속이나 회사의 합병과 같이 보험계약상의 권리·의무가 포괄적으로 승계되는 경우는 이에 포함되지 않는다.

피보험자가 보험의 목적을 양도한 때에는 양수인은 보험계약상의 권리와 의무를 승계한 것으로 추정한다(상 679).

보험의 목적이 양도된 경우 양수인의 양도인에 대한 관계에서 보험계약상의 권리도 함께 양도된 것으로 당사자의 통상의 의사를 추정하는 취지는 이것을 사회경제적 관점에서 긍정한 것이고 동조에 위반한 법률행위를 공서양속에 반한 법률행위로서 무효로 보아야 할 것으로는 해석되지 아니하므로 위 규정은 임의규정이라고 할 것이고, 따라서 당사자 간의 계약에 의해 적용을 배제할 수 있다.[90]

5.3.1.5.2. 보험목적의 양도의 요건

(1) 양도당시 유효한 보험계약관계

보험의 목적이 양도될 때 양도인과 보험자사이에 유효한 보험계약이 존속하여야 하는데, 유효한 보험계약이 존속하는 한 해지사유와 면책사유가 있더라도 보험계약은 일단 양수인에게 이전하고 보험자는 양수인에 대하여 보험계약의 해지와 면책을 주장할 수 없다.

(2) 보험의 목적이 물건일 것

보험의 목적인 물건에는 동산, 부동산뿐만 아니라 유가증권 등 무체재산도 포함하는데

---

89) 大判 2009.10.15, 2009다48602.

90) 大判 1991.8.9, 91다1158.

반드시 특정화, 개별화 되어야 한다. 보험의 목적인 물건은 특정되고 개별화 되어 있어야 하며, 성질상 일정한 지위 예컨대 의사나 변호사 등의 지위에서 생기는 책임보험은 그 성질상 양도가 제한된다(통설).

(3) 보험의 목적이 물권적 양도일 것

양도는 유상이든 무상이든 묻지 않으나 물권적 양도이어야 한다. 즉, 양도의 채권계약만이 있는 것으로는 부족하고 소유권이 양수인에게 이전한 때에 보험관계가 이전하게 된다. 그러나 보험의 목적의 양도가 반드시 소유권의 이전을 가져오는 것은 아니다. 보험의 목적의 양도는 당사자의 의사표시에 의한 것이므로 상속이나 합병 등의 경우는 보험의 목적의 양도에 포함되지 않는다.

(4) 양수인의 반대의사의 부존재

양도에 대하여 양수인의 명백한 반대의사가 존재하지 않아야 한다.

5.3.1.5.3. 보험목적의 양도의 효과

(1) 당사자 간의 효과

1) 보험계약상 권리와 의무의 이전

피보험자가 보험의 목적을 양도한 때에는 양수인은 보험계약상의 권리와 의무를 승계한 것으로 추정한다($\frac{8}{679}$). 따라서 양수인이 취득하는 권리는 보험금청구권이 될 것이고, 의무는 보험계약자로서의 의무, 즉 위험변경·증가의 통지의무($\frac{8}{652}$), 위험유지의무($\frac{8}{653}$), 보험사고발생의 통지의무($\frac{8}{657}$), 손해방지의무($\frac{8}{680}$) 등을 말할 것이다. 이 경우에 보험의 목적의 양도인 또는 양수인은 보험자에 대하여 지체 없이 그 사실을 통지하여야 한다($\frac{8}{679}$).

2) 추정의 배제

피보험자가 보험의 목적을 양도한 때에는 양수인은 보험계약상의 권리와 의무를 승계한 것으로 추정하는데, 반대의 특약, 지위양도에 보험자의 동의를 구한다는 약관이 있는 경우에는 그 추정이 배제된다.

(2) 보험자 및 제3자에 대한 효과: 통지의무

보험의 목적을 양도한 경우에 양도인 또는 양수인은 보험자에 대하여 그 사실을 통지하여야 한다. 양도인·양수인 모두 통지 가능하다.

양도인 또는 양수인의 통지에 대해 보험자 기타 제3자에 대한 대항요건으로 보는 견해(대항요건설)와 대항요건은 아니며 단순히 보험자의 보호를 위한 규정이라고 보는 견해가 있다(비대항요건설; 다수설). 따라서 비대항요건설에 의하면 통지하지 않았어도 양도사실 입증하여 보험금을 청구할 수 있다.

(3) 위험의 변경증가의 경우

상법은 양도의 통지의무를 게을리 한 때의 효과를 규정하고 있지 아니하나 보험목적의 양도로 보험계약 내지는 위험이 변경된 것이라 할 수 있으므로 그 통지의무를 게을리 한 때에는 보험자는 1개월 내에 증액청구나 해지 가능하다고 할 것이다(통설).

(4) 자동차 양도의 특칙

피보험자가 보험기간 중에 자동차를 양도한 때에는 양수인은 보험자의 승낙을 얻은 경우에 한하여 보험계약으로 인하여 생긴 권리와 의무를 승계한다. 보험자가 양수인으로부터 양수사실을 통지받은 때에는 지체 없이 낙부를 통지하여야 하고 통지 받은 날부터 10일내에 낙부의 통지가 없을 때에는 승낙한 것으로 본다(상법 726).

(5) 선박 양도의 특칙

선박을 보험에 붙인 경우에 보험자의 동의가 있는 때를 제외하고는 선박을 양도할 때에는 보험계약은 종료한다(상법 703).

5.3.2. 각   칙

5.3.2.1. 화재보험계약

5.3.2.1.1. 화재보험계약의 의의
화재보험계약이라 함은 화재로 인하여 생길 손해를 보상하기로 하는 손해보험계약을 말한다($\mathstrut^{\text{상}}_{683}$). 화재보험에서의 화재는 사회통념상 화재로 볼 수 있는 성질과 규모를 가진 화력의 연소 작용이다.

5.3.2.1.2. 화재보험계약의 요소

(1) 보험사고
화재보험계약에서의 보험사고는 화재이다($\mathstrut^{\text{상}}_{683}$). 화재란 일반 사회통념에 의하여 화재라고 인정할 수 있는 성질과 규모를 가지고 화력의 연소작용에 의하여 생긴 재해라고 볼 수 있다(통설).

(2) 보험의 목적
화재보험의 목적은 동산과 부동산 등의 유체물이다($\mathstrut^{\text{상}}_{685}$). 경제적으로 독립한 다수의 집합물을 보험의 목적으로 할 수도 있는데 이를 집합보험이라 한다. 이러한 집합보험에는 그 객체가 특정되어 있는 특정보험과, 객체의 전부 또는 일부가 특정되어 있지 아니한 총괄보험이 있다.

1) 특정보험
집합된 물건을 일괄하여 보험의 목적으로 한 때에는 피보험자의 가족과 사용인의 물건도 보험의 목적에 포함된 것으로 한다. 이 경우에는 그 보험은 그 가족 또는 사용인을 위해서도 체결한 것으로 본다($\mathstrut^{\text{상}}_{686}$).

2) 총괄보험
집합된 물건을 일괄하여 보험의 목적으로 한 때에는 그 목적에 속한 물건이 보험기간 중에 수시로 교체된 경우에도 보험사고의 발생 시에 현존한 물건은 보험의 목적에 포함된 것으로 한다($\overset{\text{상}}{687}$).

(3) 피보험이익

보험의 목적에 대하여 피보험자가 가지는 경제적인 이익인 피보험이익은 화재보험의 경우 피보험자가 누구냐에 따라 다르다. 즉 피보험자가 소유자라면 소유자의 이익, 임차인이라면 임차인의 이익이다.

5.3.2.1.3. 화재보험증권

화재보험증권에는 다음의 사항을 기재하고 보험자가 기명날인 또는 서명하여야 한다($\overset{\text{상}666,}{685}$).
① 보험목적
② 보험사고의 성질
③ 보험금액
④ 보험료와 그 지급방법
⑤ 보험기간을 정한 때에는 그 시기와 종기
⑥ 무효와 실권의 사유
⑦ 보험계약자의 주소와 성명 또는 상호
⑧ 보험계약의 연월일
⑨ 보험증권의 작성지와 그 작성연월일
⑩ 건물을 보험의 목적으로 한 때에는 그 소재지, 구조와 용도
⑪ 동산을 보험의 목적으로 한 때에는 그 존치한 장소의 상태와 용도
⑫ 보험가액을 정한 때에는 그 가액

5.3.2.1.4. 보험자의 보상책임

(1) 위험보편의 원칙

화재에 의하여 생긴 손해에 관하여는 그 화재와 상당인과관계가 있는 한 원인 여하를 묻지 아니하고 보험자는 그 보상책임을 진다($\overset{\text{상}}{683}$). 화재로 인한 모든 손해에 대한 보험자의 보상책임을 위험보편의 원칙이라 한다.

(2) 화재보험자의 면책사유

화재보험자의 면책사유로는 ① 전쟁 기타의 변란($^{\text{상}}_{660}$) ② 목적물의 성질, 자연소모($^{\text{상}}_{678}$) ③ 피보험자 등의 고의·중과실($^{\text{상}}_{659}$)이 있다.

화재보험보통약관에서 '지진, 분화, 해일, 전쟁, 외국의 무력행사, 혁명, 내란, 사변, 폭동, 소요 기타 이들과 유사한 사태'를 보험자의 면책사유로 규정하고 있다면, 이러한 규정의 취지는 위와 같은 사태 하에서는 보험사고 발생의 빈도나 그 손해정도를 통계적으로 예측하는 것이 거의 불가능하여 타당한 보험료를 산정하기 어려울 뿐만 아니라 사고발생 시에는 사고의 대형화와 손해액의 누적적인 증대로 보험자의 인수능력을 초과할 우려가 있다는 데에 있는바, 본래 보험제도 자체가 쉽게 예측하기 어려운 장래의 우연적, 돌발적 사고로 인한 손해를 담보하기 위한 것이므로 위와 같은 사고발생의 예측 곤란과 피해 극대화를 이유로 한 면책사유의 요건은 이를 엄격하게 해석하여야 할 것이고, 따라서 위 조항에 열거된 면책사유 중 소요는 폭동에는 이르지 아니하나 한 지방에서의 공공의 평화 내지 평온을 해할 정도로 다수의 군중이 집합하여 폭행, 협박 또는 손괴 등 폭력을 행사하는 상태를 말하는 것으로 보아야 할 것이다.[91]

화재가 발생한 경우에 보험자에게 면책사유가 존재하지 않는 한 소정의 보험금을 지급하도록 함으로써 피보험자로 하여금 신속하게 화재로 인한 피해를 복구할 수 있게 하려는 화재보험제도의 존재의의에 비추어 보면, 화재보험에서 화재가 발생한 경우에는 일단 우연성의 요건을 갖춘 것으로 추정되고, 다만 화재가 보험계약자나 피보험자의 고의 또는 중과실에 의하여 발생하였다는 사실을 보험자가 증명하는 경우에는 위와 같은 추정이 번복되는 것으로 보아야 한다.[92] 보험자가 보험금 지급책임을 면하기 위해서는 위 면책사유에 해당하는 사실을 증명할 책임이 있고, 여기에서의 증명은 법관의 심증이 확신의 정도에 달하게 하는 것을 가리키고, 그 확신이란 자연과학이나 수학의 증명과 같이 반대의 가능성이 없는 절대적 정확성을 말하는 것은 아니지만, 통상인의 일상생활에 있어 진실하다고 믿고 의심치 않는 정도의 고도의 개연성을 말하는 것이고, 막연한 의심이나 추측을 하는 정도에 이르는 것만으로는 부족하다.[93]

---

91) 大判 1994.11.22, 93다55975.

92) 大判 2009.12.10, 2009다56603, 56610.

93) 大判 2009.12.10, 2009다56603, 56610.

(3) 화재보험자의 손해보상범위

보험자는 소방 또는 손해의 감소에 필요한 조치로 인하여 보험의 목적에 생긴 손해에 대하여서도 보험자는 보상책임을 진다($^{\text{상}}_{684}$).

5.3.2.2. **운송보험계약**

5.3.2.2.1. 운송보험계약의 의의

운송보험계약이란 육상운송의 목적인 운송물의 운송에 관한 사고로 인하여 생긴 손해의 보상을 목적으로 하는 손해보험계약이다($^{\text{상}}_{688}$). 운송보험에는 육상운송보험, 해상운송보험, 항공운송보험이 있으나 상법상 물건운송은 육상 또는 호천·항만에서의 물건운송을 의미하므로 운송보험의 대상은 해상운송이나 항공운송을 제외한 육상 또는 호천·항만에서의 물건운송만 해당한다.

5.3.2.2.2. 운송보험계약의 요소

(1) 보험의 목적

운송보험의 목적은 운송물이다. 운송과 관련된 차량 등은 차량보험에서, 승객에 대한 위험은 상해보험이나 책임보험 등으로 담보한다.

(2) 보험사고

운송보험의 보험사고는 운송 중에 운송물에 생길 수 있는 모든 사고로 인한 운송물의 멸실·훼손 등이다.

(3) 피보험이익

운송보험에 있어서의 피보험이익은 다양하게 존재한다. 즉 송하인이 운송물의 소유자로서 가지는 이익, 운송물(상품)의 도착에 의하여 얻을 수 있는 이익(희망이익보험)($^{\text{상}}_{689}$) 등이 있다.

운송인 운임손해에 대한 보험이나 송하인 또는 수하인의 손해에 대한 책임보험과 같은 소극적 이익도 피보험이익이 될 수 있다.

(4) 보험가액

운송보험에 있어서의 보험가액은 당사자 간의 합의가 있으면 그에 따르나($\frac{\lambda}{670}$), 당사자 간에 보험가액에 대한 정함이 없으면 발송한 때와 곳에 있어서의 그 가액과 도착지까지의 운임 기타의 비용을 보험가액으로 한다($\frac{\lambda}{8}$ ^{689}). 운송물의 도착으로 인하여 얻을 이익(희망이익)에 관하여는 당사자 간에 특약이 있는 때에 한하여 이것을 보험가액에 산입한다($\frac{\lambda}{8}$ ^{689}).

(5) 보험기간

운송보험기간은 당사자 간에 다른 특약이 없으면 운송인이 운송물을 수령한 때로부터 이것을 수하인에게 인도할 때까지이다($\frac{\lambda}{688}$).

5.3.2.2.3. 운송보험증권

운송보험증권에는 다음의 사항을 기재하고 보험자가 기명날인 또는 서명하여야 한다($\frac{\lambda}{690}$ ^{666,}).

① 보험목적

② 보험사고의 성질

③ 보험금액

④ 보험료와 그 지급방법

⑤ 보험기간을 정한 때에는 그 시기와 종기

⑥ 무효와 실권의 사유

⑦ 보험계약자의 주소와 성명 또는 상호

⑧ 보험계약의 연월일

⑨ 보험증권의 작성지와 그 작성연월일

⑩ 운송의 노순과 방법

⑪ 운송인의 주소와 성명 또는 상호

⑫ 운송물의 수령과 인도의 장소

⑬ 운송기간을 정한 때에는 그 기간

⑭ 보험가액을 정한 때에는 그 가액

5.3.2.2.4. 운송의 중지·변경과 계약의 효력

보험계약은 다른 약정이 없으면 운송의 필요에 의하여 일시 운송을 중지하거나 운송의 노순 또는 방법을 변경한 경우에도 그 효력을 잃지 아니한다($\frac{\lambda}{691}$).

5.3.2.2.5. 보험자의 보상책임

운송보험자는 다른 특약이 없으면 운송인이 운송물을 수령한 때로부터 수하인에게 인도할 때까지 생긴 모든 손해를 보상할 책임을 진다($\substack{상 \\ 688}$).

보험자는 보험계약자 또는 피보험자의 고의 또는 중대한 과실로 생긴 사고 등 일반면책사유($\substack{상 659 ①. \\ 660, 678}$) 이외에 보험사고가 송하인 또는 수하인의 고의 또는 중대한 과실로 인하여 발생한 때에도 이로 인하여 생긴 손해를 보상할 책임이 없다($\substack{상 \\ 692}$).

5.3.2.3. **해상보험계약**

5.3.2.3.1. 해상보험계약의 의의

(1) 해상보험계약의 의의

해상보험계약이란 해상사업에 관한 사고로 인하여 생길 손해를 보상할 것을 목적으로 하는 손해보험계약이다($\substack{상 \\ 693}$). 즉, 해상보험계약은 해상사업과 관련된 사고로 선박이나 적하의 손해를 담보하기 위하여 이용되는 것이다.

(2) 해상보험계약의 특징

해상보험은 기업 대 기업의 보험이므로 대등한 당사자 간의 관계에서 사적자치의 원칙이 존중된다($\substack{상 \\ 663}$). 보험계약자 등의 불이익변경 금지원칙은 보험계약자와 보험자가 서로 대등한 경제적 지위에서 계약조건을 정하는 이른바 기업보험에 있어서의 보험계약의 체결에 있어서는 그 적용이 배제된다.[94] 또한 해상보험은 국제간의 거래 경향이 강하여 보험약관 등이 국제적으로 통일된 약관을 이용하는 등 국제적 성질을 갖는다.

5.3.2.3.2. 해상보험계약의 종류

피보험이익에 따라 선박보험·적하보험($\substack{상 \\ 697}$)·운임보험($\substack{상 706 \\ ①}$)·희망이익보험($\substack{상 \\ 698}$) 및 선비(船費)보험으로 분류된다.

선박보험은 보험의 목적인 선박의 소유자로서의 피보험이익에 관한 보험으로 선박보험의 대상은 선박 자체에 한정되는 것은 아니며 선박 이외에도 선박의 속구, 연료, 양식,

---

94) 大判 2000.11.14, 99다52336.

기타 항행에 필요한 모든 물건이 보험의 목적에 포함된다.

적하보험은 운송물을 보험의 목적으로 하여 그 적하에 대한 이익을 피보험이익으로 한 보험이며, 운임보험은 해상운송인이 받을 수 없는 운임을 피보험이익으로 한 보험이다.

희망이익보험이란 보험의 목적인 적하의 도착으로 얻으리라고 기대되는 희망이익에 관한 보험이며, 선비보험이란 선박의 의장 기타 선박의 운항에 요하는 모든 비용에 대하여 가지는 피보험이익에 관한 보험이다.

보험기간에 따라 항해보험·기간보험 및 혼합보험으로 분류된다. 항해보험이란 항해단위로 보험자의 책임기간이 정하여지는 보험이고, 기간보험이란 일정기간을 표준으로 보험자의 책임기간이 정하여지는 보험이며, 혼합보험이란 항해와 기간의 양자를 표준으로 하여 보험기간을 정하는 보험이다.

5.3.2.3.3. 해상보험계약의 요소

(1) 보험의 목적

해상보험계약에 있어서의 보험의 목적은 해상사업에 관한 사고로 인하여 손해를 입게 될 모든 재산이다. 이는 육상운송보험의 목적이 운송물에 한하는 것과 구별되고 있다($\frac{\text{상}}{688}$). 따라서 해상보험계약에 있어서의 보험의 목적은 선박($\frac{\text{상}}{696}$)·적하($\frac{\text{상}}{697}$)·희망이익($\frac{\text{상}}{698}$)·운임($\frac{\text{상}}{706}$)·선비 등이다.

(2) 보험사고

해상보험의 보험사고는 해상사업에 관한 사고이다(포괄책임주의). 해상사업에 관한 사고라 함은 항해의 결과 또는 항해에 부수해서 생기는 모든 위험으로서 해상에서 예측하지 않은 우연한 사고를 의미한다. 예컨대 침몰, 좌초, 화재, 충돌, 폭발, 포획, 선원의 불법행위 등이다. 다만 약관(당사자의 특약)에 의하여 특정사고를 보험사고에서 제외할 수 있다.

해상사업에 관한 사고라 함은 '해상사업에 고유한 사고(즉 항해의 결과 또는 항해에 부수해서 생기는 모든 위험)뿐만 아니라, 해상사업에 부수하는 육상위험'도 포함한다. 해상보험은 해상사업에 관한 모든 사고를 담보하는 것이 원칙이기는 하나, 예외적으로 당사자 간의 특약에 의하여 일정한 사고를 보험사고에서 제외할 수도 있고, 또는 내수항행에 관한 사고나 육상에 있어서의 사고를 포함시켜 보험사고의 범위를 확대할 수도 있다.

(3) 보험기간

해상보험계약의 보험기간에 대하여 기간보험의 경우는 문제가 없으나, 항해보험의 경우는 보험기간의 개시와 종료에 대하여 문제가 있기 때문에 특별규정을 두고 있다.

1) 선박보험

항해단위로 한 선박보험의 보험기간은 하물(荷物) 또는 저하(底荷)의 선적에 착수한 때에 개시하고(상§699①), 도착항에서 하물 또는 저하를 양륙한 때에 종료한다(§700). 예외적으로 하물 또는 저하의 선적에 착수한 후에 보험계약이 체결된 경우에는 그 계약이 성립한 때에 개시하고(상§699③), 양륙이 지연된 경우로서 그 양륙이 불가항력으로 인하여 지연된 경우가 아니면 그 양륙이 보통 종료될 때에 종료된다(상§700).

2) 적하보험

원칙적으로 보험기간은 하물의 선적에 착수한 때에 개시하고(상§699①), 양륙항 또는 도착지에서 하물을 인도한 때에 종료한다(상§700). 출하지를 정한 경우에는 그곳에서 운송에 착수한 때에 개시한다(상§699②). 하물의 선적에 착수한 후에 보험계약이 체결된 경우에는 그 계약이 성립한 때에 개시하고(상§699③), 양륙이 지연된 경우로서 그 양륙이 불가항력으로 인하여 지연된 경우가 아니면 그 양륙이 보통 종료될 때에 종료된다(상§700).

(4) 보험가액

1) 서

당사자 간에 협정보험가액이 있는 경우(기평가보험)에는 원칙적으로 그 가액을 보험가액으로 한다(상§670). 당사자 간에 협정보험가액에 관하여 정함이 없는 때(미평가보험)에는 사고발생 시의 가액을 보험가액으로 하여야 할 것이지만(상§671), 해상보험의 목적물은 항해에 따라 항상 그 장소가 이동되고 또 사고가 발생한 때와 장소에서 보험가액을 산정하는 것이 매우 곤란하므로 상법은 보험가액의 평가방법을 법정하고 있다(보험가액불변경주의).

2) 선박보험의 보험가액

선박보험에서는 보험자의 책임이 개시될 때의 선박가액(상§696①)을 보험가액으로 하는데, 이 경우에 선박의 속구·연료·양식 기타 항해에 필요한 모든 물건은 보험의 목적에 포함된다($\frac{상}{②}$ 696).

3) 적하보험의 보험가액

적하의 보험에 있어서는 선적한 때와 곳의 적하의 가액과 선적 및 보험에 관한 비용을 보험가액으로 한다($\frac{상}{697}$). 적하의 가액은 적하의 선적시와 그 곳에서의 거래가격이다. 적하보험의 보험가액에 육상운송보험의 경우와는 달리 운임을 포함시키지 않고 있다.

4) 희망이익보험의 보험가액

적하의 도착으로 인하여 얻을 이익 또는 보수의 보험에 있어서 계약으로 보험가액을 정하지 아니한 때에는 보험금액을 보험가액으로 한 것으로 추정한다($\frac{상}{698}$).

5.3.2.3.4. 해상보험증권의 기재사항

해상보험증권에는 다음의 사항을 기재하고 보험자가 기명날인 또는 서명하여야 한다 ($\frac{상}{695}\,^{666,}$). 해상보험증권에서는 일반손해보험증권의 기재사항($\frac{상}{666}$) 이외에 선박보험에서는 선박의 명칭, 국적과 종류 및 항해의 범위($\frac{상}{695}$), 적하보험에서는 선박의 명칭, 국적과 종류, 선적항과 양륙항 및 출하지와 도착지를 정한 때에는 그 지명($\frac{상}{ⅱ}\,^{695}$), 보험가액을 정한 때에는 그 가액을 기재하여야 한다.

① 보험목적
② 보험사고의 성질
③ 보험금액
④ 보험료와 그 지급방법
⑤ 보험기간을 정한 때에는 그 시기와 종기
⑥ 무효와 실권의 사유
⑦ 보험계약자의 주소와 성명 또는 상호
⑧ 보험계약의 연월일
⑨ 보험증권의 작성지와 그 작성연월일
⑩ 선박보험에서는 선박의 명칭·국적과 종류 및 항해의 범위
⑪ 적하보험에서는 선박의 명칭·국적과 종류, 선적항과 양륙항 및 출하지와 도착지를 정한 때에는 그 지명

⑫ 보험가액을 정한 때에는 그 가액

5.3.2.3.5. 해상보험계약의 변경·소멸

(1) 항해변경

항해의 변경은 발항항 도는 도착항의 한쪽 또는 양쪽을 변경하는 것이다. 선박이 보험계약에서 정하여진 발항항이 아닌 다른 항에서 출항한 때에는 보험자는 책임을 지지 아니한다($\text{상}_{①}^{701}$). 선박이 보험계약에서 정하여진 도착항이 아닌 다른 항을 향하여 출항한 때에도 같다($\text{상}_{②}^{701}$). 보험자의 책임이 개시된 후에 보험계약에서 정하여진 도착항이 변경된 경우에는 보험자는 그 항해의 변경이 결정된 때부터 책임을 지지 아니한다($\text{상}_{③}^{701}$).

결정된 때로부터 보험자는 계약을 해지하지 아니하고도 보험계약상의 책임을 지지 않게 되므로 도착항을 변경하여 항행하고 있는 경우에는 그 항행이 예정된 원항로를 떠나지 아니한 때라도 그 사고에 대한 보험자의 책임은 없다. 다만 항해의 변경이 전쟁이나 항구의 봉쇄 등과 같이 보험계약자의 책임과 관계없는 사유로 인한 경우에는 보험자는 항해변경 후의 사고에 대하여서도 보상책임을 진다.

(2) 이   로

선박이 정당한 사유 없이 보험계약에서 정하여진 항로를 이탈한 경우에는 보험자는 그때부터 책임을 지지 아니한다. 선박이 손해발생 전에 원항로로 돌아온 경우에도 보험자는 책임을 지지 아니한다(상_{702}^{701}).

(3) 발항 또는 항해의 지연

피보험자가 정당한 사유 없이 발항 또는 항해를 지연한 때에는 보험자는 발항 또는 항해를 지체한 이후의 사고에 대하여 책임을 지지 아니한다(상_{702}).

(4) 선박변경

선박변경이란 보험계약에서 정하여진 선박이 다른 선박으로 변경되는 것을 말한다. 적하를 보험에 붙인 경우에 보험계약자 또는 피보험자의 책임 있는 사유로 인하여 선박을 변경한 때에는 보험자는 그 변경 후의 사고에 대하여 책임을 지지 아니한다(상_{703}).

선박자체를 보험의 목적으로 하는 선박보험에서는 선박의 대체로 선박보험 계약이 종료된다고 할 것이다.

(5) 선박의 양도 등

선박보험의 경우에 보험자의 동의 없이 피보험자가 선박의 양도, 선급의 변경 또는 선박을 새로운 관리로 옮긴 때에는 보험계약은 종료한다($상_{法2}^{703}$). 즉 선박의 양도에는 보험자의 동의가 있는 경우에만 보험계약이 이전되는 것이다. 이 점은 손해보험법 통칙에서의 보험목적의 양도의 경우($상_{697}$)와 구별된다.

선박의 양도를 보험계약의 자동종료사유의 하나로 규정하는 것은 선박보험계약을 체결함에 있어서 선박소유자가 누구인가 하는 점은 보험계약의 인수 여부의 결정 및 보험요율의 산정에 있어서 매우 중요한 요소이고, 따라서 소유자의 변경은 보험계약에 있어서 중대한 위험의 변경에 해당하기 때문이다.[95]

5.3.2.3.6. 보험자의 면책사유

(1) 법정면책사유

해상보험자는 보험법 통칙($상_{660}^{659,}$) 및 손해보험법 통칙($상_{678}$)의 규정에 의하여 면책됨은 물론, 다음과 같은 해상보험자의 특유한 면책사유에 의하여도 면책된다. 즉 해상보험자는 ① 선박보험 또는 운임보험에서 감항능력주의의무 해태로 인한 손해($상_{i}^{706}$) ② 적하보험에서 용선자·송하인 또는 수하인의 고의 또는 중대한 과실로 인하여 생긴 손해($상_{ii}^{706}$) 및 ③ 도선료·입항료·등대료·검역료 기타 선박 또는 적하에 관한 항해 중의 통상비용($상_{iii}^{706}$)에 대하여 면책된다.

선박보험과 운임보험의 경우에는 발항 당시 안전하게 항해를 하기에 필요한 준비를 하지 아니하거나 필요한 서류를 비치하지 아니함으로써 생긴 손해에 대하여는 보험자는 보상책임을 지지 아니한다($상_{i}^{706}$).

보험사고가 감항능력의 결여 이후에 발생한 경우에는 보험자는 조건 결여의 사실, 즉 발항 당시의 불감항 사실만을 입증하면 그 조건 결여와 손해발생(보험사고) 사이의 인과관계를 입증할 필요 없이 보험금 지급책임을 부담하지 않게 된다.[96]

---

95) 大判 2004.11.11, 2003다30807.
96) 大判 1995.09.29, 93다53078.

(2) 약정면책사유

해상보험자는 위와 같은 법정면책사유 이외에도 약관의 규정에 의하여 면책될 수 있다. 해상보험에 있어서 이러한 약정면책약관에는 불이익변경금지 규정이 적용되지 않는다($\frac{상}{663}$).

5.3.2.3.7. 해상보험자의 손해보상의무

(1) 보험자가 부담하는 손해

해상보험자는 원칙적으로 보험사고와 상당인과관계 있는 피보험이익에 관한 직접손해에 대하여만 보상할 책임을 부담하나($\frac{상}{693}$), 예외적으로 간접손해에 대하여도 보상할 책임이 있다.

1) 공동해손으로 인한 손해의 보상

선박과 적하의 공동위험을 면하기 위한 선장의 선박 또는 적하에 대한 처분으로 인하여 생긴 손해 또는 비용은 공동해손으로 한다($\frac{상}{865}$). 해손은 선박과 적하의 공동위험을 면하기 위한 처분으로 인하여 생긴 손해와 비용을 말하는데, 이 해손을 다수가 나누어 부담하면 공동해손, 단독으로 부담하면 단독해손이 된다.

보험자는 피보험자가 지급할 공동해손의 분담액을 보상할 책임이 있다. 그러나 보험의 목적의 공동해손분담가액이 보험가액을 초과할 때에는 그 초과액에 대한 분담액은 보상하지 아니한다($\frac{상}{694}$).

2) 해난구조료의 보상

항해선 또는 그 적하 기타의 물건이 어떠한 수면에서 위난에 조우한 경우에는 의무없이 이를 구조한 자는 결과에 대하여 상당한 보수를 청구할 수 있다. 항해선과 내수항행선간의 구조도 같다($\frac{상}{882}$). 즉 해난구조라 함은 항해선 상호간 또는 항해선과 내수항행선간에 그 적하 기타의 물건이 어떠한 수면에서 위난을 당한 경우에 의무없이 이를 구조하는 것을 말한다.

보험자는 피보험자가 보험사고로 인하여 발생하는 손해를 방지하기 위하여 지출한 구조료를 보상할 책임이 있다. 그러나 보험의 목적물의 구조료 분담가액이 보험가액을 초과할 때에는 그 초과액에 대한 분담액은 보상하지 아니한다($\frac{상}{의2}^{694}$).

3) 특별비용의 보상

특별비용은 공동해손비용이나 해양사고구조료와는 구분되는 것으로 보험의 목적의 안전이나 보존을 위하여 지출하는 비용이다. 보험자는 보험목적의 안전이나 보존을 위하여 지출한 특별비용을 보험금액의 한도 내에서 보상할 책임이 있다(상694).

(2) 보상책임의 범위

1) 전손의 경우

선박·적하 등에 관한 피보험이익이 전부 멸실한 경우 전부보험의 경우에는 보험가액의 전액이 보험금액이며 손해액이므로 그것이 곧 보상액이다. 보험자의 보상액에는 이외에도 손해산정비용(상676), 손해방지비용(상680) 등이 포함된다. 또한 선박의 존부가 2월간 분명하지 아니한 때에는 그 선박의 행방이 불명한 것으로 하고, 이 경우에는 전손으로 추정하고 있다(상711).

☞ **선박보험에 있어서의 전손**

선박이 전멸된 경우	
피보험자가 선박의 점유를 상실한 경우	① 선박이 침몰하여 구조의 가능성이 없는 경우 ② 선박이 좌초하여 구조의 가능성이 없는 경우 ③ 선박이 선원에 의해 유기되어 회복의 가능성이 없는 경우 ④ 선박이 포획되어 회복의 가능성이 없는 경우 ⑤ 선박이 행방불명되어 회복이 불가능한 경우
물리적 수선불능의 경우	절대적 수선불능 상대적 수선불능
경제적 수선불능의 경우	수선비가 선박가액에 육박하거나 초과하는 경우 수선비가 선박의 가액의 3/4을 초과하는 경우(754 ① ii)

☞ **적하보험에 있어서의 전손**

적하가 전멸되거나 이에 준하는 큰 손상을 입은 경우
피보험자가 적하의 점유를 상실한 경우 ① 적하가 선박과 함께 침몰하여 구조의 가능성이 없는 경우 ② 적하가 투하된 경우 ③ 선박이 적하와 함께 행방불명된 경우 ④ 포획의 판결을 받은 경우 ⑤ 해적에 의해 약탈된 경우 ⑥ 적하가 선장 또는 선원에 의하여 수하인 이외의 타인에게 양도되어 회복 가능성이 없는 경우 ⑦ 항해도중에 적하가 매각된 경우 - 해상사고나 사고 수단으로 인해 매각된 경우에만 인정된다.

2) 분손의 경우

① 선박의 일부손해

선박의 일부가 훼손되어 그 훼손된 부분의 전부를 수선한 경우에는 보험자는 수선에 따른 비용을 1회의 사고에 대하여 보험금액을 한도로 보상할 책임이 있다($\frac{상}{의2}\frac{707}{①}$). 선박의 일부가 훼손되어 그 훼손된 부분의 일부를 수선한 경우에는 보험자는 수선에 따른 비용과 수선을 하지 아니함으로써 생긴 감가액을 보상할 책임이 있다($\frac{상}{의2}\frac{707}{②}$). 선박의 일부가 훼손되었으나 이를 수선하지 아니한 경우에는 보험자는 그로 인한 감가액을 보상할 책임이 있다($\frac{상}{의2}\frac{707}{③}$).

② 적하의 일부손해

보험의 목적인 적하가 훼손되어 양륙항에 도착한 때에는 보험자는 그 훼손된 상태의 가액과 훼손되지 아니한 상태의 가액과의 비율에 따라 보험가액의 일부에 대한 손해를 보상할 책임이 있다($\frac{상}{708}$).

③ 적하매각으로 인한 손해의 보상

항해도중에 불가항력으로 보험의 목적인 적하를 매각한 때에는 보험자는 그 대금에서 운임 기타 필요한 비용을 공제한 금액과 보험가액과의 차액을 보상하여야 한다($\frac{상}{①}\frac{709}{}$). 이 경우에 매수인이 대금을 지급하지 아니한 때에는 보험자는 그 금액을 지급하여야 한다. 보험자가 그 금액을 지급한 때에는 피보험자의 매수인에 대한 권리를 취득한다($\frac{상}{②}\frac{709}{}$).

5.3.2.3.8. 보험위부

(1) 의 의

1) 보험위부의 개념

보험위부(保險委付)라 함은 해상보험의 성질상 전손과 동일하게 보아야 할 경우 또는 전손이 있다고 추정되기는 하지만 그 증명이 곤란한 경우 등에는, 이것을 법률상 전손과 동일시하여 피보험자가 그 보험의 목적에 대한 모든 권리를 보험자에게 위부하고 보험자에 대하여 보험금의 전액을 청구할 수 있도록 하기 위한 제도이다. 손해보험은 피보험이익의 전부 또는 일부의 멸실을 증명하지 않으면 손해의 보상을 받을 수 없다는 것이 일반원칙이나 해상위험의 특수한 성질상 이러한 손해보험의 일반원칙에 대한 예외를 두고 있는 것이다.

해상위험의 특수한 성질상 손해의 입증이 어려운 때 당사자 사이의 보험계약관계를 원활하게 종료시키는 제도라고 할 수 있다.

2) 법적 성질

보험위부는 불요식의 법률행위이자 단독행위이며, 피보험자의 일방적 의사표시에 의하여 법적 효과가 발생하는 형성권이다(통설).

3) 잔존물대위와 차이

잔존물대위는 보험위부와 다음과 같은 점에서 구별된다. 보험자대위는 법률상 당연히 발생하는 권리이나, 보험위부는 피보험자의 특별한 의사표시에 의하여 발생하는 권리이다. 보험자대위에서 보험자는 그가 피보험자에게 지급한 이상으로 잔존물에 대한 권리를 취득할 수 없으나 보험위부에서 보험자는 그가 피보험자에게 지급한 보험금액보다 위부목적물의 가액이 큰 경우에도 그 위부목적물의 소유권을 취득할 수 있다.

(2) 보험위부의 원인

다음의 경우에 피보험자는 보험의 목적을 보험자에게 위부하고 보험금액의 전부를 청구할 수 있다($\frac{상}{710}$).

1) 선박·적하의 점유상실

피보험자가 보험사고로 인하여 자기의 선박 또는 적하의 점유를 상실하여 이를 회복할 가능성이 없거나 회복하기 위한 비용이 회복하였을 때의 가액을 초과하리라고 예상될 경우에는 위부할 수 있다.

선박이나 적하의 점유를 상실한 원인은 묻지 않으며, 포획이나 압수 등의 경우도 포함된다고 본다. 포획이란 일반적으로 전시 국제법상, 교전국이 적 또는 중립국의 선박·화물을 몰수하는 것을 뜻한다.

2) 선박의 수선비용 과다

선박이 보험사고로 인하여 심하게 훼손되어 이를 수선하기 위한 비용이 수선하였을 때의 가액을 초과하리라고 예상될 경우에는 위부할 수 있다. 단 선장이 지체 없이 다른 선박으로 적하의 운송을 계속한 때에는 피보험자는 그 적하를 위부할 수 없다($\frac{상}{712}$).

3) 적하의 수선비용·운송비용의 과다

적하가 보험사고로 인하여 심하게 훼손되어서 이를 수선하기 위한 비용과 그 적하를 목적지까지 운송하기 위한 비용과의 합계액이 도착하는 때의 적하의 가액을 초과하리라고 예상될 경우에는 피보험자는 그 적하를 위부할 수 있다.

(3) 보험위부의 요건

1) 위부의 무조건성

위부는 무조건이어야 한다($\frac{상}{714}$). 즉 피보험자는 보험위부에 있어서 조건이나 기한을 붙여서는 안된다.

2) 위부의 범위

위부는 보험의 목적의 전부에 대하여 이를 하여야 한다. 그러나 위부의 원인이 그 일부에 대하여 생긴 때에는 그 부분에 대하여서만 이를 할 수 있다($\frac{상}{714}$). 보험가액의 일부를 보험에 붙인 경우에는 위부는 보험금액의 보험가액에 대한 비율에 따라서만 이를 할 수 있다($\frac{상③}{714}$).

3) 보험위부의 통지

피보험자가 위부를 하고자 할 때에는 상당한 기간 내에 보험자에 대하여 그 통지를 발송하여야 한다($\frac{상①}{713}$). 상당한 기간이란 피보험자가 위부의 원인을 증명하고 위부권을 행사할 수 있는 합리적인 기간이다.

4) 보험의 목적에 관한 사항의 통지

피보험자가 위부를 함에 있어서는 보험자에 대하여 보험의 목적에 관한 다른 보험계약과 그 부담에 속한 채무의 유무와 그 종류 및 내용을 통지하여야 한다($\frac{상①}{715}$). 이는 보험자에게 중복보험의 유무를 알리기 위함과 담보물권자의 권리행사에 대비하기 위한 것이다. 보험자는 위의 통지를 받을 때까지 보험금액의 지급을 거부할 수 있다($\frac{상}{3}$715). 보험금액의 지급에 관한 기간의 약정이 있는 때에는 그 기간은 위의 통지를 받은 날로부터 기산한다($\frac{상}{3}$715).

(4) 보험위부의 승인·불승인

보험위부는 피보험자의 일방적 의사표시에 의하여 효력이 발생하는 단독행위에 속하므로 보험자의 승인은 위부의 요건이 아니며 위부의 원인에 대한 증명을 요구하지 않는다.

1) 위부의 승인

보험자가 위부를 승인한 때에는 위부원인을 증명할 필요가 없으며, 또 보험자는 후일 그 위부에 대하여 다시 이의를 하지 못한다($\frac{상}{716}$). 즉 보험자의 위부의 승인 또는 이의는 위부의 효력 자체에 관한 것이 아니고, 위부원인의 증명에 관한 것이다. 보험자가 위부를 승인한 후에는 그 위부에 대하여 이의를 하지 못한다. 즉 보험금 청구를 거절 할 수 없다.

2) 위부의 불승인

보험자가 위부를 승인하지 아니한 때에는 피보험자는 위부의 원인을 증명하지 아니하면 보험금액의 지급을 청구하지 못한다($\frac{상}{717}$).

(5) 보험위부의 효과

1) 보험자의 권리·의무

보험자는 위부로 인하여 그 보험의 목적에 관한 피보험자의 모든 권리를 취득한다($\frac{상}{3}$718). 위부에 의하여 보험자에게 이전되는 권리는 모든 권리이므로 보험의 목적물에 관한 소유권과 피보험자가 가지고 있는 직접의 권리가 포함됨은 당연하다. 그러나 위부의 원인인 손해가 제3자의 행위에 의하여 생긴 경우에 피보험자가 제3자에 대하여 취득하는 권리도 포함되는 지에 대해 적극설과 소극설로 나뉘어 있다.

권리이전의 시기에 대해 상법에 규정이 없으나 위부의 의사표시가 보험자에게 도달된 때에 그 권리가 이전한다고 풀이한다(통설). 따라서 보험금액의 지급을 요건으로 하는 보험자대위와 구별되며 위부의 경우에는 보험자가 보험금액을 지급하였는지는 묻지 않는다.

2) 피보험자의 권리·의무

피보험자는 원칙적으로 보험금액의 전액을 청구할 수 있다($\frac{상}{710}$). 그러나 예외적으로 위부의 원인이 보험의 목적의 일부에 대하여 생긴 때에는 그 부분에 대한 보험금액만을 청구할 수 있다($\frac{상}{714}$). 또한 일부보험의 경우에는 보험금액의 보험가액에 대한 비율에 따라서만 청구할 수 있다($\frac{상}{714}$).

피보험자가 위부를 한 때에는 보험의 목적에 관한 모든 서류를 보험자에게 교부하여야 한다($\frac{상}{718}$).

5.3.2.3.9. 예정보험

(1) 의 의

예정보험계약이란 보험계약의 체결 시에 그 계약내용의 전부 또는 일부가 미확정인 보험계약을 말한다. 이에 반하여 계약내용이 전부 확정된 것을 확정보험이라고 한다. 상법은 이러한 예정보험은 보험계약의 예약이 아니라 독립된 보험계약으로 다루고 있다.

예정보험에는 개별적 예정보험과 포괄적 예정보험이 있다. 포괄적 예정보험이란 즉, 일정기간에 적재될 화물에 대하여 일정한 조건하에 포괄적·계속적으로 체결하는 보험계약을 말한다.

(2) 선박미확정의 적하예정보험

선박미확정의 적하예정보험은 보험계약체결 당시에 하물을 적재할 선박을 지정하지 아니한 보험을 말한다($\frac{상}{704}$). 보험계약의 체결 당시에 하물을 적재할 선박을 지정하지 아니한 경우에 보험계약자 또는 피보험자가 그 하물이 선적되었음을 안 때에는 지체 없이 보험자에 대하여 그 선박의 명칭, 국적과 하물의 종류, 수량과 가액의 통지를 발송하여야 한다($\frac{상}{704}$). 통지의 방법은 묻지 않으나 통지의 발송사실에 대한 입증책임은 보험계약자에게 있다. 이 통지를 해태한 때에는 보험자는 그 사실을 안 날부터 1월 내에 계약을 해지할 수 있다($\frac{상}{704}$).

5.3.2.4. 책임보험계약

5.3.2.4.1. 책임보험계약의 의의

(1) 책임보험계약의 개념

책임보험계약이란 피보험자가 보험기간 중의 사고로 인하여 제3자에게 손해배상책임을 지는 경우에 보험자가 이로 인한 손해를 보상할 것을 목적으로 하는 손해보험계약이다 ($\frac{상}{719}$). 책임보험은 피보험자가 보험사고로 인하여 직접 입은 재산상의 손해를 보상하는 것이 아니고, 제3자에 대한 손해배상책임을 짐으로써 입은 간접손해를 보상할 것을 목적으로 하는 점에서 일반손해보험과 다른 특징이 있다.

(2) 책임보험계약의 성질

책임보험은 물건에 대한 손해가 아니고 피보험자의 일반재산에 대한 손해를 보상하는 보험이므로 재산보험이면서 손해보험이다. 그리고 책임보험은 피보험자가 보험사고 인하여 보험의 목적에 직접 입은 재산상의 손해를 보상하는 것이 아닌 피보험자의 제3자에게 손해배상책임을 부담함으로써 입은 간접손해를 보상하는 점에서 일반손해보험과 다르다.

5.3.2.4.2. 책임보험계약의 요소

(1) 보험의 목적

보험의 목적은 피보험자가 지는 배상책임(소극재산)이며, '그 범위는 피보험자의 모든 재산이다. 피보험자가 경영하는 사업에 관한 책임을 보험의 목적으로 한 때에는 피보험자의 대리인 또는 그 사업감독자의 제3자에 대한 책임도 보험의 목적에 포함된 것으로 한다($\frac{상}{721}$).

(2) 피보험이익

책임보험은 물건보험과는 달리 금전으로 산정할 수 있는 이익을 가지고 있는 것이 아니므로 피보험이익의 관념을 인정할 수 있는 가에 대해 긍정하는 설과 부정하는 설로 나뉜다. 긍정하는 견해에서도 견해가 다양한데 피보험자가 제3자에 대한 재산적 급여를 하는 책임을 부담할 사실이 발생하지 아니하는 것에 대하여 가지고 있는 경세석 이익 또는 책임보험에 있어서의 피보험이익을 피보험자의 전 재산에 관하여 이를 감소하게 할 사고가 생기지 않음으로 인하여 가지는 경제적 이익이라고 풀이하는 견해 등으로 나뉜다.

(3) 보험가액

책임보험에서는 물건보험에 있어서와 같이 피보험이익을 미리 평가할 수 없으므로 보험가액은 원칙적으로 존재하지 않는다. 따라서 초과보험($\frac{상}{669}$), 중복보험($\frac{상}{672}$), 일부보험($\frac{상}{674}$)의 관념은 없다. 다만 예외적으로 물건보관자의 책임보험($\frac{상}{725}$)에서와 같이 보험자의 책임이 일정한 목적물에 생긴 손해로 제한되어 있어 보험가액을 측정할 수 있는 경우에는 초과보험, 중복보험, 일부보험이 인정될 수 있고, 수 개의 책임보험이 동시 또는 순차로 체결되어 보험금액의 총액이 피보험자의 제3자에 대한 손해배상액을 초과하는 경우($\frac{상}{의}^{725}$)에는 중복보험의 규정이 준용된다.

(4) 보험사고

책임보험에서는 보험사고에 의해 손해를 입는 것은 제3자인 피해자이고, 이에 대해 피보험자가 배상책임을 지는지 여부 및 정도가 결정되어야 피보험자의 책임을 논할 수 있다. 이에 대해 책임보험에서의 보험사고가 무엇을 말하는지에 대하여 학설은 ① 사고발생설(손해사고설) ② 손해배상청구설 ③ 책임부담설 ④ 채무확정설 ⑤ 손해배상책임이행설로 나뉘어 있다.

(5) 손해배상책임

1) 손해배상책임의 발생원인
피보험자의 손해배상책임은 계약상 책임이든 법률상 책임이든 불문하고, 채무불이행에 의한 책임이든 불법행위에 의한 책임이든 불문한다.

2) 손해배상책임의 범위
책임보험에서 보험자는 피보험자의 제3자에 대한 고의로 인하지 않은 모든 배상책임을 담보한다($\frac{상}{①}^{659}$).

3) 제3자의 범위

책임보험에서는 그 성질상 피해자인 제3자가 존재한다. 이때 제3자라 함은 피보험자 이외의 피해자를 말하는데, 피보험자의 동거가족은 제3자에 포함되지 않는다.

5.3.2.4.3. 책임보험계약의 효과

(1) 보험자의 손해보상의무

1) 손해보상의 요건

책임보험계약의 보험자는 피보험자가 보험기간 중의 사고로 인하여 제3자에게 배상할 책임을 진 경우에 이를 보상할 책임이 있다(상719). 제3자가 이로 인하여 인적 물적 손해를 입어야 하고, 피보험자(가해자)는 제3자(피해자)에 대하여 법률상 손해배상책임을 부담해야 하며 보험자에게 면책사유가 없어야 한다.

손해사고의 발생은 보험기간 중에 생긴 것이어야 하나 피해청구가 그 기간 내에 행사되어야 하는 것은 아니다. 상법은 책임보험의 면책사유에 대해 따로이 정한 바가 없으므로 보험법 일반의 면책사유와 보험약관에서 정한 면책사유에 의해 보험자는 면책될 것이다.

2) 손해보상의 범위

책임보험자의 보상책임의 범위는 보통 당사자 간에 약정한 보험금액의 범위 내에서, 피보험자가 피해자에게 지급한 손해배상액을 한도로 한다. 약정보상책임 이외에도 일정한 경우에 보험자는 보상책임이 있다. 즉 피보험자가 제3자에 대하여 변제·승인·화해 또는 재판으로 인하여 확정된 채무(상723③)를 지급하여야 한다. 또한 피보험자가 제3자의 청구를 방어하기 위하여 지출한 재판상 또는 재판 외의 필요비용은 보험의 목적에 포함된 것으로 한다. 피보험자는 보험자에 대하여 그 비용의 선급을 청구할 수 있다(상720①).

피보험자가 담보의 제공 또는 공탁으로써 재판의 집행을 면할 수 있는 경우에는 보험자에 대하여 보험금액의 한도 내에서 그 담보의 제공 또는 공탁을 청구할 수 있다(상720②). 필요비용의 지출이나 담보의 제공 또는 공탁의 행위가 보험자의 지시에 의한 것인 경우에는 그 금액에 손해액을 가산한 금액이 보험금액을 초과하는 때에도 보험자가 이를 부담하여야 한다(상720③).

'방어비용'은 피해자가 보험사고로 인적·물적 손해를 입고 피보험자를 상대로 손해배상청구를 한 경우에 그 방어를 위하여 지출한 재판상 또는 재판 외의 필요비용을 말하는 것으로서, 방어비용 역시 원칙적으로는 보험사고의 발생을 전제로 하는 것이다. 보험사고 의 범위에서 제외되어 있어 보험자에게 보상책임이 없는 사고에 대하여는 보험자로서는 자신의 책임제외 또는 면책 주장만으로 피해자로부터의 보상책임에서 벗어날 수 있기 때 문에 피보험자가 지출한 방어비용은 보험자와는 무관한 자기 자신의 방어를 위한 것에 불과하여 이러한 비용까지 보험급여의 범위에 속하는 것이라고 하여 피보험자가 보험자 에 대하여 보상을 청구할 수는 없다.

그러나 사고발생 시 피보험자 및 보험자의 법률상 책임 여부가 판명되지 아니한 상태 에서 피해자라고 주장하는 자의 청구를 방어하기 위하여 피보험자가 재판상 또는 재판 외의 필요비용을 지출하였다면 이로 인하여 발생한 방어비용은 바로 보험자의 보상책임 도 아울러 면할 목적의 방어활동의 일환으로 지출한 방어비용과 동일한 성격을 가지는 것으로서 이러한 경우의 방어비용은 당연히 위 법조항에 따라 보험자가 부담하여야 하고, 또한 이때의 방어비용은 현실적으로 이를 지출한 경우뿐만 아니라 지출할 것이 명백히 예상되는 경우에는 상법 제720조 제1항 후단에 의하여 피보험자는 보험자에게 그 비용 의 선급을 청구할 수도 있다.[97]

피보험자가 경영하는 사업에 관한 책임을 보험의 목적으로 한 때에는 피보험자의 대리 인 또는 그 사업감독자의 제삼자에 대한 책임도 보험의 목적에 포함된 것으로 한다(상721).

3) 손해보상의 상대방

책임보험자의 손해보상의 상대방은 피보험자(상724①) 또는 피해자이다(상724②,725). 상법 제724 조 제2항에 의하여 피해자에게 인정되는 직접청구권의 법적 성질은 보험자가 피보험자의 피해자에 대한 손해배상채무를 중첩적으로 인수한 결과 피해자가 보험자에 대하여 가지 게 된 손해배상청구권이고, 중첩적 채무인수에서 인수인이 채무자의 부탁으로 인수한 경 우 채무자와 인수인은 주관적 공동관계가 있는 연대채무관계에 있는바, 보험자의 채무인 수는 피보험자의 부탁(보험계약이나 공제계약)에 따라 이루어지는 것이므로 보험자의 손 해배상채무와 피보험자의 손해배상채무는 연대채무관계에 있다.[98]

임차인 기타 타인의 물건을 보관하는 자가 그 지급할 손해배상을 위하여 그 물건을 보 험에 붙인 경우에는 그 물건의 소유자는 보험자에 대하여 직접 그 손해의 보상을 청구할

---

97) 大判 2002.06.28, 2002다22106.
98) 大判 2010.10.28, 2010다53754.

수 있다($^\text{상}_{725}$).

4) 손해보상의 시기

보험자는 특별한 약정이 없으면, 피보험자의 채무확정통지를 받은 날로부터 10일 이내에 보험금액을 지급하여야 한다($^\text{상}_{723}$). 그러나 보험자는 피보험자가 책임을 질 사고로 인하여 생긴 손해를 제3자에게 배상을 하기 전에는 보험금액의 전부 또는 일부를 피보험자에게 지급하지 못한다($^\text{상}_{①}$^{724}).

5) 수 개의 책임보험

피보험자가 동일한 사고로 제3자에게 배상책임을 짐으로써 입은 손해를 보상하는 수 개의 책임보험계약이 동시 또는 순차로 체결된 경우에, 그 보험금액의 총액이 피보험자의 제3자에 대한 손해배상액을 초과하는 때에는 각 보험자는 보험금액의 한도에서 연대책임을 지고, 각자의 보험금액의 손해배상액에 대한 비율에 따른 보상책임을 진다($^\text{상 725의2,}_{672, 673}$).

두 개의 책임보험계약이 보험의 목적, 즉 피보험이익과 보험사고의 내용 및 범위가 전부 공통되지는 않으나 상당 부분 중복되고, 발생한 사고가 그 중복되는 피보험이익에 관련된 보험사고에 해당된다면, 이와 같은 두 개의 책임보험계약에 가입한 것은 피보험자, 피보험이익과 보험사고 및 보험기간이 중복되는 범위 내에서 상법 제725조의2에 정한 중복보험에 해당한다.[99] 이 경우 각 보험자는 각자의 보험금액의 비율에 따른 보상책임을 연대하여 진다.[100]

(2) 피보험자의 의무

1) 보험자에 대한 통지의무

보험계약자 또는 피보험자는 제3자에게 배상책임을 지게 될 사고가 생긴 때에는 지체 없이 이를 보험자에게 통지를 발송할 의무, 배상청구통지의무, 채무확정통지의무를 부담한다.

피보험자는 제3자에게 배상책임을 질 사고가 발생한 것을 안 때에는 지체 없이 이에

---

99) 大判 2005.04.29, 2004다57687.
100) 大判 2009.12.24, 2009다42819.

관하여 보험자에게 통지를 발송하여야 하며($\frac{상}{657}$), 피보험자가 제3자로부터 배상의 청구를 받은 때에는 지체 없이 보험자에게 그 통지를 발송하여야 한다($\frac{상}{722①}$). 또한 피보험자가 제3자에 대하여 변제, 승인, 화해 또는 재판으로 인하여 채무가 확정된 때에는 지체 없이 보험자에게 그 통지를 발송하여야 한다($\frac{상}{③}$ 723).

판결에 의하지 아니하고 가해자인 피보험자와 피해자 사이의 서면에 의한 합의로 배상액이 결정된 경우 보험회사는 보험약관에서 정한 보험금 지급기준에 의하여 산출된 금액의 한도 내에서 보험금을 지급할 의무가 있다.[101]

2) 보험자와의 협의의무(보험자에 대한 협조의무)

피보험자가 손해사고로 인하여 제3자에게 손해를 배상하는 것은 결국 보험자의 부담으로 되므로, 피보험자는 제3자에 대한 변제·승인·화해 등으로 채무를 확정함에 있어서 보험자와 사전에 협의하여야 한다고 본다(통설).

상법도 피보험자는 보험자의 요구가 있을 때에는 필요한 서류·증거의 제출, 증언 또는 증인의 출석에 협조하여야 한다($\frac{상}{③}$ 724)고 규정하고 있는 것은 보험자에 대한 협조의무를 정하고 있는 것이다.

(3) 보험자와 제3자와의 관계

1) 피해자의 보험금 직접청구권

보험자는 피보험자가 책임을 질 사고로 인하여 생긴 손해에 대하여 제3자가 그 배상을 받기 전에는 보험금액의 전부 또는 일부를 피보험자에게 지급하지 못한다($\frac{상}{①}$ 724). 피해자가 피보험자들을 상대로 제기한 손해배상 청구소송에서 손해배상금을 지급하라는 내용의 화해권고결정이 확정된 경우에도 자동차보험약관상 "보험자는 손해배상청구권자가 손해배상을 받기 전에는 보험금의 전부 또는 일부를 피보험자에게 지급하지 않으며, 피보험자가 지급한 손해배상액을 초과하여 지급하지 않습니다"는 지급거절조항이 있다면, 보험자는 피해자가 피보험자들로부터 실제 배상을 받기 전에는 상법 제724조 제1항 및 위 지급거절조항에 따라 피보험자들의 보험금지급청구를 거절할 수 있다.[102]

제3자는 피보험자가 책임을 질 사고로 입은 손해에 대하여 보험금액의 한도 내에서

---

101) 大判 1992.11.24, 92다28631.

102) 大判 2007.01.12, 2006다43330.

보험자에게 직접 보상을 청구할 수 있다. 그러나 보험자는 피보험자가 그 사고에 관하여 가지는 항변으로써 제3자에게 대항할 수 있다(상724).

2) 직접청구권의 법적 성질

보험자에 대한 피해자의 보험금 직접청구권의 법적 성질에 대해 학설은 손해배상청구권설과 보험금청구권설로 나뉜다. 판례는 손해배상청구권설의 입장에 있다. 즉 피해자에게 인정되는 직접청구권의 법적 성질은 보험자가 피보험자의 피해자에 대한 손해배상채무를 병존적으로 인수한 것으로서 피해자가 보험자에 대하여 가지는 손해배상청구이고 피보험자의 보험자에 대한 보험금청구권의 변형 내지는 이에 준하는 권리가 아니다.[103] 피해자의 보험자에 대한 손해배상채권과 피해자의 피보험자에 대한 손해배상채권은 별개 독립의 것으로서 병존한다고 하더라도, 위 각 채권은 피해자에 대한 손해배상이라는 단일한 목적을 위하여 존재하는 것으로서 객관적으로 밀접한 관련 공동성이 있으므로 그중 하나의 채권이 만족되는 경우에는 특별한 사정이 없는 한 다른 채권도 그 목적을 달성하여 소멸한다고 보아야 할 것이다.[104]

이 경우에 보험자가 지체 없이 피보험자에게 이를 통지하여야 한다(상724). 아울러 피보험자는 보험자의 요구가 있을 때에는 필요한 서류·증거의 제출, 증언 또는 증인의 출석에 협조하여야 한다(상724).

(4) 소멸시효

보험금청구권은 2년의 소멸시효로 소멸하므로 피해자인 제3자의 청구권도 가해자인 피보험자와 피해자인 제3자 사이에 채무가 확정된 때로부터 2년이 지나면 시효로 소멸하며 보험금청구권의 전제인 배상청구권이 시효로 소멸한 때에도 보험금청구권이 소멸한다고 본다.

5.3.2.4.4. 재보험계약

(1) 재보험계약의 의의

재보험계약이란 위험의 분산을 도모하기 위하여 어떤 보험자가 보험계약에 의해 자기

---

103) 大判 1999.02.12, 98다44956.
104) 大判 1999.11.26, 99다34499.

가 인수한 보험금지급 기타의 급여책임의 전부 또는 일부를 다른 보험자에게 다시 보험에 붙이는 보험계약이다(상661). 이 재보험에 대해 그 계약의 원인이 되는 본래의 보험계약을 원보험, 원수보험 또는 주보험(original insurance)이라고 한다.

(2) 재보험계약의 법적 성질

재보험계약의 법적 성질에 관하여 재보험계약은 원보험자의 보험금 급여책임의 전부 또는 일부에 관하여 체결하는 보험계약이라는 점에서 책임보험의 일종이라고 본다(통설). 따라서 책임보험에 관한 규정을 재보험계약에 준용한다(상726).

(3) 재보험계약의 법률관계

1) 재보험자와 원보험자 간의 법률관계

재보험자는 책임보험의 보험자로서 권리·의무를 갖고, 원보험자는 책임보험의 보험계약자로서 권리·의무를 갖는다. 재보험자는 손해보상의무를 부담하고 재보험자가 원보험자에게 보험금을 지급한 때에는 재보험금의 한도에서 원보험자가 가지는 제3자에 대한 권리를 대위하여 취득한다(상682). 원보험자의 가장 중요한 의무는 재보험료지급의무이다.

2) 원보험계약과 재보험계약의 독립성

재보험계약은 원보험계약과 법률상 완전히 독립한 계약이므로, 재보험계약은 원보험계약의 효력에 아무런 영향을 미치지 아니한다(상661후단). 즉 원보험계약과 재보험계약은 법률적으로 독립된 별개의 계약이다. 원보험이 인보험이든 손해보험이든 그 재보험은 손해보험이 된다.

3) 재보험자와 원보험계약의 피보험자 또는 보험계약자와의 법률관계

재보험자와 원보험계약의 피보험자와는 직접적인 법률관계는 없으나, 원보험계약의 피보험자는 원보험자가 보험금을 지급하지 않으면 재보험자에게 보험금을 직접 청구할 수 있다(상726, 724②). 즉 책임보험계약에서 피보험자의 책임있는 사고로 제3자가 손해를 입은 경우 피해자의 보험금청구권을 인정하고, 재보험의 경우 책임보험에 관한 규정이 준용되므로 원보험자가 그 보험계약에 대하여 재보험계약을 체결하였을 때에 원보험계약의 피보험자 또는 보험수익자는 재보험자에 대하여 그가 지급할 보험금의 한도에서 직접 보험금청구권을 행사할 수 있는 것이다. 그러나 재보험자는 원보험계약의 보험계약자에게 재보험료의 지급청구를 할 수 없다.

피해자에게 인정되는 직접청구권의 법적 성질은 보험자가 피보험자의 피해자에 대한 손해배상채무를 병존적으로 인수한 것으로서 피해자가 보험자에 대하여 가지는 손해배상청구권이다.[105]

5.3.2.5. 자동차보험계약

5.3.2.5.1. 자동차보험계약의 의의

자동차보험은 피보험자가 자동차를 소유, 사용 또는 관리하는 동안에 발생한 사고로 인하여 생긴 손해의 보상을 목적으로 하는 손해보험이다($상_{의2}^{726}$). 자동차보험에서 사고라 함은 보험증권에 기재된 자동차를 그 용법에 따라 사용 중 그 자동차에 기인하여 피보험자가 상해를 입거나 사망하는 경우를 의미한다.[106]

5.3.2.5.2. 자동차보험계약의 종류

자동차보험계약은 ① 개인용자동차보험 ② 업무용 자동차보험 ③ 영업용 자동차보험 ④ 이륜자동차보험 및 ⑤ 농기계보험으로 나뉜다($자동차보험_{표준약관 1조}$). 또한 보험자가 담보하는 위험에 따라 ① 대물배상책임보험 ② 대인배상책임보험 ③ 차량보험 ④ 자기신체사고보험으로 나뉠 수 있다.

대물(상대차)	책임보험: 강제보험, 한도 유	종합보험: 임의보험
대인(상대방)		대인/자손: 대인은 한도 무, 자손은 한도 유
차량보험(자기차)		대물/자차: 차량가액이 한도
자손(자기)		

5.3.2.5.3. 자동차보험증권의 기재사항

자동차보험증권에는 다음의 사항을 기재하고 보험자가 기명날인 또는 서명하여야 한다($상_{의2}^{726}$).

---

105) 大判 2011.09.08, 2009다73295.

106) 大判 1989.4.25, 88다카11787.

① 보험목적

② 보험사고의 성질

③ 보험금액

④ 보험료와 그 지급방법

⑤ 보험기간을 정한 때에는 그 시기와 종기

⑥ 무효와 실권의 사유

⑦ 보험계약자의 주소와 성명 또는 상호

⑧ 보험계약의 연월일

⑨ 보험증권의 작성지와 그 작성연월일

⑩ 자동차소유자와 그 밖의 보유자의 성명·생년월일 또는 상호,

⑪ 피보험자동차의 등록번호·차대번호·차형연식과 기계장치

⑫ 차량가액을 정한 때에는 그 가액

5.3.2.5.4. 자동차의 양도와 보험의 승계

자동차의 양도라 함은 매매 또는 증여로 인하여 양도인이 양수인에게 소유권을 이전하는 것을 의미하는데, 자동차관리법상 그 소유권의 이전은 등록하여야 효력이 생긴다(동법). '자동차의 양도'는 당해 자동차의 운행지배 상태 및 유체동산인 자동차의 양도를 의미하는 것으로서 양도인이 그 자동차에 대한 운행지배를 상실하고 양수인이 사실상의 운행지배를 취득하는 경우를 말한다.[107]

피보험자가 보험기간 중에 자동차를 양도한 때에는 양수인은 보험자의 승낙을 얻은 경우에 한하여 보험계약으로 인하여 생긴 권리와 의무를 승계한다(상726). 물건보험의 경우 보험목적이 양도된 때에는 양수인이 보험계약상의 권리와 의무를 승계한 것으로 추정하는 것(상679)과는 달리, 자동차보험의 경우는 보험자의 승낙이 있어야 양수인은 보험계약상의 권리와 의무를 승계하는 것으로 특칙을 두었다.

보험자가 양수인으로부터 양수사실을 통지 받은 때에는 지체 없이 낙부를 통지하여야 하고 통지받은 날부터 10일 내에 낙부의 통지가 없을 때에는 승낙한 것으로 본다(상726).

---

107) 大判 2012.04.26, 2010다60769.

5.4. 인보험

5.4.1. 총 칙

5.4.1.1. 인보험계약의 의의

(1) 인보험계약의 의의

인보험계약이란 보험자가 피보험자의 생명 또는 신체에 관하여 보험사고가 생길 경우에 보험계약이 정하는 바에 따라 보험금액 기타의 급여를 할 것을 목적으로 하는 보험계약을 말한다($\frac{\text{상}}{727}$). 상법은 인보험을 생명보험과 상해보험으로 나누고 있다.

(2) 인보험계약의 특성

인보험은 보험의 목적이 사람이고, 사람의 생명과 신체에 관한 사고를 보험사고로 하는 점, 보험계약을 체결하는 동기가 손해의 보상이 아닌 점에서 정액보험인 점, 피보험이익의 관념을 인정할 수 없고, 따라서 초과보험, 중복보험, 일부보험의 문제가 없는 점 등에서 손해보험과의 차이가 있다.

5.4.1.2. 인보험증권

인보험증권에는 다음의 사항을 기재하고 보험자가 기명날인 또는 서명하여야 한다($\frac{\text{상 727,}}{695}$).
① 보험목적
② 보험사고의 성질

③ 보험금액

④ 보험료와 그 지급방법

⑤ 보험기간을 정한 때에는 그 시기와 종기

⑥ 무효와 실권의 사유

⑦ 보험계약자의 주소와 성명 또는 상호

⑧ 보험계약의 연월일

⑨ 보험증권의 작성지와 그 작성연월일

⑩ 보험계약의 종류

⑪ 피보험자의 주소·성명 및 생년월일

⑫ 보험수익자를 정한 때에는 그 주소·성명 및 생년월일: 보험수익자는 계약 당시에 정하지 않고, 후에 정할 것을 유보할 수도 있다.

5.4.1.3. 제3자에 대한 보험자대위의 금지

인보험의 경우 보험자는 보험사고로 인하여 생긴 보험계약자 또는 보험수익자의 제3자에 대한 권리를 대위하여 행사하지 못한다. 그러나 상해보험계약의 경우에 당사자 간에 다른 약정이 있는 때에는 보험자는 피보험자의 권리를 해하지 아니하는 범위 안에서 그 권리를 대위하여 행사할 수 있다(상729). 인보험에서는 보험의 목적 및 그 멸실이 없으므로 잔존물대위는 문제되지 않는다.

인보험계약에서 보험자대위를 금지하는 이유는 인보험에 있어서 보험의 목적인 사람의 생명, 신체는 보험가액을 산정할 수 없으므로 실손해액 이상의 이익을 보게 된다고 할 수 없으며, 또 실손해액과는 관계없이 일정한 보험금액 기타의 급여를 지급받도록 되어 있기 때문이다. 즉 상법 제729조 전문이나 보험약관에서 보험자대위를 금지하거나 포기하는 규정을 두고 있는 것은, 손해보험의 성질을 갖고 있지 아니한 인보험에 관하여 보험자대위를 허용하게 되면 보험자가 보험사고 발생시 보험금을 피보험자나 보험수익자(피보험자 등)에게 지급함으로써 피보험자 등의 의사와 무관하게 법률상 당연히 피보험자 등의 제3자에 대한 권리가 보험자에게 이전하게 되어 피보험자 등의 보호에 소홀해질 우려가 있다는 점 등을 고려한 것이다.[108]

상행보험의 경우에는 보험자 대위를 인정하고 있는데, 이는 피보험자 등의 권리를 부

---

108) 大判 2007.04.26, 2006다54781.

당히 침해하는 경우에 해당한다는 등의 특별한 사정이 없는 한, 상법 제729조 전문이나 보험약관에서 보험자대위를 금지하거나 포기하는 규정을 두고 있다는 사정만으로 피보험자 등이 보험자와의 다른 원인관계나 대가관계 등에 기하여 자신의 제3자에 대한 권리를 보험자에게 자유롭게 양도하는 것까지 금지된다고 볼 수는 없기 때문이다. 따라서 교통사고의 책임소재가 불분명한 상태에서 보험수익자에게 보험금을 지급한 보험자가, 그 보험수익자가 교통사고 피해자로서 가해차량의 보험자로부터 손해배상을 받는 경우 기지급된 보험금 상당의 부당이득반환채권의 담보 또는 변제의 방법으로 위 손해배상채권 중 보험금 상당 부분을 양도받기로 하는 계약을 체결할 수 있다.[109]

5.4.2. 생명보험

5.4.2.1. 생명보험계약의 의의

생명보험계약이란 보험자가 피보험자의 생명에 관한 보험사고가 생길 경우에 약정한 보험금액을 지급하기로 하는 인보험계약을 말한다($\frac{상}{730}$). 생명보험은 사람의 생존과 사망을 보험사고 하며, 보험사고가 생기면 피보험자에게 손해가 있느냐 없느냐를 따지지 아니하고 계약에서 정한 보험금액을 지급하는 정액보험이다.

5.4.2.2. 생명보험계약의 종류

보험사고에 따라 사망보험, 생존보험, 혼합보험(양로보험)으로 나뉘며, 피보험자의 수에 따라 개인보험, 연생보험(피보험자 2인 중 1인의 사망을 보험사고로 하는 보험계약), 단체보험으로 나뉘며, 보험금액의 지급방법에 따라 일시금보험(자금보험), 연금보험(보험금을 일시에 지급하지 않고 약정에 따라 나뉘어 지급하는 것으로 사망 시까지 생존을 조건으로 매년 연금을 지급하는 종신연금보험과 일정한 기간을 정하여 그 기간까지만 지급하는 정기연금보험으로 나뉨) 등이 있다. 상법도 생명보험계약의 보험자는 피보험자의 생명

---

109) 大判 2007. 04. 26, 2006다54781.

에 관한 보험사고가 생긴 때에 약정에 따라 보험금액을 연금으로 분할하여 지급할 수 있도록 하여 연금보험에 대해 명문화 하고 있다(상735).

그 밖에 보험계약자를 보험회사의 이익배당에 참여시키는가에 따라 이익배당부보험과 무이익배당보험(무배당보험)이 있고, 신체검사의 유무에 따라 진사보험(診査保險)과 무진사보험이 있다.

사망보험은 피보험자의 사망만을 보험사고로 하는 보험이고, 생존보험은 일정한 연령까지 생존할 경우 보험금을 지급키로 하는 보험이며, 혼합보험(양로보험)은 사망과 생존의 양자를 모두 담보하는 보험을 말한다. 즉 양로보험계약에서는 보험기간 중 피보험자가 사망하면 사망보험금을, 그 기간이 종료할 때까지 생존하면 생존보험금을 지급하는 보험으로서 피보험자의 생과 사를 모두 담보하므로 생사혼합보험이라고도 한다. 상법은 양로보험에 대해 피보험자의 사망을 보험사고로 한 보험계약에는 사고의 발생없이 보험기간이 종료한 때에도 보험금액을 지급할 것을 약정할 수 있다고 규정하고 있다(상735).

5.4.2.3. 타인의 생명보험

5.4.2.3.1. 의 의

(1) 타인의 생명의 보험계약의 의의
타인의 생명보험이라 함은 보험계약자가 자기 이외의 제3자를 피보험자로 한 생명보험을 말한다.

(2) 타인의 생명의 보험계약의 제한
타인의 생명에 대해 보험을 무한정 인정하게 되면 인위적 사고의 위험 등 악용될 우려가 있으므로 이를 제한할 필요가 있다. 즉 타인의 생명보험을 제한하는 이유는 도박보험의 위험성과 피보험자 살해의 위험성 외에도 피해자의 동의를 얻지 아니하고 타인의 사망을 이른바 사행계약상의 조건으로 삼는다는 데서 오는 공서양속 침해의 위험성을 배제하기 위한 것이다.[110] 그러나 피보험자와 보험수익자가 동일인인 타인을 위한 타인의 사망보험 및 생존만을 담보하는 타인의 생명보험(생존보험) 등에 있어서는 피보험자의 동의

---

110) 大判 1989.11.28, 88다카33367; 大判 2003.07.22, 2003다24451.

를 요하지 않는다고 본다.

제한하는 방법에는 보험수익자가 피보험자의 생존에 관해 이익을 갖는 경우에만 타인의 생명보험을 인정하는 이익주의와 보험수익자가 피보험자의 동의를 얻은 경우에만 보험이 허용되는 동의주의가 있는데 상법은 동의주의를 취하고 있다.

5.4.2.3.2. 피보험자의 동의

(1) 동의를 요하는 경우

타인의 사망을 보험사고로 하는 보험계약에는 보험계약 체결 시에 그 타인의 서면에 의한 동의를 얻어야 한다(상 731). 타인의 사망을 목적으로 하여야 하므로 타인의 생존보험의 경우에는 그 동의를 요하지 아니한다. 또한 타인은 자기 이외의 사람을 의미하므로 부부 간일지라도 서면의 동의를 얻어야 한다. 다만 단체보험의 경우에는 개별적인 피보험자의 동의를 요하지 않는다.

보험계약으로 인하여 생긴 권리를 피보험자가 아닌 자에게 양도하는 경우에도 같다(상 731). 즉 타인의 사망보험계약이 성립되어 보험수익자가 가지는 보험계약상의 권리, 즉 보험금청구권을 피보험자가 아닌 제3자에게 양도하는 경우에도 피보험자의 동의를 얻어야 한다. 타인의 사망보험계약을 체결한 후 보험계약자가 보험수익자를 지정·변경하는 경우에도 피보험자를 보험수익자로 하지 않는 한 피보험자의 동의를 얻어야 한다.

(2) 동의의 성질

당사자의 특약으로 배제할 수 없는 강행법적 성질을 가지며, 피보험자의 동의는 효력요건으로 보아야 할 것이다(통설). 판례도 효력요건으로 보고 있다. 즉 타인의 사망을 보험사고로 하는 보험계약에는 피보험자의 동의를 얻어야 한다는 규정은 강행법규로 보아야 하므로 피보험자의 동의는 방식이야 어떻든 당해 보험계약의 효력발생 요건이 되는 것이다.[111]

(3) 동의의 시기와 방식

피보험자인 타인의 동의는 보험계약 체결 시에 서면에 의하여야 한다. 타인의 사망을 보험사고로 하는 보험계약에 있어서 피보험자가 서면으로 동의의 의사표시를 하여야 하

---

111) 大判 1989.11.28, 88다카33367.

는 시점은 보험계약체결 시까지이다.112) 이는 강행규정으로서 이를 위반한 보험계약은 무효이므로, 타인의 생명보험계약 성립 당시 피보험자의 서면동의가 없다면 그 보험계약은 확정적으로 무효가 되고, 피보험자가 이미 무효가 된 보험계약을 추인하였다고 하더라도 그 보험계약이 유효로 될 수 없다.113)

타인의 사망을 보험사고로 하는 보험계약에 있어 피보험자인 타인의 동의는 각 보험계약에 대하여 개별적으로 서면에 의하여 이루어져야 하고 포괄적인 동의 또는 묵시적이거나 추정적 동의만으로는 부족하나,114) 피보험자인 타인의 서면동의가 그 타인이 보험청약서에 자필 서명하는 것만을 의미하지는 않으므로 타인으로부터 특정한 보험계약에 관하여 서면동의를 할 권한을 구체적·개별적으로 수여받았음이 분명한 사람이 권한 범위 내에서 타인을 대리 또는 대행하여 서면동의를 한 경우에도 그 타인의 서면동의는 적법한 대리인에 의하여 유효하게 이루어진 것이다.115)

(4) 동의의 철회

피보험자의 동의는 계약 성립 전에는 철회할 수 있으나, 일단 동의에 의하여 계약의 효력이 생긴 때에는 그것을 임의로 철회할 수 없고, 보험수익자나 보험계약자의 동의를 요한다.

서면동의를 받지 않은 보험자 스스로가 무효주장을 하는 것도 가능한가에 대해 상법 제731조 제1항의 입법취지에는 도박보험의 위험성과 피보험자 살해의 위험성 외에도 피해자의 동의를 얻지 아니하고 타인의 사망을 이른바 사행계약상의 조건으로 삼는 데서 오는 공서양속의 침해의 위험성을 배제하기 위한 것도 들어 있다고 해석되므로, 상법 제731조 제1항을 위반하여 피보험자의 서면 동의 없이 타인의 사망을 보험사고로 하는 보험계약을 체결한 자 스스로가 무효를 주장함이 신의성실의 원칙 또는 금반언의 원칙에 위배되는 권리 행사라는 이유로 이를 배척한다면, 그와 같은 입법취지를 완전히 몰각시키는 결과가 초래되므로 특단의 사정이 없는 한 그러한 주장이 신의성실 또는 금반언의 원칙에 반한다고 볼 수 없다고 판시하여 가능하도록 판시하고 있다.116)

---

112) 大判 1996.11.22, 96다37084.

113) 大判 2010.02.11, 2009다74007.

114) 大判 2006.09.22, 2004다56677.

115) 大判 2006.12.21, 2006다69141.

116) 大判 1996.11.22, 96다37084.

(5) 동의능력

15세 미만자, 심신상실자 또는 심신박약자의 사망을 보험사고로 한 보험계약은 무효로 한다($\frac{4}{732}$). 이는 나이가 어리거나 심신박약 또는 심신상실 상태에 있어서 스스로의 판단에 따라 동의를 할 수 있는 능력이 없다고 보이는 자들에 대해서는 사망보험계약의 피보험자가 될 수 없도록 하기 위한 것이다. 상법 제732조의 규정은 정신적으로 온전하지 못한 자에 대한 규정이며 신체적으로 결함이 있는 경우에는 이 규정의 적용을 받지 않는다. 따라서 신체불구자의 사망을 보험사고로 한 보험계약은 무효가 되지 않는다.

5.4.2.3.3. 피보험자의 동의를 요하지 않는 경우

(1) 단체보험

단체보험의 경우에는 피보험자의 동의를 요하지 않는다. 즉 단체규약에 따라 구성원의 전부 또는 일부를 피보험자로 하는 생명보험계약을 체결하는 경우에는 그 피보험자의 동의를 요하지 않는다($\frac{4}{735}$ ①). 이 경우 보험계약이 체결된 때에는 보험자는 보험계약자에 대하여서만 보험증권을 교부한다($\frac{4}{735}$ ②).

'규약'의 의미는 단체협약, 취업규칙, 정관 등 그 형식을 막론하고 단체보험의 가입에 관한 단체내부의 협정에 해당하는 것으로서, 반드시 당해 보험가입과 관련한 상세한 사항까지 규정하고 있을 필요는 없고 그러한 종류의 보험가입에 관하여 대표자가 구성원을 위하여 일괄하여 계약을 체결할 수 있다는 취지를 담고 있는 것이면 충분하다 할 것이지만, 위 규약이 강행법규인 상법 제731조 소정의 피보험자의 서면동의에 갈음하는 것인 이상 취업규칙이나 단체협약에 근로자의 채용 및 해고, 재해부조 등에 관한 일반적 규정을 두고 있다는 것만으로는 이에 해당한다고 볼 수 없다. 규약을 구비하지 못한 단체보험의 유효요건으로서의 피보험자의 동의의 방식은 강행법규인 상법 제731조가 정하는 대로 서면에 의한 동의만이 허용될 뿐 묵시적, 추정적 동의는 허용되지 아니한다.[117]

단체보험의 입법취지는, 타인의 생명보험계약을 체결함에 있어서 계약체결 시 피보험자의 서면동의를 얻도록 하는 개별보험의 일반원칙에서 벗어나 규약으로써 동의에 갈음할 수 있게 함으로써 단체보험의 특성에 따른 운용상의 편의를 부여해 주어 단체보험의 활성화를 돕는다는 것이다.[118]

---

117) 大判 2006.04.27, 2003다60259.

118) 大判 1999.09.16, 98헌가6.

타인의 생명보험의 형태가 되고 타인의 사망을 보험사고로 하는 보험계약에서는 보험계약 체결 시에 그리고 보험계약으로 인하여 생긴 권리를 피보험자가 아닌 자에게 양도하는 경우에 그 타인의 서면에 의한 동의를 얻어야 한다는 상법 제731조의 규정이 적용되어야 하나 단체보험은 실무적으로 단체구성원 모두에게 동의를 얻는 것은 어려운 일이므로 상법 제731조의 적용을 배제시켜 주고 보험증권도 보험계약자에게만 교부할 수 있도록 규정하고 있다는 것이다.

(2) 단체보험에 관한 위헌 논의

단체보험에서 타인의 생명보험에서 일반적으로 요구되는 피보험자의 개별적 동의를 요건으로 하지 않은 것이 인간의 존엄과 가치 등을 침해하는 것으로 위헌인지에 대해 헌법재판소는 "상법 제735조의3 제1항의 입법취지는, 타인의 생명보험계약을 체결함에 있어서 계약체결 시 피보험자의 서면동의를 얻도록 하는 개별보험의 일반원칙에서 벗어나 규약으로써 동의에 갈음할 수 있게 함으로써 단체보험의 특성에 따른 운용상의 편의를 부여해 주어 단체보험의 활성화를 돕는다는 것이다. 이 사건 법률조항의 위와 같은 입법취지에 비추어 볼 때, 이 사건 법률조항은 단체구성원들의 복리 증진 등 이익에 기여하는 바가 있고, 단체보험의 특성에 따라 개별적 동의를 집단적 동의로 대체하는 것에 불과하며 그 방법은 합리성을 가지고 있다. 그러므로 이 사건 법률조항이 인간의 존엄성과 가치를 훼손하고 행복추구권을 침해하는 것이며, 국가의 기본권 보장의무에 위배되는 것이라고는 할 수 없다"고 하여 소극적으로 판시하고 있다.[119]

그러나 이에 대해서 "이 사건 법률조항은 단체보험이라는 형식의 보험계약을 체결할 때에는 개인의 생사를 보험사고로 한다는 점에서는 개별보험과 아무런 차이가 없음에도 불구하고 타인의 생명보험의 피보험자가 되는 개인의 동의라는 제약을 부과하는 것을 포기한 것으로서, 경제적 장점만을 고려하여 단체원리를 적용함으로써 개인의 의사와 결정권을 무시하는 것이다. 이 사건 법률조항에 의하여 체결된 단체보험에 있어서는 타인을 피보험자로 하는 생명보험계약을 그 당사자가 알지 못하는 사이에 용이하게 체결할 수도 있으므로 피보험자의 개별적 동의를 거쳐 체결되는 개별보험과 비교할 때 타인의 생명보험계약에 내재하는 가해 등 도덕적 위험도 더욱 커지게 되며, 각종 산업현장에서 재해방지대책이 소홀해질 우려도 있다. 그러므로 이 사건 법률조항은 헌법 제10조에 위반된다"는 소수의 반대의견도 있다.

---

119) 헌법재판소 1999.9.16. 98헌가6 전원재판.

또한 대법원은 단체보험의 보험수익자를 보험계약자 자신으로 한 경우에 보험사고가 발생하지 아니한 경우에는 보험료를 납부한 피고 회사(보험계약자 겸 보험수익자)가 보험료의 원금을 수령하여 이를 취득하고, 보험사고가 발생한 경우에는 피보험자나 그 유족에게 지급하기로 하는 의미로 보험수익자를 보험계약자인 피고 회사로 하는 데 대하여 피고 회사가 그 직원들에게 동의를 구하였고 직원들도 그와 같은 의미로 알고서 이에 동의한 것이라고 해석함이 그들 사이의 의사에 합치된다고 할 것이라고 판시하고 있다.[120]

5.4.2.3.4. 위반의 효과

상법 제731조 제1항에 의하면 타인의 생명보험에서 피보험자가 서면으로 동의의 의사표시를 하여야 하는 시점은 '보험계약 체결 시까지'이고, 이는 강행규정으로서 이에 위반한 보험계약은 무효이므로, 타인의 생명보험계약 성립 당시 피보험자의 서면동의가 없다면 그 보험계약은 확정적으로 무효가 되고, 피보험자가 이미 무효가 된 보험계약을 추인하였다고 하더라도 그 보험계약이 유효로 될 수는 없다.[121]

따라서 보험설계사 또는 보험대리점 등이 타인의 생명보험계약을 모집함에 있어서는 보험계약자에 대하여 타인의 생명보험은 다른 보험과는 달리 피보험자의 서면 동의가 없으면 보험사고가 발생하더라도 보험금을 지급받을 수 없다는 내용을 설명하거나 정보를 제공하여야 할 법적 의무가 신의칙상 요구된다고 할 것이고, 객관적으로 보아 그와 같은 내용을 이해시킬 수 있도록 충분히 설명하거나 정보를 제공하지 아니하였다면 타인의 생명보험계약을 모집함에 있어서 요청되는 설명의무 내지 정보제공의무를 다하지 아니하였다고 할 것이다.[122]

타인의 사망을 보험사고로 하는 보험계약에 있어서 보험설계사가 보험계약자에게 피보험자인 타인의 서면 동의를 받아야 한다는 점에 대한 설명의무를 이행하지 않고 보험계약자로 하여금 피보험자 대신 피보험자 자필서명란에 서명하게 함으로써 생명보험계약이 무효로 된 경우, 보험회사는 보험금을 지급받지 못하게 된 보험계약자에게 손해배상책임을 부담하여야 한다.[123]

피보험자의 서면동의 없이 체결된 타인의 사망을 보험사고로 하는 생명보험계약의 보

---

120) 大判 1999.05.25, 98다59613.

121) 大判 2006.09.22, 2004다56677.

122) 大判 2004.04.23, 2003다62125.

123) 大判 2004.04.23, 2003다62125.

험자가 수년간 보험료를 수령하거나 종전에 그 생명보험계약에 따라 입원급여금을 지급한 경우에도 위 생명보험계약의 무효를 주장하는 것이 신의성실의 원칙 등에 위반하지 않는다.[124]

5.4.2.4. 타인을 위한 생명보험

5.4.2.4.1. 의 의

타인을 위한 생명보험이란 보험계약자가 자기 이외의 제3자를 보험수익자로 한 생명보험을 말한다. 타인을 위한 생명보험에 있어서 보험수익자의 지정 또는 변경에 관한 상법 제733조는 상법 제739조에 의하여 상해보험에도 준용되므로, 상해보험계약을 체결하는 보험계약자는 자유롭게 특정 또는 불특정의 타인을 수익자로 지정할 수 있다.

타인을 위한 상해보험에서 보험수익자는 그 지정행위 시점에 반드시 특정되어 있어야 하는 것은 아니고 보험사고 발생 시에 특정될 수 있으면 충분하므로, 보험계약자는 이름 등을 통하여 특정인을 보험수익자로 지정할 수 있음은 물론 '배우자' 또는 '상속인'과 같이 보험금을 수익할 자의 지위나 자격 등을 통하여 불특정인을 보험수익자로 지정할 수도 있고, 후자와 같이 보험수익자를 추상적 또는 유동적으로 지정한 경우에 보험계약자의 의사를 합리적으로 추측하여 보험사고 발생 시 보험수익자를 특정할 수 있다면 그러한 지정행위는 유효하다.[125]

5.4.2.4.2. 보험계약자의 보험수익자의 지정·변경권

(1) 지정·변경권의 행사

보험계약자는 보험수익자를 지정 또는 변경할 권리가 있다(상 733). 보험수익자의 지정·변경권은 보험계약자가 보험자의 동의를 필요로 하지 않는 형성권이고 상대방의 수령을 요하지 않는 단독행위이다. 보험수익자의 지정·변경의 방법은 제한이 없으므로 서면 또는 구두로 할 수 있다.

보험계약자가 지정권을 행사하지 아니하고 사망한 때에는 피보험자를 보험수익자로 하고 보험계약자가 변경권을 행사하지 아니하고 사망한 때에는 보험수익자의 권리가 확정

---

124) 大判 2006.09.22, 2004다56677.
125) 大判 2006.11.09, 2005다55817.

된다. 그러나 보험계약자가 사망한 경우에는 그 승계인이 위의 지정·변경의 권리를 행사할 수 있다는 약정이 있는 때에는 승계인이 지정·변경한다(상 733).

(2) 보험계약자의 사망과 보험수익자의 지위

보험수익자가 보험존속 중에 사망한 때에는 보험계약자는 다시 보험수익자를 지정할 수 있다. 이 경우에 보험계약자가 지정권을 행사하지 아니하고 사망한 때에는 보험수익자의 상속인을 보험수익자로 한다(상 733).

(3) 지정권 행사 전의 보험사고의 발생

보험계약자가 위 지정권을 행사하기 전에 보험사고가 생긴 경우에는 피보험자 또는 보험수익자의 상속인을 보험수익자로 한다(상 733).

(4) 지정·변경의 통지

보험계약자의 보험수익자의 지정·변경권은 일종의 형성권이므로, 보험계약자의 일방적인 의사표시만으로 그 효력이 발생하나, 이것을 보험자에게 대항하기 위해서는 보험자에게 통지를 하여야 한다(상 734). 보험자가 최초의 보험계약으로 인한 이익을 받을 자에게 보험금을 지급한 경우 이미 보험수익자가 다른 사람으로 지정 변경되었을지라도 보험계약자가 이를 보험자에게 통지하지 않았다면 그 다른 사람은 보험자에게 보험금을 청구할 수 없다는 뜻이다.

(5) 피보험자의 동의

보험계약자가 보험수익자를 지정하거나 변경하는 경우 타인의 생명보험에서 그 타인을 보험수익자로 하지 않은 때에는 그 타인의 서면동의를 얻어야 한다(상 734). 따라서 타인의 생명보험계약에서 보험계약자가 보험수익자의 지정·변경권을 행사함에 있어서 보험사고의 발생전에 피보험자의 동의를 얻지 못한 때에는 피보험자의 상속인 또는 이미 지정된 보험수익자가 보험계약상의 이익을 받게 된다.

5.4.2.4.3. 보험자의 의무

(1) 보험금 지급의무

1) 승낙전 사고와 보험자의 책임

생명보험계약은 보험기간 중에 보험사고가 발생하면 이 보험금액을 지급하는 정액보험이다. 보험자가 보험계약자로부터 보험계약의 청약과 함께 보험료 상당액의 전부 또는 일부를 받은 경우, 그 청약을 승낙하기 전에 보험계약에서 정한 보험사고가 생긴 때에는 그 청약을 거절할 사유가 없는 한 보험자는 보험계약상의 책임을 진다. 그러나 인보험계약의 피보험자가 신체검사를 받아야 하는 경우에 그 검사를 받지 아니한 때에는 그러하지 아니한다(상 638 의2 ③).

2) 보험계약자 등의 중과실로 인한 보험사고

사망을 보험사고로 한 보험계약에는 사고가 보험계약자 또는 피보험자나 보험수익자의 중대한 과실로 인하여 생긴 경우에도 보험자는 보험금액을 지급할 책임을 면하지 못한다 (상 732 의2).

보험수익자의 중대한 과실과 관련하여 무면허운전이나 음주운전이 문제가 될 수 있다. 판례는 무면허운전이나 음주운전의 경우 미필적 고의에 의한 고의성보다는 중대한 과실로 보아 보험자에게 보험금 지급의무가 있다고 판시하고 있다. 즉 판례에 따르면, 무면허운전이 고의적인 범죄행위이기는 하나 그 고의는 특별한 사정이 없는 한 무면허운전 자체에 관한 것이고 직접적으로 사망이나 상해에 관한 것이 아니어서 그 정도가 결코 그로 인한 손해보상을 가지고 보험계약에 있어서의 당사자의 신의성, 윤리성에 반한다고는 할 수 없을 것이므로, 보험계약 약관 중 피보험자의 무면허운전이라는 사유로 생긴 손해는 보상하지 아니한다고 규정한 면책약관이 보험사고가 전체적으로 보아 고의로 평가되는 행위로 인한 경우뿐만 아니라 과실(중과실 포함)로 평가되는 행위로 인한 경우까지 보상하지 아니한다는 취지라면 과실로 평가되는 행위로 인한 사고에 관한 한 무효라고 한다.[126]

같은 취지에서 범죄행위로 인한 사형의 경우에도 보험금이 지급되어야 하는가가 논의가 될 수 있으나 형의 집행이 국가라는 제3자에 의한 것이어서 보험계약자나 보험수익자

[126) 大判 1996.4.26, 96다4909; 大判 1998.3.27, 97다48753; 大判 1998.10.27, 98다16043; 大判 1999.2.12, 98다26910; 大判 1998.10.20, 98다34997; 大判 1998.12.22, 98다35730; 大判 1998.4.28, 98다4330.

의 고의에 의한 사망이 아니라는 점에서 보험금이 지급된다고 해석하는 것이 일반적이지만 원인에 있어서 자유로운 행위처럼 고의성이 명백한 경우에는 제한적으로 해석될 필요성도 있다고 할 것이다.

(2) 보험료적립금반환의무

보험사고발생 전의 보험계약자에 의한 임의해지(상649), 보험료불지급으로 인한 계약해제·해지(상650), 고지의무 위반으로 인한 계약해지(상651), 위험의 변경·증가의 통지의무 위반 또는 통지시의 계약해지(상653,652), 보험자의 파산으로 인한 계약해지(상654) 및 피보험자나 보험수익자의 고의 또는 중대한 과실로 인한 보험사고가 발생되는 등 보험자의 면책사유(상660,659)로 보험금액의 지급책임이 면제된 때에는, 보험자는 보험수익자를 위하여 적립한 금액을 보험계약자에게 지급하여야 한다(상736). 그러나 예외적으로 다른 약정이 없으면 보험사고의 발생이 보험계약자의 고의 또는 중대한 과실로 인하여 발생하여 보험자가 보험금 지급책임을 면한 때에는 보험자는 보험료적립금반환의무를 면한다(상736).

5.4.2.4.4. 생명보험계약의 무효

(1) 피보험자의 승낙전 사망

보험계약 당시에 보험사고가 이미 발생하였거나 또는 발생할 수 없는 것인 때에는 그 보험계약은 당연히 무효가 된다(상644). 따라서 생명보험계약은 피보험자의 생존과 사망을 보험사고로 하므로, 피보험자가 보험자의 승낙 전에 사망한 때에는 보험자와 보험계약자가 그 사실을 알지 못하였다 하더라도 그 보험계약은 무효가 된다.

보험계약 당시 보험사고가 이미 발생한 때에 그 계약을 무효로 한다고 규정하고 있으므로, 설사 시간의 경과에 따라 보험사고의 발생이 필연적으로 예견된다고 하더라도 보험계약 체결 당시 이미 보험사고가 발생하지 않은 이상 보험계약을 무효로 할 것은 아니다.[127]

(2) 심신상실자 등을 피보험자로 한 사망보험

15세 미만자, 심신상실자 또는 심신박약자의 사망을 보험사고로 한 보험계약은 당연히 무효가 된다(상732).

---

127) 大判 2010.12.09, 2010다66835; 서울동부지법 2011.03.18, 2010가합14573.

5.4.3. 상해보험계약

5.4.3.1. 상해보험계약의 의의

상해보험계약이란 보험자가 피보험자의 신체의 상해에 관한 보험사고가 생길 경우에 보험금액 기타의 급여를 할 것을 목적으로 하는 인보험계약을 말한다($\frac{상}{737}$). 보험사고는 ① 급격성 ② 우연성 ③ 외래성 ④ 인과관계로 발생한 것이어야 한다.

상해보험에서 담보되는 위험으로서 상해란 외부로부터의 우연한 돌발적인 사고로 인한 신체의 손상을 말하는 것이므로, 그 사고의 원인이 피보험자의 신체의 외부로부터 작용하는 것을 말하고 신체의 질병 등과 같은 내부적 원인에 기한 것은 제외되며, 이러한 사고의 외래성 및 상해 또는 사망이라는 결과와 사이의 인과관계에 관해서는 보험금청구자에게 그 입증책임이 있다.[128]

상해보험은 지급하는 보험금을 결정하는 방법에 따라 정액보험의 형태와 부정액보험(손해보험)의 형태로 나뉘지며 이 둘을 혼합하여 상해의 부위나 정도에 따라 등급을 정하고 등급별로 약정액을 지급하거나 혹은 등급별 최고한도액 내에서 실제 손해를 보상해 주기도 한다. 이와 같이 상해보험은 정액보험과 손해보험의 중간적인 성격을 띠고 있어, 우리나라에서는 원칙적으로 보험자가 인보험사업과 손해보험사업을 겸업할 수 없지만 상해보험은 손해보험자도 영위할 수 있도록 하고 있다($\frac{보업}{110}$).

상해보험은 보험의 객체가 사람이라는 점에서 생명보험과 더불어 인보험에 속하고, 피보험자의 물건이나 재산상의 손해를 보상할 것을 목적으로 하는 손해보험과는 다르다. 또한 상법 739조는 상해보험에 관해 생명보험에 관한 규정을 준용하도록 함으로써 상해보험을 정액보험으로 나누고 있으나, 상해보험은 손해보험의 성질도 가지고 있기 때문에 중간적인 성질을 가지고 있다.

5.4.3.2. 상해보험증권

상해보험증권에는 다음의 사항을 기재하고 보험자가 기명날인 또는 서명하여야 한다($\frac{상\ 738,}{695}$).

---

128) 大判 2001.08.21, 2001다27579.

① 보험목적

② 보험사고의 성질

③ 보험금액

④ 보험료와 그 지급방법

⑤ 보험기간을 정한 때에는 그 시기와 종기

⑥ 무효와 실권의 사유

⑦ 보험계약자의 주소와 성명 또는 상호

⑧ 보험계약의 연월일

⑨ 보험증권의 작성지와 그 작성연월일

⑩ 보험계약의 종류

⑪ 피보험자의 주소·성명 및 생년월일 → 상해보험의 경우에 피보험자와 보험계약자
  가 동일인이 아닐 때에는 피보험자의 직무 또는 직위만을 기재할 수 있다($\frac{상}{738}$). 이
  것은 기업 내에서 개인적 특성보다 직무 또는 직위에 따라 위험률이 다른 경우 기
  업주가 그 직무 또는 직위에 있는 자를 그자의 교체를 문제 삼지 않고 피보험자로
  하는 타인의 상해보험계약을 체결할 수 있도록 한 것이다.

⑫ 보험수익자를 정한 때에는 그 주소·성명 및 생년월일

5.4.3.3. 상해보험의 보험사고

(1) 보험사고

상해보험의 보험사고는 ① 신체에 가하여진(신체의 손상) ② 외부로부터 생긴(외래성)
③ 급격하고도(급격성) ④ 우연한 사고(우연성)이어야 한다. 질병보험은 원인이 외부로부
터의 급격한 사고에 있는 것이 아니고, 오로지 피보험자의 내부적인 원인에 의하여 발생
한 것인 점에서 상해보험과 구별된다.

급격한 사고란, 갑작스럽게 당한 사고를 말하는데 본래부터 앓던 병이 더욱 악화되어
사망한 것이라면 불측의 사고라고 할 수 없다고 한다. 또한 우연한 사고란, 우연히 당한
사고를 말하는데 외과적 수술을 받다가 사망 한 경우에는 우연한 사고가 아니라고 한다.

(2) 면책사유

보험자는 약관에 의하여 다음에 열거한 사유로 인하여 피보험자의 신체에 상해가 생긴

때에는 급여의 책임을 지지 않는다.

① 보험계약자나 피보험자의 고의가 있는 경우. 다만 중대한 과실로 인하여 보험사고가 발생하여 상해를 입은 경우에는 보험자는 급여책임을 진다.

- '피보험자가 고의로 자신을 해친 경우'를 '보험금을 지급하지 아니하는 보험사고'로 규정하면서 그 단서에서 '피보험자가 정신질환상태에서 자신을 해친 경우' 등을 제외한 보험계약의 약관 조항이, 보험금 지급사유가 발생한 경우를 전제로 보험자의 면책사유를 규정한 취지가 아니라 원칙적으로 보험사고에 해당하지 않는 고의에 의한 자살 등을 예외적으로 위 단서 요건에 해당하면 특별히 보험사고에 포함시켜 보험금 지급사유로 본다는 취지라고 해석하여야 한다.[129]

- 보험계약의 피보험자가 술에 취한 나머지 판단능력이 극히 저하된 상태에서 신병을 비관하는 넋두리를 하고 베란다에서 뛰어내린다는 등의 객기를 부리다가 마침내 음주로 인한 병적인 명정으로 인하여 심신을 상실한 나머지 자유로운 의사결정을 할 수 없는 상태에서 충동적으로 베란다에서 뛰어내려 사망한 사안에서, 이는 우발적인 외래의 사고로서 보험약관에서 재해의 하나로 규정한 '추락'에 해당하여 사망보험금의 지급대상이 된다.[130]

② 보험수익자의 고의. 그러나 사망보험수익자가 두 사람 이상일 때 다른 사람이 수취할 금액에 대하여는 책임을 진다.

③ 피보험자의 자해, 자살, 자살미수, 범죄행위 또는 폭력행위로 인한 상해

- 보험계약에서 자살을 보험자의 면책사유로 규정하고 있는 경우, 그 자살은 사망자가 자기의 생명을 끊는다는 것을 의식하고 그것을 목적으로 의도적으로 자기의 생명을 절단하여 사망의 결과를 발생케 한 행위를 의미하고, 피보험자가 정신질환 등으로 자유로운 의사결정을 할 수 없는 상태에서 사망의 결과를 발생케 한 경우는 포함되지 않는다.[131]

④ 피보험자의 무면허운전 또는 음주운전으로 인한 상해

⑤ 피보험자의 뇌질환, 질병 등에 의한 손해

⑥ 피보험자의 임신, 출산, 유산 또는 외과적 수술 그 밖의 의료처치로 인한 상해. 그러나 상해를 입고 이를 치료하기 위하여 수술을 받다가 사망한 경우에는 보험자는

---

129) 大判 2007.09.06, 2006다55005.

130) 大判 2008.08.21, 2007다76696.

131) 大判 2011.04.28, 2009다97772.

면책이 되지 않는다.

⑦ 피보험자의 형의 집행

⑧ 지진, 분화, 해일 또는 이와 비슷한 천재지변에 의한 손해.

⑨ 군인으로서 군업무 수행 중 또는 군인이 아닌 자로서 군사작전을 수행하거나 입영
   하여 군사훈련을 받는 중에 입은 손해.

⑩ 전쟁, 외국의 무력행사, 혁명, 내란, 사변, 폭동, 소요 기타 이와 유사한 사태로 인한 손해

⑪ 핵연료물질 또는 이에 의하여 오염된 물질의 방사성, 폭발성 또는 그 밖의 유사한
   특성에 의한 사고로 인한 상해.

⑫ 방사성 조사 또는 방사성 오염으로 인한 손해

상해보험의 경우 피보험자의 체질 또는 소인 등이 보험사고로 인한 후유장해에 기여하
였다는 사유로 보험금을 감액할 수는 원칙적으로 없다.[132]

(3) 보험금의 지급

상해보험에 있어서 보험사고가 발생하면 보험자는 사망보험금과 후유장해 보험금 및
의료보험금 등을 지급한다. 보험자는 사망보험금 및 후유장해보험금의 경우에는 보험기
간을 통하여 증권에 기재된 사망·후유장해보험가입금액을 한도로 하고, 의료보험금의
경우에도 사고마다 증권에 기재된 의료보험가액금액을 한도로 지급한다.

상해보험약관에서 계약체결 전에 이미 존재한 신체상해 또는 질병의 영향으로 상해가 중
하게 된 때에는 보험자가 그 영향이 없었을 때에 상당하는 금액을 결정하여 지급하기로 하
는 약관의 내용이 있는 경우에 한하여 그 약관에 따라 보험금을 감액하여 지급할 수 있다.

5.4.3.4. 생명보험에 관한 규정의 준용

상해보험에 관하여는 생명보험에 관한 규정을 준용하되, 15세 미만자·심신상실자 또
는 심신박약자를 피보험자로 하는 계약을 금지하는 상법 제732조의 규정은 제외된다($\frac{상}{739}$).
따라서 상해보험에서는 15세 미만자 등의 상해를 보험사고로 한 보험계약은 사망을 보험
사고로 한 보험계약에서와 같은 위험이 없으므로 이를 허용하고 있다.

준용제외규정은 제732조인데 중과실에 의한 보험사고를 규정한 제732조의2도 준용제
외규정에 포함되는지에 대해서는 견해가 나뉘어 있다.

---

132) 大判 2007.04.13, 2006다49703.

제6편 해상법

6.1. 서 론

6.1.1. 해상법의 의의

6.1.1.1. 해상법의 의의

6.1.1.1.1. 실질적 의의의 해상법

실질적 의의의 해상법이란 해상기업에 관한 사법 및 공법의 법규 전체를 말한다. 즉 실질적 의의의 해상법은 영리를 추구하는 해상기업에 관한 법으로서 상행위 그 밖에 영리를 목적으로 하는 선박을 둘러싼 사법적 법률관계 및 규제나 형사적 공법관계의 모든 법규를 그 대상으로 하고 있다.

6.1.1.1.2. 형식적 의의의 해상법

형식적 의의의 해상법은 상법전 제5편 '해상'을 말한다. 이러한 해상법은 제1장 해상기업(제1절 선박, 제2절 선장, 제3절 선박공유, 제4절 선박소유자 등의 책임제한, 제5절 선박담보), 제2장 운송과 용선(제1절 개품운송, 제2절 해상여객운송, 제3절 항해용선, 제4절 정기용선, 제5절 선체용선, 제6절 운송증서), 제3장 해상위험(제1절 공동해손, 제2절 선박충돌, 제3절 해난구조)의 순서로 규정되어 있다.

2007년에 개정된 해상법은 해상운송계약 관련 법체계를 국제무역 실무에 맞게 재정비할 뿐만 아니라, 전자선하증권 및 해상화물운송장 제도 등 새로운 무역환경에 부합하는 제도를 마련하고, 선박소유자의 책임한도와 운송물의 포장·선적단위당 책임한도를 국제

기준에 맞게 상향조정하기 위하여 「상법」 제5편 해상 부분을 전면적으로 개선·보완하였다.[1]

6.1.1.1.3. 양자의 관계

실질적 의의의 해상법과 형식적의 의의의 해상법이 일치하는 부분이 많을 것이나 일치하지 않는 부분도 있다. 예컨대, 상법의 해상편에 규정되어 있는 선박저당은 선박을 이용한 해상기업 활동과는 직접적인 관련이 없다고 할 수 있다. 따라서 선박저당에 관한 규정은 형식적 의의의 해상법에는 속하지만 실질적 의의의 해상법에는 속하지 않는다고 할 것이다. 서로 일치하지 않는 부분도 있지만 서로 영향을 미치면서 발전해가고 있다.

6.1.1.2. 해상법의 특성

6.1.1.2.1. 해상법의 특수성

해상법은 상법의 일부분이지만 다른 상법 영역에 비해 독자적인 영역 및 특성을 가지고 있다. 즉 공동기업의 형태인 선박공유제도, 해상운송물에 대한 선적이나 적부 또는 양육에 관한 기술적 배려, 해상운송인의 손해배상책임제한 제도, 해상운송 과정에서의 부여되는 의무, 해상항해의 기술성이나 고립적 상황에서 발생할 수 있는 선박충돌, 공동해손, 해난구조 등에 대한 특별규정을 두고 있다.

6.1.1.2.2. 해상법의 독자성

해상법은 해상의 특유한 성질로 인해 해상법상의 문제는 해상법 자체의 규정으로 문제 해결하는 경향이 있다. 이러한 다른 법 영역과 비교되는 특수성을 해상법의 독자성이라고 한다.

6.1.1.2.3. 해상법의 통일성

해상법은 선박이라는 비슷한 기술적 용구에 의하여 전개되는 기술성을 전제로 국제거래나 국제경영의 일부로 행해지기 때문에 세계적 통일화가 가능하며, 실제로 해상에 관한 국제조약이 발달되어 있다. 해상법에 관한 이러한 조약의 내용들이 국내입법에 영향

---

1) 1991년에도 상법의 개정이 있었으나 이때에는 '해상운송계약에서 운송을 인수하는 당사자를 선박소유자에서 운송인으로 변경'하는 등 내용에 일부 변화가 있었을 뿐 체계적인 정립에 이르지는 못했다.

을 점차로 미치면서 해상법은 통일법제화 되어가고 있다.

6.1.2. 해상법의 법원

6.1.2.1. 제정법

6.1.2.1.1. 상법전

상법전 제5편 '해상'은 해상법의 대표적인 법원이다. 1962년 1월 20일 상법의 일부로서 제정공포(법률 제 1000호)되어 시행되고 있다.

6.1.2.1.2. 특별법령

해상법에 관한 특별법령으로는 도선법($_{법 제3908호}^{1986.12.31,}$), 선박등기법($_{법 제1331호}^{1963.4.18,}$), 선박법($_{법 제3641호}^{1982.12.31,}$), 선박안전법($_{법 제919호 1991.3.8,}^{1961.12.30,}$), 선박직원법($_{법 제3715호}^{1983.12.31,}$), 선원법($_{법 제3751호}^{1984.8.7,}$), 항만법($_{법 제4358호}^{1991.3.8,}$), 항만운송사업법($_{법 제1404호}^{1963.9.19,}$) 등이 있다.

6.1.2.1.3. 조 약

해상법에 있어서 국제조약은 많은 영향을 미치고 있고 실제로 헤이그 규칙이나 함부르크 규칙 등은 상법전「해상」편에 중요 내용이 수용되었다. 또한 국제조약은 해상법이 국제적으로 통일법제화 되어 가는 데 중요한 역할을 하고 있다. 해상운송과 관련한 국제조약에는 다음과 같은 것이 있다.

(1) 선박소유자의 책임제한에 관한 조약

① 1976년 해사채권에 대한 책임제한에 관한 조약(Convention on Limitation of Liability for Maritime Claims)($_{발효}^{1986.12.1}$)

② 1979년 책임제한액의 표시단위에 관한 특별인출권에 관한 의정서(Protocol [SDR] [Modification], Brussels)

(2) 해상물건운송 및 선하증권에 관한 조약

① 1924년 선하증권통일조약(International Convention for the Unification of certain Rules of Law relating to Bill of Lading, signed at Brussels, Aug. 25, 1924) (Hague Rules)

② 1968년 1924년 조약의 개정의정서(Protocol done at Brussels on Feb. 23, 1968 to amend the International Convention for the Unification of certain Rules of Law relating to Bill of Lading, signed at Brussels, Aug. 25, 1924)(Hague-Visby Rules) ($^{1977.6.23.}_{발효}$)

③ 1978년 UN해상물건운송조약(U.N. Convention on the Carriage of Goods by Sea) (Hamburg Rules)($^{1992.11}_{발효}$)

④ 1979년 특별인출권(SDR)에 관한 의정서(Protocol [SDR] [Modification], Brussels) ($^{1984.2.14.}_{발효}$)

⑤ 1980년 UN국제복합운송조약(United Nations Convention on International Multimodal Transport of Goods, Geneva)

(3) 공동해손에 관한 조약

① 1890년 요크 안트워프규칙(York-Antwerp Rules)

(4) 선박충돌에 관한 통일조약

① 1910년 선박충돌에 관한 조약(International Convention for the Unification of certain Rules of Law with respect to Collision between Vessels, Brussels)($^{1913.3.1.}_{발효}$)

(5) 해난구조에 관한 조약

① 1910년 해상구원구조에 관한 통일조약(Convention for the Unification of certain Rules of Law relating to Assistance and Salvage at Sea, Brussels)($^{1913.3.1. 발효}_{1967년 改正}$)

② 1989년 구조에 관한 국제조약(International Convention on Salvage, London)

(6) 선박채권에 관한 조약

① 1926년 선박우선특권 및 저당권에 관한 통일조약(International Convention for the Unification of certain Rules relating to Maritime Lien and Mortgages, Brussels)

(7) 그 밖에 조약

① 1952년 항해선의 압류에 관한 통일조약(International Convention for the Unification of certain Rules relating to the Arrest of Seagoing Ships, Brussels)($\genfrac{}{}{0pt}{}{\text{1956.2.24.}}{\text{발효}}$)

② 1969년 유류오염손해에 대한 민사책임에 관한 국제조약(International Convention on Civil Liability for Oil Pollution Damage [CLC], Brussels) $\binom{\text{1975.6.19. 발효, 1967년}}{\text{및 1984년 개정}}$

③ 1971년 유류오염손해배상을 위한 국제기금의 설치에 관한 국제조약(International Convention on the Establishment of an International Fund for Compensation for Oil Pollution Damage [IFC], Brussels)($\genfrac{}{}{0pt}{}{\text{1978.10.16. 발효, 1976년 및}}{\text{1984년 개정}}$)

6.1.2.2. 관습법

해상법은 국제간의 거래가 이루어지다 보니 통일적인 법률체계의 규율이 어려워 실무적인 관행이 중시되는 경향이 강하다. 즉 실무의 관행상 관습법이 발달하기 쉬운데 정박료의 계산기간, 하도지서 등이 그 예이다. 해상에 관한 상관습법은 민법에 우선하여 적용한다($\genfrac{}{}{0pt}{}{\text{상}}{\text{1}}$).

6.1.2.3. 운송약관

운송약관의 법원성에 대하여는 긍정설(자치법설·제한설)과 부정설(상관습법설·법률행위설)이 있다. 그러나 약관 그 자체는 법규범이 될 수 없고 개별계약의 내용이 됨에 불과하다 할 것이므로 약관의 법원성이 부정된다고 할 것이다.

6.2. 해상기업조직

6.2.1. 서 설

해상기업은 인적 조직인 해상기업 주체와 해상기업보조자가 물적 조직인 선박을 이용하여 운송 등의 영업을 하는 것이다. 따라서 해상법은 해상기업을 운영하는 데 필수적인 물적 조직인 선박과, 인적 조직인 해상기업 주체 및 이들의 보조자와 책임을 중심으로 규정하고 있다.

6.2.2. 선 박

6.2.2.1. 선박의 의의

6.2.2.1.1. 선박의 정의

(1) 상법의 규정

해상법상 선박이라 함은 상행위 그 밖의 영리를 목적으로 항해에 사용하는 선박을 말한다($\frac{\text{상}}{740}$). 항해용 선박에 대하여는 상행위 그 밖의 영리를 목적으로 하지 아니하더라도 해상편의 규정을 준용한다. 다만, 국유 또는 공유의 선박에 대하여는 항해의 목적·성질 등을 고려하여 해상편의 규정을 준용하는 것이 적합하지 아니한 경우에는 해상편의 규정을 준용하지 않는다(상 741).

(2) 선박의 요건: 영리성 + 항행성

해상편이 적용되는 선박은 항해성, 영리성과 선박으로서의 구조라는 요건이 필요한데, 2007년 개정상법은 해상편의 적용범위에 대해서 "항해용 선박에 대하여는 상행위 그 밖의 영리를 목적으로 하지 아니하더라도 이 편의 규정을 준용한다."는 규정을 신설하여 항해하는 선박이 영리성이 없는 경우에도 해상편을 준용하고 있다.

이 신설 규정은 현행 「선박법」 제29조(상법의 준용)[2]의 본문 규정인 "상법 제5편 해상에 관한 규정은 상행위를 목적으로 하지 아니하더라도 항행용[3]으로 사용되는 선박에 관하여 이를 준용한다."는 내용을 그대로 반영한 것이다. 이는 상행위성 없이 항해용으로 사용되는 선박에 대한 해상편 준용 규정을 선박의 등록 등 관리에 관한 법인 「선박법」에 군이 따로 규정할 필요성이 적고, 오히려 「상법」 해상편에 규정하는 것이 논리적으로 일관성이 있으며 이해의 편의를 도모할 수 있다는 입장에서 반영된 것이다.[4]

신설된 제741조 단서는 현행 「선박법」 제29조 단서의 "국유 또는 공유의 선박에 관하여는 해상편을 준용하지 아니한다."는 규정을 반영하되, 국유 또는 공유의 선박을 완전히 배제하기보다는 항해의 목적·성질 등을 고려하여 해상편을 준용하는 것이 적합하지 아니한 경우(구체적인 경우는 대통령령으로 위임함, 가령 군함 등)에만 준용하지 아니하고 그 외의 경우에는(가령 사실상 영리행위를 하는 경우) 국유 또는 공유의 경우에도 해상편을 준용하려는 취지로 이해된다.[5] 그런데 해상편이 준용되지 않는 국·공유 선박의 범위에 대해서 「선박법」 제29조 단서는 모든 국·공유 선박으로 규정하고 있지만, 2007년 상법개정안은 「선박법」 제29조 단서와 달리 대통령령으로 정하는 경우로 한정하고 있어서 「선박법」 제29조 단서와 개정안 제741조 단서는 적용범위에서 충돌하는 문제가 발생할 수 있으나 일반 법원리에 의하여 해결하여야 할 것이다.

---

2) 「선박법」 제29조(상법의 준용): 상법 제5편 해상에 관한 규정은 상행위를 목적으로 하지 아니하더라도 항행용으로 사용되는 선박에 관하여 이를 준용한다. 다만, 국유 또는 공유의 선박에 관하여는 그러하지 아니하다.

3) 「선박법」에서는 "항행용"으로 사용되는 선박이라고 규정하고 있으나 이는 내수항행용이라는 용어와 혼동할 우려가 있고 입법취지가 상법 제740조에서 규정된 "항해용"과 다른 내용을 규정한 것은 아니라고 보아 개정안에서는 이를 "항해용"으로 변경하였다.

4) 임중호, 국회심사보고서 참조.

5) 임중호, 국회심사보고서 참조.

판례도 선박에 대해 상법은 선박이란 상행위 기타 영리를 목적으로 항해에 사용하는 선박을 이른다고 규정하고 있는데, 선박법상 자력항행능력이 없어 다른 선박에 의하여 끌리거나 밀려서 항행되는 부선도 선박이라고 규정하고 있고, 제29조는 상법 제5편 해상에 관한 규정은 상행위를 목적으로 하지 아니하더라도 항행용으로 사용되는 선박(단 국유 또는 공유의 선박은 제외)에 관하여는 이를 준용한다고 규정하고 있다. 따라서 다른 선박에 의하여 끌리거나 밀려서 항행되는 국유 또는 공유 아닌 부선은 상행위 기타 영리를 목적으로 항행하는지에 상관없이 구 상법 제5편에 규정된 선박소유자 책임제한의 대상이 되는 선박에 해당한다고 판시하고 있다.[6]

항해란 호천·항만 외의 수면을 말한다. 따라서 호천·항만을 항행하는 선박은 해상법상의 선박으로 보지 않는다.

(3) 단정 등에 의한 운전하는 선박이 아닐 것

단정 또는 주로 노 또는 상앗대로 운전하는 선박은 해상편이 적용되지 아니한다($\frac{상}{③}$⁷⁴¹). 단정 또는 주로 노 또는 상앗대로 운전하는 선박은 그 규모가 작고 해상기업의 주체로서 적합하지 않으며 또한 복잡한 해상법의 규정을 적용하는 것은 오히려 불편하므로 해상법의 규정을 적용하지 않도록 한 것이다.

판례도 총톤수 20톤 미만의 선박이나 단주 또는 노도만으로 운전하는 선박은 등기한 선박이 아니라 할 것이며 항진기관이나 항진추진기가 없이 다른 선박에 의하여 예인되는 부선은 그 자체로서는 항진능력이 없는 것이어서 그 톤수 여하에 불구하고 또 그 선박이 상법 제740조에서 말하는 상행위 그 밖에 영리를 목적으로 항해에 사용된다고 하더라도 이는 등기할 선박이 아니라고 판시하여 해상편의 적용을 부인하고 있다.[7]

6.2.2.1.2. 선박의 특성

선박은 엄밀하게 말하면 민법상의 동산이라고 할 수 있지만 민법상의 동산과는 다른 다음의 특성이 있다.

(1) 합성물성

선박은 동체·갑판·추진기·기관 등의 각 부분이 유기적으로 결합된 합성물로서 1개

---

6) 大判 2012.04.17, 2010마222.
7) 大判 1975.11.11, 74다112,74다113.

의 독립한 물건이며, 선박의 상용에 제공되는 속구에는 식량·연료·해도·각종 공구·구명정 등이 있다. 속구 즉, 선박의 속구목록에 기재한 물건은 선박의 종물로 추정한다($\frac{상}{742}$). 따라서 종물인 속구는 주물인 선박의 처분에 따른다($\frac{민}{②}$ ^{100}).

(2) 유기체성

선박은 인격체처럼 인격자 유사성을 갖는데 명칭, 국적, 선적항 등이 그러한 예이다.

1) 선 명

등기·비등기선이든 총톤수 20톤 이상의 한국선박은 선명을 붙여야 한다($\frac{선박법}{11,\ 26}$).

2) 국 적

선박은 국제법상 반드시 하나의 국적을 가져야 한다. 이 국적은 외국 선박과 국내선박으로 구별, 포획·해적·중립 등의 취급을 결정하는 표준이 된다.

3) 선적항

총톤수 20톤 이상의 한국선박의 소유자는 대한민국에 선적항을 정하여야 함($\frac{선박법}{7\ ①}$), 선박의 등기 또는 등록을 관할하는 등기소 또는 지방청장을 정하는 기준이 된다($\frac{선박법\ 8\ ①}{선박등기법\ 4}$).

4) 톤수

톤수는 용선계약·선박의 임대차 등에 있어서 중요한 의미가 있으며, 등기선박과 비등기선박을 구분하는 기준이 된다($\frac{상}{②}$ ^{744}). 총톤수는 선박 내부의 총용적을 말하고, 순톤수는 여객이나 화물의 적재에 이용할 수 있는 선내의 순용적으로서 총톤수로부터 선원사용실·해도실·기관실 등을 공제한 톤수를 말한다.

(3) 부동산 유사성

선박도 가치 및 거래의 특수성 때문에 부동산과 같은 법적 취급을 받는 경우가 있다. 일정한 규모(총톤수 20톤) 이상의 선박에 대하여는 등기($\frac{상\ 743}{선박법\ 8}$), 저당권설정($\frac{상}{871}$), 임대차등기($\frac{상}{848}$)가 가능하며 부동산과 동일한 방법으로 강제 집행할 수도 있다($\frac{민사집행법\ 172조\ 이하,}{276조\ 이하,\ 269조}$) 그러나 20톤 미만의 소형선박, 단정과 노도만으로 운전하는 선박은 동산으로 취급한다($\frac{선박법}{8,\ 26}$).

6.2.2.2. 선박소유권의 득상·이전

6.2.2.2.1. 선박소유권의 취득

(1) 원시취득

선박소유권의 원시취득에 관한 사법상의는 원인으로 제조, 선의취득이 있고 공법상의 원인으로는 포획, (선박법상) 몰수·수용 등이 있다.

(2) 승계취득

선박소유권의 승계취득원인으로는 상법상 보험위부($^{\text{상}}_{710}$), 선박공유자의 지분매수 또는 경매청구($^{\text{상}}_{761}{}^{760,}$), 선장의 매각 또는 경매($^{\text{상}}_{754,}{}^{753,}_{762}$) 등에 의한 취득이 있다.

6.2.2.2.2. 선박소유권의 상실

선박소유권의 취득원인은 동시에 그 반면에서는 종전 소유자의 상실 원인이 되기도 하며(상대적 상실원인), 그 밖에 구조불능 선박침몰·해체·포획·몰수 등에 의해서 선박소유권이 소멸되기도(절대적 상실원인) 한다.

6.2.2.2.3. 선박소유권의 이전

(1) 서

등기 및 등록할 수 있는 선박의 경우 그 소유권의 이전은 당사자 사이의 합의만으로 그 효력이 생긴다. 다만, 이를 등기하고 선박국적증서에 기재하지 아니하면 제3자에게 대항하지 못한다($^{\text{상}}_{743}$).

이는 선박관련 선박소유권 이전시 의사주의를 취하되 등기의 효력은 제3자에 대한 대항요건임을 밝히고 있는 것으로서, 우리의 입법체계는 선박의 등기와 등록 요건 및 절차 등에 대하여는 「선박법」[8] 및 「선박등기법」[9]에서 규정하고 있고, 이러한 등기의 효력은

---

8) 「선박법」 제1조의2(정의) 이 법에서 "선박"이라 함은 수상 또는 수중에서 항행용으로 사용하거나 사용될 수 있는 배 종류를 말하며 그 구분은 다음 각 호와 같다.
   1. 기선, 2. 범선, 3. 부선

9) 「선박등기법」 제2조 (적용범위) "이 법은 총톤수 20톤 이상의 기선과 범선 및 총톤수 100톤 이상의 부선에 대하여 이를 적용한다. 다만, 선박계류용·저장용 등으로 사용하기 위하여 수상에 고정하여 설치하는

상법에서 정하는 구조로 되어 있다. 따라서 제743조는 「상법」과 「선박법」・「선박등기법」상의 선박 개념을 일치시키는 것을 전제로 하여 당사자 간의 합의만으로 소유권 이전의 효력이 발생하는 대상을 "등기 및 등록할 수 있는 선박"으로 제한하여 명확하게 규정하게 되었다.

(2) 요 건

1) 기본원칙과 제한

선박도 재산권의 하나이므로 제3자에게 자유롭게 양도 또는 처분 할 수 있으며 그 방식에 있어서 특별한 방식을 요구하지 않는다(불요식주의).

2) 등기선박

20톤 이상의 등기선박의 소유권이전은 당사자 간 무방식의 합의만으로써 효력이 생긴다(효력발생요건, 의사주의)($\frac{상 743}{본문}$). 다만 대항하기 위해서는 이를 등기하고 선박국적증서에 등재하여야 한다($\frac{상 743}{단서}$).

3) 비등기선박

20톤 미만의 소형 선박, 단정 또는 주로 노도로 운전하는 선박의 양도에 있어서는 예외적으로 의사주의나 대항요건주의가 적용되지 않고 민법의 동산물권변동의 일반원칙에 따라 그 선박을 인도하여야 양도의 효력과 대항요건이 발생한다(형식주의)($\frac{상 743}{단서}$).

4) 건조중인 선박

건조중의 선박은 선박의 담보에만 준용되므로 저당권의 설정에만 예외적으로 등기가 인정되고 그 밖의 경우에는 통상의 동산에 지나지 않으므로($\frac{상}{790}$) 민법상 동산물권 변동의 일반 법리에 따라 인도를 요한다.

부선에 대하여는 적용하지 아니한다.
제3조 (등기할 사항) "선박의 등기는 다음에 게기하는 권리의 설정・보존・이전・변경・처분의 제한 또는 소멸에 대하여 이를 한다.
1. 소유권, 2. 저당권, 3. 임차권"

(3) 이전효과

1) 일반적 효과

선박소유권 양도의 효과로서 선박소유권이 이전된다. 그리고 다른 의사표시가 없는 한 선박의 속구목록(屬具目錄)에 기재한 물건은 선박의 종물로 추정되기 때문에 그 속구의 소유권도 이전한다($\frac{상}{742}$).

2) 선적을 완료한 선박의 양수인의 의무

양도(매매) 당시에 이미 선적이 끝났거나, 선적작업이 계속 되고 있는 동안에는 다른 특약이 없는 한 양수인이 기존 운송계약을 수행할 의무를 지는 것으로 본다.

3) 항해 중 선박의 손익의 귀속과 권리관계

항해 중에 있는 선박이나 그 지분을 양도한 경우에 당사자 간에 다른 약정이 없으면 양수인이 그 항해로부터 생긴 이익을 얻고 손실을 부담한다($\frac{상}{763}$).

(4) 선박소유권이전의 대항요건

1) 등기선의 경우

등기선의 소유권 이전의 대항요건은 등기를 하여야 한다.

2) 비등기선의 경우

비등기선의 소유권 이전의 대항요건은 없으므로 인도로써 효력이 발생한다.

6.2.3. 해상기업의 주체

해상기업의 주체는 선박소유자, 선박공유자, 선체용선자, 정기용선자 등이 있다.

6.2.3.1 선박소유자

6.2.3.1.1. 선박소유자의 의의

광의의 선박소유자는 해상기업의 주체로서 선박소유권자를 말하고, 협의의 선박소유자는 자기가 소유하는 선박을 해상기업의 목적으로 항해에 사용하는 자를 말한다.

6.2.3.2. 선박공유자

6.2.3.2.1. 의 의

광의의 선박공유자는 단순히 선박을 공유하는 사람을 의미하고, 협의의 선박공유자는 선박을 공유하고 이것을 공동의 해상기업에 이용하는 자를 말한다. 선박공유는 공동기업의 형태이며 단순한 조합의 성질을 갖는 것이 아니다. 즉 선박공유관계는 인적 요소보다 물적 요소에 더 초점이 맞추어져 있다고 할 것이므로 물적회사에 가깝다.

6.2.3.2.2. 내부관계

선박공유의 업무집행은 원칙적으로 선박관리인이 한다.

(1) 업무결정

공유선박의 이용에 관한 사항은 공유자의 지분의 가격에 따라 그 과반수로 결정한다($상_① ^{756}$). 선박공유에 관한 계약을 변경하는 사항은 공유자의 전원일치로 결정하여야 한다($상_② ^{756}$).

(2) 비용분담과 손익배분

선박공유자는 그 지분의 가격에 따라 선박의 이용에 관한 비용과 이용에 관하여 생긴 채무를 부담한다($\frac{\text{상}}{757}$). 손익의 분배는 매 항해의 종료 후에 있어서 선박공유자의 지분의 가격에 따라서 한다($\frac{\text{상}}{758}$).

(3) 지분의 양도

선박공유자 간에 조합관계가 있는 경우에도 각 공유자는 다른 공유자의 승낙 없이 그 지분을 타인에게 양도할 수 있다. 그러나 선박관리인의 경우에는 그러하지 아니한다($\frac{\text{상}}{759}$). 항해 중에 있는 선박이나 그 지분을 양도한 경우에 당사자 사이에 다른 약정이 없으면 양수인이 그 항해로부터 생긴 이익을 얻고 손실을 부담한다($\frac{\text{상}}{763}$).

(4) 지분매수청구권

1) 국적상실과 지분의 매수 또는 경매청구

선박공유자의 지분의 이전 또는 그 국적상실로 인하여 선박이 대한민국의 국적을 상실할 때에는 다른 공유자는 상당한 대가로 그 지분을 매수하거나 그 경매를 법원에 청구할 수 있다($\frac{\text{상}}{760}$).

2) 결의반대자의 지분매수청구권

선박공유자가 신항해를 개시하거나 선박을 대수선할 것을 결의한 때에는 그 결의에 이의가 있는 공유자는 다른 공유자에 대하여 상당한 가액으로 자기의 지분을 매수할 것을 청구할 수 있다($①^{761}$). 매수청구를 하고자 하는 자는 그 결의가 있은 날로부터 결의에 참가하지 아니한 경우에는 결의통지를 받은 날로부터 3일 이내에 다른 공유자 또는 선박관리인에 대하여 그 통지를 발송하여야 한다($\frac{\text{상}}{②}^{761}$).

3) 해임선장의 지분매수청구권

선박공유자인 선장이 그 의사에 반하여 해임된 때에는 다른 공유자에 대하여 상당한 가액으로 그 지분을 매수할 것을 청구할 수 있다($\frac{\text{상}}{①}^{762}$). 선박공유자가 위 청구를 하고자 하는 때에는 지체없이 다른 공유자 또는 선박관리인에 대하여 그 통지를 발송하여야 한다($\frac{\text{상}}{②}^{762}$).

6.2.3.2.3. 외부관계

(1) 선박관리인의 선임

선박공유자는 선박관리인을 선임하여야 한다. 이 경우 선박공유자가 아닌 자를 선박관리인으로 선임함에는 공유자 전원의 동의가 있어야 한다($\frac{상}{①}$764). 선박관리인의 선임과 그 대리권의 소멸은 이를 등기하여야 한다($\frac{상}{②}$764).

(2) 선박관리인의 대표권

1) 원   칙

선박관리인은 대내적으로 업무집행권을 갖고 대외적으로는 대표권을 갖는다. 선박관리인은 선박의 이용에 관한 재판상 또는 재판 외의 모든 행위를 할 권한이 있다($\frac{상}{①}$765). 선박관리인의 대리권에 대한 제한은 선의의 제3자에게 대항하지 못한다($\frac{상}{②}$765).

2) 제   한

선박관리인은 선박공유자의 서면에 의한 위임이 없으면 ① 선박을 양도·임대 또는 담보에 제공하는 일 ② 신항해를 개시하는 일 ③ 선박을 보험에 붙이는 일 ④ 선박을 대수선하는 일 ⑤ 차재하는 일 등의 행위를 하지 못한다($\frac{상}{766}$).

(3) 선박공유자의 의무

1) 장부의 기재, 비치

선박관리인은 특히 업무집행에 관한 장부를 비치하고 그 선박의 이용에 관한 모든 사항을 기재하여야 한다($\frac{상}{767}$).

2) 선박관리인의 보고, 승인

선박관리인은 매 항해의 종료 후에 지체 없이 그 항해의 경과 상황과 계산에 관한 서면을 작성하여 선박공유자에게 보고하고 그 승인을 얻어야 한다($\frac{상}{768}$).

6.2.3.2.4. 선박공유의 해산·청산

선박공유자는 선박의 침몰, 멸실, 양도 또는 이용의 폐지 등 독특한 사유에 의하여 해산하지만 상법상 선박공유의 해산과 청산에 관한 규정이 없으므로 민법상 조합에 관한 규정을 준용한다. 다만 선박공유가 조합보다는 물적회사에 가깝기 때문에 물적회사에 관한 규정이 유추적용 되어야 할 것이라는 견해도 있다.

6.2.3.3. 선체용선자

선체용선자란 용선자의 관리·지배 하에 선박을 운항할 목적으로 선박소유자가 용선자에게 선박을 제공할 것을 약정하고 용선자가 이에 따른 용선료를 지급하기로 약정함으로써 그 효력이 생기는 선체용선계약상의($^{상}_{847}$) 용선자를 말한다.

6.2.3.4. 정기용선자

정기용선자란 정기용선계약상의 용선자를 의미한다. 정기용선계약은 선박소유자가 용선자에게 선원이 승무하고 항해장비를 갖춘 선박을 일정한 기간 동안 항해에 사용하게 할 것을 약정하고 용선자가 이에 대하여 기간으로 정한 용선료를 지급하기로 약정함으로써 그 효력이 생기는 계약을 말한다($^{상}_{842}$). 이 정기용선계약에서는 선박소유자가 선박 및 선박의 인적·물적 장비를 다 갖추고 이를 정기용선자가 기간 단위로 사용하는 계약이다.

6.2.4. 해상기업의 보조자

6.2.4.1. 서 설

해상기업의 보조자로는 선장, 선원, 예선업자, 도선사 등이 있다. 일반적으로 예선업자나 도선사는 해상기업활동과는 직접적인 관련성은 없다. 그리고 선원도 선장의 지시에 따르므로 결국 가장 중요한 해상기업보조자는 선장이라 할 수 있다. 따라서 상법은 선장에 대하여 자세한 규정을 두고 있다.

6.2.4.2. 선 장

6.2.4.2.1. 의 의

광의의 선장이란 특정선박의 항해지휘자를 말하며, 협의의 선장이란 선박소유자의 고용인으로서 특정선박의 항해를 지휘하고 또 그 대리인으로서 항해에 관한 모든 행위를 할 수 있는 법정권한이 있는 자를 말한다. 선장은 선박 소유자·임차인·운항자 등 해상기업인의 대리인으로서 공법상·사법상의 직무와 권한을 가진다.

6.2.4.2.2. 선임과 종임

(1) 선 임

선장은 선박소유자가 선임한다($\frac{상}{745}$). 선박소유자는 선박공유자·선체용선자를 포함한다. 예외적으로 선장이 불가항력으로 인하여 그 직무를 집행하기가 불능한 때에 법령에 다른 규정이 있는 경우를 제외하고는 자기의 책임으로 타인을 선정하여(代船長) 선장의 직무를 집행하게 할 수 있다($\frac{상}{748}$). 선장의 선임계약의 법적 성질은 고용과 위임의 혼합계약이다.

(2) 종 임

선장의 선임계약의 법적 성질을 고용과 위임의 혼합계약으로 이해하면 선장의 종임도 고용과 위임의 일반적 종료원인인 고용계약기간의 만료, 선장의 사임, 사망, 파산, 금치산 등의 사유에 의하여 종임한다. 그러나 선장의 선임행위는 상행위이므로 선박소유자 등의 사망에 의하여 종임하지 않는다.

선장은 선박소유자가 해임한다($\frac{상}{745}$). 선박소유자가 정당한 사유 없이 선장을 해임한 때에는 선장은 이로 인하여 생긴 손해의 배상을 청구할 수 있다($\frac{상}{746}$). 선장이 선박공유자인 경우에 그 의사에 반하여 해임된 때에는 다른 공유자에 대하여 상당한 가액으로 그 지분을 매수할 것을 청구할 수 있다($\frac{상}{762}$). 선장이 지분매수의 청구를 하고자 하는 때에는 지체 없이 다른 공유자 또는 선박관리인에 대하여 그 통지를 발송하여야 한다($\frac{상}{762}$).

선장이 항해 중에 해임 또는 임기가 만료된 경우에도 다른 선장이 그 업무를 처리할 수 있는 때 또는 그 선박이 선적항에 도착할 때까지 그 직무를 집행할 책임이 있다($\frac{상}{747}$). 선장이 사망하였을 때, 선박을 떠났을 때 또는 이를 지휘할 수 없게 되었을 경우에 미리 타인을 지정하지 않았을 때에는 운항에 종사하는 선원은 그 직무의 순위에 따라 선장의 직무를 대행하여야 하는데 이를 대행선장이라 한다.

6.2.4.2.3. 선장의 사법상의 권리·의무

선장은 선박소유자에 의하여 선임되어 선박의 운항책임을 맡고 있으나 선박소유자의 대리인으로서 뿐만 아니라 적하이해관계인, 여객, 구조료채무자 등의 대리인으로서의 대리권을 갖는다.

(1) 선박소유자와의 관계에 있어서 권리·의무

선장의 대리권은 포괄적이며 대리권에 대한 제한으로 선의의 제3자에게 대항할 수 없다는 점에서 지배인, 대표이사의 대리권 및 대표권과 같지만, 선장은 ① 대리권이 영업소가 아니라 항해단위로 정해지고 범위가 선적항의 내외에 따라 다르고 ② 선장의 선임·해임은 등기시항이 아니며 ③ 공동선장은 존재하지 않고 ④ 선장의 행위에 대하여는 선박소유자의 책임제한이 인정된다는 점 등에서 다르다.

선박소유자를 위한 대리권의 범위에 관한 입법주의는 선박소유자 소재지주의(불법주의), 선적항주의(독법주의), 선장행위주의(영법주의)가 있다.

① 선박소유자 소재지주의(불법주의): 선박이 선박소유자 또는 그 대리인의 소재지에 있는가를 구별하여 그 소재지에서는 특별한 수권을 요한다는 주의

② 선적항주의(독법주의): 선적항의 안팎의 구별에 따라 선장의 대리권의 범위에 차이를 두는 주의

③ 선장행위주의(영법주의): 행위의 종류에 따라 구별하여 중요행위 이외의 선박이용에 관한 모든 행위에 대리권이 미친다는 주의(선장행위주의)

상법은 선적항주의(독법주의)를 채용하고 있는데, 그에 따라 선적항 내의 대리권과 선적항 외의 대리권으로 구별하고 있다. 선적항 내의 대리권(商749)에 관하여는 특히 위임을 받은 경우 외에는 선원의 고용과 해고를 할 권한만 가지며, 선적항 외에서의 대리권은 ㉠ 일반적 대리권(항해에 필요한 재판상·재판외의 모든 행위) ㉡ 신용행위의 대리권 ㉢ 적하처분권 ㉣ 선박경매권 등을 갖는다.

선적항에서는 선장의 권한이 선원의 고용과 해고를 할 권한만 가지며 다른 권한을 가질 수 없는 것은 선적항에서는 선장이 선박소유자의 직접 지휘를 받을 수 있기 때문에 선장의 대리권을 인정하지 않는 것이다.

1) 선장의 권한

i) 선장의 대리권

선적항 외에서는 선장은 항해에 필요한 재판상 또는 재판 외의 모든 행위를 할 권한이
있다($\frac{상}{①}$749). 그러나 선적항에서는 선장은 특히 위임을 받은 경우 외에는 해원의 고용과 해
고를 할 권한만을 가진다($\frac{상}{②}$749). 선장의 대리권에 대한 제한은 선의의 제3자에게 대항하
지 못한다($\frac{상}{751}$).

ii) 대선장선임권

선장은 불가항력으로 인하여 그 직무를 집행하기가 불능한 때에 법령에 다른 규정이
있는 경우를 제외하고는 자기의 책임으로 타인을 선정하여 선장의 직무를 집행하게 할
수 있는 대선장 선임권도 갖는다($\frac{상}{748}$).

iii) 특수한 행위를 할 권한

선장은 선박수선료, 해난구조료 그 밖에 항해의 계속에 필요한 비용을 지급하여야 할
경우에는 ① 선박 또는 속구를 담보에 제공하는 일 ② 차재하는 일 ③ 적하의 전부나
일부를 처분하는 일을 할 수 있다($\frac{상}{①}$750). 따라서 선박수선, 해난구조 또는 항해계속비용
지급을 위한 경우가 아니면 선장은 ① 선박 또는 속구를 담보에 제공하는 일 ② 차재하
는 일 ③ 적하의 전부나 일부를 처분하지 못한다.

iv) 위법선적물 처분권·위험물 처분권

선장은 법령 또는 계약에 위반하여 선적한 운송물은 언제든지 이를 양륙할 수 있고 그
운송물이 선박 또는 다른 운송물에 위해를 미칠 염려가 있는 때에는 이를 포기할 수 있
다($\frac{상}{①}$800). 선장이 위 물건을 운송하는 때에는 선적한 때와 곳에서의 동종 운송물의 최고운
임의 지급을 청구할 수 있다($\frac{상}{②}$800). 이 규정은 운송인 그 밖의 이해관계인의 손해배상청구
에 영향을 미치지 아니 한다($\frac{상}{③}$800).

인화성·폭발성 그 밖의 위험성이 있는 운송물은 운송인이 그 성질을 알고 선적한 경우
에도 그 운송물이 선박이나 다른 운송물에 위해를 미칠 위험이 있는 때에는 선장은 언제든
지 이를 양륙·파괴 또는 무해조치할 수 있다($\frac{상}{①}$801). 운송인은 위 처분에 의하여 그 운송물
에 발생한 손해에 대하여는 공동해손분담책임을 제외하고 그 배상책임을 면한다($\frac{상}{②}$801).

ⅴ) 선박경매권

선적항 외에서 선박이 수선하기 불가능하게 된 때에는 선장은 해무관청의 인가를 얻어 이를 경매할 수 있다(상753). 선박이 수선하기 불가능한 경우로는 ① 선박이 그 현재지에서 수선을 받을 수 없으며 또 그 수선을 할 수 있는 곳에 도달하기 불가능한 때 ② 수선비가 선박의 가액의 4분의 3을 초과할 때를 말한다(상754). 수선비의 가액은 선박이 항해 중 훼손된 경우에는 그 발항한 때의 가액으로 하고 그 밖의 경우에는 그 훼손 전의 가액으로 한다(상754).

2) 선장의 의무

선장은 보고·계산의 의무가 있는데, 선장은 항해에 관한 중요한 사항을 지체 없이 선박소유자에게 보고하여야 한다(상755). 그리고 선장은 매 항해를 종료한 때에는 그 항해에 관한 계산서를 지체 없이 선박소유자에게 제출하여 그 승인을 받아야 한다(상②755). 선장은 선박소유자의 청구가 있을 때에는 언제든지 항해에 관한 사항과 계산의 보고를 하여야 한다(상③755).

(2) 적하이해관계인에 대한 관계

선장은 원칙적으로 적하이해관계인과 직접적인 법률관계는 없지만 해상의 위험 등 때문에 선장이 항해 중에 적하를 처분하는 경우에는 이해관계인의 이익을 위하여 가장 적당한 방법으로 하여야 한다(상752). 적하의 처분이란 매각하거나 투기 등 법률행위이든 사실행위이든 불문한다.

이 경우에 이해관계인은 선장의 처분으로 인하여 생긴 채무가 있을 때에는 채권자에게 적하의 가액을 한도로 하여 책임을 진다. 그러나 그 이해관계인에게 과실이 있는 때에는 무한의 책임을 진다(상752). 적하를 처분할 경우의 손해배상액은 그 적하가 도달할 시기의 양륙항의 가격에 의하여 이를 정한다. 그러나 그 가격 중에서 지급을 요하지 아니하는 비용을 공제하여야 한다(상②750).

(3) 여객에 대한 관계

여객이 사망한 때에는 선장은 그 상속인에게 가장 이익이 되는 방법으로 사망자가 휴대한 수하물을 처분하여야 한다(상824).

(4) 구조료채무자에 대한 관계

선장은 구조료를 지급할 채무자에 갈음하여 그 지급에 관한 재판상 또는 재판 외의 모든 행위를 할 권한이 있다(상 894). 따라서 선장은 그 구조료에 관한 소송의 당사자가 될 수 있고, 그 확정판결은 구조료의 채무자에 대하여도 효력이 있다(상 894).

6.2.4.2.4. 선장의 공법상의 권리 · 의무

(1) 선장의 공법상의 권리

선장의 공법(선원법)상의 권한은 다음과 같다.

1) 지휘 · 명령권

선장은 위험 공동체인 선박운항의 최고 책임자로서 해원(海員)을 지휘 · 감독하며, 또한 선내에 있는 여객 · 기타의 자에 대하여 자기의 직무를 행함에 있어 필요한 명령을 할 수 있다.

2) 징계권

선장은 규정된 선내의 규율을 지키지 아니하는 해원을 징계할 수 있다.

3) 강제조치권

선장은 해원 · 여객 · 기타 선내에 있는 자가 흉기 · 폭발물 또는 발화하기 쉬운 물건을 소지한 때에는 필요에 따라 그 물건의 보관 · 폐기 기타 조치를 취할 수 있으며, 해원이 승선계약 종료의 공인이 있은 후 선박을 떠나지 아니할 때에는 그 해원을 강제로 조치할 수 있다.

4) 행정관청에 대한 원조의 청구권

선장은 해원 · 여객 · 기타 선내에 있는 자가 위험물을 소지하거나, 선내에 있는 사람의 인명이나 선박에 위해를 미치게 하거나, 선내 질서를 문란하게 할 경우 필요하다고 인정할 때에는 행정관청에 원조를 청할 수 있다.

5) 사법경찰관으로서의 직무

원양·근해 또는 연해구역을 항해하는 총톤수 20톤 이상인 선박의 선장은 선내에서 발생한 범죄에 대하여 사법경찰관으로서 범죄의 수사, 범인의 체포 등을 할 수 있다.

6) 선내 사망자에 대한 수장권

선장은 선박의 항행 중 선내에 있는 사람이 사망한 때에는 적절한 조건의 구비 하에 사체를 수장할 수 있다.

7) 호적공무원의 직무

항행 중 선내에서 출생 또는 사망에 대한 신고사항을 항해일지에 기재·기명·날인하고, 선박이 입항한 후 이에 대한 항해일지의 등본을 관계 시·읍·면장에게 발송해야 한다.

(2) 선장의 공법상의 의무

선장의 공법(선원법)상의 의무는 다음과 같다.

1) 출항 전의 검사의무

또한 공법상의 의무는 다음과 같다. 출항 전에 선박이 항해에 대한 감항성 여부와, 항해에 적응할 장비·적하(積荷)·인원·식료·연료·기타의 준비가 완료되어 있는지의 여부를 검사하여야 한다($^{선원법}_7$). 선장은 선박에 ① 선박국적증서 또는 선적증서 ② 승무원명부 ③ 항해일지 ④ 화물에 관한 서류 ⑤ 그 밖에 해양수산부령이 정하는 서류 등을 비치하여야 한다($^{선원법}_{20\ ①}$).

2) 항행의 성취의무

선장은 항해의 준비가 완료된 때에는 즉시 출항하여야 하며(발항의무), 부득이한 경우 이외에는 예정항로를 변경하지 않고 도착항까지 항행하여야 한다(직항의무)($^{선원법}_8$).

3) 재선의무

선장은 화물의 선적 또는 여객의 승선이 개시될 때부터 화물의 양륙과 여객의 하선이 완료될 때까지 그 선박에서 떠나지 못한다($^{선원법}_{10}$).

4) 갑판상의 지휘의무

선장은 선박이 항구를 출입할 때, 선박이 좁은 수로를 통과할 때, 기타 선박에 위험성이 있을 때 갑판상에서 직접 선박을 지휘하여야 한다(선원법9).

5) 선박 위험시의 조치의무

선장은 자기가 지휘하는 선박에 급박한 위험이 있을 때에는 인명·선박 및 적화물의 구조에 필요한 수단을 다하여야 한다(선원법11).

6) 선박충돌시의 조치의무

선박이 충돌한 때에는 자기가 지휘하는 선박에 급박한 위험이 발생한 경우를 제외하고는 인명과 선박의 구조에 최선을 다하여야 하며, 또한 선박의 명칭·소유자·선적항·출항항·도착항을 상대방에게 통보하여야 한다(선원법12).

7) 조난선박 등의 구조의무

타선박 및 항공기의 조난을 알았을 때 자기가 지휘하는 선박에 급박한 위험이 있을 경우를 제외하고는 인명 구조에 필요한 조치를 다하여야만 한다(선원법13).

6.2.4.3. 해 원

선원법상 선원이라 함은 임금을 받을 목적으로 배안에서 노무를 제공하기 위하여 고용된 자로 선장·해원·예비원이 있다. 이러한 해원은 해상 보조자에 불과하기 때문에 육상 보조자나 선장과 같은 대리권이 없다(선원법3①).

6.2.4.4. 선박사용인

선박사용인이라 함은 임시로 선박상의 노무에 종사하기 위하여 고용된 자이다.

6.2.4.5. 도선사

도선사라 함은 일정한 도선구(導船區)에서 도선업무를 할 수 있는 도선사의 면허를 가진 자를 말한다(선원법2ⅱ).

6.2.5. 선박소유자 등의 책임제한

6.2.5.1. 선박소유자 등의 책임제한 총설

6.2.5.1.1. 서

선박을 이용한 해상운송은 해상위험에서 오는 선박소유자의 운영리스크를 완화해줄 필요가 있었고 이와 관련한 여러 입법주의가 있다. 우리 상법상 선주유한책임제도는 1991년 개정상법시 금액책임주의로 일원화 하였다(상 769). 2007년 개정상법에서는 상법상 선주의 유한책임이 너무 낮다는 비판에 따라 국제적 추세에 맞추어 해상운송인의 책임을 더 무겁게 하는 입법이 이루어졌다.

6.2.5.1.2. 선주책임제한에 관한 입법주의

(1) 위부주의

일방적 의사표시에 의하여 소유권을 이전하는 것을 위부(委付)라 하는데, 위부주의(佛法主義)란 선박소유자가 원칙적으로 인적 무한책임을 지나, 채권자에 대하여 해산(海産), 즉 선박과 운임, 손해배상청구권 등의 소유권을 일방적 의사표시에 의하여 이전한 경우에는 책임을 면한다는 주의이다.

(2) 선가책임주의

선가책임주의(美國法主義)란 선박소유자는 원칙적으로 항해말에 있어서의 선박의 가액과 그 선박에 의하여 생긴 채권액을 한도로 하여 인적 유한책임을 지고 동시에 선택적으로 해산(海産)의 위부권도 인정하는 주의이다.

(3) 집행주의

집행주의(獨法主義)는 선박소유자의 책임을 선박·해산으로 제한하는 것으로 채권자는 오직 그 해산(海産)에 대해서만 강제집행을 할 수 있고 육산에는 미치지 못한다는 주의이다.

(4) 금액책임주의

금액책임주의란 항해단위가 아닌 사고마다 선박소유자의 책임한도액을 정하여 선박소유자는 선박의 톤당 얼마로 정하여진 금액의 한도 내에서 그 책임을 지는 주의이다.

(5) 선택주의

선택주의는 선박소유자의 무한책임을 원칙으로 하며 다만 선박소유자는 위부주의・선가책임주의・금액책임주의 등에 대한 선택권을 가지는 주의이다.

(6) 상법의 입장

선주책임제한에 관한 통일조약 중 1924년의 통일조약은 선가책임주의와 금액책임주의를 병용하였고, 1957년 통일조약에서는 금액책임주의로 단일화하였다가 1976년 통일조약은 1957년의 금액책임주의를 유지하면서 선주의 책임한도액을 선박톤수 단위로 증대시켰다.

1991년 개정상법은 1976년 「해사채권에 대한 책임제한 조약」의 내용을 입법화하여 책임제한 주체의 책임한도액을 증액하고 해상기업 활동의 다양화에 대응한 합리적 책임제한 제도를 확립하기 위하여 책임제한 주체의 범위를 용선자, 이행보조자, 구조자까지 확대하되 금액책임주의를 취하고 있었다.

2007년 개정상법은 이전의 기본적인 틀을 유지하면서 다만 여객의 사망에 대한 책임제한액을 국제조약에 맞추어 상향조정 하였다.

6.2.5.1.3. 책임제한의 주체

(1) 선박소유자 등

책임제한을 주장할 수 있는 자는 선박소유자뿐만 아니라($\frac{상}{769}$), 용선자, 선박관리인 및 선박운항자이다($\frac{상}{①}\,\frac{774}{1}$). 명시적 규정은 없지만 선박소유자의 책임보험자[10]도 책임제한을 주

---

10) 大判 2009.11.26, 2009다58470: 책임을 제한할 수 있는 자로 선박소유자의 책임보험자가 규정되어 있지는 않으나, 같은 법 제724조 제2항에서 "제3자는 피보험자가 책임을 질 사고로 입은 손해에 대하여 보험금액의 한도 내에서 보험자에게 직접 보상을 청구할 수 있다. 그러나 보험자는 피보험자가 그 사고에 관하여 가지는 항변으로써 제3자에게 대항할 수 있다"고 규정하고 있을 뿐 아니라, 책임보험자는 피보험자의 책임범위 내에서만 책임을 부담하는 것이 보험법의 일반원리에도 충실하고, 같은 피해자라도 상대방이 보험에 가입하였느냐 여부 및 선박소유자 또는 보험자 어느 쪽에 대하여 청구권을 행사하느냐에 따라 그 손해전보의 범위가 달라지는 것은 합리적이지 못하며, 해상사고의 대규모성에 비추어 해상보험자에

장할 수 있다고 보아야 한다. 이때 만일 동일한 사고에서 발생한 선박소유자의 책임과 용선자·선박관리인 및 선박운항자의 책임이 경합하는 경우에는 그 책임의 총액은 선박마다 법정책임한도액($^{상}_{770}$)을 초과하지 못한다($^{상\,774}_{③}$). 선박소유자 또는 선박관리인 및 선박운항자들 중 1인이 책임제한 절차개시의 결정을 받은 때에는 책임제한을 할 수 있는 다른 자도 이를 원용할 수 있다($^{상\,774}_{③}$).

(2) 법인 선박소유자·무한책임사원

책임제한을 주장할 수 있는 자가 법인 또는 인적 회사인 경우 그의 무한책임사원도 책임제한을 주장할 수 있다($^{상\,774}_{① ii}$).

(3) 선장, 해원, 도선사 그 밖의 선박사용인 등

자기의 행위로 인하여 선박소유자, 용선자, 선박관리인 및 선박운항자에 대하여 책임을 생기게 한 선장, 해원, 도선사 그 밖의 선박소유자, 용선자, 선박관리인 및 선박운항자의 사용인 또는 대리인도 책임제한을 주장할 수 있다($^{상\,774}_{① iii}$).

(4) 해난구조자

구조자라 함은 구조활동에 직접 관련된 용역을 제공한 자를 말하며, 구조활동이라 함은 해난구조 시의 구조활동은 물론 침몰·난파·좌초 또는 유기 그 밖의 해양사고를 당한 선박 및 그 선박 안에 있거나 있었던 적하 그 밖의 물건의 인양·제거·파괴 또는 무해조치 및 이와 관련된 손해를 방지 또는 경감하기 위한 모든 조치를 말한다($^{상\,775}_{③}$).

해난구조자가 구조활동과 직접 관련하여 과실 등으로 제3자에게 손해를 입혀 손해배상책임을 부담하는 경우도 책임제한을 주장할 수 있다. 즉 구조자 또는 그 피용자의 구조활동과 직접 관련하여 발생한 사람의 사망·신체의 상해, 재산의 멸실이나 훼손, 계약상 권리 외의 타인의 권리의 침해로 인하여 생긴 손해에 관한 채권 및 그러한 손해를 방지 혹은 경감하기 위한 조치에 관한 채권 또는 그 조치의 결과로 인하여 생긴 손해에 관한 채권에 대하여 구조자도 책임을 제한할 수 있다($^{상\,775}_{③}$).

대하여만 그 보호를 포기할 이유가 없다는 점 등을 고려하여 보면, 책임보험자도 피보험자인 선박소유자 등의 책임제한의 항변을 원용하여 책임제한을 주장할 수 있다.

6.2.5.1.4. 책임제한 채권

(1) 책임제한 채권

1) 일반책임제한 채권

선박소유자 등($^{\text{상}\,769}_{\text{774 ① i}}$), 법인 또는 인적 회사의 무한책임사원($^{\text{상}\,774}_{\text{① ii}}$) 및 선장 등($^{\text{상}\,774}_{\text{① iii}}$)이 주장할 수 있는 책임제한 채권은 다음과 같다($^{\text{상}}_{769}$).

① 선박에서 또는 선박의 운항에 직접 관련하여 발생한 사람의 사망, 신체의 상해 또는 그 선박 외의 물건의 멸실 또는 훼손으로 인하여 생긴 손해에 관한 채권
⇒ 선박충돌 사고로 인한 손해배상채권은 "선박의 운항에 직접 관련하여 발생한 그 선박 외의 물건의 멸실 또는 훼손으로 인하여 생긴 손해에 관한 채권"에 해당하고, 그러한 채권은 불법행위를 원인으로 하는 것이라 하여도 "청구원인의 여하에 불구하고" 책임을 제한할 수 있는 것으로 규정하고 있는 같은 법상 책임제한의 대상이 된다.[11]

② 운송물, 여객 또는 수하물의 운송의 지연으로 인하여 생긴 손해에 관한 채권

③ 그 밖에 선박의 운항에 직접 관련하여 발생한 계약상의 권리 외의 타인의 권리의 침해로 인하여 생긴 손해에 관한 채권

④ 위의 채권의 원인이 된 손해를 방지 또는 경감하기 위한 조치에 관한 채권 또는 그 조치의 결과로 인하여 생긴 손해에 관한 채권

위 채권이 선박소유자 자신의 고의 또는 손해발생의 염려가 있음을 인식하면서 무모하게 한 작위 또는 부작위로 인하여 생긴 손해에 관한 것인 때에는 책임제한을 할 수 없다($^{\text{상단서}}_{769}$). 책임제한이 배제되는 주관적 요건은 책임제한의 주체별로 판단한다. 판례도 책임제한이 배제되기 위해서는 책임제한의 주체가 선박소유자인 경우에는 선박소유자 본인의, 용선자 등인 경우에는 그 용선자 등 본인의, 피용자인 경우에는 피용자 본인의, 각 고의 또는 손해발생의 염려가 있음을 인식하면서 무모하게 한 작위 또는 부작위가 있어야 하는 것이며, 위 피용자에게 위와 같은 고의 또는 무모한 행위가 있었다고 하더라도 선박소유자 본인에게 그와 같은 고의 또는 무모한 행위가 없는 이상 선박소유자는 책임을 제한할 수 있다고 판시하고 있다.[12] '손해발생의 염려가 있음을 인식하면서 무모하게 한

---

11) 大判 1995.06.05, 95마325.

12) 大判 1995.03.24, 94마2431; 同旨 大判 1995.06.05, 95마325.

작위 또는 부작위'란 손해발생의 개연성이 있다는 것을 알면서도 이를 무시하거나 손해가 발생하지 않을 수도 있다고 판단하였지만 판단 자체가 무모한 경우를 의미하므로, 단지 선박소유자 등의 과실이 무겁다는 정도만으로는 무모한 행위로 평가할 수 없다.[13]

2) 구조자에 대한 책임제한 채권

구조자 또는 그 피용자의 구조활동과 직접 관련하여 발생한 사람의 사망·신체의 상해, 재산의 멸실이나 훼손, 계약상 권리 외의 타인의 권리의 침해로 인하여 생긴 손해에 관한 채권 및 그러한 손해를 방지 혹은 경감하기 위한 조치에 관한 채권 또는 그 조치의 결과로 인하여 생긴 손해에 관한 채권에 대하여 구조자도 책임을 제한할 수 있다. 단 구조자에 대한 채권에는 구조활동과 관련이 없는 운송물·여객 또는 수하물의 운송의 지연으로 생긴 손해에 관한 채권($\frac{상}{제}$ 769) 및 여객의 사망 또는 신체의 상해로 인한 손해에 관한 채권($\frac{상}{제}$ 770)은 발생할 여지가 없다($\frac{상}{제}$ 775).

구조활동을 선박으로부터 행하지 아니한 구조자 또는 구조를 받는 선박에서만 행한 구조자는 책임의 한도액에 관하여 1천500톤의 선박에 의한 구조자로 본다($\frac{상}{제}$ 775). 구조자의 책임의 한도액은 구조선마다 또는 구조활동을 선박으로부터 행하지 아니한 구조자 또는 구조를 받는 선박에서만 행한 경우에는 구조자마다 동일한 사고로 인하여 생긴 모든 채권에 미친다($\frac{상}{제}$ 775).

(2) 책임제한을 할 수 없는 채권

선박소유자는 다음 각 호의 채권에 대하여는 그 책임을 제한하지 못한다($\frac{상}{773}$).

① 선장·해원 그 밖의 사용인으로서 그 직무가 선박의 업무에 관련된 자 또는 그 상속인, 피부양자 그 밖의 이해관계인의 선박소유자에 대한 채권

→ 이는 선주의 책임제한을 통한 이익보다는 약자인 사용자를 보호하기 위한 것으로 사회보장적 측면을 고려한 것이다.

② 해난구조로 인한 구조료 채권 및 공동해손의 분담에 관한 채권

→ 해난구조로 인한 구조료 채권 및 공동해손의 분담에 관한 채권에 대해서는 상법에 별도의 책임한도 규정을 두고 있기 때문에 제외한 것이다. 즉 해난구조의 보수액은 다른 약정이 없으면 구조된 목적물의 가액을 초과하지 못하며($\frac{상}{제}$ 884), 공동해손의 분담책임이 있는 자는 선박이 도달하거나 적하를 인도한 때에 현존하는 가액의 한도

---

13) 大判 2012.04.17, 2010마222.

에서 그 책임을 진다($\frac{상}{868}$).

③ 1969년 11월 29일 성립한「유류오염손해에 대한 민사책임에 관한 국제조약」또는 그 조약의 개정조항이 적용되는 유류오염손해에 관한 채권

→ 유류오염손해배상보장법에 의하여 선박소유자의 책임을 제한하고 있으므로 상법에서 다시 책임제한을 할 필요가 없어서 책임제한 채권에서 배제한 것이다.

④ 침몰·난파·좌초·유기 그 밖의 해양사고를 당한 선박 및 그 선박 안에 있거나 있었던 적하 그 밖의 물건의 인양·제거·파괴 또는 무해조치에 관한 채권

→ 이 규정의 의미는 선박소유자에게 해상에서의 안전, 위생, 환경보전 등의 공익적인 목적으로 관계 법령에 의하여 그 제거 등의 의무가 부과된 경우에 그러한 법령상의 의무를 부담하는 선박소유자에 한하여 난파물 제거채권에 대하여 책임제한을 주장할 수 없는 것으로 하자는 것이다.[14]

⑤ 원자력손해에 관한 채권

→ 원자력손해배상법에 의하여 선박소유자의 책임을 제한하고 있으므로 상법에서 다시 책임제한을 할 필요가 없어서 책임제한 채권에서 배제한 것이다.

⑥ 기타: 선박소유자 자신의 고의 등으로 인하여 생긴 손해에 관한 채무

선박소유자 자신의 고의 등으로 인하여 생긴 손해에 관한 채무도 책임제한이 인정되지 않는다. 상법상 선박소유자의 면책규정이나 유한책임에 관한 규정은 선하증권상 면책조항이나 책임제한에 관하여 정한 경우가 아닌 한 오로지 운송계약상의 채무불이행책임에만 적용되고 당사자 사이에 이를 불법행위책임에도 적용키로 하는 별도의 합의가 없는 이상 당연히 불법행위책임에 적용되지는 않는다. 따라서 해상운송인이 화물운송 중 자기나 사용인 등의 고의 또는 과실로 인하여 화물을 멸실 또는 훼손시킨 경우 화주는 운송인에 대하여 운송계약불이행으로 인한 손해배상과 불법행위로 인한 손해배상을 경합적으로 청구할 수 있다.[15]

6.2.5.1.5. 책임제한 채권의 발생원인 및 단위

(1) 발생원인

상법은 책임제한 채권의 발생원인에 대하여 청구원인의 여하를 불문한다($\frac{상}{769}$). 따라서

---

14) 大判 2000.08.22, 99다9646, 9653, 9660, 9677.

15) 大判 1989.04.11, 88다카1428.

채무불이행으로 인한 채권이든 불법행위로 인한 채권이든 불문하고 책임제한 채권이 된다.

(2) 단 위

책임제한 채권은 선박마다 또 사고마다 하게 된다(사고주의)($\substack{상 770 ②\\775 ②}$). 즉 동일한 사고에서 발생한 모든 채권에 대한 선박소유자 등의 책임한도액은 선박마다 동일한 사고에서 생긴 각 책임한도액에 대응하는 선박소유자에 대한 모든 채권에 미친다($\substack{상 770\\②}$). 즉 동일한 사고에서 발생한 모든 채권에 대한 선박소유자 등의 책임제한액의 총액은 선박마다의 책임한도액을 초과하지 못한다.

해난구조자의 책임한도액은 사고마다 구조선 단위로 정하여지나 다만 구조활동을 선박에 의하지 않고 하거나 피구조선에서만 한 구조자에 관하여는 구조자 단위로 정하여진다($\substack{상 775\\③}$).

동일한 선박의 동일한 사고에서 발생한 손해라도 책임한도액은 다시 책임제한 채권의 내용에 따라 정하여진다. 즉 책임제한 채권은 ① 여객의 사상으로 인한 손해에 관한 채권 ② 여객 외의 사람의 사상으로 인한 손해에 관한 채권 ③ 양자를 제외한 그 밖의 손해(물적 손해 등)에 관한 채권으로 3분되어 각각 별도의 책임한도액이 정하여진다($\substack{상 770\\①}$). 이때 채권자의 책임이 제한되는 채권은 각 책임한도액에 대하여 각 채권액의 비율로 경합한다($\substack{상 770\\③}$).

6.2.5.1.6. 책임한도액

(1) 서

선주의 책임한도액은 여객의 사상으로 인한 손해, 여객 외의 사람의 사상으로 인한 손해 및 그 밖의 손해로 3분하여 계산된다. 상법 제770조는 금액책임주의로 일원화하면서 동시에 선박의 톤수가 커질수록 책임한도액의 증가가 줄어드는 체감적 톤수비례방식을 채택하고 있다.

책임제한을 위한 선박의 톤수는 국제항해에 종사하는 선박의 경우에는 「선박법」에서 규정하는 국제총톤수로 하고 그 밖의 선박의 경우에는 동법에서 규정하는 총톤수로 한다($\substack{상\\772}$).

(2) 여객의 사상으로 인한 손해

여객의 사망 또는 신체의 상해로 인한 손해에 관한 채권에 대한 책임의 한도액은 그 선박의 선박검사증서에 기재된 여객의 정원에 17만5천 계산단위(국제통화기금의 1 특별인출권에 상당하는 금액을 말함)를 곱하여 얻은 금액으로 한다(상 770). 이때 계산단위라고 하는 것은 국제통화기금(IMF: International Monetary Fund)의 1특별인출권(SDR: Special Drawing Rights)에 상당하는 금액을 말한다.

선박소유자가 부담하는 책임한도액을 구 상법상 46,666 계산단위를 곱하여 얻은 금액과 2,500만 계산단위에 상당하는 금액 중 적은 금액"에서 175,000 계산단위로 상향 조정한 것은 현행 선박소유자 등 여객운송인의 책임한도액이 실제 배상액을 반영하지 못하여 이보다 훨씬 높은 금액에서 합의가 이루어지고 있는 상황을 반영하고 「1976년 국제해사채권책임제한조약」의 1996년 개정의정서(Protocol of 1996 to amend the Convention on Limitation of Liability for Maritime Claims) 수준에 맞추려는 것이다. 다만 책임한도액의 상향 조정에 따른 선박소유자의 부담을 경감하여 주기 위해서 개정안 시행 후 3년간 발생하는 사고에 대하여는 175,000 계산단위를 적용하지 않고 1/2에 해당하는 87,500 계산단위를 적용하도록 하는 경과조치를 두었다(부칙 4).

여객의 사상으로 인한 손해액의 한도액
여객의 정원 X 17만5천 계산단위(SDR)

(3) 여객 외의 사람의 사상으로 인한 손해

여객 외의 사람의 사망 또는 신체의 상해로 인한 손해에 관한 채권에 대한 책임의 한도액은 그 선박의 톤수에 따라서 다음에 정하는 바에 의하여 계산된 금액으로 한다. 그러나 3백 톤 미만의 선박의 경우에는 16만7천 계산단위에 상당하는 금액으로 한다(상 770).

① 5백 톤 이하의 선박의 경우에는 33만3천 계산단위에 상당하는 금액

② 5백 톤을 초과하는 선박의 경우에는 위 ①의 금액에 500 톤을 초과하여 3천 톤까지의 부분에 대하여는 매 톤당 500 계산단위, 3천 톤을 초과하여 3만 톤까지의 부분에 대하여는 매 톤당 333 계산단위, 3만 톤을 초과하여 7만 톤까지의 부분에 대하여는 매 톤당 250 계산단위 및 7만 톤을 초과한 부분에 대하여는 매 톤당 167 계산단위를 각 곱하여 얻은 금액을 순차로 가산한 금액

☞ 여객 외의 사람의 사상으로 인한 손해

선박의 톤수	책임한도액
300톤 미만	167,000 SDR
300톤 ~ 500톤	333,000 SDR
500톤 초과 ~ 3,000톤	333,000 SDR + 초과톤당 500 SDR 3,000톤인 경우: 1,583,000 SDR
3,000톤 초과 ~ 30,000톤	1,583,000 SDR + 초과톤당 333 SDR 30,000톤인 경우: 10,574,000 SDR
30,000톤 초과 ~ 70,000톤	10,574,000 SDR + 초과톤당 250 SDR 70,000톤인 경우: 20,574,000 SDR
70,000톤 초과	20,574,000 SDR + 초과톤당 167 SDR

(4) 그 밖의 손해

채권에 대한 책임의 한도액은 그 선박의 톤수에 따라서 다음에 정하는 바에 의하여 계산된 금액으로 한다. 그러나 3백 톤 미만의 선박의 경우에는 8만3천 계산단위에 상당하는 금액으로 한다($\frac{상}{®}\frac{770}{iii}$). 이 경우에도 선박톤수 증가에 따라 한도액의 증가비율이 낮아지는 체감방식으로 한다.

① 5백 톤 이하의 선박의 경우에는 16만7천 계산단위에 상당하는 금액
② 5백 톤을 초과하는 선박의 경우에는 ①의 금액에 5백 톤을 초과하여 3만 톤까지의 부분에 대하여는 매 톤당 167 계산단위, 3만 톤을 초과하여 7만 톤까지의 부분에 대하여는 매 톤당 125 계산단위 및 7만 톤을 초과한 부분에 대하여는 매 톤당 83 계산단위를 각 곱하여 얻은 금액을 순차로 가산한 금액($\frac{상}{®}\frac{747}{iii}$)

☞ 그 밖의 손해

선박의 톤수	책임한도액
300톤 미만	83,000 SDR
300톤 ~ 500톤	167,000 SDR
500톤 초과 ~ 30,000톤	167,000 SDR + 초과톤당 167 SDR 30,000 톤인 경우: 5,093,500 SDR
30,000톤 초과 ~ 70,000톤	5,093,500 SDR + 초과톤당 125 SDR 70,000 톤인 경우: 10,093,500 SDR
70,000톤 초과	10,093,500 SDR + 초과톤당 83 SDR

이때 여객 외의 사람의 사상으로 인한 손해에 내한 책임한도액이 그 채권의 변제에 부

족한 때에는 그 밖의 손해에 대한 책임한도액에서 그 잔액채권을 변제할 수 있는데, 이 때 그 밖의 손해에 관한 채권이 있는 경우에는 이 채권과 여객 외의 사람의 사상으로 인한 손해에 대한 잔액채권이 각 채권액의 비율로 경합한다(상 770). 또한 선박소유자 등 책임제한 채무자가 책임제한 채권자에 대하여 동일사고로 인하여 생긴 손해에 관한 채권을 가지는 경우에는 그 채권액을 공제한 잔액에 한하여 책임제한을 받는다(상 771).

(5) 해난구조자의 책임제한 채권의 경우

구조자 또는 그 피용자의 구조활동과 직접 관련하여 발생한 사람의 사망·신체의 상해, 재산의 멸실이나 훼손, 계약상 권리 외의 타인의 권리의 침해로 인하여 생긴 손해에 관한 채권 및 그러한 손해를 방지 혹은 경감하기 위한 조치에 관한 채권 또는 그 조치의 결과로 인하여 생긴 손해에 관한 채권에 대하여 구조자도 책임을 제한할 수 있다(상 775). 단 구조자에 대한 채권에는 구조활동과 관련이 없는 운송물·여객 또는 수하물의 운송의 지연으로 생긴 손해에 관한 채권(상 769) 및 여객의 사망 또는 신체의 상해로 인한 손해에 관한 채권(상 770)에 대한 책임의 한도액은 그 선박의 선박검사증서에 기재된 여객의 정원에 17만5천 SDR을 곱하여 얻은 금액으로 한다는 규정은 적용하지 않는다(상 775 단서).

이렇듯 구조자에 대한 정의규정을 두고 있는 것은 구조자의 책임제한에서 말하는 구조자의 개념이 해난구조에 있어서 구조자의 개념과 다르다는 것을 분명히 하기 위하여 「1976년 국제해사채권책임제한조약」과 같은 내용으로 규정하고 있는 것이다.

구조활동을 선박으로부터 행하지 아니한 구조자 또는 구조를 받는 선박에서만 행한 구조자는 제770조의 규정에 의한 책임의 한도액에 관하여 1천500톤의 선박에 의한 구조자로 본다(상 775).16)

☞ 여객 외의 사람의 사상으로 인한 손해

선박의 톤수	책임한도액
500톤 초과 ~ 3,000톤	333,000 SDR + 초과톤당 500 SDR 1500톤인 경우: 833,000 SDR

---

16) 구 상법 제752조의2가 「1976년 국제해사채권책임제한조약」의 내용을 정확하게 반영하지 못하고 있다는 지적이 있어서, 2007년 개정상법은 조약의 내용과 외국의 입법례를 참작하여 구조자가 구조활동과 관련하여 발생시킨 불가피한 손해에 대하여 책임제한을 주장할 수 있는 채권의 범위를 보다 구체화하고 있다.

☞ 그 밖의 손해

선박의 톤수	책임한도액
500톤 초과 ~ 30,000톤	167,000 SDR + 초과톤당 167 SDR 1500 톤인 경우: 334,000 SDR

6.2.5.1.7. 책임제한 절차

책임을 제한하고자 하는 자는 채권자로부터 책임한도액을 초과하는 청구금액을 명시한 서면에 의한 청구를 받은 날부터 1년 내에 법원에 책임제한절차 개시의 신청을 하여야 한다(상776). 책임제한절차개시의 신청, 책임제한 기금의 형성, 공고, 참가, 배당 그 밖에 필요한 사항은 따로 법률로 정한다(상776). 이에 대한 법률로 선박소유자 등의 책임제한절차에 관한 법률(1991.12.31, 법 제4487호)이 있다. 선박소유자 또는 기타 책임제한채무자(제1항 각 호에 규정된 자)의 1인이 책임제한절차개시의 결정을 받은 때에는 책임제한을 할 수 있는 다른 자도 이를 원용할 수 있다(상774).

6.3. 해상운송

6.3.1. 서 설

6.3.1.1. 해상운송의 의의

6.3.1.1.1. 해상운송의 개념

해상운송이란 호천·항만 외의 해상에서 선박에 의한 물건 또는 여객을 운송하는 것으로 해상물건운송과 해상여객운송으로 나뉜다. 따라서 하천, 호수 등의 지역만을 운행하는 내륙수상운송은 일반적으로 해운의 개념에서 제외되며, 상선이 아닌 어선, 준설선 등도 해상운송의 개념에서 제외된다.

2007년 개정상법 이전에는 해상운송에 항해용선계약과 개품운송을 포함하고 있었으나 2007년 개정상법에서는 해상운송은 개품운송만을 의미하는 것으로 규정하고, 항해용선은 정기용선 및 선체용선과 같이 용선으로 별도로 규정하고 있다.

6.3.1.1.2. 해상운송계약의 법적 성질

해상운송계약은 일의 완성을 목적으로 하는 도급계약에 속하며 낙성계약이고 유상계약이다.

6.3.1.1.3. 해상운송계약의 종류

2007년 개정상법 전에는 해상운송계약의 종류를 물건운송(제1절)과 여객운송(제2절)으로 구별하고 있었으나, 2007년 개정상법에서는 개품운송(제1절), 해상여객운송(제2절), 항해용선(제3절), 정기용선(제4절), 선체용선(제5절)으로 구별하여 세분화 하였으며, 해상운송에서 쓰이는 선하증권을 운송증서(제6절)라는 별도의 절로 나누어 규정하고 있다. 따라서 본서의 설명순서도 새로운 체계에 따라 설명하기로 한다. 체계상 개품운송이나 해상여객운송은 운송계약이지만 항해용선이나 정기용선, 선체용선계약은 운송계약의 부분일수도 있지만 해상운송의 주체가 되기 위하여 선박을 구비하기 위한 하나의 계약으로 보는 것이 타당하기 때문에 용선자는 선박소유자나 선박공유자와 같이 해상기업의 주체편에 속하여야 할 것으로 생각된다.

6.3.1.2. 해상운송 주체

상법상 해상운송기업의 주체는 운송인이다. 이에는 선박소유자 이외에 선체용선자 및 정기용선자도 포함된다.

6.3.2. 해상물건운송계약

6.3.2.1. 해상물건운송계약의 의의 및 종류

해상물건운송계약이라 함은 당사자의 일방(해상운송인)이 상대방(송하인 또는 용선자)에 대하여 물건의 해상운송을 인수하고 상대방이 이에 대하여 보수를 지급할 것을 약정함으로써 성립하는 계약이다.

해상물건운송계약에는 개품운송계약이 일반적이나 그 이외에도 재운송계약, 통운송계약, 복합운송계약, 계속운송계약, 혼합선적계약, 예선계약 등이 있다.

(1) 재운송계약

용선자가 자기의 명의로 제3자와 체결한 제2의 운송계약을 재운송계약이라 한다($\frac{상}{809}$). 제1의 용선계약을 주된 용선계약이라 한다.

재용선계약의 경우에 선주와 용선자 사이의 주된 운송계약과 용선자와 재용선자 사이의 재운송계약은 각각 독립된 운송계약으로서 선주와 재운송계약의 운송의뢰인(재용선자)과의 관계에서는 아무런 직접적인 관계가 없으므로 선주가 직접 재용선자에 대하여 주된 운송계약상의 운임 등을 청구할 수는 없고 수하인에 대한 관계에서도 수하인이 화물을 수취하여도 수하인은 재용선계약의 운송인인 용선자에 대하여 운임 지불 의무를 부담하는 것일 뿐 선주가 수하인에 대하여 주된 운송계약의 운임 등을 직접 청구할 수는 없다.[17]

항해용선자 또는 정기용선자가 자기의 명의로 제3자와 운송계약을 체결한 경우에는 그 계약의 이행이 선장의 직무에 속한 범위 안에서 선박소유자도 그 제3자에 대하여 감항능력주의의무($\frac{상}{794}$)와 운송물에 관한 주의의무($\frac{상}{795}$)의 책임을 진다($\frac{상}{809}$).

이론적으로는 용선자와 운송계약을 맺은 선박소유자는 용선자와 재운송계약을 맺은 제3자(가령, 재용선자 또는 송하인)와 아무런 법률관계가 없기 때문에, 제3자는 선박소유자에게 손해배상을 청구할 수 없으나 용선자에게 책임을 추궁할 재산이 없는 경우 등에는 제3자의 보호가 소홀할 수 있는 문제가 있을 수 있기 때문에, 용선자와 제3자(가령 재용선자) 간의 계약의 이행이 선장의 직무에 속한 범위 안에서는 이를 감독하는 선박소유자에게 직접 책임을 추궁할 수 있도록 하려는 것이 상법 규정의 취지이다.[18]

(2) 통(연락)운송계약·복합운송조약

통(連絡)운송계약은 해상운송인이 자기 담당 구간뿐만 아니라 전구간의 운임을 받고 자기와 연락이 있는 다른 운송인의 운송수단에 의하여 목적지까지의 전 운송을 인수하는 계약을 말한다. 즉 통운송계약은 하나의 계약에 복수의 운송수단이 예정되어 있고, 제1의 운송인이 계약당사자가 되는 단독통운송계약과 전 운송인이 공동계약하는 공동통운송계약이 있다.

통운송계약 중 육상, 해상, 항공과 같이 2가지 이상의 상이한 운송수단을 이용하여 운송하는 계약을 복합운송계약이라 한다.[19] 복합운송인의 책임에 대해 상법은 다음과 같이

---

17) 大判 1997.01.23, 97다31441.

18) 구 상법 규정에서 용선자의 범위와 관련하여, "항해용선자"가 포함되는 것에는 이론이 없으나, 정기용선자도 포함되는지에 관하여는 해석상 많은 논란이 있었다. 이를 입법적으로 해결하고자 개정상법에서는 정기용선된 선박에 적재한 운송물의 수하인 및 선하증권소지인의 보호가 중요하다는 전제하에 정기용선의 경우에도 선박소유자에게 책임을 물을 수 있도록 명문으로 규정한 것이다.

19) 국제복합운송조약 제1조 제1호: 國際複合運送이라 함은 複合運送人이 物件을 자기의 保管아래 引受한 한 國家의 支店에서 다른 國家에 위치하고 있는 引渡가 예정된 支店까지, 複合運送契約에 의한 적어도 2종류 이상의 運送手段에 의한 物件運送을 의미한다. 어느 한 運送手段에 의한 運送契約의 履行으로서 그러한 契約에 정의된 바대로 행한 集荷와 引渡는 國際複合運送으로 看做하지 아니한다. "International multimodal transport" means the carriage of goods by at least two different modes of

규정하고 있다. 운송인이 인수한 운송에 해상 외의 운송구간이 포함된 경우 운송인은 손해가 발생한 운송구간에 적용될 법에 따라 책임을 진다($\S^{816}_{\text{商}}$). 어느 운송구간에서 손해가 발생하였는지 불분명한 경우 또는 손해의 발생이 성질상 특정한 지역으로 한정되지 아니하는 경우에는 운송인은 운송거리가 가장 긴 구간에 적용되는 법에 따라 책임을 진다. 다만, 운송거리가 같거나 가장 긴 구간을 정할 수 없는 경우에는 운임이 가장 비싼 구간에 적용되는 법에 따라 책임을 진다($\S^{816}_{\text{商}}$).

(3) 계속운송계약

계속운송계약이라 함은 해상운송인이 송하인에 대하여 일정한 기간 일정한 운임률로써 일정한 종류의 적하를 수시로 계속하여 운송할 것을 약정한 계약을 말한다.

(4) 혼합선적계약

혼합선적계약이라 함은 해상운송에서 서로 다른 용선자 또는 송하인이 자기의 적하를 다른 동종의 운송물과 혼합하여 운송할 것을 승인하는 물건 운송계약이다. 이는 주로 곡물이나 유조선에 의한 원유의 수송을 위하여 많이 이용된다.

(5) 예선계약

예선계약이라 함은 해상운송인이 예선료를 받고 선박에 의하여 상대방의 선박을 일정한 지점에 예선하거나 또는 단순히 타선에 동력을 공급하거나 그 운항을 보조하여 예선하는 계약이다.

6.3.2.2. 개품운송계약

개품운송계약이라 함은 운송인이 개개의 물건을 해상에서 선박으로 운송할 것을 인수하고, 송하인이 이에 대하여 운임을 지급하기로 약정함으로써 그 효력이 생기는 운송계약을 말한다($\S^{791}_{\text{商}}$). 즉 개품운송계약은 선박회사가 여러 하주와 화물의 운송을 개별적으로

---

transport on the basis of a multimodal transport contract from a place in one country at which the goods are taken in charge by the multimodal transport operator to place designated for delivery situated in a different country. The operations of pick-up and delivery of goods carried out in the performance of a unimodal transport contract, as defined in such contract, shall not be considered as international multimodal transport.

맺는 것으로 화물을 여러 하주로부터 받아 함께 선적하므로 정기선(Liner)에 의하는 경우가 많다.

☞ 항해용선계약과 개품운송계약의 경제상 차이점

구 분	항해용선계약	개품운송계약
선 로	불특정한 선로에서 임시적	특정한 선로에서 정기적
선 체	소 형	대형 정기선
계약내용	선박소유자와 용선자간에 보통 하나의 계약관계 有 → 각 계약마다 정해짐	운송인과 다수의 송하인 간에 다수의 계약관계 有 → 선하증권 계약에 의한 부합계약성을 가짐
재운송계약	허 용	불허용

6.3.2.3. 해상물건운송(개품운송) 계약의 체결

6.3.2.3.1. 계약의 당사자

해상운송계약이란 당사자의 일방(해상운송인)이 상대방(송하인 또는 용선자)에 대하여 선박에 의한 물건의 운송을 인수하고, 상대방은 이에 대하여 보수를 지급할 것을 약속함으로써 성립하는 계약이다.

해상물건운송계약의 당사자는 운송인수인과 운송위탁자이다. 운송인수인으로는 선박소유자, 선체용선자, 정기용선자, 항해용선자 등이 있고 운송위탁자로는 송하인, 용선자 등이 있다. 재운송계약에서 용선자(정기용선자 또는 항해용선자)는 송하인과 같은 운송을 위탁하는 경우도 있다.

6.3.2.3.2. 계약의 체결

해상물건 운송계약은 불요식의 낙성계약이므로 당사자 사이의 청약과 승낙의 합치로써 계약은 성립하고 특별한 서면이나 방식을 요하지 않는다. 실무상 선하증권 등의 증서방식으로 하는 경우도 많으나 선하증권은 유가증권(면책증권)으로서 계약의 성립요건이 되는 것은 아니다.

6.3.2.4. 해상물건운송계약의 효력

6.3.2.4.1. 해상물건운송인의 의무

(1) 선적과 관련한 의무

1) 선박제공의무

해상물건운송인은 운송계약에서 정한 선박을 선적지에서 용선자 또는 송하인에게 제공하여야 한다.

2) 선적준비완료통지의무

개개의 물건을 운송계약의 목적으로 한 경우에는 운송인이 선적하므로 송하인은 당사자 사이의 합의 또는 선적항의 관습에 의한 때와 곳에서 운송인에게 운송물을 제공하여야 한다($\frac{상}{792}$). 위의 때와 곳에서 송하인이 운송물을 제공하지 아니한 경우에는 계약을 해제한 것으로 본다. 이 경우에는 선장은 즉시 발항할 수 있고 송하인은 운임의 전액을 지급하여야 한다($\frac{상}{792}$).

3) 정박의무

개품운송계약의 경우에는 운송인 측에서 선적하므로 정박의무는 없으나 송하인은 선적기간 내에 운송에 필요한 서류를 선장에게 교부하여야 한다($\frac{상}{793}$).

4) 선하증권교부의무

운송인은 운송물을 수령한 후 송하인의 청구에 의하여 1통 또는 수통의 선하증권을 교부하여야 한다($\frac{상}{852}$). 운송인은 운송물을 선적한 후 송하인의 청구에 의하여 1통 또는 수통의 선적선하증권을 교부하거나 수령선하증권에 선적의 뜻을 표시하여야 한다($\frac{상}{852}$). 운송인은 선장 또는 그 밖의 대리인에게 선하증권의 교부 또는 선적의 표시를 위임할 수 있다($\frac{상}{852}$). 운송인은 증거를 보전하기 위하여 선하증권의 교부를 받은 용선자 또는 송하인에게 선하증권의 등본에 기명날인 또는 서명하여 교부를 청구할 수 있다($\frac{상}{856}$).

(2) 항해에 관한 의무

1) 감항능력주의의무

㈎ 감항능력주의의무의 의의

감항능력주의의무란 해상운송인이 용선자나 송하인에 대하여 선적항을 발항할 당시 그 특정항해를 안전하게 완성할 수 있는 선박을 제공함에 있어서 상당한 주의를 다하여야 할 의무를 말한다. 운송인은 자기 또는 선원 그 밖의 선박사용인이 발항 당시 감항능력 주의의무를 해태하지 아니하였음을 증명하지 아니하면 운송물의 멸실, 훼손 또는 연착으로 인한 손해를 배상할 책임이 있다($\frac{상}{794}$).

☞ **감항능력주의의무의 내용**
① 항해능력: 선박이 안전하게 항해를 할 수 있게 할 것
② 운행능력: 필요한 선원의 승선, 선박의장과 필요 물품의 보급
③ 감하(堪荷)능력: 선창, 냉장실 그 밖에 운송물을 적재할 선박의 부분을 운송물의 수령, 운송과 보존을 위하여 적합한 상태에 둘 것

㈏ 구체적 사례

바다를 예정된 항로를 따라 항해하는 선박은 통상 예견할 수 있는 위험을 견딜 수 있을 만큼 견고한 항체를 유지하여야 하므로 발항 당시 감항능력이 결여된 선박을 해상운송에 제공한 선박소유자는 항해 중 그 선박이 통상 예견할 수 있는 파랑이나 해상부유물의 충격을 견디지 못하고 파열되어 침몰하였다면 불법행위의 책임조건인 선박의 감항능력 유지의무를 해태함으로써 운송물을 멸실케 한 과실이 있다 할 것이다.[20]

감항능력은 언제나 선체나 기관 등 선박시설이 당해 항해에 있어서 통상의 해상위험을 감내할 수 있는 능력(물적 감항능력)을 구비함과 동시에 그 선박에 승선하고 있는 선원의 기량과 수에 있어서도 그 항해에 있어서 통상의 해상위험을 감내할 수 있을 정도의 상태 (인적 감항능력)에 완전히 갖추고 있어야만 한다.[21] 즉 선박소유자에게는 자기소유의 선박이 발항할 당시 안전하게 항해를 감당할 수 있도록 필요한 인적, 물적 준비를 하여 감

---

20) 大判 1985.05.28, 84다카966.
21) 大判 1995.09.29, 93다53078.

항능력을 확보하여야 할 주의의무가 있는 것이고, 이러한 감항능력주의의무의 내용에는 선박이 안전하게 항해를 하는 데 필요한 자격을 갖춘 인원수의 선장과 선원을 승선시켜야 할 주의의무가 포함되어 있는 것이다.[22] 따라서 판례도 약 2개월의 경험밖에 없는 항해사는 안전항해 능력이 부족하므로 그의 항해상 과실로 인한 사고에 대하여 선박소유자는 감항능력위반으로 인한 손해배상책임을 면할 수 없다고 판시하고 있다.[23] 그러나 원칙적으로 선박직원법에 따른 해기사면허가 없는 선원이 승선한 선박은 소위 인적 감항능력을 결여한 것으로 추정되나 선원이 위 면허를 소지하였는지 여부만이 선박의 인적 감항능력의 유무를 결정하는 절대적인 기준이 되는 것은 아니고 비록 위 면허가 없다고 하더라도 사실상 특정 항해를 안전하게 수행할 수 있는 우수한 능력을 갖춘 선원이 승선하였다면 이러한 경우까지 선박이 인적 감항능력을 결여하였다고 할 수는 없다.[24]

(다) 주의의무위반의 효과

감항능력에 관하여 운송인이 주의를 하여야 할 시기는 선적항에서의 발항당시이며 상당한 정도의 주의를 기울여야 하는 것으로 이해하고 있다. 무과실의 입증책임은 운송인에게 있다.

운송인은 감항능력주의의무를 위반하면 운송물의 멸실, 훼손 또는 연착으로 인한 손해를 배상할 책임이 있다($상_{794}$). 이에 반하여 운송인의 의무 또는 책임을 경감 또는 면제하지 못한다($상_{①전단}^{799}$). 운송물에 관한 보험의 이익을 해상물건운송인에게 양도하는 약정 또는 이와 유사한 약정도 무효이다($상_{①후단}^{799}$). 그러나 산 동물의 운송 및 선하증권 그 밖에 운송계약을 증명하는 문서의 표면에 갑판적으로 운송할 취지를 기재하여 갑판적으로 행하는 운송에 대하여는 운송인의 의무 또는 책임을 경감 또는 면제하는 특약을 체결할 수 있다($상_{②}^{799}$). 운송인이 감항능력주의의무 위반을 입증한 경우에는, 운송인은 일정한 면책사유에 해당하는 사고로 인하여 발생한 손해의 경우에도 배상책임을 진다($상_{796}$).

2) 발항의무

개개의 물건을 운송계약의 목적으로 한 경우에 송하인은 운송인에게 운송물을 제공하여야 함에도($상_{①}^{792}$) 제공하지 아니한 경우에는 선장은 즉시 발항할 수 있고 송하인은 운임의 전액을 지급하여야 한다($상_{②}^{792}$).

---

22) 大判 1989.11.24, 88다카16294.
23) 大判 1975.12.23, 75다83.
24) 大判 1995.08.22, 94다61113.

3) 직항의무(이로금지의무)

해상운송인은 발항하면 원칙적으로 예정항로에 따라 도착항(양륙항)까지 직항하여야 할 의무를 부담한다. 즉 이로는 허용되지 않는데 해상운송인은 예외적으로 해상에서의 인명이나 재산의 구조행위로 인한 이로나 그 밖에 정당한 이유가 있는 이로는 할 수 있다(상 796).

4) 운송물에 관한 주의의무

운송인은 자기 또는 선원 그 밖의 선박사용인이 운송물의 수령, 선적, 적부, 운송, 보관, 양륙과 인도에 관하여 주의를 해태하지 아니하였음을 증명하지 아니하면 운송물의 멸실, 훼손 또는 연착으로 인한 손해를 배상할 책임이 있다(상 795). 적부란 운송물을 선박의 선창 내에 적절하게 배치하는 것을 말한다.

운송인은 선장, 해원, 도선사 그 밖의 선박사용인의 항해 또는 선박의 관리에 관한 행위 또는 화재로 인하여 생긴 운송물에 관한 손해를 배상할 책임을 면한다. 그러나 운송인의 고의 또는 과실로 인한 화재의 경우에는 그러하지 아니 한다(상 795).

'화재'란, 운송물의 운송에 사용된 선박 안에 발화원인이 있는 화재 또는 직접 그 선박 안에서 발생한 화재에만 한정되는 것이 아니고 육상이나 인접한 다른 선박 등 외부에서 발화하여 당해 선박으로 옮겨 붙은 화재도 포함한다고 해석된다.[25] 그러나 단서에 따라 화재로 인한 손해배상책임의 면제에서 제외되는 사유인 고의 또는 과실의 주체인 '운송인'이란, 운송인 자신 또는 이에 준하는 정도의 직책을 가진 자만을 의미할 뿐이고 선원 그 밖에 선박사용인 등의 고의 또는 과실은 여기서의 면책제외 사유에 해당하지 아니한다고 해석하여야 할 것이다.[26]

5) 위법선적물의 처분·위험물의 처분

법령 또는 계약에 위반하여 선적한 운송물 즉 위법선적물을 선장은 언제든지 이를 양륙할 수 있고 그 운송물이 선박 또는 다른 운송물에 위해를 미칠 염려가 있는 때에는 이를 포기할 수 있다(상 800). 선장이 위 물건을 운송하는 때에는 선적한 때와 곳에서의 동종 운송물의 최고운임의 지급을 청구할 수 있다(상 800). 이 외에도 운송인 그 밖의 이해관계인은 손해배상을 청구할 수 있다(상 800).

---

25) 大判 2002.12.10, 2002다39364.
26) 大判 2002.12.10, 2002다39364.

위험물 즉 인화성, 폭발성, 그 밖의 위험성이 있는 운송물은 운송인이 그 성질을 알고 선적한 경우에도 그 운송물이 선박이나 다른 운송물에 위해를 미칠 위험이 있는 때에는 선장은 언제든지 이를 양륙, 파괴 또는 무해조치할 수 있다(상 801). 운송인은 위 처분에 의하여 그 운송물에 발생한 손해에 대하여는 공동해손 분담책임을 제외하고 그 배상책임을 면한다(상② 801).

(3) 양륙에 관한 의무

1) 입항의무
해상운송인은 운송물의 양륙, 인도를 위하여 운송계약상 정하여진 양륙항 또는 용선자(송하인)가 지정하는 양륙항에 입항하여야 할 의무를 부담한다.

2) 양륙 준비완료 통지의무
개품운송계약의 경우에는 운송인은 수하인에게 운송물의 도착을 통지하여야 한다(상 802 참조).

3) 정박(대박)의무
용선계약의 경우에는 운송인은 용선자가 운송물의 전부를 양륙하는 데 필요한 기간만큼 선박을 정박시킬 의무가 있으나, 개품운송계약의 경우에는 정박의무가 없다.

4) 양륙의무
용선계약의 경우는 보통 용선자 측에서 양륙의무를 부담하므로 운송인은 개품운송계약에서만 이러한 양륙의무를 부담한다. 개개의 물건의 운송을 계약의 목적으로 한 경우에 운송물의 도착통지를 받은 수하인은 당사자 사이의 합의 또는 양륙항의 관습에 의한 때와 곳에서 지체 없이 운송물을 수령하여야 한다(상 802).

5) 인도의무

ⅰ) 운송인의 의무의무
해상운송인은 운송물을 정당한 수하인 즉 선하증권이 발행된 경우에는 선하증권의 정당한 소지인에게(상 861), 선하증권이 발행되지 않은 경우에는 운송계약에서 시성된 수하인에게 운송물을 인도하여야 한다.

ii) 수하인의 의무·권리

(가) 수령의무

운송물의 도착통지를 받은 수하인은 당사자 사이의 합의 또는 양륙항의 관습에 의한 때와 곳에서 지체 없이 운송물을 수령하여야 할 의무를 진다($\frac{\text{상}}{802}$).

(나) 운임 등 지급의무

수하인이 운송물을 수령하는 때에는 운송계약 또는 선하증권의 취지에 따라 운임·부수비용·체당금·체선료, 운송물의 가액에 따른 공동해손 또는 해난구조로 인한 부담액을 지급하여야 한다($\frac{\text{상} 807}{①}$). 선장은 위의 금액의 지급과 상환하지 아니하면 운송물을 인도할 의무가 없다($\frac{\text{상} 807}{②}$).

"수하인은 운송물을 수령하는 때에는 운송계약 또는 선하증권의 취지에 따라 운임, 부수비용, 체당금, 정박료, 운송물의 가액에 따른 공동해손 또는 해난구조로 인한 부담액을 지급하여야 한다."고 규정하고 있으므로, 수하인 또는 선하증권의 소지인은 운송물을 수령하지 않는 한 운임 등을 지급하여야 할 의무가 없다고 보아야 할 것이고 따라서 수하인이 운송인으로부터 화물의 도착을 통지받고 이를 수령하지 아니한 것만으로 바로 운송물을 수령한 수하인으로 취급할 수는 없으며 법상 소정의 운임 등을 지급할 의무도 없다.[27]

(다) 통지의무

수하인이 운송물의 일부 멸실 또는 훼손을 발견한 때에는 수령 후 지체 없이 그 개요에 관하여 운송인에게 서면에 의한 통지를 발송하여야 한다. 다만, 그 멸실 또는 훼손이 즉시 발견할 수 없는 것인 때에는 수령한 날부터 3일 내에 그 통지를 발송하여야 한다($\frac{\text{상} 804}{①}$). 통지가 없는 경우에는 운송물이 멸실 또는 훼손 없이 수하인에게 인도된 것으로 추정한다($\frac{\text{상} 804}{②}$). 그러나 운송인 또는 그 사용인이 악의인 경우에는 적용하지 아니한다($\frac{\text{상} 804}{③}$). 운송물에 멸실 또는 훼손이 발생하였거나 그 의심이 있는 경우에는 운송인과 수하인은 서로 운송물의 검사를 위하여 필요한 편의를 제공하여야 한다($\frac{\text{상} 804}{④}$). 이에 위반하여 수하인에게 불리한 당사자 사이의 특약은 효력이 없다($\frac{\text{상} 804}{⑤}$).

---

27) 大判 1996.02.09, 94다27144.

복합운송의 경우에는 일반적으로 해상운송을 주로 하여 육상운송이나 항공운송이 결합되어 운송이 이루어지고 있는데, 만일 복합운송에서 발생한 운송인의 손해배상책임에 대하여, 손해발생구간이 명확히 육상운송구간임이 밝혀진 경우에는 별론으로 하더라도 적어도 그 손해발생구간이 어느 구간인지 불분명한 경우에도 불구하고 육상운송에 관한 상법 제146조 제1항이 적용된다고 하면, 실질적으로 손해발생이 해상운송구간에서 발생되었을 가능성이 있음에도 강행규정인 제804조 제1항, 제2항의 적용이 배제되어 수하인으로서는 운송인에게 귀책이 있는 사유로 하자가 발생한 것을 증명하여 운송물이 멸실 또는 훼손 없이 수하인에게 인도되었다는 추정을 번복할 수 있는 기회를 박탈당하고 운송인의 책임을 추궁할 수 없게 되어 불합리하므로, 손해발생구간이 불분명한 경우에는 상법 제146조 제1항은 적용이 되지 않는 것으로 해석하여야 한다.[28]

수하인은 운송계약의 기본당사자는 아니지만 운송물이 도착지에 도착한 때에는 송하인과 동일한 권리를 취득하고($\overset{\text{상 815,}}{_{140}}$), 수하인이 그 운송물의 인도를 청구한 때에는 수하인의 권리가 송하인의 권리보다 우선한다($\overset{\text{상 815,}}{_{139}\,②}$).

6) 공탁의무

수하인이 운송물의 수령을 해태한 때에는 선장은 이를 공탁하거나 세관 그 밖에 법령이 정하는 관청의 허가를 받은 곳에 인도할 수 있다. 이 경우에는 지체 없이 수하인에게 그 통지를 발송하여야 한다($\overset{\text{상 803}}{_{①}}$). 또한 수하인을 확실히 알 수 없거나 수하인이 운송물의 수령을 거부한 때에는 선장은 이를 공탁하거나 세관 그 밖의 관청의 허가를 받은 곳에 인도하고 지체 없이 용선자 또는 송하인 및 알고 있는 수하인에게 그 통지를 발송하여야 한다($\overset{\text{상 803}}{_{②}}$). 운송물을 공탁하거나 세관 그 밖에 관청의 허가를 받은 곳에 인도한 때에는 선하증권소지인 그 밖의 수하인에게 운송물을 인도한 것으로 본다($\overset{\text{상 803}}{_{③}}$).

6.3.2.4.2. 해상물건운송인의 책임

(1) 서 설

상법은 해상운송인의 손해배상책임에 관하여 육상물건운송인의 책임규정을 준용하고 있으므로 해상물건운송인의 책임은 육상물건운송인의 책임과 대체로 같다. 그러나 해상

---

28) 大判 2009.08.20, 2007다87016.

운송의 특수성에 비추어 약간의 특별규정을 두고 있다. 즉 해상물건운송인의 책임은 감항능력주의의무($^{\text{상}}_{794}$) 위반 및 상사과실($^{\text{상}}_{795}$)이 있는 경우에만 발생하고 항해과실 및 선박화재가 있는 경우($^{\text{상}}_{795}$)에는 원칙적으로 발생하지 않는다. 또한 손해배상액이 정액배상으로 제한되어 있어서 육상물건 운송인의 책임보다 경감되어 있다. 운송인의 책임을 제한하는 이유는 해상운송이 바다라는 위험을 내포하고 있어서 운송인의 주의의무만으로는 한계가 있고 선박이 침몰한 경우에는 그 피해가 막대하여 운송인을 정책적으로 보호하기 위하여 책임을 제한한 것이다. 이는 특히 해상운송에 관한 조약이 주로 선주국이 중심이 되어 제정되다 보니 선주국들의 입장이 반영된 것이다.

2007년 개정상법은 오늘날 세계적으로 널리 통용되고 있고 주요 해운국들이 수용하고 있는 「헤이그-비스비 규칙」에 맞추어 운송인의 책임한도를 매포장당 또는 선적단위당 666.67계산단위로 상향 조정하면서 중량기준을 도입하여 중량 1킬로그램당 2계산단위의 금액 중 큰 금액으로 책임한도를 정하도록 도입하였다.

(2) 책임부담의 주체

해상물건운송과 관련하여 발생한 손해에 대한 책임부담의 주체는 해상물건운송인이다($^{\text{상}}_{795, 794}$). 해상물건운송인이라 함은 해상물건운송인 스스로는 물론 그 사용인 또는 대리인, 책임보험자 및 실제운송인과 그 사용인 또는 대리인이다. 그 밖에 상법상의 선박소유자, 선박공유자, 선체용선자, 정기용선자로서 자기명의로 해상운송을 하는 자를 포함한다. 또한 재운송계약에 있어서의 항해용선자 또는 재운송계약의 경우에 용선자가 제3자와 운송계약을 체결한 경우 계약의 이행이 선장의 직무에 속하는 경우에는 선박소유자도 책임부담의 주체가 된다($^{\text{상}}_{809}$). 책임부담의 주체인 해상물건운송인은 책임제한의 주체가 될 수 있는 자이기도 하다.

(3) 책임을 부담하는 경우

1) 감항능력주의의무 위반

해상물건 운송인은 감항능력에 관한 주의의무를 부담하며($^{\text{상}}_{794}$), 이 의무에 위반하는 경우에는 운송인은 손해배상책임을 부담한다. 즉 운송인은 자기 또는 선원 기타의 선박사용인이 발항 당시 선박이 안전하게 항해를 할 수 있게 하여야 하고, 필요한 선원의 승선ㆍ선박 의장과 필요품을 보급하여야 하며, 선창, 냉장실 기타 운송물을 적재할 선박의 부분을 운송물의 수령, 운송과 보존을 위하여 적합한 상태에 두어야 한다. 운송인은 이에 관하여 주의를 해태하지 아니하였을 증명하지 아니하면 운송물의 멸실, 훼손 또는 연착으로 인한 손해를 배상할 책임이 있다.

2) 상사과실

해상물건운송인은 상사과실이 있는 경우에는 손해배상책임을 부담한다. 상사과실이란 운송물의 수령, 선적, 적부, 운송, 보관, 양륙과 인도에 관한 과실을 말한다. 따라서 운송인은 자기 또는 선원 그 밖의 선박사용인이 운송물의 수령, 선적, 적부, 운송, 보관, 양륙과 인도에 관하여 주의를 해태하지 아니하였음을 증명하지 아니하면 운송물의 멸실, 훼손 또는 연착으로 인한 손해를 배상할 책임이 있다($\substack{상\\①}$ 795).

무과실의 입증책임을 운송인에게 지우고 있는 것은 적하이해관계인의 운송인 측의 과실입증의 어려움 및 운송인의 책임제한에 상응하는 것이라 할 것이다.

3) 배상액

ⅰ) 정액배상주의

운송물의 전부멸실 또는 연착의 경우의 손해배상액은 인도할 날의 도착지의 가격에 의하고($\substack{상\\137}$ $\substack{815\\①}$), 운송물의 일부멸실 또는 훼손의 경우의 손해배상액은 인도한 날의 도착지의 가격에 의한다($\substack{상\\137}$ $\substack{815\\②}$). 이러한 특칙은 운송인이 경과실로 인하여 손해가 발생한 경우에만 적용되고 운송인의 고의나 중과실로 인하여 손해가 발생한 경우에는 적용되지 않는다($\substack{상\\137}$ $\substack{815\\③}$). 운송물의 멸실·훼손 또는 연착 이외의 원인으로 인하여 발생한 손해에 대하여는 민법의 일반원칙($\substack{민\\393}$)에 의하여 운송인의 손해배상의 범위가 정하여진다.

ⅱ) 손해배상액의 제한

운송인의 손해배상의 책임은 당해 운송물의 매 포장당 또는 선적단위당 666.67 계산단위의 금액과 중량 1킬로그램당 2 계산단위의 금액 중 큰 금액을 한도로 이를 제한할 수 있다($\substack{상\\①}$ 797).

운송물의 포장 또는 선적단위의 수는 다음과 같이 정한다($\substack{상\\②}$ 797). '포장'이란 운송물의 보호 내지는 취급을 용이하게 하기 위하여 고안된 것으로서 반드시 운송물을 완전히 감싸고 있어야 하는 것도 아니며 구체적으로 무엇이 포장에 해당하는지 여부는 운송업계의

관습 내지는 사회 통념에 비추어 판단하여야 할 것이다.[29]

① 컨테이너 그 밖에 이와 유사한 운송용기가 운송물을 통합하기 위하여 사용되는 경우에 그러한 운송용기에 내장된 운송물의 포장 또는 선적단위의 수를 선하증권 그 밖에 운송계약을 증명하는 문서에 기재한 때에는 그 각 포장 또는 선적단위를 하나의 포장 또는 선적단위로 본다. 이 경우를 제외하고는 이러한 운송용기 내의 운송물 전부를 하나의 포장 또는 선적단위로 본다.

② 운송인이 아닌 자가 공급한 운송용기 자체가 멸실 또는 훼손된 경우에는 그 용기를 별개의 포장 또는 선적단위로 본다.

다만, 운송물에 관한 손해가 운송인 자신의 고의 또는 손해발생의 염려가 있음을 인식하면서 무모하게 한 작위 또는 부작위로 인하여 생긴 것인 때에는 그러하지 아니하다(상 797 ① 단서). 즉 운송인 자신에게 고의가 있는 경우에는 전액배상을 하여야 한다. 따라서 운송인 이외의 선원 기타 선박사용인의 고의 등으로 인하여 발생한 손해에 대하여는 책임제한이 인정된다.[30]

'운송인 자신'은 운송인 본인을 말하고 운송인의 피용자나 대리인 등의 이행보조자를 포함하지 않지만 법인 운송인의 경우에 그 대표기관의 고의 또는 무모한 행위만을 법인의 고의 또는 무모한 행위로 한정한다면 법인의 규모가 클수록 운송에 관한 실질적 권한이 하부의 기관으로 이양된다는 점을 감안할 때 위 단서조항의 배제사유가 사실상 사문화되고 당해 법인이 책임제한의 이익을 부당하게 향유할 염려가 있다. 따라서 법인의 대표기관뿐만 아니라 적어도 법인의 내부적 업무분장에 따라 당해 법인의 관리 업무의 전부 또는 특정 부분에 관하여 대표기관에 갈음하여 사실상 회사의 의사결정 등 모든 권한을 행사하는 사람은 그가 이사회의 구성원 또는 임원이 아니더라도 그의 행위를 운송인인 회사 자신의 행위로 봄이 상당하다.[31]

iii) 손해배상액의 제한 배제: 종류와 가액을 고지한 경우

송하인이 운송인에게 운송물을 인도할 때에 그 종류와 가액을 고지하고 선하증권 그

---

29) 大判 2004.07.22, 2002다44267.

30) 大判 1996.12.06, 96다31611: 운송인의 책임제한이 배제되기 위해서는, 운송인 본인의 고의 또는 손해발생의 염려가 있음을 인식하면서 무모하게 한 작위 또는 부작위가 있어야 하는 것이고, 운송인의 피용자인 선원 기타 선박사용인에게 고의 또는 무모한 행위가 있었다 하더라도 운송인 본인에게 그와 같은 고의나 무모한 행위가 없는 이상 운송인은 상법 제789조의2 제1항 본문에 의하여 책임을 제한할 수 있다. 同旨: 大判 2001.04.27, 99다71528.

31) 大判 2006.10.26, 2004다27082.

밖에 운송계약을 증명하는 문서에 이를 기재한 경우에는 기재된 가액에 따라 배상하여야 한다. 그러나 송하인이 운송물의 종류 또는 가액을 고의로 현저하게 부실한 고지를 한 때에는 운송인은 자기 또는 그 사용인이 악의인 경우를 제외하고 운송물의 손해에 대하여 책임을 면한다($\frac{상}{③}$797).

iv) 선주유한책임과의 관계

해상운송인의 감항능력주의의무 위반 및 상사과실 등에 관한 책임과 면책사유 등에 의한 운송인의 손해배상책임 제한(포장당 또는 선적당 666.67 SDR 또는 1kg당 2 SDR)의 규정은 선박소유자의 책임제한에 관한 규정($\frac{상}{774, 776}$769~)의 적용에 영향을 미치지 않는다($\frac{상}{④}$797). 따라서 상법 제797조의 책임한도액은 운송물 하나 하나에 대한 것이고(개별적 책임제한) 운송인은 그 한도에서 부담할 채무액을 포함하여 그가 부담할 채무의 전체에 관하여 다시 선주유한책임규정에 의한 책임제한을 받는다(총체적 책임제한).

v) 고가물에 대한 특칙

화폐, 유가증권 기타의 고가물에 대하여는 송하인이 운송을 위탁할 때에 그 종류와 가액을 명시한 경우에 한하여 운송인이 손해를 배상할 책임이 있다($\frac{상}{136}$). 그러나 운송인이 고의로 고가물을 멸실 혹은 훼손시킨 경우 운송인은 책임을 면하지 못한다. 즉 고가물 불고지로 인한 면책규정은 일반적으로 운송인의 운송계약상의 채무불이행으로 인한 청구에만 적용되고 불법행위로 인한 손해배상청구에는 그 적용이 없다.[32] 운송물이 고가물이라는 점과 그 종류·가액을 송하인이 명시하지 않았다는 점은 운송인이 입증하여야 한다.

송하인이 고가물의 명시를 하지 아니하였으나 운송인이나 그 사용인이 우연히 고가물임을 안 경우에 ① 운송인은 면책된다고 하는 견해 ② 고가물로서의 주의를 게을리 한 때에 고가물로서의 손해배상책임을 진다는 견해 ③ 보통물로서의 주의를 게을리한 때에 한하여 고가물로서의 손해배상책임을 진다는 견해(다수설)로 나뉘어 있다.

(4) 책임을 부담하지 않는 경우

1) 항해과실

해상물건운송인은 항해과실이 있는 경우에는 손해배상책임을 부담하지 않는다. 항해과

---

32) 大判 1991.08.23, 91다15409.

실이란 항해 또는 선박의 관리에 관한 선장 그 밖에 해원의 과실을 말한다. 따라서 운송인은 선장, 해원, 도선사 그 밖의 선박사용인의 항해 또는 선박의 관리에 관한 행위로 인하여 생긴 운송물에 관한 손해를 배상할 책임을 면한다. 그러나 운송인의 고의 또는 과실로 인한 화재의 경우에는 그러하지 아니한다($\frac{상}{②}$ ^{795}). 해상물건운송인의 감항능력주의의무위반이 사고와 인과관계가 있으면 운송인은 항해과실의 면책을 받지 못한다고 본다.

2) 선박화재

해상물건운송인은 선장, 해원, 도선사 그 밖의 선박사용인의 과실로 인한 선박화재로 인하여 생긴 운송물에 관한 손해에 대하여 책임을 지지 아니한다. 그러나 해상물건 운송인 자신의 고의 또는 과실로 인한 화재의 경우에는 면책되지 않는다($\frac{상}{②}$ ^{795}).[33]

3) 고가물

고가물인 경우 송하인이 해상물건 운송인에게 운송을 위탁할 때에 이를 고지하지 않은 경우에는 그 고가물의 멸실, 훼손 또는 연착으로 인한 손해에 대하여 운송인은 자기 또는 그 사용인이 악의인 경우를 제외하고는 면책된다($\frac{상}{136}$ ^{815,}).

4) 면책사유

운송인은 다음의 사실이 있었다는 것과 운송물에 관한 손해가 그 사실로 인하여 보통 생길 수 있는 것임을 증명한 때에는 이를 배상할 책임을 면한다. 그러나 감항능력주의의무와 운송물에 관한 주의의무(상사과실)의 규정에 의한 주의를 다하였더라면 그 손해를 피할 수 있었음에도 불구하고 그 주의를 다하지 아니하였음을 증명한 때에는 배상책임을 진다($\frac{상}{796}$).[34]

① 해상 그 밖에 항행할 수 있는 수면에서의 위험 또는 사고
② 불가항력
③ 전쟁, 폭동 또는 내란
④ 해적행위 그 밖에 이에 준하는 행위: 준하는 행위란 강도 등의 행위를 의미한다.
⑤ 재판상의 압류, 검역상의 제한 그 밖의 공권에 의한 제한

---

33) 선박화재의 경우에도 감항능력주의의무와의 관계는 항해과실의 경우와 같다고 보는 견해가 있으나 이는 의문이다. 왜냐하면 선박화재는 감항능력과는 직접적인 관계가 없다고 보이기 때문이다.
34) 법조문을 "그 주의를 다하지 아니하였음을 증명한 때에는 그러하지 아니하다"를 "그 주의를 다하였음을 입증하지 못한 때에는 그러하지 아니하다"라고 수정하여야 할 것이다.

⑥ 송하인 또는 운송물의 소유자나 그 사용인의 행위

⑦ 동맹파업 그 밖의 쟁의 행위 또는 선박 폐쇄

⑧ 해상에서의 인명이나 재산의 구조행위 또는 이로 인한 항로이탈(이로), 그 밖에 정당한 이유로 인한 항로이탈

⑨ 운송물의 포장의 불충분 또는 기호의 표시의 불완전

⑩ 운송물의 특수한 성질 또는 숨은 하자

⑪ 선박의 숨은 하자

(5) 면책약관

1) 면책약관 무효

운송인의 감항능력주의의무($상_{794}^{}$), 운송물에 관한 주의의무(상사과실)($상_{①}^{795}$), 운송인의 고의·과실로 인한 선박화재에 대한 책임($상_{②단서}^{795}$), 운송인의 부주의에 의한 면책사유가 증명된 경우의 책임($상_{단서}^{795}$), 운송인의 고의 또는 그에 준하는 사유로 인한 손해에 대한 무한책임($상_{796}^{}$), 선하증권 등에 기재된 운송물의 가액에 대한 운송인의 책임($상_{①}^{797}$) 등은 상법의 규정에 반하여 운송인의 의무 또는 책임을 경감 또는 면제하지 못한다($상_{①전단}^{799}$). 운송물에 관한 보험의 이익을 해상물건운송인에게 양도하는 약정 또는 이와 유사한 약정도 무효이다($상_{①후단}^{799}$). 운송인의 책임을 가중하는 당사자간의 특약은 유효하다고 할 것이다.

2) 면책약관 유효

산 동물의 운송 및 선하증권 그 밖에 운송계약을 증명하는 문서의 표면에 갑판적으로 운송할 취지를 기재하여 갑판적으로 행하는 운송에 대하여는 운송인의 의무 또는 책임을 경감 또는 면제하는 특약을 체결할 수 있다($상_{②}^{799}$).

용선계약 중에서 ① 해상물건 운송인의 감항능력주의 의무위반이 있음에도 불구하고 이로 인한 운송인의 책임을 경감 또는 면제하는 당사자 사이의 특약과 ② 용선계약에 따라 선하증권이 발행된 경우 선하증권소지인에 대하여도 운송인의 책임을 경감 또는 면제하는 당사자 사이의 특약은 무효이다($상_{①}^{799}$). 용선계약 중 나머지의 경우에는 원칙적으로 당사자 사이의 특약에 의하여 자유롭게 해상물건 운송인의 책임을 상법의 규정보다 경감 또는 면제할 수 있다($상_{①}^{799}$).

해상운송인의 책임결과의 일부를 감경하는 배상액제한약관은 원칙적으로 구 상법 제

790조에 저촉되지 않는다고 할 것이지만 배상책임을 면제하는 것과 다름없다고 할 정도로 적은 액수를 책임한도액으로 정한 배상액제한약관은 실질적으로 책임제외약관과 다를 바 없는 것이므로 구 상법 제790조에 저촉되어 무효라고 할 것이다.[35]

(6) 순차해상물건운송인의 책임

수인이 순차적으로 해상에서 운송할 경우에 각 운송인은 운송물의 멸실, 훼손 또는 연착으로 인한 손해에 대하여 연대책임이 있고 운송인 중 1인이 이러한 손해를 배상한 때에는 그 손해의 원인이 된 행위를 한 운송인에 대하여 구상권이 있다($^{상\ 815,\ 138}_{①,\ ②}$). 이때 그 손해의 원인이 된 행위를 한 운송인을 알 수 없을 때에는 각 운송인은 그 운임의 비율로 손해를 분담하는데 그 손해가 자기의 운송구간 내에서 발생하지 아니하였음을 증명한 때에는 손해분담의 책임이 없다($^{상\ 815,}_{138\ ③}$).

(7) 책임의 소멸

운송인의 송하인 또는 수하인에 대한 채권 및 채무는 그 청구원인의 여하에 불구하고 운송인이 수하인에게 운송물을 인도한 날 또는 인도할 날부터 1년 내에 재판상 청구가 없으면 소멸한다. 그러나 이 기간은 당사자의 합의에 의하여 연장할 수 있다($^{상\ 814}_{①}$). 재판상 청구는 좁은 의미의 소송만을 의미하는 것이 아니라 넓은 의미의 재판상 신청 내지 청구까지 포함하는 것으로 해석되므로, 소송, 중재, 지급명령 신청, 중재인 선정 통지, 민사조정 신청, 파산선고 신청, 민사집행법에 의한 배당요구, 소송고지, 선박소유자책임제한절차 참가 등이 모두 재판상 청구에 해당한다고 보아야 하는 점, 이와 같이 재판상 청구 범위를 넓게 해석하는 이상 재판상 청구에는 소 제기 이외에 채권자가 채무자인 운송인에 대하여 재판상 또는 재판에 준하는 절차에 의하여 명확히 권리를 행사하는 의사를 표시한 것까지도 포함되는 것으로 봄이 타당하고, 이러한 의사표시가 있는 경우에는 제척기간이 준수된 것으로 보아야 하는 점, 제척기간은 1년으로 상대적으로 매우 단기이므로 재판상 청구를 폭넓게 해석함이 채권자 구제 측면에서도 합리적인 점 등을 종합하여 보면, '재판상 청구'에는 '채권자의 가압류 신청 및 결정'도 포함된다고 해석함이 타당하다.[36]

구 상법 제811조는 "운송인의 용선자, 송하인 또는 수하인에 대한 채권 및 채무는 그 청구원인의 여하에 불구하고 운송인이 수하인에게 운송물을 인도한 날 또는 인도할 날부

---

35) 大判 1988.09.27, 86다카2377.

36) 서울고법 2012.04.03, 2011나37553.

터 1년 내에 재판상 청구가 없으면 소멸한다."고 규정하고 있는바, 해상운송계약에 따른 선하증권이 발행된 경우에는 그 선하증권의 정당한 소지인이 위 규정에서 말하는 수하인이므로 선하증권 소지인의 해상운송인에 대한 채권의 경우에도 적용된다. 그리고 운송인의 악의나 고의 여부 등 그 청구원인의 여하를 가리지 아니하고 적용된다.[37] 1년의 제소기간에 대해 법원이 그 기간의 준수 여부에 관하여 직권으로 조사하여야 하므로 그 기간 준수 여부에 대하여 의심이 있는 경우에는 필요한 정도에 따라 직권으로 증거조사를 할 수 있으나, 법원에 현출된 모든 소송자료를 통하여 살펴보았을 때 그 기간이 도과하였다고 의심할 만한 사정이 발견되지 않는 경우까지 법원이 직권으로 추가적인 증거조사를 하여 기간 준수의 여부를 확인하여야 할 의무는 없다.[38]

'운송물을 인도할 날'이라고 함은 통상 운송계약이 그 내용에 좇아 이행되었으면 인도가 행하여져야 했던 날을 말한다.[39] 따라서 운송물이 멸실되거나 운송인이 운송물의 인도를 거절하는 등의 사유로 운송물이 인도되지 않은 경우에는 '운송물을 인도할 날'을 기준으로 위 규정의 제소기간이 도과하였는지 여부를 판단하여야 한다.[40]

해상운송계약에 따른 선하증권이 발행된 경우에도 그 선하증권의 정당한 소지인이 상법 제811조의 '수하인'이고, 상법 제811조는 운송인의 해상운송계약상의 이행청구 및 채무 불이행에 따른 손해배상청구의 경우뿐만 아니라 운송인의 불법행위에 따른 손해배상청구 등 청구원인의 여하에 관계없이 적용되므로, 상법 제811조는 선하증권의 소지인이 운송인에 대하여 운송물에 대한 양도담보권을 침해한 불법행위에 따른 손해배상책임을 묻는 경우에도 적용된다.[41]

운송인이 인수한 운송을 다시 제3자에게 위탁한 경우에 송하인 또는 수하인이 위의 기간 이내에 운송인과 배상 합의를 하거나 운송인에게 재판상 청구를 하였다면, 그 합의 또는 청구가 있는 날부터 3개월이 경과하기 이전에는 그 제3자에 대한 운송인의 채권·채무는 소멸하지 아니한다. 운송인과 그 제3자 사이에 제1항 단서와 동일한 취지(합의에 의하여 연장할 수 있다는)의 약정이 있는 경우에도 또한 같다(상§814).[42] 이 경우에 있어서

---

37) 大判 1997.09.30, 96다54850.

38) 大判 2007.06.28, 2007다16113.

39) 大判 1997.11.28, 97다28490.

40) 大判 2007.04.26, 2005다5058.

41) 大判 1999.10.26, 99다41329.

42) 대판 2001.10.30, 2000다62490(해상물건운송계약에 있어 계약운송인과 실제운송인과의 관계와 같이 복수의 주체가 운송물의 멸실·훼손으로 인하여 선하증권소지인에 대하여 연대하여 손해배상책임을 부담하는 경우, 어느 일방이 선하증권소지인에 대하여 먼저 손해액을 배상한 후 다른 일방에 대하여 그 배상

재판상 청구를 받은 운송인이 그로부터 3개월 이내에 그 제3자에 대하여 소송고지를 하면 3개월의 기간은 그 재판이 확정 그 밖에 종료된 때부터 기산한다(상814조③).

(8) 비계약적 청구에 대한 적용

운송인의 책임에 관한 규정은 운송인의 불법행위로 인한 손해배상의 책임에도 이를 적용한다(상798조①). 운송물에 관한 손해배상청구가 운송인의 사용인 또는 대리인에 대하여 제기된 경우에 그 손해가 그 사용인 또는 대리인의 직무집행에 관하여 생긴 것인 때에는 그 사용인 또는 대리인은 운송인이 주장할 수 있는 항변과 책임제한을 원용할 수 있다. 다만, 그 손해가 그 사용인 또는 대리인의 고의 또는 운송물의 멸실, 훼손 또는 연착이 생길 염려가 있음을 인식하면서 무모하게 한 작위 또는 부작위로 인하여 생긴 것인 때에는 그러하지 아니 한다(상798조②).

'사용인 또는 대리인'이란 고용계약 또는 위임계약 등에 따라 운송인의 지휘감독을 받아 그 업무를 수행하는 자를 말하고 그러한 지휘감독 관계없이 스스로의 판단에 따라 자기 고유의 사업을 영위하는 독립적인 계약자는 포함되지 아니한다.[43] 해상운송에 있어서 컨테이너 적재작업을 하던 도중에 화물이 손상된 경우, 항만에 화물집하소를 두고 컨테이너 적재작업을 하는 자는 운송인의 면책항변을 원용할 수 있는 이행보조자가 아니다.[44]

책임을 지는 경우에 운송인과 그 사용인 또는 대리인의 운송물에 대한 책임제한금액의 총액은 당해 운송물의 매 포장당 또는 선적단위당 666.67 계산단위의 금액과 중량 1킬로그램당 2 계산단위의 금액 중 큰 금액의 한도를 초과하지 못한다(상798조③). 운송물에 관한 손해배상청구가 운송인 외의 실제운송인 또는 그 사용인이나 대리인에 대하여 제기된 경우에도 이를 적용한다(상798조④).

☞ **히말라야 약관**(Himalaya Clause)

히말라야 약관(Himalaya Clause)이란 선하증권 뒷면에 '운송물에 대한 손해배상 청구가 운송인 이외의 운송관련자(anyone participating in the performance of the Carriage other than the Carrier)에 대하여 제기된 경우, 그 운송관련자들은 운송인이 주장할 수 있는 책임제한 등의 항변을 원용할 수 있는 약관을 의미한다. 이 히말라야 약관에 의하여 보호

금액을 구상하는 경우에는, 운송인의 채권·채무의 소멸을 규정하고 있는 상법 제811조(2007년 개정상법 제814조) 소정의 단기제척기간에 관한 규정은 적용되지 않는다고 할 것이다).

43) 大判 2004.02.13., 2001다75318; 大判 2007.04.27, 2007다4943; 大判 2009.08.20, 2007다82530.
44) 大判 2009.08.20, 2007다82530.

받는 운송관련자들에는 하수급인(Subcontractors), 하역인부, 터미널 운영업자(terminals), 검수업자, 운송과 관련된 육상·해상·항공 운송인 및 직간접적인 하청업자가 포함된다.[45] '히말라야 약관'(Himalaya Clause)은 운송인의 항변이나 책임제한을 원용할 수 있는 운송관련자의 범위나 책임제한의 한도 등에 관하여 그 구체적인 내용을 달리 하는 경우가 있으나, 해상운송의 위험이나 특수성과 관련하여 선하증권의 뒷면에 일반적으로 기재되어 국제적으로 통용되고 있을 뿐만 아니라, 간접적으로는 운송의뢰인이 부담할 운임과도 관련이 있는 점에 비추어 볼 때, 약관의 규제에 관한 법률 제6조 제1항에서 정하는 '신의성실의 원칙에 반하여 공정을 잃은 조항'이라거나 같은 법 제6조 제2항의 각 호에 해당하는 조항이라고 할 수 없다.

(9) 복합운송인의 책임

운송인이 인수한 운송에 해상 외의 운송구간이 포함된 경우 운송인은 손해가 발생한 운송구간에 적용될 법에 따라 책임을 진다(상⁸¹⁶①). 어느 운송구간에서 손해가 발생하였는지 불분명한 경우 또는 손해의 발생이 성질상 특정한 지역으로 한정되지 아니하는 경우에는 운송인은 운송거리가 가장 긴 구간에 적용되는 법에 따라 책임을 진다. 다만, 운송거리가 같거나 가장 긴 구간을 정할 수 없는 경우에는 운임이 가장 비싼 구간에 적용되는 법에 따라 책임을 진다(상⁸¹⁶②).

복합운송인의 책임원칙으로는 복합운송인의 책임을 각 운송구간에 적용되는 운송법상의 책임제도와 연결시키는 방법과 이를 분리시켜 독자적인 책임원칙에 의하도록 하는 방법, 그리고 양자를 절충하는 방법 등 3가지의 방법이 적용되고 있다. 그러한 방법으로는 ① 통일책임원칙 ② 네트워크책임원칙 ③ 변형통일책임원칙 등이 있다.

① 통일책임원칙(uniform liability system)이란 운송물의 멸실 등이 복합운송의 어느 구간에서 발생하였느냐를 묻지 않고 별도의 동일한 기준에 따라 책임을 부담하는 것을 말한다.

② 네트워크책임원칙(network liability system)이란 손해발생구간이 밝혀지지 않은 경우에는 그 손해가 해상구간에서 발생한 것으로 추정하여 독자적인 책임규정을 적용하고, 손해발생구간이 확인된 경우에는 그 손해발생구간에 적용될 국내법이나 국제조약을 적용하게 되는 것을 말한다.

③ 변형통일책임원칙(modified uniform liability system)이란 「국제복합물건운송협약」이 채택하고 있는 것으로 이에 따르면, 손해발생구간의 확인 여부에 관계없이 동일한 책임규정을 적용하되, 손해발생구간이 확인되고 그 구간에 적용될 법에 규정된 책

---

45) 大判 2007.04.27, 2007다4943.

임한도액이 「국제복합물건운송협약」의 책임한도액보다 높은 경우에는 그 구간에 적용되는 법의 책임한도액을 적용하게 되는 것을 말한다.

2007년 개정상법은 1992년 국제복합운송업자연맹(FIATA)의 선하증권, 1980년 UN의 「국제복합물건운송협약」(Convention on International Multimodal Transport of Goods) 및 독일 등의 입법례를 참조하여 원칙적으로 운송인은 손해가 발생한 운송구간에 적용될 법에 따라 손해배상책임을 지도록 하되, 다만 어느 운송구간에서 손해가 발생하였는지 불분명한 경우 및 손해의 발생이 성질상 특정한 지역으로 한정되지 아니하는 경우에는 주된 운송구간에 적용될 법에 따라 책임을 지고, 주된 운송구간은 법원이 운송거리·운임 그 밖의 제반사정을 참작하여 정하도록 하고 있다.

6.3.2.4.3. 해상물건운송인의 권리

(1) 기본적 권리

1) 운임청구권

ⅰ) 원 칙

운송계약은 도급계약이므로 운송인은 원칙적으로 운송물이 목적지에 도착하여야 운임을 청구할 수 있다. 운송물의 전부 또는 일부가 송하인의 책임 없는 사유로 인하여 멸실한 때에는 운송인은 그 운임을 청구하지 못한다. 운송인이 이미 그 운임의 전부 또는 일부를 받은 때에는 이를 반환하여야 한다($\frac{\text{상}\ 815}{134\ ①}$).

ⅱ) 예 외

운송물의 전부 또는 일부가 그 성질이나 하자 또는 송하인의 과실로 인하여 멸실한 때에는 운송인은 운임의 전액을 청구할 수 있다($\frac{\text{상}\ 815}{134\ ②}$). 운송인은 선장이 항해의 계속에 필요한 비용을 지급하기 위하여 운송물을 처분하였을 때($\frac{\text{상}}{①\ 750}$)와 공동해손처분을 한 경우에도($\frac{\text{상}}{865}$) 운임의 전액을 청구할 수 있다($\frac{\text{상}}{813}$). ① 선박의 침몰 또는 멸실 ② 선박의 수선불가능 ③ 선박의 포획 ④ 운송물의 불가항력적 멸실이 항해 도중에 생긴 때에는 용선자 또는 송하인은 운송의 비율에 따라 현존하는 운송물의 가액의 한도에서 운임을 지급하여야 하므로 운송인은 운임을 이 범위 내에서 청구할 수 있다($\frac{\text{상}}{②\ 810}$).

iii) 운임액

운송물의 중량 또는 용적으로 운임을 정한 때에는 운송물을 인도하는 때의 중량 또는 용적에 의하여 그 액을 정한다($^{\text{상}}_{805}$). 기간으로 운임을 정한 때에는 운송물의 선적을 개시한 날로부터 그 양륙을 종료한 날까지의 기간에 의하여 그 액을 정한다($^{\text{상}}_{①}{}^{806}$). 이 기간에는 불가항력으로 인하여 선박이 선적항이나 항해 도중에 정박한 기간 또는 항해도 중에서 선박을 수선한 기간을 산입하지 아니한다($^{\text{상}}_{②}{}^{806}$).

2) 정박료 청구권

용선계약의 경우 약정한 선적기간 또는 양륙기간을 경과한 후 선적 또는 양륙을 한 때, 이 초과정박기간에 대하여 해상운송인은 정박료(체선료)를 청구할 수 있다($^{\text{상}}_{830}{}^{829}_{③}{}_{③}$). 수하인이 운송물을 수령한 때에는 수하인도 이러한 정박료를 지급하여야 할 의무를 부담한다($^{\text{상}}_{①}{}^{807}$).

3) 부수비용 청구권 등

해상운송인은 운송계약 또는 선하증권의 취지에 따라 창고 보관료, 운송물 공탁비용, 검사비용, 관세 등과 같은 부대비용, 체당금, 운송물의 가액에 따른 공동해손 또는 해난구조로 인한 부담액을 용선자 또는 송하인에게 청구할 수 있는데 수하인이 운송물을 수령한 때에는 수하인에게도 이를 청구할 수 있다($^{\text{상}}_{①}{}^{807}$).

4) 담보권

해상운송인(선장)은 수하인이 운송물을 수령하는 때에 운임, 부수비용, 체당금, 정박료, 운송물의 가액에 따른 공동해손 또는 해난구조로 인한 부담액을 지급하지 않으면 운송물을 인도하지 않고 이를 유치할 수 있는 권리를 갖는다($^{\text{상}}_{②}{}^{807}$).

해상운송인은 운임, 부수비용, 체당금, 정박료, 운송물의 가액에 따른 공동해손 또는 해난구조로 인한 부담액을 지급받기 위하여 법원의 허가를 얻어 운송물을 경매하여 우선변제를 받을 권리가 있다($^{\text{상}}_{①}{}^{808}$). 선장이 수하인에게 운송물을 인도한 후에도 운송인은 그 운송물에 대하여 위의 권리를 행사할 수 있다. 그러나 인도한 날로부터 30일을 경과하거나 제3자가 그 운송물에 점유를 취득한 때에는 그러하지 아니한다($^{\text{상}}_{②}{}^{808}$).

(2) 부수적 권리

해상운송인은 운송과 관련하여 용선자 또는 송하인에 대하여 다음과 같은 부수적 권리를 갖는다.

① 해상운송인은 용선자에 대한 운송(용선)계약서의 교부청구권($\substack{상\\828}$)

② 용선계약의 경우 용선자에 대한 선적청구권($\substack{상\ 829\\①}$)

③ 개품운송계약의 경우 운송물제공청구권($\substack{상\ 792}$)

④ 용선계약의 경우 선적기간 내에 선적이 완료되지 않은 때 또는 개품운송계약의 경우 송하인이 당사자 사이의 합의 또는 선적항의 관습에 의한 때와 곳에서 운송인에게 운송물을 제공하지 않은 때의 발항권($\substack{상\ 792\ ①\\831②}$)

⑤ 용선자 또는 송하인에 대한 선적기간 내에 운송에 필요한 서류의 교부청구권($\substack{상\\793}$)

⑥ 위법선적물 또는 위험물에 대한 조치권($\substack{상\\801}$)

⑦ 용선자나 송하인이 운송물의 전부 또는 일부를 선적하고 운송계약을 해제 또는 해지한 경우 선적과 양륙비용의 청구권($\substack{상\\835}$)

⑧ 용선자 또는 송하인에 대한 선하증권등본의 교부청구권($\substack{상\\856}$)

운송물이 불가항력으로 인하여 멸실된 때($\substack{상\ 810\\① iv}$) 및 법정사유로 인한 해제 즉 제811조 제1항의 사유가 운송물의 일부에 대하여 생긴 때에는 송하인은 운송인의 책임이 가중되지 아니하는 범위 안에서 다른 운송물을 선적할 수 있다($\substack{상\ 123\\①}$). 송하인이 위의 권리를 행사하고자 하는 때에는 지체 없이 운송물의 양륙 또는 선적을 하여야 한다. 그 양륙 또는 선적을 게을리 한 때에는 운임의 전액을 지급하여야 한다($\substack{상\ 123\\②}$).

(3) 채권의 제척기간

운송인의 용선자, 송하인 또는 수하인에 대한 채권 및 채무는 그 청구원인의 여하에 불구하고 운송인이 수하인에게 운송물을 인도한 날 또는 인도할 날부터 1년 내에 재판상 청구가 없으면 소멸한다. 그러나 이 기간은 당사자의 합의에 의하여 연장할 수 있다($\substack{상\ 814\\①}$).

운송인이 인수한 운송을 다시 제3자에게 위탁한 경우에 송하인 또는 수하인이 위의 기간 이내에 운송인과 배상 합의를 하거나 운송인에게 재판상 청구를 하였다면, 그 합의 또는 청구가 있은 날부터 3개월이 경과하기 이전에는 그 제3자에 대한 운송인의 채권·채무는 제1항의 규정에 불구하고 소멸하지 아니한다. 운송인과 그 제3자 사이에 제1항 단서와 동일한 취지의 약정이 있는 경우에도 또한 같다($\substack{상\ 814\\②}$).[46] 이 경우에 있어서 재판상 청구를 받은 운송인이 그로부터 3개월 이내에 그 제3자에 대하여 소송고지를 하면 3개월의 기간은 그 재판이 확정 그 밖에 종료된 때부터 기산한다(상814).

6.3.2.5. 해상물건운송계약의 종료

6.3.2.5.1. 송하인의 임의해제

(1) 발항 전의 임의해제

송하인은 다른 송하인 전원과 공동으로 하는 경우에 한하여 운송계약을 해제 또는 해지를 할 수 있다(상833). 송하인이 계약을 해제 또는 해지를 한 때에도 부수비용과 체당금을 지급할 책임을 면하지 못한다(상834). 송하인 전원이 공동으로 하지 않은 경우에는 일부 송하인이 발항 전에 계약을 해제 또는 해지를 한 때에도 운임의 전액을 지급하여야 한다(상833). 발항전이라도 일부 송하인이 운송물의 전부 또는 일부를 선적한 경우에는 다른 송하인의 동의를 얻지 아니하면 계약을 해제 또는 해지하지 못한다(상833).47) 또한 운송물의 전부 또는 일부를 선적한 때에는 그 선적과 양륙의 비용은 송하인이 부담한다(상835).

(2) 발항 후의 임의해지

발항 후에는 송하인은 운임의 전액, 체당금, 체선료와 공동해손 또는 해난구조의 부담액을 지급하고 그 양륙하기 위하여 생긴 손해를 배상하거나 이에 대한 상당한 담보를 제공하여야 계약을 해지할 수 있다(상837).

6.3.2.5.2. 불가항력에 의한 임의해제

항해 또는 운송이 법령에 위반하게 되거나 그 밖에 불가항력으로 인하여 계약의 목적

---

46) 대판 2001.10.30, 2000다62490(해상물건운송계약에 있어 계약운송인과 실제운송인과의 관계와 같이 복수의 주체가 운송물의 멸실·훼손으로 인하여 선하증권소지인에 대하여 연대하여 손해배상책임을 부담하는 경우, 어느 일방이 선하증권소지인에 대하여 먼저 손해액을 배상한 후 다른 일방에 대하여 그 배상금액을 구상하는 경우에는, 운송인의 채권·채무의 소멸을 규정하고 있는 상법 제811조(2007년 개정상법 제814조) 소정의 단기제척기간에 관한 규정은 적용되지 않는다고 할 것이다).

47) 일부 용선계약 또는 개품운송계약의 경우에도 이 경우 용선자나 송하인은 운송물의 가액에 따라 공동해손 또는 해난구조로 인하여 부담할 금액을 지급하여야 한다(상834)는 규정을 적용한다고 보는 견해가 있으나 이는 의문이다. 법문에 이를 준용하는 근거가 없기 때문이다. 즉 834조 제2항은 832조 제2항과 제3항의 경우에는로 한정하고 있기 때문이다.

을 달할 수 없게 된 때에는 각 당사자는 계약을 해제할 수 있다($\frac{상}{②}$^811). 불가항력적 사유가 항해 도중에 생긴 경우에 계약을 해지한 때에도 송하인은 운송의 비율에 따른 운임을 지급하여야 한다($\frac{상}{②}$^811).

6.3.2.5.3. 법정원인에 의한 당연종료

모든 해상물건 운송계약은 ① 선박이 침몰 또는 멸실한 때 ② 선박이 수선할 수 없게 된 때 ③ 선박이 포획된 때 ④ 운송물이 불가항력으로 인하여 멸실된 때에는 종료한다 ($\frac{상}{①}$^810). ① 선박의 침몰 또는 멸실 ② 선박의 수선불가능 ③ 선박의 포획이 항해도중에 생긴 때에는 용선자 또는 송하인은 운송의 비율에 따라 현존하는 운송물의 가액의 한도에서 운임을 지급하여야 한다($\frac{상}{①}$^810). 따라서 운송물이 불가항력으로 인하여 멸실된 때에는 송하인은 운임을 전혀 지급하지 않아도 무방하다.

6.3.2.5.4. 운송물 일부에 관한 불가항력으로 인한 운송인의 선적권

운송물이 불가항력으로 인하여 멸실된 때($\frac{상}{①iv}$^810) 및 항해 또는 운송이 법령에 위반하게 되거나 그 밖에 불가항력으로 인하여 계약의 목적을 달할 수 없게 된 때($\frac{상}{①}$^811) 운송물의 일부에 대하여 생긴 때에는 송하인은 운송인의 책임이 가중되지 아니하는 범위 안에서 다른 운송물을 선적할 수 있다($\frac{상}{①}$^812). 송하인이 이 권리를 행사하고자 하는 때에는 지체 없이 운송물의 양륙 또는 선적을 하여야 한다. 그 양륙 또는 선적을 게을리 한 때에는 운임의 전액을 지급하여야 한다($\frac{상}{②}$^812).

6.3.3. 해상여객운송계약

6.3.3.1. 해상여객운송계약의 의의

6.3.3.1.1. 의 의

해상여객운송계약은 운송인이 특정한 여객을 출발지에서 도착지까지 해상에서 선박으로 운송할 것을 인수하고, 이에 대하여 상대방이 운임을 지급하기로 약정함으로써 그 효력이 생기는 계약을 말한다($\frac{\text{상}}{817}$). 즉 해상여객운송계약이라 함은 당사자의 일방(해상운송인)이 상대방(여객 또는 용선자)에 대하여 여객의 해상운송을 인수하고 상대방이 이에 대하여 보수를 지급할 것을 약정함으로써 성립하는 도급계약이다.

6.3.3.1.2. 종 류

해상여객운송에는 개개의 여객의 운송을 목적으로 하는 개별운송계약과 여객 전체의 운송을 인수할 목적으로 하는 용선계약이 있다. 해상운송계약의 경우에는 개별운송계약이 일반적이다.

6.3.3.2. 해상여객운송계약의 성립

6.3.3.2.1. 계약의 당사자

해상여객운송계약의 기본당사자는 여객의 해상운송을 인수하는 해상여객운송인과 이에 대하여 보수를 지급하는 용선자 또는 여객이다. 당사자의 지위를 양도할 수 있는가에 대해 상법은 기명식의 선표는 이를 타인에게 양도하지 못한다($\frac{\text{상}}{818}$)고 규정함으로써 부정하고 있다. 유가증권의 개념과 관련하여 기명식 승차(선)권은 일반적으로 유가증권으로 보지 않기 때문에 이는 당연한 규정이라 할 수 있다.

6.3.3.2.2. 계약의 체결

해상여객운송계약도 해상물건운송계약처럼 낙성·불요식의 계약이다. 따라서 그 성립에 특별한 형식이 요구되지 않는다. 해상여객운송계약이 운송약관에 의한 정형적 방식을 취하게 되는 경우에는 여객을 보호하기 위하여 운송인의 의무 또는 책임을 경감 또는 면제하는 면책약관은 무효로 한다($\frac{\text{상}\ 826\ ③}{799\ ①}$).

6.3.3.3. 해상여객운송계약의 효력

6.3.3.3.1. 해상여객운송인의 의무

(1) 서

해상여객운송인은 운송을 목적으로 하는 점에서 육상여객운송인이나 해상물건운송인과 같다. 따라서 해상여객운송인의 의무에 관하여 이들 규정을 준용하고 있다($상_{826}$). 그러나 해상여객운송의 경우는 여객을 해상물건운송에서의 물건처럼 취급할 수 없고 육상여객운송에 비해 장시간이므로 이들 제도와는 다른 특별규정을 두고 있다.

(2) 식사제공의무

여객의 항해 중의 식사는 다른 약정이 없으면 운송인의 부담으로 한다($상_① {}^{819}$).

(3) 선박수선 중의 거처 및 식사 제공의무

항해의 중도에서 선박을 수선하는 경우에는 운송인은 그 수선 중 여객에게 상당한 거처와 식사를 제공하여야 한다. 그러나 여객의 권리를 해하지 아니하는 범위 내에서 상륙항까지의 운송의 편의를 제공한 때에는 그러하지 아니한다($상_② {}^{819}$). 이 경우에 여객은 항해의 비율에 따른 운임을 지급하고 계약을 해지할 수 있다($상_③ {}^{819}$).

(4) 수하물 무임운송 의무

여객이 계약에 의하여 선내에서 휴대할 수 있는 수하물에 대하여는 운송인은 다른 약정이 없으면 따로 운임을 청구하지 못한다($상_{820}$).

(5) 사망한 여객의 수하물처분의무

여객이 사망한 때에는 선장은 그 상속인에게 가장 이익이 되는 방법으로 사망자가 휴대한 수하물을 처분하여야 한다($상_{824}$).

6.3.3.3.2. 해상여객운송인의 책임

(1) 해상운송인의 여객에 대한 책임

1) 해상여객운송인의 책임 발생원인

해상여객운송인의 여객 자신의 손해에 대한 손해배상책임은 육상여객운송인의 여객 자신의 손해에 대한 손해배상책임과 같다($\frac{\text{상}\ 826}{①,\ 148}$). 운송인은 자기 또는 사용인이 운송에 관한 주의를 해태하지 아니하였음을 증명하지 아니하면(과실책임주의) 여객이 운송으로 인하여 받은 손해를 배상할 책임을 면하지 못하며($\frac{\text{상}\ 148}{②}$), 손해배상의 액을 정함에는 법원은 피해자와 그 가족의 정상을 참작하여야 한다($\frac{\text{상}\ 148}{③}$). 여객이 운송으로 인하여 받은 손해란 여객의 사상으로 인한 손해로서 재산적 손해와 정신적 손해를 포함하며, 재산적 손해는 장래의 일실이익[48]도 포함한다. 여객운송계약의 손해배상책임은 물건운송인의 책임이 획일적이고 또 정액배상책임인 점에 비해서 개별적이고 특별손해에 대하여도 그 배상책임을 부담하는 점에서 구별된다.

이에 더하여 해상여객은 해상여객운송인의 감항능력주의의무 위반으로 입은 손해에 대해서도 배상을 청구할 수 있다($\frac{\text{상}\ 826}{①,\ 794}$). 해상여객운송인의 책임을 경감 또는 면제하는 당사자 사이의 특약은 무효이다($\frac{\text{상}\ 826}{799\ ①}$ ①). 해상여객운송인이 용선계약을 체결하고 그 용선자가 자기명의로 제3자인 여객과 재운송계약을 체결한 경우에 그 운송계약의 이행이 선장의 직무에 속한 범위 안에서는 선박소유자도 제3자에 대하여 감항능력주의의무 위반과 상사과실이 있는 경우에 손해배상책임을 진다($\frac{\text{상}\ 826}{①,\ 809}$).

2) 해상여객운송인의 책임제한

상법은 해상여객운송인의 책임한도를 규정하고 있지 않으므로 선박소유자의 책임제한을 원용할 수 있을 것이다. 따라서 여객의 사망 또는 신체의 상해로 인한 손해에 관한 채권에 대한 책임의 한도액은 그 선박의 선박검사증서에 기재된 여객의 정원에 17만5천 계산단위(국제통화기금의 1 특별인출권에 상당하는 금액을 말함)를 곱하여 얻은 금액으

---

48) 大判 1982.7.13, 82다카278: 전송인이 전송으로 인하여 사망한 여객이 입은 일실수익의 손해액을 산정함에 있어서는 사망당시의 수익을 기준으로 함이 원칙이고 사망당시 직업이 없었다면 일반노동임금을 기준으로 할 수밖에 없으나, 사망 이전에 장차 일정한 직업에 종사하여 그에 상응한 수익을 얻게 될 것이라고 확실하게 예측할 만한 객관적 사정이 있을 때에는 장차 얻게 될 수익을 기준으로 그 손해액을 산정할 수 있다.

로 제한할 수 있을 것이다($^{상\ 770}_{①\ 1}$).

(2) 수하물에 대한 책임

1) 위탁받은 수하물에 대한 책임

위탁받은 수하물의 손해에 대한 해상여객운송인의 손해배상책임은 해상물건운송인의 손해배상책임과 같다(6.3.2.4.2. 참조). 따라서 해상물건운송인의 책임에 관한 규정을 준용하고 있다. 제134조(운송물멸실과 운임), 제136조(고가물에 대한 책임), 제149조 제2항(인도를 받은 수하물에 대한 책임), 제794조(감항능력주의의무), 제795조(운송물에 관한 주의의무), 제796조(운송인의 면책사유), 제797조(책임의 한도), 제798조(비계약적 청구에 대한 적용), 제799조(운송인에 대한 책임감경금지), 제800조(위법선적물의 처분), 제801조(위험물의 처분), 제804조(운송물의 일부 멸실, 훼손에 관한 통지), 제807조(수하인의 의무, 선장의 유치권), 제809조(항해용선자 등과 개품운송시 선박소유자의 책임), 제811조(법정사유로 인한 해제)와 제814조(운송인의 채권·채무의 소멸)의 규정은 운송인이 위탁을 받은 여객의 수하물의 운송에 준용한다($^{상\ 826}_{②}$).

2) 휴대수하물(위탁받지 아니한 수하물)에 대한 책임

휴대수하물의 손해에 대한 해상여객운송인의 손해배상책임은 육상여객운송인의 손해배상책임과 해상물건운송인의 책임에 관한 규정을 준용하고 있다. 즉 제150조(인도를 받지 아니한 수하물에 대한 책임), 제797조 제1항(유한책임)과 제4항(선주유한책임에 관한 규정에 의한 책임의 이중제한에 관한 규정), 제798조(비계약적 청구에 대한 적용), 제799조 제1항(운송인에 대한 책임감경금지), 제809조(재운송계약과 선박소유자의 책임)와 제814조(운송인의 채권·채무의 소멸)의 규정은 운송인이 위탁을 받지 아니한 여객의 수하물에 준용한다($^{상\ 826}_{③}$).

6.3.3.3.3. 해상여객운송인의 권리

(1) 운임청구권

해상여객운송인은 여객의 운송에 대한 보수로서 운임을 청구할 수 있다($^{상}_{817}$).

(2) 발항권

여객이 승선시기까지 승선하지 아니한 때에는 선장은 즉시 발항할 수 있다. 항해중도의 정박항에서도 이와 같으며($\frac{상}{①}$⁸²¹), 이 경우에는 여객은 운임의 전액을 지급하여야 한다($\frac{상}{②}$⁸²¹).

(3) 공탁권·경매권

수하물이 도착지에 도착한 날로부터 10일 이내에 여객이 수하물의 인도를 청구하지 아니한 때에는 운송인은 수하물의 공탁·경매권($\frac{상}{67}$)을 갖는다. 그러나 주소 또는 거소를 알지 못하는 여객에 대하여는 최고와 통지를 요하지 않는다($\frac{상}{149}$ ^{826 ②,}).

(4) 채권의 소멸

해상여객운송인의 수하물에 관하여 발생한 채권은 해상물건운송인의 채권과 같이 그 수하물을 인도한 날 또는 인도할 날로부터 1년의 제척기간의 경과로 소멸한다. 그러나 당사자는 합의에 의하여 이 기간을 연장할 수 있다($\frac{상}{③, 814}$ ^{826 ②,}).

6.3.3.3.4. 해상여객운송계약의 종료

(1) 여객의 임의해제·운임

여객이 발항 전에 계약을 해제하는 경우에는 운임의 반액을 지급하고, 발항 후에 계약을 해제하는 경우에는 운임의 전액을 지급하여야 한다($\frac{상}{822}$).

(2) 불가항력으로 인한 당사자의 임의해제·해지

여객이 발항 전에 사망, 질병 그 밖의 불가항력으로 인하여 항해할 수 없게 된 때에는 운송인은 운임의 10분의 3을 청구할 수 있고, 발항 후에 그 사유가 생긴 때에는 운송인의 선택으로 운임의 10분의 3 또는 운송의 비율에 따른 운임을 청구할 수 있다($\frac{상}{823}$).

(3) 법정원인에 의한 당연종료

해상여객운송계약은 ① 선박이 침몰 또는 멸실한 때, ② 선박이 수선할 수 없게 된 때, ③ 선박이 포획된 때에는 종료한다($\frac{상}{810}$ ^{825,}_①). 그 사유가 항해의 중도에서 생긴 때에는 여객은 운송의 비율에 따른 운임을 지급하여야 한다($\frac{상}{810}$ ^{825,}_②).

구 상법에서는 법정원인에 의한 당연종료가 규정되고 있었으나 개정상법에서는 이 부분이 빠진 것으로 보인다. 입법적 실수인지 당연종료가 당연한 것이어서 삭제한 것인지 명확하지 않다. 어찌되었든 법정원인에 의한 당연종료는 명문의 규정이 없어도 인정된다고 할 것이다.

6.3.4. 용선계약

6.3.4.1. 용선계약의 의의

용선계약(선복용선계약)이라 함은 운송인인 선박소유자 등이 선박의 전부 또는 일부를 제공하여 이것에 적재된 물건을 운송할 것을 약정하고 용선자가 이에 대하여 보수를 지급할 것을 약정하는 운송계약이다.

용선계약은 용선자가 선박의 점유를 취득하지 못하고 선박소유자 등이 선장을 점유보조자로 하여 선박을 점유하고 감독하며 항해를 지휘하는 등의 도급계약적 성질을 갖는다. 용선계약의 종류에는 전부용선계약, 일부용선계약, 항해용선계약, 기간용선계약, 주용선계약, 재용선계약 등이 있다.

6.3.4.2. 항해용선계약

6.3.4.2.1. 항해용선계약의 의의

항해용선계약은 특정한 항해를 할 목적으로 선박소유자가 용선자에게 선원이 승무하고 항해장비를 갖춘 선박의 전부 또는 일부를 물건의 운송에 제공하기로 약정하고 용선자가 이에 대하여 운임을 지급하기로 약정함으로써 그 효력이 생기는 계약을 말한다(상827①).

6.3.4.2.2. 적용범위

이 항해용선에 관한 규정은 그 성질에 반하지 아니하는 한 여객운송을 목적으로 하는 항해용선계약에도 준용한다(상827②). 선박소유자가 일정한 기간 동안 용선자에게 선박을 제공할 의무를 지지만 항해를 단위로 운임을 계산하여 지급하기로 약정한 경우에도 그 성질에 반하지 아니하는 한 이 항행용선의 규정을 준용한다($\frac{\text{상}}{3}$ 827).

6.3.4.2.3. 항해용선계약의 체결

(1) 계약의 당사자
항해용선계약의 기본당사자는 선박소유자와 용선자이다.

(2) 계약의 체결
항해용선계약은 원칙적으로 자유롭게 체결할 수 있으며 불요식·낙성계약이다.

6.3.4.2.4. 항해용선계약의 효력

(1) 선박소유자의 의무

1) 선적과 관련한 의무

① 선박제공의무
선박소유자는 운송계약에서 정한 선박을 선적지에서 용선자 또는 송하인에게 제공하여야 한다.

② 선적준비완료통지의무
선박소유자(용선자)가 선적인인 경우에는 선박소유자는 운송물을 선적함에 필요한 준비가 완료된 때에는 지체 없이 용선자에게 그 통지를 발송하여야 한다($\frac{\text{상}}{3}$ 829). 운송물을 선적할 기간의 약정이 있는 경우에는 그 기간은 위의 통지가 오전에 있은 때에는 그 날의 오후 1시부터 기산하고, 오후에 있은 때에는 다음날 오전 6시부터 기산한다. 이 기간에는 불가항력으로 인하여 선적할 수 없는 날과 그 항의 관습상 선적작업을 하지 아니하는 날을 산입하지 아니 한다($\frac{\text{상}}{3}$ 829). 이 기간을 경과한 후 운송물을 선적한 때에는 선박소유자는 상당한 보수를 청구할 수 있다($\frac{\text{상}}{3}$ 829).

용선자 외의 제3자가 운송물을 선적할 경우에 선장이 그 제3자를 확실히 알 수 없거나 그 제3자가 운송물을 선적하지 아니한 때에는 선장은 지체 없이 용선자에게 그 통지를 발송하여야 한다. 이 경우 선적기간 이내에 한하여 용선자가 운송물을 선적할 수 있다($\overset{\text{상}}{830}$).

③ 정박의무

선적기간과 양륙기간을 합하여 정박기간이라고 하는데, 용선계약의 경우에는 운송인은 용선자가 운송물의 전부를 선적 또는 양륙하는 데 필요한 기간만큼 선박을 정박시킬 의무가 있다. 그러나 용선자는 운송물의 전부를 선적하지 아니한 경우에도 선장에게 발항을 청구할 수 있다($\overset{\text{상}831}{①}$). 선적기간의 경과 후에는 용선자가 운송물의 전부를 선적하지 아니한 경우에도 선장은 즉시 발항할 수 있다($\overset{\text{상}831}{②}$). 이 경우에는 용선자는 운임의 전액과 운송물의 전부를 선적하지 아니함으로 인하여 생긴 비용을 지급하고, 또한 선박소유자의 청구가 있는 때에는 상당한 담보를 제공하여야 한다($\overset{\text{상}831}{③}$).

④ 운송물 수령·적부의무

선박소유자는 용선계약에 따라 인도된 운송물을 수령할 의무가 있으며, 수령한 운송물을 적부할 의무를 부담한다($\overset{\text{상}841}{795}\overset{①}{①}$). 적부란 운송물을 배에 실어서 선창 내에 적절한 방법으로 배치하는 것이라 할 것이다.

2) 항해에 관한 의무

① 감항능력주의의무

감항능력주의의무란 선박소유자가 용선자나 송하인에 대하여 선적항을 발항할 당시 그 특정항해를 안전하게 완성할 수 있는 선박을 제공함에 있어서 상당한 주의를 다하여야 할 의무를 말한다. 운송인은 자기 또는 선원 그 밖의 선박사용인이 발항당시 감항능력주의의무를 해태하지 아니하였음을 증명하지 아니하면 운송물의 멸실, 훼손 또는 연착으로 인한 손해를 배상할 책임이 있다($\overset{\text{상}}{794}$).

② 발항의무

선박소유자는 원칙적으로 선적기간 내에 운송물의 전부가 선적된 경우에만 발항하여야 한다. 예외적으로 용선자는 선적기간 내에 운송물의 전부를 선적하지 아니한 경우에도 선장에게 발항을 청구할 수 있고($\overset{\text{상}831}{①}$), 선장은 선적기간 경과 후에는 운송물의 전부가 선적되기 전이라도 즉시 발항할 수 있다($상^{831}_{②}$). 이 경우 용선자는 운임의 전액과 운송물의 전부를 선적하지 아니함으로 인하여 생긴 비용을 지급하고, 또한 선박소유자의 청구가 있는 때에는 상당한 담보를 제공하여야 한다($상^{831}_{③}$).

③ 직항의무(이로금지의무)

선박소유자는 발항하면 원칙적으로 예정항로에 따라 도착항(양륙항)까지 직항하여야 할 의무를 부담한다($상^{796}_{Ⅷ}$).

④ 운송물에 관한 주의의무

운송인은 자기 또는 선원 그 밖의 선박사용인이 운송물의 수령, 선적, 적부, 운송, 보관, 양륙과 인도에 관하여 주의를 해태하지 아니하였음을 증명하지 아니하면 운송물의 멸실, 훼손 또는 연착으로 인한 손해를 배상할 책임이 있다($상^{841 ①}_{795 ①}$).

⑤ 위법선적물의 처분·위험물의 처분

법령 또는 계약에 위반하여 선적한 운송물 즉 위법선적물을 선장은 언제든지 이를 양륙할 수 있고 그 운송물이 선박 또는 다른 운송물에 위해를 미칠 염려가 있는 때에는 이를 포기할 수 있다($상^{841 ①}_{800 ①}$). 선장이 위 물건을 운송하는 때에는 선적한 때와 곳에서의 동종운송물의 최고운임의 지급을 청구할 수 있다($상^{841 ①}_{800 ②}$). 이 외에도 운송인 그 밖의 이해관계인은 손해배상을 청구할 수 있다($상^{841 ①}_{800 ③}$).

위험물 즉 인화성, 폭발성, 그 밖의 위험성이 있는 운송물은 운송인이 그 성질을 알고 선적한 경우에도 그 운송물이 선박이나 다른 운송물에 위해를 미칠 위험이 있는 때에는 선장은 언제든지 이를 양륙, 파괴 또는 무해조치할 수 있다($상^{841 ①}_{801 ①}$). 운송인은 위 처분에 의하여 그 운송물에 발생한 손해에 대하여는 공동해손 분담책임을 제외하고 그 배상책임을 면한다($상^{841 ①}_{801 ②}$).

3) 양륙에 관한 의무

① 입항의무

선박소유자는 운송물의 양륙, 인도를 위하여 운송계약상 정하여진 양륙항 또는 용선자(송하인)가 지정하는 양륙항에 입항하여야 할 의무를 부담한다.

② 양륙 준비완료 통지의무

용선계약의 경우에는 운송물을 양륙함에 필요한 준비가 완료된 때에는 선장은 지체없이 수하인에게 그 통지를 발송하여야 한다($\overset{상}{①}$ 838). 운송물을 양륙할 기간의 약정이 있는 경우에는 그 기간은 통지가 오전에 있은 때에는 그 날의 오후 1시부터 기산하고, 오후에 있은 때에는 다음날 오전 6시부터 기산한다. 이 기간에는 불가항력으로 인하여 선적할 수 없는 날과 그 항의 관습상 선적작업을 하지 아니하는 날을 산입하지 아니한다($\overset{상}{829}$ 838 ②\n② 본). 위 양륙기간을 경과한 후 운송물을 양륙한 때에는 선박소유자는 상당한 보수를 청구할 수 있다($\overset{상}{③}$ 838).

③ 정박(대박)의무

용선계약의 경우에는 운송인은 용선자가 운송물의 전부를 양륙하는 데 필요한 기간만큼 선박을 정박시킬 의무가 있다. 용선자가 위의 양륙기간을 경과한 후 운송물을 양륙한 때에는 운송인은 초과 정박기간에 상당하는 정박료(체선료)를 청구할 수 있다($\overset{상}{③}$ 838).

선박소유자가 약정 양륙기간을 초과한 기간에 대하여 용선자에게 청구할 수 있는 소위 정박료 또는 체선료는 체선기간 중 선박소유자가 입는 선원료, 식비, 체선비용, 선박이용을 방해받음으로 인하여 상실한 이익 등의 손실을 전보하기 위한 법정의 특별보수이므로 선박소유자의 과실을 참작하여 약정 정박료 또는 체선료를 감액하거나 과실상계를 할 수 없다.[49]

④ 양륙의무

용선계약의 경우는 용선자 측에서 양륙의무를 부담한다.

⑤ 인도의무

선박소유자는 운송물을 정당한 수하인 즉 선하증권이 발행된 경우에는 선하증권의 정당한 소지인에게($\overset{상}{①}$ 841\n861), 선하증권이 발행되지 않은 경우에는 운송계약에서 지정된 수하인에게 운송물을 인도하여야 한다.

수하인은 수령의무($\overset{상}{①}$ 841\n802), 운임 등 지급의무($\overset{상}{①}$ 841\n807), 통지의무($\overset{상}{①}$ 841\n804)를 부담한다.

---

49) 大判 1994.06.14, 93다58547.

⑥ 공탁의무

수하인이 운송물의 수령을 해태한 때에는 선장은 이를 공탁하거나 세관 그 밖에 법령이 정하는 관청의 허가를 받은 곳에 인도할 수 있다. 이 경우에는 지체 없이 수하인에게 그 통지를 발송하여야 한다($\frac{상\ 841①}{803\ ①}$). 또한 수하인을 확실히 알 수 없거나 수하인이 운송물의 수령을 거부한 때에는 선장은 이를 공탁하거나 세관 그 밖의 관청의 허가를 받은 곳에 인도하고 지체 없이 용선자 또는 송하인 및 알고 있는 수하인에게 그 통지를 발송하여야 한다($\frac{상\ 841①}{803\ ②}$). 운송물을 공탁하거나 세관 그 밖에 관청의 허가를 받은 곳에 인도한 때에는 선하증권소지인 그 밖의 수하인에게 운송물을 인도한 것으로 본다($\frac{상\ 841①}{803\ ③}$).

(2) 선박소유자의 책임

감항능력주의의무($\frac{상}{794}$)의 규정에 위반하여 선박소유자의 의무 또는 책임을 경감 또는 면제하는 당사자 사이의 특약은 효력이 없다. 운송물에 관한 보험의 이익을 선박소유자에게 양도하는 약정 또는 이와 유사한 약정도 또한 같다($\frac{상\ 839}{①}$). 이 규정의 취지는 안전하게 항해할 수 있는 선박을 제공해야 하는 최소한의 감항능력주의의무와 관련하여서는 선박소유자의 의무 또는 책임을 경감하거나 면제할 수 없도록 함으로써 선박소유자의 우월적 지위를 견제하고자 하는 것이다.

그러나 개품운송계약의 경우와는 달리 항해용선계약에서는 제795조(운송물에 관한 주의의무), 제796조(운송인의 면책사유), 제797조(책임의 한도), 제798조(비계약적 청구에 대한 적용)의 규정에 반하여 선박소유자의 의무 또는 책임을 경감 또는 면제하는 당사자 사이의 특약은 효력이 있다($\frac{상\ 839\ ①}{799\ ①\ 비교}$). 그러나 항해용선계약에서도 선박소유자가 제3자에게 선하증권을 발행한 경우에는 이 선하증권을 선의로 취득한 제3자에 대하여 선박소유자는 운송인으로서 권리와 의무가 있으므로($\frac{상}{③}$ 855) 개품운송계약의 경우와 동일하게 운송인으로서의 의무와 책임을 감경 또는 면제하는 특약을 하지 못한다($\frac{상}{⑥}$ 855).

산 동물의 운송 및 선하증권 그 밖에 운송계약을 증명하는 문서의 표면에 갑판적(甲板積)으로 운송할 취지를 기재하여 갑판적으로 행하는 운송에 대하여는 적용하지 아니한다($\frac{상\ 839}{799\ ②}$ ②). 즉 산 동물의 운송 및 갑판적 운송의 경우에는 운송인의 책임감경 또는 면제특약이 유효하다.

선박소유자의 용선자 또는 수하인에 대한 채권 및 채무는 그 청구원인의 여하에 불구하고 선박소유자가 운송물을 인도한 날 또는 인도할 날부터 2년 이내에 재판상 청구가 없으면 소멸한다. 다만, 이 기간은 당사자의 합의에 의하여 연장할 수 있다($\frac{상\ 840\ ①}{814\ ①\ 단서}$). 기간을 단축하는 선박소유자와 용선자의 약정은 이를 운송계약에 명시적으로 기재하지 아니하면 그 효력이 없다($\underset{②}{상}^{840}$).

당사자 사이의 합의에 따라 이 기간을 연장할 수 있도록 하고, 기간단축에 대하여는 이를 가능하도록 하되 항해용선계약에 명시적으로 기재할 것을 조건으로 하였는데, 이것 또한 기본적으로 계약자유의 원칙이 적용되는 용선계약의 특성을 반영하면서 기간단축에 관한 다툼의 소지를 제거하기 위한 것이다. 또한, 개정상법이 시행되기 전에 체결된 항해용선계약의 경우에는 종전대로 1년의 제척기간이 적용되도록 하는 경과조치를 두어 제척기간 변경으로 인한 혼란을 방지하였다($\underset{①}{부칙}^{}$).

(3) 선박소유자의 권리

1) 운임청구권

운송인은 원칙적으로 운송물이 목적지에 도착하여야 운임을 청구할 수 있다. 운송물의 전부 또는 일부가 송하인의 책임 없는 사유로 인하여 멸실한 때에는 운송인은 그 운임을 청구하지 못한다. 운송인이 이미 그 운임의 전부 또는 일부를 받은 때에는 이를 반환하여야 한다($\underset{(134①)}{상}^{841①}$).

운송물의 전부 또는 일부가 그 성질이나 하자 또는 용선자의 과실로 인하여 멸실한 때에는 운송인은 운임의 전액을 청구할 수 있다($\underset{134②}{상841①}$). 선박소유자는 선장이 항해의 계속에 필요한 비용을 지급하기 위하여 운송물을 처분하였을 때($\underset{①}{상}^{750}$)와 공동해손처분을 한 경우에도($\underset{865}{상}$) 운임의 전액을 청구할 수 있다($\underset{813}{상}^{841①}$). ① 선박의 침몰 또는 멸실 ② 선박의 수선불가능 ③ 선박의 포획 ④ 운송물의 불가항력적 멸실이 항해 도중에 생긴 때에는 용선자 또는 송하인은 운송의 비율에 따라 현존하는 운송물의 가액의 한도에서 운임을 지급하여야 하므로 운송인은 운임을 이 범위 내에서 청구할 수 있다($\underset{810②}{상}^{841①}$).

운송물의 중량 또는 용적으로 운임을 정한 때에는 운송물을 인도하는 때의 중량 또는 용적에 의하여 그 액을 정한다($\underset{805}{상}^{841①}$). 기간으로 운임을 정한 때에는 운송물의 선적을 개시한 날로부터 그 양륙을 종료한 날까지의 기간에 의하여 그 액을 정한다($\underset{806①}{상}^{841①}$). 이 기간에는 불가항력으로 인하여 선박이 선적항이나 항해 도중에 정박한 기간 또는 항해도중에서 선박을 수선한 기간을 산입하지 아니한다($\underset{806②}{상}^{841①}$).

2) 정박료 청구권

용선계약의 경우 약정한 선적기간 또는 양륙기간을 경과한 후 선적 또는 양륙을 한 때, 이 초과정박기간에 대하여 선박소유자는 정박료(체선료)를 청구할 수 있다($\substack{상\\830}\,\substack{841②\\③}\,\substack{829\\③}$). 수하인이 운송물을 수령한 때에는 수하인도 이러한 정박료를 지급하여야 할 의무를 부담한다($\substack{상\\807}\,\substack{841①\\①}$).

3) 부수비용 청구권 등

선박소유자는 운송계약 또는 선하증권의 취지에 따라 창고 보관료, 운송물 공탁비용, 검사비용, 관세 등과 같은 부대비용, 체당금, 운송물의 가액에 따른 공동해손 또는 해난구조로 인한 부담액을 용선자 또는 송하인에게 청구할 수 있는데 수하인이 운송물을 수령한 때에는 수하인에게도 이를 청구할 수 있다($\substack{상\\807}\,\substack{841①\\①}$).

4) 담보권

선박소유자(선장)는 수하인이 운송물을 수령하는 때에 운임, 부수비용, 체당금, 정박료, 운송물의 가액에 따른 공동해손 또는 해난구조로 인한 부담액을 지급하지 않으면 운송물을 인도하지 않고 이를 유치할 수 있는 권리를 갖는다($\substack{상\\807}\,\substack{841\\②}\,①$).

선박소유자는 운임, 부수비용, 체당금, 정박료, 운송물의 가액에 따른 공동해손 또는 해난구조로 인한 부담액을 지급받기 위하여 법원의 허가를 얻어 운송물을 경매하여 우선변제를 받을 권리가 있다($\substack{상\\808}\,\substack{841\\①}\,①$). 선장이 수하인에게 운송물을 인도한 후에도 선박소유자는 그 운송물에 대하여 위의 권리를 행사할 수 있다. 그러나 인도한 날로부터 30일을 경과하거나 제3자가 그 운송물에 점유를 취득한 때에는 그러하지 아니한다($\substack{상\\808}\,\substack{841\\②}\,①$).

5) 부수적 권리

선박소유자는 운송과 관련하여 용선자에 대하여 다음과 같은 부수적 권리를 갖는다.

① 선박소유자는 용선자에 대한 운송(용선)계약서의 교부청구권($\substack{상\\828}$)

② 용선계약의 경우 용선자에 대한 선적청구권($\substack{상\\①}\,829$)

③ 용선계약의 경우 선적기간 내에 선적이 완료되지 않은 때의 발항권($\substack{상\\831②}\,\substack{792\\①}$)

④ 용선자에 대한 선적기간 내에 운송에 필요한 서류의 교부청구권($\substack{상\\793}\,\substack{841\\①}$)

⑤ 위법선적물 또는 위험물에 대한 조치권($\substack{상\\①}\,\substack{841\\801}$)

⑥ 용선자가 운송물의 전부 또는 일부를 선적하고 운송계약을 해제 또는 해지한 경우

선적과 양륙비용의 청구권($\frac{상}{835}$)

⑦ 용선자에 대한 선하증권등본의 교부청구권($\frac{상}{856}$)

(4) 채권의 제척기간

선박소유자의 용선자 또는 수하인에 대한 채권 및 채무는 그 청구원인의 여하에 불구하고 선박소유자가 운송물을 인도한 날 또는 인도할 날부터 2년 이내에 재판상 청구가 없으면 소멸한다. 다만, 이 기간은 당사자의 합의에 의하여 연장할 수 있다($\frac{상}{814}$ $\frac{840}{①}$ $\frac{①}{단서}$). 기간을 단축하는 선박소유자와 용선자의 약정은 이를 운송계약에 명시적으로 기재하지 아니하면 그 효력이 없다($\frac{상}{②}$ $\frac{840}{}$).

6.3.4.2.5. 항해용선계약의 종료

(1) 용선자의 임의해제

1) 발항 전의 임의해제

㈎ 전부용선계약의 경우

발항 전에는 전부용선자는 운임의 반액을 지급하고 계약을 해제할 수 있다($\frac{상}{①}$ $\frac{832}{}$). 왕복항해의 용선계약인 경우에 전부용선자가 그 회항 전에 계약을 해지하는 때와 선박이 다른 항에서 선적항에 항행하여야 할 경우에 전부용선자가 선적항에서 발항하기 전에 계약을 해지하는 때에는 운임의 3분의 2를 지급하여야 한다($\frac{상}{②, ③}$ $\frac{832}{}$).

용선자나 송하인이 계약을 해제 또는 해지를 한 때에도 부수비용과 체당금을 지급할 책임을 면하지 못한다($\frac{상}{①}$ $\frac{834}{}$). 이 경우 용선자나 송하인은 운송물의 가액에 따라 공동해손 또는 해난구조로 인하여 부담할 금액을 지급하여야 한다($\frac{상}{②}$ $\frac{834}{}$). 또한 운송물의 전부 또는 일부를 선적한 때에는 그 선적과 양륙의 비용은 용선자 또는 송하인이 부담한다($\frac{상}{835}$).

㈏ 일부 용선계약 또는 개품운송계약의 경우

일부용선자나 송하인은 다른 용선자와 송하인 전원과 공동으로 하는 경우에 한하여 운송계약을 해제 또는 해지를 할 수 있다($\frac{상}{①}$ $\frac{833}{}$). 용선자나 송하인이 계약을 해제 또는 해지를 한 때에도 부수비용과 체당금을 지급할 책임을 면하지 못한다($\frac{상}{①}$ $\frac{834}{}$). 용선자와 송하인 전원이 공동으로 하지 않은 경우에는 일부 용선자나 송하인이 발항 전에 계약을 해제 또는 해지를 한 때에도 운임의 전액을 지급하여야 한다($\frac{상}{833}②$). 발항전이라도 일부 용선자나 송하인이 운송물의 전부 또는 일부를 선적한 경우에는 다른 용선자와 송하인의 동의를 얻지 아니하면 계약을 해제 또는 해지하지 못한다($\frac{상}{833}③$). 또한 운송물의 전부 또는 일부를 선적한 때에는 그 선적과 양륙의 비용은 용선자 또는 송하인이 부담한다($\frac{상}{835}$).

(대) 용선자의 계약 해제·해지 의제

용선자가 선적기간 내에 운송물의 선적을 하지 아니한 때에는 계약을 해제 또는 해지한 것으로 본다($\frac{상}{836}$).

2) 발항 후의 임의해지

발항 후에는 용선자나 송하인은 운임의 전액, 체당금, 체선료와 공동해손 또는 해난구조의 부담액을 지급하고 그 양륙하기 위하여 생긴 손해를 배상하거나 이에 대한 상당한 담보를 제공하여야 계약을 해지할 수 있다($\frac{상}{837}$).

(2) 불가항력에 의한 임의해제

항해 또는 운송이 법령에 위반하게 되거나 그 밖에 불가항력으로 인하여 계약의 목적을 달할 수 없게 된 때에는 각 당사자는 계약을 해제할 수 있다($\frac{상 841 ①}{811 ①}$). 불가항력적 사유가 항해 도중에 생긴 경우에 계약을 해지한 때에도 용선자 또는 송하인은 운송의 비율에 따른 운임을 지급하여야 한다($\frac{상 841 ①}{811 ②}$).

(3) 법정원인에 의한 당연종료

모든 해상물건 운송계약은 ① 선박이 침몰 또는 멸실한 때 ② 선박이 수선할 수 없게 된 때 ③ 선박이 포획된 때 ④ 운송물이 불가항력으로 인하여 멸실된 때에는 종료한다 ($\frac{상 841 ①}{810 ①}$). ① 선박의 침몰 또는 멸실 ② 선박의 수선불가능 ③ 선박의 포획이 항해도중에 생긴 때에는 용선자 또는 송하인은 운송의 비율에 따라 현존하는 운송물의 가액의 한도에서 운임을 지급하여야 한다($\frac{상 841 ①}{810 ②}$).

(4) 운송물 일부에 관한 불가항력으로 인한 운송인의 선적권

운송물이 불가항력으로 인하여 멸실된 때($\frac{상 841 ①}{810 ① iv}$) 및 항해 또는 운송이 법령에 위반하

게 되거나 그 밖에 불가항력으로 인하여 계약의 목적을 달할 수 없게 된 때($^{상841}_{811 ①}$) 운송물의 일부에 대하여 생긴 때에는 송하인은 운송인의 책임이 가중되지 아니하는 범위 안에서 다른 운송물을 선적할 수 있다($^{상841}_{812 ①}$). 송하인이 위 권리를 행사하고자 하는 때에는 지체 없이 운송물의 양륙 또는 선적을 하여야 한다. 그 양륙 또는 선적을 게을리 한 때에는 운임의 전액을 지급하여야 한다($^{상841}_{812 ②}$).

6.3.4.2.6. 준용규정

제134조(운송물멸실과 운임), 제136조(고가물에 대한 책임), 제137조(손해배상의 액), 제140조(수하인의 지위), 제793조(운송에 필요한 서류의 교부), 제794조(감항능력주의의무), 제795조(운송물에 관한 주의의무), 제796조(운송인의 면책사유), 제797조(책임의 한도), 제798조제1항 내지 제3항(비계약적 청구에 대한 적용), 제800조(위법선적물의 처분), 제801조(위험물의 처분), 제803조(운송물의 공탁 등), 제804조 제1항 내지 제4항(운송물의 일부 멸실·훼손에 관한 통지), 제805조(운송물의 중량·용적에 따른 운임), 제806조(운송기간에 따른 운임), 제807조(수하인의 의무, 선장의 유치권), 제808조(운송인의 운송물경매권)와 제810조(운송계약의 종료사유), 제811조(법정사유로 인한 해제), 제812조(운송물 일부에 관한 불가항력), 제813조(선장의 적하처분과 운임)의 규정은 항해용선계약에 준용한다($^{상841}_{①}$).

항해용선계약에는 그 성질상 개품운송계약에 관한 규정의 준용을 배제한 경우가 있는데 다음과 같다. 운송물에 관한 손해배상청구가 운송인 외의 실제운송인 또는 그 사용인이나 대리인에 대하여 제기된 경우에도 책임제한이 인정된다는 규정($^{상798}_{④}$), 수하인의 통지의무와 관련하여 수하인에게 불리한 당사자 사이의 특약은 효력이 없다는 규정($^{상804}_{⑤}$) 및 수인이 순차로 운송할 경우에는 각 운송인은 운송물의 멸실, 훼손 또는 연착으로 인한 손해를 연대하여 배상할 책임이 있다는 책임에 관한 규정($^{상}_{138}$) 등이다.

제806조(운송기간에 따른 운임)의 운임을 계산함에 있어서 제829조 제2항의 선적기간 또는 제838조 제2항의 양륙기간이 경과한 후에 운송물을 선적 또는 양륙한 경우에는 그 기간경과 후의 선적 또는 양륙기간은 이를 선적 또는 양륙기간에 산입하지 아니하고 제829조제3항 및 제838조제3항에 따라 별도로 보수를 정한다($^{상841}_{②}$).

6.3.4.3. 정기용선

6.3.4.3.1. 정기용선계약의 개념

정기용선계약은 선박소유자가 용선자에게 선원이 승무하고 항해장비를 갖춘 선박을 일정한 기간동안 항해에 사용하게 할 것을 약정하고 용선자가 이에 대하여 기간으로 정한 용선료를 지급하기로 약정함으로써 그 효력이 생기는 계약을 말한다($\frac{\text{상}}{842}$). 정기용선계약은 선박소유자가 선박 및 선박의 인적·물적 장비를 다 갖추고 이를 정기용선자가 기간 단위로 사용하는 계약이다.

6.3.4.3.2. 용선계약의 종류

용선계약에는 정기용선계약과 항해용선계약이 있는데 가장 큰 차이점은 전자는 기간단위로 용선하는 하는 것이고 후자는 특정항해에 대하여 용선을 하는 것이다.

정기용선계약은 선박임대차계약과도 구별되는데 선박임대차에서는 선주와는 독립적으로 선박임차인이 선박을 점유하고 선장의 선임, 감독권 등을 갖고 해상기업을 영위하는데 반하여 정기용선에서는 선박의 점유가 용선자에게 인도되는 것이 아니라 점유는 여전히 선박소유자가 선장, 해원을 시켜 간접점유를 하고 정기용선자는 다만 그 선박의 자유 사용권만을 갖는다.

판례도 선박의 이용계약이 선박임대차계약인지, 항해용선계약인지 아니면 이와 유사한 성격을 가진 제3의 특수한 계약인지 여부 및 그 선박의 선장·선원에 대한 실질적인 지휘·감독권이 이용권자에게 부여되어 있는지 여부는 그 계약의 취지·내용, 특히 이용기간의 장단(長短), 사용료의 고하(高下), 점유관계의 유무 그 밖에 임대차 조건 등을 구체적으로 검토하여 결정하여야 한다고 판시하고 있다.[50] 판례에 따르면 타인의 선박을 빌려 쓰는 용선계약에는 기본적으로 선박임대차계약, 정기용선계약 및 항해용선계약이 있는데, 이 중 정기용선계약은 선박소유자 또는 선박임차인(이하 통칭하여 '선주'라 한다)이 용선자에게 선원이 승무하고 항해장비를 갖춘 선박을 일정한 기간 동안 항해에 사용하게 할 것을 약정하고 용선자가 이에 대하여 기간으로 정한 용선료를 지급할 것을 약정하는 계약으로서 용선자가 선주에 의해 선임된 선장 및 선원의 행위를 통하여 선주가 제공하는 서비스를 받는 것을 요소로 하는바, 선박의 점유, 선장 및 선원에 대한 임면권, 그리

---

50) 大判 1999.02.05, 97다19090.

고 선박에 대한 전반적인 지배관리권이 모두 선주에게 있는 점에서, 선박 자체의 이용이 계약의 목적이 되어 선주로부터 인도받은 선박에 통상 자기의 선장 및 선원을 탑승시켜 마치 그 선박을 자기 소유의 선박과 마찬가지로 이용할 수 있는 지배관리권을 가진 채 운항하는 선박임대차계약과는 본질적으로 차이가 있다.[51]

6.3.4.3.3. 법적 성질

정기용선계약의 법적 성질에 대해 ① 용선계약의 일종으로 이해하는 용선계약설 ② 선박임대차계약과 노무공급계약의 혼합으로 보는 혼합계약설 ③ 통상의 용선계약과는 달리 선박임대차와 비슷하며 노무공급계약을 수반하는 특수한 계약이라고 보는 특수계약설 ④ 선박소유자 등이 운송물을 인수받아 자기의 관리·점유 하에 운송을 실행하는 것이므로 운송계약의 일종이라는 운송계약설 등이 있다. 판례는 당사자 간에 체결된 정기용선계약이 그 계약 내용에 비추어 선박에 대한 점유권이 용선자에게 이전되는 것은 아니지만 선박임대차와 유사하게 용선자가 선박의 자유사용권을 취득하고 그에 선원의 노무공급계약적인 요소가 수반되는 것이라면 이는 해상기업활동에서 관행적으로 형성 발전된 특수한 계약관계라 할 것이라고 하여 특수계약설의 입장을 취하고 있다.[52]

6.3.4.3.4. 내부관계

(1) 정기용선자의 권리

정기용선자는 약정한 범위 안의 선박의 사용을 위하여 선장을 지휘할 권리가 있다(상843). 선장, 해원 그 밖의 선박사용인이 정기용선자의 정당한 지시에 위반하여 정기용선자에게 손해가 발생한 경우에는 선박소유자가 이를 배상할 책임이 있다(상843).

정기용선계약에 있어서 선박의 점유, 선장 및 선원에 대한 임면권, 그리고 선박에 대한 전반적인 지배관리권은 모두 선주에게 있고 특히 화물의 선적, 보관 및 양하 등에 관련된 상사적인 사항과 달리 선박의 항행 및 관리에 관련된 해기적인 사항에 관한 한 선장 및 선원들에 대한 객관적인 지휘·감독권은 달리 특별한 사정이 없는 한 오로지 선주에게 있다고 할 것이므로 정기용선된 선박의 선장이 항행 상의 과실로 충돌사고를 일으켜 제3자에게 손해를 가한 경우 용선자가 아니라 선주가 선장의 사용자로서 상법 제

---

51) 大判 2010.04.29, 2009다99754.

52) 大判 1992.02.25, 91다14215.

845조 또는 제846조에 의한 배상책임을 부담하는 것이고 따라서 상법 제766조 제1항이 유추적용될 여지는 없으며 다만 정기용선자에게 민법상의 일반 불법행위책임 내지는 사용자책임을 부담시킬 만한 귀책사유가 인정되는 때에는 정기용선자도 그에 따른 배상책임을 별도로 부담할 수 있다.[53]

정기용선계약에 관하여 발생한 정기용선자의 선박소유자 등에 대한 이러한 채권은 선박이 반환된 날로부터 2년 내에 재판상 청구를 하지 않으면 소멸한다($\frac{상}{845}$ 846). 다만 이 기간은 당사자의 합의에 의하여 연장할 수 있다($\frac{상 846 ①}{814, 814 ①}$). 반대로 이 기간을 단축하는 선박소유자와 용선자의 약정은 이를 운송계약에 명시적으로 기재하지 않으면 그 효력이 없다($\frac{상 846 ②}{840 ②}$).[54]

(2) 정기용선자의 의무

1) 용선료지급의무

정기용선자는 선박을 일정 기간 항해에 사용한 대가로 선박소유자 또는 임차인에게 약정한 용선료를 지급할 의무를 부담한다($\frac{상}{842}$). 만일 정기용선자가 이러한 용선료를 약정한 기일에 지급하지 않는 경우에는 선박소유자 등은 계약해제·해지권($\frac{상}{845}$) 및 운송물의 유치권·경매권($\frac{상}{844}$)을 갖는다.

2) 선박소유자의 운송물유치권 및 경매권

정기용선자가 선박소유자에게 용선료, 체당금 그 밖에 이와 유사한 정기용선계약에 의한 채무를 이행하지 아니하는 경우에는 선박소유자는 운송물에 대한 유치권과 경매권을 갖는다. 즉 선장은 금액의 지급과 상환하지 아니하면 운송물을 인도할 의무가 없으며 ($\frac{상}{807}$), 운송인은 금액의 지급을 받기 위하여 법원의 허가를 얻어 운송물을 경매하여 우선변제를 받을 권리가 있다. 선장이 수하인에게 운송물을 인도한 후에도 인도한 날부터 30일을 경과하거나 제3자가 그 운송물에 점유를 취득한 때가 아니면 운송인은 그 운송물에 대하여 경매의 권리를 행사할 수 있다($\frac{상}{808}$).

그러나 선박소유자는 정기용선자가 발행한 선하증권을 선의로 취득한 제3자에게 대항

---

53) 大判 2003.08.22, 2001다65977.

54) 개정상법상 정기용선계약상의 채권의 소멸기간의 연장은 항해용선 및 나용선의 경우와 통일을 기하고 정기용선된 선박이 항해용선 되는 등 재용선되는 경우가 많은 사정을 감안한 것이다.

하지 못한다($\frac{상}{①}$ $\frac{844}{단서}$). 선박소유자의 운송물에 대한 권리는 정기용선자가 운송물에 관하여 약정한 용선료 또는 운임의 범위를 넘어서 이를 행사하지 못한다($\frac{상}{②}$ $\frac{844}{단서}$).

3) 용선료의 연체와 계약해지 등

정기용선자가 용선료를 약정기일에 지급하지 아니한 때에는 선박소유자는 계약을 해제 또는 해지할 수 있다($\frac{상}{①}$ ^{845}).

4) 채권의 제척기간

정기용선계약에 관하여 선박소유자 등이 정기용선자에 대하여 갖는 이러한 채권은 당사자 사이의 별도의 연장의 특약이 없는 한 선박이 반환된 날로부터 2년 내에 재판상 청구를 하지 않으면 소멸한다($\frac{상}{①}$ ^{846}). 다만 이 기간은 당사자의 합의에 의하여 연장할 수 있다($\frac{상}{단서,}$ $\frac{846 ①}{814 ①}$). 반대로 이 기간을 단축하는 선박소유자와 용선자의 약정은 이를 운송계약에 명시적으로 기재하지 않으면 그 효력이 없다($\frac{상}{840 ②}$ $\frac{846 ②}{②}$).

6.3.4.3.5. 외부관계

(1) 정기용선자의 제3자에 대한 관계

정기용선자가 제3자와 운송계약을 체결하여 운송물을 선적한 후 선박의 항해 중에 선박소유자가 용선료 등의 연체로 계약을 해제 또는 해지한 때에도 선박소유자는 적하이해관계인에 대하여 정기용선자와 동일한 운송의무가 있다($\frac{상}{③}$ ^{845}). 구 상법에서는 이에 관한 명문의 규정이 없어서 정기용선자는 그 대외적인 책임관계에 있어서 선박임차인에 관한 상법 제766조의 유추적용에 의하여 선박소유자와 동일한 책임을 진다고 해석하였다(통설·판례).[55] 따라서 해석상 또는 명문의 규정에 의하든 정기용선자는 선박의 이용에 관한 사항에 있어서는 제3자에 대하여 선박소유자와 동일한 권리·의무가 있다. 선박소유자 또는 적하이해관계인의 정기용선자에 대한 손해배상청구에 영향을 미치지 아니한다($\frac{상}{④}$ ^{845}).

정기용선된 선박의 선장이 항행상의 과실로 충돌사고를 일으켜 제3자에게 손해를 가한 경우 용선자가 아니라 선주가 선장의 사용자로서 제845조 또는 제846조에 의한 배상책임을 부담한다. 그러나 정기용선자에게 민법상의 일반 불법행위책임 내지는 사용자책임을 부담시킬 만한 귀책사유가 인정되는 때에는 정기용선자도 그에 따른 배상책임을 별도로 부담할 수 있고, 정기용선된 선박의 항해와 관련하여 용선자에게 업무상 과실이 인

---

55) 大判 1992.2.25, 91다14215.

정되는 경우에는 그에 따른 형사책임을 부담한다.[56]

(2) 선박소유자 등과 제3자와의 관계

정기용선자가 제3자와 운송계약을 체결하여 운송물을 선적한 후 선박의 항해 중에 선박소유자가 계약을 해제 또는 해지한 때에는 즉 선박소유자가 계약의 해제 또는 해지 및 운송계속의 뜻을 적하이해관계인에게 서면으로 통지를 한 때에는 선박소유자의 정기용선자에 대한 용선료·체당금 그 밖에 이와 유사한 정기용선계약상의 채권을 담보하기 위하여 정기용선자가 적하이해관계인에 대하여 가지는 용선료 또는 운임의 채권을 목적으로 질권을 설정한 것으로 본다($\frac{상}{③}$ ^{845}). 그리고 선박소유자 또는 적하이해관계인의 정기용선자에 대한 손해배상청구에 영향을 미치지 아니한다($\frac{상}{④}$ ^{845}).

6.3.4.4. 선체용선계약(나용선)

6.3.4.4.1. 선체용선계약의 의의

선체용선계약은 용선자의 관리·지배 하에 선박을 운항할 목적으로 선박소유자가 용선자에게 선박을 제공할 것을 약정하고 용선자가 이에 따른 용선료를 지급하기로 약정함으로써 그 효력이 생기는 계약을 말한다($\frac{상}{①}$ ^{847}).

6.3.4.4.2. 선체용선계약의 종류

선체용선계약에는 용선자가 선박소유자로부터 선박만을 용선하는 경우와 선원과 함께 선박을 용선하는 경우가 있다. 선원과 함께 제공되는 선체용선계약에 대해서 상법은 선박소유자가 선장 그 밖의 해원을 공급할 의무를 지는 경우에도 용선자의 관리·지배 하에서 해원이 선박을 운항하는 것을 목적으로 하면 이를 선체용선계약으로 본다라고 규정하고 있다($\frac{상}{②}$ ^{847}). 이 선원부 용선계약에서는 용선자가 선박을 관리·지배하기 때문에 선박과 관련하여 일체의 책임 즉 선박수선의무, 선박충돌에 따른 책임 등의 의무를 부담하게 된다.

6.3.4.4.3. 법적 성질

선체용선계약은 그 성질에 반하지 아니하는 한 「민법」상 임대차에 관한 규정을 준용

---

56) 大判 2009.06.11, 2008도11784.

한다($\frac{상}{①}$ 848). 용선기간이 종료된 후에 용선자가 선박을 매수 또는 인수할 권리를 가지는 경우 및 금융의 담보를 목적으로 채권자를 선박소유자로 하여 선체용선계약을 체결한 경우에도 용선기간 중에는 당사자 사이에서는 선체용선에 관한 권리와 의무가 있다($\frac{상}{②}$ 848).

2007년 개정상법은 나용선과 관련하여 용선기간이 종료된 후에 용선자가 선박을 매수 또는 인수할 권리를 갖는 경우와 금융의 담보를 목적으로 채권자를 선박소유자로 하여 나용선 계약을 체결한 경우에도 용선기간 중에는 당사자 사이의 권리와 의무를 나용선 관련 규정에 따라 정하도록 하였으며, 이와 관련하여 법 시행 전에 체결된 선박임대차계약도 이 법 시행에 따른 나용선 계약의 효력이 있는 것으로 보도록 하는 경과규정을 두고 있다($\frac{부칙}{6}$).

6.3.4.4.4. 내부관계

(1) 임대차계약 관계

선체용선계약은 그 성질에 반하지 아니하는 한 「민법」상 임대차에 관한 규정을 준용하므로 선체용선자는 용선한 선박을 사용·수익할 수 있고, 선박소유자는 용선료를 청구할 수 있다($\frac{민}{618}$).

(2) 선체용선자의 등기청구권

선체용선자는 선박소유자에 대하여 선체용선등기에 협력할 것을 청구할 수 있다($\frac{상}{①}$ 849). 선체용선을 등기한 때에는 그 때부터 제3자에 대하여 효력이 생긴다($\frac{상}{②}$ 849).

6.3.4.4.5. 외부관계

(1) 선체용선과 제3자에 대한 법률관계

선체용선자가 상행위 그 밖의 영리를 목적으로 선박을 항해에 사용하는 경우에는 그 이용에 관한 사항에는 제3자에 대하여 선박소유자와 동일한 권리의무가 있다($\frac{상}{①}$ 850).

(2) 선박소유자와 제3자와의 관계

선박의 이용에 관하여 생긴 우선특권은 선박소유자에 대하여도 그 효력이 있다. 다만, 우선특권자가 그 이용의 계약에 반함을 안 때에는 그러하지 아니하다($\frac{상}{②}$ 850).

6.3.4.4.6. 선체용선계약상의 채권의 소멸

선체용선계약에 관하여 발생한 당사자 사이의 채권은 선박이 선박소유자에게 반환된 날부터 2년 이내에 재판상 청구가 없으면 소멸한다. 다만 이 기간은 당사자의 합의에 의하여 연장할 수 있다($\frac{\text{상 851}}{}$). 반대로 이 기간을 단축하는 선박소유자와 용선자의 약정은 이를 운송계약에 명시적으로 기재하지 않으면 그 효력이 없다($\frac{\text{상 851}}{}$).

☞ 항해용선·정기용선 및 선체용선계약 비교[57]

항해용선	정기용선	선체용선
특정한 1회의 항해 또는 연속된 항해를 단위로 하여 선복의 전부 또는 일부를 이용하게 하는 용선계약	일정기간 동안 항해에 사용할 것을 약정하는 용선계약	선박 이외의 선장과 선원·장비 등에 대하여 용선자가 관리·지배하고 그 책임을 부담하는 용선계약
선주가 선박지배(점유) → 선박소유자(선주)가 선장·선원 임명 및 지휘·감독함	좌동	선체용선자의 선박지배(점유) → 선체용선자가 선장·선원 임명 및 지휘·감독함(배타적으로 지배)
선박소유자가 해상운송인, 화주는 항해용선자	선박소유자가 실질운송인, 정기용선자는 화주 또는 다른 사람의 운송을 의뢰받는 계약운송인 → 정기용선자가 항해 지휘	계약기간 동안 일시적 선주 지위
운임은 화물의 수량 또는 선복을 기준으로 결정	좌동	임차료는 기간을 기준으로 결정

6.3.5. 해상운송증서

2007년 개정상법은 해상운송증서로 선하증권($\frac{\text{상 852}}{\sim 862}$)과 해상운송장($\frac{\text{상 863}}{\sim 864}$)을 규정하고 있다.

6.3.5.1. 선하증권

6.3.5.1.1. 의 의

선하증권이란 해상운송인이 운송물을 수령 또는 선적하였음을 증명하고 목적지에서 운

---

57) 임중호, 국회심사보고서 각주 59번 참고

송물을 증권소지인에게 인도할 것을 약정하는 내용의 유가증권이다.

6.3.5.1.2. 성 질

선하증권은 운송물인도청구권을 표창하는 유가증권으로서 지시증권성($\frac{상}{130}$861,), 요인증권성($\frac{상}{852}$), 요식증권성($\frac{상}{853}$), 문언증권성($\frac{상}{854}$), 상환증권성($\frac{상}{129}$861,), 인도증권성($\frac{상}{133}$861,), 처분증권성($\frac{상}{132}$861,) 등을 갖는다.

[상환증권성 관련 판례]

해상운송인으로서는 운송물을 선하증권의 소지인에게 선하증권과 상환하여 인도하여야 함이 원칙이라 할 것이나, 해상운송인이 선하증권 소지인의 인도 지시 내지 승낙에 따라 운송물을 제3자에게 인도한 경우에는 그 제3자가 선하증권을 제시하지 않았다 하더라도 해상운송인이 그와 같은 인도 지시 내지 승낙을 한 선하증권 소지인에 대하여 운송물인도의무 불이행이나 불법행위로 인한 손해배상책임을 진다고 할 수 없다.[58]

선하증권을 발행한 운송인이 선하증권과 상환하지 아니하고 운송물을 선하증권 소지인 아닌 자에게 인도함으로써 선하증권 소지인에게 운송물을 인도하지 못하게 되어 운송물에 대한 그의 권리를 침해하였을 때에는 고의 또는 중대한 과실에 의한 불법행위가 성립한다고 할 것인데, 이 경우 운송물을 인수한 자가 운송물을 선의취득 하는 등의 사유로 선하증권 소지인이 운송물에 대한 소유권을 상실하여야만 운송인의 불법행위가 성립하는 것이 아니라 운송인이 선하증권 소지인이 아닌 자에게 운송물을 인도함으로써 선하증권 소지인의 운송물에 대한 권리의 행사가 어렵게 되기만 하였으면 곧바로 불법행위가 성립한다.[59]

[요인증권성 관련 판례]

선하증권은 운송물의 인도청구권을 표창하는 유가증권인바, 이는 운송계약에 기하여 작성되는 유인증권으로 상법은 운송인이 송하인으로부터 실제로 운송물을 수령 또는 선적하고 있는 것을 유효한 선하증권 성립의 전제조건으로 삼고 있으므로 운송물을 수령 또는 선적하지 아니하였는데도 발행된 선하증권은 원인과 요건을 구비하지 못하여 목적물의 흠결이 있는 것으로서 무효라고 봄이 상당하고,[60] 이러한 경우 선하증권의 소지인은 운송물을 수령하지 않고 선하증권을 발행한 운송인에 대하여 불법행위로 인한 손해배

---

58) 大判 1997.06.24, 95다40953.

59) 大判 2001.04.10, 2000다46795.

60) 大判 1982.09.14., 80다1325; 大判 2008.02.14, 2006다47585.

상을 청구할 수 있다.[61]

6.3.5.1.3. 기 능

선하증권은 송하인과 해상운송인 및 수하인을 포함한 선하증권소지인 사이에서 다음과 같은 세 가지의 기능을 한다. ① 운송인이 송하인으로부터 운송물을 수령하였음을 나타내는 화물수령증으로서의 기능 ② 운송인과 송하인 간에 체결된 운송계약의 증거로서의 기능 ③ 선하증권소지인은 목적항에서 물건인도청구권을 갖는 점에서 권원증권의 기능이 바로 그것이다.

6.3.5.1.4. 선하증권의 종류

선하증권의 발행시기가 운송물의 수령 후인가 또는 선적 후인가에 따라 수령선하증권과 선적선하증권이 있으며, 수하인의 표시방법에 따라 기명식 선하증권, 지시식 선하증권, 무기명식(소지인출급식) 선하증권이 있다.

6.3.5.1.5. 선하증권의 발행

(1) 발행의 당사자

운송인은 운송물을 수령한 후 용선자 또는 송하인의 청구에 의하여 1통 또는 수통의 선하증권을 교부하여야 한다(상852). 따라서 선하증권의 발행청구권자는 송하인 또는 용선자이고 발행자는 해상운송인 또는 선박소유자이다.

운송인은 운송물을 선적한 후 용선자 또는 송하인의 청구에 의하여 1통 또는 수통의 선적선하증권을 교부하거나 수령선하증권에 선적의 뜻을 표시하여야 한다(상852). 운송인은 선장 또는 그 밖의 대리인에게 선하증권의 교부 또는 선적의 표시를 위임할 수 있다(상852). 따라서 운송인은 대리인을 통해서도 선하증권을 발행할 수 있으므로 선하증권에 직접 서명하여 이를 송하인에게 교부한 행위자인 대리인을 운송계약상의 운송인으로 인정하지 아니하고 본인을 운송인으로 인정할 수 있다.[62]

선하증권의 송하인란을 기재함에 있어서는 반드시 운송계약의 당사자만을 송하인으로 기재하여야 하는 것은 아니고 넓은 의미의 하주를 송하인으로 기재할 수도 있으므로 선

---

61) 大判 2005.03.24., 2003다5535; 大判 2008.02.14, 2006다47585.

62) 大判 1997.06.27, 95다7215.

하증권상에 송하인으로 기재되어 있다는 것만으로 그 선하증권에 의한 운송계약의 상대 방이라고 단정할 수는 없다.[63]

운송인을 위하여 운송계약의 이행을 보조하거나 대행하고 있더라도 운송인으로부터 직접 지휘·감독을 받지 않고 독립하여 영업활동을 수행하고 있을 뿐이라면 그러한 자를 운송인의 피용자라고 할 수는 없는 것이므로 운송인은 그러한 자의 불법행위에 대하여 사용자로서의 손해배상책임을 지지 아니한다.[64]

(2) 선하증권의 기재사항

선하증권에는 다음의 사항을 기재하고 운송인이 기명날인 또는 서명하여야 한다($\S^{853}_①$).

① 선박의 명칭, 국적과 톤수

② 송하인이 서면으로 통지한 운송물의 종류, 중량 또는 용적, 포장의 종별, 개수와 기호 → 운송물의 중량, 용적, 개수 또는 기호가 운송인이 실제로 수령한 운송물을 정확하게 표시하고 있지 아니하다고 의심할 만한 상당한 이유가 있는 때 또는 이를 확인할 적당한 방법이 없는 때에는 그 기재를 생략할 수 있다($\S^{853}_②$).

③ 운송물의 외관상태

④ 용선자 또는 송하인의 성명 또는 상호

⑤ 수하인 또는 통지수령인의 성명 또는 상호

⑥ 선적항

⑦ 양륙항

⑧ 운임

⑨ 발행지와 그 발행 연월일

⑩ 수통의 선하증권을 발행한 때에는 그 수

⑪ 운송인의 성명 또는 상호

⑫ 운송인의 주된 영업소 소재지

송하인은 기재사항이 정확함을 운송인에게 담보한 것으로 본다($\S^{853}_③$). 수령한 운송물과 선하증권의 기재가 상이하여 운송인이 선하증권의 선의취득자에게 손해배상책임을 지는 경우에는 송하인에 대해 손해배상을 청구할 수 있다.

운송인이 선하증권에 기재된 통지수령인에게 운송물에 관한 통지를 한 때에는 송하인

---

63) 大判 2000.03.10, 99다55052.

64) 大判 2000.03.10, 99다55052.

및 선하증권소지인 그 밖의 수하인에게 통지한 것으로 본다($\frac{상}{④}$ 853).

(3) 등본의 교부

선하증권의 교부를 받은 용선자 또는 송하인은 발행자의 청구가 있는 때에는 선하증권의 등본에 기명날인 또는 서명하여 교부하여야 한다($\frac{상}{856}$).

6.3.5.1.6. 선하증권의 양도

기명식 또는 지시식 선하증권은 배서에 의하여 양도된다. 그러나 기명식 선하증권으로서 증권상에 배서를 금지하는 뜻의 기재가 있는 경우에는 그러하지 아니한다($\frac{상}{130}$ 861·). 무기명식 또는 소지인출급식 선하증권은 단순한 교부에 의하여 양도 된다($\frac{상}{민}$ 65·523).

6.3.5.1.7. 선하증권의 효력

(1) 채권적 효력

선하증권이 발행된 경우 운송인과 송하인 사이에 선하증권에 기재된 대로 개품운송계약이 체결되고 운송물을 수령 또는 선적한 것으로 추정한다($\frac{상}{①}$ 854). 선하증권을 선의로 취득한 소지인에 대하여 운송인은 선하증권에 기재된 대로 운송물을 수령 혹은 선적한 것으로 보고 선하증권에 기재된 바에 따라 운송인으로서 책임을 진다($\frac{상}{①}$ 854). 즉 운송계약당사자(송하인-운송인) 간에는 요인증권성에 의한 무효를 악의의 증권소지인에 대해서는 반증을 주장할 수 있으나 선의의 증권소지인에 대해서는 문언증권성에 의한 책임을 지게 된다.

선하증권은 해상운송인이 운송물을 수령한 것을 증명하고 양륙항에서 정당한 소지인에게 운송물을 인도할 채무를 부담하는 유가증권으로서 운송인과 그 증권소지인 간에는 증권 기재에 따라 운송계약상의 채권관계가 성립하는 채권적 효력이 발생한다.[65]

개정상법상 선하증권이 발행된 경우 선하증권에 기재된 대로 개품운송계약이 체결된 것으로 추정하는 이유는 개품운송의 경우 약관에 따른 표준계약이 일반적이어서 별도의 계약행위를 하지 않기 때문에 선하증권이 발행되면 일정한 약관계약이 체결된 것으로 추정하여 권리·의무관계를 발생시키고자 하는 것이다.

---

65) 大判 1998.09.04, 96다6240.

운송인은 선하증권에 기재된 대로 운송물을 수령 또는 선적한 것으로 추정되므로 선하증권에 운송물이 외관상 양호한 상태로 선적되었다는 기재가 있는 무고장선하증권이 발행된 경우에는 특별한 사정이 없는 한 운송인은 그 운송물을 양호한 상태로 수령 또는 선적한 것으로 추정된다 할 것이고 따라서 무고장선하증권의 소지인이 운송물의 훼손으로 인한 손해를 입증함에 있어서는 운송인으로부터 운송물을 수령할 당시의 화물의 손괴 사실만 입증하면 되는 것이고 나아가 이러한 손해가 항해 중에 발생한 것임을 입증할 필요는 없다.[66]

(2) 물권적 효력

선하증권에 의하여 운송물을 인도받을 수 있는 자에게 그 증권을 교부한 때에는 운송물에 행사하는 권리의 취득에 관하여 운송물을 인도한 것과 동일한 효력이 있다(상861 133). 따라서 운송물을 처분하는 당사자 간에는 운송물에 관한 처분은 증권으로서 하여야 하며 운송물을 받을 수 있는 자에게 증권을 교부한 때에는 운송물 위에 행사하는 권리의 취득에 관하여 운송물을 인도한 것과 동일한 물권적 효력이 발생하므로 운송물의 권리를 양수한 수하인 또는 그 이후의 자는 선하증권을 교부받음으로써 그 채권적 효력으로 운송계약상의 권리를 취득함과 동시에 그 물권적 효력으로 양도 목적물의 점유를 인도받은 것이 되어 그 운송물의 소유권을 취득한다.[67]

(3) 수통의 선하증권이 발행된 경우 운송물의 인도

1) 양륙항에서의 운송물 인도

양륙항에서 수통의 선하증권 중 1통을 소지한 자가 운송물의 인도를 청구하는 경우에도 선장은 그 인도를 거부하지 못한다(상857 ①). 수통의 선하증권 중 1통의 소지인이 운송물의 인도를 받은 때에는 다른 선하증권은 그 효력을 잃는다(상857 ②).

2인 이상의 선하증권소지인이 운송물의 인도를 청구한 때에는 선장은 지체 없이 운송물을 공탁하고 각 청구자에게 그 통지를 발송하여야 한다(상859 ①). 운송물의 일부를 인도한 후 다른 소지인이 운송물의 인도를 청구한 경우에도 그 인도하지 아니한 운송물에 대하여는 선장은 지체 없이 운송물을 공탁하고 각 청구자에게 그 통지를 발송하여야 한다(상859 ②).

---

66) 大判 2001.02.09, 98다49074.
67) 大判 2001.02.09, 98다49074.

2) 양륙항 외에서의 운송물의 인도

양륙항 외에서는 선장은 선하증권의 각 통의 반환을 받지 아니하면 운송물을 인도하지 못한다($\frac{상}{858}$).

3) 공 탁

2인 이상의 선하증권소지인이 운송물의 인도를 청구한 때에는 선장은 지체 없이 운송물을 공탁하고 각 청구자에게 그 통지를 발송하여야 한다($\frac{상}{①}^{859}$). 공탁한 운송물에 대하여는 수인의 선하증권소지인에게 공통되는 전자로부터 먼저 교부를 받은 증권소지인의 권리가 다른 소지인의 권리에 우선한다($\frac{상}{①}^{860}$). 격지자에 대하여 발송한 선하증권은 그 발송한 때를 교부받은 때로 본다($\frac{상}{②}^{860}$).

(4) 용선계약과 선하증권

용선자의 청구가 있는 경우 선박소유자는 운송물을 수령한 후에 선하증권을 발행한다($\frac{상}{①}^{855}$). 선하증권이 발행된 경우 선박소유자는 선하증권에 기재된 대로 운송물을 수령 또는 선적한 것으로 추정한다($\frac{상}{②}^{855}$). 제3자가 선의로 선하증권을 취득한 경우 선박소유자는 운송인으로서 권리와 의무가 있다. 용선자의 청구에 따라 선박소유자가 제3자에게 선하증권을 발행한 경우에도 또한 같다($\frac{상}{③}^{855}$). 이 경우에 그 제3자는 송하인으로 본다($\frac{상}{④}^{855}$). 또한 운송인으로서의 의무와 책임을 감경 또는 면제하는 특약을 하지 못한다($\frac{상}{⑤}^{855}$).

(5) 전자선하증권

1) 전자선하증권의 의의

운송인은 선하증권을 발행하는 대신에 송하인 또는 용선자의 동의를 얻어 법무부장관이 지정하는 등록기관에 등록을 하는 방식으로 전자선하증권을 발행할 수 있다. 이 경우 전자선하증권은 선하증권과 동일한 법적 효력을 갖는다($\frac{상}{①}^{862}$).

개정상법에서 전자선하증권에 관한 규정을 신설한 것은 현대 해운기업들이 해운활동을 영위하면서 발달한 정보통신기술을 사용하여 비용절감과 업무 효율성의 증대를 도모하고자 하는 전 세계적인 경향을 반영하여 종이선하증권이 전자적 환경에서 전자적 형태로도 이용될 수 있도록 하기 위한 것이다.[68]

---

68) 국제적으로는 국가 상호 간의 무역환경이 IT화됨에 따라 이미 유럽을 중심으로 중앙등록기관에 전자적

2) 전자선하증권의 발행

전자선하증권에는 선하증권의 기재사항에 관한 정보가 포함되어야 하며, 운송인이 전자서명을 하여 송신하고 용선자 또는 송하인이 이를 수신하여야 그 효력이 생긴다($상^{862}_②$).

3) 전자선하증권의 양도

전자선하증권의 권리자는 배서의 뜻을 기재한 전자문서를 작성한 다음 전자선하증권을 첨부하여 지정된 등록기관을 통하여 상대방에게 송신하는 방식으로 그 권리를 양도할 수 있다($상^{862}_③$). 이 정한 방식에 따라 배서의 뜻을 기재한 전자문서를 상대방이 수신하면 선하증권을 배서하여 교부한 것과 동일한 효력이 있고, 전자문서를 수신한 권리자는 선하증권을 교부받은 소지인과 동일한 권리를 취득한다($상^{862}_④$).

4) 전자선하증권의 등록기관의 지정요건 등

전자선하증권의 등록기관의 지정요건, 발행 및 배서의 전자적인 방식, 운송물의 구체적인 수령절차 그 밖에 필요한 사항은 대통령령으로 정한다($상^{862}_⑤$).

(6) 해상화물운송장

1) 해상화물운송장의 의의

해상화물운송장(Sea Waybill)은 실무에서 선하증권과는 달리 유가증권이 아니면서 운송을 증명하고 그 수하인에게 운송물을 인도하면 운송채무가 이행되는 운송증서이다.

해상화물증서는 요인증권성($상^{}_{863}$), 요식증권성($상^{}_{863}$), 면책증권성($상^{864}_②$)은 있으나 선하증권과 같은 법률상 당연한 지시증권성($상^{861,}_{130}$), 상환증권성($상^{861,}_{129}$), 인도증권성($상^{861,}_{133}$), 처분증권성($상^{861,}_{132}$) 등은 없다.

2) 해상화물운송장의 발행 문언증권성($상^{}_{854}$),

운송인은 용선자 또는 송하인의 청구가 있으면 선하증권을 발행하는 대신 해상화물운송장을 발행할 수 있다. 해상화물운송장은 당사자 사이의 합의에 따라 전자식으로도 발

으로 등록하는 방식에 의한 볼레로(BOLERO ; Bill of Lading Electronic Registry Organization)라고 하는 전자선하증권이 이용되는 등 전자무역이 활발히 이루어지고 있고, 국제해법위원회(CMI)는 「1990년 전자선하증권통일규칙(Uniform Rules for Electronic Bills of Lading)」을 제정한 바 있다.

행할 수 있다($\frac{상}{①}^{863}$).

해상화물운송장에는 해상화물운송장임을 표시하는 외에 선하증권의 기재사항($\frac{상}{①}^{853}_{각호}$)을 기재하고 운송인이 기명날인 또는 서명하여야 한다($\frac{상}{②}^{863}$). 선하증권의 발행에 관한 책임 및 효력($\frac{상}{③·④}^{853}$)의 규정은 이를 해상화물운송장에 준용한다($\frac{상}{③}^{863}$).

3) 해상화물운송장의 효력

ⅰ) 추정적 효력

해상화물운송장이 발행된 경우 운송인이 그 운송장에 기재된 대로 운송물을 수령 또는 선적한 것으로 추정한다($\frac{상}{①}^{864}$). 따라서 해상화물운송장을 발행한 운송인은 선의취득자에는 적용되지 않는 선하증권과는 달리 선의의 운송장 소지인에 대하여도 그가 운송물을 수령하지 않았거나 또는 수령한 운송물과 상이함을 증명하여 대항할 수 있는 것으로 본다.

ⅱ) 면책적 효력

운송인이 운송물을 인도함에 있어 수령인이 해상화물운송장에 기재된 수하인 또는 그 대리인이라고 믿을만한 정당한 이유가 있는 때에는 수령인이 권리자가 아니라고 하더라도 운송인은 그 책임을 면한다($\frac{상}{②}^{864}$).

해상화물운송장의 효력은 그 양도성이 없다는 점을 제외하고는 선하증권과 대체로 동일하다. 다만, 선하증권의 경우에는 이 증권과 상환하지 아니하고 무권리자에게 운송물이 인도되면 어떠한 경우에도 운송인이 그 책임을 면하지 못하지만(선하증권의 상환증권성), 해상화물운송장의 경우에는 운송인이 운송물을 인도함에 있어서 화물운송장에 기재된 수하인 또는 그 대리인임을 확인하기 위한 모든 합리적인 주의를 다하였음을 증명하는 경우에는 수령인이 권리자가 아니었다 하더라도 운송인은 그 책임을 면하도록 하고 있다.

6.3.5.1.8. 보증도

'보증도(保證渡)'의 상관습은 운송인 또는 운송취급인의 정당한 선하증권 소지인에 대한 책임을 면제함을 목적으로 하는 것이 아니고 오히려 보증도로 인하여 정당한 선하증권 소지인이 손해를 입게 되는 경우 운송인 또는 운송취급인이 그 손해를 배상하는 것을 전제로 하고 있는 것이므로 운송인 또는 운송취급인이 보증도를 한다고 하여 선하증권과 상환함이 없이 운송물을 인도함으로써 선하증권 소지인의 운송물에 대한 권리를 침해하는 행위가 정당한 행위로 된다거나 운송취급인의 주의의무가 경감 또는 면제된다고 할 수 없고 보증도로 인하여 선하증권의 정당한 소지인의 운송물에 대한 권리를 침해하였을 때에는 고의 또는 중대한 과실에 의한 불법행위의 책임을 진다.[69]

---

69) 大判 1992.02.25, 91다30026.

6.4. 해상위험

6.4.1. 서 설

해상기업활동은 해상을 항해하여야 하므로 이에 따른 각종의 해상위험이 필연적으로 발생하게 된다. 따라서 해상법에서는 다양한 해상위험으로부터 인명과 재산을 보호하고 이로 인한 경제적 손해의 합리적인 처리를 위한 제도로서 공동해손·선박충돌·해난구조·해상보험에 관한 규정을 두고 있다. 해상보험은 보험편에서 규정하고 있으므로 여기에서는 공동해손·선박충돌·해난구조에 대해서 살펴보기로 한다.

6.4.2. 공동해손

6.4.2.1. 공동해손의 의의

6.4.2.1.1. 공동해손의 의의

해손은 선박과 적하의 공동위험을 면하기 위한 처분으로 인하여 생긴 손해와 비용을 말하는데 이 해손을 다수가 나누어 부담하면 공동해손, 단독으로 부담하면 단독해손이 된다. 선박과 적하의 공동위험을 면하기 위한 선장의 선박 또는 적하에 대한 처분으로 인하여 생긴 손해 또는 비용은 공동해손으로 한다($\frac{상}{865}$).

6.4.2.1.2. 공동해손의 법적 성질

공동해손의 법적 성질에 대하여 공동대리설(美法), 부당이득설(佛法), 사무관리설, (해상법상의) 특수법률요건설(통설)로 나뉘어져 있다.

6.4.2.2. 공동해손의 요건

6.4.2.2.1. 공동위험의 존재

선박과 적하의 공동위험을 면하기 위하여 한 것이어야 한다. 선박과 적하의 전부에 대한 위험이어야 하므로 일부에 대한 위험은 공동위험이 아니며 위험은 절박하여야 하며 발생원인은 불문하며, 객관적[70]으로 존재하여야 한다. 선박과 적하에 관한 것이므로 인명의 위험을 면하기 위한 손해는 공동해손이 아니다. 또한 위험을 면하기 위한 소극적인 것이어야 하므로 적극적으로 공동의 이익을 위한 것도 공동해손이 아니다. 공동위험의 존부여부는 선장이 처분한 때를 기준으로 하여 결정한다.

6.4.2.2.2. 처 분

선박 또는 적하에 대하여 선장의 고의의 처분이 있어야 한다. 선박 또는 적하에 대하여 선장의 고의·비상의 합리적인 처분이어야 하므로 우연한 처분, 불가항력에 의한 처분, 비합리적인 처분은 공동해손이 아니다. 처분인은 선장(대선장, 대행선장, 선장의 수임인)이며 처분의 목적물은 선박 또는 적하이다.

6.4.2.2.3. 손해 또는 비용의 발생

선장의 처분으로 인하여 손해 또는 비용이 발생하여야 한다. 손해란 선박 또는 적하의 처분으로 인하여 생긴 실손해를 의미하며, 비용이란 피난항으로의 입항비, 도선료, 예손료 등을 말한다. 손해와 비용은 선장의 처분과 상당인과관계가 있어야 한다. 손해와 비용에 대한 범위를 정하는 방법에는 세 가지 입법주의가 있다. 즉 ① 공동안전의 손해와 비용을 범위로 하는 공동안전주의 ② 공동항해의 계속을 위한 손해와 비용을 범위로 하는 공동이익주의 ③ (공동안전이나 공동이익 어느 것도 증진하지 않아도) 선장의 처분과 상당인과관계 있는 손해와 비용을 범위로 하는 희생주의가 있다. 우리 상법은 희생주의의

---

70) 주관적인 경우에도 공동해손의 요건을 충족한 것으로 보는 견해도 있다.

입장이다($^{商}_{865}$).

6.4.2.2.4. 목적물의 잔존

공동해손이 성립하기 위해서는 선장의 처분 후에 적어도 선박 또는 적하의 일부가 존재하여야 한다($^{商}_{866}$). 잔존물의 범위에 대해 선박잔존주의, 병존주의, 잔존종류불문주의가 있다. 선박잔존주의는 적어도 선박이 잔존할 것을 요하는 주의이고(佛), 병존주의는 선박과 적하의 양자가 잔존할 것을 요하는 주의이고(獨), 잔존종류불문주의(우리나라)는 선박또는 적하의 전부 또는 일부가 잔존하면 무방하다는 주의이다(英美法). 선박 또는 적하의 보존에 있어서는 처분에 의하여 선박 또는 적하가 일시 보존되면 되고 항해의 종료시까지 종국적으로 보전되어야 하는 것은 아니다. 처분과 보존과의 인과관계 여부에 대한 입법주의에는 잔존주의와 인과주의가 있다.

☞ 처분과 보존과의 인과관계 여부에 대한 입법주의

	잔존주의(효과주의)	인과주의
나라	英(영국), 獨(독일), 韓(한국)	佛(프랑스), 日(일본)
인과 관계	- 처분과 보존 사이의 인과관계의 존재를 요하지 않음 - 처분의 주효유무에 불구하고 처분 후에 선박 또는 적하가 잔존하면 무방함 - 처분행위와 보존 사이의 인과관계를 입증하는 어려움 無 (공동해손 피해 채권자 유리)	- 처분과 보존 사이의 인과관계의 존재를 요함 - 처분물의 소유자(불리)<잔존물의 소유자(유리) - 처분행위와 보존 사이의 인과관계를 입증하는 어려움 有(처분행위 주저하게 됨) → 보존기회 상실 우려

6.4.2.3. 공동해손의 효과

공동해손의 효과로 공동해손채권 및 공동해손채무를 확정하고 이를 정산하게 된다.

6.4.2.3.1. 공동해손채권

(1) 채권자

공동해손채권자는 공동해손 처분에 의하여 손해를 입거나 비용을 지출한 해상운송인 또는 적하이해관계인이다.

(2) 채권액의 범위

공동해손채권액은 원칙적으로 선장의 처분으로 인하여 생긴 선박 또는 적하에 대한 손해 또는 비용의 전액이다. 채권액을 정함에 있어서 속구목록에 기재하지 아니한 속구, 선하증권 그 밖에 적하의 가격을 정할 수 있는 서류 없이 선적한 하물 또는 종류와 가액을 명시하지 아니한 화폐나 유가증권 그 밖의 고가물은 보존된 경우에는 그 가액을 공동해손의 분담에 산입하고 손실된 경우에는 그 가액을 공동해손의 액에 산입하지 아니한다(상872①).

갑판에 적재한 하물에 대하여도 연안항행의 경우를 제외하고는 산입하지 아니한다. 다만, 갑판에 선적하는 것이 관습상 허용되는 경우와 그 항해가 연안항행에 해당되는 경우에는 산입한다(상872②). 컨테이너 운송이나 원목운송과 같이 갑판적 운송이 관습적으로 이루어지는 경우에 대하여도 공동해손분담청구에서 제외하는 것은 형평에 맞지 아니하므로 개정상법은 이를 공동해손분담 청구에 포함되도록 한 것이다.

(3) 채권액의 산정

공동해손의 액을 정함에 있어서는 선박의 가액은 도달의 때와 곳의 가액으로 하고 적하의 가액은 양륙의 때와 곳의 가액으로 한다. 그러나 적하에 관하여는 그 손실로 인하여 지급을 면하게 된 모든 비용을 공제하여야 한다(상869).

선하증권 그 밖의 적하의 가격을 정할 수 있는 서류에 적하의 실가보다 고액을 기재한 경우에 그 하물이 보존된 때에는 그 기재액에 의하여 공동해손의 분담액을 정하고 적하의 실가보다 저액을 기재한 경우에 그 하물이 손실된 때에는 그 기재액을 공동해손의 액으로 한다(상873①). 적하의 가격에 영향을 미칠 사항에 관하여 허위의 기재를 한 경우에도 같다(상873②).

6.4.2.3.2. 공동해손채무

(1) 채무자

공동해손에 있어서의 채무자는 선장의 처분으로 인하여 그 위험을 면한 해상운송인 또는 적하이해관계인이다. 공동해손의 분담책임이 있는 자는 선박이 도달하거나 적하를 인도한 때에 현존하는 가액의 한도에서 그 책임을 진다(상868). 즉 공동해손채무자는 유한책임을 진다.

(2) 채무액

공동해손은 그 위험을 면한 선박 또는 적하의 가액과 운임의 반액과 공동해손의 액과의 비율에 따라 각 이해관계인이 이를 분담한다($\frac{상}{866}$). 공동해손의 분담액을 정함에 있어서는 선박의 가액은 도달의 때와 곳의 가액으로 하고 적하의 가액은 양륙의 때와 곳의 가액으로 한다. 그러나 적하에 관하여는 그 가액 중에서 멸실로 인하여 지급을 면하게 된 운임 그 밖의 비용을 공제하여야 한다($\frac{상}{867}$). 채무액을 정하는 시기에 대해 즉시주의와 항해종료주의가 있는데 상법은 항해종료주의를 채택하고 있다.

선하증권 그 밖에 적하의 가격을 정할 수 있는 서류에 적하의 실가보다 고액을 기재한 경우에는 그 기재액을 공동해손의 채무액으로 하고($\frac{상}{873}$), 또한 적하의 가격에 영향을 미칠 사항에 관하여 허위의 기재를 한 경우에도 같다($\frac{상}{873}$).

선박에 비치한 무기, 선원의 급료, 선원과 여객의 식량과 의류는 보존된 경우에도 그 가액을 공동해손의 분담에 산입하지 아니하고, 손실된 경우에는 그 가액을 공동해손의 액에 산입한다($\frac{상}{871}$).

☞ 공동해손채권 및 공동해손채무

		공동해손채권	공동해손채무
사람		채권자: 공동해손 처분에 의하여 손해를 입거나 비용을 지출한 해상운송인 또는 적하이해관계인	채무자: 선장의 처분으로 인하여 그 위험을 면한 해상운송인 또는 적하이해관계인
범위	원칙	제865조	제866조 – 공동해손의 분담
	제외	제872조 ① 화폐나 기타의 고가물의 ・보존 시 → 그 가액 산입 O ・손실 시 → 가액산입에 산입 X ② 갑판에 적재한 하물에 대하여도 연안 항행의 경우를 제외하고는 산입 X	제871조 선박에비치한 무기 선원의 급료 선원과 여객의 식량과 의류 ・보존: 공동해손의 액에 산입 X ・손실: 공동해손의 액에 산입 O
산정	원칙	공동해손의 손해액의 산정(제869조)	공동해손의 분담액의 산정(제872조)
	예외	적하가액의 부실 기재와 공동해손 (제873조) ① 서류에 적하의 ・실가보다 고액기재 → 하물이 보존된 때: 공동해손 분담액 ・실가보다 저액기재 → 손실된 때: 공동해손액 ② 적하의 가격에 영향을 미칠 사항에 관하여 허위 기재를 한 경우에도 같다.	
	기타	공동해손채권의 소멸(제875조) 계산이 종료한 날부터 1년 내에 재판상 청구가 없으면 소멸	공동해손 분담자의 유한책임(제868조)

6.4.2.3.3. 공동해손의 정산

(1) 분담의 비율

공동해손은 그 위험을 면한 선박 또는 적하의 가액 및 운임의 반액과 공동해손의 액과의 비율에 따라 각 이해관계인이 이를 분담한다($\overset{상}{866}$).

공동해손의 정산에 대해서는 상법에 명문의 규정이 없으나 특약이나 관습이 없으면 선장이 담당한다고 본다(통설).

(2) 공동해손인 손해의 회복과 분담금반환의무

선박소유자, 용선자, 송하인 그 밖의 이해관계인이 공동해손의 액을 분담한 후 선박, 속구 또는 적하의 전부나 일부가 소유자에게 복귀된 때에는 그 소유자는 공동해손의 상금으로 받은 금액에서 구조료와 일부손실로 인한 손해액을 공제하고 그 잔액을 반환하여야 한다($\overset{상}{874}$). 이는 소유자의 부당이득을 막기 위한 것이다.

선박과 적하의 공동위험이 선박 또는 적하의 하자나 그 밖의 과실 있는 행위로 인하여 생긴 경우에는 공동해손의 분담자는 그 책임이 있는 자에 대하여 구상권을 행사할 수 있다($\overset{상}{870}$).

6.4.2.3.4. 채권의 소멸

공동해손으로 인하여 생긴 채권 및 공동위험의 책임 있는 자에 대한 구상권은 그 계산이 종료한 날로부터 1년 내에 재판상 청구가 없으면 소멸하는데 이 기간은 당사자의 합의에 의하여 연장할 수 있다($\overset{상}{875}$).

6.4.3. 선박충돌

6.4.3.1. 선박충돌의 의의

선박충돌은 항해선 상호 간 또는 항해선과 내수항행선 간에 어떠한 수면에서 충돌하여 선박 또는 선박 내에 있는 물건이나 사람에 관하여 손해가 발생하는 것을 말한다. 선박 충돌은 2척 이상의 선박의 선체 간 충돌이지만 적어도 하나는 항해선이어야 하며, 수면의 종류는 불문한다. 그리고 충돌과 손해 사이에는 상당인과관계가 있어야 한다($\overset{상}{876}$).

선박충돌이란 2척 이상의 선박이 그 운용상 작위 또는 부작위로 선박 상호간에 다른 선박 또는 선박 내에 있는 사람 또는 물건에 손해를 생기게 하는 것을 말하며, 직접적인 접촉의 유무를 묻지 아니한다($\overset{상}{876}$). 2007년 개정상법의 규정에 의하면 선박의 충돌에 직접적인 접촉의 유무를 묻지 아니함으로써 선박충돌의 개념에 간접충돌도 입법적으로 포함시키고 있다. 따라서 선박의 조정의 부실 또는 규칙위반 등으로 인하여 다른 선박 또는 그 선박 내의 사람이나 물건에 손해를 끼친 경우에도 선박충돌에 해당한다. 판례도 선박의 충돌이란 2척 이상의 선박이 그 운용상 작위 또는 부작위로 선박 상호 간에 다른 선박 또는 선박 내에 있는 사람 또는 물건에 손해를 생기게 하는 것으로 직접적인 접촉의 유무를 묻지 아니하며, 예인선과 자력항행이 불가능한 부선인 피예인선 상호간의 경우에도 마찬가지로 적용된다고 판시하고 있다.[71]

상법은 선박충돌에 관하여 불가항력으로 인한 충돌($\overset{상}{877}$), 일방의 과실로 인한 충돌($\overset{상}{878}$), 쌍방의 과실로 인한 충돌($\overset{상}{879}$), 도선사의 과실로 인한 충돌 경우로 나누어 규정하고 있다.

6.4.3.2. 선박충돌의 효과

6.4.3.2.1. 선박소유자 간의 관계

(1) 불가항력으로 인한 충돌

선박의 충돌이 불가항력으로 인하여 발생하거나 충돌의 원인이 명백하지 아니한 때에는 피해자는 충돌로 인한 손해의 배상을 청구하지 못한다($\overset{상}{877}$). 즉 원인불명인 경우에는 각 선박소유자는 그가 입은 손해를 각각 부담한다. 선박충돌로 인하여 생긴 손해의 배상에 관하여는 상법 규정만이 적용되고 민법상의 공동불법행위에 관한 규정은 그 적용이 배제된다.[72]

---

71) 大判 2010.04.29, 2009다99754.

72) 大判 1972.06.13, 70다213.

(2) 일방과실로 인한 충돌

선박의 충돌이 일방의 선원의 과실로 인하여 발생한 때에는 그 일방의 선박소유자는 피해자에 대하여 충돌로 인한 손해를 배상할 책임이 있다($\overset{상}{878}$). 과실 있는 선박소유자가 손해배상을 하는 경우에는 선주유한책임을 주장할 수 있다($\overset{상}{769}$).

예인선이 철골구조물을 실은 무동력 부선을 예인하던 중 강한 조류에 떠밀리는 바람에 철골구조물이 다리 상판과 충돌한 후 해저로 추락하고 그 과정에서 부선이 파손된 사안에서, 위 예인선 용선계약은 예인선 소유자가 영업의 일환으로 예인선을 용선자의 철골구조물 운반 작업에 제공하고 이를 위하여 자신의 피용자인 선장과 선원들로 하여금 예인선을 운항하도록 한 정기용선계약으로 봄이 상당하므로, 예인선 소유자는 예인선 선장의 항행상 과실로 인하여 파손된 부선의 손해를 배상할 책임이 있다.[73]

(3) 쌍방과실로 인한 충돌

선박의 충돌이 쌍방의 선원의 과실로 인하여 발생한 때에는 쌍방의 과실의 경중에 따라 각 선박소유자가 손해배상의 책임을 분담한다. 그 과실의 경중을 판정할 수 없는 때에는 손해배상의 책임을 균분하여 부담한다($\overset{상}{①}{}^{879}$). 이 경우에 제3자의 사상에 대한 손해배상은 쌍방의 선박소유자가 연대하여 그 책임을 진다($\overset{상}{②}{}^{879}$).

(4) 도선사의 과실로 인한 충돌

선박의 충돌이 도선사의 과실로 인하여 발생한 경우에도 선박소유자는 일방과실의 법리 또는 쌍방과실의 법리에 의하여 손해를 배상할 책임이 있다($\overset{상}{680}$).

6.4.3.2.2. 제3자에 대한 관계

(1) 일방과실로 인한 충돌

선박충돌이 일방선박의 과실로 인한 때에는 과실 없는 선박의 적하·여객에 대한 손해에 대해서는 불법행위상의 손해배상책임을($\overset{민}{750}$), 과실 있는 선박의 적하·여객에 대한 손해에 대해서는 채무불이행에 의한 손해배상책임을 진다($\overset{상}{878}$).

---

73) 大判 2010.04.29, 2009다99754.

(2) 쌍방과실로 인한 충돌

선박충돌이 쌍방선박의 과실로 어느 선박의 적하·여객에 대한 손해에 대해서는 각 선박소유자가 연대하여 손해배상책임을 지게 되나($\frac{민}{760}$) 상법은 이에 대한 특칙을 두고 있다.

1) 인적손해

선박충돌이 쌍방선박의 과실로 인한 제3자의 사상에 대한 손해배상은 쌍방의 선박소유자가 연대하여 그 책임을 진다($\frac{상}{879}$). 따라서 제3자에 대해서는 연대책임을 부담하므로 선박소유자간의 과실의 경중은 의미가 없으나 내부관계에서는 의미가 있다고 할 것이다($\frac{상}{참조}^{879}$).

2) 물적손해

제3자의 물적 손해에 대해서는 상법에 명문의 규정이 없으므로 선박소유자가 연대하여 손해배상책임을 진다고 할 것이다($\frac{민}{760}$). 다만 선박의 충돌이 쌍방의 선원의 과실로 인하여 발생한 때에는 쌍방의 과실의 경중에 따라 각 선박소유자가 손해배상의 책임을 분담하고 그 과실의 경중을 판정할 수 없는 때에는 손해배상의 책임을 균분하여 부담한다($\frac{상}{879}$)고 하는 이 규정을 적용한다는 견해도 있으나 이는 의문이다. 왜냐하면 이 규정의 의미는 선박충돌에 관하여 발생한 선박 간의 손해에 관한 것이라 할 것이고, 이 선박충돌로 제3자에게 손해배상 하는 것에 관한 규정이 아니기 때문이다. 만약 이렇게 해석한다면 선박소유자간의 분쟁의 경우에는 제3자는 민법상 연대책임에 의한 보호보다 더 보호받지 못한 결과가 될 수 있기 때문이다.

☞ 선박충돌과 손해배상의 관계

충돌종류	(1) 선박소유자 사이의 관계	(2) 제3자에 대한 손해배상관계
불가항력 또는 원인불명	상법 제877조: 배상청구 불가	
일방과실	상법 제878조: 일방과실의 가해선박소유자는 피해자에게 손해배상책임을 짐	·과실 無 선박상의 적하·여객 → 불법행위상의 손해배상책임을 짐 ·과실 有 선박상의 적하·여객 → 운송계약상 채무불이행에 의한 손해배상책임을 짐
쌍방과실	제879조 제1항: 쌍방과실 경중 판단이 가능 → 경중따른 손해배상책임 분담 불가 → 균분하여 손해배상책임부담	제3자의 사상 → 879 ②: 연대책임 제3자의 물건 → 규정 무

6.4.3.3. 선박충돌채권의 소멸

선박의 충돌로 인하여 생긴 손해배상의 청구권은 그 충돌이 있은 날부터 2년 내에 재판상 청구가 없으면 소멸한다. 그러나 이 기간은 당사자의 합의에 의하여 연장할 수 있다($^{상}_{881}$). 2년간의 소멸시효가 적용되는 선박의 충돌로 인하여 생긴 손해배상청구권에는 인적 손해이든 물적 손해이든 불문하고 모두 포함된다.[74]

6.4.4. 해난구조

6.4.4.1. 서 설

6.4.4.1.1. 해난구조의 의의
해난구조라 함은 항해선 상호 간 또는 항해선과 내수항행선 간에 그 적하 그 밖의 물건이 어떠한 수면에서 위난을 당한 경우에 의무 없이 이를 구조하는 것을 말한다. 항해선 또는 그 적하 그 밖의 물건이 어떠한 수면에서 위난에 조우한 경우에 의무 없이 이를 구조한 자는 그 결과에 대하여 상당한 보수를 청구할 수 있다. 항해선과 내수항행선 간의 구조의 경우에도 또한 같다($^{상}_{882}$).

6.4.4.1.2. 해난구조의 법적 성질
해난구조의 법적 성질에 대해 사무관리설, 준계약설, 부당이득설, 해상법상의 특수한 법률요건으로 보는 설(통설)로 나뉘어 있다.

6.4.4.2. 해난구조의 요건

6.4.4.2.1. 해 난
해난이라 함은 항해에 관한 위험으로서 선박이 자력만으로는 극복할 수 없는 위험으로

---

74) 서울고법 1990.09.21, 90나29359.

인하여 선박 또는 적하에 관하여 멸실 또는 훼손의 염려가 있는 것을 말한다. 위험은 반드시 급박하여야 하는 것은 아니나 현실로 예견할 수 있어야 한다. 해난의 발생원인이나 발생장소에 제한이 없다.

6.4.4.2.2. 목적물

해난구조의 목적물은 항해선 또는 그 적하 그 밖의 물건이며 그 밖의 물건으로는 속구와 여객의 수하물 등을 말한다. 해난구조의 목적물은 선박 또는 그 적하 그 밖의 물건이어야 하므로 인명만이 구조된 경우에는 해난구조가 아니다. 따라서 재산구조와 함께 인명구조가 있는 경우에는 인명구조에 대한 보수를 청구할 수 있다.

6.4.4.2.3. 의무 없는 구조

의무 없이라 함은 사법상의 의무 없이 구조한 것을 의미한다. 해난구조는 사법상의 의무 없이 구조하는 것이므로 사법상의 의무가 없는 한 공법상의 의무를 부담하는 자, 예컨대 선장이 구조하는 것도 해난구조에 해당한다. 또한 구조행위는 그 결과를 가져와야 하므로 구조의 효과가 없으면 보수가 없다는 원칙이 적용되어 구조의 결과가 없으면 구조료를 청구할 수 없다. 그러나 환경손해방지 작업에 대한 특별보상은 결과가 없어도 청구할 수 있다($상_{商}^{885}$).

6.4.4.3. 해난구조의 효과

6.4.4.3.1. 구조료청구권(보수청구권)

(1) 구조료청구권자

구조료청구권은 해난구조의 요건을 갖춘 구조자에게 인정된다($상_{商882}$). 선박소유자는 스스로 구조에 종사하지 않더라도 선박의 손해액과 구조비용에 관한 청구권을 인정하고 있다($상_{商889}$). 동일소유자에 속한 선박 상호 간에 있어서도 구조에 종사한 자에 대하여 구조료청구권이 인정된다($상_{商891}$). 그러나 ① 구조 받은 선박에 종사하는 자 ② 고의 또는 과실로 인한 해난을 야기한 자 ③ 정당한 거부에도 불구하고 구조를 강행한 자 ④ 구조된 물건을 은닉하거나 정당한 이유 없이 처분한 자는 구조료를 청구하지 못한다($상_{商892}$). 예선의 본선 또는 그 적하에 대한 구조에 관하여는 예선계약의 이행으로 볼 수 없는 특수한 노력을 제공한 경우가 아니면 구조의 구조료를 청구하지 못한다($\frac{상}{890}$).

(2) 구조자의 우선특권

구조에 종사한 자의 구조료채권은 구조된 적하에 대하여 우선특권이 있다. 그러나 채무자가 그 적하를 제3취득자에게 인도한 후에는 그 적하에 대하여 이 권리를 행사하지 못한다($\frac{상①}{893}$). 이 우선특권에는 선박채권자의 우선특권에 관한 규정($\frac{상}{777}$)을 준용한다($\frac{상②}{893}$).

(3) 구조료청구권의 소멸

구조료청구권은 구조가 완료한 날로부터 2년 내에 재판상 청구가 없으면 소멸하는데 이 기간은 당사자의 합의에 의하여 연장할 수 있다($\frac{상}{895}$).

6.4.4.3.2. 구조료액

구조의 보수에 관한 약정이 없는 경우에 그 액에 대하여 당사자 사이에 합의가 성립하지 아니한 때에는 법원은 당사자의 청구에 의하여 구조된 선박·재산의 가액, 위난의 정도, 구조자의 노력과 비용, 구조나 그 장비가 조우했던 위험의 정도, 구조의 효과, 환경손해방지를 위한 노력 그 밖의 제반사정을 참작하여 그 액을 정한다($\frac{상}{883}$).

당사자가 미리 구조계약을 하고 그 계약에 따라 구조가 이루어진 경우에도 그 성질에 반하지 아니하는 한 구조계약에서 정하지 아니한 사항은 해난구조에서 정한 바에 따른다($\frac{상①}{887}$). 해난구조는 "의무없이" 구조한 소위 임의구조에 관한 것이 구 상법의 규정이었으나 당사자가 미리 구조계약을 하고 그 계약에 따라 구조가 이루어진 계약구조의 경우에도 그 성질에 반하지 않는 한, 해난구조에 관한 규정이 적용된다는 종래의 통설을 2007년 개정상법이 입법화 한 것이다.

해난 당시에 구조료의 금액에 대하여 약정을 한 경우에도 그 금액이 현저하게 부당한 때에는 법원은 구조된 선박·재산의 가액, 위난의 정도, 구조자의 노력과 비용, 구조자나 그 장비가 조우했던 위험의 정도, 구조의 효과, 환경손해방지를 위한 노력 그 밖의 제반사정을 참작하여 그 금액을 증감할 수 있다($\frac{상②}{887}$). 그러나 구조의 보수액은 다른 약정이 없으면 구조된 목적물의 가액을 초과하지 못한다($\frac{상①}{884}$). 선순위의 우선특권이 있는 때에는 구조의 보수액은 그 우선특권자의 채권액을 공제한 잔액을 초과하지 못한다($\frac{상②}{884}$).

6.4.4.3.3. 구조료의 분배

수인이 공동으로 구조에 종사한 경우에 그 구조료의 분배비율에 관하여는 당사자의 합의에 의하고 당사자 간에 합의가 성립하지 아니한 때에는 법원은 당사자의 청구에 의하여 위난의 정도, 구조의 노력, 비용과 구조의 효과, 환경손해방지를 위한 노력 그 밖에 제반사정을 참작하여 그 액을 정한다($\frac{상}{①}$ 888). 인명의 구조에 종사한 자도 구조료의 분배를 받을 수 있다($\frac{상}{②}$ 888).

선박이 구조에 종사하여 그 구조료를 받은 경우에는 먼저 선박의 손해액과 구조에 요한 비용을 선박소유자에게 지급하고 그 잔액을 절반하여 선장과 해원에게 지급하여야 한다($\frac{상}{①}$ 889). 해원에게 지급할 구조료의 분배는 선장이 각 해원의 노력, 그 효과와 사정을 참작하여 그 항해의 종료 전에 분배안을 작성하여 해원에게 고시하여야 한다($\frac{상}{②}$ 889).

6.4.4.3.4. 구조료의 지급

구조료 채무자는 구조된 선박·적하 그 밖의 물건의 소유자이다. 해난구조가 있은 경우에 피구조선의 선장은 구조료를 지급할 채무자에 갈음하여 그 지급에 관한 재판상 또는 재판 외의 모든 행위를 할 권한이 있다($\frac{상}{①}$ 894). 선장은 그 구조료에 관한 소송의 당사자가 될 수 있고 그 확정판결은 구조료의 채무자에 대하여도 효력이 있다($\frac{상}{②}$ 894).

선박소유자와 그 밖에 구조된 재산의 권리자는 그 구조된 선박 또는 재산의 가액에 비례하여 구조에 대한 보수를 지급하고 특별보상을 하는 등 구조료를 지급할 의무가 있다($\frac{상}{886}$). 2007년 개정상법은 해난구조의 구조료에 기존의 해난구조의 "보수"와 환경손해방지작업에 대한 특별 "보상"이 포함된 개념임을 나타내기 위하여 이 규정을 신설하였다. 이는 구 상법 제852조가 해난구조료는 구조된 목적물의 가액을 초과하지 못하도록 규정하고 있어서, 만약에 유류오염이나 환경손해의 방지를 위해서 구조업자가 큰 비용을 사용하여 구조하더라도 구조된 목적물의 가액이 적을 때에는 손해를 보게 되고 이는 결국 구조자가 구조작업을 포기하고 그 결과 환경손해방지 작업을 하지 못하게 되는 불합리한 상황을 발생시킬 수 있는 문제점이 있어 이를 개선하기 위한 것이다.

6.4.4.3.5. 환경손해방지작업에 대한 특별보상

선박 또는 그 적하로 인하여 환경손해가 발생할 우려가 있는 경우에 손해의 경감 또는 방지의 효과를 수반하는 구조작업에 종사한 구조자는 구조의 성공 여부 및 보수의 한도($\frac{상}{884}$)와 상관없이 구조에 소요된 비용을 특별보상으로 청구할 수 있다($\frac{상}{①}$ 885). "비용"이라 함은 구조작업에 실제로 지출한 합리적인 비용 및 사용된 장비와 인원에 대한 정당한 보수를 말한다($\frac{상}{②}$ ^885^).

일반적으로 해난사고를 당한 선박에 대해 구조작업을 하게 되면 이에 따른 구조료를 지급하게 되는데, 대체로 불성공－무보수(No cure, No pay)가 원칙이나 해난사고로 인하여 환경오염의 위험이 있는 경우에도 불성공·무보수 원칙이 적용된다면 구조작업이 적극적으로 시행되지 아니할 가능성이 크므로, 개정상법은 「해난구조조약」 제14조의 "특별보상제도(Special Compensation)"를 상법에 수용하여 환경손해방지작업을 장려하기 위하여 도입하였다.

구조자는 발생할 환경손해가 구조작업으로 인하여 실제로 감경 또는 방지된 때에는 보상의 증액을 청구할 수 있고, 법원은 당사자의 청구에 의하여 구조된 선박·재산의 가액, 위난의 정도, 구조자의 노력과 비용, 구조자나 그 장비가 조우했던 위험의 정도, 구조의 효과, 환경손해방지를 위한 노력 그 밖의 제반사정을 참작하여($\frac{상}{883}$) 증액 여부 및 그 금액을 정한다. 이 경우 증액된다 하더라도 구조료는 구조에 소요된(제1항) 비용의 배액을 초과할 수 없다($\frac{상}{③}$ ^885^).

구조자의 고의 또는 과실로 인하여 손해의 감경 또는 방지에 지장을 가져 온 경우 법원은 위에서 정한 금액을 감액 혹은 부인할 수 있다($\frac{상}{④}$ ^885^). 하나의 구조작업을 시행한 구조자가 환경손해방지작업에 대한 특별보상을 청구하는 것 외에 해난구조에서 정한 보수($\frac{상}{882}$)도 청구할 수 있는 경우 그중 큰 금액을 구조료로 청구할 수 있다($\frac{상}{⑤}$ ^885^).

☞ 소멸 기간 비교

	소멸 기간
공동해손채권	제875조－그 계산이 종료한 날로부터 1년 내에 재판상 청구가 없으면, 단 제814조 제1항에 의해 기간은 당사자의 합의에 의하여 연장할 수 있다.
선박충돌채권	제881조－그 충돌이 있던 날부터 2년 내에 재판상 청구가 없으면, 단 제814조 제1항에 의해 기간은 당사자의 합의에 의하여 연장할 수 있다.
구조료청구권	제895조－구조가 완료한 날로부터 2년 내에 재판상 청구가 없으면, 단 제814조 제1항에 의해 기간은 당사자의 합의에 의하여 연장할 수 있다.
선박우선특권	제786조－그 채권이 생긴 날로부터 1년 내에 실행하지 않으면, 그리고 이 제척기간은 당사자의 합의에 의하여 연장할 수 없다.

6.5. 선박담보

6.5.1. 서 설

선박담보는 해상기업의 영업활동과 관련하여 발생한 각종의 채권을 확보하기 위하여 채권자에게 선박이나 그 밖에 해상기업활동으로 얻는 수익 등에 대해 우선특권을 부여함으로써 채권자를 보호하고 해상기업 주체에게도 이러한 자금조달의 방법을 인정하여 줌으로써 해상기업활동을 원활하게 할 수 있다. 현재 상법상 선박담보 제도에는 선박우선특권과 선박저당권제도가 있다.

6.5.2. 선박우선특권

6.5.2.1. 선박우선특권의 의의

선박우선특권이란 선박에 관하여 생긴 법정채권($\frac{상\,777}{1\,-\,iv}$ ①)의 담보를 위하여 채권자가 선박·속구·그 채권이 생긴 항해의 운임, 그 선박과 운임에 부수한 채권에 대하여 다른 채권자보다 우선하여 변제를 받을 수 있는 해상법상 특수한 담보물권을 말한다($\frac{상\,777}{①}$). 우선특권을 가진 선박채권자는 다른 채권자보다 자기채권의 우선변제를 받을 권리가 있으며 그 성질에 반하지 아니하는 한 「민법」의 저당권에 관한 규정을 준용한다($\frac{상\,777}{②}$).

선박우선특권 제도는 원래 해상기업에 수반되는 위험성으로 인하여 해사채권자에게 확실한 담보를 제공할 필요성과 선박소유자에게 책임제한을 인정하는 대신 해사채권자를 두텁게 보호해야 한다는 형평상의 요구에 의하여 생긴 제도이다.[75]

6.5.2.2. 선박우선특권을 발생시키는 채권

선박우선특권을 발생시키는 채권(피담보채권)은 다음과 같다($\frac{상}{777}$).

① 유익비채권: 채권자의 공동이익을 위한 소송비용, 항해에 관하여 선박에 과한 제세금, 도선료·예선료, 최후 입항 후의 선박과 그 속구의 보존비·검사비[76]

② 임금채권: 선원 그 밖의 선박사용인의 고용계약으로 인한 채권

- 어선의 책임선장이 선주와의 약정에 따라 지급받기로 한 특별상여금 채권이 상법 제861조 제1항 제2호가 정한 '선원 기타의 선박사용인의 고용계약으로 인한 채권'으로서 선박우선특권 있는 채권에 해당한다.[77]

③ 위급채권: 해난구조로 인한 선박에 대한 구조료 채권과 공동해손의 분담에 대한 채권

④ 사고채권: 선박의 충돌 그 밖의 항해사고로 인한 손해, 항해시설·항만시설 및 항로에 대한 손해와 선원이나 여객의 생명·신체에 대한 손해의 배상채권

6.5.2.3. 선박우선특권의 목적물

선박우선특권의 목적물은 선박의 이용에 관하여 피담보채권이 발생한 선박과 그 속구, 피담보채권이 생긴 항해의 운임 및 그 선박과 운임에 부수한 부수채권이다($\frac{상}{777}$).

선박과 운임에 부수한 채권은 ① 선박 또는 운임의 손실로 인하여 선박소유자에게 지급할 손해배상 ② 공동해손으로 인한 선박 또는 운임의 손실에 대하여 선박소유자에게 지급할 상금 ③ 해난구조로 인하여 선박소유자에게 지급할 구조료 등이다($\frac{상}{778}$).

운임에 대한 우선특권은 지급을 받지 아니한 운임, 지급을 받은 운임으로 선박소유자

---

75) 大判 2005.10.13, 2004다26799.

76) 2007년 개정상법은 선박우선특권이 있는 채권 가운데 "선박과 속구에 관한 경매비용"을 삭제하고 있는데, 이것은 선박과 그 속구에 대한 저당권이나 항해의 운임 등보다도 우선하여 변제받을 수 있는 채권적 권리 중에서 경매비용을 제외하고자 하는 것인데, 경매비용은 절차법에서 당연히 우선적으로 공제될 절차적 비용이기 때문에 선박우선특권이 있는 피담보채권으로 열거할 필요가 없다는 점에서 삭제한 것이다.

77) 大判 2008.04.24, 2008다10006.

나 그 대리인이 소지한 금액에 한하여 이를 행사할 수 있다($\frac{\text{상}}{779}$). 그러나 선박사용인의 고용계약으로 인한 채권은 고용계약 존속 중의 모든 항해로 인한 운임의 전부에 대하여 우선특권이 있다($\frac{\text{상}}{781}$).

부수채권은 선박 또는 운임의 손실로 인하여 선박소유자가 제3자에 대하여 가지는 손해배상청구권($\frac{\text{상}}{846}^{778,}$), 공동해손으로 인한 선박 또는 운임의 손실에 대하여 선박소유자가 가지는 보상청구권(공동해손분담청구권 등), 해난구조로 인하여 선박소유자가 갖는 보수청구권을 말한다. 그러나 보험계약에 의하여 선박소유자에게 지급할 보험금과 그 밖의 장려금이나 보조금은 선박·운임에 부수한 채권이 아니다($\frac{\text{상}}{780}$).

6.5.2.4. 선박우선특권의 순위

(1) 동일항해로 인한 채권에 대한 우선특권의 순위

동일항해로 인한 채권의 우선특권이 경합하는 때에는 그 우선의 순위는 다음의 순서$\binom{\text{제777조 제1항}}{\text{각 호의 순서}}$에 의한다($\frac{\text{상}}{①}^{782}$).

① 채권자의 공동이익을 위한 소송비용, 항해에 관하여 선박에 과한 제세금, 도선료·예선료, 최후 입항 후의 선박과 그 속구의 보존비·검사비

⇒ 최후 입항 후의 선박보존비 등에 대하여 선박우선특권을 부여하는 것은 이러한 채권이 없으면 다른 채권자들도 선박 경매대금으로부터 변제를 받기가 불가능하게될 것이라는 점에서 이러한 비용은 경매에 관한 비용에 준하는 성질을 가지기 때문이고, 따라서 최후 입항 후라는 의미는 목적하는 항해가 종료되어 돌아온 항뿐만아니라 선박이 항해 도중에 경매 또는 양도처분으로 항해가 중지되어 경매되는 경우의 선박보존비용도 달리 보아야 할 필요가 없으므로 항해를 폐지한 시기에 있어서 선박이 존재하는 항도 포함하는 것으로 해석함이 상당하다.[78]

⇒ 선박경매에 있어서 선박을 압류항에 정박시켜 두지 아니하면 경매 절차를 속행할수 없으므로 선박에 대한 압류의 효력이 발생한 때부터 경락대금 지급 시까지의기간 동안에 선박의 정박을 위하여 발생한 정박료는 선박경매를 수행하기 위한 것으로서 당해 집행사건의 집행비용에 해당한다고 보아야지 상법 제861조 제1항 제1호 소정의 선박우선특권에 해당한다고 볼 수는 없다.[79]

---

78) 大判 1996.05.14, 96다3609.

79) 大判 1998.02.10, 9/다10468.

② 선원 그 밖의 선박사용인의 고용계약으로 인한 채권

③ 해난구조로 인한 선박에 대한 구조료 채권과 공동해손의 분담에 대한 채권 → 구조료채권 및 공동해손분담채권의 우선특권이 경합하는 때에는 후에 생긴 채권이 전에 생긴 채권에 우선한다. 동일한 사고로 인한 채권은 동시에 생긴 것으로 본다(상782②).

④ 선박의 충돌 그 밖의 항해사고로 인한 손해, 항해시설·항만시설 및 항로에 대한 손해와 선원이나 여객의 생명·신체에 대한 손해의 배상채권

(2) 수회의 항해로 인한 채권

수회의 항해에 관한 채권의 우선특권이 경합하는 때에는 후의 항해에 관한 채권이 전의 항해에 관한 채권에 우선한다(상783①). 선박사용인의 고용계약으로 인한 채권은 고용계약 존속 중의 모든 항해로 인한 운임의 전부에 대하여 우선특권이 있다(상781). 이 고용관계로 인한 채권의 우선특권은 그 최후의 항해에 관한 다른 채권과 동일한 순위로 한다(상783②).

6.5.2.5. 선박우선특권의 효력

선박우선특권이 있는 채권자는 위의 여러 권리에 우선하여 그 목적물에 대한 경매권(민소728 734)과 우선변제권이 있다(상777②). 또한 선박채권자의 우선특권은 그 선박소유권의 이전으로 인하여 영향을 받지 아니한다(상785). 이를 우선특권의 추급권이라 한다. 따라서 선박우선특권이 있는 채권자는 선박소유자의 변동에 관계없이 그 선박에 대하여 채무명의 없이도 경매청구권을 행사할 수 있으므로 채권자는 채권을 보전하기 위하여 그 선박에 대한 가압류를 하여 둘 필요가 없다.[80]

동일순위의 우선특권이 경합한 경우 즉 선박사용인의 고용계약으로 인한 채권(상781), 동일항해로 인한 채권에 대한 우선특권의 순위(상782), 수회항해에 관한 채권에 대한 우선특권의 순위(상783)의 규정에 의한 동일순위의 우선특권이 경합하는 때에는 각 채권액의 비율에 따라 변제한다(상784).

복수의 선원 그 밖의 선박사용인(선원)이 선박우선특권에 의하여 그들을 고용한 선박소유자가 소유한 복수의 선박 등에 대한 경매신청을 한 경우, 선박우선특권에 의해 경매신청을 한 압류채권자의 지위에서 당연히 우선 배당을 받을 수 있는 대상은 그 선원이

---

80) 大判 1988.11.22, 87다카1671.

승선한 당해 선박과 그 속구 등의 매각대금에 한정되는 것이고 당해 선박이 아닌 다른 선박에 대한 매각대금에 대하여서까지 따로 배당요구를 하지 않더라도 당연히 우선 배당을 받을 수 있는 것은 아니다. 그리고 그 선원이 근로기준법 등에 의한 임금우선특권을 가지고 있다고 하더라도, 선박우선특권과 달리 임금우선특권만으로는 경매신청을 할 수 없으므로 배당요구종기일 전에 그에 기한 적법한 배당요구를 하지 않는 한 임금우선특권에 의한 우선 배당을 받을 수도 없다.[81]

6.5.2.6 선박우선특권의 소멸

선박채권자의 우선특권은 그 채권이 생긴 날로부터 1년 내에 실행하지 아니하면 소멸하며($상_{786}$), 이 제척기간은 당사자의 합의에 의하여 연장할 수 없다. 그리고 선박우선특권에는 그 성질에 반하지 아니하는 한 민법의 저당권에 관한 규정이 준용되므로($상^{787}$) 저당권의 소멸원인에 의해서도 소멸한다.

6.5.2.7. 건조 중의 선박에 대한 선박우선특권

선박우선특권에 관한 상법의 규정은 건조중의 선박에도 준용된다($상_{790}$).

6.5.3. 선박저당권

6.5.3.1. 선박저당권의 의의

선박저당권이라 함은 등기한 선박을 목적으로 계약에 의하여 설정되는 상법상 특수한 저당권이다($상^{787}$). 따라서 선박저당권에 대하여는 부동산의 저당권에 관한 규정이 준용된다($상^{787}$). 등기선은 저당권의 목적이 될 수 있을 뿐 질권의 목적이 될 수 없다($상_{789}$).

---

81) 大判 2012.04.13, 2011다42188.

6.5.3.2. 선박저당권의 목적물

선박저당권의 목적물은 등기한 선박에 한하며($\overset{\text{상}}{\textcircled{1}}$ 787), 선박저당권은 그 속구에도 미친다($\overset{\text{상}}{\textcircled{2}}$ 787).

6.5.3.3. 선박저당권의 순위

선박채권자의 우선특권은 질권과 저당권에 우선한다($\overset{\text{상}}{788}$). 선박저당권 상호 간의 순위는 등기의 전후에 의하여 결정된다.

6.5.3.4. 선박저당권의 효력

선박저당권자는 담보된 선박과 속구에 대하여 경매권($\overset{\text{민}}{363}$)과 우선변제권($\overset{\text{민}}{356}$)을 갖는다($\overset{\text{상}}{\textcircled{2}}$ 777).

6.5.3.5. 건조중의 선박에 대한 선박저당권

건조중의 선박에 대하여도 선박저당권의 설정이 인정된다($\overset{\text{상}}{790}$).

6.5.4. 선박에 대한 강제집행

6.5.4.1. 선박에 대한 강제집행절차

선박에 대한 강제집행절차에 대하여는 민사집행법이 별도로 규정하고 있다($\overset{\text{민집법}}{172 \sim 186}$). 선박은 부동산과 유사하므로 선박에 대한 강제집행은 부동산의 강제집행에 관한 규정에 따라서 한다($\overset{\text{민집법}}{172}$).

6.5.4.2. 선박의 압류·가압류

선박에 대한 강제집행은 압류 당시의 정박항을 관할하는 지방법원이 한다($^{민집법}_{173}$). 선박은 집행절차 중 압류항에 정박하여야 하지만 법원은 영업상의 필요 그 밖에 상당한 이유가 있다고 인정한 때에는 채무자의 신청에 의하여 선박의 항행을 허가할 수 있다($^{민집법}_{176}$). 선박에 대한 가압류도 가압류 당시의 정박항에 정박하게 하여야 한다($^{민집법}_{295}$).

항해의 준비를 완료한 선박과 그 속구는 압류 또는 가압류를 하지 못한다. 그러나 항해를 준비하기 위하여 생긴 채무에 대하여는 가압류를 할 수 있다($^{상}_{744}$). 그러나 총톤수 20톤 미만의 선박에는 선박의 압류·가압류 규정을 적용하지 아니한다($^{상}_{744}$). 따라서 20톤 미만의 선박의 경우에는 아무런 제한 없이 이러한 선박을 압류 또는 가압류할 수 있다.

제7편 항공운송법

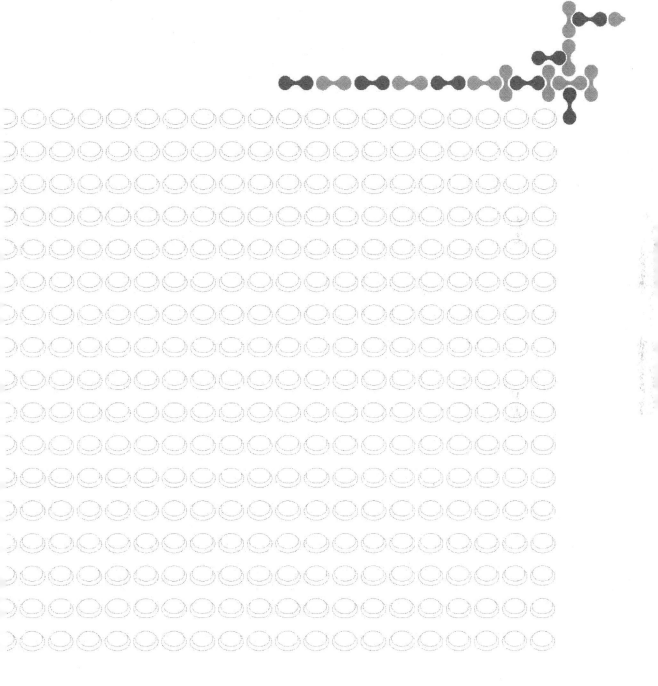

7.1. 총 설

7.1.1. 항공운송법의 제정 경위

우리나라 항공운송산업이 비약적으로 발전하여 세계 8위권에 진입하였음에도 불구하고 당사자 사이의 이해관계는 오로지 항공사가 제공하는 약관에만 의존하고 있어서 법적 안정성이 훼손될 우려가 있으므로, 승객과 화주의 권익을 보호하고 항공운송 당사자의 권리의무를 명확히 하기 위하여 상법에 항공운송편을 마련하였다.

그 동안 항공운송에 관련된 사법적 법률관계를 규율하는 법률이 없어서 법적 분쟁이 발생한 경우 주로 항공사의 운송약관과 민법 및 상법상의 유사규정을 유추적용하여 해결하여 왔는데, 이는 적절하지 못하다는 비판이 있어[1] 이 법률안을 통해 항공운송인의 계약책임에 관한 국제조약의 일부 내용을 수용하여 현행 상법에 제6편을 신설하여 항공운송에 관한 규정을 두게 된 것이다.[2]

---

1) 항공기 사고는 육상이나 해상사고와는 다른 특수성인 전손성, 순간성, 거액성, 지상종속성, 국제성 등으로 인하여 민법 및 상법상의 유사규정을 유추적용하는 것이 적절하지 않은 면이 많았고, 항공운송약관은 언제든지 그 유효성이 다투어질 수 있기 때문에 항공운송약관의 적용에는 법적 안정성에 문제가 있다고 하였다(최종현, 상법 항공운송편 제정 시안에 관한 해설(법무부 공청회 자료집), 2008.6. 94면).

2) 법제사법위원회, 상법 일부개정법률안 심사보고서, 2011. 4. 자료 참조

7.1.2.1. 항공운송법상 항공기의 의의

상법에서 "항공기"란 상행위나 그 밖의 영리를 목적으로 운항에 사용하는 항공기를 말한다. 다만, 대통령령으로 정하는 초경량 비행장치(超輕量 飛行裝置)는 제외한다($\frac{\text{상}}{896}$).

7.1.2.2. 적용범위

운항용 항공기에 대하여는 상행위나 그 밖의 영리를 목적으로 하지 아니하더라도 이 편의 규정을 준용한다($\frac{\text{상본문}}{897}$). 영리를 목적으로 하지 않기 때문에 무상인 경우에도 운항용 항공기에 대해서도 준용된다. 참고로 1999 몬트리올협약(CONVENTION FOR THE UNIFICATION OF CERTAIN RULES FOR INTERNATIONAL CARRIAGE BY AIR)에서도 무상인 경우에도 적용되도록 하고 있다.[3]

그러나 국유(國有) 또는 공유(公有) 항공기에 대하여는 운항의 목적·성질 등을 고려하여 이 편의 규정을 준용하는 것이 적합하지 아니한 경우로서 대통령령으로 정하는 경우에는 그러하지 아니하다($\frac{\text{상단서}}{897}$).

7.1.2.2. 운송인 등의 책임감면

상법 제6편 항공운송법에서에서 정한 운송인이나 항공기 운항자의 손해배상책임과 관련하여 운송인이나 항공기 운항자가 손해배상청구권자의 과실 또는 그 밖의 불법한 작위나 부작위가 손해를 발생시켰거나 손해에 기여하였다는 것을 증명한 경우에는, 그 과실 또는 그 밖의 불법한 작위나 부작위가 손해를 발생시켰거나 손해에 기여한 정도에 따라 운송인이나 항공기 운항자의 책임을 감경하거나 면제할 수 있다($\frac{\text{상}}{898}$).

---

3) Article 1 - Scope of Application
   1. This Convention applies to all international carriage of persons, baggage or cargo performed by aircraft for reward. It applies equally to gratuitous carriage by aircraft performed by an air transport undertaking.
   이 협약은 항공기에 의하여 유상으로 수행되는 승객·수하물 또는 화물의 모든 국제운송에 적용된다. 이 협약은 항공운송기업이 항공기에 의하여 무상으로 수행되는 운송에도 동일하게 적용된다.

이 규정은 민법상의 과실상계($\frac{\text{민}}{763}$ ^{396})의 규정이 있음에도 다시 한번 규정하고 있는 주의적 규정이라 할 수 있지만 특별히 여객의 사상에 대한 운송인의 책임한도액을 10만 SDR까지는 배상책임을 면제하거나 제한할 수 없도록 한 규정조차도 다시 책임감면을 적용할 수 있도록 한 점에서는 단순히 민법상 과실상계의 주의적 규정이라고만 볼 수 없다.

7.2. 항공운송법상 운송인의 책임

7.2.1. 항공운송인의 책임

7.2.1.1. 통 칙

7.2.1.1.1. 비계약적 청구에 대한 적용 등

항공운송편 운송에 관한 제2장의 운송인의 책임에 관한 규정은 운송인의 불법행위로 인한 손해배상의 책임에도 적용한다(상 899). 여객, 수하물 또는 운송물에 관한 손해배상청 구가 운송인의 사용인이나 대리인에 대하여 제기된 경우에 그 손해가 그 사용인이나 대 리인의 직무집행에 관하여 생겼을 때에는 그 사용인이나 대리인은 운송인이 주장할 수 있는 항변과 책임제한을 원용할 수 있다(상 899). 그러나 여객 또는 수하물의 손해가 운송인 의 사용인이나 대리인의 고의로 인하여 발생하였거나 또는 여객의 사망·상해·연착(수 하물의 경우 멸실·훼손·연착)이 생길 염려가 있음을 인식하면서 무모하게 한 작위 또 는 부작위로 인하여 발생하였을 때에는 그 사용인이나 대리인은 운송인이 주장할 수 있 는 항변과 책임제한을 원용할 수 없다(상 899).

여객, 수하물 또는 운송물에 관한 손해배상청구가 운송인의 사용인이나 대리인에 대하 여 제기된 경우에(상 899) 운송인과 그 사용인이나 대리인의 여객, 수하물 또는 운송물에 대 한 책임제한금액의 총액은 각각 제905조(운송인의 책임한도액)·제907조(연착에 대한 책 임)·제910조(수하물에 대한 책임한도액) 및 제915조(운송물에 대한 책임한도액)에 따른 한도를 초과하지 못한다(상 899).

7.2.1.1.2. 실제운송인에 대한 청구

운송계약을 체결한 운송인(계약운송인)의 위임을 받아 운송의 전부 또는 일부를 수행한 운송인(실제운송인)이 있을 경우 실제운송인이 수행한 운송에 관하여는 실제운송인에 대하여도 항공운송편 운송에 관한 제2장의 운송인의 책임에 관한 규정을 적용한다. 다만, 제901조의 순차운송에 해당하는 경우는 그러하지 아니하다(상 900 ①). 이 경우 제899조제2항부터 제4항까지를 준용한다(상 900 ③). 따라서 여객, 수하물 또는 운송물에 관한 손해배상청구가 실제운송인의 사용인이나 대리인에 대하여 제기된 경우에 그 손해가 그 사용인이나 대리인의 직무집행에 관하여 생겼을 때에는 그 사용인이나 대리인은 실제운송인이 주장할 수 있는 항변과 책임제한을 원용할 수 있다(상 900 ③, 899 ②). 그러나 여객 또는 수하물의 손해가 실제운송인의 사용인이나 대리인의 고의로 인하여 발생하였거나 또는 여객의 사망·상해·연착(수하물의 경우 멸실·훼손·연착)이 생길 염려가 있음을 인식하면서 무모하게 한 작위 또는 부작위로 인하여 발생하였을 때에는 그 사용인이나 대리인은 실제운송인이 주장할 수 있는 항변과 책임제한을 원용할 수 없다(상 900 ③, 899 ③). 여객, 수하물 또는 운송물에 관한 손해배상청구가 계약운송인과 실제운송인의 사용인이나 대리인에 대하여 제기된 경우에(상 899 ②) 계약운송인 및 실제운송인과 그 사용인이나 대리인의 여객, 수하물 또는 운송물에 대한 책임제한금액의 총액은 각각 제905조(운송인의 책임한도액)·제907조(연착에 대한 책임)·제910조(수하물에 대한 책임한도액) 및 제915조(운송물에 대한 책임한도액)에 따른 한도를 초과하지 못한다(상 900 ③, 899 ④).

실제운송인이 여객·수하물 또는 운송물에 대한 손해배상책임을 지는 경우 계약운송인과 실제운송인은 연대하여 그 책임을 진다(상 900 ⑤).

이 장에서 정한 운송인의 책임과 의무 외에 운송인이 책임과 의무를 부담하기로 하는 특약 또는 이 장에서 정한 운송인의 권리나 항변의 포기는 실제운송인이 동의하지 아니하는 한 실제운송인에게 영향을 미치지 아니한다(상 900 ④).

7.2.1.1.3. 순차운송

(1) 순차운송에 있어서 계약의 당사자

둘 이상이 순차(順次)로 운송할 경우에는 각 운송인의 운송구간에 관하여 그 운송인도 운송계약의 당사자로 본다(상 901 ①).

(2) 순차운송에 있어서 여객과 관련한 손해배상

순차운송에서 여객의 사망, 상해 또는 연착으로 인한 손해배상은 그 사실이 발생한 구간의 운송인에게만 청구할 수 있다. 다만, 최초 운송인이 명시적으로 전 구간에 대한 책임을 인수하기로 약정한 경우에는 최초 운송인과 그 사실이 발생한 구간의 운송인이 연대하여 그 손해를 배상할 책임이 있다(상901).

(3) 순차운송에 있어서 수하물과 관련한 손해배상

순차운송에서 수하물의 멸실, 훼손 또는 연착으로 인한 손해배상은 최초 운송인, 최종 운송인 및 그 사실이 발생한 구간의 운송인에게 각각 청구할 수 있다(상901). 이 경우 각 운송인은 연대하여 그 손해를 배상할 책임이 있다(상901).

(4) 순차운송에 있어서 운송물과 관련한 손해배상

순차운송에서 운송물의 멸실, 훼손 또는 연착으로 인한 손해배상은 송하인이 최초 운송인 및 그 사실이 발생한 구간의 운송인에게 각각 청구할 수 있다. 다만, 운송물의 인도에 관한 규정(상918)에 따라 수하인이 운송물의 인도를 청구할 권리를 가지는 경우에는 수하인이 최종 운송인 및 그 사실이 발생한 구간의 운송인에게 그 손해배상을 각각 청구할 수 있다(상901). 이 경우 각 운송인은 연대하여 그 손해를 배상할 책임이 있다(상901).

(5) 구상권

최초 운송인 또는 최종 운송인이 위(제2항부터 제5항까지)의 규정에 따라 손해를 배상한 경우에는 여객의 사망, 상해 또는 연착이나 수하물·운송물의 멸실, 훼손 또는 연착이 발생한 구간의 운송인에 대하여 구상권을 가진다(상901).

7.2.1.1.4. 운송인 책임의 소멸

운송인의 여객, 송하인 또는 수하인에 대한 책임은 그 청구원인에 관계없이 여객 또는 운송물이 도착지에 도착한 날, 항공기가 도착할 날 또는 운송이 중지된 날 가운데 가장 늦게 도래한 날부터 2년 이내에 재판상 청구가 없으면 소멸한다(상902).

7.2.1.1.5. 계약조항의 무효

이 장의 규정에 반하여 운송인의 책임을 감면하거나 책임한도액을 낮게 정하는 특약은 효력이 없다($\overset{상}{903}$).

7.2.1.2. **여객운송**

7.2.1.2.1. 여객운송인의 책임

(1) 책임범위

운송인은 여객의 사망 또는 신체의 상해로 인한 손해에 관하여는 그 손해의 원인이 된 사고가 항공기상에서 또는 승강(乘降)을 위한 작업 중에 발생한 경우에만 책임을 진다($\overset{상}{904}$).

(2) 책임책임한도액

여객의 사망 또는 신체의 상해로 인한 손해에 관하여 운송인이 책임을 지는 경우 손해 중 여객 1명당 10만 계산단위의 금액까지는 운송인의 배상책임을 면제하거나 제한할 수 없다($\overset{상}{①}{}^{905}$). 여객 1명당 10만 계산단위의 금액을 초과하는 부분에 대하여는 ① 그 손해가 운송인 또는 그 사용인이나 대리인의 과실 또는 그 밖의 불법한 작위나 부작위에 의하여 발생하지 아니하였다는 것 ② 그 손해가 오로지 제3자의 과실 또는 그 밖의 불법한 작위나 부작위에 의하여만 발생하였다는 것을 증명하면 운송인은 배상책임을 지지 아니한다($\overset{상}{②}{}^{905}$).

(3) 선급금의 지급

여객의 사망 또는 신체의 상해가 발생한 항공기사고의 경우에 운송인은 손해배상청구권자가 청구하면 지체 없이 선급금(先給金)을 지급하여야 한다. 이 경우 선급금의 지급만으로 운송인의 책임이 있는 것으로 보지 아니한다($\overset{상}{①}{}^{906}$). 지급한 선급금은 운송인이 손해배상으로 지급하여야 할 금액에 충당할 수 있다($\overset{상}{②}{}^{906}$). 선급금의 지급액, 지급 절차 및 방법 등에 관하여는 대통령령으로 정한다($\overset{상}{③}{}^{906}$).

7.2.1.2.2. 연착에 대한 책임

운송인은 여객의 연착으로 인한 손해에 대하여 책임을 진다. 다만, 운송인이 자신과 그 사용인 및 대리인이 손해를 방지하기 위하여 합리적으로 요구되는 모든 조치를 하였다는 것 또는 그 조치를 하는 것이 불가능하였다는 것을 증명한 경우에는 그 책임을 면한다($\frac{\text{상}}{①}$ 907).

이 경우 운송인의 책임은 여객 1명당 4천150 계산단위의 금액을 한도로 한다. 다만, 여객과의 운송계약상 그 출발지, 도착지 및 중간 착륙지가 대한민국 영토 내에 있는 운송의 경우에는 여객 1명당 500 계산단위의 금액을 한도로 한다($\frac{\text{상}}{②}$ 907). 그러나 운송인 또는 그 사용인이나 대리인의 고의로 또는 연착이 생길 염려가 있음을 인식하면서 무모하게 한 작위 또는 부작위에 의하여 손해가 발생한 것이 증명된 경우에는 적용하지 아니한다($\frac{\text{상}}{③}$ 907).

7.2.1.2.3. 수하물에 대한 책임

(1) 수하물의 멸실·훼손에 대한 책임

운송인은 위탁수하물의 멸실 또는 훼손으로 인한 손해에 대하여는 그 손해의 원인이 된 사실이 항공기상에서 또는 위탁수하물이 운송인의 관리하에 있는 기간 중에 발생한 경우에만 책임을 진다. 다만, 그 손해가 위탁수하물의 고유한 결함, 특수한 성질 또는 숨은 하자로 인하여 발생한 경우에는 그 범위에서 책임을 지지 아니한다($\frac{\text{상}}{①}$ 908).

운송인은 휴대수하물의 멸실 또는 훼손으로 인한 손해에 대하여는 그 손해가 자신 또는 그 사용인이나 대리인의 고의 또는 과실에 의하여 발생한 경우에만 책임을 진다($\frac{\text{상}}{②}$ 908).

(2) 수하물의 연착에 대한 책임

운송인은 수하물의 연착으로 인한 손해에 대하여 책임을 진다. 다만, 운송인이 자신과 그 사용인 및 대리인이 손해를 방지하기 위하여 합리적으로 요구되는 모든 조치를 하였다는 것 또는 그 조치를 하는 것이 불가능하였다는 것을 증명한 경우에는 그 책임을 면한다($\frac{\text{상}}{909}$).

(3) 수하물에 대한 책임한도액

제908조(수하물의 멸실·훼손에 대한 책임)와 제909조(수하물의 연착에 대한 책임)에 따른 운송인의 손해배상책임은 여객 1명당 1천 계산단위의 금액을 한도로 한다. 다만, 여객이 운송인에게 위탁수하물을 인도할 때에 도착지에서 인도받을 때의 예정가액을 미리 신고한 경우에는 운송인은 신고 가액이 위탁수하물을 도착지에서 인도할 때의 실제가액을 초과한다는 것을 증명하지 아니하는 한 신고 가액을 한도로 책임을 진다($\frac{\text{상}}{①}$ 910). 그러

나 운송인 또는 그 사용인이나 대리인의 고의로 또는 수하물의 멸실, 훼손 또는 연착이 생길 염려가 있음을 인식하면서 무모하게 한 작위 또는 부작위에 의하여 손해가 발생한 것이 증명된 경우에는 적용하지 아니한다($\frac{상}{②}$⁹¹⁰).

(4) 위탁수하물의 일부 멸실·훼손 등에 관한 통지

여객이 위탁수하물의 일부 멸실 또는 훼손을 발견하였을 때에는 위탁수하물을 수령한 후 지체 없이 그 개요에 관하여 운송인에게 서면 또는 전자문서로 통지를 발송하여야 한다. 다만, 그 멸실 또는 훼손이 즉시 발견할 수 없는 것일 경우에는 위탁수하물을 수령한 날부터 7일 이내에 그 통지를 발송하여야 한다($\frac{상}{①}$⁹¹¹). 통지가 없는 경우에는 운송물이 멸실 또는 훼손 없이 수하인에게 인도된 것으로 추정한다($\frac{상\ 911}{916\ ⑤}$^③). 기간 내에 통지나 이의제기가 없을 경우에는 수하인은 운송인에 대하여 제소할 수 없다. 다만, 운송인 또는 그 사용인이나 대리인이 악의인 경우에는 그러하지 아니하다($\frac{상\ 911}{916\ ⑤}$^③).

위탁수하물이 연착된 경우 여객은 위탁수하물을 처분할 수 있는 날부터 21일 이내에 이의를 제기하여야 한다($\frac{상}{②}$⁹¹¹). 기간 내에 통지나 이의제기가 없을 경우에는 수하인은 운송인에 대하여 제소할 수 없다. 다만, 운송인 또는 그 사용인이나 대리인이 악의인 경우에는 그러하지 아니하다($\frac{상\ 911}{916\ ⑤}$^③).

운송물에 멸실 또는 훼손이 발생하였거나 그런 것으로 의심되는 경우에는 운송인과 수하인은 서로 운송물의 검사를 위하여 필요한 편의를 제공하여야 한다($\frac{상\ 911}{916\ ④}$^③).

운송물의 일부 멸실·훼손 등에 관한 통지에 관한 본조의 규정에 반하여 수하인에게 불리한 당사자 사이의 특약은 효력이 없다($\frac{상\ 911}{916\ ⑥}$^③).

(5) 휴대수하물의 무임운송의무

운송인은 휴대수하물에 대하여는 다른 약정이 없으면 별도로 운임을 청구하지 못한다($\frac{상}{912}$).

7.2.1.3. 물건운송

7.2.1.3.1. 운송물에 관한 책임

(1) 운송물의 멸실·훼손에 대한 책임

운송인은 운송물의 멸실 또는 훼손으로 인한 손해에 대하여 그 손해가 항공운송 중(운송인이 운송물을 관리하고 있는 기간을 포함)에 발생한 경우에만 책임을 진다(상913 $\frac{913}{\text{①본문}}$). 다만, 운송인이 운송물의 멸실 또는 훼손이 다음의 사유로 인하여 발생하였음을 증명하였을 경우에는 그 책임을 면한다(상913 $\frac{913}{\text{①단서}}$).

① 운송물의 고유한 결함, 특수한 성질 또는 숨은 하자

② 운송인 또는 그 사용인이나 대리인 외의 자가 수행한 운송물의 부적절한 포장 또는 불완전한 기호 표시

③ 전쟁, 폭동, 내란 또는 무력충돌

④ 운송물의 출입국, 검역 또는 통관과 관련된 공공기관의 행위

⑤ 불가항력

항공운송 중에는 공항 외부에서 한 육상, 해상 운송 또는 내륙 수로운송은 포함되지 아니한다. 다만, 그러한 운송이 운송계약을 이행하면서 운송물의 적재(積載), 인도 또는 환적(換積)할 목적으로 이루어졌을 경우에는 항공운송 중인 것으로 추정한다(상913 ^{913}).

운송인이 송하인과의 합의에 따라 항공운송하기로 예정된 운송의 전부 또는 일부를 송하인의 동의 없이 다른 운송수단에 의한 운송으로 대체하였을 경우에는 그 다른 운송수단에 의한 운송은 항공운송으로 본다(상913 ^{913}).

(2) 운송물 연착에 대한 책임

운송인은 운송물의 연착으로 인한 손해에 대하여 책임을 진다. 다만, 운송인이 자신과 그 사용인 및 대리인이 손해를 방지하기 위하여 합리적으로 요구되는 모든 조치를 하였다는 것 또는 그 조치를 하는 것이 불가능하였다는 것을 증명한 경우에는 그 책임을 면한다(상914 ^{914}).

(3) 운송물에 대한 책임한도액

제913조(운송물의 멸실·훼손에 대한 책임)와 제914조(운송물 연착에 대한 책임)에 따른 운송인의 손해배상책임은 손해가 발생한 해당 운송물의 1킬로그램당 17 계산단위의 금액을 한도로 하되, 송하인과의 운송계약상 그 출발지, 도착지 및 중간 착륙지가 대한민국 영토 내에 있는 운송의 경우에는 손해가 발생한 해당 운송물의 1킬로그램당 15 계산단위의 금액을 한도로 한다(상915 $\frac{915}{\text{①본문}}$). 다만, 송하인이 운송물을 운송인에게 인도할 때에 도착지에서 인도받을 때의 예정가액을 미리 신고한 경우에는 운송인은 신고 가액이 도착지에서 인도할 때의 실제가액을 초과한다는 것을 증명하지 아니하는 한 신고 가액을 한도

로 책임을 진다($\overset{\text{상 915}}{\textcircled{1}}$ 단서).

　항공운송인의 책임한도를 결정할 때 고려하여야 할 중량은 해당 손해가 발생된 운송물의 중량을 말한다($\overset{\text{상 915}}{\textcircled{2}분}$). 다만, 운송물의 일부 또는 운송물에 포함된 물건의 멸실, 훼손 또는 연착이 동일한 항공화물운송장(제924조에 따라 항공화물운송장의 교부에 대체되는 경우를 포함) 또는 화물수령증에 적힌 다른 운송물의 가치에 영향을 미칠 때에는 운송인의 책임한도를 결정할 때 그 다른 운송물의 중량도 고려하여야 한다($\overset{\text{상 915}}{\textcircled{2}단서}$).

(4) 운송물의 일부 멸실·훼손 등에 관한 통지

　수하인은 운송물의 일부 멸실 또는 훼손을 발견하면 운송물을 수령한 후 지체 없이 그 개요에 관하여 운송인에게 서면 또는 전자문서로 통지를 발송하여야 한다. 다만, 그 멸실 또는 훼손이 즉시 발견할 수 없는 것일 경우에는 수령일부터 14일 이내에 그 통지를 발송하여야 한다($\overset{\text{상 916}}{\textcircled{1}}$). 통지가 없는 경우에는 운송물이 멸실 또는 훼손 없이 수하인에게 인도된 것으로 추정한다($\overset{\text{상 916}}{\textcircled{3}}$). 기간 내에 통지나 이의제기가 없을 경우에는 수하인은 운송인에 대하여 제소할 수 없다. 다만, 운송인 또는 그 사용인이나 대리인이 악의인 경우에는 그러하지 아니하다($\overset{\text{상 916}}{\textcircled{5}}$).

　운송물이 연착된 경우 수하인은 운송물을 처분할 수 있는 날부터 21일 이내에 이의를 제기하여야 한다($\overset{\text{상 916}}{\textcircled{2}}$). 기간 내에 통지나 이의제기가 없을 경우에는 수하인은 운송인에 대하여 제소할 수 없다. 다만, 운송인 또는 그 사용인이나 대리인이 악의인 경우에는 그러하지 아니하다($\overset{\text{상 916}}{\textcircled{5}}$).

　운송물에 멸실 또는 훼손이 발생하였거나 그런 것으로 의심되는 경우에는 운송인과 수하인은 서로 운송물의 검사를 위하여 필요한 편의를 제공하여야 한다($\overset{\text{상 916}}{\textcircled{4}}$).

　운송물의 일부 멸실·훼손 등에 관한 통지에 관한 본조의 규정에 반하여 수하인에게 불리한 당사자 사이의 특약은 효력이 없다($\overset{\text{상 916}}{\textcircled{6}}$).

7.2.1.3.2. 운송물의 처분·인도

(1) 운송물의 처분청구권

　송하인은 운송인에게 운송의 중지, 운송물의 반환, 그 밖의 처분을 청구(처분청구권)할 수 있다. 이 경우에 운송인은 운송계약에서 정한 바에 따라 운임, 체당금과 처분으로 인한 비용의 지급을 청구할 수 있다($\overset{\text{상 917}}{\textcircled{1}}$).

송하인은 운송인 또는 다른 송하인의 권리를 침해하는 방법으로 처분청구권을 행사하여서는 아니 되며, 운송인이 송하인의 청구에 따르지 못할 경우에는 지체 없이 그 뜻을 송하인에게 통지하여야 한다($\frac{상}{③}$ 917).

운송인이 송하인에게 교부한 항공화물운송장 또는 화물수령증을 확인하지 아니하고 송하인의 처분청구에 따른 경우, 운송인은 그로 인하여 항공화물운송장 또는 화물수령증의 소지인이 입은 손해를 배상할 책임을 진다($\frac{상}{③}$ 917).

운송물 인도에 관한 제918조 제1항에 따라 수하인이 운송물의 인도를 청구할 권리를 취득하였을 때에는 송하인의 처분청구권은 소멸한다. 다만, 수하인이 운송물의 수령을 거부하거나 수하인을 알 수 없을 경우에는 그러하지 아니하다($\frac{상}{④}$ 917).

(2) 운송물의 인도

운송물이 도착지에 도착한 때에는 수하인은 운송인에게 운송물의 인도를 청구할 수 있다. 다만, 송하인이 처분청구권을 행사한 경우에는 그러하지 아니하다($\frac{상}{①}$ 918). 운송물이 도착지에 도착하면 다른 약정이 없는 한 운송인은 지체 없이 수하인에게 통지하여야 한다($\frac{상}{②}$ 918).

7.2.1.3.3. 운송인의 채권의 시효

운송인의 송하인 또는 수하인에 대한 채권은 2년간 행사하지 아니하면 소멸시효가 완성한다($\frac{상}{919}$).

7.2.1.3.4. 준용규정

항공화물 운송에 관하여는 제120조, 제134조, 제141조부터 제143조까지, 제792조, 제793조, 제801조, 제802조, 제811조 및 제812조를 준용한다($\frac{상}{920}$). 준용조문을 풀어쓰면 다음과 같다.

- 운송인은 운송물에 관하여 받을 보수, 운임, 기타 위탁자를 위한 체당금이나 선대금에 관하여서만 그 운송물을 유치할 수 있다($\frac{상 \, 920,}{120}$).
- 운송물의 전부 또는 일부가 송하인의 책임 없는 사유로 인하여 멸실한 때에는 운송인은 그 운임을 청구하지 못한다. 운송인이 이미 그 운임의 전부 또는 일부를 받은 때에는 이를 반환하여야 한다($\frac{상 \, 920,}{134 \, ①}$). 다만 운송물의 전부 또는 일부가 그 성질이나 하자 또는 송하인의 과실로 인하여 멸실한 때에는 운송인은 운임의 전액을 청구할

수 있다(상920②, 134②).

- 운송인은 수하인에게 운송물을 인도한 때에는 운임 외에 운송에 관한 비용(예: 통관 비용, 보험료 등)과 체당금을 청구할 수 있다(상920, 141).

- 운송인은 수하인을 알 수 없는 경우 또는 수하인을 알 수는 있으나 수하인이 운송물의 수령을 거부하거나 수령할 수 없는 경우에 운송물을 공탁할 수 있다(상920, 142①·143①). 운송인이 운송물을 공탁한 경우에는 지체 없이 수하인을 알 수 없는 때에는 송하인에게, 수하인이 수령을 거부하거나 수령할 수 없는 경우에는 수하인 또는 운송증서소지인에게 그 통지를 발송하여야 한다(상920, 142③·143①).

- ① 운송인은 수하인을 알 수 없는 경우에는, 송하인에 대하여 상당한 기간을 정하여 운송물의 처분에 대한 지시를 최고하였음에도 불구하고 송하인이 그 기간 내에 지시를 하지 않은 경우(상920, 142②) ② 수하인을 알 수 있는데 그가 운송물의 수령을 거부하거나 수령할 수 없는 경우에는, 운송인이 먼저 수하인 또는 운송증서소지인에 대하여 상당한 기간을 정하여 운송물의 수령을 최고하고 그 후 다시 송하인에게 상당한 기간을 정하여 운송물의 처분에 대한 지시를 최고하였음에도 불구하고 그 기간 내에 지시를 하지 않은 경우(상920, 143②)에 운송물을 경매할 수 있다.

- 개개의 물건을 운송계약의 목적으로 한 경우에는 운송인이 선적하므로 송하인은 당사자 사이의 합의 또는 출발지 공항의 관습에 의한 때와 곳에서 운송인에게 운송물을 제공하여야 한다(상920, 792①). 위의 때와 곳에서 송하인이 운송물을 제공하지 아니한 경우에는 계약을 해제한 것으로 본다. 이 경우에는 운송인은 즉시 발항할 수 있고 송하인은 운임의 전액을 지급하여야 한다(상920, 792②).

- 위험물 즉 인화성, 폭발성, 그 밖의 위험성이 있는 운송물은 운송인이 그 성질을 알고 선적한 경우에도 그 운송물이 선박이나 다른 운송물에 위해를 미칠 위험이 있는 때에는 운송인은 언제든지 이를 양륙, 파괴 또는 무해조치할 수 있다(상920, 801①). 운송인은 위 처분에 의하여 그 운송물에 발생한 손해에 대하여는 공동해손 분담책임을 제외하고 그 배상책임을 면한다(상920, 801②).

- 개개의 물건의 운송을 계약의 목적으로 한 경우에 운송물의 도착통지를 받은 수하인은 당사자 사이의 합의 또는 도착지 공항 관습에 의한 때와 곳에서 지체 없이 운송물을 수령하여야 한다(상920, 802).

- 운송이 법령에 위반하게 되거나 그 밖에 불가항력으로 인하여 계약의 목적을 달할 수 없게 된 때에는 각 당사자는 계약을 해제할 수 있다(상920, 811①). 불가항력적 사유가 운

송 도중에 생긴 경우에 계약을 해지한 때에도 송하인은 운송의 비율에 따른 운임을 지급하여야 한다($\frac{상}{811}\frac{920,}{②}$).

- 운송물이 불가항력으로 인하여 멸실된 때($\frac{상841}{810}\frac{①}{①\ IV}$) 및 운송이 법령에 위반하게 되거나 그 밖에 불가항력으로 인하여 계약의 목적을 달할 수 없게 된 때($\frac{상841}{811}\frac{①}{①}$) 운송물의 일부에 대하여 생긴 때에는 송하인은 운송인의 책임이 가중되지 아니하는 범위 안에서 다른 운송물을 선적할 수 있다($\frac{상}{812}\frac{920,}{①}$). 송하인이 위 권리를 행사하고자 하는 때에는 지체 없이 운송물의 양륙 또는 선적을 하여야 한다. 그 양륙 또는 선적을 게을리 한 때에는 운임의 전액을 지급하여야 한다($\frac{상}{812}\frac{920,}{②}$).

7.2.1.4. 운송증서

7.2.1.4.1. 여객용 운송증서

(1) 여객항공권

운송인이 여객운송을 인수하면 여객에게 다음의 사항을 적은 개인용 또는 단체용 여객항공권을 교부하여야 한다($\frac{상\ 921}{①}$).

① 여객의 성명 또는 단체의 명칭

② 출발지와 도착지

③ 출발일시

④ 운항할 항공편

⑤ 발행지와 발행연월일

⑥ 운송인의 성명 또는 상호

운송인은 위의 정보를 전산정보처리조직에 의하여 전자적 형태로 저장하거나 그 밖의 다른 방식으로 보존함으로써 여객항공권 교부를 갈음할 수 있다. 이 경우 운송인은 여객이 청구하면 위 정보를 적은 서면을 교부하여야 한다($\frac{상\ 921}{②}$).

(2) 수하물표

운송인은 여객에게 개개의 위탁수하물마다 수하물표를 교부하여야 한다($\frac{상}{922}$).

7.2.1.4.2. 화물용 운송증서

(1) 항공화물운송장의 발행

송하인은 운송인의 청구를 받아 다음의 사항을 적은 항공화물운송장 3부를 작성하여 운송인에게 교부하여야 한다(상 923).

① 송하인의 성명 또는 상호

② 수하인의 성명 또는 상호

③ 출발지와 도착지

④ 운송물의 종류, 중량, 포장의 종별·개수와 기호

⑤ 출발일시

⑥ 운송할 항공편

⑦ 발행지와 발행연월일

⑧ 운송인의 성명 또는 상호

운송인이 송하인의 청구에 따라 항공화물운송장을 작성한 경우에는 송하인을 대신하여 작성한 것으로 추정한다(상 923).

항공화물운송장 중 제1원본에는 "운송인용"이라고 적고 송하인이 기명날인 또는 서명하여야 하고, 제2원본에는 "수하인용"이라고 적고 송하인과 운송인이 기명날인 또는 서명하여야 하며, 제3원본에는 "송하인용"이라고 적고 운송인이 기명날인 또는 서명하여야 한다(상 923). 서명은 인쇄 또는 그 밖의 다른 적절한 방법으로 할 수 있다(상 923).

운송인은 송하인으로부터 운송물을 수령한 후 송하인에게 항공화물운송장 제3원본을 교부하여야 한다(상 923).

(2) 항공화물운송장의 대체

운송인은 항공화물운송장의 기재사항의 정보를 전산정보처리조직에 의하여 전자적 형태로 저장하거나 그 밖의 다른 방식으로 보존함으로써 항공화물운송장의 교부에 대체할 수 있다(상 924). 이 경우 운송인은 송하인의 청구에 따라 송하인에게 항공화물운송장의 기재사항의 정보를 적은 화물수령증을 교부하여야 한다(상 924).

(3) 복수의 운송물

2개 이상의 운송물이 있는 경우에는 운송인은 송하인에 대하여 각 운송물마다 항공화물운송장의 교부를 청구할 수 있다($\frac{상}{①}$ 925). 항공화물운송장의 교부가 전자적 형태의 저장·보존으로 대체되는 경우에는 송하인은 운송인에게 각 운송물마다 화물수령증의 교부를 청구할 수 있다($\frac{상}{②}$ 925).

(4) 운송물의 성질에 관한 서류

송하인은 세관, 경찰 등 행정기관이나 그 밖의 공공기관의 절차를 이행하기 위하여 필요한 경우 운송인의 요청을 받아 운송물의 성질을 명시한 서류를 운송인에게 교부하여야 한다($\frac{상}{①}$ 926). 운송인은 이와 관련하여 어떠한 의무나 책임을 부담하지 아니한다($\frac{상}{②}$ 926).

(5) 항공운송증서에 관한 규정 위반의 효과

운송인 또는 송하인이 항공운송증서에 관한 규정 제921조부터 제926조까지를 위반하는 경우에도 운송계약의 효력 및 이 법의 다른 규정의 적용에 영향을 미치지 아니한다($\frac{상}{927}$).

(6) 항공운송증서 등의 기재사항에 관한 책임

송하인은 항공화물운송장에 적었거나 운송인에게 통지한 운송물의 명세 또는 운송물에 관한 진술이 정확하고 충분함을 운송인에게 담보한 것으로 본다($\frac{상}{①}$ 928). 송하인은 위 운송물의 명세 또는 운송물에 관한 진술이 정확하지 아니하거나 불충분하여 운송인이 손해를 입은 경우에는 운송인에게 배상할 책임이 있다($\frac{상}{②}$ 928).

운송인은 전자적 형태의 저장·보존되는 운송에 관한 기록이나 화물수령증에 적은 운송물의 명세 또는 운송물에 관한 진술이 정확하지 아니하거나 불충분하여 송하인이 손해를 입은 경우 송하인에게 배상할 책임이 있다. 다만, 화물화물운송장에 적은 명세에 의하여 송하인이 그 정확하고 충분함을 담보한 것으로 보는 경우에는 그러하지 아니하다($\frac{상}{③}$ 928).

(7) 항공운송증서 기재의 효력

항공화물운송장 또는 화물수령증이 교부된 경우 그 운송증서에 적힌 대로 운송계약이 체결된 것으로 추정한다($\frac{상}{①}$ 929). 운송인은 항공화물운송장 또는 화물수령증에 적힌 운송물의 중량, 크기, 포장의 종별·개수·기호 및 외관상태대로 운송물을 수령한 것으로 추정한다($\frac{상}{②}$ 929).

운송물의 종류, 외관상태 외의 상태, 포장 내부의 수량 및 부피에 관한 항공화물운송장 또는 화물수령증의 기재 내용은 송하인이 참여한 가운데 운송인이 그 기재 내용의 정확함을 확인하고 그 사실을 항공화물운송장이나 화물수령증에 적은 경우에만 그 기재 내용대로 운송물을 수령한 것으로 추정한다(상 929).

7.2.2. 지상 제3자의 손해에 대한 책임

7.2.2.1. 항공기 운항자의 배상책임

7.2.2.1.1. 책임의 주체: 항공기 운항자

항공기 운항자가 항공운송과 관련하여 일정한 경우 지상의 제3자에게 책임을 진다. "항공기 운항자"란 사고 발생 당시 항공기를 사용하는 자를 말한다. 다만, 항공기의 운항을 지배하는 자("운항지배자")가 타인에게 항공기를 사용하게 한 경우에는 운항지배자를 항공기 운항자로 본다(상②930). 항공기등록원부에 기재된 항공기 소유자는 항공기 운항자로 추정한다(상③930).

7.2.2.1.2. 책임의 내용

항공기 운항자는 비행 중인 항공기 또는 항공기로부터 떨어진 사람이나 물건으로 인하여 사망하거나 상해 또는 재산상 손해를 입은 지상(지하, 수면 또는 수중을 포함)의 제3자에 대하여 손해배상책임을 진다(상①930). "비행 중"이란 이륙을 목적으로 항공기에 동력이 켜지는 때부터 착륙이 끝나는 때까지를 말한다(상④930).

2대 이상의 항공기가 관여하여 항공과 관련하여 지상의 제3자에게 손해를 가한 사고가 발생한 경우 각 항공기 운항자는 연대하여 책임을 진다(상⑤930).

운항지배자의 승낙 없이 항공기가 사용된 경우 운항지배자는 이를 막기 위하여 상당한 주의를 하였음을 증명하지 못하는 한 승낙 없이 항공기를 사용한 자와 연대하여 항공기 운항자의 유한책임(상932)에서 정한 한도 내의 책임을 진다(상⑥930).

7.2.2.1.3. 면책사유

항공기 운항자는 제930조 제1항에 따른 사망, 상해 또는 재산상 손해의 발생이 다음의 어느 하나에 해당함을 증명하면 책임을 지지 아니한다($^{\text{상}}_{931}$).

① 전쟁, 폭동, 내란 또는 무력충돌의 직접적인 결과로 발생하였다는 것

② 항공기 운항자가 공권력에 의하여 항공기 사용권을 박탈당한 중에 발생하였다는 것

③ 오로지 피해자 또는 피해자의 사용인이나 대리인의 과실 또는 그 밖의 불법한 작위나 부작위에 의하여서만 발생하였다는 것

④ 불가항력

7.2.2.1.4. 항공기 운항자의 유한책임

(1) 책임한도액

항공기 운항자의 제930조에 따른 책임은 하나의 항공기가 관련된 하나의 사고에 대하여 항공기의 이륙을 위하여 법으로 허용된 최대중량("최대중량")에 따라 다음에서 정한 금액을 한도로 한다($^{\text{상}}_{\S\,932}$).

① 최대중량이 2천킬로그램 이하의 항공기의 경우 30만 계산단위의 금액

② 최대중량이 2천킬로그램을 초과하는 항공기의 경우 2천킬로그램까지는 30만 계산단위, 2천킬로그램 초과 6천킬로그램까지는 매 킬로그램당 175 계산단위, 6천킬로그램 초과 3만킬로그램까지는 매 킬로그램당 62.5 계산단위, 3만킬로그램을 초과하는 부분에는 매 킬로그램당 65 계산단위를 각각 곱하여 얻은 금액을 순차로 더한 금액

☞ 항공기 운항자의 책임한도

최대중량	책임한도액
2,000kg 이하	300,000 SDR
2,000kg 초과 ~ 6,000kg	300,000 SDR + 초과 kg당 175 SDR 6,000kg인 경우: 1,000,000 SDR
6,000kg 초과 ~ 30,000kg	1,000,000 SDR + 초과톤당 62.5 SDR 30,000kg인 경우: 2,500,000 SDR
30,000kg 초과	2,500,000 SDR + 초과톤당 65 SDR

하나의 항공기가 관련된 하나의 사고로 인하여 사망 또는 상해가 발생한 경우 항공기 운항자의 제930조에 따른 책임은 유한책임 금액의 범위에서 사망하거나 상해를 입은 사람 1명당 12만5천 계산단위의 금액을 한도로 한다($^{\text{상}}_{\S\,932}$).

하나의 항공기가 관련된 하나의 사고로 인하여 여러 사람에게 생긴 손해의 합계가 유한책임의 한도액을 초과하는 경우, 각각의 손해는 유한책임의 한도액에 대한 비율에 따라 배상한다(상 932).

하나의 항공기가 관련된 하나의 사고로 인하여 사망, 상해 또는 재산상의 손해가 발생한 경우 유한책임에서 정한 금액의 한도에서 사망 또는 상해로 인한 손해를 먼저 배상하고, 남는 금액이 있으면 재산상의 손해를 배상한다(상 932).

(2) 유한책임의 배제

항공기 운항자 또는 그 사용인이나 대리인이 손해를 발생시킬 의도로 항공사고로 인한 지상의 제3자에게 손해를 가할 사고를 발생시킨 경우에는 항공운항자의 유한책임에 관한 한도액을 적용하지 아니한다. 이 경우 항공기 운항자의 사용인이나 대리인의 행위로 인하여 사고가 발생한 경우에는 그가 권한 범위에서 행위하고 있었다는 사실이 증명되어야 한다(상 933).

항공기를 사용할 권한을 가진 자의 동의 없이 불법으로 항공기를 탈취(奪取)하여 사용하는 중 항공사고로 인한 지상의 제3자에게 손해를 가할 사고를 발생시킨 자에 대하여는 항공기 운항자의 유한책임에 관한 제932조를 적용하지 아니한다(상 933).

(3) 책임제한의 절차

이 장의 규정에 따라 책임을 제한하려는 자는 채권자로부터 책임한도액을 초과하는 청구금액을 명시한 서면에 의한 청구를 받은 날부터 1년 이내에 법원에 책임제한절차 개시의 신청을 하여야 한다(상 935).

책임제한절차 개시의 신청, 책임제한 기금의 형성·공고·참가·배당, 그 밖에 필요한 사항에 관하여는 성질에 반하지 아니하는 범위에서 「선박소유자 등의 책임제한절차에 관한 법률」의 예를 따른다(상 935).

7.2.2.1.5. 항공기 운항자의 책임의 소멸

항공사고로 인한 지상의 제3자에게 손해를 가한 항공기 운항자의 책임은 사고가 발생한 날부터 3년 이내에 재판상 청구가 없으면 소멸한다(상 934).

찾아보기

나승성

高麗大學校 法科大學 法學科 卒業
高麗大學校 大學院 法學碩士·法學博士
美國 Louisiana State Univ.에서 硏究
高大·明知大·光雲大·仁川大·호서대·강남대 등 講師 歷任
증권연수원·보험연수원·사법연수원 등에서 강의
法務部 專門委員 歷任
證券預託院 先任硏究委員 歷任
金融監督院 調査役 歷任
하나金融經營硏究所 首席硏究員 歷任
서울사이버대학교 법무행정학과 교수 역임
원광디지털대학교 동양학과 졸업
원광대학교 동양학대학원 한국문화학과 박사과정 수료

『商法改正內容 解說』
『生活과 法律』
『各國의 會社支配構造』
『電子商去來國家戰略 樹立을 위한 分野別 政策研究』(共著)
『日本商法典』
『(개정판) 전자상거래법』
『조문별 상법판례 요지』
『금융지주회사법』
『증권거래법 개설』
『은행법 개설』
『전자거래법』
『생활과 법률』

전화: 010-3000-6788
카페: http://cafe.daum.net/bubseon
메일: ssna1@hanmail.net

商法槪論
(下)

초판인쇄 2014년 4월 14일
초판발행 2014년 4월 14일

지은이   나승성
펴낸이   채종준
펴낸곳   한국학술정보㈜
주소   경기도 파주시 회동길 230(문발동)
전화   031) 908-3181(대표)
팩스   031) 908-3189
홈페이지 http://ebook.kstudy.com
전자우편 출판사업부 publish@kstudy.com
등록   제일산-115호(2000. 6. 19)

ISBN 978-89-268-6145-5 93360

이 책은 한국학술정보㈜와 저작자의 지적 재산으로서 무단 전재와 복제를 금합니다.
책에 대한 더 나은 생각, 끊임없는 고민, 독자를 생각하는 마음으로 보다 좋은 책을 만들어갑니다.